rororo

Zu diesem Buch

Vor sechs Jahren wurde als erste Studie ihrer Art bei rororo aktuell «Armut in Deutschland», der Armutsbericht der Hans-Böckler-Stiftung, des DGB und des Paritätischen Wohlfahrtsverbands, veröffentlicht. Er war – und ist bis heute – die einzige umfassende und wissenschaftlich fundierte Gesamtübersicht über Armut und Unterversorgung im Wohlfahrtsstaat Deutschland.

«Armut und Ungleichheit in Deutschland», der vorliegende Band, ist eine komplett neue Untersuchung, die das Wissen des Vorläufers nicht nur auf den aktuellen Stand bringt, sondern auch deutlich erweitert. Mit einer Fülle von Daten und Fakten werden unter anderem folgende Aspekte beleuchtet: Armut und Ungleichheit, Entwicklung der Einkommensverteilung und Einkommensarmut bei Erwerbstätigen, Arbeitslosen, Familien mit Kindern und Alleinerziehenden, die Einordnung der deutschen Lage in den EU-Kontext, ausgewählte besondere Ursachen von Armut und besonders betroffene Gruppen, die Sozialpolitik und insbesondere der Rolle der Sozialhilfe.

Ein unverzichtbarer Bericht für alle, die Näheres wissen wollen oder müssen: Politiker, Ministerien, Journalisten, Wohlfahrtsverbände, Kirchen, Gewerkschaften, Wissenschaftler, Sozialbehörden und alle, die es in den immer wiederkehrenden Reizdebatten um Armut und Reichtum nach gesicherten Erkenntnissen verlangt.

Hinweise zu den Autoren finden sich am Ende des Bandes.

Armut und Ungleichheit in Deutschland

Der neue Armutsbericht der Hans-Böckler-Stiftung, des DGB und des Paritätischen Wohlfahrtsverbands

herausgegeben von der Hans-Böckler-Stiftung,
dem Deutschen Gewerkschaftsbund und
dem Paritätischen Wohlfahrtsverband

von Walter Hanesch, Peter Krause, Gerhard Bäcker,
Michael Maschke und
Birgit Otto

Rowohlt Taschenbuch Verlag

rororo aktuell
Herausgegeben von Frank Strickstrock

Redaktion Susanne Klockmann

Originalausgabe
Veröffentlicht im Rowohlt Taschenbuch Verlag GmbH,
Reinbek bei Hamburg, November 2000

Umschlaggestaltung Susanne Heeder/Philipp Starke
(Foto: © argus Fotoarchiv GmbH)
Satz aus der Sabon PostScript PageOne
Gesamtherstellung Clausen & Bosse, Leck
Printed in Germany
ISBN 3 499 22944 7

Die Schreibweise entspricht den Regeln
der neuen Rechtschreibung.

Inhaltsübersicht

Inhaltsverzeichnis

Vorwort der Herausgeber: Der Armut eine Stimme geben …

Anfang der 90er-Jahre haben die Hans-Böckler-Stiftung, der Deutsche Gewerkschaftsbund und der Paritätische Wohlfahrtsverband einen ersten gesamtdeutschen Armutsbericht in Auftrag gegeben, der die Entwicklung und Verteilung prekärer Lebenslagen im vereinten Deutschland darstellen und dokumentieren sollte. Dieser Bericht wurde 1994 veröffentlicht und fand eine außergewöhnlich starke Resonanz. Er lieferte nicht nur eine Fülle empirischer Befunde zu Armut im alten und neuen Bundesgebiet, sondern kritisierte zugleich den bis heute bestehenden Mangel an einer amtlichen Armuts- und Sozialberichterstattung auf nationaler Ebene. Auch die vorliegende Studie entlässt die Bundesregierung nicht aus ihrer Verantwortung, sondern erneuert ausdrücklich die Forderung, möglichst bald die seit langem überfällige Grundlage für eine gezielte Armutspolitik in Deutschland zu schaffen.

Der Armutsbericht von 1994 ist inzwischen trotz einer Auflage von 18 000 Exemplaren vergriffen. Zudem sind viele der damals präsentierten Ergebnisse mittlerweile veraltet bzw. zeitlich überholt. Die Herausgeber haben sich daher entschlossen, einen neuen Bericht in Auftrag zu geben, der den alten nicht nur aktualisiert und fortschreibt, sondern um weitere inhaltliche Schwerpunkte ergänzt. Die Förderung erfolgte durch die gewerkschaftliche Hans-Böckler-Stiftung und den Paritätischen Wohlfahrtsverband.

Die Ergebnisse dieses neuen Untersuchungs- und Berichtsprojekts werden im vorliegenden Band präsentiert. Er enthält zum einen empirische Befunde zur Einkommenslage der Bevölkerung insgesamt sowie zur Versorgungssituation ausgewählter Bevölkerungsgruppen. Er thematisiert zum anderen die bisher praktizierte Politik der Armutsbekämpfung in der Bundesrepublik. Neue inhaltliche Akzente liegen u. a. in der quantitativen Analyse einzelner von Armut betroffener Problemgruppen. Auch erweitert ein internationaler Vergleich innerhalb der Europäischen Union den Blickwinkel.

Der vorliegende Bericht soll zum einen Anstöße für die konzeptionelle und methodische Ausgestaltung der Armuts- und Reichtumsberichterstattung der Bundesregierung geben. Er soll aber vor allem einen Beitrag für die weitere inhaltliche Auseinandersetzung mit dem Thema Armut und Ungleichheit in unserer reichen Gesellschaft leisten und das Bewusstsein wecken, dass Armut und Unterversorgung nicht mit einem gerechten und sozialen Gemeinwesen vereinbar sind.

Mit dem Untersuchungs- und Berichtsprojekt «Armut und Ungleichheit in Deutschland» wollen die Herausgeber der deutschen Armutsdiskussion neue Impulse geben und eine zielgerechte und wirksame Armutspolitik entwickeln helfen.

Prof. Dr. Heide Pfarr
Geschäftsführerin der Hans-Böckler-Stiftung

Dr. Ursula Engelen-Kefer
Stellvertretende Vorsitzende des Deutschen Gewerkschaftsbundes

Prof. Dr. Monika Simmel-Joachim
Vorsitzende des Paritätischen Wohlfahrtsverbandes – Gesamtverband

Kapitel 1 Einleitung: Zielsetzung, Konzeption und zentrale Ergebnisse

1.1 Auftrag und Zielsetzung des Berichts

Seit mehr als zwei Jahrzehnten wird in der Bundesrepublik darüber gestritten, ob und in welchem Ausmaß in diesem reichen Land Armut existiert. In jüngster Zeit hat sich diese Auseinandersetzung verlagert: In der fachwissenschaftlichen und fachpolitischen Diskussion hat sich der Konsens herausgebildet, dass auch die Bundesrepublik mit Erscheinungsformen einer «Armut im Wohlstand» konfrontiert ist. Zugleich haben sich die Kontroversen auf die Fragen konzentriert, wie diese Armut angemessen zu definieren, worauf sie zurückzuführen und wie sie zu beseitigen sei.

Die genannten Kontroversen sind zum einen Ausdruck der Tatsache, dass die Armutsforschung in der Bundesrepublik – im internationalen Vergleich gesehen – noch ein recht junges Feld der wirtschafts- und sozialwissenschaftlichen Forschung darstellt. Abgesehen von einigen wenigen Vorläufern in den 70er-Jahren hat die wissenschaftliche Armutsforschung in der Bundesrepublik erst im Laufe der 80er-Jahre begonnen, sich zu etablieren (vgl. z. B. Hauser/Crämer-Schäfer/Nouvertne 1981; Döring/Hanesch/Huster 1990; Leibfried/Voges 1992; Hanesch u. a. 1994; Leibfried u. a. 1995; Hanesch 1995; Becker/Hauser 1997; Leisering/Leibfried 1999; Andreß 1998 und 1999). Zum anderen spiegeln diese Kontroversen aber auch die gesellschaftliche und politische Brisanz des Themas Armut wider. Steht doch die Existenz von Armut in Widerspruch zum Verfassungsgebot, jedem Bürger ein menschenwürdiges Dasein im Sinne der Teilhabe am normalen gesellschaftlichen Leben zu ermöglichen. Insofern erweist sich Armut als eine überaus brisante Messlatte zur Beantwortung der Frage, in welchem Maße die sozialstaatliche Verfassung der Bundesrepublik intakt ist. Mit dem empirischen Nachweis und dem politischen Eingeständnis der Existenz von Armut ist daher ein politischer Handlungsdruck verbunden, dem sich jede Regierung nur schwer entziehen kann.

Angesichts der Bedeutung und der Brisanz dieser Thematik wird seit Jahren die Forderung erhoben, die Aktualisierung materieller Lebensrisiken im Rahmen einer offiziellen Armuts- und Sozialberichterstattung darzustellen. Damit soll die Armutsthematik stärker als bisher in den Blick der Öffentlichkeit gerückt werden. Zugleich soll damit eine zuverlässige Informationsgrundlage für die politische Debatte um angemessene Lösungen bereitgestellt werden. Dieser Forderung hat sich die liberal-konservative Regierung – wie ihre Vorgänger – konsequent verweigert. Stattdessen hat sie die Existenz von Armut in der Bundesrepublik – man denke etwa an die Auseinandersetzung um den 10. Jugendbericht – bis zuletzt bestritten. Da eine Armutsberichterstattung in der Bundesrepublik auf nationaler Ebene somit bisher nicht existiert hat und weder die vorliegenden Daten und Auswertungen der amtlichen Statistik noch die Untersuchungsergebnisse der wissenschaftlichen Sozialforschung einen angemessener Ersatz für eine solche Berichterstattung darstellten, haben die Hans-Böckler-Stiftung, der Paritätische Wohlfahrtsverband und der Deutsche Gewerkschaftsbund Anfang der 90er-Jahre den Auftrag erteilt, einen ersten gesamtdeutschen Armutsbericht für die Bundesrepublik vorzulegen. Der 1994 veröffentlichte Bericht fand breite Resonanz in Politik und Fachöffentlichkeit. Seit Beginn der 90-er Jahre ist in der Bundesrepublik eine rasch wachsende Zahl von Publikationen zum Thema Armut festzustellen.

Auch im europäischen und überseeischen Ausland hat sich die Beschäftigung mit dieser Thematik in den letzten Jahren intensiviert. Die Konjunktur der Armutsdebatte in Wissenschaft und Politik reflektiert die Tatsache, dass das empirische Problem der Armut aktueller denn je ist.

Bereits im Vorfeld der Bundestagswahl von 1998 haben die Hans-Böckler-Stiftung, der Paritätische Wohlfahrtsverband und der Deutsche Gewerkschaftsbund eine Fortschreibung der Armutsstudie in Auftrag gegeben. Mit der Erarbeitung eines neuen Berichts wurden vor allem drei Ziele verfolgt: Zum einen sollte und soll sichergestellt werden, dass auch in dieser Legislaturperiode die Auseinandersetzung mit dem Thema Armut und Armutsbekämpfung in der Bundesrepublik weitergeführt wird. Zum anderen soll der Bericht neue inhaltliche und methodische Anregungen für eine künftige regierungsamtliche Armutsberichterstattung geben. Und schließlich soll er eigenständige Anstöße für die Ausgestaltung einer bedarfsgerechten Politik gegen Armut geben.

Mit dem vorliegenden Bericht knüpfen Auftraggeber wie Autoren an die Armutsstudie von 1994 an. Weitergeführt wurde insbesondere die Zielsetzung, die Darstellung empirischer Befunde mit einer arbeits- und sozialpolitischen Handlungsorientierung zu verknüpfen. Zugleich sollte das Untersuchungs- und Berichtsprojekt neue Ansätze für eine Analyse von Armut und Armutspolitik entwickeln und umsetzen. Wie noch näher auszuführen sein wird, konzentriert sich der Bericht auf die Ressourcenlage der Personen und Haushalte und hat zugleich den Analyserahmen um die Dimension der Ungleichheit der Einkommensverteilung erweitert. Darüber hinaus wird die Fortschreibung der Berichterstattung zur Einkommenslage der Bevölkerung durch die Analyse materieller Problemlagen bei ausgewählten Armutsgruppen ergänzt und vertieft. Schließlich erweitert der Bericht das Konzept einer nationalen Berichterstattung um den Anspruch, auch Elemente einer europäischen Berichterstattung einzubeziehen, um der zunehmend stärkeren wirtschaftlichen, sozialen und politischen Einbindung Deutschlands in die Europäische Union gerecht zu werden.

Eines der Ziele des Berichts ist bereits vor seiner Fertigstellung und Veröffentlichung in Erfüllung gegangen: Die neue Regierungskoalition in Berlin hat in ihrer Koalitionsvereinbarung angekündigt, in dieser Legislaturperiode einen Bericht zu Armut und Reichtum in Deutschland zu erstellen. Inzwischen hat sich herausgestellt, dass es sich dabei um einen regierungsamtlichen Bericht handeln wird, der auf der Grundlage wissenschaftlicher Gutachten und begleitet durch einen Beraterkreis gesellschaftlicher Verbände zustande kommen wird. Der Regierungsbericht soll im Laufe des Jahres 2001 der Öffentlichkeit vorgestellt und zur Diskussion gestellt werden. Das Vorgehen der Bundesregierung, den ersten Bericht nicht als Experten- sondern als Regierungsbericht zu konzipieren, ist nicht auf ungeteilte Zustimmung gestoßen. Zudem gibt es nach wie vor keine gesetzliche Verankerung und damit auch keine rechtliche Verpflichtung, die Berichterstattung künftig fortzuführen (vgl. BMAS 1999 a und b). Zu begrüßen ist die Bereitschaft der neuen Regierung, erstmals das Thema Armut auf die politische Agenda zu setzen. Das eher zögerliche und halbherzige Vorgehen bei der Planung und Erstellung des Armuts- und Reichtumsberichts macht jedoch deutlich, dass auch diese Regierung vor der Brisanz dieser Thematik zurückschreckt und sie unter Kontrolle zu halten versucht, statt sie offensiv anzugehen. Dennoch bedeutet die erstmalige Erarbeitung eines Armuts- und Reichtumsberichts eine Chance, die von allen Beteiligten genutzt werden sollte.

1.2 Zum Untersuchungs- und Berichtskonzept

Bis heute gibt es in der armutspolitischen Diskussion in der Bundesrepublik keinen allgemein akzeptierten Armutsbegriff. Dies ist umso bedenklicher, da das jeweilige Definitionskonzept und das herangezogene Messverfahren ganz erheblichen Einfluss auf Umfang und Struktur der Armenbevölkerung haben. Ausgehend von dem im Verfassungsrecht verankerten sozialstaatlichen Grundsatz, dass dem Bürger nicht nur das zum Überleben Unerlässliche, sondern eine Teilhabe an der gesellschaftlichen Normalität gewährleistet werden soll, spricht vieles dafür, einen relativen Armutsstandard zugrunde zu legen, bei dem die Ressourcen- bzw. Lebenslage in Relation zum durchschnittlichen Lebensstandard betrachtet wird (vgl. Hauser/Cremer-Schäfer/Nouvertne 1981; Hanesch u. a. 1994; zur Kritik vgl. Krämer 1997).

Den vorliegenden empirischen Armutsanalysen liegt zumeist das Konzept der Ressourcenarmut zugrunde, bei dem die ökonomischen Ressourcen erfasst und gemessen werden, über die die Personen und Haushalte verfügen. In Bezug auf die tatsächlich realisierte Lebenssituation handelt es sich bei Anwendung des Ressourcenkonzepts um eine Form indirekter Armutsmessung, da mit den Ressourcen lediglich der potenzielle Lebensstandard erfasst wird, während der tatsächliche Lebensstandard von den Verwendungsentscheidungen im jeweiligen Haushalt abhängig ist (vgl. z. B. Andreß 1999). In der Regel wird bei der Ressourcenarmut allein auf das Einkommen abgestellt, während weitere Ressourcen wie Vermögen oder nicht monetäre Leistungen aus Gründen der unzureichenden empirischen Datenlage nicht einbezogen werden. Zu letzterem gehört z.B. die Verfügbarkeit von Netzwerkstrukturen oder die Möglichkeit zur unentgeltlichen Inanspruchnahme von öffentlichen Infrastruktureinrichtungen des

Bildungssystems, Sozial- und Gesundheitswesens. Bei der Festsetzung von Einkommensarmutsschwellen wird auf das Konzept der «relativen Armut» in Anlehnung an die Europäische Kommission abgestellt. Dieser Vorgehensweise folgt auch der vorliegende Bericht (vgl. dazu Kapitel 2).

Im ersten Bericht war in Ergänzung zur Einkommensarmut die Versorgung in weiteren Lebensbereichen als Indikator für defizitäre Lebens- und Versorgungslagen herangezogen worden, wobei vor allem die Unterversorgung in mehreren Lebensbereichen als Ausdruck einer insgesamt benachteiligten Lebenssituation definiert wurde (vgl. Hanesch u. a. 1994). Solche direkten Armutsindikatoren erfassen die Ergebnisse des Verhaltens von Personen und Haushalten im Hinblick auf die Verwendung der verfügbaren Ressourcen. Döring/Hanesch/Huster (1990), Hanesch (1993), Andreß (1999) und andere kritisieren zwar die einseitige Fixierung der Armutsforschung auf das Einkommen, doch die bisherigen Konzepte, die Begriffe Lebenslage und Lebensstandard zu operationalisieren, geeignete Armutsschwellen zu definieren und die hierfür erforderliche empirische Datenbasis zu finden, sind unbefriedigend geblieben. Die neuere Fachdiskussion hat gezeigt, dass das Konzept der Lebenslage und des Lebensstandards in vieler Hinsicht der weiteren Klärung bedarf, bevor es der empirischen Armutsmessung zugrunde gelegt werden kann. Im vorliegenden Bericht wird daher darauf verzichtet, die Analyse der Einkommensarmut durch Untersuchungen von Versorgungslagen bzw. Lebensstandards zu ergänzen. Gleichwohl bleibt es für die Zukunft eine wichtige Aufgabe der theoretischen und empirischen Armutsforschung, aussagekräftige Indikatoren für die direkte Messung von Armut zu entwickeln und umzusetzen.

Angesichts des knapp bemessenen Untersuchungs- und Berichtszeitraums von achtzehn Monaten war es notwendig, Schwerpunkte in der Analyse und Darstellung der Armutsthematik zu setzen. Deshalb können sicherlich nicht alle Erwartungen mit dem vorliegenden Bericht eingelöst werden, die an einen Armutsbericht gerichtet sind. Da sich der Bericht ausschließlich auf bundesweite und europäische Erhebungen stützt, war es im Rahmen des Projekts nicht möglich, regional differenzierte Analysen durchzuführen. Die zweifellos wichtige sozialräumliche Dimension von Armut und Ausgrenzung musste daher ausgeblendet bleiben (vgl. z. B. Hanesch 1997; Alisch/Dangschat 1998). Da es sich bei den Datengrundlagen des Berichts um repräsentative Bevölkerungsumfragen handelt, bleiben weiterhin all die Gruppen ausgespart, die mit solchen Erhebungen nicht oder nicht ausreichend erfasst werden können. Zu diesen Gruppen gehören z. B. die, die über keine eigene Wohnung verfügen, und Personen, die in Einrichtungen leben. Die Einbeziehung dieser Gruppen hätte Untersuchungsmethoden erfordert, die mit dem Projektrahmen nicht zu vereinbaren waren (vgl. z. B. Hauser/Hübinger 1993). Schließlich musste darauf verzichtet werden, qualitative Aspekte der Armut zu untersuchen. Die «Lebenslage Armut» und die «Lebenswelt Armut» bleiben damit Felder für die künftige Forschung (vgl. dazu auch die qualitative Studie im ersten Bericht: Hanesch u. a. 1994; S. 273 ff.).

Das Untersuchungsprojekt konzentriert sich auf die folgenden vier thematischen Schwerpunkte, die auch die Struktur des vorliegenden Berichts definieren:

(1) Ein erster Schwerpunkt liegt in der Fortschreibung und Aktualisierung der empirischen Analyse von Einkommensarmut (Kapitel 2). Wie im ersten Bericht basieren diese Auswertungen auf dem Datensatz des Sozioökonomischen Panels (SOEP), einer repräsentativen Bevölkerungsumfrage, die jährlich bei den gleichen Haushalten durchgeführt wird. Auch wenn dieser Datensatz nicht für eine Analyse von Armut konzipiert wurde und – wie in anderen Erhebungen – der «Randbereich» der Verteilung nur mit Einschränkungen analysiert werden kann, handelt es sich um eine Datengrundlage, die als einzige zeitnahe Daten auf Mikroebene zur Einkommens- und Versorgungslage von Personen und Haus-

halten im alten Bundesgebiet und in den neuen Bundesländern bereitstellt. Die Analyse konzentriert sich auf Auswertungen zur Einkommensverteilung und Einkommensarmut in der Bundesrepublik. Ausgehend von der in der heutigen Armutsforschung vorherrschenden Definition von Armut als unterem Randbereich der Gesamtverteilung von Ressourcen und Lebenslagen wird Einkommensarmut als «relative Armut» definiert, bei der die Armutsschwelle in Relation zur durchschnittlichen Einkommenslage der Bevölkerung bestimmt wird.

Eine solche Definition von Armut legt es nahe, die Untersuchung von Armut mit der der Einkommensungleichheit zu verbinden. Dazu werden Informationen zur Entwicklung der Gesamtverteilung der Einkommen sowie zu Verteilungs- und Ungleichheitsmaßen präsentiert. Weitere Themen der Untersuchung zur Einkommenslage sind Analysen zur zeitlichen Dynamik der Einkommensposition sowie zu den Wirkungen der staatlichen Umverteilung auf Einkommensverteilung und Einkommensarmut. Schließlich wird die Entwicklung der Sozialhilfebedürftigkeit und des Sozialhilfebezugs dargestellt. Als innovative Momente dieses Schwerpunkts sind nicht nur die Verknüpfung von Armut und Ungleichheit hervorzuheben, sondern auch der Ansatz, den Haushaltskontext in den Einkommensuntersuchungen explizit zu berücksichtigen.

(2) Ein zweiter Berichtsschwerpunkt umfasst die Analyse der Einkommenslage ausgewählter Armutsgruppen. Dabei handelt es sich um solche Gruppen, bei denen besondere armutsrelevante Problemkonstellationen zu vermuten sind. Die Analyse konzentriert sich auf folgende Gruppen:

- Erwerbstätige und ihre Angehörigen,
- Arbeitslose und ihre Angehörigen,
- Familien mit Kindern,
- Menschen mit Behinderungen sowie
- deutsche und ausländische Migranten.

Damit ist keineswegs die Gesamtheit aller Gruppen mit besonderen Armutsgefährdungen erfasst. Umgekehrt sind Gruppen einbezogen, von denen bisher vermutet wurde, dass ihre Armutsgefährdung gering ausfällt. Die Begrenzung auf fünf Gruppen war aus arbeitsökonomischen Gründen erforderlich. Zugleich sollte mit den untersuchten Gruppen eine möglichst große Bandbreite unterschiedlicher Risiko- und Problemlagen berücksichtigt werden. In den gruppenspezifischen Analysen geht es zum einen um die Darstellung der spezifischen Armutsrisiken und der derzeitigen sozialpolitischen Rahmenbedingungen. Zum anderen werden die Ergebnisse vertiefender Untersuchungen auf Basis des SOEP zu gruppenspezifischen Problem- und Ursachenkonstellationen der Einkommensarmut präsentiert. Auch dabei ist der Versuch unternommen worden, den Haushaltskontext differenziert zu erfassen und für die Analyse von Armuts- und Niedrigeinkommenslagen fruchtbar zu machen.

(3) Ein dritter Schwerpunkt der Untersuchung liegt in der Auseinandersetzung mit Armut und Armutsbekämpfung in Europa. Damit soll der nationale Rahmen in der Armutsberichterstattung und Armutsdiskussion erweitert und überschritten werden. In einem ersten Schritt wird dazu auf der Datengrundlage des Europäischen Haushaltspanels (ECHP) die Einkommensungleichheit und Einkommensarmut in den Mitgliedsstaaten der Europäischen Union untersucht. Durch die Auswertung des ECHP wird neben dem SOEP eine weitere Datenquelle in das Projekt einbezogen, die auf parallelen Erhebungen in den EU-Mitgliedsstaaten basiert und die vergleichbare Daten zur Einkommens- und Versorgungslage in diesen Ländern für den Zeitraum 1994 bis 1996 enthält. Der Datensatz des ECHP steht erst seit kurzem für Auswertungen zur Verfügung, insofern handelt es sich um eine der ersten Analysen zum Thema Armut und Ungleichheit auf Basis des ECHP. In Zukunft werden das ECHP oder vergleichbare Datensätze für international vergleichende Studien und die nationale

Sozialberichterstattung wachsende Bedeutung gewinnen. Erlauben sie es doch, die Befunde zur Armuts- und Verteilungslage in der Bundesrepublik durch Informationen über die Problemlage in anderen EU-Ländern zu ergänzen.

In einem zweiten Schritt gibt der Bericht einen Überblick über die Politik der Armutsbekämpfung in den Mitgliedsstaaten der Europäischen Union, der durch die vergleichende Darstellung der Politik gegen arbeitsmarktbedingte Armut in vier ausgewählten Ländern der EU – Dänemark, Niederlande, Großbritannien und Frankreich – ergänzt wird. Vor dem Hintergrund der Erfahrungen im europäischen Ausland sollen Konzeption und Ergebnisse der Armutspolitik in der Bundesrepublik eingeordnet und bewertet werden.

(4) Ein vierter Schwerpunkt befasst sich schließlich mit der Analyse der gegenwärtigen arbeits- und sozialpolitischen Rahmenbedingungen und ihrem Beitrag zur Verminderung oder Erzeugung von Armut, insbesondere mit der zunehmend kontrovers beurteilten Rolle des letzten Netzes der Sozialhilfe. Darüber hinaus werden die gegenwärtig diskutierten Strategien zu einem Umbau des Sozialstaats in der Bundesrepublik nicht nur im Hinblick auf ihre armutsrelevanten Implikationen gewürdigt, sondern ebenso vor dem Hintergrund zentraler Themen und Strategien der Armutspolitik in den Mitgliedsstaaten der Europäischen Union eingeordnet und bewertet. Dazu untersucht der Bericht die Ansatzpunkte, Instrumente und strategischen Orientierungen einer Armutsbekämpfung und diskutiert alternative Optionen für eine Politik gegen Armut in der Bundesrepublik. Nicht immer ist es möglich, eindeutige Ursachen und Lösungsmöglichkeiten aus den empirischen Befunden abzuleiten. Dazu wären u. a. Wirkungsanalysen und Mikrosimulationen zu den verschiedenen Maßnahmen und Instrumente erforderlich, was den Rahmen dieses Berichts gesprengt hätte. Stattdessen musste – soweit möglich – auf Hypothesen und Ergebnisse der vorliegenden Ar-

muts- und Sozialpolitikforschung zurückgegriffen werden. Auch in dieser Hinsicht bleibt ein erheblicher Bedarf für künftige Forschungen.

Den Abschluss bilden Empfehlungen zur Weiterentwicklung des bisherigen arbeits- und sozialpolitischen Instrumentariums, um die Effektivität bestehender Maßnahmen und Leistungen zu verbessern und/oder bedarfsgerechtere Lösungen zu entwickeln. Insgesamt sollen die Ergebnisse des Forschungsprojekts «Armut und Ungleichheit in Deutschland» dazu beitragen, der deutschen Armutsdiskussion neue Impulse zu geben und eine zieladäquate Armutspolitik in der Bundesrepublik wie auch im europäischen Kontext zu fördern.

1.3 Zusammenfassung und Schlussfolgerungen

1.3.1 Zentrale Ergebnisse des Armutsberichts

Aus der Vielfalt von Ergebnissen der Untersuchung zu Einkommensungleichheit und Einkommensarmut in der Bundesrepublik sollen abschließend einige wenige Punkte herausgegriffen und hervorgehoben werden:

(1) Das Ausmaß der Einkommensarmut unterliegt im Untersuchungszeitraum Schwankungen; ein Anstieg ist nicht festzustellen, sondern ein leichter Rückgang. Diese Konstanz der Verhältnisse gilt auch für die Struktur der Einkommensverteilung insgesamt. In den neuen Bundesländern liegen die Armutsquoten – gemessen am gesamtdeutschen Durchschnitt – immer noch höher als in den alten. Für Gesamtdeutschland bleibt zu festzuhalten, dass 1998 9,1 % der Bevölkerung in

Einkommensarmut leben und 34,5 % mit einen Niedrigeinkommen von weniger als 75 % des Durchschnitts auskommen müssen. Armut ist dabei kein Dauerzustand. Die meisten der Betroffenen erleben die Armutslage nur kurzfristig.

(2) Der Bezug von Sozialhilfe (Hilfe zum Lebensunterhalt) hat in den zurückliegenden Jahren kontinuierlich zugenommen. Auch der Anteil der Hilfeempfänger an der Bevölkerung steigt. Allerdings liegt die Sozialhilfequote noch deutlich unterhalb der an der Einkommensverteilung gemessenen Armutsquote. Verantwortlich dafür ist vor allem, dass ein großer Teil der Leistungsberechtigten den Anspruch auf ergänzende Hilfe zum Lebensunterhalt nicht wahrnimmt.

(3) Die Studie hat gezeigt, dass das Problem der Armut bei Erwerbstätigkeit in der Bundesrepublik in größerem Umfang existiert, als dies vielfach unterstellt wird. Dies gilt vor allem, wenn man die Gesamtzahl derer betrachtet, die in armen Erwerbstätigenhaushalten leben. Dabei hängt das Risiko, in eine Armutslage abzurutschen, stark von der Erwerbskonstellation im Haushalt ab. Probleme entstehen vor allem dann, wenn in Paar-Haushalten mit Kindern nur ein Partner erwerbstätig ist und sein Arbeitseinkommen niedrig ist.

(4) Arbeitslose und ihre Angehörigen gehören zu den Gruppen, die am stärksten von Armut betroffen sind. Die soziale Absicherung bei Arbeitslosigkeit reicht bei vielen Haushalten nicht aus, um einen Abfall in der Einkommensposition bis unter die Armutsgrenze zu verhindern. Die Gefährdung ist vor allem dann groß, wenn die Arbeitslosigkeit länger andauert und sich in Paar-Haushalten nur ein Partner am Erwerbsleben beteiligt.

(5) Die vorliegende Studie bestätigt die These, dass die Armut in der Bundesrepublik vor allem eine Armut von Familienhaushalten ist. Mehrere Kinder zu versorgen wird zu einem Einkommensproblem, weil der Einkommensbedarf steigt, aber

wegen der Kindererziehung eine Vollzeiterwerbstätigkeit beider Elternteile nur schwer möglich ist. Erwerbstätigkeit und Kindererziehung miteinander zu vereinbaren ist für Alleinerziehende besonders schwierig.

(6) Auch wenn bei behinderten Menschen keine überdurchschnittliche Betroffenheit von Einkommensarmut festzustellen ist, gilt dies nicht für alle Gruppen von Behinderten. Im Gegensatz zu Personen, die bereits aus dem Erwerbsleben ausgeschieden sind, haben Personen, die vor dem Eintritt in den Arbeitsmarkt behindert werden, hohe Risiken, mit einem nur niedrigen Einkommen auskommen zu müssen. Für behinderte Menschen im jüngeren Alter, die zugleich im hohen Maße von Arbeitslosigkeit betroffen sind, ist die Einkommensabsicherung unzureichend, da das System der sozialen Sicherung auf Erwerbsarbeit ausgerichtet ist.

(7) Sowohl ausländische als auch deutsche Migranten sind überdurchschnittlich von Einkommensproblemen betroffen. Die Armutsquoten der Ausländer wie der Spätaussiedler liegen erheblich über dem Durchschnitt der Gesamtbevölkerung. Besonders hohe Risiken haben türkische Migranten, die zweite und dritte Generation und insbesondere die Gruppe der Asylbewerber und Flüchtlinge.

(8) Im europäischen Vergleich zeigt sich, dass die Länder des liberalen und des rudimentären Wohlfahrtsstaatsmodells besonders ungünstige Armutsrisiken vor dem Hintergrund einer starken Ungleichheit der Einkommensverteilung aufweisen. Umgekehrt sind die Länder des sozialdemokratischen und des kontinentaleuropäischen Modells durch relativ niedrige Werte zu Einkommensungleichheit und -armut gekennzeichnet. Im europäischen Vergleich bewegen sich in der Bundesrepublik die Höhe der Armutsquote wie das Risiko, in Armut zu verbleiben, im mittleren Bereich.

1.3.2 Für eine bedarfsgerechte Armutspolitik

Welche Schlussfolgerungen lassen sich aus den vorgestellten empirischen Befunden ziehen?

Zwar signalisiert die relativ konstante Armuts- und Niedrigeinkommensquote keine gravierenden Veränderungstendenzen in den Einkommensrisiken der bundesrepublikanischen Bevölkerung. Dies darf jedoch kein Anlass zur Entwarnung sein. Zum einen ist der Umfang der Einkommensarmut in Deutschland auf einem Niveau, das – insbesondere im Vergleich zu den skandinavischen Ländern – keineswegs als gering anzusehen ist. Es besteht somit ein Nachholbedarf, was die Verringerung der Armutsbetroffenheit in der Bundesrepublik angeht. Zum anderen sind im Bericht eine Reihe von Problemkonstellationen und Problemgruppen identifiziert worden, bei denen die Armutsbetroffenheit wesentlich höher lag und im Untersuchungszeitraum z. T. sogar weiter gestiegen ist. Schließlich muss vorerst offen bleiben, inwieweit sich diese Entwicklung auch künftig fortsetzt. Wird doch in den letzten Jahren intensiv über einen Umbau des deutschen Sozialstaatsmodells diskutiert, dessen Umsetzung – wie in Kapitel 5 dargestellt wird – zur Folge haben könnte, dass die Armutsprävention durch sozialstaatliche Interventionen künftig an Bedeutung verliert.

Im Rahmen des ersten Armutsberichts für das vereinte Deutschland von 1994 wurde die Einführung einer bedarfsgerechten Armutspolitik in der Bundesrepublik gefordert. Sechs Jahre später ist diese Forderung nach wie vor aktuell. Die empirische Grundlage für eine solche Politik sollte die Institutionalisierung einer Armuts- und Sozialberichterstattung liefern, um zu verhindern, dass die künftige Armutspolitik «im Blindflug» agiert. Mit dem Beschluss, in dieser Legislaturperiode erstmals einen regierungsoffiziellen Armuts- und Reichtumsbericht zu erstellen, hat die neue Regierungskoalition diese Forderung aufgegriffen. Der vorliegende Bericht verweist auf nach wie vor bestehenden Forschungsbedarf im Hinblick auf eine Berichterstattung zu Armut: Dazu gehört vor allem die Erweiterung der empirischen Datenbasis für die Analyse von Einkommensarmut. Alle Untersuchungen zu einzelnen Armutsgruppen litten daran, dass bei differenzierten Fragestellungen und Zugrundelegung mehrerer Merkmalsdimensionen die Fallzahlen im SOEP zu klein wurden, um gesicherte Aussagen zuzulassen. Die bereits beschlossene Aufstockung des SOEP wird sicherlich zur Verbesserung der Datenlage beitragen. Dennoch bleibt zu fragen, wie die Erfassung des Randbereichs der Verteilung verbessert werden kann. Aber auch das Erhebungskonzept des SOEP hat Auswertungsgrenzen zur Folge – etwa im Hinblick auf die Erfassung von Sozialhilfebedürftigkeit oder die Berücksichtigung der Verwendung der Haushaltsbudgets. Darüber hinaus stellen sich konzeptionelle und methodische Fragen, etwa im Hinblick auf die Operationalisierung des Lebenslagekonzepts, die der Klärung bedürfen. Schließlich gilt es, für all die Gruppen Forschungsstrategien zu entwickeln, die mit repräsentativen Bevölkerungsumfragen nicht oder nur unzureichend untersucht werden können.

Betrachtet man die praktizierte Politik etwa in den Handlungsfeldern der Arbeits- und Sozialpolitik, ist der Stellenwert der Politik gegen Armut in der Bundesrepublik nach wie vor relativ begrenzt. Ausgehend vom Problem der Einkommensarmut, das im Mittelpunkt des vorliegenden Berichts stand, waren und sind vor allem der Ausbau der Beschäftigungs- und Arbeitsmarktpolitik, die armutsfeste Ausgestaltung der Einkommenssicherung beim Einkommensausfall sowie eine konzeptionelle Neudefinition der Ausgleichsleistungen für besondere «Lasten» gefordert. Im Wesentlichen können hier die Forderungen wieder aufgegriffen werden, die bereits im ersten Armutsbericht formuliert wurden (vgl. Hanesch u. a. 1994, S. 44ff. und 395ff.):

(1) Um den strukturellen Ursachen der vor allem arbeitsmarktbe-

dingten Verarmungsrisiken entgegenzuwirken, bedarf es – vor dem Hintergrund einer offensiven und an der Schaffung von Arbeitsplätzen im ersten Arbeitsmarkt orientierten Wirtschafts- und Beschäftigungspolitik – neuer Arbeitszeitmodelle wie auch gezielter Qualifizierungs- und Beschäftigungsangebote für arbeitsmarktpolitische «Problemgruppen».

(2) Weitere Maßnahmen reichen von der Schließung der Lücken im System der Sozialversicherung über eine stärker bedarfsorientierte Ausgestaltung steuerfinanzierter Transfers für besondere Bedarfslagen bis zu einer Neugestaltung der Sozialhilfe in Richtung einer bedarfsorientierten Grundsicherung.

(3) Zur Überwindung «kinderbedingter Armut» ist die Schaffung eines kinderorientierten Familienleistungsausgleichs und die Verbesserung der Rahmenbedingungen für die Vereinbarkeit von Beruf und Familie hervorzuheben.

(4) Eine Verbesserung der Einkommenslage von Migranten kann am ehesten durch die Eingliederung in den ersten Arbeitsmarkt wie durch den ungeteilten Zugang zu sozialen Rechten und Leistungen realisiert werden.

(5) Auch für Menschen mit Behinderungen ist die Teilhabe am Arbeitsmarkt von entscheidender Bedeutung. Darüber hinaus sollte auch jenen Menschen, die nicht in den ersten Arbeitsmarkt integriert werden können, ein Lohn gezahlt werden, der über das derzeitige Taschengeldniveau hinausgeht und eine eigenständige Existenzsicherung ermöglicht. Besonders zu fördern sind Familien mit behinderten Kindern.

Für die Zukunft kann es aber nicht nur darum gehen, neue Strategien und Maßnahmen im Kampf gegen die Armut einzuführen. Mindestens ebenso wichtig ist die Aufgabe, verlässliche Informationen über die Wirkung der eingesetzten Instrumente im Hinblick auf die Veränderung der Ressourcenlage wie der Lebensbedingungen der Adressaten zu gewinnen. Arbeitsmarkt-

und sozialpolitische Programme sollten daher künftig von vornherein mit der Auflage verbunden werden, eine Wirkungsforschung verbindlich vorzuschreiben. Erst die regelmäßige Evaluation der verschiedenen Programme und Instrumente kann verhindern, dass sich die Politik gegen Armut auf eine «symbolische Politik» beschränkt, die den Nachweis von Aktivitäten bereits als Erfolg verbucht. Nur die Verbindung von Sozialberichterstattung und Wirkungsforschung kann die empirische Grundlage für eine rationale Auseinandersetzung und Entscheidungsfindung liefern.

Die Übersicht zur Politik gegen arbeitsmarktbedingte Armut in den Mitgliedsländern der Europäischen Union hat gezeigt, dass in den betrachteten Ländern eine erhebliche Bandbreite an Lösungsmustern zur Einkommenssicherung bei Arbeitslosigkeit und zur (Wieder-)Eingliederung in den Arbeitsmarkt existiert. Zwar sind für die letzten Jahre Trends in Richtung restriktiverer Leistungsbedingungen und verstärkter Wiedereingliederungsbemühungen erkennbar. Vor allem das Konzept des «aktivierenden Sozialstaats» bestimmt die Politik in diesem Feld der Armutspolitik nachhaltig. Dennoch sind mit diesem Konzept höchst unterschiedliche Ausgestaltungsvarianten vereinbar. Es wird daher in der Bundesrepublik in den kommenden Jahren darauf ankommen, das Konzept der «Aktivierung» stärker im Sinne echter Reintegrationshilfen in Arbeit und Gesellschaft zu akzentuieren.

Keineswegs muss das Konzept des europäischen Wohlfahrtsstaats, wie es bisher in den skandinavischen und kontinentaleuropäischen Ländern realisiert war, über den Haufen geworfen und durch das angelsächsische Modell des liberalen Sozialstaats ersetzt werden. Die Erfahrungen in Ländern wie Dänemark und den Niederlanden haben vielmehr gezeigt, dass eine konsequente Politik zur Überwindung der Beschäftigungskrise nicht in Widerspruch treten muss zum Gebot einer Teilhabe an der gesellschaftlichen Normalität für alle Bürger. Insofern muss die Forderung nach einer bedarfsgerechten Politik gegen Armut keineswegs darauf hinauslaufen, beim Eintreten allgemeiner Lebensrisiken das Ziel der Lebensstandardsicherung durch das Ziel der Armutsvermeidung abzulösen und zu ersetzen. Die Forderung einer bedarfsgerechten Armutspolitik bedeutet also nicht die Beschränkung des Sozialstaats auf Armutsvermeidung, sondern die systematische Ergänzung der Lebensstandardsicherung durch eine wirksame Armutsbekämpfung durch den Auf- und Ausbau einkommensabhängiger Transfers und Hilfen.

Heinze/Hilpert/Strünck (1999) haben vor kurzem dafür plädiert, in der Bundesrepublik einen experimentellen Wohlfahrtsstaat in dem Sinne einzuführen, dass regional begrenzte Experimente zugelassen werden, in denen neue rechtliche, politische und institutionelle Lösungen erprobt werden, um die Innovation und Weiterentwicklung der bisherigen Strukturen und Konzepte zu erleichtern. Vor allem im Bereich der Sozialhilfe ist dieser Ansatz auf fruchtbaren Boden gefallen. In einem neuen Gesetzentwurf der Fraktionen SPD und Bündnis 90/DIE GRÜNEN (2000) zur Verbesserung der Zusammenarbeit von Arbeitsämtern und Trägern der Sozialhilfe sind solche Experimentierklauseln in SGB III und BSHG vorgesehen, in deren Rahmen Modellvorhaben durchgeführt und neue Wege erprobt werden sollen. Ein solches Vorgehen ist vor allem vor dem Hintergrund einer stärkeren Dezentralisierung der Armutspolitik sinnvoll und mag in manchen Bereichen wie etwa der Beratung und Vermittlung von Langzeitarbeitslosen zu größeren Erfolgen führen. Dem steht jedoch das Postulat gegenüber, nationale Standards im Bereich der Einkommenssicherung wie im Bereich der Integrationshilfen zu definieren und deren Einhaltung zu kontrollieren.

Die Gefahr einer Verlagerung der politischen und administrativen Verantwortung von der nationalen auf die lokale Ebene besteht vor allem dann, wenn eine entsprechende Verlagerung von fiskalischen Ressourcen im Sinne des Konnexitätsprinzips unterbleibt und die Kommunen strukturell überfordert werden, sodass sie die wachsenden Ausgrenzungs- und Verarmungsrisiken sozialstaatlich nicht mehr angemessen bewältigen können (vgl. Hanesch 1997). Zum anderen zeigen z. B. die Erfahrungen im Bereich der Hilfe zur Arbeit, dass es in diesem Feld kommunaler Selbstverantwortung fast unmöglich ist, einen Überblick darüber zu gewinnen, was sich auf der örtlichen Ebene tut, inwieweit fachliche und politische Standards eingehalten werden und welche Wirkungen diese Maßnahmen zeitigen. Schließlich droht die Armutsthematik durch eine solche Verlagerung von der nationalen auf die kommunale Ebene aus dem Blick der Öffentlichkeit zu verschwinden.

Kapitel 2 Einkommensungleichheit, Einkommensarmut und Sozialhilfebedürftigkeit

2.1 Problemstellung

Die Frage nach der Einkommensentwicklung in Deutschland ist in mehrfacher Hinsicht sozialpolitisch bedeutsam (vgl. Atkinson 1997). Zum einen ist zu prüfen, inwieweit infolge der überproportionalen Zunahme der sehr ungleich verteilten Kapitaleinkünfte im Vergleich zu den Erwerbseinkommen sich bereits Verschiebungen im Einkommensgefüge ergeben haben. Zum Zweiten sind die Erwerbseinkommen selbst in Anbetracht des zunehmenden Umfangs prekärer Beschäftigungsformen sowie der nachhaltigen Diskussionen zur Erhöhung der Beschäftigungsanreize durch Lohnspreizung kein Garant für sozial ausgeglichene Wohlstandsentwicklungen der privaten Haushalte. Zum Dritten haben sich auch die demographischen Zusammensetzungen der privaten Haushalte und damit ihre jeweiligen Chancen auf eine adäquate Beteiligung am allgemeinen Wohlstand verändert. Nicht zuletzt ist schließlich auch die Sozialpolitik zu nennen, deren Rahmenbedingungen sich durch die Globalisierung und Europäisierung geändert haben.

Zudem umfasst der hier zugrunde liegende Untersuchungszeitraum die Vereinigung beider deutscher Staaten mit jeweils sehr unterschiedlichen gesellschaftlichen Strukturen und Wohlstandsniveaus (Zapf/Halich 1996, 1999). Die Lebensverhältnisse der Bevölkerung in den neuen Ländern des vereinigten Deutschlands sollten möglichst schnell an das höhere Wohlstandsniveau der westlichen Landesteile angeglichen werden. Hierüber herrschte weitgehend Einigkeit zwischen allen maßgeblichen politischen Kräften zu Beginn der 90er-Jahre.

Neben der Darstellung der Entwicklung von Wohlstand und Ungleichheit in Deutschland insgesamt kommt in diesem Kapitel auch der vergleichenden Betrachtung des Einkommens- und Lebensniveaus in den alten und neuen Bundesländern eine besondere Bedeutung zu. Damit erhöht sich naturgemäß die Komplexität der Darstellung, da die jeweiligen Einkommens- und Wohlstandsentwicklungen sowohl für die alten und neuen Bundesländer als auch für Deutschland als Ganzes zu dokumentieren sind.

Das Kapitel gliedert sich wie folgt: Zunächst wird die dem gesamten Bericht zugrunde liegende Datenbasis – das Sozioökonomische Panel (SOEP) – dargestellt, gefolgt von einer Beschreibung der verwendeten Einkommensmessungen und Methoden. Im empirischen Teil erfolgt zunächst eine Darstellung der Einkommens- und Ungleichheitsentwicklung. Daran schließt sich eine differenzierte Betrachtung der Armut an. Es folgt eine Beschreibung der Dynamik der Einkommens- und Armutslagen. Der empirische Teil schließt mit einer Betrachtung des Ausmaßes der Reduktion von Ungleichheit und Armut durch sozialstaatliche Maßnahmen. Die Ergebnisse werden am Ende nochmals zusammengefasst.

2.2 Datenbasis und Messkonzepte

2.2.1 Datenbasis: Das Sozioökonomische Panel (SOEP)

Das Sozioökonomische Panel (SOEP) bildet die zentrale Datengrundlage für den Bericht. Lediglich für empirische Auswertungen im europäischen Vergleich wird ergänzend das Europäische Haushaltspanel (ECHP) als zusätzliche Datenquelle herangezogen.[1] Das SOEP ist eine wissenschaftsgetragene Längsschnittuntersuchung, bei der Personen und Haushalte in Deutschland jährlich wiederholt zu demographischen, sozialen und ökonomische Belangen direkt befragt werden. Die Befragung richtet sich an alle Personen im Haushalt im Alter von über 16 Jahren (Personenfragebogen) sowie an den Haushalt als Ganzes (Haushaltsfragebogen). Zudem liegen weitere Informationen über Personen vor, die zwar zum Haushalt gehören, aber nicht direkt befragt werden konnten (Kinder bis 16 Jahre; Unit-Nonresponse).

Die Wiederholungsbefragung ist so angelegt, dass demographisch bedingte Veränderungen (Geburt, Tod) berücksichtigt und Wanderungen innerhalb Deutschlands weiterverfolgt werden, sodass sich die jeweilige Population von Jahr zu Jahr verändert. Die Fallzahl von 6000 Haushalten in Westdeutschland im Ausgangsjahr 1984 ist ausreichend hoch, um auch detaillierte Analysen für Problemgruppen durchführen zu können. Hierin sind ausländische Haushalte, die bis zu diesem Zeitpunkt nach Westdeutschland zugewandert sind, bereits überproportional enthalten (Ausländer-Stichprobe), sodass auch für diese Gruppe tief gegliederte Sonderauswertungen möglich sind. Zuwanderungen nach West-

1 Das ECHP wird in Kapitel 4 beschrieben.

deutschland ab Mitte der 80er-Jahre durch Übersiedler[2], Aussiedler und Asylberechtigte werden, soweit sie nicht bereits durch das bestehende Weiterverfolgungskonzept im Rahmen des Familiennachzugs oder des In-Kontakt-Tretens mit bestehenden Panelhaushalten berücksichtigt werden,[3] in einer eigenen Erhebung im Jahr 1994/95 (Zuwanderer-Stichprobe) in über 500 Haushalten erfasst.

Die Erhebung konnte bereits im Jahr 1990 noch vor der deutschen Vereinigung auf das Gebiet der ehemaligen DDR ausgedehnt werden (über 2000 Haushalte). Auf diese Weise ergab sich die einmalige Möglichkeit, die durch den Prozess der Transformation ausgelöste Veränderung der Lebensbedingungen innerhalb der privaten Haushalte mit einem umfangreichen Set an sozioökonomischen Indikatoren direkt zu beobachten.

Im Jahr 1998 wurden aus einer erstmalig für Gesamtdeutschland neu gezogenen Stichprobe (Ergänzungsstichprobe) zusätzliche Daten für etwa 1000 Haushalte bereitgestellt. Trotz der zeitaufwendigen Zusammenführung der Stichprobe mit den bestehenden Daten sowie die Erstellung eines neuen Hochrechungsrahmens konnte auch dieser Datenbestand noch für diesen Bericht verwendet werden.

In den jeweiligen Ursprungsstichproben werden nur Privathaushalte befragt. Sofern jedoch Personen im Laufe der jährlichen Befragungen in Anstaltshaushalte (z. B. Altersheim etc.) gewechselt haben, werden diese nach Möglichkeit ebenfalls in die Befragung einbezogen. Die Anstaltsbevölkerung bleibt jedoch bei den vorliegenden Auswertungen unberücksichtigt.

2 Zuwanderungen aus der ehemaligen DDR, die vor 1990 nach Westdeutschland gezogen sind.

3 Dies ist zum Teil bei Kriegsflüchtlingen aus dem ehemaligen Jugoslawien der Fall.

Übersicht über die Stichproben und Fallzahlen im SOEP

Stichprobe	Population Region	Ersterhebung	N (Haushalte)	N (Personen, einschließlich Kinder)
A + B	West	1984	5.921	16.205
darunter: B (1–5)	*Ausländer, West*	1984	1.393	
C	Ost	1990	2.179	6.131
D (1,2)	Zuwanderer, West	1994/95	531	1.648
E	Ergänzung	1998	1.079	2.496

Das Befragungsprogramm besteht aus einem sozioökonomisch-demographischen Kernteil, der meist unverändert jährlich wiederholt wird, sowie zusätzlichen Schwerpunktfragen, die in größeren Abständen oder einmalig vertiefend erhoben werden. Die Themenpalette ist breit angelegt, neben wirtschaftlichen und soziodemographischen Lebensbedingungen im Haushalt werden die Bereiche Arbeit, Wohnen, Gesundheit, aber auch Zeitverwendung und subjektive Indikatoren erfasst.

Die Repräsentativität der Befragungshaushalte im SOEP beruht auf einer mehrfach geschichteten Zufallsauswahl. Die Ausgangsstichproben werden mittels Hochrechnungsfaktoren unter Berücksichtigung der unterschiedlichen Ziehungsdesigns der jeweiligen Teilstichproben zu einer repräsentativen Gesamtstichprobe der Wohnbevölkerung in Deutschland zusammengefasst. Die Hochrechnungsfaktoren der jeweiligen Ausgangswellen werden zudem einmalig an externe Verteilungen angepasst. Anstaltshaushalte sind bei der ursprünglichen Ziehung nicht enthalten, sie werden aber in den Folgejahren durch das Weiterverfolgungskonzept einbezogen. Ferner sind – wie bei allen vergleichbaren Stichproben – Wohnungslose und andere schwer kontaktierbare Personengruppen (z. B. Schaustellergewerbe; psychisch Kranke etc.) im SOEP nicht oder nur unzureichend repräsentiert.[4]

Die Hochrechnung der Folgewellen basiert jeweils auf der Schätzung von Ausfallwahrscheinlichkeiten gegenüber dem Vorjahr: Je höher der Ausfall in einer Gruppe, desto größer dessen Hochrechnungsfaktor. Auf diese Weise wird die Repräsentativität im SOEP für jede Teilstichprobe von Welle zu Welle weitgehend ohne Heranziehen zusätzlicher externer Informationen fortgeschrieben. Kontrolluntersuchungen haben gezeigt, dass bei Verwendung der Hochrechnungsfaktoren auch nach zehn Jahren der untere Einkommensbereich noch angemessen repräsentiert wurde (Rendtel/Wagner/Frick 1995).

Im Laufe der Jahre erhöht sich jedoch mit der abnehmenden Zahl von SOEP-Ursprungshaushalten naturgemäß auch der potenzielle Fehler des Hochrechnungsrahmens. Dies ist insbesondere bei der detaillierten Analyse von Problemgruppen nach über 15 Wellen kein zu vernachlässigendes Problem mehr. So wurde inzwischen das Hochrechnungsverfahren um eine allerdings äußerst sparsame Randanpassung ergänzt, um auch die angemessene Abbildung der diesbezüglich besonders anfälligen Einpersonenhaushalte in ihrer Altersstruktur zu gewährleisten. Beim Vergleich mit der im Jahr 1998 neu gezogenen Ergänzungsstichprobe ergeben sich jedoch für den langjährigen Datenbestand des SOEP auch hinsichtlich der Einkommen nach wie vor erstaunlich hohe Übereinstimmungen.

Der Datenbestand des SOEP zeichnet sich vor allem durch vier Merkmale aus: (1) Durch die jährliche Erhebungsweise stehen nunmehr seit über 15 Jahren auf einer großen Fallzahl beruhende repräsentative Informationen zur Behandlung auch zeitnaher so-

4 Das SOEP als Wiederholungsbefragung erfasst hier durchaus Einzelfälle, im Unterschied zu reinen Querschnittsbefragungen, wo diese Personengruppen schon vom Erhebungsdesign ausgeschlossen werden.

zialpolitischer Fragestellungen zur Verfügung. (2) Spezifische Gruppen wie Ausländer und Migranten können aufgrund ihrer überproportionalen Erfassung in differenzierter Weise analysiert werden. (3) Durch die wiederholte Befragung derselben Personen und Haushalte werden individuelle Veränderungen erfasst, die durch Betrachtung aggregierter Zeitreihen nicht ersichtlich sind. (4) Aufgrund der direkten Befragung aller erwachsenen Personen im Haushalt lassen sich auch innerhäusliche Strukturen abbilden, deren Bedeutung in herkömmlichen Analysen meist wenig beachtet wird. Im vorliegenden Bericht wird die sozialpolitische Bedeutung dieses Aspekts bei der Behandlung des Zusammenhangs von individueller Erwerbsarbeit beziehungsweise Arbeitslosigkeit und Niedrigeinkommen im Haushalt wie auch bei der Beschreibung der Lebensbedingungen in Familienhaushalten ausführlich erörtert.

2.2.2 Einkommensmessung, Äquivalenzgewichtung und Kaufkraftparitäten

Die detaillierte Erfassung der Einkommensverhältnisse nimmt einen breiten Raum im Befragungsprogramm ein (vgl. Wagner 1991). Jede Person im Haushalt im Alter von über 16 Jahren wird im Personenfragebogen nach den eigenen Einkünften sowohl bezogen auf den aktuellen Monat (erst seit 1994) als auch für das zurückliegende Kalenderjahr (brutto) befragt; ergänzend werden von der auskunftsgebenden Person im Haushalt Einkommenskomponenten, die den Haushalt als Ganzes betreffen, im Haushaltsfragebogen erfasst. Hierzu zählt auch die globale Frage nach der Gesamtheit aller verfügbaren Einkünfte im Haushalt (Income Screener) am Ende des Haushaltsfragebogens.

Angaben über die Einkommen der privaten Haushalte im SOEP

Angaben über das verfügbare Einkommen der privaten Haushalte lassen sich so im SOEP auf zwei konzeptionell unterschiedliche Arten gewinnen.

Der *Income Screener* – die direkte Frage nach der Höhe aller monatlichen Einkünfte am Ende des Haushaltsfragebogens – besticht durch seine einfache, direkte, im Zeitverlauf vergleichbare und kontinuierliche empirische Erfassung. Bei dieser Frage werden von allen Haushaltsmitgliedern alle im laufenden Monat anfallenden Einkünfte und Transfers berücksichtigt. Diese Angabe bildet die Grundlage der Einkommensmessung in diesem Bericht. Allerdings werden die so erhobenen monatsbezogenen Einkommensangaben vielfach unterschätzt, da die auskunftsgebende Person nicht immer vollständig über die entsprechenden Belange im Haushalt informiert ist oder bei der Aufrechnung schlicht einzelne Haushaltsmitglieder oder Einkommensarten (typischerweise Transfers) vergisst. Überschätzungen spielen demgegenüber eine eher untergeordnete Rolle. Diese Verzerrungen sind im SOEP weniger stark ausgeprägt als in anderen Erhebungen wie beispielsweise dem Mikrozensus, da diese summarische Frage erst am Ende des Fragebogens gestellt wird, nachdem eine Reihe von Einzelkomponenten (u. a. Transfers und Vermögenseinkünfte) erfragt wurden. Auf diese Weise sind diese oft schlecht memorierten Einkommenskomponenten bei der Beantwortung der abschließenden Frage noch im Gedächtnis. Dennoch zeigen sich auch im SOEP beim Vergleich mit der Aufsummierung der Individualangaben in einer Reihe von Fällen Untererfassungen.

Zugleich wird bei diesem Vergleich aber auch deutlich, wie genau bei einem großen Teil der Befragten die globalen Angaben mit den aus Individualinformationen generierten Einkommenssummen übereinstimmen oder nur marginale Abweichungen aufweisen. So besteht andererseits durchaus

Grund zu der Annahme, dass die globalen Angaben im Income Screener vielfach auch valider sind als die aus Einzelangaben generierten Einkommenswerte. Dies gilt möglicherweise bei Selbständigenhaushalten mit schwierig zu erfassenden Erwerbseinkommen und insbesondere bei Item- oder Unit-Nonresponse. Mögliche Einschränkungen bezüglich der Aussagekraft der direkt erfragten Einkommensangaben in einzelnen Haushalten beziehen sich lediglich auf das Niveau, nicht jedoch auf die Struktur oder die Verteilung der Einkommen (Bedau 1987; Bedau/Krause 1998).

Ferner werden im SOEP für die jeweiligen Haushalte *Vorjahreseinkommen* generiert. Diese beruhen auf gegebenenfalls imputierten retrospektiven Komponenten zum individuellen und haushaltsbezogenen Bruttoeinkommen im Vorjahr. Diese werden unter Berücksichtigung einmaliger Zahlungen zum Haushaltsbruttoeinkommen aufsummiert und mit Hilfe eines Steuer- und Transfermoduls in jahresbezogene Angaben zum verfügbaren Einkommen im Haushalt (post-government) umgerechnet. Durch diese Rückrechnung werden auch die im Fragebogen nicht erhobenen jahresbezogenen Steuerrückzahlungen implizit erfasst. Zudem werden aus der Generierung noch Angaben zum Umfang der im Haushalt geleisteten Steuer- und Sozialversicherungsabgaben gewonnen.

Die generierten Vorjahreseinkommen haben gegenüber den monatsbezogenen zum einen den Nachteil, dass der Zeitpunkt der Einkommensmessung nicht mit dem Befragungszeitpunkt übereinstimmt, für den die demographische Zusammensetzung des Haushalts erfasst wird. Bei der Generierung von Äquivalenzeinkommen beziehen sich somit die demographische und die Einkommenskomponente nicht auf denselben Zeitraum. Ferner werden unterjährige Veränderungen der Haushaltszusammensetzung ignoriert. Zum Zweiten können die Haushaltsangaben nur für die Haushaltsmitglieder generiert werden, die auch befragt wurden. Bei Unit-Nonresponse werden die Einkommensbeträge im Haushalt damit unterschätzt. Zum Dritten müssen die Angaben imputiert werden, da sich durch die Aufsummierung von Einzelkomponenten und deren Aggregierung im Haushalt die Zahl fehlender Angaben sonst kumuliert.

Nicht zuletzt auch aufgrund der besonderen Bedeutung des Haushaltskontexts bilden die direkt erhobenen monatsbezogenen Angaben die Grundlage der Einkommensmessung in diesem Bericht. Auf die jahresbezogen generierten Einkommen wird bei der Analyse der Zusammensetzung der Haushaltseinkommen (Markteinkommen, Transfers, Nettoeinkommen[5]) und deren Umverteilung sowie bei Sensitivitätsberechnungen zurückgegriffen.

Problematisch ist die Berücksichtigung von Wohneigentum. Hierzu gibt es prinzipiell zwei Konzepte: Entweder wird den Wohneigentümern der geldwerte Vorteil (Mietwert, imputed rent) gutgeschrieben, oder es werden bei allen Haushalten die faktischen Wohnkosten (Zinszahlungen bzw. Miete) abgezogen. Die Berechnung der Mietwertkomponente beruht im SOEP auf der Selbsteinschätzung der fiktiven Mietkosten. Diese Schätzung orientiert sich an den aktuellen Marktwerten und unterschätzt die Mietersparnisse bei längerer Wohndauer. Problematisch ist ferner die Einrechnung von mietfreien Wohnformen etwa im Zuge von Vorabübertragungen oder auch die Berücksichtigung von anfallenden Kosten beim Eigentumserwerb (vgl. Frick/Grabka 2000). Beim Abzug von Wohnkosten entsteht andererseits das Problem, dass deren Umfang auch durch Präferenzen des Lebensstils beeinflusst wird.

Im Sinne einer möglichst präzisen Umsetzung des Indikators Einkommen als Wohlstandsmaß (‹command over resources›, Ha-

5 Die Begriffe Haushaltsnetto- und verfügbare Einkommen werden hier synonym verwendet.

genaars 1986) bleibt diese Ausgabenkomponente – wie auch die Aufwendungen für Ernährung – bei der Einkommensmessung in diesem Bericht unberücksichtigt. Bei der Darstellung der empirischen Ergebnisse wird allerdings mittels Sensitivitätsberechnungen hierauf Bezug genommen.

Um das Wohlstandsniveau zwischen Haushalten unterschiedlicher Größe und Struktur vergleichen zu können, wird das verfügbare Haushaltseinkommen in so genannte Äquivalenzeinkommen umgerechnet – das sind unter Bedarfsgesichtspunkten modifizierte Pro-Kopf-Einkommen Die Umrechnung in bedarfsgewichtete monatliche Haushaltsnettoeinkommen pro Kopf, den Äquivalenzeinkommen, erfolgt unter Verwendung der älteren OECD-Skala. Dabei werden in jedem Haushalt dem Haushaltsvorstand ein Bedarfsgewicht von 1.0, jedem weiteren Erwachsenen ein Bedarfsgewicht von 0.7 und jedem Kind im Haushalt bis zum Alter von 14 Jahren ein Bedarfsgewicht von 0.5 zugewiesen. Die Höhe der Bedarfsgewichte entspricht in etwa den Regelsatzproportionen des Bundessozialhilfegesetzes (BSHG) nach der Berücksichtigung von Wohnkosten. Bei dieser Berechnungsweise wird davon ausgegangen, dass beispielsweise in einem Familienhaushalt (zwei Erwachsene und zwei kleine Kinder) ein um das 2,7fache höherer Bedarf als in einem Einpersonenhaushalt besteht (zum Vergleich: Beim Pro-Kopf-Einkommen geht man in diesem Fall vom 4fachen Bedarf aus). Auf dieses Wohlstandsmaß beziehen sich die weiteren Ausführungen zur Einkommensentwicklung auf Grundlage des SOEP.

Ergänzend wird alternativ auch die von Eurostat (1995) empfohlene revidierte OECD-Skala zur Berechnung der Äquivalenzeinkommen verwendet: Dabei erhält die erste Person im Haushalt ein Gewicht von 1.0, jeder weitere Erwachsene ein Gewicht von 0.5 und jedes Kind ein Gewicht von 0.3. Diese Äquivalenzgewichtung unterstellt somit einen geringeren Bedarf größerer Haushalte.

Das Äquivalenzeinkommen errechnet sich analog dem Pro-

Kopf-Einkommen, indem das erfragte Haushaltsnettoeinkommen durch die Summe aller Personenbedarfsgewichte (beim Pro-Kopf-Einkommen: durch die Zahl der Haushaltsmitglieder) dividiert wird. Die Äquivalenzeinkommen sind für alle Haushaltsmitglieder gleich. Dabei wird unterstellt, dass alle Einkommensressourcen so im Haushalt bedarfsgerecht umverteilt werden, dass alle Haushaltsmitglieder daraus dasselbe Wohlfahrtsniveau erzielen (vgl. Faik 1995). Des weiteren werden die Äquivalenzgewichte im Zeitverlauf und hinsichtlich der Einkommenshöhe als konstant angenommen. Ebenso wird seit der Vereinigung von gleichen Bedarfsproportionen in den alten und neuen Ländern ausgegangen.

Beim innerdeutschen Einkommensvergleich sind zudem Kaufkraftunterschiede zu berücksichtigen, die insbesondere unmittelbar nach der Vereinigung bestanden. Hierzu wurde im vorausgehenden Armutsbericht ein Verfahren entworfen, das inzwischen weiterentwickelt und fortgeschrieben wurde. Ausgangspunkt der Berechnung von Kaufkraftunterschieden ist die einmalige detaillierte Erfassung der unterschiedlichen Ausgaben für die Lebenshaltung in Ost- und Westdeutschland durch das DIW im ersten Quartal 1991 für verschiedene Haushaltstypen. Die für diesen Zeitpunkt ermittelten Kaufkraftunterschiede werden nach den demographischen Proportionen auf alle Haushalte übertragen und anhand der durch das Statistische Bundesamt zwischenzeitlich revidierten Angaben zur Entwicklung Lebenshaltungskosten zeitlich fortgeschrieben: In dem Maße, in dem die Preise in den neuen Bundesländern bezogen auf den Referenzzeitpunkt (1. Quartal 1991) schneller als in den alten Ländern steigen, verringern sich die innerdeutschen Kaufkraftunterschiede. Die nach diesem Verfahren vorgenommene Kaufkraftbereinigung zählt inzwischen zu den etablierten Verfahren der vergleichenden innerdeutschen Einkommens- und Armutsanalyse.

2.2.3 Armutsbegriff und Operationalisierung

Dem Bericht liegt eine relative Armutsdefinition zugrunde, wie sie u.a. im Ratsbeschluss der Europäischen Union im Rahmen des 3. Armutsprogramms am 19. Dezember 1984 formuliert wurde: «Als verarmt sind jene Einzelpersonen, Familien und Personengruppen anzusehen, die über so geringe (materielle, kulturelle und soziale) Mittel verfügen, dass sie von der Lebensweise ausgeschlossen sind, die in dem Mitgliedstaat, in dem sie leben, als Minimum annehmbar ist.»

Diese relative Armutsdefinition wird allgemein so operationalisiert, dass die mittlere Lebensweise eines Landes als Referenzpunkt zur Abbildung mittlerer Wohlfahrtsstandards angesehen wird. Diese Operationalisierung hebt damit auf die Bedeutung der Verteilung von Ressourcen und Gütern zur Teilhabe an der allgemeinen Lebensweise ab. Es geht dabei nicht darum, dass allen Bevölkerungsschichten derselbe Umfang an Wohlstand zur Verfügung steht, sondern vielmehr darum, dass mit fortschreitender Wohlfahrtsentwicklung auch neue Standards und damit neue Notwendigkeiten und Zwänge entstehen, die wiederum gegebenenfalls ein erhöhtes Maß an Ressourcen beanspruchen – Sen spricht in diesem Zusammenhang von ‹*capabilities*› (Sen 1983, 1985); Hauser verweist hierbei auf die Wohlstandselastizität eines *sozio-kulturellen Existenzminimums* (Hauser/Neumann 1992; Hauser/Hübinger 1993).

Die genannte relative Armutsdefinition legt zudem einen sehr breit angelegten Begriff der Lebensweise zugrunde, der nicht nur materielle, sondern auch kulturelle und soziale Mittel einschließt. Sie legt insbesondere nahe, bei der Armutsmessung nicht nur den Aspekt der Bereitstellung von Ressourcen, sondern auch die ‹direkte Messung› (Ringen 1988) der faktischen Lebensweise zu berücksichtigen. In Deutschland wird dieser Ansatz meist im Zusammenhang mit dem Konzept der ‹Lebenslage› diskutiert. Eine

Weiterführung dieses Ansatzes wäre im Rahmen des Berichts sicherlich wünschenswert. Allerdings sind für die empirische Umsetzung auch Informationen über Konsumstrukturen und Konsumgewohnheiten oder Deprivationsindizes (Andreß 1999) erforderlich, die im SOEP nicht enthalten sind. Zudem gibt es für die Operationalisierung der Armut nach diesem Konzept gegenwärtig noch keine vergleichbaren Standards wie bei der Messung der Einkommensarmut. Deshalb kann diese Berechnungsweise hier nicht im gewünschten Maße berücksichtigt werden. Die Analysen beschränken sich somit auf den Einkommensbegriff im Sinne des Ressourcenansatzes.

Die Armutsmessung geht vom Äquivalenzeinkommen aus: Gemäß dem Vorgehen der Europäischen Union zählt als (einkommens-)arm, wer in einem Haushalt lebt, dessen Äquivalenzeinkommen nicht mehr als 50 % des arithmetischen Mittels in der Gesamtbevölkerung beträgt (Hagenaars/De Vos/Zaidi 1995). Ergänzend werden die 40 %-Schwelle zur Abgrenzung «strenger Armut» sowie die 75 %-Schwelle zur Kennzeichnung des «prekären Wohlstandes» (Hübinger 1996) herangezogen. Analoge Schwellenwerte zur Abgrenzung des Ausmaßes von relativer Wohlhabenheit werden bei 100 % (Mean), 150 % und 200 % festgesetzt (vgl. Krause/Wagner 1997). In neueren Veröffentlichungen von Eurostat wird anstelle des Means der Median mit einem Schwellenwert von 60 % als Armutsmaß bevorzugt (Marlier 1999). Der Median ist im Unterschied zum arithmetischen Mittel (Mean) robust gegenüber Veränderungen der Ungleichheit im oberen Einkommensbereich. Auch diese Schwelle wird bei den empirischen Ergebnissen zur Armutsentwicklung im Bericht ergänzend ausgewiesen.

Für die Bestimmung des Ausmaßes an Einkommensungleichheit und relativer Armut sind auf Schwellenwerte bezogene Bevölkerungsanteile nicht hinreichend. Zusätzlich zu diesen ‹headcount-ratios› werden deshalb weitere international gebräuchliche

Indizes zur Charakterisierung von Armut (FGT, Foster/Greer/Thorbecke) und Einkommensungleichheit (Dezil-Ratio; Gini; MLD, Theil1; SCV) verwendet.

Die Festlegung der Schwellenwerte wie auch das Gros der empirischen Auswertungen bezieht sich auf die wohnhafte Bevölkerung in privaten Haushalten in Deutschland (vor 1990 nur alte Bundesländer). Auswertungen auf Basis der Haushalte werden ebenso wie Auswertungen von Befragungspersonen lediglich ergänzend vorgenommen.

2.2.4 Haushaltsstruktur und Erwerbskonstellation

Wie bereits erwähnt, wird der Binnenstruktur des Haushalts im vorliegenden Bericht eine entscheidende sozialpolitische Bedeutung beigemessen. Die dazu vorgenommene Typisierung beruht auf folgender Überlegung:

Alle im Haushalt lebenden Personen lassen sich vereinfacht einer der folgenden Gruppen zuordnen (vgl. Übersicht): Haushaltsvorstand, dessen (Ehe-)Partner, Kinder bis einschließlich 18 Jahre, Kinder im Alter von mehr als 18 Jahren sowie sonstige Haushaltsmitglieder. Je nach Zusammensetzung der Personengruppen lassen sich hieraus – unter Vernachlässigung der empirisch wenig bedeutsamen «weiteren Haushaltsmitglieder» – fünf verschiedene Haushaltstypen ableiten: Single-Haushalt (Haushaltsvorstand ohne Partner und ohne Kinder), Paar-Haushalt ohne Kinder (Haushaltsvorstand mit Partner, ohne Kinder), Paar-Haushalt mit minderjährigen Kindern (Haushaltsvorstand mit Partner und Kinder bis 18 Jahre), Ein-Eltern-Haushalt (Haushaltsvorstand ohne Partner mit Kindern bis 18 Jahre) sowie Eltern-Haushalt mit erwachsenen Kindern (Haushaltsvorstand mit oder ohne Partner, jüngstes Kind im Haushalt über 18 Jahre).

Dieser Typologie liegt die vereinfachte Annahme zugrunde, dass das Wohlfahrtsniveau der Haushaltsmitglieder letztlich durch die Partner-Konstellation des Haushaltsvorstands sowie das Vorhandensein von Kindern bestimmt wird; Haushalte mit mehreren unabhängigen Entscheidungskernen (z. B. in Mehrgenerationen-Haushalten) werden diesbezüglich als wenig stabil angesehen; derartige Haushalte sind zudem in Deutschland empirisch nicht von Bedeutung.

Übersicht: Personengruppen im Haushalt und Haushaltstypologie

	Haushaltsvorstände		Kind(er)		Weitere Haushalts-mitglieder
	Haushalts-vorstand	(Ehe-) Partner	bis 18 Jahre	über 18 Jahre	
Single-HH	•	--	--	--	○
Paar-HH ohne Kinder	•	•	--	--	○
Paar-HH mit minderjährigen Kindern	•	•	•	○	○
Ein-Eltern-HH mit minderjährigen Kindern	•	--	•	○	○
Eltern-HH mit erwachsenen Kindern	•	○	--	•	○

Der Haushaltsvorstand und dessen Partner werden nach diesem Modell ungeachtet des Geschlechts als gleichermaßen maßgebliche Entscheidungsträger zur Sicherung des Wohlfahrtsniveaus aller Haushaltsmitglieder erachtet. Für das Wohlfahrtsniveau des Haushalts ist deshalb die Erwerbskonstellation des Haushaltsvorstands und seines Partners von grundlegender Bedeutung. Erwerbstätigenhaushalte oder Arbeitslosenhaushalte werden dementsprechend als Haushalte definiert, bei denen ein oder beide Haushaltsvorstände erwerbstätig beziehungsweise arbeitslos sind, ungeachtet des Erwerbsstatus anderer Haushaltsmitglieder. Sind nur die im Haushalt lebenden Kinder oder ein weiteres Haushaltsmitglied erwerbstätig, nicht aber einer der beiden Haushaltsvorstände, so wird der Haushalt nicht als Erwerbstätigenhaushalt klassifiziert. Diese Typisierung berücksichtigt nicht nur den Erwerbsstatus des Haushaltsvorstandes, sondern hebt ab auf die Bedeutung des Vorhandenseins eines Partners sowie der Erwerbskonstellation zwischen den Partnern. Die Konstruktion von Arbeitslosenhaushalten wurde analog vorgenommen.

2.3 Einkommen und Ungleichheit im zeitlichen Verlauf

2.3.1 Einkommensentwicklung und Stand der Angleichung der Lebensverhältnisse zwischen alten und neuen Bundesländern

Die monatlich verfügbaren Einkommen der privaten Haushalte sind in den alten Bundesländern von durchschnittlich 1089 DM pro Kopf im Jahr 1985 auf 1709 DM pro Kopf im Jahr 1998 gestiegen, dies entspricht einem Anstieg um 57 % (vgl. Tabelle 2–1). Die für vergleichende Einkommens- und Armutsanalysen bevorzugten Äquivalenzeinkommen haben sich im selben Zeitraum in den alten Bundesländern von 1338 DM auf 2077 DM und damit nahezu in der gleichen Größenordnung (knapp 50 %) erhöht. Dies bedeutet für die Äquivalenzeinkommen preisbereinigt ein reales Einkommenswachstum von 20 %. Diese insgesamt nennenswerte Wohlstandssteigerung erfolgte jedoch allem voran von Mitte der 80er- bis zu Beginn der 90er-Jahre: Nominal sind die Äquivalenzeinkommen von 1985 bis 1991 um 30 % und von 1992 bis 1998 um 13 % gestiegen. Real erfolgte ein Einkommenswachstum von 1985 bis 1991 um 18 %, wogegen die verfügbaren Einkommen der privaten Haushalte von 1992 bis 1998 in den alten Bundesländern stagnierten. Werden die auf einem anderen Einkommenskonzept basierenden Jahreseinkommen herangezogen, so ergeben sich ähnliche Trends.

Die verfügbaren Einkommen in den neuen Bundesländern lagen zurzeit der Vereinigung im Jahr 1990 noch weit unter denen der alten Länder (783 Mark gegenüber 1691 DM). Im Unterschied zu den alten Ländern ist in den neuen Bundesländern seit der Vereinigung jedoch eine enorme Einkommenssteigerung zu beobachten: Die Pro-Kopf-Einkommen haben sich von 1991 bis 1998 nahezu verdoppelt, die korrespondierenden Äquivalenzeinkommen haben sich in dieser Zeit von 935 DM auf 1709 DM und damit um 83 % erhöht. Trotz der erheblichen Preissteigerungen ergibt sich hieraus eine reale Einkommenssteigerung um mehr als 30 %. Die Steigerung der ebenfalls ausgewiesenen Jahreseinkommen bewegt sich in derselben Größenordnung. Dieser enorme Einkommensanstieg erfolgte insbesondere in der ersten Hälfte der 90er-Jahre. So sind die verfügbaren Einkommen in nur vier Jahren von 1991 bis 1994 real um mehr als 20 % gestiegen, wogegen in der zweiten Hälfte der 90er-Jahre eine spürbare Verlangsamung des Einkommenswachstums erfolgte: Die Einkommen stiegen von 1995 bis 1998 in den neuen Bundesländern preisbereinigt nur mehr um 3,5 %.

Tabelle 2–1: Verfügbare Durchschnittseinkommen in den privaten Haushalten[1)] in Deutschland (Mittelwert der Bevölkerung in DM)

	Haushaltsnettoeinkommen im Monat			Haushaltsnettoeinkommen im Vorjahr		
	pro Kopf	äquivalenzgewichtet[2)]		pro Kopf	äquivalenzgewichtet[2)]	
	nominal	nominal	real[3)]	nominal	nominal	real[3)]
Alte Bundesländer						
1985	1.089	1.338	1.737	14.331	17.687	22.958
1986	1.154	1.418	1.843	14.693	18.111	23.538
1987	1.195	1.468	1.903	15.546	19.161	24.840
1988	1.225	1.502	1.923	15.878	19.543	25.024
1989	1.281	1.567	1.951	16.691	20.480	25.502
1990	1.381	1.691	2.052	17.448	21.439	26.012
1991	1.430	1.747	2.043	18.375	22.535	26.358
1992	1.501	1.833	2.063	19.324	23.693	26.664
1993	1.573	1.921	2.087	20.188	24.720	26.862
1994	1.605	1.958	2.071	20.776	25.421	26.894
1995	1.175	2.083	2.168	21.280	25.884	26.945
1996	1.690	2.061	2.118	21.437	26.113	26.835
1997	1.701	2.075	2.093	21.638	26.362	26.592
1998	1.709	2.077	2.077	21.405[5)]	26.057[5)]	26.057
(Bev. 1998)	(65,9 Mill)	(65,9 Mill)	(65,9 Mill)	(65,9 Mill)	(65,9 Mill)	(65,9 Mill)
Neue Bundesländer						
1990	615[4)]	783[4)]	–	–	–	–
1991	738	935	1.304	–	–	–
1992	909	1.145	1.409	11.331	14.374	17.682
1993	1.077	1.352	1.503	13.862	17.454	19.408
1994	1.195	1.485	1.594	15.837	19.771	21.222
1995	1.266	1.569	1.652	16.567	20.610	21.702
1996	1.330	1.644	1.699	16.948	21.012	21.713
1997	1.385	1.701	1.719	18.073	22.267	22.502
1998	1.393	1.709	1.709	17.620[5)]	21.710[5)]	21.710
(Bev. 1998)	(15,2 Mill)	(15,2 Mill)	(15,2 Mill)	(15,2 Mill)	(15,2 Mill)	(15,2 Mill)

	Haushaltsnettoeinkommen im Monat			Haushaltsnettoeinkommen im Vorjahr		
	pro Kopf	äquivalenzgewichtet[2)]		pro Kopf	äquivalenzgewichtet[2)]	
	nominal	nominal	real[3)]	nominal	nominal	real[3)]
Deutschland						
1996	1.619	1.978	2.035	20.582	25.142	25.861
1997	1.639	2.002	2.021	20.966	25.590	25.838
1998	1.648	2.006	2.006	20.695[5)]	25.242[5)]	25.242
(Bev. 1998)	(81,1 Mill)	(81,1 Mill)	(81,1 Mill)	(81,1 Mill)	(81,1 Mill)	(81,1 Mill)

1) Die Angaben beziehen sich auf die Gesamtbevölkerung. Aussiedler, Übersiedler und Asylbewerber, die seit 1985 nach Westdeutschland zugezogen sind, werden ab 1996 berücksichtigt. – 2) Bedarfsgewichtete Pro-Kopf-Einkommen: Bedarfsgewichte werden herangezogen, um die Einkommen unterschiedlicher Haushalte vergleichbar zu machen. Sie sind abgeleitet aus der älteren OECD-Skala: 1.Erwachsener = 1.0; alle weiteren Erwachsenen im Haushalt = 0.7; alle Kinder bis 14 Jahre = 0.5. – 3) In Preisen von 1998 gemäß Angaben des Statistischen Bundesamtes. – 4) Angaben 1990 in Mark. – 5) 1998 noch vorläufige Werte, da die Angaben aus der Ergänzungsstichprobe erst ab 1999 imputiert werden können.
Datenbasis: SOEP.

Seit 1996 sind die Einkommen in Deutschland insgesamt nominal kaum mehr gewachsen, preisbereinigt ist bis 1998 bei der Wohlstandsentwicklung sogar ein Rückgang zu verzeichnen. Auch dies kommt übereinstimmend bei Zugrundelegen von Monats- und Jahreseinkommen zum Ausdruck.

Wird in Ergänzung zur personenbezogenen Betrachtungsweise die Haushaltsperspektive gewählt, so ergeben sich wiederum ähnliche Relationen: Die durchschnittlichen monatlichen (jahresbezogenen) Einkommen je Haushalt sind in den alten Bundesländern von 2563 DM (33685 DM) im Jahr 1985 auf 3789 DM (46403 DM) im Jahr 1998 und damit innerhalb von 14 Jahren nominal um 48 % (38 %) gestiegen (Tabelle 2–2). In ähnlicher Größenordnung von 45 % (pro Jahr: 46 %) bewegte sich die nominale Einkommenssteigerung in den neuen Bundesländern, die allerdings in nur 7 Jahren (und damit der Hälfte der Zeit) von 1992 bis 1998 erfolgte. Hierbei sind die noch höheren Einkommensanstiege unmittelbar nach der Vereinigung noch nicht berücksichtigt. In den Jahren 1997/98 sind die rein nominalen Einkommen je Haushalt in Deutschland weitgehend konstant, nach Berücksichtigung des allerdings ebenfalls geringen Preisauftriebs sind die faktischen Einkommensniveaus somit sogar rückläufig. Die Steigerungsraten der daraus abgeleiteten Äquivalenzeinkommen je Haushalt liegen im Vergleich dazu etwas höher, sie entsprechen in etwa denen der bereits ausgeführten personenbezogenen Betrachtungsweise.

Lagen die Einkommen in den neuen Bundesländern unmittelbar nach der Vereinigung noch weit unter den Vergleichswerten der alten Länder, so haben sich die Einkommensverhältnisse im Zuge der hohen Einkommenssteigerungen doch nachhaltig angepasst. Allerdings war unmittelbar nach der Vereinigung auch das Preisniveau in den neuen Bundesländern noch deutlich niedriger als in den alten Ländern. Diese Kaufkraftvorteile sind bei der Beurteilung der Angleichung der Lebensverhältnisse zwischen neuen und alten Bundesländern zu berücksichtigen. Die hierfür vorgenommene Schätzung beruht auf der Annahme, dass die für einen Referenzzeitpunkt ermittelten Kaufkraftdivergenzen in dem Maße abgebaut werden, in dem die Preise in den neuen Bundesländern schneller als in den alten Ländern steigen.[6] Nach diesen Berechnungen haben sich die Kaufkraftunterschiede zwischen alten und neuen Ländern von knapp 30 % (129.1) im Frühjahr 1991 auf etwa 5 % (105.3) in den Jahren 1997/98 verringert (Tabelle 2–3). Sie liegen somit inzwischen auf einem Niveau, das regionalen Disparitäten verschiedener Landesteile entspricht und werden

6 Die Abschätzung dieser Preisdifferenzen beruht auf der Berechnung von Warenkorbunterschieden für das erste Quartal 1991 und deren Fortschreibung durch das Verhältnis der Preissteigerungsraten des statistischen Bundesamtes für die alten und neuen Bundesländer. Dieses Verfahren wurde am DIW zusammen mit Dr. Rudolf Martens (DPWV) im Zuge des ersten Armutsberichts des DPWV und DGB entwickelt.

Tabelle 2–2: Verfügbare Durchschnittseinkommen der privaten Haushalte 1) in Deutschland (Mittelwert der Haushalte in DM)

	Haushaltsnettoeinkommen im Monat			Haushaltsnettoeinkommen im Vorjahr		
	pro HH	äquivalenzgewichtet 2)		pro HH	äquivalenzgewichtet 2)	
	nominal	nominal	real 3)	nominal	nominal	real 3)
Alte Bundesländer						
1985	2.563	1.439	1.868	33.685	18.681	24.248
1988	2.836	1.615	2.068	36.483	20.502	26.252
1991	3.239	1.899	2.221	41.118	23.902	27.957
1994	3.584	2.128	2.251	45.657	26.883	28.440
1997	3.792	2.253	2.273	46.495	27.679	27.920
1998	3.789	2.254	2.254	46.403 4)	27.453 4)	27.453 4)
(HHe 1998)	(30,6 Mill)	(30,6 Mill)	(30,6 Mill)	(30,6 Mill)	(30,6 Mill)	(30,6 Mill)
Neue Bundesländer						
1991	1.760	940	1.311	–	–	–
1992	2.147	1.167	1.436	26.747	14.209	17.479
1994	2.759	1.545	1.658	36.320	20.050	21.522
1997	3.122	1:776	1.795	40.259	22.624	22.863
1998	3.118	1.793	1.793	38.972 4)	22.071 4)	22.071 4)
(HHe 1998)	(6,9 Mill)	(6,9 Mill)	(6,9 Mill)	(6,9 Mill)	(6,9 Mill)	(6,9 Mill)
Deutschland						
1997	3.663	2.161	2.182	45.347	26.749	27.008
1998	3.660	2.165	2.165	45.015 4)	26.448 4)	26.448 4)
(HHe 1998)	(37,6 Mill)	(37,6 Mill)	(37,6 Mill)	(37,6 Mill)	(37,6 Mill)	(37,6 Mill)

1) Die Angaben beziehen sich auf die Gesamtbevölkerung. Aussiedler, Übersiedler und Asylbewerber, die seit 1985 nach Westdeutschland zugezogen sind, werden ab 1996 berücksichtigt. – 2) Bedarfsgewichtete Pro-Kopf-Einkommen: Bedarfsgewichte werden herangezogen, um die Einkommen unterschiedlicher Haushalte vergleichbar zu machen. Sie sind abgeleitet aus der älteren OECD-Skala: 1.Erwachsener = 1.0; alle weiteren Erwachsenen im Haushalt = 0.7; alle Kinder bis 14 Jahre = 0.5. – 3) In Preisen von 1998 gemäß Angaben des Statistischen Bundesamtes. – 4) Angaben 1990 in Mark. – 5) 1998 noch vorläufige Werte, da die Angaben aus der Ergänzungsstichprobe erst ab 1999 imputiert werden können.
Datenbasis: SOEP.

im Allgemeinen ab der zweiten Hälfte der 90er-Jahre bei Einkommensanalysen und gesamtdeutschen Durchschnittsbildungen nicht mehr berücksichtigt. Ohne die Beachtung von Kaufkraftunterschieden haben sich die mittleren Einkommensrelationen von neuen zu alten Ländern von unter 50 % zur Zeit der Vereinigung auf über 80 % im Jahr 1998 erhöht. Stellt man die Kaufkraftunterschiede in Rechnung, so haben sich dieselben Relationen von 66 % auf 86 % erhöht. Selbst unter Berücksichtigung der Preisdifferenzen zeigt sich demnach seit der Vereinigung eine nachhaltige Verbesserung der Einkommensverhältnisse in den neuen Ländern und damit auch eine spürbare Angleichung der Lebensverhältnisse. Allerdings hat sich der Wachstumsprozess inzwischen deutlich verlangsamt, sodass kurzfristig nicht mit einem weiteren Abbau des verbleibenden Einkommensunterschiedes von durchschnittlich immerhin noch mehr als 10 % zu rechnen ist.

Tabelle 2–3: Kaufkraftunterschiede und relativer Einkommensabstand zwischen neuen und alten Bundesländern 1)

	1990 2)	1991	1992	1993	1994	1995	1996	1997	1998
Kaufkraftunterschiede Ost 3) (West = 100)									
	143.3	129.1	114.6	107.9	106.9	106.4	105.6	105.3	105.0 4)
Relativer Einkommensabstand von Ost- zu Westdeutschland									
Nominal	46,0	53,6	62,4	70,3	75,9	75,5	79,8	81,8	82,3
Kaufkraftbereinigt	65,9	69,1	71,5	75,8	81,1	80,3	84,2	86,1	86,4

1) gemessen an den monatlichen Äquivalenzeinkommen der Bevölkerung. – 2) Schätzwert für Interviewmonat Juni 1990 auf der Grundlage älterer Warenkorbberechnungen, revidierte Preisindizes liegen erst ab 1991 vor. – 3) Bis 1994 bezogen auf eine dreimonatige Interviewperiode am Jahresanfang; ab 1995 bezogen auf Jahresdurchschnittswerte. – 4) Vorläufiger Schätzwert.
Datenbasis: SOEP (unter Verwendung der Preisindizes des Statistischen Bundesamtes).

Aus diesen nach wie vor bestehenden mittleren Einkommensdifferenzen zwischen neuen und alten Ländern kann jedoch nicht geschlossen werden, dass sich in den neuen Ländern auch entsprechend mehr Menschen in unzureichenden Einkommenslagen befinden. Die Differenzierung der Einkommensschichtung nach Dezilen verdeutlicht vielmehr, dass die Hauptursache der bestehenden Unterschiede bei den Einkommensmittelwerten allem voran in einer geringeren Präsenz höherer Einkommen in den neuen Ländern und erst in zweiter Linie in entsprechenden Unterschieden im unteren Einkommensbereich zu suchen ist (Tabelle 2–4): So betrug die Einkommensrelation zwischen neuen und alten Ländern im Jahr 1991 im untersten Dezil, also bei den 10 % der Bevölkerung in den jeweiligen Landesteilen mit den jeweils geringsten Einkommen, nominal 64 % und kaufkraftbereinigt bereits 82 %. Im Vergleich dazu lag die mittlere Abweichung aller Einkommen zwischen neuen und alten Ländern in diesem Jahr noch nominal bei 54 % und kaufkraftbereinigt bei 69 %. Die Einkommensdifferenz zwischen beiden Landesteilen ist damit im unteren Einkommensbereich am geringsten ausgeprägt und nimmt mit steigenden Einkommen zu – je höher die Einkommen innerhalb des jeweiligen Landesteils, desto höher die relative Einkommensdifferenz. So lag die Relation der jeweils höchsten Einkommen (oberstes Dezil) im Jahr 1991 nominal noch bei 45 % und auch kaufkraftbereinigt lediglich bei 58 %. Diese Anpassungsrelationen haben sich bis 1998 jedoch deutlich erhöht: Die Einkommen im untersten Dezil liegen mit einer nominalen Einkommensrelation von 96 % in beiden Landesteilen praktisch gleich. Lediglich in den beiden obersten Dezilen der neuen Länder liegen die mittleren Einkommen noch bei weniger als 80 % der mittleren Einkommen der damit korrespondierenden beiden höchsten Einkommensklassen in den westlichen Ländern. Auch hier ist somit – bei allen noch immer bestehenden Einkommensdifferenzen – ein erheblicher Angleichungsprozess im Vergleich zu 1991 beobachten.

Tabelle 2–4: Relativer Einkommensabstand zwischen neuen und alten Bundesländern nach Einkommensklassen 1)

	1991				1998		
	ABL in DM	NBL in DM	N/ABL in %	N/ABL in % 2)	ABL in DM	NBL in DM	N/ABL in %
Insgesamt (Mean)	1.748	935	53,6	69,1	2.077	1.709	82,3
Oberstes Dezil	3.661	1.641	44,8	57,9	4.410	3.117	70,7
9. Dezil	2.485	1.241	49,9	64,5	2.969	2.288	77,1
8. Dezil	2.114	1.099	52,0	67,1	2.522	2.028	80,4
7. Dezil	1.868	1.001	53,6	69,2	2.202	1.878	85,3
6. Dezil	1.661	919	55,3	71,4	1.945	1.715	88,2
5. Dezil	1.474	860	58,3	75,3	1.749	1.521	87,0
4. Dezil	1.319	792	60,0	77,5	1.562	1.382	88,5
3. Dezil	1.170	721	61,6	79,6	1.383	1.245	90,0
2. Dezil	1.001	621	62,0	80,1	1.162	1.083	93,2
unterstes Dezil	719	458	63,7	82,2	865	827	95,6

1) Einkommensdezile: Jedes Dezil umfasst 10 % der nach der Höhe des Äquivalenzeinkommens sortierten Bevölkerung. – 2) Nach Berücksichtigung von Kaufkraftunterschieden (1991=129.1).
Datenbasis: SOEP.

Die dem Bericht zugrunde liegenden monatlichen Äquivalenzeinkommen indizieren ein kräftiges Einkommenswachstum in den alten Bundesländern von Mitte der 80er- bis zu Beginn der 90er-Jahre und ein nachlassendes Einkommenswachstum im weiteren Verlauf der 90er-Jahre bis hin zur Stagnation in der zweiten Hälfte der 90er-Jahre. Demgegenüber ist die Einkommensentwicklung in den neuen Bundesländer geprägt durch ein sehr hohes Wachstum innerhalb der ersten Hälfte der 90er-Jahre sowie einem zwar weiterhin positiven, aber doch deutlich nachlassenden Einkommenszuwachs im weiteren zeitlichen Verlauf. Im Zuge dessen haben sich die zunächst sehr großen Einkommensabstände zwischen alten und neuen Bundesländern nachhaltig verringert. Hierin stimmen auch alternative Einkommensberechnungen auf Basis des SOEP weitgehend überein (Tabelle 2–5).

Wird anstelle der älteren OECD-Skala die von Eurostat empfohlene (Hagenaars/de Vos/Zaidi 1995) revidierte OECD-Skala als Äquivalenzgewichtung zugrunde gelegt, die von niedrigeren Bedarfsunterschieden zwischen Haushalten unterschiedlicher Größe ausgeht und somit höhere Einkommensbeträge ausweist, so fällt das Einkommenswachstum tendenziell schwächer aus. Der Unterschied zum hier zugrunde liegenden Äquivalenzeinkommen ist jedoch nur marginal.

Werden die monatlichen Äquivalenzeinkommen um zusätzliche einmalige Zahlungen im Vorjahr wie 13./14. Monatsgehalt, Schlechtwettergeld, Urlaubsgeld, Gewinnbeteiligung und Prämien, etc. anteilig ergänzt, so ergibt sich ein – allerdings nur geringfügig – geringerer Einkommensanstieg in den alten Bundesländern in den 90er-Jahren, jedoch ein erhöhter Einkommensanstieg in den Phasen stärkeren Einkommenswachstums in der Mitte der 80er-Jahre in den alten und zu Beginn der 90er-Jahre in den neuen Ländern. Nennenswerte Veränderungen des Einkommensanstiegs ergeben sich nach Berücksichtigung von Einkommensvorteilen durch selbst genutztes Wohneigentum – bei dieser Berechnungsweise werden bei Wohneigentümern die Haushaltseinkommen um fiktive Einkommensbeträge ergänzt, die in etwa der Höhe der zu leistenden Mietzahlungen entsprechen. Die so modifizierten Äquivalenzeinkommen weisen vor allem in den 90er-Jahren höhere Einkommenssteigerungen auf – hierin äußert sich der überproportionale Anstieg der Wohnkosten im Vergleich zur allgemeinen Einkommensentwicklung.

Tabelle 2–5: Einkommensentwicklung in den alten und neuen Bundesländern im Lichte alternativer Messkonzepte

Mean Index[1] (1997=100)	Alte Bundesländer			Neue Bundesländer		
	1985	1991	1997	1991/2	1994	1997
Äquivalenzeinkommen im Monat						
Mean	1.338	1.748	2.075	935	1.485	1.701
(Index)	64,5	84,2	100,0	55,0	87,3	100,0
… bei Verwendung einer alternativen Äquivalenzgewichtung gemäß Eurostat[2]						
Mean	1.573	2.041	2.418	1.114	1.749	1.991
(Index)	65,1	84,4	100,0	56,0	87,8	100,0
… nach Berücksichtigung zusätzlicher Einkommenskomponenten:						
einmal. Leistungen[3]	1.401	1.835	2.170	946	1.524	1.746
(Index)	64,6	84,6	100,0	54,2	87,3	100,0
Mietwert[4]	1.486	1.970	2.374	–	1.573	1.830
(Index)	62,6	83,0	100,0	–	86,0	100,0
… nach Abzug spezifischer Kosten:						
Wohnkosten[5]	1.095	1.419	1.613	873	1.252	1.371
(Index)	67,9	88,0	100,0	63,7	91,3	100,0
Unterhaltsleistungen[6]	1.317	–	2.029	–	–	1.662
(Index)	64,9	–	100,0	–	–	100,0
Äquivalenzeinkommen im Vorjahr						
ohne Mietwert[4]	17.687	22.534	26.362	14.375[4]	19.771	22.267
(Index)	67,1	85,5	100,0	64,6[4]	88,8	100,0
mit Mietwert[4]	19.475	25.219	29.967	–	20.837	23.793
(Index)	65,0	84,2	100,0	–	87,6	100,0

1) Index: Einkommensdurchschnitt 1997 = 100. – 2) Revidierte OECD-Skala: 1.Erwachsener = 1.0; alle weiteren Erwachsenen im Haushalt = 0.5; alle Kinder bis 14 Jahre = 0.3. – 3) Schlechtwettergeld, Urlaubsgeld, 13.,14. Monatsgehalt etc. – 4) Mietwert selbst genutzten Wohneigentums (Imputed Rent). – 5) Bei Mietern: Miete; bei Eigentümern: Zinszahlungen bei Annahme einer 30-jährigen Rückzahlungsfrist, einem Zinssatz von 7 % und einer jährlichen Tilgungsleistung von 1 %. – 6) Zahlungen zur Unterstützung von außerhalb des Haushalts lebenden verwandten und nicht verwandten Personen. – 7) In den neuen Bundesländern erstmalig 1992 erfasst. Datenbasis: SOEP.

Den gegenteiligen Effekt eines im Vergleich zu den ursprünglichen Äquivalenzeinkommen verringerten Einkommensanstiegs ergibt sich folgerichtig, wenn Wohnkostenvorteile nicht als zusätzliche Einkommenskomponente gezählt werden, sondern als Kostenkomponente vom Einkommen abgezogen werden: Nach dieser Einkommensmodifikation fällt der Einkommensanstieg in den alten und neuen Bundesländern im gesamten Zeitraum geringer aus, was nochmals die Bedeutung der Wohnkostenentwicklung im Vergleich zur allgemeinen Einkommensentwicklung unterstreicht. Unterhaltsleistungen sind nicht für alle Jahre im SOEP erfasst – ihre Berücksichtigung führt tendenziell in den alten Ländern zu einer allerdings nur geringfügigen – Verringerung des langfristigen Einkommensanstiegs.

Auf die Entwicklung der Vorjahreseinkommen wurde bereits Bezug genommen. Diese Einkommen unterscheiden sich nicht nur durch ihren zeitlichen Bezugsrahmen von den hier zugrunde liegenden Monatswerten, sondern auch durch ihre konzeptuelle Operationalisierung. Jahreseinkommen werden im SOEP aus individuellen Bruttoangaben zu einzelnen Einkommenskomponenten aufsummiert und gegebenenfalls imputiert. Die verfügbaren Einkommen werden dann aus den Bruttojahressummen durch Heranziehen eines Steuer- und Sozialversicherungsmoduls rückgerechnet. Auf diese Weise sind in den verfügbaren Jahreseinkommen auch Steuerrückzahlungen enthalten, die bei den rein auf den Einkommensfluss abhebenden und direkt erfragten Monatseinkommen unberücksichtigt bleiben. Die Einkommenssteigerungen der auf den Vorjahresangaben beruhenden Äquivalenzeinkommen fallen insbesondere in den Wachstumsphasen – zweite Hälfte der 80er-Jahre in den alten und erste Jahre nach der Vereinigung in den neuen Ländern – geringer als die vergleichbaren Monatsziffern aus. Offenkundig führt die Berücksichtigung der Jahressteuern zu einer Dämpfung des Einkommensanstiegs. Deutlich beschleunigte Einkommenssteigerungen ergeben sich indes – wie bei den Monatseinkommen – nach Berücksichtigung des Mietwertes durch selbst genutztes Wohneigentum.

Trotz der insgesamt gleichen Trends bezogen auf die Phasen des Einkommenswachstums in den alten Bundesländern in der zweiten Hälfte der 80er- im Vergleich zu den 90er-Jahren sowie dem Einkommensverlauf in den neuen Ländern seit der Vereinigung, weisen die jeweiligen Einkommenskonzepte Divergenzen auf, die sich vor allem in dem Betrag des jeweiligen Einkommenswertes niederschlagen. Veränderungen im Wachstumsprozess sind jedoch überwiegend marginal. Lediglich die Berücksichtigung von Einkommensvorteilen durch Wohneigentum beziehungsweise die Berücksichtigung von Wohnkosten führt zu merklich verringerten beziehungsweise erhöhten Wachstumsindizes und verdeutlicht so den Einfluss der Wohnkostenentwicklung auf das Einkommenswachstum. Diese Unterschiede sind bei der Bewertung der Ergebnisse des hier zugrunde liegenden monatlichen Äquivalenzeinkommens zu berücksichtigen, das vor allem auf den laufenden monatlichen Einkommensfluss in den privaten Haushalten abhebt.

2.3.2 Einkommensungleichheit – Schwankungen im Zeitablauf, aber keine Polarisierung

Einkommensverläufe geben Aufschluss über die Entwicklung des allgemeinen Wohlstandsniveaus. Inwieweit Wohlstandsveränderungen alle Bevölkerungsteile erfassen oder nur die Entwicklung in bestimmten Einkommensschichten charakterisieren, lässt sich jedoch erst aus der Verteilung der Einkommen ablesen.

Nach den hier zugrunde liegenden monatlichen Äquivalenzeinkommen hat sich der Bevölkerungsanteil in den beiden untersten Einkommensklassen, die den Bereich der relativen Armut und des prekären Wohlstandes kennzeichnen, in den alten Bundesländern von 1985 bis 1991 verringert (Tabelle 2–6), bis Mitte der 90er-Jahre ist ein neuerlicher Anstieg zu beobachten, gefolgt von Schwankungen in der zweiten Hälfte der 90er-Jahre. Die oberen Einkommensklassen, die bezogen auf den Umfang des verfügbaren Einkommens im Haushalt den Bereich relativer Wohlhabenheit beschreiben, weisen Mitte der 90er-Jahre in den alten Ländern den höchsten Bevölkerungsanteil aus. Die langjährige Entwicklung der Besetzung im oberen Einkommensbereich ist jedoch eher durch Schwankungen als durch systematische Veränderungen gekennzeichnet.

Tabelle 2–6: Bevölkerung nach relativen Einkommenspositionen 1)

	Anteil der Bevölkerung in						Bev.
	relativer Armut		… und …	… relativer Wohlhabenheit			Insges.
Alte Bundesländer							
Mean = 100	bis 50 %	51 %– 75 %	76 %– 100 %	101 %– 150 %	151 %– 200 %	mehr als 200 %	
1985	11,2	24,6	23,8	28,4	7,6	4,3	100,0
1988	10,1	23,8	26,6	27,4	8,6	3,5	100,0
1991	8,8	26,1	23,5	29,2	8,1	4,3	100,0
1994	9,4	25,7	24,8	27,1	8,2	4,8	100,0
1997	9,1	26,5	24,3	27,7	8,7	3,8	100,0
1998	9,5	25,4	26,3	26,5	8,1	4,1	100,0
Neue Bundesländer							
1991	4,1	18,0	34,8	35,5	5,9	1,8	100,0
1994	7,5	17,5	31,8	33,8	7,8	1,6	100,0
1997	6,3	18,7	30,0	37,4	5,7	2,0	100,0
1998	4,6	22,3	27,9	37,0	5,8	2,3	100,0
Deutschland							
1997	8,8	26,4	25,3	28,4	7,4	3,7	100,0
1998	9,1	25,2	27,1	27,7	6,8	4,2	100,0

1) Einkommensgrenzen in Relation zum Mittelwert in der jeweiligen Region (Mean=100).
Datenbasis: SOEP.

In den neuen Bundesländern sind die unteren und oberen relativen Einkommensklassen deutlich geringer besetzt als in den alten Ländern. Die Spreizung der Einkommen ist damit weit weniger stark ausgeprägt. Die Besetzung in der untersten Einkommensklasse nimmt bis 1994 deutlich zu, geht dann jedoch stark zurück. Bei dieser zunächst unplausibel erscheinenden Entwicklung ist zu beachten, dass sich die Klassenbildung an den jeweils regionsspezifischen Einkommensverteilungen orientiert. Die Einkommensklassen in den neuen Bundesländern umfassen so aufgrund des geringeren Einkommensdurchschnitts absolut gesehen schlechtere Einkommenslagen als in den alten Ländern.[7] Der Rückgang der Besetzungszahl in der untersten Einkommensklasse in der zweiten Hälfte der 90er-Jahre bedeutet somit aus gesamtdeutscher Perspektive lediglich einen Rückgang unter den ärmsten der in prekären Einkommenslagen befindlichen Bevölkerung. Betrachtet man die untersten beiden Einkommensklassen zusammen, so zeigt sich stattdessen in den neuen Bundesländern auch in der zweiten Hälfte der 90er-Jahre eher ein Verharren beziehungsweise eine weitere langsame Zunahme der Bevölkerungsanteile im unteren Einkommenssegment, allerdings infolge des geringeren Durchschnittseinkommens deutlich unterhalb des Vergleichswertes der alten Länder. In der obersten Einkommensklasse hat sich in den neuen Ländern der Bevölkerungsumfang in der zweiten Hälfte der 90er-Jahre erhöht, liegt aber – trotz absolut gesehen niedrigerer Schwellenwerte – nach wie vor noch deutlich unter dem entsprechenden Bevölkerungsanteil der alten Länder.

In Deutschland insgesamt sind 1997 und 1998 die unteren Einkommensklassen anteilsmäßig geringer besetzt als bei alleiniger Betrachtung der Verteilung in den alten Bundesländern. Der Bevölkerungsanteil in relativer Wohlhabenheit entspricht in der gesamtdeutschen Betrachtung etwa dem der alten Länder.

7 Dieser Effekt wird durch Kaufkraftvorteile zwar gedämpft, aber nicht aufgehoben.

Das Ausmaß der Einkommensungleichheit in Deutschland liegt im Vergleich zu anderen europäischen Ländern auf einem mittleren Niveau (d. h. höher als in Dänemark und den Niederlanden; niedriger als in Frankreich oder Großbritannien oder den südeuropäischen Ländern; Headey / Goodin / Muffets / Dirven 1997; vgl. Kap. 4). In den alten Ländern hat sich an dieser Struktur im Kern seit Mitte der 80er-Jahre überraschend wenig geändert (vgl. Biewen 2000). Die reichsten 5 % der Bevölkerung verfügen über einen Anteil am Gesamteinkommen zwischen 12 % und 14 %, den ärmsten 5 % verbleibt hingegen lediglich ein Einkommensanteil um 1,7 % (Tabelle 2–7). Das reichste Bevölkerungsquintil umfasst in den alten Bundesländern mehr als ein Drittel aller Einkommen, das ärmste Quintil hingegen weniger als 10 %. Auffallend ist insbesondere die hohe Konstanz des Einkommensanteils der Bevölkerung im mittleren Einkommensbereich.

Die Spreizung der verfügbaren Einkommen in den neuen Bundesländern war, den Idealen der sozialistischen Wirtschafts- und Sozialpolitik folgend, unmittelbar nach der Vereinigung ausgesprochen gering ausgeprägt. Entsprechend sind die Einkommensanteile gleichmäßiger über die Bevölkerungsgruppen verteilt: Die reichsten 5 % der Bevölkerung haben hier einen Anteil am Gesamteinkommen von 10 % bei leicht steigender Tendenz, den ärmsten 5 % verbleibt ein Einkommensanteil von etwa 2 %. Das reichste Bevölkerungsquintil umfasst in den neuen Bundesländern etwa 30 bis 32 % aller Einkommen, das ärmste Quintil hingegen noch 10 bis 12 %. Trotz der erheblichen Einkommenssteigerungen haben sich diese Einkommensrelationen bisher vergleichsweise wenig geändert. Die Einkommen der Bevölkerung in den neuen Ländern sind nach wie vor weitaus weniger ungleich verteilt als in den alten Ländern.

Tabelle 2–7: Einkommensanteile[1)] in Deutschland, nach Einkommensgruppen

	Anteil der Einkommen von xx % der Bevölkerung mit den …						
	… geringsten Einkommen			mittleren	… höchsten Einkommen		
Bev.-Anteil in %	ärmste 5 %	ärmste 10 %	ärmste 20 %	50 %	reichste 20 %	reichste 10 %	reichste 5 %
Alte Bundesländer							
1985	1,6	3,9	9,4	45,3	35,9	21,7	13,1
1988	1,7	4,0	9,6	45,2	35,9	21,8	13,3
1991	1,7	4,1	9,8	45,5	35,2	21,0	12,4
1994	1,6	4,0	9,5	44,9	36,2	21,9	13,2
1997	1,8	4,1	9,8	45,3	35,4	21,1	12,5
1998	1,8	4,2	9,8	45,3	35,6	21,2	12,6
Neue Bundesländer							
1991	2,0	4,9	11,5	47,9	30,8	17,6	10,0
1994	1,8	4,4	10,7	48,1	31,5	18,0	10,3
1997	2,0	4,6	11,0	47,8	31,6	18,4	10,8
1998	2,1	4,8	11,2	47,6	31,6	18,2	10,7
Deutschland							
1997	1,8	4,2	10,0	45,4	35,2	21,1	12,5
1998	1,9	4,3	10,0	45,3	35,3	21,1	12,5

1) Anteil der Äquivalenzeinkommen in der jeweiligen Einkommensgruppe an der Gesamtheit der Einkommen in der jeweiligen Region.
Datenbasis: SOEP

In Deutschland insgesamt sind die Einkommensanteile tendenziell sogar eher gleichmäßiger verteilt als bei alleiniger Betrachtung der Verteilung in den alten Bundesländern. Dies liegt daran, dass die Verteilung der Einkommen in den neuen Bundesländer homogener ist und sich überwiegend innerhalb der Spannweite bewegt, die auch für die alten Länder gilt.

Dies wird deutlich bei Betrachtung der Einkommensschwellenwerte, die zur Abgrenzung des jeweils reichsten, mittleren und ärmsten Dezils der Bevölkerung im jeweiligen Landesteil herangezogen werden (Tabelle 2–8). Diese Schwellenwerte markieren die Mitte (Median) sowie die Ober- und Untergrenze, zwischen denen sich die Äquivalenzeinkommen von 80 % der Bevölkerung im jeweiligen Landesteil bewegen. Der untere Schwellenwert lag bereits 1991 in den neuen Ländern kaufkraftbereinigt bei über 80 % des Vergleichswerts der alten Länder. Im Jahr 1998 liegen die unteren Schwellenwerte in beiden Landesteilen praktisch gleichauf. Der Median, der die Einkommensverteilung in zwei gleiche Teile trennt, hat sich in den neuen Ländern von 1991 bis 1998 von kaufkraftbereinigt 73 % auf 88 % des Vergleichswerts der alten Länder erhöht. Der Einkommensschwellenwert zur Abgrenzung des jeweils reichsten Bevölkerungsdezils im jeweiligen Landesteil liegt hingegen in den neuen Bundesländern 1998 noch immer bei 75 % des Vergleichswerts der alten Länder. Mit anderen Worten: Die Einkommen der neuen Länder liegen im unteren Einkommenssegment nur geringfügig unter denen der alten Länder. Die eigentliche Einkommensdifferenz zwischen alten und neuen Ländern besteht in der geringeren Besetzung höherer Einkommen. Das Verhältnis dieser Schwellenwerte – die Dezil-Ratios – sind entsprechend in den alten Ländern höher als in den neuen Ländern und haben sich von 1991 bis 1998 nur marginal erhöht.

Die Betrachtung der Einkommensanteile und der Dezil-Ratios verdeutlicht eine relativ hohe Robustheit der bestehenden Verteilungen nicht nur in den alten, sondern auch in den neuen Ländern. Diese Darstellung wird jedoch durch die hohe Konstanz der Einkommensanteile im mittleren Einkommensbereich dominiert. Polarisierungstendenzen im Sinne einer Verringerung der Einkommensanteile im unteren und mittleren Einkommenssegment zugunsten höherer Einkommen sind im vorliegenden Untersuchungszeitraum für die verfügbaren Äquivalenzeinkommen in den alten Bundesländern jedenfalls nicht nachzuweisen. In den neuen Ländern ist vor allem im höheren Einkommensbereich eine nur zögerliche Spreizung der Einkommen in Richtung der gesamtdeutschen Verteilung erfolgt.

Tabelle 2–8: Einkommensschwellenwerte zur Abgrenzung des reichsten und ärmsten Dezils in den alten und neuen Bundesländern[1)]

Schwellenwert (in DM) zur Abgrenzung des ...	1991				1998		
	ABL	NBL	N/ABL in %	N/ABL in %[2)]	ABL	NBL	N/ABL in %
90. Perzentils	2.800	1.353	48,3	62,4	3.333	2.498	74,9
50. Perzentils (Median)	1.556	882	56,7	73,2	1.818	1.600	88,0
10. Perzentils	903	563	62,3	80,5	1.056	1.000	94,7
Dezil-Ratios[3)]:							
90:10	3,1	2,4	–	–	3,2	2,5	–
90:50	1,8	1,5	–	–	1,8	1,6	–
50:10	1,7	1,6	–	–	1,7	1,6	–

1) Einkommensschwellenwert zur Abgrenzung des reichsten (90) bzw. ärmsten (10) Bevölkerungsdezils; jedes Dezil umfasst 10 % der nach der Höhe des Äquivalenzeinkommens sortierten Bevölkerung. – 2) Nach Berücksichtigung von Kaufkraftunterschieden (1991=129.1). – 3) Ungleichheitsmaß: Verhältnis der Einkommensschwellenwerte zur Abgrenzung des reichsten, mittleren und ärmsten Dezils in der Bevölkerung.
Datenbasis: SOEP.

Allerdings sind die Einkommensanteile wie auch die Dezil-Ratios keine hinreichenden Indikatoren zur Beschreibung von Ungleichheit, da bei diesen Indikatoren entsprechende Entwicklungen an den Rändern der Einkommensverteilung verdeckt oder ausgeblendet werden. Komplexere Indikatoren zur Kennzeichnung des Ausmaßes der Einkommensungleichheit[8] wie der Gini-Koeffizient oder die verschiedenen Koeffizienten der Entropie-Familie[9] belegen indes durchaus unterschiedliche Phasen der Ungleichheitsentwicklung in Deutschland (Tabelle 2–9).

Alle hier genannten Ungleichheitsmaße weisen für das zugrunde liegende Äquivalenzeinkommen in den alten Ländern von 1985 bis 1991 zunächst rückläufige Ungleichheitsziffern aus, bis Mitte der 90er-Jahre erfolgt ein rapider Anstieg der Ungleichheit (vgl. Becker/Hauser 1997), der sich aber in der zweiten Hälfte der 90er-Jahre nicht fortsetzt. Diese einheitliche Entwicklung für alle Indikatoren ist insofern bemerkenswert, als diese für Ungleichheitsentwicklungen im oberen oder unteren Einkommensbereich unterschiedlich sensitiv sind. Die nachlassende Ungleichheit am Ende der 80er-Jahre in den alten Ländern wie auch die uneinheitliche Entwicklung in der zweiten Hälfte der 90er-Jahre betrifft somit nicht nur die Entwicklung am unteren, sondern auch am oberen Einkommensrand.

Für die neuen Bundesländern weisen alle Koeffizienten in der ersten Hälfte der 90er-Jahre einheitlich eine Zunahme der Einkommensungleichheit aus, die sich jedoch in der zweiten Hälfte der 90er-Jahre ebenfalls nicht fortsetzt. Alle Koeffizienten belegen eine deutlich niedrigere Ausprägung der Ungleichheit in den neuen im Vergleich zu den alten Ländern.

Aber auch die gesamtdeutschen Ungleichheitsziffern liegen – wenn auch geringfügig – bei allen Koeffizienten in der zweiten Hälfte der 90er-Jahre übereinstimmend niedriger als in den alten Ländern.

8 Vgl. Cowell 1995; Schwarze 1997; Hauser/Wagner 2000.

9 Zur Entropie-Familie gehören: Theil-Koeffizient, die mittlere logarithmische Abweichung [MLD] sowie die Hälfte des quadrierten Variationskoeffizienten [SCV].

Tabelle 2–9: Einkommensungleichheit in Deutschland

	Gini[1)]-Koeffizient	Entropie – Maße[2)]			
		MLD[3)]	Theil(1)[4)]	SCV[5)]	SCV_{topcod}[6)]
Alte Bundesländer					
1985	.264	.118	.123	.317	.233
1988	.262	.116	.129	.396	.222
1991	.254	.107	.110	.261	.218
1994	.267	.119	.126	.328	.235
1997	.256	.108	.112	.270	.223
1998	.257	.108	.112	.265	.229
Neue Bundesländer					
1991	.192	.063	.062	.136	.119
1994	.207	.075	.072	.157	.137
1997	.207	.074	.076	.186	.132
1998	.207	.071	.073	.165	.139
Deutschland					
1997	.251	.104	.109	.265	.215
1998	.252	.104	.108	.258	.222

1) Gini-Koeffizient = 0, wenn alle Einkommen gleich verteilt sind, = 1, wenn eine Person über alle Einkommen verfügt. – 2) Klasse an Ungleichheitsmaßen, mit höherer Sensitivität bezüglich der unteren (MLD) oder der oberen (SCV) Einkommen. – 3) Mittlere logarithmische Abweichung, Theil(0). – 4) Theil(1)-Koeffizient, eher sensitiv im mittleren bis unteren Einkommensbereich. – 5) Quadrierter Variationskoeffizient/2, sensitiv für Ungleichheit im oberen Einkommensbereich. – 6) Top-Coding: Aufgrund der Anfälligkeit des SCV für Extremwerte werden die Einkommen des reichsten Perzentils auf den diesbezüglichen Schwellenwert gesetzt.
Datenbasis: SOEP.

Alternative Einkommenskonzepte auf Basis des SOEP bestätigen im Allgemeinen den dargestellten Phasenverlauf sowie die Ungleichheitsunterschiede zwischen alten und neuen Ländern, die Niveauunterschiede bezüglich des Ausmaßes der Ungleichheit variieren jedoch zum Teil beträchtlich (Tabelle 2–10).

Tabelle 2–10: Einkommensungleichheit in den alten und neuen Bundesländern im Lichte alternativer Einkommenskonzepte (Gini-Koeffizient)

Gini[1]	Alte Bundesländer				Neue Bundesländer		
	1985	1991	1994	1997	1991/2	1994	1997
Äquivalenzeinkommen im Monat							
Gini	.264	.254	.267	.256	.192	.207	.207
… bei Verwendung einer alternativen Äquivalenzgewichtung gemäß Eurostat[2]							
Gini	.253	.241	.253	.242	.193	.202	.199
… nach Berücksichtigung zusätzlicher Einkommenskomponenten:							
einmal. Leistungen[3]	.269	.259	.272	.262	.193	.212	.212
Mietwert (Imp. Rent)[4]	.267	.262	.275	.269	–	.210	.215
… nach Abzug spezifischer Kosten							
Wohnkosten[5]	.292	.281	.303	.289	.215	.242	.247
Unterhaltsleistungen[6]	.262	–	–	.255	–	–	.206
Äquivalenzeinkommen im Vorjahr[7]							
ohne Mietwert[4]	.281	.271	.290	.290	.213	.222	.225
mit Mietwert[4]	.282	.275	.293	.294	–	.224	.234

1) Gini-Koeffizient = 0, wenn alle Einkommen gleich verteilt sind, = 1, wenn eine Person über alle Einkommen verfügt. – 2) Revidierte OECD-Skala: 1.Erwachsener = 1.0; alle weiteren Erwachsenen im Haushalt = 0.5; alle Kinder bis 14 Jahre = 0.3. – 3) Schlechtwettergeld, Urlaubsgeld, 13.,14. Monatsgehalt etc. – 4) Mietwert selbst genutzten Wohneigentums (Imputed Rent). – 5) Bei Mietern: Miete; bei Eigentümern: Zinszahlungen unter der Annahme einer 30-jährigen Rückzahlungsfrist, einem Zinssatz von 7 % und einer jährlichen Tilgungsleistung von 1 % – 6) Zahlungen zur Unterstützung von außerhalb des Haushalts lebenden verwandten und nicht verwandten Personen. – 7) In den neuen Bundesländern erstmalig 1992 erhoben.
Datenbasis: SOEP.

Bei Verwendung der von Eurostat empfohlenen revidierten OECD-Skala sind die Ungleichheitskoeffizienten infolge der geringeren Äquivalenzgewichte etwas niedriger (vgl. Coulter/Cowell/Jenkins 1992). Nach Berücksichtigung von einmaligen Zahlungen im Vorjahr wie 13./14. Monatsgehalt, Schlechtwettergeld, Urlaubsgeld, Gewinnbeteiligung und Prämien etc. erhöht sich hingegen die ausgewiesene Ungleichheit. In beiden Fällen handelt es sich um Niveauverschiebungen, der zeitliche Verlauf der Ungleichheit bleibt jedoch gleich.

Die Berücksichtigung von Einkommensvorteilen durch selbst genutztes Wohneigentum führt zu einer disproportionalen Erhöhung der Ungleichheitsquoten, die Abweichung zum zugrunde liegenden Äquivalenzeinkommen ist Mitte der 80er-Jahre am niedrigsten und nimmt bis Mitte der 90er-Jahre ständig zu. Der überproportionale Anstieg der Wohnkosten hat somit zu einer Erhöhung der Ungleichheit beigetragen. Das Ausmaß der Ungleichheit wird noch höher und damit der Einfluss der Wohnkosten noch deutlicher, wenn diese als Kostenkomponente vom Einkommen abgezogen werden. Die Berücksichtigung von Unterhaltsleistungen führt hingegen tendenziell zu einer leichten Verringerung der Ungleichheit.

Bei all diesen unterschiedlichen Einkommenskonzepten bleibt das oben beschriebenen zeitliche Muster der Ungleichheitsentwicklung erhalten. Bei Zugrundelegen von Jahreseinkommen erhöht sich das Ausmaß der Ungleichheit erheblich. Zudem zeigt sich bei diesem Einkommenskonzept insofern eine Abweichung in der zeitlichen Entwicklung, als die Ungleichheit nach dem Wiederanstieg bis Mitte der 90er-Jahre nicht mehr – wie beim Monatseinkommen – leicht rückläufig ist, sondern auf gleich hohem Niveau verharrt. Trotz dieser Variation im zeitlichen Verlauf gilt für alle hier dargestellten Einkommenskonzepte, dass die Ungleichheit in den alten Ländern von Mitte der 80er-Jahre bis zu Beginn der 90er-Jahre abgenommen hat, daraufhin erfolgte innerhalb kurzer Zeit bis Mitte der 90er-Jahre ein kräftiger Wiederanstieg, der sich in der zweiten Hälfte der 90er-Jahre zunächst nicht fortsetzt. In den neuen Ländern ist bei allen Einkommenskonzepten ein deutlicher Anstieg der Ungleichheit bis Mitte der 90er-Jahre zu beobachten. Für die zweite Hälfte der 90er-Jahre zeigt sich in den neuen Ländern eine stagnierende Ungleichheitsentwicklung für die meisten monatsbezogenen Einkommensmessungen. Werden jedoch Wohnkosten als geldwerter Vorteil oder als Kostenkomponente berücksichtigt oder das Vorjahreseinkommen zugrunde gelegt, so erfolgt ein weiterer Anstieg der Ungleichheit.

Da das relative Armutskonzept konzeptionell mit dem Ausmaß der Ungleichheit verbunden ist, ist die Wahl des Einkommenskonzeptes maßgebend für den Umfang und Verlauf der ausgewiesenen Armutsquoten. Das hier zugrunde liegende monatliche Äquivalenzeinkommen hebt auf das laufende Einkommen ab, das die privaten Haushalte im Alltag zur Verfügung haben. Auf dieses Einkommenskonzept beziehen sich die nachfolgend dargestellten Armutsquoten.

2.4 Einkommensarmut und Niedrigeinkommen

2.4.1 Einkommensarmut und Niedrigeinkommen in Deutschland 1996–1998

Relative Niedrigeinkommens- und Armutsquoten indizieren eine unzureichende Teilhabe an der allgemeinen Lebensweise, die im relativen Armutskonzept durch ein mittleres Einkommensniveau ihren Ausdruck findet. Das mittlere Einkommensniveau wird zum einen in Relation zum arithmetischen Mittel (Mean) dargestellt, die daraus abgeleitete 50 %-Schwelle dient zur Kennzeichnung eines mittleren Armutsniveaus. Ergänzend werden die 40 %-Schwelle zur Abgrenzung strenger Armut sowie, in Anlehnung an die Arbeiten von Hübinger, die 75 %-Schwelle zur Abgrenzung des «prekären Wohlstandes» (Hübinger 1996) ausgewiesen. Bei neueren Veröffentlichungen von Eurostat (Marlier 1999) wird, aufgrund seiner größeren Robustheit und Unempfindlichkeit gegenüber Veränderungen im oberen Einkommensbereich, der Median als Referenzpunkt zur Charakterisierung einer mittleren Lebensweise bevorzugt. Die Armutsschwelle liegt in diesem Fall bei 60 % des Referenzniveaus (Tabelle 2–11).

Bezogen auf den gesamtdeutschen Einkommensdurchschnitt schwankt die mittlere Armutsquote (50 %-Schwelle) in den Jahren 1996 bis 1998 in ganz Deutschland um 9 %, in strenger Armut (40 %-Schwelle) leben 3–4 % der Bevölkerung mit sinkender Tendenz. Der gesamte Niedrigeinkommensbereich (75 %-Schwelle) umfasst etwas mehr als ein Drittel der bundesrepublikanischen Bevölkerung. Der Umfang der Armut gemessen am Median (60 %-Schwelle) liegt im selben Zeitraum bei 11–12 %.

Die alten Länder sind davon unterdurchschnittlich betroffen: Die mittlere Armutsquote liegt hier bei 8–9 %, etwa 3–4 % leben in strenger Armut, ein Drittel der Bevölkerung ist von Niedrigeinkommen betroffen. Die Armutsquote bezogen auf den Median liegt bei knapp 11 %.

Das Ausmaß der Armut liegt in den neuen Ländern entsprechend höher. Die mittlere Armutsquote ist hier in den Jahren 1996 bis 1998 leicht rückläufig von 13 % auf 11 %, zugleich steigt der Bevölkerungsanteil im Niedrigeinkommensbereich von 43 auf 45 %. In strenger Armut leben in den neuen Ländern 4–5 % der Bevölkerung. Die Armutsquote bezogen auf den Median ist in den neuen Ländern in dieser Zeit von 16 % auf 14 % gesunken.

Tabelle 2–11: Einkommensarmut und Niedrigeinkommen in Deutschland (Referenz: Deutschland insgesamt)

	Armutsquoten bezogen auf den			
	… Mean			… Median
	«strenge Armut» 40 %-Schwelle	«Armut» 50 %-Schwelle	«Prekärer Wohlstand» 75 %-Schwelle	(gemäß Eurostat) 60 %-Schwelle
Gemessen am Durchschnittseinkommen … in Deutschland insgesamt				
insgesamt				
1996	3,7	9,1	34,3	11,9
1997	3,4	8,8	35,2	11,0
1998	3,1	9,1	34,3	11,5
… in den alten Bundesländern				
1996	3,7	8,2	32,1	10,8
1997	3,0	8,2	33,1	10,2
1998	3,0	8,7	31,8	10,9
… in den neuen Bundesländern				
1996	4,0	12,7	43,3	16,2
1997	4,8	11,6	43,7	14,2
1998	3,7	10,7	44,6	14,2

Datenbasis: SOEP.

Beide mittlere Armutsmessungen (50 %-Mean, 60 %-Median) unterscheiden sich etwas im Niveau, nicht jedoch in dem jeweiligen Verlauf.

2.4.1.1 Soziodemographie von Armut und Niedrigeinkommen im Jahr 1998

In der zweiten Hälfte der 90er-Jahre haben sich die Erwartungsmuster und zum guten Teil auch die Einkommensverhältnisse der neuen Bundesländer so weit an die der alten Bundesländern angeglichen, dass man nunmehr von einem gemeinsamen Ganzen ausgehen kann. Entsprechend werden die nach Bevölkerungsgruppen gegliederten relativen Armuts- und Niedrigeinkommensquoten für das Jahr 1998 auf Grundlage des gesamtdeutschen Durchschnittseinkommens errechnet und für Deutschland insgesamt dargestellt. Um den Stand der Angleichung der Lebensverhältnisse zwischen alten und neuen Bundesländern auch in dieser Phase zu dokumentieren, werden in Ergänzung zur gesamtdeutschen Gliederung auch die entsprechenden Werte für die neuen Bundesländer nochmals separat ausgewiesen. Aufgrund der vielerorts noch bestehenden Kaufkraftvorteile werden bei einigen Bevölkerungsgruppen in den neuen Ländern die Armuts- und Niedrigeinkommensquoten[10] in Relation zum gesamtdeutschen Durchschnitt tendenziell überschätzt.

10 Die Begriffe Niedrigeinkommen und prekärer Wohlstand werden hier synonym gebraucht.

Tabelle 2–12: Betroffenheit von Armut und Niedrigeinkommen in Deutschland nach Bevölkerungsgruppen im Jahre 1998

	Bevölkerung in Armut und Niedrigeinkommen (in %)					
	in Deutschland			darunter: in den neuen Bundesländern		
	Bev.-Anteil			Bev.-Anteil		
		50 %	75 %		50 %	75 %
Bevölkerung insgesamt:		9,1	34,3		10,7	44,6
Geschlecht	100,0			100,0		
männlich	48,0	9,0	34,1	48,2	10,2	44,8
weiblich	52,0	9,1	34,3	51,6	10,8	44,4
Alter	100,0			100,0		
bis 15 Jahre	17,1	14,2	49,2	16,0	18,0	63,5
16 bis 30 Jahre	18,1	13,2	41,4	19,7	14,4	52,5
31 bis 45 Jahre	23,8	9,1	33,1	23,3	12,4	46,3
46 bis 60 Jahre	19,8	6,0	26,4	18,4	7,8	38,7
61 bis 75 Jahre	15,5	4,8	24,9	17,2	3,7	28,6
76 Jahre und älter	5,7	3,3	25,1	5,4	0,0	23,7
Nationalität des HV	100,0					
deutsch (überwiegend)	89,9	8,1	31,7	99,7	10,7	44,5
nicht deutsch	6,3	18,6	58,4	–	–	–
Zuwanderer	3,8	16,2	55,1	–	–	–
(Befragungspersonen)	Bevölkerung ab 17 Jahren					
Familienstand	100,0			100,0		
verh./zusammen lebend	57,3	6,7	30,7	57,4	6,7	39,0
verh./getrenntlebend	1,8	(8,9)	(36,8)	1,7	(14,4)	(49,4)
ledig	24,7	10,6	31,8	24,4	14,4	45,4
geschieden	6,9	13,1	38,2	7,7	16,4	57,2
verwitwet	9,4	4,8	21,7	8,9	2,5	17,4
Bildungsabschluss	100,0			100,0		
Keinen Schulabschluss	10,4	15,6	45,8	2,9	15,6	53,2
Hauptschule	41,5	8,5	31,5	34,3	8,7	37,4
Realschule	23,7	6,5	25,0	37,8	9,6	41,4
Abitur	14,1	1,7	14,2	14,0	1,7	19,8
in Ausbildung	10,2	12,2	40,9	11,1	13,4	43,6
Keinen Berufsabschluss	23,9	13,2	41,4	10,3	14,2	52,2
Lehre	41,0	7,3	28,1	52,7	9,9	41,1
Berufsausbildung	17,3	3,4	20,1	18,5	2,7	25,2
Universität/FH	7,5	1,9	10,6	7,3	0,9	12,4
in Ausbildung	10,3	12,2	40,9	11,2	13,4	43,6

	Bevölkerung in Armut und Niedrigeinkommen (in %)					
	in Deutschland			darunter: in den neuen Bundesländern		
	Bev.-Anteil			Bev.-Anteil		
		50 %	75 %		50 %	75 %
Erwerbsstatus	100,0			100,0		
erwerbstätig	47,9	4,2	21,6	43,9	4,9	33,0
arbeitslos	8,1	14,6	46,6	9,1	17,7	52,1
in Ausbildung	36,8	7,6	32,1	33,0	4,9	33,9
nicht erwerbstätig	7,2	26,8	66,7	13,9	26,8	70,3
Berufliche Stellung	100,0			100,0		
un-/angelernter Arbeiter	15,8	11,5	43,8	10,6	8,1	52,8
Arbeiter	16,2	6,3	30,9	26,2	7,5	46,2
Selbständige	9,3	7,8	23,1	7,7	6,2	39,9
Auszubildende	5,3	15,6	53,5	7,9	23,1	66,5
einfache Angestellte	9,9	4,9	23,5	10,7	5,8	37,2
qualifizierte Angestellte	36,0	1,1	12,1	33,4	1,9	18,0
einf./mittl. Beamte	2,7	1,1	6,7	1,8	(–)	(–)
gehob./höhere Beamte	5,0	0,1	3,0	1,7	(–)	(–)

Datenbasis: SOEP.

Tabelle 2–13: Betroffenheit von Armut und Niedrigeinkommen in Deutschland nach Haushaltsmerkmalen im Jahr 1998

	Bevölkerung in Armut und Niedrigeinkommen (in %)					
	in Deutschland			darunter: in den neuen Bundesländern		
	Bev.-Anteil			Bev.-Anteil		
		50 %	75 %		50 %	75 %
Insgesamt:		9,1	34,3		10,7	44,6
Haushaltsgröße	100,0			100,0		
1-Pers.-Haushalt	16,3	7,2	24,3	14,3	12,8	35,2
2-Pers.-Haushalt	29,0	5,0	22,9	30,5	5,5	30,1
3-Pers.-Haushalt	20,1	8,0	35,3	22,7	5,0	50,0
4-Pers.-Haushalt	23,0	10,4	41,2	23,8	15,4	48,6
5-u. m.-Pers.-Haushalt	11,6	21,4	61,4	8,8	26,9	85,5

	Bev.-Anteil	50 %	75 %	Bev.-Anteil	50 %	75 %
Alter des HV	100,0			100.0		
bis 45 Jahre	43,1	10,7	34,3	41,9	14,9	48,7
46 bis 65 Jahre	32,6	6,3	26,4	33,9	9,8	40,3
66 Jahre und älter	24,3	4,3	24,7	24,3	0,9	22,8
Personengruppen	100,0			100,0		
Haushaltsvorstand	46,9	7,6	29,3	45,4	9,8	39,7
(Ehe-)partner	24,7	7,0	30,6	26,6	6,9	39,5
Kind(er) bis 17 Jahre	18,4	14,4	49,5	17,5	18,0	63,3
Kind(er) ab 18 Jahre	8,1	11,7	38,5	8,2	12,1	44,4
weitere HH-Mitglieder	2,0	11,0	40,1	2,3	9,6	60,4
Haushaltstypen	100,0			100,0		
Singlehaushalt	16,9	7,2	24,4	14,9	12,3	35,9
Paarhaush. ohne Kind	26,5	3,7	20,6	28,9	3,4	28,6
Paarh. mit mindj. K.	37,8	11,9	45,2	37,7	13,5	56,0
Einelternhaushalt	3,5	29,9	71,5	4,7	31,1	80,0
Elternhaushalt m. erw. K.	15,3	8,9	33,3	13,8	9,4	44,4
HH-/Lebenszyklus	100,0			100,0		
HV bis 45 Jahre						
Singlehaushalt	6,1	10,7	25,1	4,8	21,1	39,3
Paarhaushalt ohne Kind	7,3	5,3	18,9	6,3	3,5	32,3
HV 46 bis 65 Jahre						
Singlehaushalt	4,3	5,9	23,5	4,0	19,3	50,5
Paarhaushalt ohne Kind	11,2	3,1	19,4	13,6	4,7	32,3
Paarhaushalt mit mindj. K.						
mit 1 Kind	16,5	8,7	35,3	20,7	8,4	44,0
mit 2 Kindern	15,4	12,2	48,9	13,3	16,7	63,8
mit 3 u. m. Kindern	5,9	20,4	63,6	3,8	30,4	94,8
Einelternhaushalt	3,5	29,9	71,5	4,7	31,1	80,0
Elternhaushalt m. erw. K.	15,3	8,9	33,3	13,8	9,4	44,4
HV 66 Jahre u. ä.						
Paarhaushalt ohne Kind	6,5	4,7	24,3	6,1	0,6	23,5
Singlehaushalt	8,1	3,0	23,9	9,0	1,2	20,6
Gemeindegrößenklasse	100,0			100,0		
unter 2000 Einw.	8,6	10,6	43,9	23,2	9,7	51,1
2000 bis 20000	34,8	10,2	35,8	31,9	11,9	47,4
20000 bis 100000	25,6	9,6	34,6	18,1	14,8	44,2
100000 bis 500000	17,6	7,8	32,7	19,5	8,1	39,3
über 500000 Einw.	13,3	6,2	25,8	7,3	4,8	27,3
Mieter-Status	100,0			100,0		
Eigentümerhaushalt	44,6	5,5	26,4	33,7	7,7	43,3
Mieterhaushalt	55,4	12,1	40,6	66,3	12,2	45,3

Datenbasis: SOEP.

Gemessen am gesamtdeutschen Durchschnitt lebten 1998 im Bundesgebiet 9,1 % der Bevölkerung in Armut und 34,3 % in prekärem Wohlstand (vgl. Tabelle 2–12). In den neuen Bundesländern liegt die Armutsquote bei knapp 11 %, und 44,6 % der Bevölkerung sind von prekärem Wohlstand betroffen. Frauen haben marginal höhere Armuts- und Niedrigeinkommensquoten als Männer; dies gilt auch für die neuen Bundesländer. Bezogen auf die Altersgliederung gilt im Jahr 1998 im Bundesgebiet: Je höher die Altersgruppe, desto niedriger die Armut und – in eingeschränktem Maße – desto niedriger auch der prekäre Wohlstand. So wächst knapp die Hälfte der Kinder im Alter bis 15 Jahre in prekären Wohlstandsbedingungen auf, darunter 14 % unterhalb der Armutsgrenze, im Vergleich zu 25 % mit Niedrigeinkommen und 3–5 % mit Armut konfrontierten Bevölkerungsanteilen unter den hohen Altersgruppen. Die Relation von Alter und Armut gilt noch stärker in den neuen Bundesländern: Die niedrigen Armutsquoten bei Personen gehobenen Alters liegen noch unter denen des gesamten Bundesgebiets; die hohen Armuts- und Niedrigeinkommensquoten bei Kindern (18 % bzw. 64 %) hingegen deutlich über dem gesamtdeutschen Durchschnitt. Von Niedrigeinkommen sind auch die mittleren Altersgruppen in den neuen Ländern häufiger betroffen.

Ausländer und Zuwanderer weisen in der zweiten Hälfte der 90er-Jahre weit überproportional hohe Quoten an Armut und Niedrigeinkommen auf. Ledige sind mehr als verheiratet Zusammenlebende von Armut betroffen, die Niedrigeinkommensquoten unterscheiden sich bei beiden Gruppen hingegen kaum. Bei Geschiedenen ist die Armut am höchsten, wohingegen die Armuts- und Niedrigeinkommensquoten bei Verwitweten unterdurchschnittlich sind. In den neuen Ländern sind die Armutsquoten von Verheirateten gleich hoch wie im Bundesgebiet, die der Ledigen und Geschiedenen sind hingegen höher, die der Verwitweten jedoch niedriger. Mit zunehmender Schul- und Berufsbildung sinkt die Betroffenheit von Armut und Niedrigeinkommen. In der Ausbildung Befindliche leben in überproportionalem Umfang in Armut oder mit Niedrigeinkommen. In den neuen Ländern sind die Armutsquoten vor allem bei geringer beruflicher Qualifikation etwas höher als im Bundesdurchschnitt. Erwerbstätige werden unter der Erwachsenenpopulation im Bundesgebiet von Armut und auch von Niedrigeinkommen unterdurchschnittlich erfasst, Arbeitslose leben hingegen überproportional häufig in von Armut und Niedrigeinkommen betroffenen Haushalten. In den neuen Ländern liegt die Armutsquote von Arbeitslosen etwas über dem gesamtdeutschen Vergleichswert. Hinsichtlich der beruflichen Stellung tragen – von den Auszubildenden einmal abgesehen – un- und angelernte Arbeiter erwartungsgemäß das höchste Armutsrisiko, für die neuen Bundesländer gilt dies jedoch nur in geringerem Umfang. Angestellte und Beamte sind einheitlich im gesamten Bundesgebiet nur selten von Armut und auch weit weniger von Niedrigeinkommen betroffen.

Gesamtdeutsch betrachtet streuen die Armuts- und Niedrigeinkommensquoten u-förmig nach der Zahl der Personen im Haushalt (Tabelle 2–13). Einpersonenhaushalte haben höhere Armuts- und Niedrigeinkommensquoten als Zweipersonenhaushalte, mit weiter wachsender Personenzahl nehmen Armut und prekärer Wohlstand zu. Diese Relation ist in den neuen Ländern noch stärker ausgeprägt: Die Armuts- und Niedrigeinkommensquoten von Einpersonenhaushalten sowie von Mehrpersonenhaushalten mit 4 und mehr Personen liegen über dem gesamtdeutschen Durchschnitt; die niedrigen Armutsquoten bei den Zwei- und Dreipersonenhaushalten sind gleich oder niedriger als die gesamtdeutschen Vergleichswerte.

Im Lebenszyklus weichen die Armuts- und Niedrigeinkommensquoten von jüngeren und älteren Haushalten (im Sinne des Alters des Haushaltsvorstandes) deutlich voneinander ab. Jüngere Haushalte haben mit 11 % überdurchschnittlich hohe Armutsquoten im Vergleich zu 4 % bei den älteren Haushalten. In den neuen Ländern liegt die Armutsquote der jüngeren Haushalte noch höher, und nahezu jeder Zweite lebt hier in prekärem Wohlstand; Haushalte mittleren Alters liegen in ihrer Betroffenheit von Armut und Niedrigeinkommen ebenfalls noch über den gesamtdeutschen Vergleichswerten. Ältere Haushalte sind hingegen in den neuen Ländern im Vergleich zum Bundesgebiet unterdurchschnittlich von Armut betroffen; die Niedrigeinkommensquoten dieser Haushalte unterscheiden sich nur wenig vom Vergleichswert im Bundesdurchschnitt.

Kinder sind in Deutschland überproportional von Armut und insbesondere von prekärem Wohlstand betroffen. Entsprechend weisen Paarhaushalte mit minderjährigen Kindern und besonders Eineltern-Haushalte hohe bis sehr hohe Quoten an Armut und Niedrigeinkommen auf. Dies gilt wiederum in stärkerem Maße für die neuen Bundesländer. Einelternhaushalte mit minderjährigen Kindern sind im Bundesgebiet zu 30 % von Armut betroffen, und 72 % leben im Niedrigeinkommensbereich; in den neuen Ländern beträgt die Armutsquote unter den Einelternhaushalten knapp 31 %, und 80 % leben in prekärem Wohlstand.[11] Bei den Paarhaushalten nehmen die Armuts- und insbesondere Niedrigeinkommensquoten mit wachsender Kinderzahl stark zu. Paarhaushalte mit einem Kind sind im Bundesgebiet (8,7 %) und auch in den neuen Ländern (8,4 %) unterdurchschnittlich von Armut betroffen. Die Niedrigeinkommensquoten dieser Gruppe liegen bundesweit bei 35 %, in den neuen Ländern bei 44 %. Paarhaushalte mit drei und mehr Kindern sind indes bundesweit zu 20 % von Armut betroffen und nahezu zwei Drittel leben in prekärem Wohlstand. In den neuen Ländern liegt die Armutsquote von Paarhaushalten mit drei und mehr Kindern gar bei 30 %, nahezu

11 Unverheiratet zusammenlebende Paare mit minderjährigen Kindern werden als Paarhaushalte mit minderjährigen Kindern gezählt.

95 % dieser Personengruppe leben im Niedrigeinkommensbereich.

Bei Single- und Paarhaushalten ohne Kinder ergeben sich Unterschiede hinsichtlich des Alters des Haushaltsvorstands: Ältere Haushalte haben jeweils sehr niedrige Armutsquoten und sind unterdurchschnittlich von Niedrigeinkommen betroffen. Die Armuts- und Niedrigeinkommensquoten dieser Gruppe liegen in den neuen Ländern noch unter den gesamtdeutschen Vergleichswerten. Demgegenüber haben Singlehaushalte jüngeren und mittleren Alters nicht nur in den neuen Bundesländern zum Teil überdurchschnittliche Armutsquoten, wogegen der Bevölkerungsanteil im Niedrigeinkommenssektor in diesen Haushalten eher unter dem gesamtdeutschen Durchschnitt liegt. Offenkundig verbergen sich hinter diesem Haushaltstyp häufiger schwierige Lebensbedingungen. Paarhaushalte jüngeren und mittleren Alters ohne Kinder weisen unterdurchschnittliche hohe Armuts- und Niedrigeinkommenswerte auf. Dies gilt auch für die neuen Länder.

Kleinere Gemeinden sind bundesweit leicht überdurchschnittlich von Armut und prekärem Wohlstand betroffen, städtische Metropolen hingegen eher unterdurchschnittlich. Die insgesamt höheren Armuts- und Niedrigeinkommensquoten in den neuen Ländern beruhen vor allem auf höheren Quoten in den mittleren und kleineren Städten sowie den Landgemeinden, weniger auf unterschiedlichen Quoten in den Großstädten und Metropolen. Damit liegen die Armuts- und Niedrigeinkommensquoten in den neuen Bundesländern vor allem in den Regionen höher, in denen man auch von Kaufkraftvorteilen gegenüber dem Bundesgebiet ausgehen kann. Armutslagen finden sich weit häufiger in Mieterhaushalten, dies gilt einheitlich für das gesamte Bundesgebiet.

2.4.2 Einkommensarmut und Niedrigeinkommen in den alten Bundesländern nach regionsspezifischen Schwellenwerten

Die gesamtdeutsche Einkommensverteilung lässt sich erst ab Mitte der 90er-Jahre sinnvoll zur Ableitung der Armutsquoten heranziehen, da erst zu diesem Zeitpunkt die theoretischen Voraussetzungen eines einheitlichen Bewertungsmaßstabs hinreichend erfüllt waren (vgl. Krause/Habich 2000a, b). Für den langjährigen Vergleich werden deshalb für die alten Bundesländer regionsspezifische Armutsschwellen herangezogen. Gemessen am Durchschnittseinkommen der alten Bundesländer liegen die Armutsquoten aufgrund des höheren Durchschnittseinkommens und der höheren Ungleichheit etwas höher als bei der gesamtdeutschen Betrachtung (Tabelle 2–14).

In den alten Bundesländern folgt die mittlere Armutsquote in ihrem Verlauf der Entwicklung der Ungleichheit: Sie sinkt von 1985 bis zu Beginn der 90er- von über 11 % auf unter 9 %, steigt bis Mitte der 90er-Jahre wieder auf über 11 % an und geht in der zweiten Hälfte der 90er-Jahre wieder auf unter 10 % zurück. Dieser Verlauf zeigt sich tendenziell auch bei den Quoten strenger Armut mit Schwankungen zwischen 3 % und 5 %, bei der Betroffenheit von Niedrigeinkommen (33–36 %) sowie bei den Armutsquoten gemessen am Median (11–14 %). Die in der ersten Hälfte der 90er-Jahre zu beobachtende Zunahme der relativen Armut konnte offenkundig gestoppt werden. Es spricht vieles dafür, dass die 1996 eingeführten Veränderungen – Erhöhung des Kindergeldes sowie die steuerliche Freisetzung des Existenzminimums – auch zu dieser Trendwende beigetragen haben.

Tabelle 2–14: Einkommensarmut und Niedrigeinkommen in den alten Bundesländern (Referenz: alte Bundesländer)

	Armutsquoten auf den			
	... Mean			... Median
	«strenge Armut» 40%-Schwelle	«Armut» 50%-Schwelle	«Prekärer Wohlstand» 75%-Schwelle	(gemäß Eurostat) 60%-Schwelle
Gemessen am Durchschnittseinkommen in Westdeutschland				
1985	4,2	11,2	35,9	13,6
1986	4,1	10,9	35,4	13,4
1987	3,9	9,2	33,8	11,7
1988	4,7	10,1	33,9	12,5
1989	3,9	8,9	33,8	12,3
1990	3,4	9,1	33,7	11,9
1991	3,7	8,8	34,9	11,3
1992	4,0	8,5	33,8	11,6
1993	4,5	10,1	33,7	12,8
1994	4,1	9,4	35,1	12,2
1995	5,3	11,2	35,5	13,1
1996	4,3	9,5	34,8	11,7
1997	3,7	9,1	35,6	12,4
1998	3,4	9,5	34,9	11,1

Datenbasis: SOEP.

Innerhalb dieses langen Zeitraumes haben sich in den alten Bundesländern die soziodemographischen Strukturen verändert, die auch die Armutsentwicklung tangieren (Tabelle 2–15, 2–16). Diese Veränderungen können hier nicht im Einzelnen dargelegt werden. Hingewiesen werden soll jedoch auf die Entwicklung der Armutsquoten nach Altersgruppen: So zeigt sich lediglich für die empirisch kleine und selektive Gruppe der Hochbetagten ein kontinuierlicher Rückgang der Armutsquoten bis zur zweiten Hälfte der 90er-Jahre. Bei der Gruppe der über 60-Jährigen hat jedoch die Armut – ausgehend von einem unterdurchschnittlichen Niveau in der zweiten Hälfte der 80er-Jahre – entgegen dem allgemeinen Armutstrend zugenommen. Zudem konnte die überproportional hohe Kinderarmut in diesem Zeitraum etwas verringert werden. Vergrößert hat sich im Vergleich zur zweiten Hälfte der 80er-Jahre vor allem die Armut innerhalb der ausländischen Bevölkerung.

Tabelle 2.15: Betroffenheit von Armut in den alten Bundesländern nach Bevölkerungsgruppen

Merkmale	Bev.-Anteil 85	Armutsquoten Alte Bundesländer				
		1985	1988	1991	1994	1997
Bevölkerung insgesamt:		11,2	10,1	8,8	9,4	9,1
Geschlecht	100,0					
männlich	47,7	11,0	9,7	7,9	8,4	8,7
weiblich	52,3	11,4	10,5	9,6	10,4	9,5
Alter	100,0					
bis 15 Jahre	15,8	18,8	16,9	14,2	14,5	14,0
16 bis 30 Jahre	23,5	12,8	11,5	9,7	10,9	11,3
31 bis 45 Jahre	20,0	9,7	9,8	7,1	7,6	8,2
46 bis 60 Jahre	20,4	8,3	6,5	7,0	6,6	6,7
61 bis 75 Jahre	13,9	6,1	5,7	6,1	8,4	6,8
76 Jahre und älter	6,4	11,7	10,5	6,9	7,1	3,1
Nationalität des HV	100,0					
deutsch	96,1	9,1	8,3	7,1	6,9	5,8
nicht deutsch	3,9	17,3	15,2	14,6	21,3	18,3
Zuwanderer		–	–	–	–	21,8
(Befragungspersonen)		Bevölkerung ab 17 Jahren				
Familienstand	100,0					
verh./zusammenlebend	59,8	8,6	8,1	6,4	7,8	7,1
ledig	24,3	11,7	9,9	8,9	8,2	9,5
geschieden	4,3	13,5	11,8	11,7	13,7	8,7
verwitwet	10,3	8,0	6,9	5,9	7,2	6,1
Bildungsabschluss	100,0					
Keinen Schulabschluss	4,6	19,8	17,5	15,9	18,1	21,7

Merkmale	Bev.-Anteil 85	Armutsquoten Alte Bundesländer				
		1985	1988	1991	1994	1997
Hauptschule	56,3	10,7	9,5	8,5	8,8	7,1
Realschule	17,0	3,8	4,6	3,6	4,3	3,5
Abitur	10,5	2,9	2,8	2,1	3,5	1,9
	100,0					
Keinen Berufsabschl.	27,7	14,3	13,1	12,7	13,3	15,0
Lehre	37,8	8,5	7,0	6,4	6,3	4,9
Berufsausbildung	16,9	3,7	5,0	2,1	4,3	2,7
Universität/FH	5,9	1,9	1,9	2,9	4,5	1,5
	100,0					
gegenw. in Ausbildung	11,7	14,5	13,0	10,7	11,8	13,6
Erwerbsstatus	100,0					
erwerbstätig	53,2	7,0	6,1	5,3	4,9	4,3
arbeitslos	5,2	26,4	27,2	22,0	23,3	23,5
in Ausbildung	4,4	16,5	14,0	13,3	14,5	21,1
nicht erwerbstätig	37,2	10,3	9,6	9,0	10,4	9,2
Berufliche Stellung	100,0					
un-/angelernter Arbeiter	16,7	11,5	10,0	9,8	8,3	10,2
Facharbeiter	17	7,4	3,7	4,2	5,5	4,0
Selbständige	11,8	15,8	12,7	12,2	11,0	5,8
Auszubildende	7,4	14,8	14,7	12,7	14,8	11,4
einfache Angestellte	28,2	3,1	4,2	4,6	3,5	3,8
qualifizierte Angestellte	9,9	0,3	1,2	1,3	1,2	1,4
einf./mittl. Beamte	3,9	2,3	0,9	2,3	6,3	2,0
gehob./höhere Beamte	5,0	0,0	0,5	1,0	0,1	0,1

Datenbasis: SOEP

Tabelle 2–16: Betroffenheit von Armut in den alten Bundesländern nach Haushaltsmerkmalen

Merkmale	Bev.-Anteil 85	Armutsquoten Alte Bundesländer				
		1985	1988	1991	1994	1997
Insgesamt:		11,2	10,1	8,8	9,4	9,1
Haushaltsgröße	100,0					
1-Pers.-Haushalt	14,2	8,2	7,6	5,6	6,2	6,7
2-Pers.-Haushalt	25,2	6,7	5,8	6,6	6,4	4,9
3-Pers.-Haushalt	22,2	7,1	8,2	7,5	9,9	8,3
4-Pers.-Haushalt	23,0	12,3	12,7	8,8	8,7	10,0
5-u. m.-Pers.-Haushalt	15,7	25,1	19,4	19,3	20,7	21,3

Merkmale	Bev.-Anteil 85	Armutsquoten Alte Bundesländer				
		1985	1988	1991	1994	1997
Alter des HV	100,0					
bis 45 Jahre	39,4	13,5	13,2	9,8	10,3	10,4
46 bis 65 Jahre	35,7	9,8	7,9	8,2	9,7	8,8
66 Jahre und älter	24,9	8,4	7,3	7,0	6,3	5,4
Personengruppen	100,0					
Haushaltsvorstand	43,0	9,4	8,6	7,5	7,8	7,3
(Ehe-)Partner	25,6	8,4	7,9	6,4	7,6	7,0
Kind(er) bis 17 Jahre	18,7	18,6	16,8	14,6	14,3	14,6
Kind(er) ab 18 Jahre	10,4	11,0	8,6	8,2	11,2	11,3
weitere HH-Mitglieder	2,4	16,7	18,1	14,0	16,4	15,4
Haushaltstypen	100,0					
Singlehaushalt	15,9	8,9	8,6	6,5	6,4	6,6
Paarhaush. ohne Kind	22,3	4,5	4,7	3,9	4,9	3,4
Paarh. mit mindj. K.	42,1	14,9	14,1	11,1	11,5	11,8
Einelternhaushalt	2,9	36,0	33,9	37,3	29,1	30,5
Elternhaushalt m. erw. K.	16,8	8,3	5,6	6,8	10,5	9,6
HH-/Lebenszyklus	100,0					
HV bis 45 Jahre						
Singlehaushalt	5,6	11,9	10,0	6,9	6,5	7,3
Paarhaushalt ohne Kind	6,0	2,7	4,2	2,6	6,0	3,7
HV 46 bis 65 Jahre						
Singlehaushalt	3,7	7,0	8,0	6,0	7,9	5,8
Paarhaushalt ohne K.	9,3	3,2	3,4	4,0	5,0	3,5
Paarhaushalt mit mindj. K						
mit 1 Kind	19,1	8,2	10,0	8,2	8,6	7,9
mit 2 Kindern	16,3	15,7	16,6	9,1	8,0	11,8
mit 3 u. m. Kindern	6,7	32,1	20,4	21,6	25,9	21,0
Einelternhaushalt	2,9	36,0	33,9	37,3	29,1	30,5
Elternhaushalt m. erw. K.	16,8	8,3	5,6	6,8	10,5	9,6
HV 66 Jahre u. ä.						
Paarhaushalt ohne Kind	7,0	7,8	6,7	5,4	3,4	2,8
Singlehaushalt	6,6	7,2	7,9	6,5	5,6	6,3
Gemeindegrößenklasse	100,0					
unter 2000 Einw.	5,2	18,7	12,7	8,8	8,5	9,6
2000 bis 20000	34,2	12,5	11,8	9,8	12,9	10,1
20000 bis 100000	26,2	11,7	9,2	9,7	6,0	9,1
100000 bis 500000	16,3	9,9	7,6	7,1	10,4	8,9
über 500000 Einw.	18,0	7,1	9,5	6,9	7,8	7,0
Mieter-Status	100,0					
Eigentümerhaushalt	47,4	10,7	7,6	6,4	6,2	5,5
Mieterhaushalt	52,6	11,7	12,3	10,7	12,2	12,2

Datenbasis: SOEP.

2.4.3 Einkommensarmut und Niedrigeinkommen in den neuen Bundesländern nach unterschiedlichen Schwellenwerten

In den neuen Ländern ist das Ausmaß der relativen Armut schwieriger zu messen. Legt man allein die ostdeutsche Einkommensverteilung zugrunde – und diese Vorgehensweise wird für die neuen Länder in diesem Bericht überwiegend praktiziert –, so erhält man aufgrund des niedrigeren Durchschnittseinkommens absolut betrachtet niedrigere Armutsgrenzen und aufgrund der zudem weniger ungleichen Verteilung auch geringere Armutsquoten als in den alten Ländern. Davon ausgehend hat sich die Armut von einem sehr niedrigen Niveau unter Zunahme der Ungleichheit bis Mitte der 90er-Jahre erhöht, ist aber in der zweiten Hälfte der 90er-Jahre tendenziell rückläufig (Tabelle 2–17). Das mittlere Armutsniveau stieg nach diesem Konzept von 3,7 % zum Zeitpunkt der Vereinigung auf 7,5 % im Jahr 1994 und schwankte in den Folgejahren zwischen 4,5 % und 6,5 %. Von strenger Armut sind bei dieser Messung 1–3 % der Bevölkerung betroffen, der Umfang des Niedrigeinkommensbereichs liegt zwischen 22 % und 27 %. Bei dieser Betrachtungsweise wird aber unterstellt, dass die Bewertung der Lebensverhältnisse sich auch nach der Vereinigung noch ausschließlich an dem niedrigeren Wohlstandsniveau der neuen Länder orientiert.

Tabelle 2–17: Einkommensarmut und Niedrigeinkommen in den neuen Bundesländern (Referenz: neue und alte Bundesländer)

	Armutsquoten bezogen auf den			
	… Mean			… Median
	«strenge Armut» 40 %-Schwelle	«Armut» 50 %-Schwelle	«Prekärer Wohlstand» 75 %-Schwelle	(gemäß Eurostat) 60 %-Schwelle
Gemessen am Durchschnittseinkommen in Ostdeutschland				
1990	0,9	3,7	22,6	7,0
1991	2,2	4,1	22,1	6,9
1992	1,9	5,9	23,2	8,8
1993	2,8	5,8	25,4	9,4
1994	3,1	7,5	25,0	10,6
1995	2,1	6,3	27,2	10,1
1996	2,1	4,6	25,2	11,2
1997	1,9	6,3	24,9	10,2
1998	1,5	4,6	26,9	8,0
Gemessen am Durchschnittseinkommen in Westdeutschland, kaufkraftbereinigt				
1990	10,0	24,4	68,9	–
1991	7,4	20,1	66,9	–
1992	8,2	18,1	62,6	–
1993	6,8	16,3	54,7	–
1994	7,0	13,3	46,0	–
1995	6,3	14,3	47,2	–
1996	3,9	12,3	39,9	–
1997	4,1	10,8	41,5	–
Gemessen am Durchschnittseinkommen in Westdeutschland, nominal				
1990	37,5	63,1	95,5	–
1991	21,7	46,4	88,9	–
1992	13,0	28,9	76,5	–
1993	8,9	21,4	62,7	–
1994	8,6	16,9	54,0	–
1995	8,8	17,2	55,6	–
1996	4,6	14,0	47,7	–
1997	5,5	12,5	46,2	–
1998	4,1	12,2	47,5	

Datenbasis: SOEP.

Legt man hingegen das Durchschnittseinkommen der alten Länder als Referenzeinkommen zur Ableitung der Armutsschwelle in den neuen Bundesländern zugrunde, so hat sich die Armutsquote – ausgehend von einem hohen Niveau – aufgrund des starken Einkommensanstiegs und der damit verbundenen Verringerung des relativen Einkommensabstandes deutlich verringert. Diese Betrachtungsweise korrespondiert mit der politischen Zielsetzung einer möglichst schnellen und vollständigen Übertragung aller sozialpolitischen Regelungen der alten auf die neuen Länder. Zudem trägt diese Operationalisierung der Tatsache Rechnung, dass der Referenzpunkt der subjektiven Armutsbewertung in den neuen Ländern sich im Zuge der Transformation zunehmend an den Lebensbedingungen der alten Länder orientiert.

Tabelle 2–18: Betroffenheit von Armut in den neuen Bundesländern nach Bevölkerungsgruppen

	Bev.-Anteil 91	Armutsquoten neue Bundesländer					
		gemessen am Einkommen in den neuen Bundesländern			gemessen am Einkommen in den alten Bundesländern, kkber.*		
		1991	1994	1997	1991	1994	1997
Bevölkerung insgesamt:		4,1	7,5	6,3	20,1	13,3	10,8
Geschlecht	100,0						
männlich	47,9	4,1	7,6	5,7	17,5	13,2	10,5
weiblich	52,1	4,2	7,4	6,8	22,4	13,4	11,0
Alter	100,0						
bis 15 Jahre	21,5	5,5	11,8	9,9	26,1	20,4	19,6
16 bis 30 Jahre	21,4	5,3	11,5	7,6	22,0	17,9	11,9
31 bis 45 Jahre	19,7	4,9	7,8	5,7	18,8	14,1	11,5
46 bis 60 Jahre	20,4	2,7	3,1	5,0	11,5	7,0	7,7
61 bis 75 Jahre	11,5	1,2	3,1	4,5	15,6	6,7	5,4
76 Jahre und älter	5,4	2,6	3,0	1,9	34,9	7,3	2,1

	Bev.-Anteil 91	Armutsquoten neue Bundesländer					
		gemessen am Einkommen in den neuen Bundesländern			gemessen am Einkommen in den alten Bundesländern, kkber.*		
		1991	1994	1997	1991	1994	1997
Nationalität des HV	100,0						
deutsch (überwiegend)	99,2	3,8	6,2	6,4	19,8	11,7	9,9
nicht deutsch	0,8	–	–	–	–	–	–
Zuwanderer	–	–	–	–	–	–	–
(Befragungspersonen)	Bevölkerung ab 17 Jahren						
Familienstand	100,0						
verh./zusammenlebend	62,0	2,4	4,2	3,5	14,8	8,6	6,8
verh./getrenntlebend	0,3	(–)	8,5	8,9	(–)	20,8	22,2
ledig	19,5	5,8	11,4	6,9	19,8	17,0	10,5
geschieden	8,3	8,3	10,9	20,1	22,6	21,4	25,8
verwitwet	9,8	4,0	4,7	0,9	33,0	7,1	1,5
Bildungsabschluss	100,0						
Keinen Schulabschluss	2,2	4,8	6,3	10,5	26,2	10,3	12,6
Hauptschule	40,1	3,0	6,5	7,4	20,6	11,7	10,2
Realschule	38,4	4,5	5,2	4,8	18,0	11,2	8,5
Abitur	8,9	0,9	3,0	1,2	7,5	4,4	2,8
in Ausbildung	10,5	5,6	12,6	5,8	17,9	17,5	12,3
	100,0						
Keinen Berufsabschluss	11,6	4,0	9,0	13,0	28,9	16,1	15,9
Lehre	55,6	3,9	6,4	5,5	19,3	12,4	9,3
Berufsausbildung	18,4	1,9	2,6	2,8	10,4	4,7	4,4
Universität/FH	4,0	3,1	–	0,8	7,9	1,2	2,5
in Ausbildung	10,5	5,6	12,6	5,8	17,9	17,5	12,3
Erwerbsstatus	100,0						
erwerbstätig	59,5	2,7	4,0	3,1	12,6	7,2	4,0
arbeitslos	2,5	12,3	16,6	17,6	36,6	28,7	24,0
in Ausbildung	28,2	4,7	15,0	7,5	20,6	22,1	14,4
nicht erwerbstätig	9,9	2,8	4,2	4,3	23,8	8,6	3,2
Berufliche Stellung							
un-/angelernter Arbeiter	10,7	4,1	8,9	6,0	21,5	17,3	9,8
Arbeiter	34,6	3,1	2,8	1,7	15,2	5,8	5,2
Selbständige	5,2	7,3	7,3	7,6	24,1	10,3	12,7
Auszubildende	3,7	8,7	19,7	5,7	19,7	24,1	12,6
einfache Angestellte	13,3	2,2	2,6	2,9	11,3	4,6	4,8
qualifizierte Angestellte	31,4	0,9	1,1	1,2	5,1	3,2	1,9
einf./mittl. Beamte	0,8	0,0	(–)	(–)	(–)	(–)	(–)
gehob./höhere Beamte	0,2	0,0	0,0	0,0	0,0	0,0	0,0

*) Datenbasis: SOEP. * = kaufkraftbereinigt

Der mittlere Armutsumfang sank nach dieser Berechnung im Verlauf der 90er-Jahre nominal von 63 % auf 12 % und liegt damit 1998 nahezu auf demselben Niveau wie bei der gesamtdeutschen Berechnungsweise. Stellt man Kaufkraftunterschiede in Rechnung, so ergibt sich noch immer ein Rückgang von 24 % auf 11 %. Aus Sicht der alten Bundesländer lebte zum Zeitpunkt der Vereinigung nominal nahezu die gesamte Bevölkerung der neuen Länder in prekären Wohlstandsverhältnissen, selbst kaufkraftbereinigt waren dies anfangs immerhin noch zwei Drittel, gegen Ende der 90er-Jahre sind das nach dieser Messung immer noch über 40 % der Bevölkerung. Im Zeitverlauf nähern sich die verschiedenen Betrachtungsweisen an.

Tabelle 2–19: Betroffenheit von Armut in den neuen Bundesländern nach Haushaltsmerkmalen

	Bev.-Anteil 91	Armutsquoten neue Bundesländer					
		gemessen am Einkommen in den neuen Bundesländern			gemessen am Einkommen in den alten Bundesländern, kkber.*		
		1991	1994	1997	1991	1994	1997
Insgesamt:		4,1	7,5	6,3	20,1	13,3	10,8
Haushaltsgröße	100,0						
1-Pers.-Haushalt	11,6	3,1	6,0	8,9	26,4	12,4	11,6
2-Pers.-Haushalt	26,9	4,1	3,0	3,3	13,8	6,7	5,2
3-Pers.-Haushalt	25,2	2,8	5,5	5,6	14,7	10,3	7,6
4-Pers.-Haushalt	27,6	4,2	9,1	6,3	23,4	15,2	14,0
5-u. m.-Pers.-Haushalt	8,7	9,2	27,0	14,6	35,8	42,1	30,8
Alter des HV	100,0						
bis 45 Jahre	45,3	5,2	10,3	7,4	22,9	17,5	13,8
46 bis 65 Jahre	34,1	2,7	3,5	6,2	12,0	8,1	9,8
66 Jahre und älter	20,6	2,3	4,2	2,0	26,4	6,8	2,0
Personengruppen	100,0						
Haushaltsvorstand	42,4	3,8	6,2	6,4	19,8	11,7	9,8
(Ehe-)Partner	26,3	2,8	4,7	4,0	15,1	9,4	7,1

	Bev.-Anteil 91	Armutsquoten neue Bundesländer					
		gemessen am Einkommen in den neuen Bundesländern			gemessen am Einkommen in den alten Bundesländern, kkber.*		
		1991	1994	1997	1991	1994	1997
Kind(er) bis 17 Jahre	22,6	5,5	11,4	9,8	26,3	20,6	19,7
Kind(er) ab 18 Jahre	6,0	4,7	10,6	5,6	15,5	13,6	9,0
weitere HH-Mitglieder	2,7	8,9	18,1	3,2	30,7	21,1	7,7
Haushaltstypen	100,0						
Singlehaushalt	13,8	4,2	6,2	8,4	17,1	11,8	11,0
Paarhaush. ohne Kind	23,1	3,0	0,9	2,5	10,7	4,5	3,8
Paarh. mit mindj. K.	46,1	3,6	9,2	6,5	21,7	16,4	14,1
Einelternhaushalt	4,6	17,6	28,9	25,5	46,7	42,0	39,1
Elternhaushalt m. erw. K.	12,4	3,0	9,4	5,0	13,5	12,6	7,3
HH-/Lebenszyklus							
HV bis 45 Jahre							
Singlehaushalt	4,2	9,6	9,7	5,8	19,1	17,4	10,2
Paarhaushalt ohne Kind.	4,2	8,1	2,7	4,7	17,8	4,8	6,9
HV 46 bis 65 Jahre							
Singlehaushalt	3,6	1,4	5,8	20,3	16,3	11,0	24,1
Paarhaush. ohne Kind	13,8	2,1	0,3	1,7	8,1	5,5	3,1
Paarh. mit mindj. K.							
mit 1 Kind	18,4	2,4	7,6	5,3	12,6	12,6	8,8
mit 2 Kindern	22,4	4,2	9,3	5,7	25,4	15,1	14,1
mit 3 u. m. Kindern	5,3	5,1	15,3	15,0	37,7	38,4	37,4
Einelternhaushalt	4,6	17,6	28,9	25,5	46,7	42,0	39,1
Elternhaushalt m. erw. K.	12,4	3,0	9,4	5,0	13,5	12,6	7,3
HV 66 Jahre u. ä.							
Paarhaushalt ohne Kind.	5,1	1,3	0,6	1,6	12,1	1,5	1,6
Singlehaushalt	6,0	2,2	3,9	2,3	38,7	8,1	2,3
Gemeindegrößenklasse							
unter 2000 Einw.	26,0	6,0	8,9	6,6	26,2	13,1	11,8
2000 bis 20000	22,4	2,3	6,6	7,3	20,8	14,3	11,7
20000 bis 100000	22,1	3,1	10,2	8,1	18,1	17,5	12,7
100000 bis 500000	13,3	3,0	5,9	4,0	16,3	11,5	8,8
über 500000 Einw.	16,3	6,0	4,0	2,7	15,0	7,9	5,4
Mieter-Status	100,0						
Eigentümerhaushalt	26,7	3,1	6,9	4,5	21,4	11,8	8,2
Mieterhaushalt	73,3	4,5	7,7	7,1	19,6	13,9	12,0

Datenbasis: SOEP 2000. * = kaufkraftbereinigt.

Die im Zuge des Transformationsprozesses erfolgten Veränderungen der Lebensbedingungen haben sich in den Bevölkerungsgruppen unterschiedlich gestaltet. Entsprechend heterogen sind auch die in dieser Umbruchszeit in den neuen Ländern zu beobachtenden Armutsentwicklungen in soziodemographischer Differenzierung, die zwar ausführlich dokumentiert sind (Tabelle 2–18, 2–19), aber hier nicht im Einzelnen beschrieben werden können. Hingewiesen werden soll lediglich auf die Veränderung der Armutsquoten in der Differenzierung nach Altersgruppen: Wenn man wiederum von der Gruppe der Hochbetagten absieht, so zeigt sich anhand der strengeren regionsspezifischen Armutsschwelle, dass die zu Beginn der 90er-Jahre sehr niedrige Armutsquote der Älteren in den neuen Ländern entgegen des sonstigen Trends auch nach 1994 weiter zugenommen hat, während die von vornherein höhere Armutsquote der Kinder und Jugendlichen nach einem weiteren starken Anstieg bis 1994 in der zweiten Hälfte der 90er-Jahre reduziert werden konnte.

Betrachtet man diese Entwicklung aus der Perspektive der Armutsgrenzen der alten Länder, so waren die Armutsquoten bei den Älteren zu Beginn der 90er-Jahre sehr hoch und wurden rapide abgebaut, wohingegen dieselbe Entwicklung bei Kindern und Jugendlichen wesentlich langsamer erfolgte. Die unterschiedlichen Betrachtungsweisen erzeugen so durchaus unterschiedliche Ergebnisse, deren Komplexität bei der Beurteilung dieser Entwicklung zu beachten ist.

2.4.4 Ausmaß, Intensität und Ungleichheit in der Armutspopulation

Die bisher dargestellten Armutsquoten zählen ausschließlich den Bevölkerungsanteil unterhalb eines bestimmten Armutsschwellenwertes. Komplexere Armutsindizes nach Foster / Greer / Thorbecke (1984) berücksichtigen neben dem bisher beschriebenen Ausmaß der Armut auch die Intensität der Armut, gemessen über die Armuts-Lücke, sowie die Ungleichheit innerhalb der Armutsbevölkerung, und drücken so eine zunehmende Sensitivität gegenüber den Ärmsten unter den Armen aus (vgl. Jenkins/Lambert 1998). Auf diese Weise lassen sich auch Veränderungen in den Lebensbedingungen der Armen selbst erkennen, die bei alleiniger Betrachtung des Zustands Armut (arm/nicht arm) nicht ersichtlich sind, z. B. wenn sich zwar die Zahl der Armen nicht erhöht, aber sich ihre Einkommenssituation verschlechtert hat.

Tabelle 2–20: Ausmaß, Intensität und Ungleichheit der Armut in den alten und neuen Bundesländern nach Foster/Greer/Thorbecke (FGT)

	1985	1988	1991	1994	1997	1998
Armutsschwelle (50 %-Mean) – alte Bundesländer						
FGT0 (H)[1]	11.2	10.1	8.8	9.4	9.1	9.5
FGT1 (H)[2]	2.22	2.01	1.79	2.06	1.76	1.67
FGT2[3]	10.777	0.648	0.613	0.730	0.567	0.475
Armutsschwelle (50 %-Mean) – neue Bundesländer						
FGT0 (H)[1]	–	–	4.1	7.5	6.3	4.6
FGT1 (H)[2]	–	–	0.97	1.43	1.10	0.85
FGT2[3]	–	–	0.342	0.465	0.332	0.251
Armutsschwelle (50 %-Mean) – Deutschland insgesamt						
FGT0 (H)[1]	–	–	–	–	8.8	9.1
FGT1 (H)[2]	–	–	–	–	1.66	1.48
FGT2[3]	–	–	–	–	0.528	0.424

1) Armutsquote, 50 %-Mean (Head-Count-Ratio). – 2) Armutsquote × Armutslücke (Armutslücke = Einkommensdifferenz zwischen Armutsschwelle und verfügbarem Einkommen). – 3) Wie (2), unter Berücksichtigung der Ungleichheit innerhalb der Armen; die Ärmsten der Armen erhalten so ein zusätzliches Gewicht.
Datenbasis: SOEP.

Auch diese Indikatoren folgen dem für die Ungleichheitsindizes aufgezeigten Verlauf: In den alten Bundesländern hat auch die Intensität der Armut bis Anfang der 90er-Jahre abgenommen, diese Indizes steigen dann bis Mitte der 90er-Jahre an, ohne dass sich dieser Trend in der zweiten Hälfte der 90er-Jahre fortsetzt. Für die neuen Länder ist auch hier ein relativ starker Anstieg der Armut bis Mitte der 90er-Jahre zu beobachten, der sich ebenfalls in der zweiten Hälfte des Jahrzehnts nicht weiter fortsetzt. Der gesamtdeutsche Armutsindex liegt – wie auch bei der Ungleichheit – in den Jahren 1997 und 1998 unterhalb des korrespondierenden Wertes der alten Bundesländer.

Die Intensität der Armut weist somit Schwankungen auf, die mit den Veränderungen der Wohlstandsentwicklung einhergehen. Darüber hinausgehende Verschärfungen der Lebensbedingungen innerhalb der Armutspopulation sind diesen Ergebnissen jedoch nicht zu entnehmen.

2.5 Dynamik von Einkommen und Armut

Die Untersuchungen zur Armutsdynamik haben das Bild der Armut in den zurückliegenden Jahren wohl am nachhaltigsten verändert. Armut gilt nicht mehr als Endzustand, der nur noch staatlich alimentiert werden kann, sondern als ein Stadium, das, wenn sozialpolitisch begleitet, überwindbar ist (Leibfried/Leisering 1995). Es gibt deutliche Hinweise aus der Sozialhilfestatistik für einen langfristigen Trend zunehmender Dynamik im untersten Einkommensbereich. Differenzierte Untersuchungen von Sozialhilfeempfängern in Bremen und Halle haben die vielschichtigen Verlaufsmuster von Sozialhilfekarrieren für die jüngere Zeit anschaulich dokumentiert.

Im vorliegenden Beitrag werden daran anknüpfend repräsentative Analysen zum Ausmaß der Einkommens- und Armutsdynamik vorgestellt. Im Vordergrund steht dabei eine sozialpolitische Perspektive, bei der für Einkommenspositionen im unteren, mittleren und oberen Bereich der Einkommensverteilung Veränderungen der Zu- und Abgänge innerhalb fester Beobachtungsfenster untersucht werden.[12] Diese Veränderungen lassen sich auch im Zeitablauf vergleichen, sodass dynamische Einkommensbewegungen für unterschiedliche Phasen der Wohlstandsentwicklung beobachtet werden können.

2.5.1 Einkommensdynamik in Deutschland insgesamt sowie in den alten und neuen Bundesländern

Innerhalb eines Jahres, von 1997 bis 1998, verblieben in Deutschland zwischen 50 % und 75 % der Bevölkerung im gleichen Einkommensquintil[13] (Tabelle 2–21). Die Stabilität ist im obersten und untersten Quintil am höchsten, da hier ein Quintilswechsel nur in einer Richtung – entweder durch Verringerung (oberstes Quintil) oder durch Erhöhung (unterstes Quintil) – erfolgen kann. Vergleicht man jedoch die Mobilitätsquoten, so fällt auf, dass die Dynamik im unteren Einkommensbereich höher als im oberen ist: Im untersten Quintil verblieben 65 % der Bevölkerung in dieser Einkommensklasse, etwa 14 % schafften den Sprung über zwei Quintilsgrenzen hinweg in den mittleren und

12 Da bei diesen festen Zeitfenstern Perioden des individuellen Verbleibs oft abgeschnitten werden, wird die Dauer im Allgemeinen unterschätzt.

13 Die Quintilsschwellenwerte wie auch die Armutsgrenzen in den nachfolgenden Tabellen beziehen sich immer auf die jeweilige Querschnittspopulation. Deshalb umfassen die Quintile bei der hier vorliegenden Längsschnittbetrachtung nicht notwendigerweise genau 20 % der betrachteten Population.

höheren Einkommensbereich. Im obersten Quintil verblieben demgegenüber mehr als drei Viertel der Quintilspopulation, 8 % fielen aus der höchsten Einkommensklasse in den mittleren und unteren Einkommensbereich. Im mittleren Quintil verblieben etwas mehr als die Hälfte der Quintilspopulation, unter den Mobilen ist hier der Anteil der – meist kürzeren – Abstiege in untere Quintile tendenziell etwas höher als der der Aufwärts-Mobilen, die aber häufiger weitere Einkommensdistanzen überbrücken.

Tabelle 2–21: Einkommensmobilität in Deutschland, nach Quintilen

	Einkommensschichtung im Jahr 1998					
Einkommens-schichtung im Jahr 1997	Oberstes Quintil	4. Quintil	3. Quintil	2. Quintil	Unterstes Quintil	Insgesamt
Oberstes Quintil	76,8	15,1	5,5	1,3	1,3	100,0
4. Quintil	16,4	59,0	16,7	4,6	3,4	100,0
3. Quintil	4,1	19,8	52,9	17,2	6,0	100,0
2. Quintil	1,8	6,0	21,8	52,7	17,7	100,0
Unterstes Quintil	0,9	3,8	9,4	20,7	65,4	100,0
Insgesamt	20,3	20,7	21,2	19,3	18,5	100,0

Datenbasis: SOEP.

In den alten Bundesländern offenbart sich bei der Betrachtung von gleitenden Vierjahresperioden im Zeitablauf seit Mitte der 80er-Jahre eine tendenzielle Abschottung. Diese äußert sich für das erste bis vierte Quintil in einer leichten Zunahme des Anteils der Bevölkerung, der innerhalb von vier Jahren nie im jeweiligen Einkommenssegment war sowie in einem leichten Rückgang der kurzfristigeren Einkommensbewegungen im unteren Einkommensbereich (Tabelle 2–22). Demgegenüber hat sich der dauerhafte Verbleib im obersten Einkommensbereich erhöht.

Tabelle 2–22: Einkommensdynamik in den alten und neuen Bundesländern, nach Quintilen

	Von der Bevölkerung waren					
	in den alten Bundesländern			in den neuen Bundesländern		
in den Jahren … – … im x.ten Quintil	nie	1 – 2mal	3 – 4 mal	nie	1 – 2mal	3 – 4 mal
1985–88						
Oberstes Quintil	69,0	15,7	15,3	–	–	–
4. Quintil	58,8	29,7	11,5	–	–	–
3. Quintil	55,6	34,0	10,4	–	–	–
2. Quintil	57,2	31,5	11,2	–	–	–
Unterstes Quintil	66,0	19,6	14,4	–	–	–
1988–91						
Oberstes Quintil	68,8	15,5	15,7	–	–	–
4. Quintil	58,4	29,8	11,7	–	–	–
3. Quintil	55,8	33,5	10,8	–	–	–
2. Quintil	58,0	31,0	11,0	–	–	–
Unterstes Quintil	66,6	18,3	15,0	–	–	–
1991–94						
Oberstes Quintil	68,5	14,9	16,6	65,9	19,4	14,6
4. Quintil	59,3	28,1	12,6	53,8	37,5	8,8
3. Quintil	56,4	32,2	11,3	49,4	42,0	8,6
2. Quintil	58,6	30,0	11,4	52,0	39,5	8,4
Unterstes Quintil	67,5	18,3	14,3	61,8	25,0	13,1
1994–97						
Oberstes Quintil	68,8	14,1	17,0	65,5	18,8	15,8
4. Quintil	60,1	26,6	13,4	55,4	33,7	11,0
3. Quintil	57,0	31,3	11,7	54,9	35,7	9,4
2. Quintil	59,5	29,4	11,2	55,9	33,6	10,4
Unterstes Quintil	68,8	18,0	13,2	63,4	25,3	11,2

Datenbasis: SOEP

In den neuen Ländern ist die Dynamik stärker ausgeprägt als in den alten Ländern, ein jeweils höherer Bevölkerungsanteil befand sich zumindest kurzfristig innerhalb von vier Jahren im jeweiligen Einkommenssegment. Angesichts der geringeren Einkommensabstände, die gerade in der ersten Phase des Transformationsprozesses zur Überwindung der Quintilsschwellen erforderlich sind, überrascht der eher geringe Unterschied in den Verbleibequoten im oberen und unteren Einkommensquintil im Vergleich zu den alten Ländern. Die Dynamik hat sich in den neuen Ländern bis Mitte der 90er-Jahre erwartungsgemäß verringert, und der dauerhafte Verbleib im jeweiligen Quintil nimmt zu – mit Ausnahme im untersten Quintil, wo der dauerhafte Verbleib in der zweiten Hälfte des Jahrzehnts sogar zurückgeht.

2.5.2 Dynamik von Armut und Niedrigeinkommen in den alten und neuen Bundesländern

Bei der Quintilsdynamik bleibt der Bevölkerungsanteil zu den jeweiligen Zeitpunkten (nahezu) gleich; die ausgewiesene Dynamik indiziert so relative Veränderungen der Einkommensposition im Vergleich zu anderen, wobei die Quintilsschwellenwerte von der jeweiligen Wohlstandsentwicklung abhängig sind. Bei der Armutsdynamik, gemessen an der jeweiligen regionsspezifischen Armutsquote, ergeben sich – gewissermaßen als Struktureffekt –, ebenfalls Veränderungen in der Dynamik, wenn die Armutsquote in diesem Zeitraum steigt oder fällt. In den alten Bundesländern ist der Bevölkerungsanteil, der innerhalb von 7 Jahren nie die Armutsgrenze unterschritt, von 74 % in den 80er-Jahren auf 79 % in den 90er-Jahren gestiegen, der Bevölkerungsanteil, der im selben Zeitraum nie die Niedrigeinkommensschwelle unterschritt, hat sich ebenfalls von 41 % auf 46 % erhöht (Tabelle 2–23).

Tabelle 2–23: Dynamik bei Armut und Niedrigeinkommen in den alten und neuen Bundesländern

In den Jahren …–… waren x.mal arm	Alte Bundesländer				Neue Bundesländer			
	50%-Schwelle		75%-Schwelle		50%-Schwelle		75%-Schwelle	
	Insges.	Wenn arm	Insges.	Wenn arm	Insges.	Wenn arm	Insges.	Wenn arm
1985–91	100,0	100,0	100,0	100,0	–	–	–	–
nie	74,4	–	41,1	–	–	–	–	–
1–2mal	15,9	62,2	19,8	33,6	–	–	–	–
3–4mal	5,2	20,1	12,9	21,8	–	–	–	–
5–7mal	4,5	17,7	26,2	44,5	–	–	–	–
1991–97	100,0	100,0	100,0	100,0	100,0	100,0	100,0	100,0
nie	78,9	–	46,0	–	81,9	–	47,6	–
1–2mal	13,0	61,6	17,1	31,6	12,9	71,3	25,1	48,1
3–4mal	4,6	21,7	12,9	23,9	4,0	21,7	12,2	23,3
5–7mal	3,6	16,8	24,1	44,6	1,2	7,0	15,0	28,7

Datenbasis: SOEP.

Innerhalb des jeweils verbleibenden Bevölkerungsanteils, der in dem jeweiligen 7-Jahres-Zeitraum zumindest einmal von Armut betroffen war, ist die Relation von kurz- zu langfristiger Armut praktisch gleich geblieben: Nahezu zwei Drittel waren in dieser Zeitspanne kurzfristig arm, 20–22 % waren mittelfristig und 16–18 % dauerhaft arm. Bezogen auf den gesamten Niedrigeinkommenssektor (75 %-Schwelle) blieben die Relationen von kurz-, mittel- und langfristigem Verbleib ebenfalls im Zeitverlauf erhalten; die Verhältnisse sind jedoch andere als bei der Armutsbetrachtung: Von denen, die innerhalb von sieben Jahren mindestens einmal im Niedrigeinkommensbereich waren, verbleiben kurzfristig etwa ein Drittel, mittelfristig 22–24 % und nahezu die Hälfte dauerhaft in diesem Einkommensbereich.

In den neuen Bundesländern liegt der Bevölkerungsanteil, der innerhalb von 7 Jahren nie die Armutsgrenze unterschritt, bei

82 % und damit höher als in den alten Ländern im selben Zeitraum. Der Anteil der kurzfristig Armen ist hier noch höher und der der dauerhaft Armen entsprechend niedriger als in den alten Ländern. Beide Befunde sind jedoch vor dem Hintergrund zu bewerten, dass bei den hier zugrunde liegenden regionsspezifischen Armutsschwellen der neuen Länder im Vergleich zu den alten Ländern absolut gesehen wesentlich niedrigere Einkommensschwellen zugrunde liegen. Da strengere Armut im Allgemeinen kurzfristiger erfolgt, erklärt sich hieraus zum Teil auch die höhere Dynamik in den neuen Ländern.

Bei der Betrachtung der Niedrigeinkommensdynamik (75 %-Schwelle) erhält man für die neuen Länder ähnliche Befunde: Der Anteil der nie im Bereich des prekären Wohlstandes Befindlichen liegt marginal höher als in den alten Ländern, zugleich liegt dem – absolut gesehen – ein strengerer Einkommensschwellenwert zugrunde, und die Dynamik im Niedrigeinkommensbereich ist deutlich höher als in den alten Bundesländern.

Die Befunde verdeutlichen nochmals die Problematik, die mit dem Vergleich der Armutsquoten zwischen alten und neuen Ländern verbunden ist. Die Ergebnisse verweisen zusammengenommen auf ein höheres Ausmaß an Dynamik in den neuen Ländern im unteren Einkommensbereich.

Bei der Bildung von Zweijahresperioden der Armutsdynamik lassen sich vier mögliche Übergänge unterscheiden: in beiden Jahren nicht arm, Zugang in Armut, Abgang aus Armut sowie der Verbleib in Armut (Tabelle 2–24). Der Umfang der innerhalb von zwei Jahren ein- oder zweimal Armen folgt im langjährigen Vergleich in den alten Bundesländern dem nun schon mehrfach dargelegten Muster: Von der Mitte der 80er- bis zu Beginn der 90er-Jahre nimmt die Armutsbetroffenheit ab, steigt zur Mitte der 90er-Jahre wieder an und ist in der zweiten Hälfte der 90er-Jahre wiederum rückläufig. Zu- und Abgänge machen zusammen etwa 60 % der innerhalb von zwei Jahren zumindest einmal von Armut Betroffenen aus. Diese Zahlen dokumentieren die enorme Fluktuation innerhalb der Armutspopulation und verweisen damit zugleich auf die Notwendigkeit der aktiven sozialpolitischen Begleitung der Armut.

Tabelle 2–24: Armutsdynamik in den alten und neuen Bundesländern

	in den Jahren ... – ... waren ...				
			Wenn in Armut:		
	Nie arm	Arm	Eintritt	Austritt	Verbleib
Alte Bundesländer					
1985–86	84,2	15,8	30,6	31,7	37,7
1987–88	86,0	14,0	34,2	28,5	37,4
1989–90	87,2	12,9	31,2	31,5	37,3
1991–92	87,5	12,5	29,8	30,3	39,9
1993–94	86,6	13,4	26,8	31,6	41,6
1995–96*	87,1	12,9	22,0	38,1	39,9
1997–98	87,9	12,1	28,7	31,6	39,7
Neue Bundesländer					
1991–92	91,8	8,2	50,4	30,5	19,2
1993–94	89,8	10,2	47,0	27,0	26,0
1995–96*	91,5	8,5	26,2	52,7	21,1
1997–98	91,9	8,2	23,5	46,6	30,0
Deutschland					
1997–98	88,3	11,7	28,0	31,1	40,8

* ab 1996 einschließlich Zuwandererstichprobe.
Datenbasis: SOEP.

In den neuen Ländern liegt die Betroffenheit von Armut innerhalb der Zweijahresperioden bei 8–10 % und damit aufgrund der niedrigeren Armutsschwellen niedriger als in den alten Ländern.

Im Zeitverlauf zeigt sich ein Anstieg der zweijährigen Betroffenheit am Ende der ersten Hälfte, sowie ein Rückgang derselben in der zweiten Hälfte der 90er-Jahre. Zu Beginn der 90er-Jahre überwiegt der starke Zugang in Armut infolge der steigenden Armutsquoten. Der Anteil derjenigen, die innerhalb der Zweijahresperioden in Armut verbleiben, steigt diskontinuierlich bis 1997/98 auf 30 % an und liegt damit um 10 %-Punkte unter dem Vergleichswert der alten Länder.

Die gesamtdeutschen Relationen von Übergängen in und aus Armut entsprechen in der zweiten Hälfte der 90er-Jahre denen der alten Länder. Die Befunde zur Einkommensdynamik belegen, dass die Mobilität zum Teil große Einkommensdistanzen überbrückt. Daran anknüpfend stellt sich die Frage, welche Armutserfahrungen die Bevölkerung der unterschiedlichen Einkommensschichten in den zurückliegenden Jahren machte. Hierzu wurde 1991 die Bevölkerung der alten Länder sowie 1997 die der alten und neuen Länder jeweils nach der Höhe der Einkommenspositionen in diesem Jahr geschichtet und für jede Einkommensklasse dargelegt, ob und wie lange in den zurückliegenden sechs Jahren Armutsperioden auftraten (Tabelle 2–25).

Von den Personen, die 1991 in den alten Bundesländern unter der Armutsschwelle (bis 50 %) lebten, waren mehr als 80 % zuvor schon einmal arm, die Hälfte davon dauerhaft. In Verbindung mit den Ergebnissen der vorausgehenden Tabelle, die alljährlich hohe Ein- und Ausstiegsquoten für Armut belegen, betont dieser Befund, dass für Arme dennoch ein hohes Risiko besteht, in Armut zu verbleiben oder wiederholt in Armut zu geraten. Beide Ergebnisse zusammen verweisen auf einen hohen Teil an transitorischen Armutsmustern.

In dem darüber liegenden Bereich des prekären Wohlstands weisen 40 % der Bevölkerung in dieser Einkommensposition Armutserfahrungen auf, darunter knapp die Hälfte einmalige Armutsepisoden. Im Bereich des gesicherten aber unterdurchschnittlichen Wohlstands hatten immerhin 17 % – überwiegend kurzfristige – Armutserfahrungen in den zurückliegenden Jahren, im Bereich des überdurchschnittlichen Einkommens waren es immerhin 10 % und in der höchsten Einkommensklasse gaben immerhin noch 6 % vorherige Armutserfahrungen an.

Tabelle 2–25: Armutserfahrung in den alten und neuen Bundesländern nach Einkommensklassen

		Einkommensschichtung der Bevölkerung im Jahr …			
(Mean = 100)	Bev. in %	darunter waren in den 6 Jahren zuvor x.mal arm			
		nie	1mal	2–3mal	4–6mal
Alte Bundesländer					
Einkommensschichtung 1991		Armutserfahrung in den Jahren 1985–90			
Wohlhabenheit –	100,0				
151 u. m. %	12,8	93,7	4,7	1,1	0,4
101–150 %	30,6	89,9	6,4	2,9	0,8
76–100 %	23,4	82,6	10,1	6,1	1,2
51–75 %	25,3	61,8	18,2	11,5	8,5
Armut 0–50 %	8,0	18,0	19,3	22,7	40,1
Einkommensschichtung 1997		Armutserfahrung in den Jahren 1991–96			
Wohlhabenheit	100,0				
151 u. m. %	13,5	98,3	1,0	0,7	0,0
101–150 %	29,7	94,1	4,4	1,4	0,1
76–100 %	27,1	88,7	6,6	4,1	0,6
51–75 %	22,7	65,6	13,7	12,9	7,8
Armut 0–50 %	7,0	20,3	11,1	22,4	46,2
Neue Bundesländer					
Einkommensschichtung 1997		Armutserfahrung in den Jahren 1991–96			
Wohlhabenheit	100,0				
151 u. m. %	7,4	97,2	2,2	0,0	0,6

		Einkommensschichtung der Bevölkerung im Jahr ...			
(Mean = 100)	Bev. in %	darunter waren in den 6 Jahren zuvor x.mal arm			
		nie	1mal	2–3mal	4–6mal
101–150 %	38,0	95,3	2,2	2,5	0,1
76–100 %	30,5	88,6	7,9	3,5	0,0
51–75 %	18,7	70,9	10,5	16,4	2,3
Armut 0–50 %	5,4	33,4	9,0	34,9	22,6

Datenbasis: SOEP.

In den alten Bundesländern ist bis 1997 der Bevölkerungsanteil mit vorheriger Armutserfahrung in allen Einkommenspositionen infolge der kumulativ niedrigeren Armutsbetroffenheit zurückgegangen. Im Bereich der Wohlhabenheit (151 u. m. %) sank der Bevölkerungsanteil mit Armutserfahrungen auf unter 2 %, im Bereich des prekären Wohlstands ging der Bevölkerungsanteil mit vorherigen Armutserfahrungen auf 34 % zurück.

Ein Rückgang des Bevölkerungsanteils ohne vorherige Armutserfahrung ist aber auch innerhalb des Armutsbereichs selbst zu beobachten; dies bedeutet, dass der Neuzugang in Armut sich gegenüber dem Ende der 80er-Jahre erhöht hat. Zudem ist unter den Armen der Anteil der dauerhaft Armen gestiegen. Bei allen positiven Entwicklungen oberhalb der Armutsschwelle sollte die letztgenannte Entwicklung weiterhin beobachtet werden, um Ausschließungstendenzen der Armutspopulation zu verhindern.

In den neuen Ländern unterscheidet sich für die nach ihrer relativen Einkommensposition im Jahr 1998 geschichtete Bevölkerung die Armutserfahrung in den höheren Einkommensbereichen auffallend wenig von den Vergleichswerten der alten Bundesländer. Auch wenn hierbei Unterschiede hinsichtlich der zugrunde liegenden Schwellenwerte zu beachten sind, deutet dieser Befund nicht auf eine erhöhte Aufstiegsmobilität der von Armut betroffenen Bevölkerung im Verlauf des Transformationsprozesses hin. Demgegenüber sind im Bereich des Armuts- und Niedrigeinkommenssegments durchaus erhöhte Armutsdynamiken in dieser Phase zu beobachten: Der Bevölkerungsanteil ohne vorherige Armutserfahrung (im Bereich des prekären Wohlstands) sowie der Anteil der Neuzugänge in Armut ist höher, der Anteil dauerhaft Armer ist in diesem Einkommensbereich hingegen niedriger als in den alten Ländern.

Ungeachtet dessen illustrieren diese Befunde aber auch, dass das Armutsrisiko[14] keineswegs nur auf den unteren Einkommensbereich beschränkt bleibt, sondern auch die mittleren Einkommensschichten betrifft. Zugleich bergen Armutserfahrungen erhöhte Risiken, in Armut oder Niedrigeinkommen zu verharren.

2.6 Markteinkommen, verfügbare Einkommen und staatliche Umverteilung

Die Frage, aus welchen Quellen die privaten Haushalte jeweils ihren relativen Wohlstand beziehen, ist von besonderer sozialpolitischer Relevanz. Erwerbseinkommen aus abhängiger und selbständiger Tätigkeit, die zentrale Quelle der Haushaltseinkommen, sind in jüngerer Zeit zusammengenommen langsamer gewachsen als Kapitaleinkünfte, die zudem wesentlich ungleicher zwischen den privaten Haushalten verteilt sind. Inwieweit sich hieraus Polarisierungstendenzen und damit neue sozialpolitische Aufgaben

14 Die Verteilung der Armutshäufigkeit bei prospektiver Betrachtung zeigt – wenn ausgehend von der bestehenden Einkommensschichtung die zukünftige Armutsentwicklung anstelle der zurückliegenden Armutserfahrung wie hier untersucht wird – ein ähnliches Muster wie bei der retrospektiven Sichtweise: Lediglich im höheren Einkommensbereich liegt die Armutsbetroffenheit geringfügig niedriger (vgl. Krause 1998).

entwickeln, hängt sowohl von den dynamischen Bewältigungsstrategien im Haushalt als auch von der Wirksamkeit staatlich regulierter Transfers und anderer Umverteilungsmaßnahmen ab.

Markteinkommen sind in den alten Ländern von 1985 bis 1997 von 19 792 DM auf 29 970 DM – es handelt sich dabei jeweils um Vorjahreswerte – gestiegen (Tabelle 2–26). Nahezu die gesamte Bevölkerung (95 %) lebt in Haushalten, in denen zumindest eine Person Markteinkommen, bestehend aus Erwerbseinkommen im Haushalt, Kapitaleinkommen und privaten Transfers, bezogen hat. Der entsprechende Anteil der Kapitaleinkommensbezieher hat sich in diesem Zeitraum von 77 % auf 83 % erhöht. Transfers werden von etwa 80 % der Bevölkerung im Haushalt bezogen, Steuern und Sozialabgaben werden von 95 % der Bevölkerung im Haushalt entrichtet. In der Summe ergibt sich daraus das Haushaltsnettoeinkommen, das – wie bereits anfangs dokumentiert – in diesem Zeitraum in den alten Bundesländern von 17 687 DM pro (Vor-)Jahr auf 26 362 DM gestiegen ist.

Tabelle 2–26: Markt-, Haushaltsbrutto- und Haushaltsnettoeinkommen in den alten und neuen Bundesländern (im Vorjahr, äquivalenzgewichtet)

	1985		1991		1997	
	Bev.[1] (in %)	Mean (in DM)	Bev.[1] (in %)	Mean (in DM)	Bev.[1] (in %)	Mean (in DM)
Alte Bundesländer						
Markteinkommen	94,2	19.792	96,3	24.950	94,4	29.970
• HH.Arbeits.Eink.	80,1	19.027	82,0	23.977	78,6	28.191
• HH.Kapital.Eink.	76,7	644	82,9	821	83,0	1.598
• HH.Priv.Trans	2,2	121	3,3	152	3,3	180
+ Transfers	80,3	4.132	77,3	5.009	78,9	7.101

	1985		1991		1997	
	Bev.[1] (in %)	Mean (in DM)	Bev.[1] (in %)	Mean (in DM)	Bev.[1] (in %)	Mean (in DM)
• HH.Soz.Trans	59,2	761	56,0	829	58,1	1.729
• HH.Renten	29,2	3.371	27,4	4.180	27,5	5.371
– Steuern	95,2	6.237	95,8	7.425	92,2	10.709
• HH.Steuern	78,3	3.729	78,4	3.976	70,8	5.552
• HH.Sozialvers.	91,0	2.508	91,5	3.448	87,6	4.740
= Verfügbare Einkommen	100,0	17.687	100,0	22.535	100,0	26.362

Neue Bundesländer

			1992		1997	
			Bev. (in %)	Mean (in DM)	Bev. (in %)	Mean (in DM)
Markteinkommen	–	–	98,5	14.584	96,1	21.480
• HH.Arbeits.Eink.	–	–	83,8	14.397	76,6	20.830
• HH.Kapital.Eink.	–	–	91,4	166	86,5	563
• HH.Priv.Trans	–	–	1,5	20	3,5	86
+ Transfers	–	–	86,5	3.468	87,5	7.886
• HH.Soz.Trans	–	–	73,0	1.268	67,9	2.957
• HH.Renten	–	–	24,9	2.201	30,7	4.930
– Steuern	–	–	96,7	3.677	93,6	7.100
• HH.Steuern	–	–	67,3	1.193	61,9	2.921
• HH.Sozialvers.	–	–	95,9	2.484	92,4	3.960
= Verfügbare Einkommen	–	–	100,0	14.375	100,0	22.267

1) Anteil der Bevölkerung in Haushalten mit zumindest einem Bezieher der jeweiligen Einkommensart bzw. mit zumindest einer Person, die Abgaben leistet.
Datenbasis: SOEP.

In den neuen Bundesländern liegen die Markteinkommen im Jahr 1997 wie auch die geleisteten Steuern und Sozialabgaben niedriger, die erhaltenen Transfers – darunter insbesondere die sozialen Transfers – jedoch höher als in den alten Ländern.

Die Ungleichheit der Markteinkommen – gemessen am Gini-Koeffizienten – ist in den alten Ländern von 1985 bis 1991 zurückgegangen und bis 1994 wiederum deutlich angestiegen (Tabelle 2–27). Dieser Anstieg der Ungleichheit der Markteinkommen setzt sich auch in der zweiten Hälfte der 90er-Jahre unverändert fort. Die Ungleichheit der Haushalts-Erwerbseinkommen (ohne Kapitaleinkünfte und private Transfers) liegt nur wenig höher als die der Markteinkommen bei sonst gleichem Verlauf. Welche ungleichheitsreduzierende Wirkung das Zusammenleben und gemeinsame Wirtschaften im Haushalt hat, wird zudem durch die sehr hohe Ungleichheit der individuellen Erwerbseinkommen [15] dokumentiert, die hier ergänzend dargestellt werden. Nach Berücksichtigung von Transfers (Haushaltsbrutto-Einkommen) sinkt die Ungleichheit der Markteinkommen beträchtlich, zum einen durch Renten, die für Ältere die zentrale Einkommensquelle bilden, aber auch durch soziale Transfers, die gezielt zur Reduktion von benachteiligten Einkommenslagen eingesetzt werden. Eine weitere Reduktion der Ungleichheit ergibt sich zudem durch den Abzug von Steuern und Transfers.

15 Alle Nichterwerbstätigen einschließlich Kinder werden dabei mit 0 Erwerbseinkommen gerechnet.

Tabelle 2–27: Ungleichheit der Arbeits-, Markt- und Nettoeinkommen im Haushalt in Deutschland (Gini)

Gini	Ind. Arbeits-einkom. (1)	HH-Arbeits-einkom. (2)	HH-Markt-einkom. (3)	HH-Brutto-einkom. (4)	HH-Netto-einkom. (5)	Umver-teilung (in %) (3–5/3)
	Bevölkerung insgesamt					
Alte Bundesländer						
1985	.724	.478	.472	.330	.281	40.5
1988	.704	.459	.450	.309	.265	41.1
1991	.690	.453	.441	.309	.271	38.5
1994	.696	.476	.466	.331	.290	37.8
1997	.701	.498	.487	.342	.290	40.5
Neue Bundesländer						
1992	.634	.407	.402	.251	.213	47.0
1994	.662	.453	.454	.265	.222	51.1
1997	.686	.494	.491	.278	.225	54.2
Deutschland						
1997	.702	.501	.492	.336	.282	42.7
	Bevölkerung im Alter von 25–60 Jahren					
Alte Bundesländer						
1985	.535	.382	.382	.330	.281	26.4
1988	.504	.356	.354	.307	.267	24.6
1991	.484	.352	.349	.309	.274	21.5
1994	.481	.369	.371	.327	.289	22.1
1997	.490	.398	.397	.340	.288	27.5
Neue Bundesländer						
1992	.371	.312	.309	.246	.214	30.7
1994	.427	.362	.368	.272	.233	36.7
1997	.449	.380	.383	.281	.231	39.7
Deutschland						
1997	.490	.401	.401	.336	.282	29.7

Datenbasis: SOEP.

Der Umfang der Reduktion der Ungleichheit durch staatliche Maßnahmen, der sich als Prozentsatzreduktion beim Vergleich von Markteinkommen und Haushaltsnettoeinkommen ergibt, beträgt in den alten Bundesländern etwa 40 %. Dieser Quotient ist in den alten Ländern bis Mitte der 90er-Jahre gesunken und in der zweiten Hälfte wieder angestiegen. Deshalb führte die weitere ungehinderte Zunahme der Ungleichheit der Markteinkommen nicht zu einer entsprechenden Erhöhung der Ungleichheit der Haushaltsnettoeinkommen. Der Anstieg des staatlichen Einflusses auf die Reduktion der Ungleichheit der Markteinkommen ist insbesondere der Bevölkerung im erwerbsfähigen Alter zugute gekommen.

In den neuen Bundesländern war die Ungleichheit zu Beginn der 90er-Jahre bei allen Einkommensaggregaten wesentlich geringer ausgeprägt. In weiteren Verlauf der 90er-Jahre ist die Ungleichheit der Markteinkommen jedoch stark angestiegen und hat in der zweiten Hälfte der 90er-Jahre das Vergleichsniveau der alten Länder sogar übertroffen. Nach Einbezug der Transferleistungen sowie der geleisteten Steuern und Abgaben reduziert sich die Ungleichheit jedoch für das so errechnete Haushaltsnettoeinkommen auf ein Niveau, das deutlich unterhalb des Niveaus der alten Länder liegt. Entsprechend hoch ist der Umfang der Ungleichheitsreduktion in den neuen Ländern: Er ist von 1992 bis 1997 von 47 % auf 54 % gestiegen.

In Deutschland insgesamt liegt die Ungleichheit der Markteinkommen im Jahr 1997 über dem Niveau der jeweiligen Landesteile, aufgrund der insgesamt höheren Redistribution durch staatliche Maßnahmen unterschreitet das Ungleichheitsniveau der verfügbaren Haushaltseinkommen im Bundesgebiet jedoch das der alten Länder.

In ähnlicher Weise lässt sich auch der Umfang der Armutsreduktion durch sozialstaatliche Maßnahmen berechnen. Hierzu wird auf der Grundlage des (äquivalenzgewichteten) Haushalts-nettoeinkommens die Armutsschwelle (50 % Mean) bestimmt[16] und auf alle anderen Einkommenskonzepte übertragen. Die Armutsreduktion errechnet sich dann wiederum als Prozentsatzdifferenz der Armutsquote beim Markteinkommen gegenüber der Armutsquote nach Einschluss von Transfers und dem Abzug von Steuern und Sozialabgaben (Tabelle 2–28).[17]

Tabelle 2–28: Armutsreduktion durch sozialstaatliche Maßnahmen in Deutschland

Armutsquoten: (50 % Mean der HH-Nettoeinkommen, äquivalenzgew.)	Markt-Einkommen	HH-Brutto-Einkommen		HH-Netto-Einkommen	Armutsreduktion (in %)
		Markteink. + Renten	Markteink. + Renten + soziale Transfers	Markteink. + Renten + soz. Tran.- Abgaben	
	(1)	(2)	(3)	(4)	(1)–(4)/(1)
	Bevölkerung insgesamt				
Alte Bundesländer					
1985	28,1	11,4	8,2	11,6	58,7
1988	26,7	9,7	6,9	9,4	64,8
1991	26,1	9,7	7,1	10,5	59,8
1994	27,8	12,0	8,9	12,4	55,4
1997	30,3	13,7	9,2	12,0	60,4
Neue Bundesländer					
1992	25,0	9,5	4,8	5,9	76,4

16 Aufgrund des jahresbezogenen Einkommenskonzepts liegen die Armutsquoten für die Haushaltsnettoeinkommen vor allem in den 90er-Jahren etwas höher als die sonst im Bericht verwendeten monatsbezogenen Quoten.

17 Bei dieser absoluten Berechnungsweise der Armut wird der armutsreduzierende Effekt, der die Ungleichheit durch Steuern und Sozialabgaben verringert, nicht explizit berücksichtigt.

Armutsquoten: (50 % Mean der HH-Nettoeinkommen, äquivalenzgew.)	Markt-Einkommen	HH-Brutto-Einkommen		HH-Netto-Einkommen	Armutsreduktion (in %)
		Markteink. + Renten	Markteink. + Renten + soziale Transfers	Markteink. + Renten + soz. Tran.- Abgaben	
	(1)	(2)	(3)	(4)	(1)–(4)/(1)
1994	32,4	15,0	5,0	7,0	78,4
1997	33,9	13,6	5,9	7,5	77,9
Deutschland					
1997	31,2	13,9	8,7	11,3	63,8
		Bevölkerung im Alter von 25–60 Jahren			
Alte Bundesländer					
1985	13,7	8,9	6,0	8,9	35,0
1988	11,9	8,1	5,7	7,7	35,3
1991	11,2	8,0	5,9	8,4	25,0
1994	12,8	10,0	7,1	10,1	21,1
1997	15,7	12,0	7,4	9,8	37,6
Neue Bundesländer					
1992	11,8	8,7	4,3	5,4	54,2
1994	19,2	14,5	4,0	6,0	68,8
1997	18,2	13,0	5,2	6,4	64,8
Deutschland					
1997	16,5	12,5	7,1	9,3	43,6

Datenbasis: SOEP.

Der Umfang der so definierten Armut auf Basis der Markteinkommen ist in den alten Bundesländern bis zu Beginn der 90er-Jahre gesunken und steigt seitdem kontinuierlich an. Nach Berücksichtigung der Renten reduziert sich das so gemessene Armutsniveau erheblich, der starke Anstieg der Armut in der zweiten Hälfte der 90er-Jahre bleibt aber erhalten. Werden die sozialen Transfers berücksichtigt, so reduziert sich die Armut rechnerisch auf ein Niveau unterhalb der Haushaltsnettoeinkommen; empirisch wird der weitere Anstieg der Armut in der zweiten Hälfte der 90er-Jahre gedämpft. Der bei den Haushaltsnettoeinkommen zu beobachtende leichte Rückgang in den Armutsquoten von 1994 bis 1997 ist demzufolge auf den zusätzlichen Einfluss des Steuer- und Abgabensystems zurückzuführen. Auf diese Weise wird die armutsreduzierende Wirkung der steuerlichen Freisetzung des Existenzminimums im Jahre 1996 dokumentiert. Der Umfang der Armutsreduktion durch das Steuer- und Transfersystem ist in den alten Ländern seit der zweiten Hälfte der 80er-Jahre bis Mitte der 90er-Jahre von 65 % auf 55 % zurückgegangen und in der zweiten Hälfte der 90er-Jahre wieder auf 60 % angestiegen. Betrachtet man allein die Bevölkerung im erwerbsfähigen Alter, so steigt der Umfang staatlicher Armutsreduktion in den alten Ländern von 1994 bis 1997 sogar von 21 % auf 38 % an.

In den neuen Ländern liegt die Armutsquote bezogen auf die Markteinkommen seit Mitte der 90er-Jahre höher als in den alten Ländern. Diese Quote wird durch den Bezug von Renten ebenfalls erheblich reduziert, wobei sich der armutsreduzierende Effekt durch Rentenzahlungen bis 1997 sogar noch erhöht. Der Umfang der Armutsreduktion durch das Steuer- und Transfersystem liegt, mit wenig Änderungen im zeitlichen Verlauf, bei 76 % bis 78 % und damit weit über dem Vergleichswert der alten Länder.

Gesamtdeutsch betrachtet liegt die Armutsquote der Markteinkommen im Jahr 1997 nach Berücksichtigung der Rente höher als in den jeweiligen Landesteilen. Aufgrund des insgesamt höheren Umfangs der Armutsreduktion durch sozialstaatliche Maßnahmen ergibt sich für das Bundesgebiet insgesamt somit eine niedrigere relative Armutsquote als bei separater Betrachtung der alten Länder.

2.7 Zusammenfassung des Verlaufs von Einkommensungleichheit und Einkommensarmut

Die Entwicklung von Einkommen und Ungleichheit in Deutschland verläuft seit Mitte der 80er-Jahre in drei Phasen: Bis zu Beginn der 90er-Jahre – hier kann nur die Entwicklung in den alten Ländern betrachtet werden – erfolgte ein reales Wohlstandswachstum mit einem Rückgang der Ungleichheit. In der zweiten Phase – diese reicht von Anfang bis Mitte der 90er-Jahre – sind die Einkommen der alten Bundesländer nur marginal angewachsen, die Ungleichheit hat jedoch sehr stark zugenommen. In den neuen Ländern erfolgte in dieser Phase ein rasantes Einkommenswachstum, das alle Bevölkerungsschichten umfasste. Im Zuge dessen erhöhte sich auch die Ungleichheit, ohne allerdings das höhere Ungleichheitsniveau der alten Länder zu erreichen. Die Einkommen zwischen beiden Landesteilen näherten sich stark an.

Ab Mitte der 90er-Jahre – der dritten Phase – stagnieren die Realeinkommen in den alten Ländern, zugleich nimmt die Ungleichheit nicht mehr zu. In den neuen Ländern verlangsamt sich das Einkommenswachstum ebenfalls spürbar. Die Einkommen sind im unteren und mittleren Bereich weitgehend angeglichen, hohe Einkommen sind indes in den neuen Ländern weniger häufig zu finden. Die Ungleichheit schwankt in dieser Phase.

Die Armutsquoten sind – gemessen am gesamtdeutschen Durchschnitt – in den neuen Bundesländern höher als in den alten. Im zeitlichen Verlauf folgen sie weitgehend dem für den jeweiligen Landesteil aufgezeigten Ungleichheitsverlauf.

Aus der Einkommensdynamik lassen sich in den alten Ländern vor allem im oberen Einkommensbereich Abschottungstendenzen erkennen, Einkommensschwankungen über Quintilsgrenzen hinweg sind in den 90er-Jahren weniger zu beobachten. Die Armutsdynamik ist allerdings nicht zurückgegangen. Die Dynamik in den neuen Ländern ist durch den Transformationsprozess geprägt, der in der ersten Hälfte der 90er-Jahre mehr Einkommensmobilität vor allem im unteren Einkommensbereich hervorgerufen hat.

Der Umfang der durch sozialstaatliche Maßnahmen reduzierten Ungleichheit und Armut ist in den alten Länder nach einem längeren Rückgang in der zweiten Hälfte der 90er-Jahre wieder deutlich angestiegen. In den neuen Ländern ist der Umfang staatlicher Redistribution auch in der zweiten Hälfte der 90er-Jahre weitaus höher als in den alten Ländern.

2.8 Sozialhilfe und Armut

2.8.1 Armut trotz Sozialstaat?

Armut trotz Sozialstaat? Diese plakative Fragestellung liegt nahe, wenn man sich vergegenwärtigt, dass die von uns analysierten Trends und Strukturen der Einkommensarmut Ergebnis einer Einkommensverteilung sind, die die sozialstaatlichen Umverteilungsaktivitäten bereits beinhaltet. Berücksichtigt sind sowohl die Abzüge durch direkte Steuern und Beiträge als auch die Einkommensaufstockungen durch die unterschiedlichen sozialpolitischen Transfers. Die Transfers zielen darauf ab, die Marktverteilung zu korrigieren: Sie fließen jenen Personen und Haushalten zu, die kein Arbeitseinkommen (mehr) erhalten oder deren Einkommen zur Deckung besonderer Bedarfe nicht ausreicht und aufgestockt wird. Eine Schlüsselstellung im System der sozialen Sicherung nimmt die Sozialhilfe ein. Sie hat die Aufgabe eines «letzten sozialen Netzes», ist also eine Art Ausfallbürge für die Notlagen, die weder durch eigene Kraft, noch durch die Hilfe der

Familie oder vorgelagerte Sozialleistungen abgedeckt werden. Sie übernimmt damit in Deutschland die Funktion einer universellen Grundsicherung.

Wertet man das Unterschreiten der 50 %-Schwelle des durchschnittlichen bedarfsgewichteten Pro-Kopf-Haushaltseinkommens als Kriterium für Einkommensarmut, dann signalisieren unsere Befunde, dass die Sozialhilfe ihrem eigenen Anspruch, Armut zu vermeiden und zu bekämpfen, nur unzureichend erfüllt. Ein Grund dafür kann sein, dass das Bedarfsniveau der Hilfe zum Lebensunterhalt (das politisch-administrativ festgelegt und nicht aus der Einkommensverteilung rechnerisch ermittelt wird [18]) in seiner Höhe nicht ausreicht, um ein niedriges Haushaltseinkommen zumindest an die 50 %-Einkommensschwelle heranzuführen. Möglich ist allerdings auch, dass eine unterhalb der 50 %-Schwelle liegende Einkommensposition deswegen nicht verbessert wird, weil Berechtigte ihren Anspruch auf aufstockende Sozialhilfe nicht wahrnehmen. Auch wenn es wenig sinnvoll ist, den Bezug von Sozialhilfe per se mit Armut gleichsetzen,[19] so lässt sich im Ergebnis doch feststellen, dass die Sozialhilfe nicht in der Lage ist, relative Einkommensarmut zu vermeiden. Liegt die Ursache dafür in der Nicht-Inanspruchnahme zustehender Sozialhilfeleistungen, kann von verdeckter Armut gesprochen werden.

Nachfolgend sollen die Verbindungslinien zwischen Sozialhilfe und relativer Einkommensarmut näher ausgeleuchtet werden. Wir beziehen uns dabei allein auf die Hilfe zum Lebensunterhalt außerhalb von Einrichtungen (die sogenannte Sozialhilfe im enge-

18 Gleichwohl ist das Bedarfsniveau der Sozialhilfe auch eine relative Größe, da es sich zum jeweiligen Zeitpunkt seiner Festsetzung am allgemeinen Wohlstands- und Einkommensniveau der Gesellschaft orientiert.

19 Eine pauschale Gleichsetzung von Sozialhilfebezug und Armut ist unangemessen, da jede Erhöhung des Sozialhilfeniveaus zu einer Erhöhung der Armut und die Absenkung des Sozialhilfeniveaus zu einer Absenkung der Armut führen würde. Denn je höher das Niveau der Sozialhilfe bei gegebener Einkommensverteilung liegt, umso mehr Menschen unterschreiten mit ihrem Einkommen die Sozialhilfeschwelle und werden anspruchsberechtigt.

ren Sinne). Im Mittelpunkt unseres Interesses stehen dabei folgende Fragen:

- Wie hoch liegen die Sozialhilfeempfängerzahlen, wie haben sie sich entwickelt, welche Strukturmerkmale zeichnen die Sozialhilfe beziehenden Personen und Haushalte aus? Welche Ursachen hat die stark steigende Bedeutung, die die Sozialhilfe im Netz der sozialen Sicherung einnimmt?
- Welche Unterschiede gibt es zwischen der aktuellen Sozialhilfequote (Leistungsempfänger in % der Bevölkerung bzw. der Haushalte) und der aktuellen 50 %-Armutsquote? Lassen sich Ursachen für die Abweichungen identifizieren, welche Bedeutung kommt der Nicht-Inanspruchnahme von Sozialhilfe zu?
- Welche Einkommensgrenze(n) deckt die Sozialhilfe im Unterschied zu der an der Einkommensverteilung gemessenen 50 %-Schwelle ab?
- Wie sieht der Entwicklungsverlauf von Sozialhilfequote und relativer Einkommensarmutsquote seit Anfang der 90er-Jahre aus? Welche Faktoren sind dafür verantwortlich, dass die Sozialhilfequote im Unterschied zur 50 %-Armutsquote sichtbar angestiegen ist?

2.8.2 Empfängerzahlen und -strukturen, Ursachen der Hilfebedürftigkeit

Ende 1998 erhielten nahezu 2,9 Mio. Personen außerhalb von Einrichtungen laufende Hilfe zum Lebensunterhalt. Seit Inkrafttreten des BSHG im Jahr 1962 zeigt sich ein deutlicher Anstieg, der sich vor allem seit Beginn der 80er-Jahre ausgeprägt hat. 1991 wurde unter Einschluss der gut 210 000 Hilfeempfänger aus den neuen Ländern zum ersten Mal die 2 Mio. Marke erreicht. Insgesamt hat sich seit 1980 – bezogen auf die alten Bundesländer – die Zahl der Hilfeempfänger nahezu verdreifacht. Der signifikante

Rückgang der Bezieherzahl im Jahr 1994 stellt keine Durchbrechung des Trends dar, sondern ist allein auf die Einführung des Asylbewerberleistungsgesetzes zurückzuführen.[20] Durch dieses Gesetz wurden rund 450 000 Personen aus der Sozialhilfe herausgenommen. Bezogen auf die Gesamtbevölkerung errechnet sich für 1998 eine Sozialhilfequote (Hilfe zum Lebensunterhalt) von 3,5 %. 1970 lag die Quote noch bei 0,9 %, 1980 bei 1,4 %. Untergliedert man die Empfänger nach soziodemographischen Merkmalen, lassen sich (Tabelle 2–29) folgende Strukturen erkennen (vgl. im Überblick Haustein 2000):

- Frauen sind etwas stärker als Männer von der Sozialhilfe abhängig; sie stellen 56 % der Empfänger. Allerdings ist der Frauenanteil im längerfristigen Verlauf kontinuierlich gesunken. Ihre Sozialhilfequote beträgt 3,8 % gegenüber 3,2 % bei den Männern.
- Die Häufigkeit des Sozialhilfebezugs hängt entscheidend vom Lebensalter ab. Je jünger die Menschen sind, umso höher liegt die Sozialhilfequote. Bei Kindern unter 7 Jahren erreicht die Quote einen Wert von 8,6 %. Bei Kindern unter 3 Jahren steigt sie sogar auf 9,3 % an, d. h. dass fast jedes zehnte Kind in diesem Alter Hilfe zum Lebensunterhalt bezieht. Dagegen beträgt die Quote bei den über 65-jährigen nur 1,3 %.
- Betrachtet man die Entwicklung der Altersstruktur der Sozialhilfeempfänger im Zeitverlauf, lässt sich eine «Verjüngung» des Sozialhilferisikos erkennen. 1980 lag die Sozialhilfequote der unter 7-Jährigen noch bei 2 %. Zu dieser Zeit war das Problem der Sozialhilfebedürftigkeit in erster Linie ein Problem der älteren Menschen (vgl. dazu Kap. 3.3).
- Eine besonders hohe Bedeutung hat die Sozialhilfe bei ausländischen Bürgern. Der Ausländeranteil bei den Hilfeempfän-

20 Zur Höhe und Struktur der Empfängerzahlen des Asylbewerberleistungsgesetzes vgl. Kapitel 3.5.

gern liegt bei 23 %. Dies entspricht einer Sozialhilfequote von 9,1 % der ausländischen Bevölkerung. Bei den Deutschen beträgt die Quote 3,0 %.

– In den neuen Bundesländern beziehen relativ weniger Menschen Sozialhilfe (Quote von 2,7 %) als in den alten Bundesländern (Quote von 3,7 %); infolge des steilen Anstiegs der Sozialhilfebedürftigkeit in den neuen Ländern ebnet sich das West-Ost Gefälle jedoch zunehmend ein (vgl. dazu Burmester 2000).

Tabelle 2–29: Empfänger von Hilfe zum Lebensunterhalt am Jahresende 1998

	Anzahl in 1.000	in % der Hilfeempfänger			in % der jeweiligen Bevölkerung = Sozialhilfequote		
		insgesamt	davon: Männer	davon: Frauen	insgesamt	Männer	Frauen
Insgesamt	2.879	100	43,8	56,2	3,5	3,2	3,8
davon:							
– unter 7 Jahre	478	16,6	51,4	48,6	8,6	8,6	8,5
– 7–15 Jahre	460	16,0	51,3	48,7	6,2	6,2	6,2
– 15–18 Jahre	135	4,7	50,2	48,98	4,9	4,8	5,0
– 18–21 Jahre	113	3,9	40,3	59,7	4,1	3,2	5,1
– 21–25 Jahre	162	5,6	35,0	65,0	4,5	3,1	6,0
– 25–30 Jahre	227	7,9	30,0	70,0	4,1	2,8	5,4
– 30–40 Jahre	493	17,1	38,0	62,0	3,5	2,6	4,5
– 40–50 Jahre	312	10,8	45,4	54,6	2,7	2,4	3,0
– 50–60 Jahre	220	7,6	46,5	53,5	2,1	2,0	2,3
– 60–65 Jahre	105	3,6	45,1	54,9	2,0	1,8	2,1
– 65 und älter	174	6,0	28,7	71,3	1,3	1,0	1,5
Deutsche	2.215	77,0	42,4	57,6	3,0	2,6	3,3
Nichtdeutsche	665	23,0	49,2	50,8	9,1	8,2	10,2

Quelle: Berechnungen nach Haustein 2000, S. 37.

Die rund 2,9 Mio. Empfänger von laufender Hilfe zum Lebensunterhalt leben in 1,5 Mio. Haushalten. Strukturiert man die Haushalte nach einzelnen Haushaltstypen, wird sichtbar (Tabelle 2–30), dass vor allem die Gruppe der allein erziehenden Frauen mit Kindern unter 18 Jahren ein besonders hohes Sozialhilferisiko trägt: In 28,1 % aller Haushalte dieses Typs wird Hilfe zum Lebensunterhalt bezogen. Zugleich machen diese Haushalte 21,8 % aller Sozialhilfehaushalte aus. Die größte Verbreitung haben jedoch die Haushalte von allein stehenden Frauen und Männern, diese Lebensform umfasst 41,8 % aller Sozialhilfehaushalte. Die Sozialhilfequote liegt hier zwar merklich niedriger als bei den Alleinerziehenden, aber mit 4,4 % (Frauen) und 5,6 % (Männer) über dem allgemeinen Durchschnitt von 3,5 %.

Tabelle 2–30: Haushalte von Empfängern von Hilfe zum Lebensunterhalt 1998

Haushaltstyp	Anzahl in 1.000	in % aller Sozialhilfehaushalte	in % aller Privathaushalte = Sozialhilfequote
Insgesamt	1.488	100	4,0
darunter:			
Ehepaare ohne Kinder	104	7,0	0,9
Ehepaare mit Kindern	170	11,4	2,3
– 1 Kind	63	4,6	*
– 2 Kinder	59	4,2	*
– 3 und mehr Kinder	48	3,2	*
Alleinstehende Männer	292	19,6	5,6
Alleinstehende Frauen	333	22,4	4,4
Alleinerziehende Frauen	333	22,4	28,1
– 1 Kind	185	12,4	*
– 2 Kinder	104	7,0	*
– 3 und mehr Kinder	44	3,0	*

* Kein Nachweis.

Quelle: Berechnungen nach Haustein 2000, S. 37.

Anspruch auf Sozialhilfe besteht, wenn das Haushaltseinkommen den Gesamtbedarf unterschreitet. Die Ursachen dafür sind vielfältig: Es kann sein, dass kein Arbeitseinkommen vorhanden oder dieses – gemessen am Bedarf – nur sehr niedrig ist. Das Gleiche gilt für die sozialversicherungsrechtlichen Lohnersatzleistungen. Häufig leisten Unterhaltsverpflichtete keinen Unterhalt. Je nach familiärer Konstellation und Lebensereignissen können mehrere dieser Faktoren zusammenfallen und sich überlagern. In der Sozialhilfestatistik wird ausgewiesen, ob die Hilfeempfänger in einer sogenannten besonderen sozialen Situation leben. Dies traf (Ende 1998) auf rund 20 % der Empfängerhaushalte zu. Darunter fallen: Trennung/Scheidung (9,5 %), Geburt von Kindern (4,3 %), Wohnungslosigkeit (2,5 %), Tod eines Familienangehörigen (1,4 %), Überschuldung, Haftentlassung, Suchtabhängigkeit (3,5 %).

Der Bezug von Sozialhilfe hängt entscheidend von der Lage auf dem Arbeitsmarkt ab. Vor allem der Anstieg der Langzeitarbeitslosigkeit ist für den steilen Zuwachs der Empfängerzahlen verantwortlich. Von den 1,77 Mio. Sozialempfängern zwischen 15 und 65 Jahren waren 1998 8,4 % erwerbstätig, 40,2 % arbeitslos und 51,4 % aus anderen Gründen nicht erwerbstätig, z. B. wegen häuslicher Bindung, Ausbildung, Krankheit, Behinderung und Alter. Ende 1998 erhielten von den gut 700 000 arbeitslosen Sozialhilfeempfängern nur 40 % Leistungen nach dem SGB III.

Sozialhilfe soll von ihrem Anspruch her keine rentenähnliche Dauerleistung sein. Tatsächlich weist die Sozialhilfestatistik für 1998 aus, dass 41,4 % der Hilfe empfangenden Haushalte die Leistungen für einen Zeitraum von weniger als einem Jahr erhalten. Für 11,3 % der Haushalte liegt die bisherige Bezugsdauer bei 5 Jahren und mehr (zur Dauer und Häufigkeit vgl. Burmester 2000 sowie im Überblick über die Ergebnisse der dynamischen Sozialhilfeforschung Zwick 1997).

Vergleicht man die Sozialhilfequoten mit den 50 %-Armutsquoten, werden erhebliche Abweichungen sichtbar. Die auf Personen bezogene Sozialhilfeempfängerquote, wie sie in der amtlichen Sozialhilfestatistik ausgewiesen wird, liegt mit 3,8 % (1998, alte Bundesländer) um mehr als 5 %-Punkte unter der am der relativen Einkommensposition bemessenen Armutsquote, wie sie sich aus der Datenbasis des SOEP ermitteln lässt. Diese Differenz wiederholt sich, wenn man die Quote der Personen, die nach den Befunden des SOEP Sozialhilfe beziehen, betrachtet. Hier liegt die Quote um einen Prozentpunkt unter der amtlichen Sozialhilfequote, aber um mehr als 6 %-Punkte unter der relativen Armutsquote (Tabelle 2–31).

Tabelle 2–31: Sozialhilfequote und Armutsquote im Vergleich

	Sozialhilfequote/ Sozialhilfestatistik	50 %-Armutsquote	Sozialhilfequote/ Panel (1998)
Personen	3,8	9,5	2,8
Haushalte			
– Alleinstehende	5,6 (Männer) 4,4 (Frauen)	6,6	1,9
– Ehepaare ohne Kinder	0,9	3,7	0,5
– Ehepaare mit Kindern	2,4	13,0	2,8
– Allein erziehende (Frauen)	28,1	30,1	28,0

Datenbasis SOEP und Sozialhilfestatistik.

Tabellen 2–31 weist zugleich Quoten für unterschiedliche Haushaltskonstellationen aus. Bei diesem Quotenvergleich fällt auf, dass die Alleinerziehenden bei der Sozialhilfe überproportional vertreten sind. Dabei ist allerdings zu berücksichtigen, dass die amtliche Statistik reine Haushaltsquoten berechnet (Haushalte/Bedarfsgemeinschaften, in denen Hilfe zum Lebensunterhalt bezogen wird im Verhältnis zu allen Haushalten dieser Konstellation), während beim SOEP die Personen in den jeweiligen Haushalten betrachtet werden. Diese beiden Analysekonzepte führen zu abweichenden Ergebnissen, da in armen bzw. sozialhilfeberechtigten Haushalten tendenziell mehr Personen als in nicht armen bzw. sozialhilfeberechtigten Haushalten leben.

Eine zentrale Frage ist, wie sich die erheblichen Niveauunterschiede zwischen der Sozialhilfe- und der Armutsquote erklären lassen. Zur Beantwortung dieser Frage müssen zunächst die Strukturprinzipien der Sozialhilfe in Erinnerung gerufen werden. Denn im Unterschied zur relativen Einkommensarmut, die die Hälfte der durchschnittlichen Nettoäquivalenzeinkommen als einheitlichen Maßstab nimmt, sind die Verhältnisse bei der Sozialhilfe komplizierter. Der Anspruch auf Hilfe zum Lebensunterhalt bzw. die Aufstockung des Einkommens auf ein existenzsicherndes Niveau wird nicht allein am laufenden Einkommen bemessen. Darüber hinaus sieht die Sozialhilfe keinen einheitlichen Einkommensgrenzwert vor, sondern eine ganze Bandbreite von unterschiedlichen, an spezifische Lebenslagen und Haushaltskonstellationen orientierten Bedarfssätzen. Drittens ist die Sozialhilfe zwar ein universelles System, gleichwohl sind einzelne Personengruppen vom Leistungsbezug ausgeschlossen.

2.8.3 Prinzipien und Bedarfbemessung der Sozialhilfe

Die Sozialhilfe wird im Wesentlichen durch drei Leistungsprinzipien geprägt, das Individualisierungsprinzip, das Bedarfsdeckungsprinzip und das Nachrangprinzip. Nach dem Individualisierungsprinzip richten sich Art, Form und Maß der Hilfe nach der Besonderheit des Einzelfalles. Maßstab für die Hilfe sind die individuelle Notlage, die jeweilige Art des Bedarfs und die jeweiligen örtlichen Verhältnisse. Form und Maß der Hilfe sind in das Ermessen der Sozialhilfeträger gestellt. Dieser Ermessensspielraum erlaubt eine variable, problemadäquate Hilfestellung, er kann für die Hilfesuchenden aber auch Unsicherheit und Willkür beinhalten. Nach dem Bedarfsdeckungsprinzip ist der jeweils vorliegende individuelle Bedarf im Hinblick auf ein «menschenwürdiges Leben» maßgebendes Kriterium für die Hilfebemessung. Die Hilfe bezieht sich auf die Bedarfsgemeinschaft, in der der Hilfebedürftige lebt. Das Nachrangprinzip bedeutet, dass ein Hilfesuchender keine Sozialhilfe erhält, wenn er sich den notwendigen Lebensunterhalt für sich und seine Familie selbst beschaffen kann oder wenn er Hilfe von anderen, besonders von Angehörigen oder Trägern anderer Sozialleistungen, erhält. Vorrang vor der Sozialhilfe haben (1) sämtliche (mit einigen wenigen Ausnahmen) Einkommen und Einkommensarten des Hilfesuchenden wie Arbeits- und Gewinneinkommen, sozialversicherungsrechtliche Lohnersatzleistungen, Transfers, private Übertragungen; (2) verwertbares Vermögen des Hilfesuchenden wie Geldvermögen, Sachvermögen, Lebensversicherungen, Haus- und Grundbesitz, soweit es bestimmte Grenzen («Schonvermögen») übersteigt; (3) Leistungen unterhaltsverpflichteter Angehöriger. (4) Jeder Hilfesuchende muss darüber hinaus vorrangig die eigene Arbeitskraft zur Bestreitung des Lebensunterhalts einsetzen, wobei jedwede Form der Beschäftigung auf dem regulären Arbeitsmarkt sowie alle Arbeitsangebote des Sozialhilfeträgers (Arbeitsgelegenheiten) als zumutbar gelten, es sei denn, der Betroffene ist hierzu körperlich, geistig oder wegen der Erziehung kleinerer Kinder oder aus einem sonstigen wichtigen Grund nicht in der Lage.

Der Bedarf der Hilfe zum Lebensunterhalt setzt sich aus den laufenden Leistungen und den einmaligen Leistungen zusammen. Zu den laufenden Leistungen zum Lebensunterhalt gehören die Regelsätze, die Mehrbedarfszuschläge und die Leistungen zur Abdeckung der Kosten von Unterkunft und Heizung. Aus Gründen der gleichmäßigen Leistungsbemessung und der Verwaltungsvereinfachung werden – in Durchbrechung des Individualisierungsgrundsatzes – die laufenden Hilfen zum Lebensunterhalt im Wesentlichen durch Regelsätze pauschaliert berechnet, mit denen die Kosten für Ernährung, Körperpflege, «kleiner» Kleidungsstücke und Hausratsgegenstände sowie die persönlichen Bedürfnisse des täglichen Lebens abgegolten werden sollen. Die Regelsätze für Haushaltsangehörige sind in Prozentsätzen vom Eckregelsatz festgelegt, folgen also einer Äquivalenzskala. Die Skala stellt sich seit 1991 wie folgt dar:

Haushaltsvorstand	100 %
– Jede weitere erwachsene Person	80 %
– Kind unter 7 Jahren	50 %
– Allein erzogenes Kind unter 7 Jahren	55 %
– Kind von 7 bis unter 14 Jahren	65 %
– Kind von 14 bis unter 18 Jahren	90 %

Die Höhe des Regelsatzes für den Haushaltsvorstand («Eckregelsatz») wird von den dafür zuständigen Landesbehörden für die einzelnen Bundesländer bestimmt. Allerdings sind die regionalen Abweichungen – auch zwischen den alten und den neuen Bundesländern – gering und entsprechend in etwa den unterschiedlichen Preisniveaus. Der Zeitraum für die Gültigkeit des Regelsatzes beträgt ein Jahr und beginnt jeweils zum 01.07. eines jeden Jahres. Im Durchschnitt der alten Bundesländer beträgt der Eckregelsatz 2000/2001 548 DM, für die neuen Länder liegt der Mittelwert bei 529 DM.

Die Regelsätze nehmen damit eine Schlüsselstellung für die Höhe des Leistungsniveaus der Hilfe zum Lebensunterhalt ein.[21] Bei der Regelsatzbemessung hat das sogenannte Statistik-Modell seit 1990 das Warenkorb-Modell als Grundlage der Regelsatzermittlung abgelöst. Es beruht auf der Überlegung, die Regelsätze

21 Sie beziffern – in Verbindung mit den Mehrbedarfszuschlägen und den Einmalleistungen – nicht nur das politisch definierte sozial-kulturelle Existenzminimum in Deutschland. Die Höhe dieses Existenzminimums hat zugleich Rückwirkungen auf die Steuerpolitik (Grundfreibetrag und Kinderfreibeträge müssen sich am sozialhilferechtlichen Existenzminimum orientieren), auf die Lohnstruktur auf dem Arbeitsmarkt, auf das erforderliche Niveau anderer für die Finanzierung des Lebensunterhalts bestimmter Sozialleistungen (z. B. Ausbildungsförderung) und auf das Unterhalts- und Pfändungsrecht.

an dem statistisch erfassten Ausgaben- und Verbrauchsverhalten von Personen mit niedrigem Einkommen zu orientieren. Empirische Basis ist die in Abständen von fünf Jahren durchgeführte Einkommens- und Verbrauchsstichprobe des Statistischen Bundesamtes (EVS). Die Bemessung der Regelsätze nach dem Statistik-Modell wurde allerdings schon ab 1993 – im Zusammenhang mit den anderen Einschnitten in das soziale Netz – ausgesetzt. Seitdem wird der Eckregelsatz pauschal angepasst, Orientierungsmaßstab ist im Grundsatz die durchschnittliche Nettolohn- und -gehaltsentwicklung der Beschäftigten. Für die Jahre 2000 und 2001 ist lediglich eine Anpassung an die Preissteigerungsrate des Vorjahres vorgesehen. Ab Mitte 2002 soll es zur Rückkehr zum Statistik-Modell kommen (vgl. Kapitel 5).

Da bei einzelnen Gruppen von Personen, die sich in besonderen Lebenslagen befinden, denen der im Regelsatz pauschalierte Bedarf nicht gerecht wird, sind ergänzende Mehrbedarfszuschläge vorgesehen. Sie betragen 20 % des monatlichen Regelsatzes für werdende Mütter, über 65-Jährige und Erwerbsunfähige, wenn die Angehörigen der beiden letzten Gruppen schwer behindert sind. Zuschläge in Höhe von 40 % des monatlichen Regelsatzes stehen Alleinerziehenden mit einem Kind unter 7 Jahren bzw. mit 2 oder 3 Kindern unter 16 Jahren und Behinderten über 15 Jahre zu, denen Eingliederungshilfe gewährt wird. Zuschläge in Höhe von 60 % des monatlichen Regelsatzes erhalten Alleinerziehende mit 4 und mehr Kindern. Kranken und Behinderten mit einer kostenaufwendigen Ernährung wird ein angemessener Mehrbedarf zuerkannt.

Die Unterkunftskosten werden, da sie sehr unterschiedlich ausfallen, nicht pauschaliert gezahlt, sondern in ihrer tatsächlichen Höhe (Miete und Nebenkosten einschließlich Heizkosten) übernommen. Die Kosten müssen allerdings angemessen sein und dürfen ein vertretbares Maß, üblicherweise orientiert an den Mietobergrenzen nach dem Wohngeldgesetz, nicht überschreiten.[22] Für die nicht im Regelsatz enthaltenen Bedarfe können schließlich einmalige Leistungen gewährt werden. Sie müssen aber zumeist gesondert beantragt werden. «Einmalig» bedeutet dabei, dass diese Leistungen immer dann in Anspruch genommen werden können, wenn größere Anschaffungen notwendig sind oder besondere Anlässe anstehen. In welchem Maße und in welcher Höhe Hilfeempfänger einmalige Leistungen erhalten, hängt vom Antragsverhalten der Leistungsberechtigten und der Leistungspraxis des Sozialhilfeträgers ab.

Im Ergebnis zeigt sich, dass sich die Höhe des sozialhilferechtlichen Gesamtbedarfs nicht einfach bestimmen lässt, da die Leistungen individuell gewährt werden und jeder Einzelfall zu berücksichtigen ist. Das tatsächliche Bedarfsniveau hängt von der Haushaltsgröße, dem Alter der Familienangehörigen, besonderen Bedarfssituationen und von den übernommenen Kosten der Unterkunft ab. Vor allem die Mietkosten unterscheiden sich stark nach Regionen, aber auch nach Wohnlagen, Bausubstanz und dem Alter der Wohnung.

Dennoch können für ausgewählte Bedarfsgemeinschaften bzw. Haushaltskonstellationen, die für die Haushaltsstruktur in der Bundesrepublik typisch sind und den Großteil aller Haushalte abdecken, modellhaft Durchschnittswerte berechnet werden (Tabelle 2–32). Zu betonen ist bei diesen Modellberechnungen, dass die Werte auf vielfältigen Annahmen beruhen und daher nicht als präzise DM-Größen verstanden werden dürfen, sondern als Anhaltspunkte, die nach oben oder unter schwanken können (zum Verfahren im Einzelnen vgl. Bäcker/Hanesch 1996).[23] So haben

22 Auch unangemessen hohe Kosten sind so lange zu übernehmen, wie durch Wohnungswechsel oder Untervermietung eine Senkung der Aufwendungen nicht möglich oder nicht zumutbar ist.

23 Vergleicht man unsere Daten mit den von der Bundesregierung veröffentlichten Modellberechnungen (Bundesministerium für Gesundheit 1998) sowie mit den Bruttoleistungsansprüchen, wie sie in der amtlichen Sozialhilfestatistik ausgewiesen werden (vgl. Haustein 2000), zeigen sich weitgehende Übereinstimmungen.

wir bei den Regelsätzen für Kinder von Ehepaaren keine Altersgruppen definiert, sondern gehen von einer durchschnittlichen Alterszusammensetzung aus. Die berücksichtigungsfähigen Mieten sind der Wohngeldstatistik entnommen. Diese beziffert den Leistungsbetrag für das pauschalierte Wohngeld, das Sozialhilfeempfängern zusteht und im Schnitt der Bundesländer 49 % der berücksichtigungsfähigen Kaltmiete ausmacht. Der Heizungskostenzuschlag wurde auf pauschal 20 % der Kaltmiete geschätzt. Konstellationen, die Mehrbedarfszuschläge für Schwangere oder Behinderte vorsehen, haben wir nicht berücksichtigt.

Besonders schwierig ist die Entscheidung, wie bei der Berechnung der Bedarfsniveaus der Sozialhilfe mit den Einmalleistungen umgegangen werden soll. Rechnerische Durchschnittswerte[24] führen immer zu der Gefahr, dass die teilweise extremen Differenzen der Vergabe und Antragstellung von einmaligen Leistungen je nach Kommune, Klientengruppe, Leistungsart und persönlicher Bedarfssituation verwischt werden. Deshalb erscheint es uns angebracht, das Bedarfsniveau mit und ohne Einmalleistungen gesondert auszuweisen, die Einmalleistungen in der Vergleichsberechnung mit der 50 %-Armutsschwelle aber unberücksichtigt zu lassen.

In Tabelle 2–32 haben wir zusätzlich die Konstellation einer Erziehungsgeld beziehenden allein erziehenden Mutter aufgenommen sowie (in der letzten Spalte) die Konstellation, dass ein Sozialhilfebezieher erwerbstätig ist.

Infolge des Absetzbetrages kommt es auch hier dazu, dass das

24 In der früheren Berechnung von Bäcker/Hanesch 1998 wurde in Anlehnung an eine Sonderauswertung des Statistischen Bundesamtes der Erhöhungssatz der Regelsätze wie folgt berechnet: 16 % für Haushaltsvorstand, 17 % für ein weiteres erwachsenes Haushaltsmitglied und 20 % für Kinder. Dieses Verfahren legt auch die Bundesregierung bei ihren Berechnungen zu Grunde. Wir knüpfen daran an, geben allerdings zu bedenken, dass manches dafür spricht, dass die kommunalen Sozialhilfeträger unter dem Druck der Finanzlage Einmalleistungen mittlerweile deutlich restriktiver bewilligen.

Bedarfsniveau faktisch erhöht wird (vgl. zum Zusammenhang von Sozialhilfe und Erwerbstätigkeit Kapitel 5).

Tabelle 2–32: Modellberechnung des Bedarfsniveaus der Hilfe zum Lebensunterhalt nach Haushaltstypen für das Jahr 1998 in DM/ monatlich (alte Bundesländer)

	Regelsätze	Mehrbedarf	Einmalleistungen[2)]	Kaltmiete[3)]	Warmmiete[4)]	Gesamtbedarf mit Einmalleistungen	Gesamtbedarf ohne Einmalleistungen	Gesamtbedarf für Erwerbstätige[5)], mit Einmalleistungen
Alleinlebende/r	538		86	440	528	1.152	1.066	1.421
Ehepaar ohne Kinder	968		159	585	702	1.829	1.670	2.098
Ehepaar mit								
– 1 Kind[1)]	1.297		225	690	828	2.350	2.125	2.619
– 2 Kindern[1)]	1.626		291	770	924	2.841	2.550	3.310
– 3 Kindern[1)]	1.955		357	855	1.026	3.338	2.981	3.607
– 4 Kindern[1)]	2.284		423	928	1.114	3.821	3.398	4.090
Allein erziehende mit	834	215	145	585	702	1.896	1.751	2.165
– 1 Kind unter 7 Jahren	1.238	215	215	690	828	2.442	2.281	2.711
– 2 Kindern 7–13 Jahre	843	215	145	585	702	2.496[6)]	2.360[6)]	–

1) Berechnet mit dem Mittelwert bei der Alterszusammensetzung, das entspricht einem Regelsatzanteil/Äquivalenzquote je Kind von 61 %.

2) Prozentanteil der Regelsätze: 16 % beim Haushaltsvorstand; 17 % bei einem weiteren erwachsenen Haushaltsmitglied; 20 % bei Kindern.

3) Errechnet nach: Statistisches Bundesamt, Fachserie 7, Wohngeld. Wiesbaden 1999.

4) Kaltmiete zuzüglich Heizkostenaufschlag von 20 %.

5) Unter Berücksichtigung eines Absetzbetrages in Höhe der Hälfte des Regelsatzes, der sich im Verhältnis zum erzielten Einkommen faktisch wie eine entsprechende Erhöhung des Bedarfssatzes auswirkt.

6) Unter Berücksichtigung des Erziehungsgeldes in Höhe von 600 DM. Da das Erziehungsgeld anrechnungsfrei ist, wirkt es sich wie eine Erhöhung des Bedarfssatzes aus.

2.8.4 Bedarfsniveau der Sozialhilfe und relative Armutsgrenze im Vergleich

Die hier nach Haushaltskonstellationen modellierten Gesamtbedarfe bedeuten im Sozialhilferecht nicht, dass alle Haushalte, die diese Bedarfsschwellen mit ihrem Einkommen unterschreiten, auch als arm und damit als leistungsberechtigt gelten. Im Unterschied zu den vergleichsweise schematischen Berechnungen des relativen Einkommensstandards ist im Sozialhilferecht eine Reihe von Besonderheiten zu berücksichtigen:

(1) In Konsequenz des Nachrangprinzips ist eine genaue Bedürftigkeitsprüfung die Grundlage für die Bewilligung der Unterstützungsleistung. Anspruch auf Sozialhilfe besteht erst dann, wenn der Bedarf höher ist als die anzurechnenden Einkommen und das verwertbare Vermögen.[25] Bei der Anrechnung sind Einkommen und verwertbares Vermögen der zusammenlebenden Ehegatten gleichermaßen zu berücksichtigen. Paare, die in einer eheähnlichen Gemeinschaft leben, werden Ehepaaren gleichgestellt.

Zum anzurechnenden Einkommen zählen u. a. Netto-Arbeitsentgelte abzüglich eines Freibetrages (Absetzbetrages) bei Erwerbstätigkeit, Netto-Einkommen aus selbständiger Tätigkeit, Vermögen, Vermietung und Verpachtung, Lohnersatzleistungen der Sozialversicherung, Kindergeld[26], Wohngeld (Sozialhilfeempfängern steht ein pauschaliertes Wohngeld zu), Zahlungen aus der Unterhaltsvorschusskasse, private Unterhaltszahlungen.

25 Nur bei völliger Mittellosigkeit entspricht der Zahlbetrag auch dem Bedarf. In aller Regel liegt aber anzurechnendes Einkommen vor, sodass die Sozialhilfe den Differenzbetrag zum Bedarf ausgleicht. In diesen Fällen kann von aufstockenden oder ergänzenden Sozialhilfeleistungen gesprochen werden. Im Durchschnitt aller Sozialhilfefälle wurde 1998 knapp die Hälfte der Bedarfe ausbezahlt, die andere Hälfte wurde durch eigenes Einkommen abgedeckt (Haustein 2000).

26 Seit 2000 wird die Kindergelderhöhung von 20 DM für Erst- und Zweitkinder nicht angerechnet.

Doch es gibt auch Ausnahmen: u. a. das Erziehungsgeld, Leistungen der Stiftung «Mutter und Kind», das Pflegegeld aus der Pflegeversicherung sowie Grundrenten nach dem Bundesversorgungsgesetz gelten nicht als anzurechnendes Einkommen. Vor allem die Nichtanrechnung des Erziehungsgeldes führt dazu, dass im Unterschied zur Berechnung der relativen Armutsschwelle eine ganze Einkommenskomponente unberücksichtigt bleibt. Rechnerisch wirkt sich diese Regelung wie eine entsprechende Erhöhung des sozialhilferechtlichen Bedarfssatzes aus.

(2) Das vor der Hilfeleistung zu verwertende Vermögen umfasst Grundvermögen, Geldvermögen und Sachvermögen. Vom Verwertungszwang ausgenommen ist allerdings das sogenannte Schonvermögen. Die Höhe des Vermögens wird bei der Berechnung der relativen Einkommensarmut nicht berücksichtigt, hier zählt allein das verfügbare bedarfsgewichtete Pro-Kopf-Haushaltseinkommen.

(3) Als anzurechnendes Einkommen gelten auch die gesetzlichen Unterhaltsansprüche des Hilfeempfängers. Leisten die Unterhaltsverpflichteten nicht, geht der Anspruch auf den Sozialhilfeträger über. Der Übergang zivilrechtlicher Ansprüche bezieht sich auf Kinder, Eltern(teile) sowie getrennt lebende und geschiedene Ehegatten. Der Umfang des Rückgriffs wird durch Freibeträge und Härteregelungen gemindert. Ausgeschlossen ist seit 1995 die Überleitung von Unterhaltsansprüchen gegen die Eltern einer Hilfeempfängerin, die schwanger ist oder ihr Kind bis zur Vollendung des 6. Lebensjahres betreut. Auch hier gibt es Unterschiede zur relativen Armutsschwelle. Ansprüche auf Unterhaltsleistungen bleiben dort ausgeklammert.

(4) Einzelne Personengruppen sind vom Leistungsbezug der Hilfe zum Lebensunterhalt ausgeschlossen. Das betrifft vor allem Asylbewerber und Bürgerkriegsflüchtlinge, die seit 1995 auf das Asylbewerberleistungsgesetz verwiesen werden, bei denen das Bedarfsniveau um 20 % niedriger liegt. Nicht anspruchsberechtigt

sind auch Studierende, die Anspruch auf Ausbildungsförderung nach dem BAföG haben. Schließlich kann die Hilfe zum Lebensunterhalt für jene Personen gekürzt oder ganz versagt werden, die nicht bereit sind, (zumutbare) Arbeit und Arbeitsgelegenheiten aufzunehmen. All diese Personengruppen sind in der allgemeinen Armutsquote, wie sie sich aus den Daten des SOEP ermitteln lässt, enthalten.

(5) Schließlich bleibt zu berücksichtigen, dass sich die Sozialhilfe bei der Berechnung des Anspruchs auf Hilfe zum Lebensunterhalt nicht an der Kategorie Haushalt, sondern an dem unterhaltsrechtlichen Konstrukt der Bedarfsgemeinschaft orientiert. Zahl und Struktur der Haushalte sind also nicht mit den für die Sozialhilfegewährung maßgeblichen Bedarfsgemeinschaften gleichzusetzen. Einem Haushalt können mehrere Bedarfsgemeinschaften angehören, beispielsweise bildet ein volljähriges Kind, das noch bei seinen Eltern wohnt, eine eigene Bedarfsgemeinschaft. Es ist auch möglich, dass Leistungsempfänger mit Personen zusammenleben, die keinen Anspruch auf Hilfe zum Lebensunterhalt haben. Hier ist dann die Bedarfsgemeinschaft kleiner als der Haushalt. Insgesamt führen diese Abweichungen dazu, dass sich beim Konzept der relativen Einkommensarmut auf der Grundlage der Nettoäquivalenzeinkommen die Einkommenslage in einzelnen Haushalten schlechter darstellt als bei der Berechnung des Anspruchs auf Hilfe zum Lebensunterhalt. Denn beim Nettoäquivalenzeinkommen wird generell eine Einkommensteilung im Haushalt unterstellt (Pool- und Gleichverteilungsannahme), während bei der Sozialhilfe die Bedarfs- und Einsatzgemeinschaft kleiner als der Haushalt sein kann. Berechnungen des Statistischen Bundesamtes machen allerdings deutlich, dass das Problem der Unterscheidungen von Bedarfsgemeinschaft und Haushalt quantitativ nicht überbewertet werden darf, aber auch nicht zu verlässigen ist. Für knapp 82 % aller HLU-Empfänger gilt, dass sie in Bedarfsgemeinschaften leben,

deren Personenzahl der des Haushaltes entspricht (Burmester 2000).

Zusammenfassend lässt sich festhalten, dass die Sozialhilfebedarfe und die relativen Einkommensstandards nur bedingt miteinander verglichen werden können: Einerseits können Haushalte von der Einkommensverteilung her gesehen als arm gelten, obgleich sie keinen Anspruch auf Sozialhilfe haben, etwa weil die sozialhilferechtliche Bedarfsschwelle niedriger liegt oder weil einzusetzendes Vermögen vorhanden ist. Andererseits können Sozialhilfeempfängerhaushalte mit ihrem Einkommen die 50 % Schwelle überschreiten, wenn der Sozialhilfebedarf infolge von Mehrbedarfszuschlägen, Einmalleistungen oder hohen Kosten der Unterkunft über diesem Wert liegt, weil einzelne Einkommensarten, z. B. Erziehungsgeld und Pflegegeld, nicht angerechnet werden oder weil beim Bezug von Erwerbseinkommen Absetzbeträge von der Anrechnung freigestellt werden. Schließlich ist es möglich, dass einzelne Personen oder Personengruppen, die in Haushalten leben, in denen das Nettoäquivalenzeinkommen unterhalb der 50 %-Grenze liegt, anspruchsberechtigt sind, weil sie eine eigene Bedarfsgemeinschaft bilden.

In Tabelle 2–33 werden Sozialhilfebedarfsniveau und 50 %-Armutsgrenze für 1998 (alte Bundesländer) gegenübergestellt. Sichtbar wird, dass die relative Armutsgrenze in der überwiegenden Zahl der Konstellationen und Personen das Bedarfsniveau der Sozialhilfe übersteigt. Eine Ausnahme ergibt sich allerdings für Alleinerziehende. Hier liegt – vor allem in Folge der Mehrbedarfszuschläge – das Sozialhilfeniveau höher.

Tabelle 2–33: Bedarfsniveau der Sozialhilfe und 50 %-Armutsgrenze im Vergleich, alte Bundesländer 1998

	(1) Bedarfsniveau Sozialhilfe ohne Einmalleistungen in DM	(2) Armutsgrenze 50 % des Durchschnittseinkommens[1] in DM	(3) Differenz der Niveaus in % (2) : (1)
Alleinlebende/r	1.066	1.039	97,5
Ehepaar ohne Kinder	1.670	1.766	105,7
Ehepaar mit			
– 1 Kind[2]	2.125	2.390	112,5
– 2 Kindern[2]	2.550	2.909	114,1
– 3 Kindern[2]	2.981	3.325	111,5
– 4 Kindern[2]	3.398	3.844	113,1
Alleinerziehende mit			
– 1 Kind unter 7 Jahren	1.751	1.558	88,9
– 2 Kindern 7–13 Jahre	2.281	2.078	91,1
– 1 Kind unter 2 Jahren	2.360[6]	2.078	88,1

Quelle: Modellberechnungen des Sozialhilfebedarfs nach Tabelle 2–32.

1) 50 % des durchschnittlichen Nettoäquivalenzeinkommens* Summe der jeweiligen Äquivalenzgewichte (1,0; 0,7; 0,5)

2) Berechnet mit dem Mittelwert bei der Alterszusammensetzung, das entspricht einem Regelsatzanteil/Äquivalenzquote je Kind von 61 %.

Bei diesem Vergleich ist einschränkend zu berücksichtigen, dass es sich auf der Seite des Sozialhilfebedarfs ausschließlich um Berechnungen handelt, deren Validität von der Angemessenheit der Annahmen abhängt. Auf der Seite der aus dem SOEP entnommenen Einkommen ist zu berücksichtigen, dass es beim SOEP – wie wir vorne skizziert haben – bei der Frage nach dem monatlichen Haushaltsnettoeinkommen (income screener) zu einer Untererfassung der laufenden Einkommen kommt, so u. a. infolge der Nichtberücksichtigung einmaliger und unregelmäßiger Zahlungen, sodass die absoluten Werte eher zu niedrig ausgewiesen werden. Zusätzlich ist anzumerken, dass die Nettoäquivalenzeinkommen der einzelnen Haushaltskonstellationen in der Auswertung des

SOEP leicht nach unten gedrückt werden, weil mögliche weitere Haushaltsmitglieder den ausgewiesenen Haushaltstypen zugeordnet werden.

Ein Grund für die höhere Armutsquote ist vermutlich, dass die relative Armutsgrenze das Bedarfsniveau der Sozialhilfe in der Regel übersteigt und dass eine hier nicht zu beziffernde Zahl von Einkommensarmen wegen der spezifischen Leistungsvoraussetzungen der Sozialhilfe nicht leistungsberechtigt ist. Dagegen ist der Effekt zu rechnen, dass die Haushalte nicht immer den Bedarfsgemeinschaften entsprechen.

2.8.5 Nichtinanspruchnahme von Sozialhilfe

Die Empfängerzahlen von Hilfe zum Lebensunterhalt geben Auskunft über die Personen, die ihren Anspruch auf Hilfeleistung wahrnehmen. Keine Auskunft geben die Zahlen über den Kreis jener Menschen, die aufgrund ihres geringen Einkommens leistungsberechtigt sind, von ihrem Anspruch aber keinen Gebrauch machen. Ein weiterer Grund für die Differenz zwischen Armuts- und Sozialhilfequote dürfte deshalb darin liegen, dass ein Teil der Einkommensarmen die ihnen zustehende Sozialhilfe nicht bezieht.

Die Existenz und das Ausmaß der mangelnden Ausschöpfung der Sozialhilfe gründen zum einen auf den abschreckend wirkenden Leistungsgrundsätzen der Sozialhilfe: Die Betroffenen haben vor allem Angst vor der sozialen Kontrolle und der Offenlegung ihrer persönlichen Verhältnisse bei der Bedürftigkeitsprüfung sowie Angst vor einer Schädigung der Familienbeziehungen durch den möglichen Rückgriff des Sozialamtes auf unterhaltsverpflichtete Kinder bzw. Eltern. Häufig fehlen auch Kenntnisse über Höhe und Bedingungen der Leistungsansprüche (vgl. u. a. Hauser/Hübinger 1993). Die Nichtinanspruchnahme ist naturgemäß in jenen Fällen besonders hoch, in denen das anzurechnende Einkommen relativ hoch und der Zahlbetrag der ergänzenden Hilfe zum Lebensunterhalt entsprechend niedrig liegt (vgl. Kayser/Frick 2000).

Dass Sozialhilfe in vielen Fällen nicht in Anspruch genommen wird, ist im Prinzip unstrittig, als schwierig erweist sich allerdings die Aufgabe, die Höhe der Nichtinanspruchnahmequote zu ermitteln. In den letzten Jahren sind eine Reihe von Untersuchungen vorgelegt worden, die die Nichtinanspruchnahmequoten (Zahl der Nicht-Empfänger im Verhältnis zu allen Anspruchsberechtigten) berechnet haben. Neumann und Herz (Neumann/Herz 1998; Neumann 1999a) rechnen für 1998 mit einer Quote von 54,1 %, Riphahn (1999) geht für 1993 von einem Wert von 62,7 % aus. Dabei werden in beiden Analysen erhebliche Unterschiede zwischen Personengruppen sowie zwischen den alten und den neuen Bundesländern (die letzteren mit einer deutlich höheren Quote) sichtbar. Wir wollen auf die Annahmen, Berechnungsverfahren und Datenquellen dieser Untersuchungen nicht näher eingehen. Anzumerken bleibt jedoch, dass sich wegen der skizzierten Besonderheiten des Sozialhilferechts allenfalls Annäherungswerte bestimmen lassen; soweit diese Besonderheiten in den Berechnungen unbeachtet bleiben, müssen Fehlaussagen befürchtet werden.

Die referierten Werte bedeuten, dass auf jeden Hilfeempfänger mehr als eine Person kommt, die von ihrer Leistungsberechtigung keinen Gebrauch macht. Die Quote der Sozialhilfeberechtigten würde sich also mehr als verdoppeln und damit deutlich näher an die Armutsquote heranreichen. Diesen Zusammenhang haben Kayser und Frick (2000) in einer Sonderauswertung des SOEP für 1996 herausgestellt. Dabei wurde, um die Auswirkungen von Unter- oder Übererfassung von Einkommen bzw. einer fehlerhaften Berechnung der Sozialhilfeschwelle sichtbar zu machen, das mit dem Sozialhilfeschwellenwert verglichene adjustierte Haushaltseinkommen jeweils nach oben oder unten variiert. Tabelle 2–34 weist die Ergebnisse dieser Berechnungen aus. Danach zeigt sich bei der mittleren Variante eine Anspruchsberechtigungsquote auf Hilfe zum Lebensunterhalt von 6,5 %. Darunter nehmen 4,1 % der Bevölkerung ihren Anspruch nicht wahr.[27] Die Nichtinanspruchnahmequote liegt also bei 63,1 %.

Tabelle 2–34: Inanspruchnahme- und Nichtinanspruchnahmequoten der Hilfe zum Lebensunterhalt, Deutschland 1996 in % der Bevölkerung

	Adjustiertes Haushaltseinkommen						
	+20 %	+10 %	+5 %	+100 %	-5 %	-10 %	-20 %
Nicht-Anspruchs-berechtigt	96,0	95,0	94,4	93,5	92,4	91,0	86,7
HLU-Anspruchs-berechtigt	4,0	5,0	5,6	6,5	7,6	9,0	13,3
– HLU-Empfang	2,4	2,4	2,4	2,4	2,4	2,4	2,4
– Nicht-HLU-Empfang	1,6	2,6	3,2	4,1	5,2	6,8	10,9
Nicht-inanspruch-nahmequote[1)]	41,3	52,4	57,7	63,1	68,4	73,9	82,0

1) Zahl der Nicht-Empfänger im Verhältnis zu allen Anspruchsberechtigten.
Quelle: Kaiser/Frick 2000

27 Diese Quote lässt sich auch als Dunkelzifferquote der verdeckten Armut definieren (vgl. Neumann 1999 b).

2.8.6 Entwicklungsdynamik von Sozialhilfequote und Armutsquote im Vergleich

Beim Vergleich zwischen Sozialhilfebezug und relativer Einkommensarmut fällt auf, dass die Entwicklung der Armutsquote seit 1991 zwar durch Ausschläge nach oben und unten charakterisiert ist, die Quote aber insgesamt keinen langfristig steigenden Verlauf aufweist. Im Gegensatz dazu ist bei der Hilfe zum Lebensunterhalt ein Anstieg der Empfängerquote zu erkennen. Dieser Anstieg der Quoten fällt zwar deutlich schwächer als der Anstieg der absoluten Empfängerzahlen aus, ist aber nicht zu vernachlässigen. Tabelle 2–35 zeigt die Unterschiede auf.

Tabelle 2–35: Entwicklung von Sozialhilfe- und Armutsquote in den alten Bundesländern

	Sozialhilfequote in % der Bevölkerung	Armutsquote 50 %
1985	2,3	11,2
1991	2,8	8,8
1992	3,1	8,5
1993	3,3	10,1
1994	3,1	9,4
1995	3,4	11,2
1996	3,6	9,5
1997	3,9	9,1
1998	3,8	9,5

Datenbasis SOEP; Burmester 2000, S. 385.

Worin liegen die möglichen Ursachen für diese Abweichung?

(1) Zunächst könnte vermutet werden, dass sich die Schwellenwerte im Beobachtungszeitraum unterschiedlich entwickelt haben. Wir haben diese Vermutung anhand von Modellberechnungen, die in Tabelle 2–36 ausgewiesen sind, überprüft. Ein eindeutiges Ergebnis lässt sich nicht feststellen. Seit 1991 haben sich die beiden Schwellenwerte überwiegend parallel entwickelt. Hier sei allerdings erneut darauf hingewiesen, dass sowohl die Modellberechnungen bei der Sozialhilfe als auch die aus dem SOEP abgeleiteten absoluten Einkommensbeträge je nach Haushaltskonstellation gewisse Ungenauigkeiten beinhalten.

(2) Eine weitere Ursache könnte aus der Entwicklung der Nichtinanspruchnahmequote abgeleitet werden. Lässt sich eine Verringerung der Quote feststellen, dann bedeutet dies, dass sich unter den Einkommensarmen eine steigende Zahl von Sozialhilfeempfängern verbirgt. Neumann/Herz (1999 a) kommen in ihren Berechnungen über die Entwicklung der Nichtinanspruchnahme von Hilfe zum Lebensunterhalt zu dem Ergebnis, dass die Quote von 4,4 % (1983) auf 3,3 % (1990) abgesunken, 1995 gegenüber 1991 mit jeweils 3,2 % aber konstant geblieben ist.

(3) Zum Dritten könnte eine Entwicklung dergestalt eingetreten sein, dass zwar die Quote der Einkommensarmen nur vergleichsweise geringen Schwankungen unterliegt, dass sich aber in der Gruppe der jeweils Einkommensarmen zunehmend mehr Menschen befinden, die wegen ihres niedrigen Haushaltseinkommens anspruchsberechtigt sind, aufstockende Hilfe zum Lebensunterhalt zu beziehen, und diesen Anspruch auch wahrnehmen. Eine empirische Überprüfung dieses möglichen Zusammenhangs einer veränderten Einkommenszusammensetzung steht im Rahmen einer differenzierten, nach einzelnen Einkommens- und Transferarten unterscheidenden Analyse der income-packages von Haushalten im unteren Einkommenssegment noch aus.

Tabelle 2–36: Entwicklung der Bedarfssätze der Sozialhilfe und der 50 %-Armutsschwellen in DM

	1991	1992	1993	1994	1995	1996	1997	1998
(1) Bedarfsniveau Sozialhilfe ohne Einmalleistungen								
Alleinlebende/r	856	903	924	987	1.017	1.046	1.048	1.066
Ehepaar ohne Kinder	1.364	1.450	1.468	1.570	1.611	1.636	1.644	1.670
Ehepaar mit								
– 1 Kind	1.742	1.850	1.900	1.995	2.047	2.087	2.087	2.125
– 2 Kindern	2.088	2.216	2.276	2.390	2.455	2.500	2.512	2.550
– 3 Kindern	2.420	2.570	2.648	2.779	2.859	2.913	2.925	2.981
– 4 Kindern	2.792	2.948	3.034	3.174	3.269	3.335	3.357	3.398
Alleinerziehende								
– 1 Kind unter 7 Jahren	1.392	1.523	1.562	1.648	1.690	1.718	1.724	1.751
– 2 Kinder 7–13 Jahre	1.789	1.943	1.996	2.093	2.147	2.189	2.189	2.281
(2) Armutsschwelle 50% des Durchschnittseinkommens								
Alleinlebende/r	874	917	961	979	1.041	1.030	1.038	1.039
Ehepaar ohne Kinder	1.486	1.559	1.334	1.664	1.770	1.751	1.765	1.766
Ehepaar mit								
– 1 Kind	2.010	2.109	2.210	2.252	2.394	2.369	2.387	2.390
– 2 Kindern	2.447	2.568	2.691	2.741	2.915	2.884	2.906	2.909
– 3 Kindern	2.797	2.934	3.075	3.133	3.331	3.296	3.322	3.325
– 4 Kindern	3.234	3.393	3.556	3.622	3.852	3.811	3.841	3.844
Alleinerziehende								
– 1 Kind unter 7 Jahren	1.311	1.376	1.442	1.469	1.562	1.545	1.557	1.558
– 2 Kinder 7–13 Jahre	1.748	1.834	1.922	1.958	2.082	2.060	2.076	2.078
Differenz der Schwellenwerte (2):(1)								
Alleinlebende/r	102,1	101,6	104,0	99,2	102,4	98,5	99,0	97,5
Ehepaar ohne Kinder	108,9	107,5	90,9	106,0	109,9	107,0	105,7	105,7
Ehepaar mit								
– 1 Kind	115,3	114,0	116,3	112,9	117,0	113,5	114,4	112,5
– 2 Kindern	117,2	115,9	118,2	114,7	118,7	115,4	115,7	114,1
– 3 Kindern	115,6	114,2	116,1	112,7	116,5	113,1	113,6	115,5
– 4 Kindern	115,8	115,1	117,2	114,1	117,8	114,3	114,4	113,1

	1991	1992	1993	1994	1995	1996	1997	1998
Alleinerziehende								
– 1 Kind unter 7 Jahren	94,2	90,3	92,3	89,1	92,4	89,9	90,3	89,0
– 2 Kinder 7–13 Jahre	97,7	94,4	96,3	93,5	97,0	94,1	94,8	91,1

Datenbasis SOEP und Modellberechnungen der Sozialhilfebedarfssätze, zu den Annahmen vgl. Tabelle 2–32.

2.8.7 Zusammenfassung

Die Darstellung hat gezeigt, dass es zwischen Sozialhilfebezug und relativer Einkommensarmut erhebliche Unterschiede, aber auch Gemeinsamkeiten gibt. Bei den Gemeinsamkeiten fällt vor allem ins Auge, dass sich die Struktur der von einer niedrigen Einkommensposition bzw. von Sozialhilfebedürftigkeit betroffenen Personen ähnelt. Relative Einkommensarmut wie auch Sozialhilfebedürftigkeit sind im besonderen Maße bei jüngeren Menschen, Migranten, Paar-Haushalten mit mehreren Kindern, Alleinerziehenden und Arbeitslosen festzustellen. Die Unterschiede bestehen darin, dass die Sozialhilfequote deutlich unterhalb der an der 50 %-Schwelle festgemachten Armutsquote liegt. Dafür ist eine Reihe von Faktoren verantwortlich: So weisen die Regelungen im Sozialhilferecht eine Fülle von Besonderheiten auf, die den Vergleich mit einem pauschalen Grenzwert des Nettoäquivalenzeinkommens erschweren. Zudem liegt das Niveau der 50 %-Armutsgrenze im Schnitt höher als die jeweiligen Niveaus des Sozialhilfebedarfs. Von besonderer Bedeutung ist aber, dass ein beträchtlicher Anteil der Bevölkerung die ihm rechtlich zustehenden Ansprüche auf aufstockende Hilfe zum Lebensunterhalt nicht wahrnimmt. Unter Berücksichtigung dieser hohen Quote der verdeckten Armut bzw. Sozialhilfebedürftigkeit ebnen sich die Unterschiede zwischen der Einkommensarmut- und Sozialhilfequote deutlich ein.

Als erklärungsbedürftig erweist sich auch die unterschiedliche Entwicklungsdynamik von Sozialhilfequote und Einkommensquote. Überzeugende Gründe für die zunehmende Sozialhilfequote bei gleichzeitig nur leicht schwankenden, aber tendenziell nicht steigenden Armutsquoten konnten noch nicht benannt werden. Hier besteht ein großer Forschungsbedarf.

Kapitel 3 Einkommenslage ausgewählter Gruppen

3.1 Niedrige Erwerbseinkommen und Armut bei Erwerbstätigkeit

3.1.1. Problemstellung

Soweit heute Armuts- und Niedrigeinkommenslagen öffentlich zur Kenntnis genommen werden, werden sie traditionell vorrangig mit Nichterwerbstätigkeit in Verbindung gebracht. Das Phänomen der «working poor», also der armen Erwerbstätigen, wird dagegen allein auf andere Länder wie etwa die USA oder Großbritannien bezogen (vgl. dazu auch das Kapitel 4). In diesem Kapitel soll daher der Frage nachgegangen werden, ob, in welchem Ausmaß und bei welchen Gruppen auch in der Bundesrepublik Armut bei Erwerbstätigkeit auftritt. Zudem wird danach gefragt, inwieweit ein Zusammenhang zwischen niedrigen Erwerbseinkommen und Armut bei Erwerbstätigkeit besteht. Es wird sich zeigen, dass eine Erwerbstätigkeit allein – auch in der Form einer Vollzeiterwerbstätigkeit – heute keine Garantie mehr dafür darstellt, dass Armuts- und Unterversorgungslagen vermieden werden können. Umgekehrt führt ein Niedrigverdienst allein nicht automatisch zu einer Armutssituation. Dennoch existiert bereits heute in der Bundesrepublik Armut bei bzw. trotz Erwerbstätigkeit in größerem Umfang, als dies bisher in Öffentlichkeit und Politik zur Kenntnis genommen wird. Die Existenz bzw. drohende Zunahme niedrig entlohnter Beschäftigungsverhältnisse könnte in den kommenden Jahren dazu führen, dass in der Bundesrepublik – ähnlich wie in den USA – das Problem der Armut bei Erwerbstätigkeit wachsende sozialpolitische Brisanz gewinnt.

Nicht nur in der politischen, sondern auch in der wissenschaftlichen Diskussion der Bundesrepublik hat das Thema Armut bei Erwerbstätigkeit viele Jahre lang keine Rolle gespielt. Erst seit wenigen Jahren hat das Interessen an dieser Thematik eingesetzt – nicht zuletzt im Zusammenhang mit der beschäftigungspolitischen Fragestellung, ob und inwieweit durch eine Spreizung der Lohnstruktur und die Hinnahme niedriger Einkommen bei Erwerbstätigkeit die gegenwärtige Krise des Arbeitsmarkts überwunden werden könnte. Im Kontext dieser arbeitsmarkt- und beschäftigungspolitischen Diskussion haben allerdings empirische Ergebnisse zur Einkommenslage der Erwerbstätigen bisher kaum eine Rolle gespielt. Stattdessen dominiert eine modelltheoretisch gestützte Auseinandersetzung darüber, welche Rolle einem Niedriglohnsektor für die beschäftigungspolitische Herausforderung zukommen könnte und sollte (vgl. z. B. Kommission für Zukunftsfragen der Freistaaten Bayern und Sachsen 1997 a und b; Zukunftskommission der Friedrich-Ebert-Stiftung 1998; zur kritischen Auseinandersetzung vgl. z. B. Schäfer 2000).

Theoretische und empirische Studien zur Armut bei Erwerbstätigkeit sind in der deutschen Armutsforschung erst in jüngster Zeit vorgelegt worden. Mit verschiedenen Beiträgen haben insbesondere Strengmann-Kuhn (vgl. z. B. 1997; 2000 a und b) und Andreß zur Erhellung dieser Thematik beigetragen. Vor allem die von Andreß (1999) in Zusammenarbeit mit Strengmann-Kuhn und anderen vorgelegte Untersuchung zum «Leben in Armut» in der Bundesrepublik hat viele der gängigen Einschätzungen zum Verhältnis von Armut und Arbeitsmarkt aufgegriffen und relativiert, ohne dass diese Ergebnisse bisher die ihnen gebührende Resonanz in der arbeits- und sozialpolitische Debatte gefunden hätten. Eine Untersuchung, die methodisch neue Wege beschritt und differenzierte empirische Befunde zu dieser Thematik präsentierte, ist von den Autoren des vorliegenden Armutsberichts im Rahmen der Landessozialberichterstattung Nordrhein-Westfalen vorgelegt worden (vgl. Bäcker/Hanesch 1997; Bäcker/Hanesch/Krause 1998; Krause/Hanesch/Bäcker 2000). Der dort entwickelte Ansatz wird mit der vorliegenden Untersuchung weitergeführt.

Im Folgenden soll zunächst ein kurzer Überblick über zentrale Dimensionen des Armutsrisikos bei Erwerbstätigkeit gegeben werden. Dabei sollen nicht nur die markt- und bedarfsbedingten Risikodimensionen thematisiert werden, sondern ebenso die arbeits- und sozialpolitischen Rahmenbedingungen des Erwerbseinkommensbezugs und der Haushaltseinkommenslage bei Erwerbstätigen und ihren Angehörigen. Vor diesem Hintergrund wird die Vorstellung der empirischen Befunde zur «Armut bei Erwerbstätigkeit» in mehreren Schritten erfolgen: In einem ersten Schritt wird die Entwicklung der Erwerbstätigenstruktur und die Verteilung der Erwerbstätigen und ihrer Angehörigen auf Erwerbstätigenhaushalte skizziert. In einem zweiten Schritt wird die Entwicklung der Schichtung der individuellen Erwerbseinkommen dargestellt, wobei zwischen Erwerbstätigen in Vollzeit- und sonstigen Beschäftigungsformen unterschieden wird. Im dritten Schritt betrachten wir die Haushaltseinkommen von Erwerbstätigen. Ausgehend von der Entwicklung der Gesamtverteilung und der Armuts- und Niedrigeinkommensquoten interessiert insbesondere die Entwicklung und Verteilung niedriger und sehr niedriger Haushaltseinkommen in Erwerbstätigenhaushalten mit unterschiedlichen Erwerbskonstellationen und unterschiedlichen Lebensformen (dargestellt durch sogenannte Haushaltstypen). Zentralen Stellenwert nimmt die Untersuchung des Zusammenhangs zwischen Höhe des/der individuellen Erwerbseinkommen und Höhe der Haushaltseinkommen von Erwerbstätigen ein. Sie wird ergänzt durch die Analyse der Einkommensmobilität in Erwerbstätigenhaushalten, wobei nicht nur danach gefragt wird, in welchem Maße Haushalte mit niedrigem Haushaltseinkommen über ein längeren Zeitraum in dieser Position verbleiben, sondern auch, aus welcher Einkommensposition Erwerbstätigenhaushalte in eine niedrige Einkommenslage gelangen. Abschließend untersuchen wir, in welchem Umfang die staatliche Umverteilung durch das Steuer- und Transfersystem dazu beiträgt, Armut und Niedrigeinkommen bei Erwerbstätigkeit zu vermeiden. Sämtliche Analysen basieren auf dem Sozioökonomischen Panel (SOEP), das bereits in Kapitel 2 ausführlich erläutert wurde.

3.1.2 Einkommensrisiken bei Erwerbstätigkeit

3.1.2.1 Erwerbseinkommensrisiken zwischen Markt und Bedarf

Eine Schwierigkeit der wissenschaftlichen und politischen Debatte um niedrige Erwerbseinkommen und «Armut bei Erwerbstätigkeit» liegt darin, dass hierbei zwei Analyseebenen und zwei verschiedene Einkommensbegriffe zu unterscheiden sind: So bietet es sich für die Analyse und Bewertung von Höhe und Verlauf des Erwerbseinkommensbezugs an, den einzelnen Verdienst allein auf den jeweiligen Verdiener zu beziehen und somit die Höhe dieses Verdienstes wie auch die daraus abgeleiteten Sozialleistungsansprüche als individuelles Einkommen zu analysieren. Will man allerdings die ökonomische Lage des Verdieners in ihrer Gesamtheit angemessen erfassen und würdigen, ist es notwendig, nicht das Individuum, sondern den Haushalt als Bezugseinheit zugrunde zu legen. In diesem Zusammenhang darf dann nicht nur der einzelne Verdienst betrachtet, vielmehr muss die Gesamtheit aller Einkünfte einbezogen werden.

Zugleich stellt die Analyse individueller Arbeitseinkommen zumeist auf die absolute oder relative Höhe des einzelnen Brutto- (seltener auch des Netto-)Verdienstes ab, da hierbei vor allem die

Erfassung von Verdienststrukturen und Verdienstbiographien einschließlich abgeleiteter Lohnersatzleistungen im Vordergrund steht. Geht es dagegen um die Analyse der materiellen Lage des Erwerbstätigenhaushalts, muss sinnvollerweise das jeweilige verfügbare Haushaltseinkommen zugrunde gelegt werden. Dieses erhält man, wenn die Gesamtheit aller Faktoreinkommen und privater Transfers um die (direkten) Steuern und Sozialabgaben vermindert und um die monetären Sozialleistungen aufgestockt wird. Erst dieses tatsächlich verfügbare Haushaltseinkommen erlaubt eine Antwort auf die Fragen, über welche Mittel der Haushalt bei seinen Konsum- und Sparentscheidungen verfügen kann oder in welcher Relation die Haushaltsressourcen zu einem gesellschaftlich definierten Existenzminimum stehen.

Die Analyse des Komplexes «Niedrigverdienste und Armut bei Erwerbstätigkeit» muss somit zwei verschiedene Bezugseinheiten zugrunde legen und mit zwei unterschiedlichen Einkommensbegriffen operieren, um ein jeweils unterschiedliches Bündel von Fragen beantworten zu können. In der gegenwärtigen wirtschafts- und sozialpolitischen Debatte um Niedrigverdienste ist es häufig schwierig, die verschiedenen Argumentationsebenen auseinander zu halten. Geht es in der beschäftigungs- und verteilungspolitischen Debatte schwerpunktmäßig um den Individuallohn, steht in der Debatte etwa um Armut bei bzw. trotz (Erwerbs-)Arbeit das Haushaltsnettoeinkommen von Erwerbstätigen und ihren Angehörigen im Vordergrund.

Betrachtet man die individuelle Einkommensposition der Erwerbstätigen, sind für die Einschätzung und Bewertung der Risiken des Bezugs von – insbesondere niedrigen – Arbeitseinkommen sowohl die absolute und relative Höhe des jeweiligen Verdienstes als auch die Stetigkeit und Sicherheit des Verdienstes in zeitlicher Hinsicht von Bedeutung. Mit dem Bezug niedriger Erwerbseinkommen sind vielfältige Einkommensrisiken auf der Individualebene verbunden (vgl. dazu ausführlicher Bäcker/Hanesch 1998): So stehen Bezieher niedriger Arbeitseinkommen in einer vergleichsweise ungünstigen Relation zu anderen Einkommensbeziehern, nicht nur in Zeiten der Erwerbstätigkeit, sondern auch in Phasen der Nichterwerbsarbeit; in der Regel sind sie ebenso mit höheren Beschäftigungsrisiken konfrontiert, können aber Unterbrechungen und Schwankungen des Einkommensbezugs schlechter überbrücken. Die Risiken des individuellen Arbeitseinkommensbezugs werden beim Übergang zur Haushaltsebene modifiziert. Aus der Höhe und Stabilität eines individuellen Erwerbseinkommens allein kann nicht auf die Möglichkeit einer auskömmlichen Existenzsicherung rückgeschlossen werden. Vielmehr wird dieser Zusammenhang durch eine Reihe von weiteren Faktoren beeinflusst: So hängt die Einkommensposition eines Haushalts in aller Regel nicht allein vom Vorhandensein eines einzelnen Verdienstes ab; häufig sind weitere Einkommen im Haushalt vorhanden. Dabei kann es sich um weitere Erwerbseinkommen oder um Besitzeinkommen handeln. Erst die Summe dieser Einkünfte ergibt das gesamte (Brutto-)Faktoreinkommen des Haushalts. Die dem Haushalt zufließenden Faktoreinkommen bilden die Grundlage für die Höhe der Lohn- bzw. Einkommensteuerzahlungen und die Sozialversicherungsabgaben;[28]) durch sie wird das Haushaltseinkommen vermindert. Umgekehrt fließen dem Haushalt aber in der Regel auch öffentliche Transferleistungen zu, durch die das Einkommen aufgestockt wird. Hinzu kommen ggf. private Transferzahlungen wie geleistete oder empfangene Unterhaltszahlungen, durch die das Haushaltseinkommen weiter aufgestockt oder vermindert wird. Erst das Ergebnis dieses doppelten Korrekturprozesses – das verfügbare Haushaltseinkommen – steht dem Haushalt tatsächlich für Konsum- und

28 Während sich die Beitragszahlungen zur Sozialversicherung allein an der Höhe des versicherungspflichtigen Individualeinkommens – in der Regel des Arbeitnehmereinkommens – bemessen, berücksichtigt die Lohn- und Einkommensteuer u. a. Familienstand und Kindesunterhalt.

Sparzwecke zur Verfügung und ist daher ein geeigneter Indikator für die ökonomische Lage des jeweiligen Haushalts.

Für die Bewertung niedriger Arbeitseinkommen ergeben sich somit zwei Zugangsmöglichkeiten: die individuelle Verdienstposition und die haushaltsbezogene Einkommenslage. Während Erstere die Position des Einzelnen in der Erwerbs- und Verdiensthierarchie markiert und den Ausgangspunkt für die Bemessung von Lohnersatzleistungen beim Eintritt allgemeiner Lebensrisiken bildet, informiert Letztere über die aktuellen Bedarfsdeckungsmöglichkeiten, die mit diesem Haushaltseinkommen verbunden sind. Unter Bedarfsdeckungsgesichtspunkten ist daher nicht allein die individuelle Verdienstposition von ausschlaggebender Bedeutung, sondern sie hängt ebenso von weiteren Faktoren wie Anzahl und Höhe der (Netto-)Einkünfte wie auch Größe und Zusammensetzung des Haushalts ab. Die Wohlfahrtsposition des Haushalts wird also durch das Zusammenspiel von Arbeitsmarkt, Lebensform sowie Steuer- und Sozialleistungssystem bestimmt.

Aus der Höhe individueller Erwerbseinkommen kann somit nicht auf die Einkommenslage des jeweiligen Erwerbstätigenhaushalts rückgeschlossen werden, da sich diese aus der Gesamtheit der Faktoreinkommen, privaten Transfers sowie staatlichen Abgaben und Transfers ergibt. Zudem wird der Grad der Bedarfsdeckung, der durch das jeweilige Haushaltsnettoeinkommen ermöglicht wird, erst durch Größe und Zusammensetzung des jeweiligen Haushalts definiert. Auch wenn somit die haushaltsspezifischen Bedarfsdeckungsmöglichkeiten nicht unmittelbar aus dem individuellen Arbeitseinkommen abgeleitet werden können, kommt doch Anzahl und Höhe der Arbeitseinkommen in aller Regel eine bestimmende Funktion zu, während Besitzeinkommen und Sozialtransfers lediglich eine ergänzende Rolle spielen. Für die Bewertung der jeweiligen Einkommenslage ist schließlich die zeitliche Dimension von entscheidender Bedeutung.

In den letzten anderthalb Jahrzehnten ist eine zunehmende Aktualisierung von Risiken der Arbeitnehmerexistenz zu beobachten, die in besonderem Maße Niedrigverdiener bzw. Arbeitnehmerhaushalte mit niedrigen Arbeitseinkommen betreffen: So wird vermutet, dass Faktoren wie

(1) die Stagnation der Arbeitnehmerrealeinkommen,

(2) die Zunahme atypischer Beschäftigungsformen,

(3) die Erosion traditioneller Mindestlohnregelungen,

(4) eine sich abzeichnende Ausdifferenzierung der Lohnstruktur sowie

(5) die Erosion traditioneller Erwerbsbiographien

dazu führen, dass eine wachsende Zahl von Erwerbstätigen mit niedrigen Erwerbseinkommen konfrontiert wird bzw. (relativ oder gar absolut) sinkende Arbeitseinkommen hinnehmen muss. Parallel dazu werden durch einen Wandel der Lebensformen die bisher vorausgesetzten Formen einer Risikokompensation im Familien- und Haushaltskontext zunehmend fraglich (einen ausführlichen Überblick über diese Entwicklungstrends geben Bäcker/Hanesch 1998 a).

3.1.2.2 Niedrige Erwerbseinkommen und sozialstaatliche Umverteilung

Das deutsche Sozialstaatsmodell basiert auf der Voraussetzung, dass jeder Erwerbsfähige durch den Einsatz seiner Arbeitskraft bereit und in der Lage ist, den Lebensunterhalt für sich und seine Angehörigen zu bestreiten. Zugleich setzten sozialstaatliche Interventionen Rahmenbedingungen, die die Umsetzung dieses Leitbilds ermöglichen bzw. sicherstellen sollen. Charakteristisch hierfür ist ein enges Wechselverhältnis von Arbeits- und Sozialpolitik:

(1) So verfolgt die Arbeitspolitik zum einen mit Hilfe der Setzung rechtlicher Rahmenbedingungen für das Arbeitsmarktgeschehen das Ziel, jedem abhängig Erwerbstätigen eine gesicherte Arbeitnehmerexistenz zu gewährleisten. Leitbild dieser Regulie-

rung des Arbeitsmarkts ist ein sog. Normalarbeitsverhältnis, bei dem eine Sicherung des Lebensunterhalts durch das Erwerbseinkommen ermöglicht wird. Zum anderen soll im Rahmen der Beschäftigungspolitik sichergestellt werden, dass für alle Erwerbsfähigen Beschäftigungsmöglichkeiten in ausreichender Zahl und Qualität verfügbar sind; schließlich sollen die notwendigen Ausgleichsprozesse am Arbeitsmarkt von der Arbeitsmarktpolitik flankierend unterstützt werden.

(2) Demgegenüber liegt die Aufgabe der Sozialpolitik darin, beim Ausfall, bei unzureichender Höhe des Erwerbseinkommens oder beim Auftreten sonstiger Bedarfssituationen präventive und/oder kompensatorische Leistungen zur Verfügung zu stellen. Dabei geht das soziale Sicherungssystem von einer Pflicht zur Eigenvorsorge im Rahmen von Erwerbsarbeit und familiärer Unterhaltsverpflichtungen aus, knüpft also an die beiden Institutionen Arbeit und Familie an. Soziale Sicherung setzt streng genommen ein Normalarbeitsverhältnis bei allen Erwerbsfähigen voraus. Erst wenn dieses Arbeitsverhältnis durch Krankheit, Erwerbsunfähigkeit, Arbeitslosigkeit oder Erreichen der Altersgrenze unterbrochen bzw. beendet ist oder wenn sonstige besondere Bedarfslagen eintreten, setzt das Leistungsangebot der sozialen Sicherung ein. Dieses umfasst insbesondere Geldleistungen, die einmalig ergänzend zum vorhandenen Einkommen gezahlt werden, um besondere Belastungen zu kompensieren. Zum anderen sind dies Transfers, die beim Eintreten allgemeiner oder besonderer Lebensrisiken als Lohnersatz an die Stelle eines fehlenden Erwerbseinkommens treten. Hierzu gehört vor allem Sozialversicherung als Kernbereich unseres sozialen Sicherungssystems, die auf einer Kombination von Äquivalenz- und Solidarprinzip basiert; hierzu gehört aber ebenso die Sozialhilfe, die unabhängig von eigenen Vorleistungen und Ursachen sozialer Not im Falle von Bedürftigkeit eine Basissicherung gewährt.

Auch die staatlichen Maßnahmen zur Beseitigung von Armut

bei Erwerbstätigkeit setzen mit einer breiten Palette von Maßnahmen auf verschiedenen Ebenen an (vgl. Bäcker/Hanesch 1998a; Bäcker 1999): Von besonderer Bedeutung sind zum einen arbeits- und sozialrechtliche Regulierungen des Arbeitsverhältnisses, zum anderen staatliche Transfers zur Ergänzung und Aufstockung unzureichender Erwerbs- bzw. Haushaltseinkommen. Der Zusammenhang zwischen der Höhe des individuellen Arbeitseinkommens und der Einkommensposition des Haushalts wird maßgeblich dadurch bestimmt, in welchem Maße niedrige Arbeitseinkommen durch sozialstaatliche Umverteilungsmaßnahmen aufgestockt werden, um defizitäre Lebens- und Versorgungslagen bis hin zur Armut zu vermeiden. Insofern ist die Antwort auf die Frage, inwieweit sich niedrige Erwerbseinkommen in einer niedrigen Einkommensposition des Haushalts niederschlagen, zugleich ein Indikator für die Funktions- und Leistungsfähigkeit sozialstaatlicher Redistribution.

Diese Umverteilung vollzieht sich zum einen im Übergang vom Brutto- zum Nettoeinkommen nach Maßgabe der Steuer- und Beitragsbelastungen und zum anderen durch Ansprüche auf steuer- und beitragsfinanzierte Transfers.[29] Insgesamt sind es vier Komponenten, die für die Umverteilung in Erwerbstätigenhaushalten maßgeblich sind:

(1) Im Prinzip unterliegen sämtliche Einkünfte der Einkommensbesteuerung mit der verfassungsrechtlichen Vorgabe, das sozial-kulturelle Existenzminimum freizustellen, was bisher allerdings nur unzureichend umgesetzt wurde. Dies geschieht einmal durch einen Grundfreibetrag für den Alleinstehenden, oberhalb dessen die linear-progressive Besteuerung einsetzt. Eine weitere Entlastung tritt durch die gemeinsame Veranlagung von Ehegat-

29 Die beitragsfinanzierten Transfers der Sozialversicherung bleiben hier außer Betracht, wobei natürlich auch Mitglieder von Erwerbstätigenhaushalten Ansprüche auf Lohnersatzleistungen der Sozialversicherung geltend machen und Arbeitslosenunterstützung, Krankengeld oder Renten beziehen können.

ten ein, bei der eine Steuerminderung nicht nur durch den zweiten Grundfreibetrag, sondern in vielen Fällen durch das Ehegattensplitting erreicht wird. Das Vorhandensein von Kindern im Haushalt spielt bezeichnenderweise beim Ehegattensplitting keine Rolle, sie werden lediglich durch Kinder- und ggf. Ausbildungsfreibeträge[30] berücksichtigt, die umso profitabler sind, je höher das Einkommen liegt (vgl. Kapitel 3.3).

(2) Die Sozialversicherungsabgaben beziehen sich dagegen allein auf die Arbeitnehmereinkommen; diese unterliegen ab der Geringfügigkeitsgrenze bis zur Beitragsbemessungsgrenze der Beitragspflicht, wobei die Beiträge linear gestaltet sind und von Arbeitnehmer und Arbeitgeber im Prinzip hälftig zu tragen sind. Eine Berücksichtigung der Leistungsfähigkeit findet nicht statt. Sofern die Geringfügigkeitsgrenze unterschritten wird, entfiel früher die Versicherungs- und Beitragspflicht. Seit der Neuregelung 1999 ist der Arbeitgeber verpflichtet, einen pauschalen Beitrag zur Renten- und Krankenversicherung zu entrichten.

(3) Im Falle niedriger Nettoeinkommen bestehen in der Regel Ansprüche auf Transferzahlungen wie Kindergeld, Wohngeld, Erziehungsgeld und Ausbildungsförderung. Ziel dieser steuerfinanzierten Transfers ist es, unzureichende Markteinkommen bei besonderen Bedarfslagen aufzustocken. Um eine zielgenaue Wirkung zu erreichen, sind sie mit Ausnahme des Kindergelds einkommensabhängig gestaltet. Auch der kostenfreie oder kostengeminderte Zugang zur sozialen Infrastruktur, d. h. zu sozialen und medizinischen Diensten und Einrichtungen, verbessert die Versorgungslage; ökonomisch gesehen handelt es sich hierbei um öffentlich finanzierte bzw. subventionierte Realtransfers. Vor allem die bisherige Ausgestaltung des Kinderleistungsausgleichs ist

30 Seit der Neuregelung des Familienleistungsausgleichs sind Kinderfreibeträge und Kindergeld miteinander verknüpft und können nur alternativ genutzt werden (vgl. dazu genauer Kapitel 3.3).

nicht nur unter Armutsgesichtspunkten höchst umstritten (vgl. Kapitel 3.3).

(4) Im System sozialer Sicherung kommt der Sozialhilfe – insbesondere mit der Hilfe zum Lebensunterhalt (HLU) – die Funktion einer Grundsicherung zu, die erst dann greift, wenn alle vorgelagerten Leistungen nicht ausreichen, um das Existenzminimum sicherzustellen. Niedrige Haushaltseinkommen von Erwerbstätigen können insofern durch ergänzende HLU aufgestockt werden, wobei eine Reihe sehr restriktiver Prinzipien den Zugang zu diesem letzten sozialen Sicherungsnetz erschweren (vgl. Bäcker/Hanesch 1998 a und 2000).

Wie bereits betont, lässt die Höhe des Arbeitseinkommens noch keine unmittelbaren Rückschlüsse auf die Höhe des Einkommens- und Versorgungsniveaus der betroffenen Personen zu. Entscheidende Größe ist das verfügbare Haushaltseinkommen. Erst darin wird sichtbar, ob und in welchem Maße (niedrige) Arbeitsentgelte durch weitere persönliche Einkünfte oder durch Einkünfte andere Familienmitglieder (Ehepartner, Kinder) ergänzt werden und ob durch Sozialeinkommen wie Kindergeld und/oder Wohngeld eine Aufstockung des Haushaltseinkommens erfolgt. Da diese Transfers (bis auf das Kindergeld) einkommensabhängige Leistungen sind, gehen sie bei steigendem Einkommen zurück und entfallen schließlich ganz. Im Umkehrschluss bedeutet das, dass bei einem niedrigen Einkommen Ansprüche auf beispielsweise höheres Wohngeld oder Ausbildungsförderung entstehen können. Berechnungsbasis ist hier nicht das für die Bestimmung der Bruttoarbeitseinkommen typische Individualprinzip, sondern das Haushaltseinkommen. Wenn man die maximale Höhe der Transfers berücksichtigt, bleiben ihre Ausgleichswirkungen allerdings begrenzt. Die tatsächlichen Unterhaltskosten der Kinder, die Kosten einer Wohnung oder einer weiterführenden Ausbildung werden damit keinesfalls aufgefangen; sie dienen lediglich dazu, zusätzlichen Bedarf anteilig zu übernehmen. Insgesamt ergibt sich durch das Zusammenspiel von Steuerbelastung und einkommensabhängigen Transfers, dass mit sinkendem (Haushalts-)Bruttoeinkommen die verfügbaren Einkommen weniger stark sinken – aber sinken.

Auf der Haushaltsebene entscheidet sich, ob die zusammengefassten Nettoeinkommen bezogen auf Zahl und Lebensalter der Haushaltsmitglieder ausreichen, um das sozial-kulturelle Existenzminimum abzudecken. Ist dies nicht der Fall, greift im System der sozialen Sicherung die Sozialhilfe mit aufstockenden Leistungen ein. Individuelle Niedriglöhne und daraus abgeleitete Sozialversicherungsansprüche begründen damit einen Zustand «potenzieller» oder «latenter» Sozialhilfebedürftigkeit, weil für den einzelnen Beschäftigten nicht sicher und absehbar ist, ob auf der Haushaltsebene eine Risikokompensation oder eine Problemverschärfung eintritt. Je nach der Entwicklung von Zahl und Alter der Haushaltsmitglieder können die Bedarfslagen zu- oder abnehmen, und je nachdem, ob weitere Einkommen dem Haushalt zufließen oder entfallen, kann das zur Verfügung stehende Gesamteinkommen variieren. Die Möglichkeit zur Kompensation eines niedrigen Arbeitseinkommens durch Erwerbstätigkeit des Partners ist also keinesfalls automatisch gewährleistet. Sie wird infrage gestellt, wenn bei einem Partner Arbeitslosigkeit auftritt, wenn Erwerbstätigkeit wegen Kindererziehung nicht oder nur eingeschränkt erfolgt oder wenn z. B. durch Trennung oder Scheidung der bisherige Haushaltskontext verändert oder gar aufgelöst wird. Je mehr die individuellen Arbeitsmarktrisiken zunehmen und je stärker sich der Trend zu einer Individualisierung und Pluralisierung der Lebensformen fortsetzt, umso weniger kann die Risikoabsicherung im Haushaltskontext als selbstverständlich und dauerhaft vorausgesetzt werden. Im Kontext einer Niedrigeinkommensstrategie kommt damit der Grundsicherungsleistung «Hilfe zum Lebensunterhalt» im Rahmen der Sozialhilfe eine zentrale Stellung zu. Die Frage ist allerdings, unter welchen Bedingungen Anspruch auf

Sozialhilfe besteht und ob damit ein akzeptables Modell des sozialen Ausgleichs von Niedriglöhnen beschrieben ist.

Sowohl die Darstellung der Erwerbseinkommen zwischen Markt und Bedarf als auch die notwendigerweise sehr skizzenhafte Darstellung der staatlichen Umverteilung in Erwerbstätigenhaushalten hat unterschiedliche Dimensionen und Faktoren des Armutsrisikos bei Erwerbstätigkeit deutlich werden lassen. Dabei handelt es sich auf der Marktebene einmal um die Struktur der Erwerbstätigkeit, die individuellen Verdienste und die Mobilitätsprozesse am Arbeitsmarkt. Zum anderen handelt es sich auf der Haushaltsebene um die Struktur und Verläufe der Erwerbsbeteiligung und der Verdienste im jeweiligen Haushaltskontext und um die Entwicklung der haushaltsspezifischen Bedarfsstrukturen. Schließlich sind die Formen und Ergebnisse sozialstaatlicher Intervention und Redistribution zu nennen. Vor diesem Hintergrund sollen im Folgenden die Ergebnisse der empirischen Untersuchung zur Einkommensarmutslage von Erwerbstätigen und ihren Angehörigen vorgestellt und der Beitrag der verschiedenen Dimensionen und Faktoren beleuchtet werden

3.1.3 Empirische Befunde zur Armut bei Erwerbstätigkeit

3.1.3.1 Entwicklung der Erwerbsstruktur

Der empirischen Untersuchung der Einkommenslage von Erwerbstätigen wird in Anlehnung an das Labor-Force-Konzept der Internationalen Arbeitsorganisation (ILO) ein Erwerbskonzept zugrunde gelegt, das all diejenigen in den Kreis der Erwerbstätigen mit einbezieht, die nach eigenen Angaben erwerbstätig sind. Dabei spielt es keine Rolle, in welchem Umfang oder in welcher Form dieser Beschäftigung nachgegangen wird. Der Kreis der Beschäftigten reicht damit weit über diejenigen hinaus, die in den Statistiken der Bundesanstalt für Arbeit als sozialversicherungspflichtig Beschäftigte ausgewiesen werden. Für die Analyse der individuellen Verdienste der Erwerbstätigen ist es sinnvoll, die Gesamtgruppe der Erwerbstätigen zu untergliedern. So lässt sich im Hinblick auf die Einkommenslage eine Unterscheidung zwischen den folgenden drei Gruppen vornehmen:

- die «Normalarbeitnehmer», die sich aus abhängig beschäftigten Vollzeitbeschäftigten zusammensetzen,[31]
- die «Selbständigen und ihre mithelfenden Familienangehörigen» sowie
- die «sonstigen abhängig Erwerbstätigen», eine Gruppe, die Teilzeitbeschäftigte, Kurzarbeiter, Auszubildende sowie geringfügig oder unregelmäßig Beschäftigte ebenso umfasst wie die erwerbstätigen Rentner, Schüler (ab 16) und Studenten, Personen im Wehr- oder Zivildienst sowie im Mutterschafts- oder Erziehungsurlaub.

Wie Tabelle 3.1–1 erkennen lässt, umfasste die Gruppe der Normalarbeitnehmer 1998 im alten Bundesgebiet 58,8 und in den neuen Bundesländern 63,3 % aller Erwerbstätigen. Die sonstigen abhängigen Erwerbstätigen stellten 31,4 bzw. 29,1 % und die Selbständigen 9,7 bzw. 7,6 % der Erwerbstätigen. Zugleich wird erkennbar, dass im alten Bundesgebiet das Gewicht der Normal-

31 Die hier zugrunde gelegte Definition der «Normalarbeitnehmer» ist stark vereinfachend, da für die in der Fachdiskussion übliche Definition von «Normalarbeitsverhältnissen» im Sinne von unbefristeten Vollzeitbeschäftigungsverhältnissen mit vollem rechtlichen und tariflichen Schutz weitere Abgrenzungsmerkmale wie z. B. keine Befristung etc. herangezogen werden müssten (vgl. z. B. die Übersichtsbeiträge von Hoffmann/Walwei 1998; Kress 1998). Da diese Merkmale jedoch im SOEP nicht alljährlich erhoben werden, standen sie für die hier gewählte Abgrenzung nicht zur Verfügung. Umgekehrt spricht manches dafür, die Teilzeitbeschäftigung nicht generell aus der «Normalbeschäftigung» herauszunehmen, obwohl sie im Hinblick auf die Einkommenssituation mit gravierenden Nachteilen verbunden ist, da gerade diese Form einer «atypischen» Beschäftigung von vielen ArbeitnehmerInnen gewünscht wird (vgl. die Diskussion bei Bäcker/Hanesch 1998a).

arbeitnehmer sowie der Selbständigen im Zeitraum 1985 bis 1998 relativ zurückgegangen ist, während das der «Sonstigen» stark zugenommen hat. Dabei ist allerdings zu berücksichtigen, dass sich im gleichen Zeitraum die absolute Zahl der Erwerbstätigen insgesamt (um rund vier Mio. Personen) und die der Normalarbeitnehmer (um knapp eine Mio. Personen) erhöht hat. Festzustellen ist also kein absoluter Rückgang der Normalarbeitnehmer, wie dies in anderen Analysen häufig unterstellt wird (vgl. z. B. Kommission für Zukunftsfragen der Freistaaten Bayern und Sachsen 1996 a und b; zur Kritik vgl. Wagner 2000), sondern lediglich ein relativer Bedeutungsverlust. Dieser ist darauf zurückzuführen, dass sich der Beschäftigungszuwachs vor allem bei den sonstigen abhängig Beschäftigten niedergeschlagen hat. In den neuen Bundesländern ist im Zeitraum 1991 bis 1998 die Gruppe der «Sonstigen» absolut und relativ kleiner geworden, während Zahl wie Anteil der Normalarbeitnehmer und der Selbständigen zugenommen haben.[32] Betrachtet man die Entwicklung der Erwerbsstruktur in der Bundesrepublik, ist das wachsende Gewicht der sonstigen abhängigen Beschäftigungsformen im Hinblick auf die Entwicklung arbeitsmarktbedingter Armut bedenklich, da diese in der Regel mit höheren Arbeitsmarkt- und Einkommensrisiken verbunden sind.

32 Hoffmann/Walwei (1998) kommen in ihrer differenzierten Analyse auf Basis des Mikrozensus zu einem etwas anderen Ergebnis: Zwar haben auch in ihren Auswertungen im alten Bundesgebiet Normalarbeitnehmer zugunsten der sonstigen abhängig Beschäftigten relativ an Bedeutung verloren; dagegen haben die Selbständigen relativ zugenommen. Umgekehrt haben die Normalarbeitnehmer in den neuen Bundesländern relativ an Bedeutung verloren.

Tabelle 3.1–1: Struktur der Erwerbstätigen in Deutschland 1985 bis 1998

Jahr	in % aller Erwerbstätigen				in % aller Erwerbstätigen		
	Normal-arbeit-nehmer	Selbständige und mithelf. Angehörige	Sonstige abhängige Erwerbstätige	Summe	Vollzeit-erwerbs-tätige	Sonstige Erwerbs-tätige	Summe
Alte Bundesländer							
1985	64,6	12,0	23,3	100	78,2	21,2	100
1988	62,6	12,7	24,8	100	76,6	23,4	100
1991	61,4	10,6	27,9	100	75,5	24,5	100
1994	60,8	10,0	29,1	100	76,0	24,0	100
1997	59,1	10,6	30,3	100	75,8	24,2	100
1998	58,8	9,7	31,4	100	74,7	25,3	100
Neue Bundesländer							
1991	60,7	5,0	34,3	100	70,0	30,0	100
1994	67,2	7,1	25,7	100	81,9	18,1	100
1997	63,6	8,2	28,0	100	81,5	18,5	100
1998	63,3	7,6	29,1	100	79,5	20,5	100

Datenbasis SOEP

Da die Gruppe der Selbständigen zahlenmäßig relativ klein ist, wird in den folgenden Auswertungen des SOEP lediglich zwischen Vollzeit- und sonstigen Erwerbstätigen unterschieden. Dabei werden die Selbständigen je nach Beschäftigungsumfang diesen beiden Gruppen mit zugeschlagen. Die folgenden Aussagen zur Entwicklung und Verteilung der Verdienste und der Haushaltseinkommen beziehen sich daher stets auf alle abhängig wie selbständig Erwerbstätigen.[33] Wie Tabelle 3.1–1 zeigt, ist unter

33 Dennoch werden die spezifischen Einkommens- und Verarmungsrisiken von Selbständigen im Folgenden aus Platzgründen nicht explizit thematisiert.

Einbeziehung der Selbständigen der Anteil der Vollzeitbeschäftigten im alten Bundesgebiet weniger stark zurückgegangen und in den neuen Bundesländern stärker gestiegen, als es der Fall wäre, wenn allein die abhängig Beschäftigten betrachtet würden.

Wie eingangs dargelegt, muss die Analyse der Armutslage von Erwerbstätigen die Haushaltssituation dieser Gruppe mit einbeziehen. Im Folgenden werden dazu als Erwerbstätigenhaushalte all diejenigen Haushalte definiert, bei denen mindestens ein Haushaltsvorstand erwerbstätig ist. Haushalte, in denen allein ein Kind oder mehrere Kinder oder weitere Personen im Haushalt erwerbstätig sind, bleiben ausgeblendet. Mit diesem Konzept soll die Analyse auf die Haushalte konzentriert werden, in denen die Lebens- und Einkommensposition des gesamten Haushalts durch die Erwerbstätigkeit des oder der Haushaltsvorstände mehr oder weniger stark geprägt wird. Tabelle 3.1–2 gibt einen Überblick über die Struktur der Erwerbstätigen nach der Stellung im Haushalt für das Jahr 1998: Rund 87 % aller 38,7 Mio. Erwerbstätigen im gesamten Bundesgebiet waren Haushaltsvorstände, lediglich 11,5 % waren erwachsene Kinder, während minderjährige Kinder und weitere Personen im Haushalt zahlenmäßig keine Rolle spielten.

Tabelle 3.1–2: Struktur der Erwerbstätigen, der Erwerbstätigenhaushalte und der Personen in Erwerbstätigenhaushalten 1998 *

	Alte Bundesländer		Neue Bundesländer	
	in 1.000	in %	in 1.000	in %
Erwerbstätige Personen nach Stellung im Haushalt				
HHV 1	19.033	59,8	3.583	52,1
HHV 2	8.611	27,2	2.409	35,0
Kind < 18	(265)	(0,8)	()	()
Kind >= 18	3.653	11,5	792	11,5
sonstige	(165)	(0,6)	()	()
Summe	31.807	100	6.883	100
Erwerbstätigenhaushalte nach Erwerbskonstellation der Haushaltsvorstände				
Erw. allein	5.994	34,2	901	24,9
Erw./Erw.	6.202	35,3	1.631	45,1
Erw./Nicht erw.	5.349	30,5	1.082	29,9
Summe	17.544	100	3.613	100
Personen in Erwerbstätigenhaushalte nach Erwerbskonstellation der Haushaltsvorstände				
Erw. allein	7.264	16,7	1.255	12,8
Erw./Erw.	18.553	42,7	5.103	52,1
Erw./Nicht erw.	17.609	40,5	3.443	35,1
Summe	43.425	100	9.801	100

Datenbasis SOEP. * () = Fallzahl 0–30; (X) = Fallzahl 31–50.

Die Erwerbstätigen lebten nach Tabelle 3.1–2 in 21,1 Mio. Erwerbstätigenhaushalten gemäß der zuvor genannten Definition, wobei die Haushalte mit zwei erwerbstätigen Haushaltsvorständen in West und Ost am stärksten vertreten waren (35,3 % bzw. 45,1 %). Die Haushalte mit einem erwerbstätigen und einem nicht erwerbstätigen Haushaltsvorstand (30,5 % bzw. 29,9 %) und die Haushalte mit nur einem allein lebenden erwerbstätigen Haushaltsvorstand (34,2 % bzw. 24,9 %) waren nur unwesentlich schwächer vertreten. Betrachtet man schließlich die Gesamtheit der Personen, die in Erwerbstätigenhaushalten lebten, so verteilten sich diese 53,2 Mio. Personen vor allem auf die zweite (42,7 % bzw. 52,1 %) und dritte Erwerbskonstellation (40,5 % bzw. 35,1 %), während die erste Konstellation zahlenmäßig von deutlich geringerem Gewicht war (16,7 % bzw. 12,8 %).

3.1.3.2 Schichtung individueller Erwerbseinkommen

In der Regel wird unterstellt, dass für den einzelnen abhängig Beschäftigten die Höhe des Verdienstes maßgeblich für das Ausmaß des Risikos ist, in Einkommensarmut zu leben. Auch wenn diese These modifiziert werden muss und weitere Faktoren einbezogen werden müssen, wie im Rahmen einer Studie für das Land NRW bereits gezeigt wurde (vgl. Bäcker/Hanesch 1998 a), bleibt doch die Schichtung der Erwerbseinkommen ein erstes bestimmendes Moment für die Risikosituation in Erwerbstätigenhaushalten. Für die abhängig Beschäftigten liegen kontroverse Einschätzungen dazu vor, wie sich die Struktur der Verdienste im Laufe der letzten anderthalb Jahrzehnte entwickelt hat, wobei nicht immer ganz eindeutig ist, welche Schichtung damit gemeint ist (vgl. dazu z. B. Steiner/Wagner 1997; Bäcker/Hanesch 1998 a). Für die Einkommenslage in Erwerbstätigenhaushalten ist vor allem die Schichtung der Bruttoerwerbseinkommen[34] als Bestandteil der Primärverteilung von Bedeutung. Im Falle der abhängig Beschäftigten resultiert sie aus zwei wichtigen Komponenten, der Schichtung der Lohnsätze (im Folgenden gemessen als Schichtung der Bruttostundenverdienste) und der Schichtung der tatsächlichen Arbeitszeiten. Da in der vorliegenden Untersuchung vorrangig

34 Betrachtet werden im Folgenden die Erwerbseinkommen aller (abhängigen und selbständigen) Erwerbstätigen ohne BezieherInnen von Mutterschafts-/Erziehungsurlaub, Personen im Wehr-/Zivildienst sowie Nebenerwerbstätige.

auf die monatliche Einkommenslage abgestellt wird, wird hierzu die Zahl der geleisteten Wochenstunden herangezogen. Weiter gehende Variationen der Arbeitszeit (und damit auch des Jahresverdienstes) durch Phasen der Nichtarbeit oder Schwankungen der Arbeitszeit im Jahresverlauf bleiben ausgeblendet.

Tabelle 3.1–3: Verteilung der monatlichen Bruttoerwerbseinkommen nach Beschäftigungsform 1985 bis 1998 *

Jahr	Verteilung der Bruttoerwerbseinkommen in % des arithmetischen Mittels											
	Bis 50 %			51–75 %			76–100 %			101 % und mehr		
	Vz. Erw.	So. Erw.	Alle Erw.	Vz. Erw.	So. Erw.	Alle Erw.	Vz. Erw.	So. Erw.	Alle Erw.	Vz. Erw.	So. Erw.	Alle Erw.
Alte Bundesländer												
1985	6,9	16,9	23,8	15,0	2,5	17,5	25,8	(0,6)	26,4	32,0	()	32,3
1988	5,5	18,7	24,2	17,3	2,4	19,7	24,8	()	25,4	30,4	()	30,7
1991	3,9	19,0	22,9	17,8	2,9	20,7	24,8	(1,0)	25,8	30,2	()	30,6
1994	3,7	17,4	21,1	19,3	3,9	23,3	24,9	1,2	26,1	29,0	()	29,5
1997	3,9	18,1	22,0	19,4	3,2	22,6	24,3	()	25,1	30,0	()	30,4
1998	5,2	19,3	24,5	17,1	3,0	20,1	26,1	(1,1)	27,2	27,8	()	28,3
Neue Bundesländer												
1991	2,4	9,8	12,1	13,1	9,1	22,2	29,7	7,2	36,9	26,4	2,4	28,8
1994	3,8	10,1	13,9	16,0	3,5	19,5	27,5	(2,9)	30,5	35,4	()	36,1
1997	4,9	10,5	15,6	18,5	3,8	20,3	24,5	(1,8)	28,0	35,1	()	36,1
1998	3,8	12,4	16,3	21,4	4,1	25,6	23,2	(1,9)	25,2	31,7	()	33,0

Datenbasis SOEP. * () = Fallzahl 0–30; (X) = Fallzahl 31–50.

Tabelle 3.1–3 gibt einen Überblick über die Entwicklung der Verteilung der individuellen monatlichen Bruttoerwerbseinkommen. Die vier Klassen sind als Bruchteile und Vielfache (0–50 %; 51–75 %; 76–100 %; ab 101 %) des arithmetischen Mittels der Verdienste von Vollzeiterwerbstätigen – jeweils getrennt für West-

und Ostdeutschland – definiert. Dabei wird der Verdienstbereich bis 50 % als Bereich der Niedrigstverdienste, der bis 75 % als Niedrigverdienste bezeichnet. Tabelle 3.1–3 lässt erkennen, dass sich die Verteilung der monatlichen Erwerbseinkommen im Zeitraum 1985 bis 1998 im alten Bundesgebiet trotz beträchtlicher Schwankungen nur geringfügig verändert hat: So hat sich der Anteil der Verdienste in den beiden untersten Verdienstgruppen gegenüber 1985 leicht erhöht. 1998 waren es 24,5 % gegenüber 23,8 % 1985, die maximal die Hälfte des Verdienstes westdeutscher Vollzeitbeschäftigter ausmachten. Insgesamt lag der Anteil der Verdienste der beiden untersten Gruppen 1998 mit 44,6 % um 3,3 Prozentpunkte höher als 1985. Während auch die Besetzungszahl in der dritten Verdienstklasse leicht zugenommen hat, ist allein der Anteil der Verdienste in der höchsten Klasse zurückgegangen. In den neuen Bundesländern war im Zeitraum 1991 bis 1998 die Zunahme der Besetzungszahl in den beiden unteren Verdienstklassen deutlich stärker als im alten Bundesgebiet, wobei die unterste Klasse nach wie vor schwächer und die zweitunterste etwas stärker als im Westen besetzt ist. 1998 lag der Anteil der Verdienste in den beiden untersten Klassen mit 41,9 % immer noch etwas niedriger als im alten Bundesgebiet und um 6,9 Prozentpunkte höher als 1991. Während sich die Verdienste der dritten Klasse stark rückläufig entwickelt haben, hat der Anteil der obersten Klasse zugenommen.

Auch wenn die Schichtung der Erwerbseinkommen nicht mit der der Bruttomonatsverdienste der abhängig Beschäftigten gleichgesetzt werden darf, da hier auch die Arbeitseinkommen der Selbständigen mit einbezogen sind, lässt sich aus den vorgestellten Befunden weder im Westen noch im Osten ein «Ausdünnen» der unteren Verdienstklassen erkennen. Stattdessen haben niedrige Verdienste an quantitativem Gewicht gewonnen. Tabelle 3.1–3 lässt erkennen, dass es vor allem die sonstigen Beschäftigungsverhältnisse sind, die zu dieser Entwicklung beigetragen haben. Sind diese doch in der untersten Verdienstklasse besonders stark und in der Tendenz steigend vertreten, während die höheren Verdienstklassen von den Vollzeiterwerbstätigen dominiert werden.

Tabelle 3.1–4: Verteilung der monatlichen Bruttoerwerbseinkommen nach Stundenverdiensten 1985, 1991 und 1997 *

Stundenlöhne in % des Durchschnittsstundenlohns	Monatliche Bruttoerwerbseinkommen in % des arithmetischen Mittels														
	Bis 50 %			51–75 %			76–100 %			100 % und mehr			Summe		
	1985	1991	1997	1985	1991	1997	1985	1991	1997	1985	1991	1997	1985	1991	1997
Alte Bundesländer															
Bis 50 %	17,2	13,1	13,0	2,4	1,9	1,7	()	()	()	()	()	()	20,1	15,2	15,0
51 bis 75 %	4,2	5,9	5,6	12,9	14,4	15,9	8,1	3,1	2,8	1,1	(0,7)	(0,7)	26,3	24,0	25,0
76 bis 100 %	1,7	2,2	2,3	1,0	3,3	3,8	17,0	19,7	19,2	6,9	3,3	3,3	26,6	28,6	28,6
Über 100 %	()	(0,9)	()	1,3	1,6	1,3	1,0	3,2	2,9	24,2	26,6	26,5	26,9	32,3	31,3
Summe	23,6	22,1	21,7	17,7	21,2	22,6	26,6	26,2	25,3	32,2	30,6	30,5	100	100	100
Neue Bundesländer															
Bis 50 %		7,6	11,4		()	3,1		()	()		()	()		8,7	14,1
51 bis 75 %		3,4	3,0		17,2	17,9		3,5	4,3		()	()		24,4	22,9
76 bis 100 %		()	()		3,6	3,4		29,3	19,1		3,2	3,8		36,6	28,0
Über 100 %		()	()		()	()		4,1	2,9		25,5	31,1		30,4	35,0
Summe		11,7	15,3		22,2	25,8		37,1	26,5		29,0	35,7		100	100

Datenbasis SOEP. * () = Fallzahl 0–30; (X) = Fallzahl 31–50.

Die Entwicklung der Verteilung der Erwerbseinkommen wird aber nicht nur durch die Art der Beschäftigungsverhältnisse bestimmt. Wie bereits erwähnt, wird sie ebenso durch die Entwicklung der Struktur der Stundenverdienste wie durch die der Verteilung der Wochenarbeitszeit beeinflusst: Aus Tabelle 3.1–4 wird erkennbar, dass im alten Bundesgebiet das quantitative Gewicht niedriger Stundenverdienste seit Mitte der 80er-Jahre rückläufig ist. So ist der Anteil der Verdienste mit maximal der Hälfte des durchschnittlichen Stundenverdienstes von 20,1 in 1985 auf 15,0 % in 1997 zurückgegangen. Auch der Anteil der zweiten Stundenverdienstklasse (51–75 %) hat sich rückläufig entwickelt. Umgekehrt haben die beiden oberen Klassen zugelegt. Insofern gibt es einen Trend in Richtung einer stärkeren Ungleichheit in der Struktur der Stundenverdienste. Zugleich zeigt sich ein ausgeprägter Zusammenhang zwischen der Höhe der Stundenverdienste einerseits und der Höhe des Bruttoerwerbseinkommen andererseits, konzentriert sich doch der Großteil der niedrigen Stundenverdienste in der Klasse der niedrigsten Bruttoerwerbseinkommen. In den neuen Bundesländern hat sich im Zeitraum 1991 bis 1997 die Struktur der Stundenverdienste auseinander entwickelt, wobei vor allem die Anteile sehr niedriger und sehr hoher Verdienste zugenommen haben (bis 50 %: von 8,7 auf 14,1 % aller Verdienste). Parallel zu diesem Trend zu mehr Ungleichheit konzentrieren sich – ähnlich wie im alten Bundesgebiet – die niedrigen Stundenverdienste bei den niedrigen Erwerbseinkommen.

Wie sich aus Tabelle 3.1–5 ergibt, hat der Anteil zeitlich gering portionierter Erwerbsarbeit im gleichen Zeitraum deutlich zugenommen. Der Anteil derer, die weniger als 35 Wochenstunden tätig sind, erhöhte sich im alten Bundesgebiet 1985 bis 1997 von 16,2 % auf 21,3 %. Auch hier ist ein Zusammenhang zwischen niedriger Wochenarbeitszeit und niedrigen Erwerbseinkommen zu beobachten, sind doch niedrige Arbeitszeiten bei den Niedrigverdienern überproportional stark vertreten und haben in ihrem Gewicht sogar noch zugenommen. In den neuen Bundesländern sind vergleichbare Trends zu beobachten, auch wenn der Anteil der Vollzeitbeschäftigten nach wie vor höher ist als im alten Bundesgebiet.

Tabelle 3.1–5: Verteilung der monatlichen Bruttoerwerbseinkommen nach Struktur der Wochenarbeitszeit 1985, 1991 und 1997, alte Bundesländer *

Wochen-arbeits-zeit in Std.	Monatliche Bruttoerwerbseinkommen in % des arithmetischen Mittels														
	Bis 50 %			51–75 %			76–100 %			100 % und mehr			Summe		
	1985	1991	1997	1985	1991	1997	1985	1991	1997	1985	1991	1997	1985	1991	1997
Alte Bundesländer															
1 bis 15	3,8	5,2	5,7	()	()	()	()	()	()	()	()	()	4,4	5,8	6,1
16 bis 34	7,9	8,2	8,9	2,2	2,7	3,3	(0,7)	(0,9)	(1,3)	(1,0)	1,5	1,7	11,8	13,4	15,2
Ab 35	11,8	8,7	7,1	15,2	18,1	19,0	25,8	25,1	23,8	31,0	29,0	28,7	83,8	80,8	78,7
Summe	23,6	22,0	21,7	17,7	21,2	22,6	26,6	26,2	25,3	32,2	30,6	30,5	100	100	100
Neue Bundesländer															
1 bis 15		()	()		()	()		()	()		()	()		()	()
16 bis 34		4,3	4,0		2,6	3,9		(1,5)	(1,4)		()	(1,9)		9,0	11,2
Ab 35		6,8	9,9		19,6	18,6		35,6	25,0		28,2	33,4		90,2	86,8
Summe		11,7	15,3		22,2	22,6		37,1	26,5		29,0	35,7		100	100

Datenbasis SOEP. * () = Fallzahl 0–30; (X) = Fallzahl 31–50.

Insgesamt zeigt sich also, dass sowohl niedrige Stundenverdienste und damit eine niedrige Position in der Erwerbs- bzw. Lohnhierarchie als auch geringe Arbeitszeiten zum leicht zunehmenden Gewicht niedriger Bruttoerwerbseinkommen – gemessen an der 50 %-Schwelle – beigetragen haben.

3.1.3.3 Einkommensarmut, Niedrigeinkommen und Einkommensverteilung in Erwerbstätigenhaushalten

Niedrige Erwerbseinkommen lassen nur bedingt Rückschlüsse auf niedrige Haushaltseinkommen von Erwerbstätigen zu. Im Folgenden soll daher die gesamte Einkommenslage in Erwerbstätigenhaushalten näher betrachtet werden. Hierbei wird zum einen danach gefragt, in welchem Umfang Personen in Erwerbstätigenhaushalten unter die Armutsgrenze (50 %-Schwelle) oder die Niedrigeinkommensschwelle (75 %-Schwelle) fallen. Zum anderen wird die Verteilungsposition der Personen in Erwerbstätigenhaushalten und in allen Haushalten gegenübergestellt – wobei, jeweils für West und Ost getrennt, vier Einkommensklassen als Bruchteile bzw. Vielfache des arithmetischen Mittels der Haushaltsäquivalenzeinkommen aller Personen gebildet werden.

Wie sehen Umfang und Entwicklung der Armuts- und Niedrigeinkommensquoten von Personen in Erwerbstätigenhaushalten aus? Tabelle 3.1–6 ist zu entnehmen, dass sich im Zeitraum 1985 bis 1998 im alten Bundesgebiet der Anteil derer, die unter die 50 %-Armutsschwelle fallen, leicht rückläufig entwickelt hat. Mit einer Veränderung von 9,3 auf 8,4 % war der Rückgang etwas schwächer als der für die Gesamtbevölkerung (von 11,2 auf 9,5 %). Dabei lag die Höhe der Armutsquote 1998 mit 8,4 % kaum niedriger als die für die gesamte Bevölkerung (9,5 %); die Betroffenheit durch Einkommensarmut fällt für die Erwerbsbevölkerung und ihre Angehörigen also kaum geringer aus als für die Gesamtbevölkerung. Im gleichen Zeitraum hat der Anteil derer leicht zugenommen, die über ein Haushaltseinkommen im Bereich bis zur prekären Wohlstandsgrenze verfügen (von 23,3 auf 24,6 %). Insgesamt ist damit der Anteil der Personen in Erwerbstätigenhaushalten im Einkommensbereich bis 75 % nahezu unverändert geblieben (1985 32,6 % bzw. 1998 33,0 %). In den neuen Bundesländern haben sich die Armuts- wie die Niedrigeinkommensquoten im Zeitraum 1991 bis 1998 jeweils leicht erhöht. Dabei war der Zuwachs im Armutsbereich (von 3,1 auf 3,2 %) bei beträchtlichen Schwankungen schwächer als im Niedrigeinkommensbereich (von 19,1 auf 25,4 %). Der untere Einkommensbereich hat also in den ostdeutschen Erwerbstätigenhaushalten deutlich an Gewicht gewonnen. Auch im Osten lagen die Armuts- wie die Niedrigeinkommensquote in Erwerbstätigenhaushalten 1998 für die gesamte Bevölkerung nur geringfügig niedriger (Armutsquote: 3,2 % gegenüber 4,6 %; Niedrigeinkommensquote: 25,4 % gegenüber 26,9 %).

Tabelle 3.1–6: Armuts- und Niedrigeinkommensquoten in Erwerbstätigenhaushalten und allen Haushalten 1985 bis 1998 *

Jahre	50 %-Armutsquoten		75 %-Niedrigeinkommensquoten	
	Erwerbstätigenhaushalte	Alle Haushalte	Erwerbstätigenhaushalte	Alle Haushalte
Alte Bundesländer				
1985	9,3	11,2	32,6	35,9
1988	8,0	10,1	31,5	33,9
1991	7,2	8,8	32,7	34,9
1994	6,3	9,4	31,5	35,1
1997	7,0	9,1	32,9	35,6
1998	8,4	9,5	33,0	34,9
Neue Bundesländer				
1991	3,1	4,1	19,1	22,1
1994	4,8	7,5	21,1	25,0
1997	3,9	6,3	22,2	24,9
1998	3,2	4,6	25,4	26,9

Datenbasis SOEP. * () = Fallzahl 0–30; (X) = Fallzahl 31–50.

Die im Vergleich zur Bevölkerung in allen Haushalten kaum niedrigere Armutsquote in Erwerbstätigenhaushalten muss erstaunen, wenn man sich die Armutsquote beim Erwerbsstatus «erwerbstätig» aus Kapitel 2 vor Augen hält: Lag diese doch 1997 im alten Bundesgebiet bei lediglich 4,3 % und in den neuen Bundesländern sogar nur bei 3,1 %. Demgegenüber betrug die Armutsquote der Personen in Erwerbstätigenhaushalten im Westen 7,0 % und im Osten 3,9 %. Die Differenz ist darauf zurückzuführen, dass in den Haushalten armer Erwerbstätiger relativ mehr Menschen als in den Haushalten nicht armer Erwerbstätiger leben. Setzt man daher die armen zu allen Erwerbstätigen einschließlich Angehörige ins Verhältnis, ergibt sich eine ungünstigere Relation, als wenn man allein das Verhältnis der armen zu allen Erwerbstätigen betrachtet. Indem nicht nur die Erwerbstätigen, sondern alle Personen in Erwerbstätigenhaushalten betrachtet werden, wird also die Mitbetroffenheit der Angehörigen in die Ermittlung der Armutsquote einbezogen.

Wie sieht die Einkommensverteilung von Personen in Erwerbstätigenhaushalten im Vergleich zu allen Haushalten aus, und wie hat sie sich im Zeitraum 1985 bis 1998 entwickelt? Tabelle 3.1–7 sind einige zentrale Trends zu entnehmen: Vergleicht man die jeweiligen Anteile in Erwerbstätigenhaushalten und in allen Haushalten – jeweils bezogen auf das gleiche durchschnittliche Haushaltsäquivalenzeinkommen –, zeigt sich, dass die drei unteren Klassen bei den Personen in Erwerbstätigenhaushalten schwächer besetzt sind und umgekehrt die oberste Klasse deutlich stärker besetzt ist. Dennoch weicht die Verteilung bei den Personen in Erwerbstätigenhaushalten nicht wesentlich von der in der gesamten Bevölkerung ab. Auch im Zeitverlauf zeigen die Relationen zwischen den jeweiligen Quoten trotz gewisser Schwankungen keine gravierenden Verschiebungen auf. Die Entwicklung der Verteilungsrelationen in den neuen Bundesländern ist dagegen durch eine Verringerung der Besetzungszahlen in den beiden oberen

Tabelle 3.1–7: Verteilung der monatlichen Haushaltsäquivalenzeinkommen in Erwerbstätigenhaushalten und allen Haushalten 1985 bis 1998 *

Jahre	Bis 50 %		51 bis 75 %		76 bis 100 %		Über 100 %	
	Erwerbstätigenhaushalte	Alle Haushalte	Erwerbstätigenhaushalte	Alle Haushalte	Erwerbstätigenhaushalte	Alle Haushalte	Erwerbstätigenhaushalte	Alle Haushalte
Alte Bundesländer								
1985	9,3	11,2	23,3	24,6	24,4	23,8	43,0	40,3
1988	8,0	10,1	23,5	23,8	26,6	26,6	41,8	39,5
1991	7,2	8,8	25,5	26,1	24,0	23,5	43,3	41,6
1994	6,3	9,4	25,2	25,7	24,7	24,8	43,8	40,1
1997	7,0	9,1	25,8	26,5	23,8	24,3	43,3	40,2
1998	8,4	9,5	24,6	25,4	24,8	26,3	42,3	38,7
Neue Bundesländer								
1991	3,1	4,1	16,0	18,0	32,8	34,8	48,1	43,1
1994	4,8	7,5	16,3	17,5	32,2	31,8	46,6	43,2
1997	3,9	6,3	18,2	18,7	30,5	30,0	47,4	45,1
1998	3,2	4,6	22,2	22,3	29,7	27,9	44,9	45,2

Datenbasis SOEP. * () = Fallzahl 0–30; (X) = Fallzahl 31–50.

Einkommensklassen gekennzeichnet, während vor allem der prekäre Einkommensbereich expandiert. Auch wenn die Armut bei Erwerbstätigkeit in den neuen Bundesländern nicht einmal halb so hoch wie im alten Bundesgebiet ist, ist die starke Expansion des prekären Einkommensbereichs in Erwerbstätigenhaushalten als bedenklich zu bewerten.

Auch wenn somit die Erwerbstätigen und ihre Angehörigen keine Problemgruppe der Armut im üblichen Sinne sind, ist der Umfang der Armut bei oder trotz Erwerbstätigkeit in der Bundesrepublik höher, als in Politik und Öffentlichkeit zumeist unterstellt wird. Zudem handelt es sich um einen Problembereich, der trotz allgemein leicht rückläufiger Armutsentwicklung kaum an Bedeutung und Brisanz verloren hat. Schließlich kann nicht ausgeschlossen werden, dass einzelne Gruppen von Erwerbstätigen und ihren Angehörigen stärker von Armut betroffen sind. Im Folgenden wird der Versuch unternommen, mit Blick auf die Erwerbskonstellationen, die Haushaltstypen und Verdiensthöhen solche Gruppen zu identifizieren.

3.1.3.4 Einkommensarmut bei unterschiedlichen Erwerbskonstellationen und Haushaltstypen

3.1.3.4.1 Einkommensarmut nach Erwerbskonstellation und Beschäftigungsform

Für eine differenziertere Analyse der Armutsthematik werden im Folgenden die Personen in Erwerbstätigenhaushalten nach unterschiedlichen Erwerbskonstellationen im Haushalt betrachtet. Dazu unterscheiden wir drei Erwerbskonstellationen bezogen auf den oder die Haushaltsvorstände: (1) Haushalte mit einem ohne Partner lebenden erwerbstätigen Haushaltsvorstand, (2) Haushalte mit zwei erwerbstätigen Haushaltsvorständen und (3) Haushalte mit einem erwerbstätigen und einem nicht erwerbstätigen Haushaltsvorstand.

Tabelle 3.1–8 informiert darüber, wie sich die Personen in Erwerbstätigenhaushalten auf die drei Erwerbskonstellationen verteilen. Zugleich wird dabei nach Vollzeit- und sonstigen Erwerbstätigen unterschieden: Im alten Bundesgebiet ist der Anteil der Personen in Haushalten mit einem erwerbstätigen und einem nicht erwerbstätigen Haushaltsvorstand tendenziell rückläufig, während die Haushalte der ersten beiden Konstellationen anteilig zugenommen haben. In den neuen Bundesländern sind die Anteile der ersten beiden Konstellationen rückläufig, während der Anteil der dritten zugenommen hat. Geht also im Osten das Gewicht des traditionellen Modells des doppelt beschäftigten und verdienenden Ehepaars zahlenmäßig zurück, ist es umgekehrt im Westen das traditionelle Modell der Einverdienerehe, das an Bedeutung verliert. Die Kategorie Nichterwerbstätigkeit schließt allerdings die der Arbeitslosigkeit mit ein: Der starke Rückgang der Zweiverdienerehe in den neuen Bundesländern ist daher vermutlich eher der hohen Arbeitslosigkeit als einem veränderten Familienmodell geschuldet. 1998 war die Zweiverdienerehe mit 42,7 % im Westen und 52,1 % im Osten das hinsichtlich der Zahl der betroffenen Haushaltsmitglieder am meisten vertretene Modell. Bei Differenzierung nach Vollzeit- und sonstigen Erwerbstätigen wird erkennbar, dass im Westen wie im Osten die «Sonstigen» vergleichsweise selten bei der ersten und dritten Konstellation auftreten und auch beim Zweiverdienerehepaar selten beide als «Sonstige» tätig sind. Vergleichsweise häufig ist dagegen die Konstellation mit einem Vollzeit- und einem sonstigen Erwerbstätigen (1998 West 24,7 % und Ost 14,8 %). Am stärksten ist das Gewicht des Vollzeiterwerbstätigen in der Kombination mit einem nicht erwerbstätigen (darunter auch arbeitslosen) Haushaltsvorstand (1998 West 35,8 % und Ost 30,2 %), wobei die Bedeutung dieser Konstellation im Westen stark rückläufig ist und im Osten nach einem anfänglichen Anstieg seit Mitte der 90er-Jahre stagniert.

Tabelle 3.1–8: Personen in Erwerbstätigenhaushalten nach Erwerbskonstellationen der Haushaltsvorstände 1985 bis 1998 *

Jahr	Verteilung der Personen in Erwerbstätigenhaushalten in %										
	Allein lebender erwerbstätiger HHV			Zwei erwerbstätige HHV				Ein erwerbstätiger und ein nicht erwerbstätiger HHV			Summe Personen in Erwerbstätigen-Haushalten
	Vz. Erw./0	So. Erw./0	Alle Erw./0	Vz. Erw./ Vz. Erw.	Vz. Erw./ So. Erw.	So. Erw./ So. Erw.	Alle Erw./ A. Erw	Vz. Erw./ NEW	So. Erw./ NEW	Alle Erw./ NEW	
Alte Bundesländer											
1985	10,3	2,4	12,7	16,9	22,6	()	39,9	44,0	3,4	47,4	100
1998	11,6	2,4	14,0	16,4	23,3	(0,5)	40,2	42,8	3,0	45,8	100
1991	12,4	3,4	15,8	16,5	26,5	(0,6)	43,6	37,9	2,7	40,6	100
1994	12,7	3,6	16,3	16,0	24,1	1,2	41,3	37,7	4,6	42,3	100
1997	13,5	4,2	17,7	17,2	25,5	0,5	42,2	34,9	4,2	39,1	100
1998	12,9	3,8	16,7	17,3	24,7	0,7	42,7	35,8	4,8	40,6	100
Neue Bundesländer											
1991	9,2	4,0	13,2	32,1	22,2	5,8	60,1	20,1	6,7	26,8	100
1994	10,0	(2,0)	12,0	37,8	15,9	(0,9)	54,6	30,8	2,7	33,5	100
1997	11,0	2,8	13,8	36,9	15,9	()	52,9	29,4	3,9	33,3	100
1998	10,0	2,8	12,8	37,1	14,8	()	52,1	30,2	5,0	35,2	100

Datenbasis SOEP. * () = Fallzahl 0–30; (X) = Fallzahl 31–50.

Die Armutsbetroffenheit variiert in Erwerbstätigenhaushalten stark nach Erwerbskonstellation im Haushalt: So lagen die Armutsquoten 1998 bei der ersten Konstellation des allein stehenden Erwerbstätigen im alten Bundesgebiet bei 5,9 % und in den neuen Bundesländern bei 4,0 %. Für die zweite Konstellation des Zweiverdienerhaushalts lagen sie sogar noch niedriger bei 3,1 % bzw. 1,1 %. Für die dritte Konstellation des Einverdienerpaars erreichten sie dagegen überdurchschnittlich hohe Werte von 14,8 % bzw. 5,9 %. Allerdings klaffen die Armutsquoten bei allen drei

Erwerbskonstellationen stark auseinander, wenn die unterschiedlichen Beschäftigungsformen berücksichtigt werden. Gemäß Tabelle 3.1–9 traten im Zeitraum 1985 bis 1998 in allen drei Erwerbskonstellationen überdurchschnittlich hohe Armutsquoten auf Basis der 50 %-Schwelle stets dann auf, wenn ein oder zwei sonstige Beschäftigungsverhältnisse vorlagen. So erreichten die Armutsquoten bei der ersten Erwerbskonstellation bei einem sonstigen Beschäftigungsverhältnis 1998 im alten Bundesgebiet den Wert von 15,0 %, wobei die Armutsbetroffenheit für diese Fallkonstellation seit 1985 rückläufig war. Eine noch höhere und in der Tendenz steigende Armutsquote trat bei der dritten Erwerbskonstellation mit einem sonstigen Erwerbstätigen auf (1998 : 27,8 %). Aber auch bei zwei erwerbstätigen Haushaltsvorständen lag eine überdurchschnittliche Armutsbetroffenheit dann vor, wenn beide in sonstigen Beschäftigungsverhältnissen tätig waren (1998 : 24,3 %). Laut Tabelle 3.1–8 entfielen allerdings 1998 auf alle drei Fallkonstellationen zusammen lediglich knapp 10 % der Personen in Erwerbstätigenhaushalten.

Umgekehrt waren besonders niedrige Armutsquoten immer dann anzutreffen, wenn in diesen Haushalten ein oder zwei Vollzeitbeschäftigungsverhältnisse anzutreffen waren. Dies galt im alten Bundesgebiet für die allein stehenden, Vollzeit beschäftigten Erwerbstätigen mit 1998 3,4 % und beim Zweiverdienerpaar mit 1,2 % (wenn zwei Vollzeitbeschäftigungen vorlagen) und 3,7 % (wenn ein Vollzeit- und ein sonstiges Beschäftigungsverhältnis vorlag). Lediglich wenn ein Vollzeitbeschäftigter mit einem nicht erwerbstätigen Partner zusammenlebte, bewegte sich die Armutsquote rund 5 Prozentpunkte über dem Erwerbstätigendurchschnitt. In diesem Fall trugen vermutlich Größe und Zusammensetzung des Haushalts dazu bei, dass 1998 auch bei einer Vollzeitbeschäftigung in immerhin 13,0 % der Fälle die Armutsschwelle nicht überschritten wurde. Ein vergleichbares Bild ergibt sich für die neuen Bundesländer.

Tabelle 3.1–9: Armutsquoten in Erwerbstätigenhaushalten nach Erwerbskonstellation und Beschäftigungsform 1985 bis 1998 *

Jahr	Allein lebender erwerbstätiger HHV		Zwei erwerbstätige HHV			Ein erwerbstätiger und ein nicht erwerbstätiger HHV	
	Vz. Erw./ 0	So. Erw./ 0	Vz. Erw./ Vz. Erw.	Vz. Erw./ So. Erw.	So. Erw./ So. Erw.	Vz. Erw./ NEW	So Erw./ NEW
Alte Bundesländer							
1985	3,6	36,4	6,2	3,7	10,8	12,1	19,8
1998	3,8	33,2	5,2	5,1	(3,1)	10,1	15,5
1991	4,0	16,3	1,9	3,7	11,8	11,7	13,6
1994	1,3	7,4	3,4	2,4	11,3	10,0	17,3
1997	2,2	16,2	1,8	2,4	13,1	11,4	24,7
1998	3,4	15,0	1,2	3,7	24,2	13,0	27,8
Neue Bundesländer							
1991	2,5	15,8	1,9	2,4	3,2	3,0	4,8
1994	2,7	(18,0)	2,1	5,5	7,4	5,2	30,9
1997	4,8	8,5	2,4	0,5	()	6,8	4,8
1998	2,3	9,9	0,7	2,2	()	5,1	10,6

Datenbasis SOEP. * () = Fallzahl 0–30; (X) = Fallzahl 31–50.

3.1.3.4.2 Einkommensarmut nach Haushaltstyp

Eine weitere Differenzierung der Personen in Erwerbstätigenhaushalten kann vorgenommen werden, wenn diese Haushaltstypen zugeordnet werden, die nach Konstellationen des Zusammenlebens gebildet werden: Unterschieden werden danach fünf Haushaltstypen, die wie folgt definiert sind: (1) Singlehaushalte ohne Kinder; (2) Paarhaushalte ohne Kinder; (3) Paarhaushalte mit minderjährigen (und evtl. älteren) Kindern; (4) Einelternhaushalte mit minderjährigen (und evtl. älteren) Kindern; (5) Familienhaushalte mit erwachsenen Kindern. In allen Haushalten können weitere Haushaltsmitglieder leben. Aus Tabelle 3.1–10 geht hervor, dass 1998 im alten Bundesgebiet und in den neuen Bundesländern die große Mehrzahl der Personen in Erwerbstätigenhaushalten in Paarhaushalten mit minderjährigen Kindern lebte (50,3 bzw. 56,6 %). Mit 20,9 bzw. 19,3 % waren Personen in Paarhaushalten ohne Kinder vertreten, während den drei übrigen Haushaltstypen nur eine nachgeordnete zahlenmäßige Bedeutung zukam.

Tabelle 3.1–10: Personen in Erwerbstätigenhaushalten nach Haushaltstypen und Erwerbskonstellationen 1998 *

1998	Verteilung der Personen in Erwerbstätigenhaushalten nach Erwerbskonstellationen und Haushaltstypen in %										
	Allein lebender erwerbstätiger HHV			Zwei erwerbstätige HHV				Ein erwerbstätiger und ein nicht erwerbstätiger HHV			Summe der Personen in Erwerbstätigen-Haushalten
	Vz. Erw./ 0	So. Erw./ 0	Alle Erw./ 0	Vz. Erw./ Vz. Erw.	Vz. Erw./ So. Erw.	So. Erw./ So. Erw.	Alle Erw./ A. Erw.	Vz. Erw./ NEW	So. Erw./ NEW	Alle Erw./ NEW	
Alte Bundesländer											
Singlehaushalte	10,3	1,7	12,0	–	–	–	–	–	–	–	11,9
Paarhaushalte ohne Kinder	–	–	–	9,0	3,7	0,4	13,1	5,8	1,9	7,7	20,9
Paarhaushalte mit minderj. K.	–	–	–	6,2	17,5	()	24,0	25,0	1,3	26,3	50,3
Eineltern-haush. mit minderj. K.	1,8	1,6	3,4	–	–	–	–	–	–	–	3,4

1998	Verteilung der Personen in Erwerbstätigenhaushalten nach Erwerbskonstellationen und Haushaltstypen in %										
	Allein lebender erwerbstätiger HHV			Zwei erwerbstätige HHV				Ein erwerbstätiger und ein nicht erwerbstätiger HHV			Summe der Personen in Erwerbs-tätigen-Haushalten
	Vz. Erw./ 0	So. Erw./ 0	Alle Erw./ 0	Vz. Erw./ Vz. Erw.	Vz. Erw./ So. Erw.	So. Erw./ So. Erw.	Alle Erw./ A. Erw.	Vz. Erw./ NEW	So. Erw./ NEW	Alle Erw./ NEW	
Alte Bundesländer											
Familien mit erwachsenen Kindern	0,9	0,5	1,4	2,1	3,5	()	5,6	5,0	1,5	6,5	13,5
Summe	13,0	3,8	16,8	17,3	24,7	0,7	42,7	35,8	4,8	40,5	100,0
Neue Bundesländer											
Singlehaushalte	5,8	()	6,9	–	–	–	–	–	–	–	6,8
Paarhaushalte ohne Kinder	–	–	–	8,2	2,6	()	10,9	6,6	1,9	8,5	19,3
Paarhaushalte mit minderj. K.	–	–	–	23,9	9,7	()	33,7	20,3	(2,6)	22,9	56,6
Elternhaush. mit minderj. K.	3,2	(1,6)	4,8	–	–	–	–	–	–	–	4,8
Familien mit erwachsenen Kindern	(1,0)	()	1,4	5,0	2,5	()	7,5	3,3	()	3,7	12,5
Summe	100,0	3,1	13,1	37,1	14,8	()	52,1	30,2	5,0	35,2	100,0

Datenbasis SOEP. * () = Fallzahl 0–30; (X) = Fallzahl 31–50.

Tabelle 3.1–11 gibt einen Überblick über die Armutsbetroffenheit für die verschiedenen Kombinationen aus Erwerbskonstellationen und Haushaltstypen im Jahr 1998. Dabei sind für manche dieser Kombinationen keine gesicherten Aussagen möglich, da die ungewichteten Fallzahlen im SOEP zu klein ausfallen. Bei allein stehenden erwerbstätigen Haushaltsvorständen sind vor allem Einelternhaushalte mit minderjährigen Kindern überdurchschnittlich von Armut betroffen (14,5 %), während sich die Armutsquoten für die Einelternhaushalte unter den Familien mit erwachsenen Kindern und für die Singlehaushalte im mittleren Bereich bewegen. Auch wenn das quantitative Gewicht der Einelternhaushalte mit minderjährigen Kindern unter den Personen in Erwerbstätigenhaushalten vergleichsweise gering ist, sind diese doch mit einem relativ hohen Armutsrisiko konfrontiert. Sind beide Haushaltsvorstände erwerbstätig, liegen die Armutsquoten vergleichsweise niedrig. Dies gilt für Paare mit minderjährigen Kindern ebenso wie für die Familienhaushalte mit erwachsenen Kindern, in denen zwei Partner vorhanden waren. Bei Einverdienerpaaren weisen die Paare mit minderjährigen Kindern die höchste Armutsbetroffenheit auf (29,6 %); auch bei Paarhaushalten mit erwachsenen Kindern liegt die Armutsquote überdurchschnittlich hoch (12,2 %). Aussagen über die Armutsbetroffenheit von Personen in den neuen Bundesländern sind wegen der sehr geringen Fallzahlen kaum möglich. Es zeichnen sich jedoch vergleichbare Betroffenheitsstrukturen ab.

Tabelle 3.1–11: Armutsquoten von Erwerbstätigenhaushalten nach Haushaltstyp und Erwerbskonstellation 1998 *

	Allein lebender erwerbstätiger HHV			Zwei erwerbstätige HHV				Ein erwerbstätiger und ein nicht erwerbstätiger HHV		
	Vz. Erw./ 0	So. Erw./ 0	Alle Erw./ 0	Vz. Erw./ Vz. Erw.	Vz. Erw./ So. Erw.	So. Erw./ So. Erw.	Alle Erw./ A. Erw.	Vz. Erw./ NEW	So. Erw./ NEW	Alle Erw./ NEW
Alte Bundesländer										
Singlehh.	1,7	16,2	3,7	–	–	–	–	–	–	–
Paarhh. o. K.	–	–	–	0,2	2,5	(22,0)	1,6	7,3	0,7	5,6
Paarhh. mj. K.	–	–	–	2,6	3,4	()	3,5	15,5	68,1	29,6
Einelthh. mj. K.	17,2	12,1	14,5	–	–	–	–	–	–	–
Fam. erw. K.	(0,0)	24,1	5,6	1,6	6,9	()	5,1	6,9	29,2	12,2
Neue Bundesländer										
Singlehh.	2,9	()	4,9	–	–	–	–	–	–	–
Paarhh. o. K.	–	–	–	0,4	0,0	0,0	0,3	1,5	11,3	3,7
Paarhh. mj. K.	–	–	–	0,9	2,0	()	1,2	7,1	(11,3)	7,6
Einelthh. mj. K.	1,9	(6,9)	3,7	–	–	–	–	–	–	–
Fam. erw. K.	(0,0)	()	(0,0)	0,0	6,0	()	1,7	0,0	()	0,0

Datenbasis SOEP. * () = Fallzahl 0–30; (X) = Fallzahl 31–50.

Differenziert man die genannten Kombinationen aus Erwerbskonstellation und Haushaltstyp weiter nach der Beschäftigungsform – also nach Vollzeiterwerbstätigkeit und sonstiger Erwerbstätigkeit –, ergibt sich für die sonstigen Beschäftigungsverhältnisse fast durchweg eine höhere Armutsbetroffenheit, auch wenn die Zahl dieser Fälle gemäß Tabelle 3.1–10 von (bisher) begrenzter Bedeutung ist. Ein ähnliches Bild zeigen die Niedrigeinkommensquoten auf Basis der 75 %-Schwelle in Erwerbstätigenhaushalten nach Haushaltstypen und Erwerbskonstellationen. Als Fazit lässt sich festhalten, dass sowohl die Erwerbskonstellation als auch die Beschäftigungsform auf der Seite der Erwerbsbeteiligung und der Haushaltstyp auf der Seite des Haushaltsbedarfs von maßgeblicher Bedeutung dafür sind, in welchem Maße Personen in Erwerbstätigenhaushalten von Armut betroffen sind. Die im Durchschnitt unterproportionale Betroffenheit kehrt sich für bestimmte Kombinationsgruppen aus diesen Merkmalen in eine überdurchschnittliche Armutsbetroffenheit um. Bei weiterer Differenzierung nach Merkmalen wie Haushaltsgröße und Zahl der Kinder, nach soziodemographischen und sozioökonomischen Merkmalen des/der Haushaltsvorstände oder nach bestimmten Beschäftigungsformen ließe sich ein genaueres Bild der Armutsbetroffenheit ermitteln. Dafür wäre allerdings ein umfangreicherer Datensatz erforderlich.

3.1.3.5 Der Zusammenhang zwischen individuellen Erwerbseinkommen und der Einkommenslage in Erwerbstätigenhaushalten

Für die Beantwortung der Frage nach den Ursachen der Armut bei Erwerbstätigkeit ist die Analyse des Zusammenhangs zwischen individueller Erwerbseinkommensposition und der Einkommenslage in Erwerbstätigenhaushalten von zentraler Bedeutung. Diese Analyse soll in zwei Schritten erfolgen: Zunächst werden Erwerbstätige in niedrigen Verdienstpositionen daraufhin untersucht, in welchem Ausmaß sie auch mit einer niedrigen Haushaltseinkommensposition konfrontiert sind. Auch wenn dabei die Einkommenslage im Haushalt erfragt wird, bleibt die Analyse doch auf den einzelnen Erwerbstätigen beschränkt. Weitere Aspekte des Haushaltskontextes sind ausgespart. In einem zweiten Schritt wird daher der Frage nachgegangen, wie sich unterschiedliche Erwerbskonstellationen und Verdienstpositionen in Armuts- und Niedrigeinkommenspositionen von Erwerbstätigenhaushalten niederschlagen. Erst durch diese zweiten Schritt kann das Zusammenspiel der verschiedenen Einflussfaktoren für das Armutsrisiko im Haushalt etc. explizit untersucht und gewürdigt werden.[35]

3.1.3.5.1 Niedrige Erwerbseinkommen und Haushaltseinkommensposition

Einen ersten Hinweis zum Zusammenhang individueller Niedrigverdienstposition und niedriger Haushaltseinkommensposition liefern die Befunde der Tabellen 3.1–12 und 3.1–13, die für die einzelnen Verdienstklassen im Zeitraum 1985 bis 1997 angeben, in welcher Verteilungsposition die Haushaltsäquivalenzeinkommen der Bezieher dieser Verdienste lagen. Jeder Verdienstposition wird also die korrespondierende Haushaltseinkommensposition gegenübergestellt. Danach ergibt sich, dass sich im alten Bundesgebiet 1998 2,6 % der Erwerbstätigen nicht nur in der untersten Verdienstklasse, sondern zugleich in der untersten Haushaltsäquivalenzeinkommensposition befanden. Nur rund ein Zehntel der insgesamt 24,0 % Niedrigstverdiener (bis 50 %) lag also zugleich mit seinem Haushaltseinkommen in der untersten Verteilungsklasse (bis 50 %) und war damit von Einkommensarmut betroffen. Rund 90 % der Niedrigstverdiener lebten dagegen im Haushaltskontext frei von Armut. Vergleichbares gilt, wenn man jeweils die 75 %-Schwelle zugrunde legt. Zugleich machten die Niedrigstverdiener aber rund die Hälfte all der Verdiener aus, die mit ihrem Haushaltseinkommen in Armut lebten. Ihr Anteil war damit wesentlich höher als der der Bezieher höherer Verdienste. Diese Aussagen gelten im Prinzip für den gesamten Beobach-

35 Grundsätzlich lassen sich auch weitere Aspekte des Haushaltszusammenhangs wie etwa Haushaltstyp und Kinderzahl in diese Analyse mit einbeziehen. Begrenzt wird die allein durch die Fallzahlen in der Datenbasis.

tungszeitraum, wobei die Konzentration der Erwerbstätigen in Armut auf die Niedrigstverdiener bei rückläufiger Armutsquote im Zeitverlauf zugenommen hat. In den neuen Bundesländern wird aus Fallzahlgründen der Niedrigverdienstbereich (bis 75 %) bzw. der Niedrigeinkommensbereich (bis 75 %) bei den Haushaltsäquivalenzeinkommen betrachtet. Hier waren es 1998 13,5 % aller Verdienste, die im niedrigen Verdienstbereich lagen und zugleich mit einer Niedrigeinkommenslage im Haushaltskontext einher gingen. Diese 13,5 % machten rund ein Drittel der Gesamtheit aller Niedrigverdienste aus, aber drei Viertel aller Verdienste, bei denen eine Niedrigeinkommensposition im Haushaltskontext auftrat.

Tabelle 3.1–12: Verteilung der Bezieher von Bruttoerwerbseinkommen nach der Höhe der Haushaltsäquivalenzeinkommen 1985, 1991 und 1998, alte Bundesländer *

Bruttoerwerbseink. in % des durchschnittl. Bruttoerwerbseinkommens	Haushaltsäquivalenzeinkommen in % des durchschnittl. Haushaltsäquivalenzeinkommens														
	Bis 50 %			51–75 %			76–100 %			101 % und mehr			Summe		
	1985	1991	1998	1985	1991	1998	1985	1991	1998	1985	1991	1998	1985	1991	1998
Alte Bundesländer															
Bis 50 %	2,7	2,4	2,6	5,9	6,8	6,3	6,5	5,5	7,9	8,2	8,0	7,2	23,3	22,7	24,0
51–75 %	1,7	1,2	1,4	2,9	3,7	3,6	4,3	5,2	5,4	8,8	10,6	9,4	17,7	20,7	19,7
76–100 %	1,4	1,0	(0,6)	4,9	5,3	5,2	5,6	5,7	5,9	14,6	13,9	15,8	26,5	25,9	27,5
Über 100 %	0,4	()	()	3,4	3,0	2,2	6,2	4,7	4,7	22,6	22,7	21,8	32,5	30,6	28,8
Summe	6,2	4,8	4,6	17,0	18,8	17,3	22,5	21,1	24,0	54,3	55,2	54,1	100	100	100

Datenbasis SOEP. * () = Fallzahl 0–30; (X) = Fallzahl 31–50.

Tabelle 3.1–13: Verteilung der Bezieher von Bruttoerwerbseinkommen nach der Höhe der Hauhaltsäquivalenzeinkommen 1991 und 1998, neue Bundesländer *

Bruttoerwerbseink. in % des durchschnittl. Bruttoerwerbseinkommens	Haushaltsäquivalenzeinkommen in % des durchschnittl. Haushaltsäquivalenzeinkommens					
	Bis 75 %		Ab 76 %		Summe	
	1991	1998	1991	1998	1991	1998
Neue Bundesländer						
Bis 75 %	8,3	13,5	26,2	28,3	34,5	41,8
Ab 76 %	5,3	4,7	60,2	53,5	65,5	58,2
Summe	13,6	18,3	86,4	81,8	100	100

Datenbasis SOEP. * () = Fallzahl 0–30; (X) = Fallzahl 31–50.

Die Vermutung liegt daher nahe, dass in den alten wie in den neuen Bundesländern der Großteil der Niedrigverdiener zwar – bezogen auf das Haushaltseinkommen – frei von Armut lebt, aber Niedrigverdiener dennoch – im Vergleich zu den Beziehern höherer Verdienste – ein überdurchschnittliches Risiko haben, in Einkommensarmut zu geraten. Diese Aussagen gelten zunächst nur bezogen auf den einzelnen Beschäftigten. Warum ein solcher Zusammenhang in dieser Form existiert und welche Faktoren dazu beitragen, ist aus der Individualbetrachtung des einzelnen Erwerbstätigen heraus nicht zu ermitteln. Im Folgenden soll dieser Fragenkomplex daher mit Blick auf die Erwerbstätigenhaushalte bzw. die darin lebenden Personen weiter verfolgt werden.

3.1.3.5.2 Armuts- und Niedrigeinkommenslagen in Erwerbstätigenhaushalten nach Schichtung individueller Erwerbseinkommen

Als maßgebliche Faktoren für das Auftreten von Armut in Erwerbstätigenhaushalten sind neben der Erwerbskonstellation und dem Haushaltstyp vor allem auch die Zahl und Höhe der Verdienste anzusehen. Da mehrere Verdienste im Haushalt vorliegen können, reicht es nicht aus, lediglich die Höhe eines Verdienstes der des Haushaltsäquivalenzeinkommens gegenüberzustellen. In Tabelle 3.1–14 wurden – der bisherigen Auswertungslogik folgend – für unterschiedliche Erwerbskonstellationen der Haushaltsvorstände die grundsätzlich möglichen Verdienstkonstellationen gebildet, definiert als Positionen in der Schichtung der Erwerbseinkommen für West- und Ostdeutschland. Für jede dieser Erwerbs- und Verdienstkonstellationen wurde dann die Höhe der Armuts- und der Niedrigeinkommensquote im Jahr 1998 ermittelt.

Der Tabelle ist zu entnehmen, dass bei allein stehenden erwerbstätigen Haushaltsvorständen die Armutsquote umso höher liegt, je niedriger ihre Position in der Verdiensthierarchie ist; hier schlägt sich die Eingruppierung in der untersten Verdienstklasse in einer Armutsquote von 20,5 % (neue Bundesländer 16,6 %) nieder; Vergleichbares gilt für die Niedrigeinkommensquote mit 57,8 % (neue Bundesländer 64,8 %). Bei einer höheren individuellen Verdienstposition geht auch die Betroffenheit durch Armut rapide zurück. In noch stärkerer Weise schlägt eine niedrige Verdienstposition bei Haushalten mit einem erwerbstätigen und einem nicht erwerbstätigen Vorstand in einer überdurchschnittlich hohen Armuts- und Niedrigeinkommensposition durch. So liegt die Armutsquote bei einem Verdienst in der untersten Verdienstklasse bei 31,0 % (bzw. 29,3 %); die Niedrigeinkommensquote erreicht den Wert von 64,8 % (bzw. 74,0 %). Da hierbei in der Regel größere Haushalte vorliegen als bei den allein stehen-

Tabelle 3.1–14: Armuts- und Niedrigeinkommensquoten in Erwerbstätigenhaushalten nach Erwerbskonstellation und Struktur der Bruttoarbeitseinkommen 1998 *

Erwerbs-konstellation	Struktur der Bruttoarbeitseinkommen 1998													
	–50 %	51–75 % –	76–100 % –	101 %– –	–50 % & –50 %	–50 % & 0,51–0,75 %	–50 % & 76–100 %	–50 % & 101 %–	51–75 % & 0,51–0,75 %	51–75 % & 76–100 %	76–100 % & 101 %–	76–100 % & 76–100 %	76–100 % & 101 %	101 % & 101 %–
Alte Bundesländer														
ERW/0	**20,5** 57,8	**6,6** 17,0	**1,4** 6,3	**0,1** 3,9										
ERW/ERW					**19,4** 49,4	**13,7** 59,8	**1,4** 31,6	**1,4** 11,8	**0,0** 19,2	**0,0** 15,6	**0,0** 4,9	**1,5** 4,7	**0,0** 5,4	**0,0** 2,5
ERW/NEW	**31,0** 64,8	**29,0** 70,5	**9,4** 66,5	**0,0** 21,9										
Neue Bundesländer														
ERW/0	**(16,6)** (76,5)	**4,5** 11,3	**0,0** 13,7	**0,0** 1,0										
ERW/ERW					**()** ()	**10,0** 27,9	**0,0** 28,1	**0,0** 12,0	**1,9** 19,3	**1,3** 16,4	**0,0** 9,6	**0,0** 2,5	**0,0** 2,8	**0,0** 0,0
ERW/NEW	**29,3** 74,0	**5,6** 73,2	**2,2** 36,5	**0,0** 21,4										

Datenbasis SOEP. * () = Fallzahl 0–30; (X) = Fallzahl 31–50. Fettgedruckte Zahlen sind Armutsquoten und normal gedruckte Zahlen Niedrigeinkommensquoten.

den Vorständen (obwohl auch bei diesen ein oder mehrere Kinder im Haushalt leben können), reicht der niedrige Verdienst häufig nicht aus, den höheren Bedarf zu decken. Selbst bei einem Verdienst in der nächst höheren Verdienstklasse liegt die Armuts- (29,0 bzw. 5,6 %) und Niedrigeinkommensquote (70,5 bzw. 73,2 %) noch überdurchschnittlich hoch. Haushalte mit einem erwerbstätigen und einem nicht erwerbstätigen Vorstand bzw. Partner sind also mit einem generell höheren Armuts- und Niedrigeinkommensrisiko konfrontiert, auch wenn der Verdienst im mittleren Verdienstbereich liegt.

Wie bereits dargestellt, tritt das geringste Armuts- und Niedrigeinkommensrisiko dann auf, wenn zwei Vorstände vorhanden sind und beide einer Erwerbstätigkeit nachgehen. Dennoch ist auch hier eine überdurchschnittliche Armutsbetroffenheit festzustellen, wenn beide Verdienste in der untersten Verdienstklasse (19,4 %) oder einer in der untersten und der andere in der zweituntersten Verdienstklasse (13,7 bzw. 10,0 %) lagen. Der Doppelverdienst garantiert also keineswegs die Freiheit von Armut. Auch für diese Erwerbskonstellation hängt sie von der Höhe beider Verdienste ab.

Im Vergleich zur Armutsquote auf Basis der 50 %-Schwelle in allen Erwerbstätigenhaushalten für 1998, die die Höhe von 8,4 % (neue Bundesländer 3,2 %) hatte, lagen die Armutsquoten bei Alleinstehenden bzw. Alleinerziehenden der niedrigsten Verdienstklasse überdurchschnittlich hoch, ebenso bei Einverdienerpaaren der beiden untersten Verdienstklassen und bei Zweiverdienerpaaren mit zwei Niedrigstverdiensten oder einem sehr niedrigen und einem niedrigen Verdienst. Ein vergleichbares Bild ergibt sich bei der Betrachtung der Niedrigeinkommensquote auf Basis der 75 %-Schwelle.

Als Fazit lässt sich festhalten, dass der Zusammenhang zwischen Niedriglohnposition und Einkommenslage im Haushalt vor allem für die Konstellation eines allein stehenden Verdieners gilt. Sind zwei Vorstände bzw. Partner im Haushalt vorhanden, sind intervenierende Variablen mit einzubeziehen. Ist ein erwerbstätiger Partner im Haushalt vorhanden, reduziert sich das Verarmungsrisiko in ganz entscheidender Weise. Aber auch hier spielt die Höhe der beiden Verdienste eine maßgebliche Rolle für den Umfang der Armutsbetroffenheit. Das Gleiche gilt allerdings auch für den Umkehrschluss: Gibt einer der beiden Haushaltsvorstände/Partner seine Erwerbstätigkeit zeitweilig oder dauerhaft, freiwillig (z. B. wegen der Geburt eines Kindes) oder erzwungenermaßen (wegen Arbeitslosigkeit, Krankheit/Behinderung etc.) auf, steigt das Risiko sprunghaft an, in eine Armutslage abzurutschen. Leben zwei Vorstände/Partner zusammen, von denen einer keiner Erwerbstätigkeit nachgeht, wird der Zusammenhang zwischen Verdienst und Haushaltseinkommenslage vor allem durch den Umfang und die Zusammensetzung des Haushalts und die daraus resultierenden Bedarfslagen modifiziert. Vor allem der steigende Bedarf als Folge von Kindern im Haushalt ist hierbei als Risiko verschärfender Faktor hervorzuheben. Dennoch liegt auch in diesen Haushalten die Armut umso höher, je niedriger der Verdienst ausfällt. Insgesamt wird also der Einfluss der Lohnhöhe auf das Armutsrisiko durch die genannten Faktoren zwar modifiziert, jedoch nicht aufgehoben.

3.1.3.6 Einkommensmobilität in Erwerbstätigenhaushalten

In einem weiteren Schritt soll die Einkommensmobilität von Erwerbstätigen und ihren Angehörigen betrachtet werden. Macht es doch (auch) sozialpolitisch einen großen Unterschied, ob Armuts- und Niedrigeinkommenspositionen nur kurzzeitig bzw. vorübergehend auftreten oder über längere Zeiträume andauern. Dazu wird im Rahmen eines Zwei-Zeitpunkte-Vergleichs zunächst danach gefragt, wie sich die individuelle Verdienstposition von Erwerbstätigen des Jahres 1991 innerhalb des Zeitraums 1991 bis 1997 verändert hat. In einem zweiten Schritt wird die Veränderung der Haushaltseinkommensposition von Personen in Erwerbstätigenhaushalten des gleichen Jahres für den genannten Sechsjahres-Zeitraum skizziert.

3.1.3.6.1 Veränderung der individuellen Erwerbseinkommensposition

In der kontroversen arbeits- und sozialpolitischen Diskussion wird die Existenz von Niedrigverdiensten u. a. mit dem Argument befürwortet, solche niedrig entlohnten Jobs böten gerade den so genannten Problemgruppen des Arbeitsmarkts gute Einstiegschancen in das Beschäftigungssystem. Zudem würden sie Aufstiegschancen in besser dotierte Erwerbspositionen erschließen. Im Folgenden soll daher der Frage nachgegangen werden, in welchem Maße im zeitlichen Verlauf Prozesse der Einkommensmobilität festzustellen sind und inwieweit ehemalige Niedrigverdiener tatsächlich in bessere Verdienstpositionen aufgestiegen sind. Aus dem Vergleich der Erwerbseinkommenspositionen zu diesen beiden Zeitpunkten (genauer: zum Erhebungszeitpunkt in diesen beiden Jahren) lassen sich Rückschlüsse auf die Einkommensmobilität in diesem Zeitraum ziehen, obwohl die Einkommensveränderungen in den dazwischen liegenden Jahren ausgeblendet bleiben. Wir wissen daher nicht, wann und wie häufig eine Veränderung der Erwerbseinkommensposition in diesen sieben Jahren stattgefunden hat und wie lange diese andauert oder noch andauern wird. Ausgeblendet sind auch diejenigen, die 1997 nicht mehr erwerbstätig waren, also arbeitslos geworden oder aus dem Erwerbsleben ausgeschieden sind.

Insgesamt hat sich die Verteilung der Erwerbseinkommenspositionen der in 1991 Erwerbstätigen von 1991 bis 1997 im alten Bundesgebiet deutlich verbessert (vgl. Tabelle 3.1–15): Während sich 1991 21,7 % in der untersten Verdienstklasse befanden, wa-

Tabelle 3.1–15: Veränderung der Bruttoerwerbseinkommensposition von Erwerbstätigen zwischen 1991 und 1997 *

Bruttoerwerbseinkommensposition 1991	Bruttoerwerbseinkommensposition 1997					Bruttoerwerbseinkommensposition in 1997 der Verdienstgruppen von 1991					Bruttoerwerbseinkommensposition in 1991 der Verdienstgruppen von 1997			
	00–50	51–75	76–100	101–	Gesamt	00–50	51–75	76–100	101–	Gesamt	00–50	51–75	76–100	101–
Alte Bundesländer														
00–50	10,8	5,8	3,0	(2,1)	21,7	49,9	26,8	13,7	(9,7)	100	70,1	27,9	11,1	5,7
51–75	2,7	9,6	5,3	(1,8)	19,4	14,0	49,4	27,2	(9,5)	100	17,6	45,9	19,7	4,9
76–100	()	4,3	13,2	6,5	25,1	()	16,9	52,5	26,0	100	()	20,4	49,4	17,7
101–	()	()	5,3	26,5	33,8	()	()	15,8	78,4	100	()	()	19,9	71,7
Gesamt	15,5	20,9	26,8	39,9	100	–	–	–	–	–	100	100	100	100
Neue Bundesländer														
00–75	14,9		12,7		27,6	57,4		42,6		100	55,6		19,7	
76–	14,9		57,6		72,4	19,6		80,4		100	44,4		80,4	
Gesamt	29,7		70,3		100	–		–		100	100		100	

Datenbasis SOEP. * () = Fallzahl 0–30; (X) = Fallzahl 31–50.

ren es 1997 nur noch 15,5 %. Umgekehrt hat sich die Besetzung der zweituntersten Verdienstklasse (wie auch der anderen beiden Klassen) geringfügig von 19,4 auf 20,9 % erhöht. Für beide Klassen zusammen hat sich der Anteil der Niedrigverdiener also von 1991 bis 1997 von 41,1 auf 36,4 % verringert. Fragt man, in welcher Verdienstklasse des Jahres 1997 die ehemaligen Niedrigstverdiener (aus der untersten Verdienstklasse bis 50 %) des Jahres 1991 verblieben sind, ergibt sich folgendes Bild: Nach sechs Jahren waren diese Verdiener zu 49,9 % noch in der gleichen niedrigsten Verdienstklasse, 26,8 % waren in die nächsthöhere Klasse, die übrigen 23,4 % noch weiter aufgestiegen. Ähnlich sieht es aus, wenn man nach dem Verbleib der Verdiener aus höheren Klassen fragt. So waren mit 49,4 % die ehemaligen Verdiener der Klasse 51–75 % sechs Jahre später in ähnlicher Größenordnung noch oder wieder in der gleichen Verdienstposition, 14,0 % waren in die unterste Verdienstklasse abgestiegen, während es 26,6 % gelungen war, in höhere Verdienstklassen aufzusteigen. Auch hier zeigt sich, dass es zwar etwa der Hälfte der Niedrigstverdiener in einem überschaubaren Zeitraum gelingt, in höhere Positionen aufzusteigen, dass aber eine gleich große Gruppe in diesem prekären Verdienstbereich verbleibt.

Interessant ist auch die Frage, woher diejenigen Verdiener stammen, die sich 1997 in der niedrigsten Verdienstklasse befanden: Laut Tabelle 3.1–15 stammten sie zu 70,1 % aus der gleichen Verdienstklasse wie 1991, zu 17,6 % aus der nächsthöheren Verdienstklasse. Betrachtet man die nächsthöhere Verdienstklasse, sieht das Bild ähnlich aus: Zu 45,9 % rekrutierten sich diese prekären Verdiener aus der gleichen Klasse wie 1991, 27,9 % waren sogar aufgestiegen, hatten sich also in ihrer Erwerbseinkommensposition verbessert, diesen standen jedoch 26,2 % gegenüber, die über einen Verdienstabstieg in diese Klasse gerieten.

In den neuen Bundesländern lassen sich aus Fallzahlgründen valide Aussagen nur für die Gesamtgruppe der Niedrigverdiener bis 75 % des ostdeutschen Durchschnittsverdiensts der Vollzeiterwerbstätigen machen: Hier hat sich – anders als im Westen – die Verteilungssituation im Siebenjahreszeitraum leicht verschlechtert, da den ursprünglich 27,6 % Niedrigverdienern 1997 29,7 % gegenüber standen. Von den Niedrigverdienern des Jahres 1991 verblieben 57,4 % in diesem Verdienstbereich, während den übrigen eine Einkommensverbesserung gelang. Umgekehrt stammten von den Niedrigverdienern des Jahres 1997 55,6 % aus der gleichen Verdienstklasse wie 1991. Auch hier ist es über den Weg der Einkommensmobilität nur einem begrenzten Teil der ehemaligen Niedrigverdiener gelungen, ihre individuelle Erwerbseinkommensposition zu verbessern. Da bei dieser Analyse ausschließlich das individuelle Erwerbseinkommen betrachtet wird, alle übrigen Ressourcen- und Bedarfskomponenten dagegen ausgeblendet werden, sind Rückschlüsse auf die Armutslage nicht möglich. Im Folgenden soll daher die Veränderung der gesamten Einkommenslage in Erwerbstätigenhaushalten untersucht werden.

3.1.3.6.2 Veränderung der Haushaltseinkommensposition

In einem zweiten Schritt wird der Frage nachgegangen, in welchem Umfang Personen in Erwerbstätigenhaushalten mit niedrigem Haushaltseinkommen in einer solchen Position verblieben sind. Zugleich wird gezeigt, in welche Einkommensposition die Einkommensarmen in Erwerbstätigenhaushalten innerhalb des Siebenjahreszeitraums einmünden. Schließlich ist zu erfahren, aus welcher Einkommensposition Personen in Erwerbstätigenhaushalten in eine niedrige Einkommenslage gelangen. Auch hier ist zu bedenken, dass der zeitliche Zwischenraum ausgeblendet bleibt, also nicht bekannt ist, ob dies bei einer Person, die 1991 und 1997 in Armut lebte, durchgängig der Fall war oder ob zwischenzeitlich Wechsel der Einkommensposition stattgefunden haben.[36]

In Tabelle 3.1 – 16 zeigt sich, dass sich die Verteilung der Haushaltsäquivalenzeinkommen der Personen in Erwerbstätigenhaushalten des Jahres 1991 im Zeitraum bis 1997 kaum verändert hat: Waren 1991 im alten Bundesgebiet noch 7,7 % von Einkommens-

36 Offen bleibt bei dieser Gegenüberstellung, wie sich die Erwerbsbeteiligung und die Bedarfssituation im Haushalt im Beobachtungszeitraum verändert haben.

Tabelle 3.1–16: Veränderung der Haushaltsäquivalenzeinkommensposition in Erwerbstätigenhaushalten zwischen 1991 und 1997 *

Haushaltseinkommensposition 1991	Haushaltseinkommensposition 1997					Haushaltseinkommensposition in 1997 der Einkommensgruppen von 1991					Haushaltseinkommensposition in 1991 der Einkommensgruppen von 1997			
	00–50	51–75	76–100	101–	Gesamt	00–50	51–75	76–100	101–	Gesamt	00–50	51–75	76–100	101–
Alte Bundesländer														
00–50	2,9	2,8	1,3	(0,7)	7,7	38,4	36,5	16,5	(8,6)	100	39,0	11,7	6,7	(1,6)
51–75	2,8	11,9	7,1	4,1	25,9	10,8	45,9	27,4	15,9	100	37,0	49,6	26,3	9,9
76–100	1,0	6,0	10,8	6,9	24,7	3,9	24,4	43,9	27,9	100	12,6	25,1	40,1	16,6
101–	0,9	3,3	7,8	29,8	41,8	2,1	7,9	18,7	71,4	100	11,4	13,7	28,9	71,9
Gesamt	7,6	24,0	27,0	41,5	100	–	–	–	–	–	100	100	100	100
Neue Bundesländer														
00–50	()	(1,1)	(1,0)	()	7,7	()	35,3	(30,9)	()	100	()	(6,1)	(3,2)	()
51–75	1,9	5,9	6,2	3,8	25,9	10,9	33,0	34,7	21,5	100	35,6	31,5	20,2	8,5
76–100	(2,4)	7,2	13,8	11,4	24,7	(6,9)	20,8	39,6	32,8	100	(44,0)	38,7	44,9	25,1
101–	()	4,4	9,7	29,4	41,8	()	10,0	22,0	66,5	100	()	23,7	31,8	65,0
Gesamt	5,4	18,6	30,7	45,3	100	–	–	–	–	–	100	100	100	100

Datenbasis SOEP. * () = Fallzahl 0–30; (X) = Fallzahl 31–50.

armut betroffen, so lag die entsprechende Armutsquote 1997 bei fast identischen 7,6 %. Auch der Anteil der Personen im prekären Einkommensbereich blieb mit 25,9 % 1991 und 24,0 % 1997 nahezu unverändert. Die Gegenüberstellung der beiden Verteilungsstrukturen legt den Schluss nahe, dass sich in den Einkommenspositionen wenig verändert. Erst der Blick auf die Mobilitätsprozesse lässt erkennen, dass trotz gleich bleibender Verteilungsstruktur im Beobachtungszeitraum erhebliche Umschichtungsprozesse stattgefunden haben. Zwar gibt es in 1997 ähnlich viele Arme unter den betrachteten Personen des Jahres 1991, es sind aber teilweise andere Personen, die in problematischen Einkommensverhältnissen leben. Betrachtet man die Einkommensarmen des Jahres 1991, so verblieben nur 38,4 % von ihnen in dieser untersten Einkommensklasse. 36,5 % stiegen in die nächsthöhere Klasse auf.[37] 25,1 % schafften sogar den Sprung in die beiden oberen Klassen. Betrachtet man schließlich die Einkommensarmen des Jahres 1997, waren lediglich 39,0 % bereits in 1991 einkommensarm. 37,0 % waren zuvor in der nächsthöheren Klasse, 24,0 in den beiden oberen Klassen. Während also knapp 40 % in Armut verblieben (oder sich wieder in Armut befanden), gelang es 60 % der ehemals Armen, diese Einkommensposition zu verlassen und aufzusteigen; in ähnlicher Größenordnung mussten Personen aus höheren Einkommensklassen einen Abstieg in Armut hinnehmen.

In den neuen Bundesländern ergibt sich ein etwas günstigeres Bild: Vergleicht man die Verteilung in 1991 und 1997, waren nach sechs Jahren die beiden unteren Einkommensklassen schwächer besetzt (5,4 gegenüber 7,7 % und 18,6 gegenüber 25,9 %), das Problem der Armut hat also im Beobachtungszeitraum bei dieser Gruppe etwas an Brisanz verloren. Zugleich hat eine Umschichtung der Betroffenen in ähnlicher Größenordnung wie im Westen stattgefunden, da nur knapp 40 % der ehemals Armen in dieser Position verblieben und rund 60 % aus dieser Einkommensposition aufgestiegen bzw. in diese Position abgestiegen sind.

37 Der Aufstieg in die nächsthöhere Klasse kann im Einzelfall nur sehr geringfügig ausfallen, wenn das Einkommen vor diesem Wechsel nur knapp unterhalb und danach knapp oberhalb der Klassengrenze liegt.

3.1.3.7 Armut bei Erwerbstätigkeit vor und nach staatlicher Umverteilung

Die bisherigen Analysen dieses Kapitels haben die individuellen Erwerbseinkommen und die bedarfsgewichteten verfügbaren Haushaltseinkommen zugrunde gelegt. Letzteres ergibt sich, nachdem der einzelne Haushalt Zahlungen an den Staat abgeführt und vom Staat erhalten hat. Tatsächlich unterscheiden sich Volumen und Verteilung der Haushaltseinkommen vor und nach staatlicher Umverteilung ganz erheblich. Staatliche Abgaben dienen dazu, Leistungen des Staates zu finanzieren, die direkt oder indirekt (in monetärer oder realer Form) wieder den Bürgern zufließen, oder eigene soziale Sicherungsansprüche zu begründen. Um zu verhindern, dass durch die abgabenbedingte Verminderung des verfügbaren Haushaltseinkommens die Armutsgefahr erhöht wird, sind im unteren Einkommensbereich Freistellungen von der Abgabepflicht vorgesehen. Umgekehrt tragen die monetären (oder realen) Transfers des Staates an die Bürger dazu bei, die Einkommenslage im Haushalt zu stabilisieren. Erst der positive oder negative Saldo aus beiden Effekten definiert, in welchem Umfang die Einkommenslage des Haushalts verbessert oder verschlechtert wird. Vor allem bei solchen Gruppen, die über keine oder nur geringe Primäreinkommen verfügen, tragen die staatlichen Transfers in entscheidendem Maße dazu bei, die für eine menschenwürdige Lebensführung notwendige Einkommenslage sicherzustellen. Dies ist in der Regel für die Gruppe der Erwerbstätigen und Personen in Erwerbstätigenhaushalten von geringerer Bedeutung als für Haushalte mit arbeitslosen oder nicht erwerbstätigen Haushaltsvorständen. Gerade bei Erwerbstätigenhaushalten stehen daher positiven Transfers etwa in Form von Wohngeld, Kindergeld etc. in der Regel auch mehr oder weniger hohe staatliche Abgaben gegenüber, wobei für die meisten Erwerbstätigenhaushalte die Abgabenlast höher als der Transferbezug ist.

Lediglich bei Vorliegen relativ niedriger Erwerbseinkommen und/oder im Falle eines hohen Haushaltsbedarfs können die Transfers per Saldo die Abgaben übersteigen. Angesichts der – wie gezeigt wurde – nicht unbeträchtlichen Größenordnung der «working poor» in der Bundesrepublik soll auch für diese Gruppe die Nettowirkung staatlicher Intervention dargestellt werden.

Ausgehend von der Frage, in welchem Maße die staatliche Redistribution dazu beigetragen hat, Armut bei Erwerbstätigkeit zu vermeiden, werden im Folgenden für die Gesamtheit aller Personen in Erwerbstätigenhaushalten insgesamt und bei bestimmten Erwerbskonstellationen die Armutsquoten des Jahres 1998 vor und nach staatlicher Umverteilung betrachtet. Ausgehend von der Armutsschwelle der Haushaltsäquivalenzeinkommen nach staatlicher Umverteilung, wird gegenübergestellt, welche bzw. wie viele Personen mit ihrem Einkommen vor und nach staatlicher Intervention unter dieser Schwelle lagen.

Gemäß Tabelle 3.1 – 17 verringerte sich die Armutsquote durch die staatliche Umverteilung im alten Bundesgebiet nur vergleichsweise geringfügig von 9,7 auf 8,3 %. Die geringe Armutsquote vor und der geringe Rückgang durch die Umverteilung signalisieren, dass auch bereits vor Umverteilung der Großteil der Erwerbstätigenhaushalte in ausreichendem Umfang über Einkommen verfügt, um frei von Armut leben zu können. In den neuen Bundesländern war dagegen eine wesentlich ausgeprägtere Wirkung zu beobachten, wurde hier doch die Armutsquote von 13,0 % vor Umverteilung auf 6,0 % nach Umverteilung verringert.

Betrachtet man die Umverteilungswirkungen differenziert nach den Erwerbskonstellationen in Erwerbstätigenhaushalten, war bei den Zweiverdienerpaaren im alten Bundesgebiet eine negative Wirkung festzustellen, da hier der Entzugseffekt des Abgabensystems den Aufstockungseffekt des Transfersystems überwog und die Armutsquote von 4,6 auf 5,6 % stieg. Bei allein stehenden Erwerbstätigen war ein geringer positiver Effekt zu beobachten, die

Armutsquote sank von 11,5 auf 9,9 %. Nur beim Einverdienerpaar trat ein starker Kompensationseffekt auf, die Armutsquote sank um 27,3 % von 14,3 auf 10,4 %. Noch deutlicher wird die unterschiedliche Wirkung der staatlichen Intervention, wenn man die Beschäftigungsform mit einbezieht: Ein stärkeres Absinken der Armutsquote trat vor allem dann auf, wenn sonstige Beschäftigungsformen beteiligt waren. In den neuen Bundesländern wirkte sich die staatliche Umverteilung vergleichbar aus.

Tabelle 3.1–17: Armutsquoten von Personen in Erwerbstätigenhaushalten vor und nach staatlicher Umverteilung 1997 *

	Alte Bundesländer				Neue Bundesländer			
	50 % Armutsquote		Veränderung		50 % Armutsquote		Veränderung	
	vor Umverteilung	nach Umverteilung	absolut in %-Punkten	relativ in % vor U.	vor Umverteilung	nach Umverteilung	absolut in %-Punkten	relativ in % vor U.
Alle Personen in Erwerbstätigenhaushalten	9,7	8,3	– 1,4	– 14,4	13,0	6,0	– 7,0	– 53,8
Erwerbstätig/–	11,5	9,9	– 1,6	– 13,9	16,5	6,5	– 10,0	– 6,1
Erw./Erw.	4,6	5,6	+ 1,0	21,7	6,1	4,6	– 1,5	– 24,6
Erw./Nichterw.	14,3	10,4	– 3,9	– 27,3	21,8	7,8	– 14,0	– 64,2
VZ Erw./–	6,2	5,5	– 0,7	– 11,3	6,6	3,0	– 3,6	– 54,5
Sonst. Erw./–	29,9	25,1	– 4,8	– 16,1	52,0	19,1	– 32,9	– 63,3
VZ Erw./VZ Erw.	2,6	4,0	+ 1,4	+ 53,9	4,8	3,6	– 1,2	– 25,0
VZ Erw./Sonst. Erw.	5,7	6,3	+ 0,6	+ 10,5	8,6	7,3	– 1,3	– 15,1
Sonst. Erw./Sonst. Erw.	18,2	20,2	+ 2,0	+ 11,0	()	()	–	–
VZ Erw./Nichterw.	11,2	9,9	– 1,3	– 11,6	20,7	7,1	– 13,6	– 65,7
Sonst. Erw./Nichterw.	37,5	14,6	– 22,9	– 61,1	28,1	11,9	– 16,2	– 57,7

Datenbasis SOEP. * () = Fallzahl 0–30; (X) = Fallzahl 31–50.

3.1.4 Zusammenfassung und arbeits- und sozialpolitische Schlussfolgerungen

Die vorgestellten Untersuchungsbefunde lassen sich wie folgt zusammenfassen:

Betrachtet man Bestand und Entwicklung der Zahl der Erwerbstätigen mit niedrigen und sehr niedrigen Verdiensten, zeigt sich, dass von einem Verschwinden niedriger Verdienste (unter der 75 %-Schwelle) keine Rede sein kann. Stattdessen war im Zeitraum seit Mitte der 80er-Jahre ein leicht ansteigender Anteil von Erwerbstätigen im Niedrigverdienstbereich zu beobachten. Zugleich zeigt sich, dass Niedrigverdienste vor allem auf die sonstigen Beschäftigungsformen konzentriert sind. Da diese vor dem Hintergrund einer Zunahme der Erwerbsbeteiligung absolut und relativ zugenommen haben und auch weiter zunehmen werden, scheint ein weiterer Anstieg der Erwerbstätigen mit Niedrigverdiensten vorprogrammiert zu sein. Neben niedrigen Stundenlöhnen tragen vor allem Formen der Teilzeitbeschäftigung zu dieser Entwicklung bei.

Der gegenüber der allgemeinen Armutsquote kaum geringer liegende Anteil armer Personen in Erwerbstätigenhaushalten zeigt, dass Einkommensarmut auch in der Bundesrepublik nicht allein ein Problem von Nichterwerbstätigenhaushalten darstellt. Gleiches gilt für das Risiko, auf ein niedriges Haushaltseinkommen im Bereich der 75 %-Schwelle angewiesen zu sein. Dieser Befund ist umso brisanter, da es sich bei der Einkommenslage zwischen 51 und 75 % um eine Situation des «prekären Wohlstands» handelt, bei der zwar ein Einkommensniveau oberhalb der 50 %-Armutsschwelle erreicht wird, jedoch eine hohe Gefahr des Abgleitens in die Armut besteht.

Betrachtet man den Zusammenhang von Arbeitseinkommen und Haushaltseinkommen, schlägt ein niedriger Verdienst am eindeutigsten und am stärksten in Haushalten mit einem allein stehenden Haushaltsvorstand auf das Haushaltseinkommen durch. Dies zeigt sich an den überdurchschnittlich hohen haushaltsbezogenen Armutsquoten bei einem niedrigen Verdienst. Sind zwei Arbeitseinkommen im Haushalt vorhanden, ist die Armutsgefahr am geringsten. Vergleichsweise hohe Armutsquoten sind dagegen bei Haushalten mit einem nicht erwerbstätigen Partner anzutreffen. Selbst wenn in solchen Haushalten ein mittlerer oder höherer Verdienst vorliegt, ist eine relativ hohe Armutsgefahr gegeben. Am höchsten ist das Armutsrisiko bei Paarhaushalten mit minderjährigen Kindern, in denen lediglich ein Verdienst vorhanden ist, und bei Einelternhaushalten. Singlehaushalte und Paarhaushalte ohne Kinder weisen dagegen die niedrigste Armutsgefährdung auf.

Die Untersuchung der Einkommensmobilität in Erwerbstätigenhaushalten hat ergeben, dass sich hinsichtlich der individuellen Verdienstposition die Einkommensstruktur in einem Sechsjahres-Zeitraum zwar wenig verändert hat, dass es aber rund 60 % der ehemaligen Niedrigverdiener gelungen ist, diese Position zu verlassen; in etwa gleichem Umfang haben entsprechende Abstiegsprozesse stattgefunden. Ähnliches gilt für die Haushaltseinkommensposition: Während die Verteilung der Haushaltseinkommen der Personen in Erwerbstätigenhaushalten nahezu unverändert geblieben ist, hat sich eine erhebliche Umschichtung bei den Personen in den einzelnen Klassen ergeben. Insgesamt ist also eine vergleichsweise hohe Einkommensmobilität festzustellen.

Die vorliegenden Befunde zeigen somit, dass die individuelle Verdienstposition nur bedingt auf die gesamte Einkommenslage des Haushalts durchschlägt. Ebenso sind die unterschiedlichen Bedarfskonstellationen als Folge unterschiedlicher Größe und Zusammensetzung des Haushalts sowie die Anzahl der Verdienste im Haushalt von Bedeutung. Dies könnte zum Anlass genommen werden, die Verdiensthöhe als sozialpolitisch wenig bedeutsam zu bewerten und die primär beschäftigungspolitisch begründete Forderung nach einer Absenkung und zugleich Ausbreitung niedriger Verdienste als vertretbar anzusehen. Tatsächlich sind jedoch niedrige Arbeitseinkommen – unabhängig von der jeweiligen Haushaltslage – mit erheblichen Risiken für die individuelle Einkommensbiographie verbunden, da die Niedrigverdienstposition sich durch die Lohnersatzleistungen des sozialen Sicherungssystems auch auf die Zeit während einer Unterbrechung oder nach Beendigung des Erwerbslebens überträgt. Dies ist umso gravierender, da niedrige Verdienstpositionen oft mit erhöhten Beschäftigungsrisiken verbunden sind; d. h. eine erhöhte Eintrittswahrscheinlichkeit des Lebensrisikos Arbeitslosigkeit geht in diesen Fällen mit einem vergleichsweise niedrigen materiellen Absicherungsniveau einher.

Hinzu kommt, dass die Kompensation eines niedrigen Arbeitseinkommens im Haushaltszusammenhang – z. B. durch das Vorhandensein weiterer Erwerbseinkommen – nicht automatisch gesichert ist. Eine solche Kompensation ist z. B. dann infrage gestellt, wenn bei einem Partner Arbeitslosigkeit auftritt, diese Arbeitslosigkeit länger andauert und lediglich die abgesenkte Arbeitslosenhilfe bezogen wird. Dies gilt aber auch dann, wenn z. B. durch Trennung oder Scheidung der bisherige Haushaltskontext verändert oder aufgelöst wird. Eine Risikokompensation im Haushalt ist somit an Bedingungen gebunden, die in zunehmendem Maße infrage gestellt sind. Je mehr die individuellen Arbeitsmarktrisiken zunehmen und je stärker sich der Trend zu einer Individualisierung und Pluralisierung der Lebensformen fortsetzt, umso weniger kann die Risikoabsicherung im Haushaltskontext als selbstverständlich und dauerhaft vorausgesetzt werden. Insofern befinden sich Haushalte, in denen trotz eines oder mehrerer Niedrigverdienste eine Armutslage vermieden werden kann, aber dennoch nur eine niedrige Haushaltseinkommensposition im Bereich zwischen 51 und 75 % des durchschnittlichen Haushaltsäquivalenzeinkommens erreicht wird, in einem Zustand «potenzieller Armut».

Zwar kann festgehalten werden, dass derzeit lediglich ein kleiner Teil der Erwerbsbevölkerung in einem Haushalt mit einem allein stehenden Haushaltsvorstand lebt, bei dem das Erwerbseinkommen unmittelbar auf das Haushaltseinkommen durchschlägt. Dennoch muss insbesondere der Trend zu einem Rückgang des Anteils der Normalarbeitsverhältnisse mit großer Sorge beobachtet werden. Alles spricht dafür, dass mit der Zunahme atypischer Arbeitsverhältnisse auch erhöhte Beschäftigungs- und Einkommensrisiken auftreten, durch die nicht nur das Problem der Niedrigverdienste weiter verschärft wird, sondern auch die Armut in Erwerbstätigenhaushalten Auftrieb erhält. Eine weiter gehende Deregulierung des Arbeitsmarkts würde diese Risiken zusätzlich verschärfen.

Durch staatliche Umverteilungsmaßnahmen im Bereich der Abgaben- und Transferpolitik wird die Armutslage in Erwerbstätigenhaushalten bisher per saldo relativ wenig verändert. Lediglich bei sehr spezifischen Problemkonstellationen (wie größere Kinderzahl etc.) kommt den staatlichen Umverteilungsmaßnahmen größere Bedeutung für die Armutsvermeidung in Erwerbstätigenhaushalten zu. Dennoch signalisieren die hohen Armutsquoten bei Haushalten mit minderjährigen Kindern eine unter armutspolitischen Gesichtspunkten unzulängliche Ausgestaltung des deutschen Familienleistungsausgleichs.

Wie kann das Problem der Armut bei Erwerbstätigkeit künftig entschärft werden? Erforderlich ist ein Gesamtkonzept einer integrierten Armutspolitik, die präventiv wirkt, indem sie die Zugänge zur Armut versperrt, und zugleich kompensatorisch wirkt, indem sie den arm Gewordenen aus der Armutslage heraushilft. Einzubeziehen wären hierzu insbesondere Instrumente der Arbeits-, der Steuer- und Sozialpolitik (vgl. hierzu ausführlicher Kapitel 5):

(1) Da vor allem die so genannten atypischen Beschäftigungsformen mit erhöhten Beschäftigungs- und Einkommensrisiken verbunden sind, besteht eine wichtige Aufgabe darin, diese in höherem Ausmaß als bisher rechtlich zu regulieren, um die negativen armutspolitischen Folgen in Grenzen zu halten. Dabei wird es bei einer weiter wachsenden Erwerbsbeteiligung kaum möglich und von den Betroffenen auch nicht unbedingt erwünscht sein, Vollzeitbeschäftigungsverhältnisse für alle bereitzustellen.

(2) Niedrigverdienste führen zwar in der Mehrzahl der Fälle nicht zu Armut im Haushaltskontext, sie gehen jedoch mit überdurchschnittlichen Armutsrisiken einher. Insofern kommt auch in Zukunft der Festlegung von Mindestlöhnen auf tariflichem Wege oder – soweit dieser nicht (mehr) greift – auf gesetzlichem Wege eine wichtige Rolle zu, um eine Existenzsicherung durch Erwerbsarbeit sicherzustellen.

(3) Vor dem Hintergrund einer zunehmenden Erwerbsbeteiligung von Frauen und dem Wandel der Lebensformen ist die traditionelle Spaltung zwischen Familienlohn einerseits und nicht existenzsicherndem Zuverdienst andererseits weniger denn je zu rechtfertigen. Gefordert ist daher die Orientierung an einem neuen, für Männer und Frauen gleichermaßen geltenden Normalarbeitsverhältnis mit kürzeren Arbeitszeiten und individuell existenzsichernden Verdiensten.

(4) Unabhängig davon müssen durch die allgemeine und berufliche Erst- und Weiterbildung bei den Erwerbstätigen die individuellen Voraussetzungen dafür geschaffen werden, angesichts der erhöhten Anforderungen und Risiken auf dem Arbeitsmarkt bestehen zu können.

(5) Gefordert ist weiterhin eine Steuer- und Abgabepolitik, durch die vermieden wird, dass die Armutsschwelle durch staatliche Abgaben unterschritten wird. Dazu notwendig sind dynamisierte Grundfreibeträge für jedes Familienmitglied in Höhe

des Existenzminimums im Einkommenssteuerrecht. Die Freistellung im Bereich der Sozialabgaben wirft allerdings viele Fragen auf und darf nicht zu einem Wegfall des Sozialversicherungsanspruchs führen, um keine neuen Armutsrisiken zu erzeugen.

(6) Die aus dem Vorhandensein von Kindern resultierenden Bedarfslagen im Haushalt sind heute eine entscheidende Ursache für Armut bei Erwerbstätigkeit. Ihre Beseitigung kann nicht allein Aufgabe der Lohnpolitik sein, sondern erfordert einen Umbau des bisherigen Familienlastenausgleichs in Richtung eines bedarfsgerechten, einkommensabhängigen Kinderleistungsausgleichs (vgl. auch Kapitel 3.3). Aber auch die Kompensation übermäßiger Wohnungslasten durch eine Reform des Wohngelds würde dazu beitragen, Armutsrisiken bei Erwerbstätigkeit insbesondere in großstädtischen Ballungszentren abzubauen.

(7) Die Analyse der Armut bei unterschiedlichen Erwerbskonstellationen hat gezeigt, dass Armut bei Zweiverdienerpaaren am seltensten auftritt. Aufgabe der Politik ist es daher, flankierende Hilfen für die Beteiligung beider Haushaltsvorstände am Arbeitsmarkt bereitzustellen, u. a. durch ein ausreichendes Angebot an Kinderbetreuungsplätzen.

(8) Bei Realisierung der genannten Punkte würde die Notwendigkeit, niedrige Haushaltseinkommen von Erwerbstätigen durch die nachrangige Sozialhilfe aufzustocken, weitgehend entfallen. Der derzeitigen Kombilohn-Debatte, bei der es um eine Umgestaltung der HLU zu einer personenbezogenen Niedriglohnsubvention geht, wäre der Boden entzogen (vgl. Bäcker/Hanesch 1997).

3.2 Arbeitslose und Arbeitslosenhaushalte in Armut

3.2.1 Problemstellung

Der Zusammenhang zwischen Arbeitslosigkeit und (Einkommens-)Armut steht im Zentrum der aktuellen Auseinandersetzungen um die Ursachen wie die Folgen der gegenwärtigen Arbeitslosigkeit. Bereits seit Anfang der 80er-Jahre wird – z. B. im Rahmen der Debatte um die sogenannte «neue Armut» (vgl. Balsen u. a. 1986) – über die Armut von Arbeitslosen gestritten. Dabei bestand und besteht weitgehend Einigkeit, dass sich vor dem Hintergrund der anhaltenden Massenarbeitslosigkeit das Problem der Arbeitslosigkeit zu einer oder gar der Hauptursache von Armut und Sozialhilfebedürftigkeit entwickelt hat. Kontroversen traten dafür umso heftiger im Hinblick auf die Fragen auf, worauf die Armut durch Arbeitslosigkeit zurückzuführen sei und wie dieses Problem gelöst werden könnte. Dabei ist die armuts- und sozialpolitische Diskussion zunehmend von einem primär beschäftigungspolitischen Zugang zu dieser Thematik ergänzt und überlagert worden.

Im Vordergrund theoretischer und empirischer Analysen insbesondere der 80er-Jahre stand die Untersuchung von Umfang und Struktur der Armut bei Arbeitslosigkeit und die Frage nach deren Ursachen. Ergebnis war die Identifizierung struktureller Benachteiligungen bestimmter «Problemgruppen» im Arbeitsmarkt- und Beschäftigungssystem und das Aufzeigen von Leistungsdefiziten des Transfersystems im Hinblick auf die Absicherung des Arbeitslosigkeitsrisikos (vgl. z. B. Büchtemann 1984; Hauser u. a. 1985; Klein 1987; Hanesch 1988). In neueren ökonomischen Analysen wird dagegen das angeblich komfortable Sicherungsniveau bei Arbeitslosigkeit als ein Hauptgrund dafür angesehen, dass es bislang nicht gelungen ist, die anhaltende Massenarbeitslosigkeit zu überwinden. Eine hohe Lohnersatzrate und fehlende Anreizstrukturen des sozialen Sicherungssystems wirkten als «Arbeitslosigkeits- und Armutsfalle», da sie bei den betroffenen Arbeitslosen eine ausreichende Motivation zur Überwindung der Arbeitslosigkeit verhinderten (vgl. z. B. Siebert 1994; Zukunftskommission Bayern und Sachsen 1997a und b). Nicht das Auftreten von Armut bei Arbeitslosigkeit wird also als Problem definiert, sondern die im Vergleich zu Erwerbstätigen zu günstige Einkommenslage der Arbeitslosen. Die Auseinandersetzung um diese Fragestellungen hat in den letzten Jahren immer mehr an Bedeutung und Brisanz gewonnen. Man kann geradezu davon sprechen, dass der Zusammenhang zwischen Arbeitslosigkeit und Armut die Kernfrage der gegenwärtigen armutspolitischen Auseinandersetzung darstellt. Sind doch die divergierenden Einschätzungen und Bewertungen der Einkommenslage bei Arbeitslosigkeit mit höchst unterschiedlichen arbeits- und sozialpolitischen Handlungsaufforderungen an den Sozialstaat verbunden.

Vor diesem Hintergrund muss erstaunen, wie selten die materielle Situation von Arbeitslosen und der Zusammenhang zwischen Arbeitslosigkeit und Einkommensarmut in den letzten zwei Dekaden empirisch untersucht worden ist und wie wenig solche empirischen Befunde in die wissenschaftliche und politische Debatte eingeflossen sind. Im Vordergrund von Untersuchungen zu Auswirkungen der Arbeitslosigkeit auf die Betroffenen standen vielmehr Fragen wie die Herausbildung neuer Muster von Erwerbsbiographien (vgl. z. B. Mutz u. a. 1995) und die als Folge der sich verfestigenden Arbeitslosigkeit auftretenden Ausgrenzungsprozesse am Arbeitsmarkt (vgl. z. B. Kronauer u. a. 1993; Luedtke 1998). Explizit mit dem Zusammenhang von Arbeitslosigkeit und Armut hat sich eine Studie befasst, die im Rahmen der Landessozialberichterstattung NRW erstellt worden ist. Dabei wurde die Analyse der materiellen Situation von Arbeitslosen auf Basis des Sozioökonomischen Panels durch die Untersuchung der gesamten Lebenssituation von Arbeitslosen und ihren Familien auf der Grundlage von Fallstudien ergänzt (Bosch u. a. 1998). Eine weitere, von Infas durchgeführte und bislang erst auszugsweise veröffentlichte Studie hat die materielle und psychosoziale Situation der Teilgruppe der Arbeitslosenhilfebezieher und ihrer Familien auf der Basis einer eigenen repräsentativen Erhebung untersucht (Gilberg u. a. 1999). Studien mit begrenzter Fragestellung haben sich auf der Basis des Sozioökonomischen Panels mit den Verlaufsmustern von Arbeitslosigkeit und deren Einfluss auf die Einkommenslage von Arbeitslosen beschäftigt (vgl. z. B. Landua 1990; Ludwig-Mayerhofer 1992). Andere Autoren sind – in Anknüpfung an die eingangs genannte Kontroverse – der Frage nachgegangen, wodurch das Arbeitsmarktverhalten armer Arbeitslosenhaushalte bestimmt wird (vgl. z. B. Andreß/Strengmann-Kuhn 1997; Gangl 1998; Andreß 1999). Schließlich wird erst seit kurzem der Zusammenhang zwischen dem Bezug von staatlichen Transferleistungen einerseits und der Einkommenslage von Arbeitslosen andererseits in nationalen (vgl. z. B. Büchel/Frick/Krause 2000) wie in international vergleichenden Studien untersucht (vgl. Hauser/Nolan 1999; Nolan/Hauser/Zoyem 1999).

Auch wenn somit eine Reihe von Untersuchungen zum Zusammenhang von Arbeitslosigkeit und Armut im Rahmen der neueren Armutsforschung vorgelegt worden ist, ist unser Wissen zu dieser Thematik bislang relativ lückenhaft. Dies hängt einmal damit zusammen, dass – wie noch zu zeigen sein wird – die Armutslage von Arbeitslosen sinnvollerweise nur im Haushaltszusammenhang untersucht werden kann und durch die Einbeziehung des Haushaltskontextes die Analyse rasch an Komplexität und Unübersichtlichkeit gewinnt. Zum anderen weisen die für zeitnahe personen- und haushaltsbezogene Einkommensanalysen geeigneten Datensätze wie das Sozioökonomische Panel nur relativ geringe Fallzahlen von Arbeitslosen auf, sodass differenzierte Auswertungsprogramme nur mit Einschränkungen realisierbar sind.

Die im Folgenden vorgestellte Untersuchung zur materiellen Lage von Arbeitslosen unterscheidet sich von anderen Analysen vor allem dadurch, dass sie nicht allein auf die Arbeitslosen abstellt, sondern den Haushalt von Arbeitslosen und die darin lebenden Personen in den Mittelpunkt stellt. Der Haushaltskontext, dessen hervorgehobene Bedeutung für die materielle (und psychosoziale) Situation von Arbeitslosen auch in anderen Untersuchungen hervorgehoben wird (vgl. zuletzt Gilberg u. a. 1999), ist somit explizit zum Ausgangspunkt der Untersuchung gewählt worden. Gegenstand des vorliegenden Kapitels ist die zeitpunkt- und zeitraumbezogene Betrachtung der materiellen Situation arbeitsloser Personen und der in Haushalten von Arbeitslosen lebenden Personen seit Mitte der 80er-Jahre. Dazu werden im Folgenden zunächst die Faktoren skizziert, die dazu beitragen, dass mit der Aktualisierung des Arbeitslosigkeitsrisikos Verarmungsprozesse eintreten können. Es schließt sich eine Analyse der sozialpolitischen Rahmenbedingungen im Falle von Arbeitslosigkeit an. Im Mittelpunkt steht die auf Auswertungen des SOEP basierende Untersuchung zur Frage, in welchem Ausmaß das Auftreten von Arbeitslosigkeit seit Mitte der 80er-Jahre tatsächlich zu Einkommensarmut in der Bundesrepublik geführt hat. Abschließend werden – ausgehend von den empirischen Befunden – arbeits- und sozialpolitische Handlungsmöglichkeiten erörtert, das Auftreten von Armut durch Arbeitslosigkeit zu vermeiden.

3.2.2 Armutsrisiken von Arbeitslosen und Arbeitslosenhaushalten

Das vorliegende Kapitel beschäftigt sich mit der Frage, ob und in welchem Ausmaß durch das Auftreten von Arbeitslosigkeit Armut entsteht. Für die Beantwortung dieser Frage ist zum einen der Umfang und die Struktur des Arbeitslosigkeitsrisikos von Bedeutung. Dabei geht es nicht zuletzt um die Frage, warum das Arbeitslosigkeitsrisiko bei bestimmten Personengruppen in konzentrierter und kumulierter Form auftritt. Zum anderen ist von Bedeutung, warum es beim Auftreten oder Andauern von Arbeitslosigkeit trotz der vorhandenen sozialen Sicherungsnetze zu Armut kommen kann. Schließlich ist zu fragen, inwieweit durch die gemeinsamen Lebens- und Erwerbsformen das Auftreten der individuellen Arbeitslosigkeitsrisiken aufgefangen und kompensiert werden kann.

In der Bundesrepublik ist das Vorhandensein unterschiedlicher Risiken und Grade der Betroffenheit durch Arbeitslosigkeit bei verschiedenen Beschäftigten- bzw. Erwerbslosengruppen in einer Vielzahl von Studien nachgewiesen worden. In der wirtschafts- und sozialwissenschaftlichen Fachdiskussion sind vor allem zwei Erklärungsansätze für das Ausmaß und die Verteilung von Arbeitslosigkeit anzutreffen. Zum einen wird die unterschiedliche Betroffenheit auf unterschiedliche Motivationslagen und die sie bewirkenden Fehlkonstruktionen sozialer Sicherung zurückgeführt (Stichworte: Arbeitslosigkeitsfalle und Armutsfalle, welfare dependency), wobei unterstellte Motivationsdefizite mit der Existenz angeblich überhöhter Leistungsniveaus, fehlender Anreizelemente und/oder einer übermäßigen Dauer staatlicher Transferleistungen bei Arbeitslosigkeit erklärt werden. Diese Hypothesen sind allerdings nicht unwidersprochen geblieben. Tatsächlich ist die Existenz transfer- bzw. motivationsbedingter Arbeitslosigkeit/Nichterwerbstätigkeit in empirischen Untersuchungen für die Bundesrepublik bisher nicht nachgewiesen worden (vgl. z. B. Andreß/Strengmann-Kuhn 1997; Gangl 1998 und 2000).

Andere Erklärungsansätze stellen dagegen vor allem auf die Strukturbedingungen des Arbeitsmarktes ab. Bei dem gegebenen Umfang der Arbeitslosigkeit sind nicht alle Arbeitnehmer in gleichem Maße von dem Risiko bedroht, arbeitslos zu werden und zu bleiben. So weicht die Binnenstruktur der Arbeitslosen von der Berufs- und Beschäftigtenstruktur der Erwerbstätigen deutlich ab. Die «soziale Strukturierung» der Arbeitslosigkeit kommt zum einen in großen regionalen Unterschieden des Beschäftigungsrisikos zum Ausdruck. Zum anderen äußert sie sich in der Konzentration dieses Risikos auf bestimmte Personen- bzw. Beschäftigtengruppen, wobei zwischen Zugangs- und Verbleibsrisiken zu unterscheiden ist. Büchtemann (1984, S. 60ff.) hat idealtypisch mehrere Stufen des «Arbeitslosigkeitsprozesses» unterschieden: den Einstieg in eine «negative Berufskarriere», den Einstieg in die Arbeitslosigkeit, die Situation in der Arbeitslosigkeit, die Beendigung der Arbeitslosigkeit und die längerfristige Konsequenz für die Berufsbiographie der Betroffenen. Dabei markieren die fünf Stufen des Arbeitslosigkeitsprozesses zugleich Stationen, an denen soziale Filter- und Selektionsprozesse einsetzen, welche dazu beitragen, die Arbeitslosigkeitsrisiken und die Chancen ihrer erwerbsbiographischen Bewältigung sozial ungleich zu verteilen. Die Wirkungsweise der im Verlauf des Fünf-Stufen-Prozesses stattfindenden sozialen Selektion lässt sich als «kumulative Verstärkung der sozialen Ungleichverteilung von Arbeitsmarktchancen und -risiken» charakterisieren: «Auf den sukzessiven Stufen des Arbeitslosigkeitsprozesses findet jeweils eine erneute Selektion der auf der vorangegangenen Stufe ‹aussortierten› Arbeitskräfte statt. Auf allen Stufen kommt den betrieblichen Beschäftigungsstrategien direkt oder indirekt eine zentrale Bedeutung zu. Gleichzeitig erfolgt im Zuge dieses Prozesses eine Reihe positiver Rückkopplungen: Die Tatsache, auf einer Stufe aussortiert worden zu sein, fungiert auf der nächsten jeweils als zusätzliches negatives Selektionsmerkmal. In dieselbe Richtung wirken schließlich auch die mit fortdauernder unfreiwilliger Desintegration aus dem Erwerbsprozess einhergehenden Veränderungen von Erwerbsorientierungen und Arbeitsmarktverhalten bei den betroffenen Arbeitskräften selbst» (Büchtemann 1984, S. 70).

Vom Arbeitslosigkeitsrisiko ist das Armutsrisiko zu unterscheiden, bei dem die materielle Ressourcen- bzw. Versorgungslage des Arbeitslosen im Vordergrund steht. Da das Phänomen der Arbeitslosigkeit ein individuelles Problem der betreffenden Erwerbsperson darstellt, das der Armut jedoch sinnvollerweise nur im Haushaltszusammenhang definiert und gemessen werden kann, sind für die Analyse der Armut von Arbeitslosen die Ebene der Person und die des Haushalts zu unterscheiden:

(1) Personenebene: Das Eintreten der Arbeitslosigkeit ist mit dem Verlust des individuellen Erwerbseinkommens verbunden. Mit der Veränderung des Erwerbsstatus wird also unmittelbar das individuelle Ressourcenrisiko aktualisiert, dies umso gravierender, je länger die Arbeitslosigkeit andauert und je häufiger die Arbeitslosigkeit auftritt. Dabei wird das Risiko der individuellen Arbeitslosigkeit wie auch des Andauerns der Arbeitslosigkeit maßgeblich durch weitere Faktoren beeinflusst. Dazu gehören – neben der allgemeinen, der sektoralen und der regionalen Arbeitsmarktlage – insbesondere personenbezogene Merkmale wie fehlende oder unzureichende (allgemeine und/oder berufliche) Qualifikation, fehlende Berufserfahrung, Unterbrechungen der Erwerbstätigkeit, ausländische Nationalität, gesundheitliche Beeinträchtigungen, höheres Alter etc. (vgl. Bundesanstalt für Arbeit 1999).

   Der Einkommensverlust beim Eintreten von Arbeitslosigkeit wird bei Vorliegen der entsprechenden Anspruchsvoraussetzungen durch staatliche Lohnersatzleistungen zu einem bestimmten gesetzlich definierten Grad kompensiert. Diese Transfers sollen zur Stabilisierung der individuellen Einkommenslage beitragen. Bleibt man auf der Ebene des Individuums, bestimmen also – solange die Arbeitslosigkeit andauert – der Zugang zu, die Höhe und die Dauer der staatlichen Transfers das Risiko, durch Arbeitslosigkeit in Armut zu geraten. Der Systematik des deutschen Sozialstaatmodells zufolge sind vor allem Arbeitslosengeld und Arbeitslosenhilfe gemäß SGB III diejenigen Lohnersatzleistungen, die diese Sicherungsaufgabe zu erfüllen haben. Das SGB III enthält jedoch weitere Transferleistungen, die unter bestimmten Bedingungen – insbesondere in Verbindung mit der Teilnahme an Maßnahmen der aktiven Arbeitsförderung – die genannten allgemeinen Transfers Arbeitslosengeld und -hilfe ersetzen (Beispiel: Unterhaltsgeld, Übergangsgeld etc.). Da die Lohnersatzleistungen der Arbeitslosenversicherung an die frühere Verdienstposition gekoppelt sind, bestimmt die frühere Beschäftigungs- und Einkommenslage auch die Chance, durch diese Transfers gegen Armut abgesichert zu sein. Da jedoch das Vorhandensein von Armut – gemäß üblicher Vorgehensweise – an der Ressourcen- bzw. Einkommenslage des Haushalts gemessen wird, reicht diese ausschließlich personenbezogene Betrachtung nicht aus.

(2) Haushaltsebene: Betrachtet man die Einkommenslage[38] des Haushalts, kann der individuelle Einkommensverlust durch weitere Faktoren aufgefangen bzw. korrigiert werden. Maßgeblich für das Eintreten von Einkommensarmut sind dabei das Vorhandensein und die Höhe weiterer Erwerbseinkommen im Haushalt, das Vorhandensein und die Höhe weiterer sonstiger Einkünfte (Besitzeinkommen, private Transfers),

38 Auch hier wird von der Berücksichtigung anderer Ressourcen als des Einkommens abgesehen.

aber auch die Höhe des haushaltsspezifischen Bedarfs, der wiederum von der Größe und Zusammensetzung des Haushalts abhängt. Da im Regelfall die (oder das) Erwerbseinkommen für die Bestreitung des Lebensunterhalts maßgeblich sind, spielt es eine wichtige Rolle, ob der Hauptverdiener oder andere Haushaltsmitglieder arbeitslos werden. Schließlich kommt es darauf an, in welchem Umfang der Haushalt Zugang zu weiteren staatlichen Transfers besitzt. So haben Arbeitslose unter Umständen Anspruch auf weitere Transferleistungen, die zwar nicht an den Tatbestand der Arbeitslosigkeit anknüpfen, aber bei besonderen Bedarfslagen in Verbindung mit niedrigem Einkommen im Haushaltskontext gewährt werden (Wohngeld). Schließlich können sie auch – soweit die Voraussetzungen des BSHG erfüllt sind – durch die Leistungen der Sozialhilfe als letztes Netz sozialer Sicherung ergänzt werden, wobei auch hier die Einkommenslage im Haushaltskontext eine entscheidende Rolle spielt.

Erst das Zusammenwirken dieser Faktoren ergibt, ob und in welchem Umfang bei dem von Arbeitslosigkeit betroffenen Haushalt eine Armutssituation eintritt. Schließlich sind in zeitlicher Hinsicht mögliche Folgereaktionen beim Arbeitslosen wie bei weiteren Haushaltsmitgliedern mit einzubeziehen (vgl. Andreß 1999). Fragt man also nach den mit der Arbeitslosigkeit verbundenen Verarmungsrisiken, ist eine Vielzahl von Faktoren zu berücksichtigen, von denen die folgenden hervorgehoben werden sollen:

(1) die Anzahl und Dauer der Arbeitslosigkeitsfälle in einem gegebenen Zeitraum,
(2) Faktoren, welche die Verteilung dieser Arbeitslosigkeitsfälle auf bestimmte Personengruppen beeinflussen (regionale, sektorale, personenbezogene),
(3) der Zugang zu, die Höhe und die Dauer der Lohnersatzleistungen der Arbeitslosenversicherung und weiterer staatlicher Transfers,

(4) das Bedarfsniveau bzw. Alter und Zusammensetzung der Personen in Arbeitslosenhaushalten sowie
(5) die Erwerbsstruktur in den Arbeitslosenhaushalten.

In den empirischen Auswertungen (Abschnitt 3.2.4) wird die Rolle einiger der genannten Faktoren näher beleuchtet werden. Zuvor sollen jedoch die sozialpolitischen Rahmenbedingungen des Arbeitslosigkeitsrisikos betrachtet werden. Dazu soll das Gesamtsystem sozialer Sicherung bei Arbeitslosigkeit dargestellt und im Hinblick darauf diskutiert werden, in welchem Maße dieses geeignet ist, das Eintreten von Armut zu verhindern, bzw. in welchem Maße dieses Sicherungssystem Armutsrisiken reproduziert. Daneben soll aber ebenso das Maßnahmensystem der aktiven Arbeitsmarktpolitik skizziert werden, dessen Aufgabe darin liegt, Arbeitslosigkeit präventiv zu vermeiden oder kurativ zu beseitigen, und das damit ebenfalls dazu beitragen soll, materielle Folgeprobleme von Arbeitslosigkeit zu verhindern.

3.2.3 Sozialpolitische Rahmenbedingungen

3.2.3.1 Soziale Sicherung bei Arbeitslosigkeit

Die soziale Sicherung bei Arbeitslosigkeit ist ein Kernelement des deutschen Sozialstaatsmodells. Sie ist vor allem der sozialen Absicherung im Falle von Arbeitslosigkeit verpflichtet. Sie soll aber ebenso die Flexibilität und Mobilität am Arbeitsmarkt unterstützen (arbeitsmarktpolitische Zielsetzung) und zur Stabilisierung des gesamtwirtschaftlichen Wirtschaftsablaufs beitragen. Die Aufgabe der sozialen Sicherung bei Arbeitslosigkeit wird im deutschen Sozialstaatsmodell zum einen durch das primär zuständige Sicherungsnetz der Arbeitslosenversicherung wahrgenommen. Zum anderen kommt der Sozialhilfe eine ergänzende, seit Beginn der 80er-Jahre wachsende Absicherungsfunktion zu. Charakteristisch für die vorrangig zuständige Arbeitslosenversicherung ist die Tatsache, dass dieses Sicherungssystem allein an der Stabilisierung des Lebensstandards der Betroffenen und ihrer Familien ausgerichtet ist, während das Ziel der Vermeidung von Armut in diesem Leistungsnetz keine Rolle spielt. Diese Zielsetzung soll vielmehr durch die ergänzende oder ausschließliche Transferleistung der Sozialhilfe sichergestellt werden.

Übersicht 3.2–1: Lohnersatzleistungen im SGB III (Rechtsstand 1. 1. 2000)

	Arbeitslosengeld	Arbeitslosenhilfe (bis 1999 auch originäre Arbeitslosenhilfe; ab 2000 nur noch Anschlussarbeitslosenhilfe)
Voraussetzung	Arbeitslosigkeit, Arbeitslosmeldung, Verfügbarkeit (Arbeitsfähigkeit und Arbeitsbereitschaft im Sinne von aktivem Bemühen um Beschäftigung) Zumutbarkeit: eine seiner Arbeitsfähigkeit entsprechende Beschäftigung im Rahmen allgemeiner Bedingungen (gesetzliche und tarifliche Bestimmungen) und persönlicher Bedingungen: – erste 3 Monate: neues Arbeitsentgelt nicht mehr als 20 % unter dem bisherigen; – 4. bis 6. Monat: … nicht mehr als 30 %; – ab 7. Monat: neues Nettoarbeitsentgelt nicht weniger als bisheriges ALG.	
Anwartschaftszeit	mindestens 360 Kalendertage beitragspflichtige Beschäftigung innerhalb der Rahmenfrist von 3 Jahren vor Antragstellung	Auslaufen des ALG-Anspruchs mindestens 1 Tag ALG innerhalb der letzten 12 Monate oder Rahmenfrist
Bemessungsgrundlage	Das berücksichtigungsfähige Entgelt enthält nicht beitragsfreie Zuschläge für Sonn- und Feiertage und Nachtarbeit. Ebenso keine einmaligen Zahlungen	
Leistungshöhe	ohne Kind: 60 % des Leistungsentgelts mit Kind: 67 % des Leistungsentgelts (alle bis 18, bis 21, wenn	ohne Kind: 53 % des Leistungsentgelts mit Kind: 57 % des Leistungsentgelts

	Arbeitslosengeld	Arbeitslosenhilfe (bis 1999 auch originäre Arbeitslosenhilfe; ab 2000 nur noch Anschlussarbeitslosenhilfe)
	arbeitslos, bis 27, wenn in Ausbildung …. oder bei Behinderung)	
Leistungsdauer	Verhältnis Beschäftigungsdauer zur Anspruchsdauer 2 : 1 bis maximal 12 Monate Ab 45. bis 57. Lebensjahr verlängerte Dauer gestaffelt bis maximal 32 Monate Teil-ALG bis 6 Monate	unbegrenzt (mit jährlicher Überprüfung) Herabbemessung der Leistungen aus persönlichen Gründen (§ 200) oder jährliche Herabbemessung (§ 201 SGB III)
Bedürftigkeit	Nicht berücksichtigt	berücksichtigt unter Anrechnung von Einkommen und Vermögen des Arbeitslosen bzw. des Ehepartners/eheähnlichen Partners oder der Eltern

Die vorstehende Übersicht gibt einen Überblick über die Bedingungen für den Bezug der Lohnersatzleistungen der Arbeitslosenversicherung (Stand 1. 1. 2000). Sie lässt erkennen, dass im Falle von Arbeitslosigkeit keineswegs jeder Arbeitslose einen Anspruch auf Lohnersatzleistungen geltend machen kann, sondern dass dem Zugang zu diesen Leistungen im Hinblick auf Voraussetzungen, Höhe und Dauer Grenzen gesetzt sind (vgl. zum Folgenden Hanesch 1995; Bäcker 1995; Döring 1989):

(1) So sind die Lohnersatzleistungen der Arbeitslosenversicherung – insbesondere Arbeitslosengeld und -hilfe – an eine Reihe von Anspruchsvoraussetzungen gebunden; sind diese nicht erfüllt, kann kein Anspruch geltend gemacht werden. Neben dem Tatbestand der Arbeitslosigkeit, der Arbeitslosmeldung beim Arbeitsamt und der Verfügbarkeit für den Arbeitsmarkt müssen vor allem bestimmte Mindestzeiten einer Beitragszahlung als Anwart-

schaftszeit nachgewiesen werden. Ein Leistungsanspruch auf Arbeitslosenhilfe besteht nur bei Bedürftigkeit des Antragstellers; insofern liegt hier eine spezifische Verbindung von versicherungs- und fürsorgerechtlichen Anforderungen vor. Die Existenz von Anwartschaftszeiten im SGB III hat zur Folge, dass Arbeitslose ohne bzw. mit zu kurzen Zeiten versicherungspflichtiger Beschäftigung über keine Leistungsansprüche verfügen. Die ergänzende Voraussetzung der Bedürftigkeit bewirkt dagegen, dass beim Übergang in die Arbeitslosenhilfe ein weiteres Aussteuerungsprinzip in Kraft tritt. Viele insbesondere weibliche Arbeitslose verlieren dadurch spätestens beim Auslaufen des Arbeitslosengelds den Anspruch auf weitere Arbeitslosenunterstützung.

(2) Die Ausgestaltung der Lohnersatzleistungen im SGB III wird vor allem durch das Äquivalenzprinzip bestimmt: So sind Höhe und Dauer des Arbeitslosengeldes direkt an Höhe und Dauer der früheren Beitragszahlungen gekoppelt. Im Falle der Arbeitslosenhilfe existiert eine Koppelung an die frühere Beitragsleistung nur hinsichtlich der Höhe der Leistung, während die Leistungsdauer unbegrenzt ist (die zeitlich begrenzte Anwartschafts-Arbeitslosenhilfe wurde mit Wirkung vom 1. 1. 2000 außer Kraft gesetzt). Die Höhe der Leistungen bemisst sich prozentual am früheren Nettoverdienst. Die seit Anfang der 80er-Jahre wiederholt vorgenommene Absenkung der Leistungssätze für Erwerbslose hat bewirkt, dass eine Lebensstandardsicherung durch die Lohnersatzleistungen der Arbeitslosenversicherung nur noch bedingt gegeben ist. Hinzu kommt, dass sich die Leistungssätze nicht auf das tatsächliche, sondern auf das «bereinigte» Nettoeinkommen beziehen, bei dem bestimmte Einkommensbestandteile unberücksichtigt bleiben. Insgesamt spiegelt die Struktur der Lohnersatzleistungen die Berufs- und Einkommenspyramide im Beschäftigungssystem auf niedrigerem Niveau wider; sie wird somit geprägt von der Primärverteilung der abhängigen Erwerbseinkommen. Wegen des Verzichts auf eine bedarfsorien-

tierte Gestaltung der Leistungen kann dadurch für ehemalige Bezieher niedriger Erwerbseinkommen bereits beim Bezug von Arbeitslosengeld ein Absinken des Lebensstandards unter die Armutsgrenze auftreten und Sozialhilfebedürftigkeit entstehen – vor allem dann, wenn besondere Bedarfstatbestände vorliegen.

(3) Das zweigeteilte abgestufte Leistungssystem der Arbeitslosenunterstützung hat weiterhin zur Folge, dass nach Auslaufen des Anspruchs auf Arbeitslosengeld die reduzierten Leistungssätze und die ergänzende Bedürftigkeitsprüfung der Arbeitslosenhilfe das Risiko verschärfen, auf ein unzureichendes Versorgungsniveau zurückgestuft oder gar völlig aus dem Leistungssystem der Arbeitslosenversicherung ausgesteuert zu werden. Mit wachsender Dauer individueller Arbeitslosigkeit und/oder mit dem Auftreten wiederholter Arbeitslosigkeit sinkt also auch der Schutz des SGB III gegenüber arbeitslosigkeitsbedingten Verarmungsrisiken. Zudem sieht das SGB III vor, dass mit zunehmender Dauer der individuellen Arbeitslosigkeit die Berechnungsgrundlage der Arbeitslosenhilfe abgesenkt wird.

(4) Die Lohnersatzleistungen des SGB III sind an die Bedingung geknüpft, dass Leistungsempfänger dem Arbeitsmarkt zur Verfügung stehen und bereit sind, eine zumutbare Arbeit anzunehmen oder an zumutbaren Maßnahmen der Arbeitsverwaltung teilzunehmen. Das Gebot des vorrangigen Einsatzes der eigenen Arbeitskraft zum Einkommenserwerb wurde im früheren Arbeitsförderungsgesetz durch Regelungen zum Schutze des erworbenen beruflichen Status und seit Übergang zum neuen SGB III durch Regelungen zu einem gestuften Einkommensschutz modifiziert. Im Unterschied dazu ist im Leistungssystem der Sozialhilfe ein solcher Berufs- und Einkommensschutz aufgehoben.

Insgesamt führen die genannten Konstruktionsprinzipien der Arbeitslosenversicherung dazu, dass eine weitgehende materielle Absicherung nur für die Kerngruppe der ehemals besser verdienenden, langjährig beschäftigten Arbeitnehmer in Normalarbeitsverhältnissen erreicht wird, während Angehörige der Randbelegschaften bzw. der sogenannten Problemgruppen des Arbeitsmarktes entweder überhaupt keine Ansprüche besitzen oder durch ein (absolut) niedriges Leistungsniveau mit einem erhöhten Armutsrisiko konfrontiert werden. Benachteiligte Positionen im Beschäftigungssystem werden also in der Arbeitslosenversicherung lediglich reproduziert: Je niedriger die ursprüngliche Stellung in der Berufs- und Verdiensthierarchie, je kürzer die vorangegangene Zeit der Erwerbstätigkeit, je länger die individuelle Dauer der Arbeitslosigkeit und je häufiger der Wechsel zwischen Arbeit und Arbeitslosigkeit, desto größer wird das Risiko, mit Einkommensarmut konfrontiert zu werden.

Von diesen Ausgrenzungsprozessen in der Arbeitslosenversicherung sind in besonderem Maße die Gruppen betroffen, die bereits überdurchschnittlich hohe Beschäftigungsrisiken tragen. Insofern wirken Arbeitsmarkt und Arbeitslosenversicherung bei der Erzeugung und Verfestigung von Armutskarrieren durch Arbeitslosigkeit in fataler Weise zusammen. Nur wer auf der Basis eines Normalarbeitsverhältnisses eine qualifizierte und vergleichsweise gut bezahlte Tätigkeit ausübt und eine in den letzten Jahren vor Beginn der Arbeitslosigkeit ununterbrochene Erwerbsbiographie aufweist, kann beim Eintreten der Arbeitslosigkeit davon ausgehen, einen ausreichenden Schutz zu finden. Alle anderen Gruppen sind nur höchst unzureichend geschützt und laufen aufgrund weitgehend fehlender Mindestsicherungselemente Gefahr, beim Eintritt des Risikofalles Verarmungsprozesse hinnehmen zu müssen. Durch die im Verhältnis zur Gesamtzahl der Erwerbstätigen rückläufige Bedeutung des Normalarbeitsverhältnisses wird das Fundament der Arbeitslosenversicherung (wie auch des Gesamtsystems der Sozialversicherung) zunehmend schmaler. Es wächst die Zahl derer, die keinen ausreichenden Schutz in der Sozialversicherung erhalten und die beim Eintreten allgemeiner Existenzrisiken auf Sozialhilfe angewiesen sind.

Die Arbeitslosenversicherung ist damit keineswegs in der Lage, alle Erwerbslosen vor den materiellen Folgen der Arbeitslosigkeit zu schützen: Ihre strukturellen Konstruktionsmängel bewirken vielmehr, dass in einer Zeit anhaltender Massenarbeitslosigkeit – die sich zugleich immer stärker auf Langzeitarbeitslose konzentriert – und in Verbindung mit der Ausbreitung atypischer Beschäftigungsformen für wachsende Teilgruppen der Erwerbsfähigen die mit der Ausgrenzung auf dem Arbeitsmarkt verbundenen existenziellen Risiken nur unzureichend durch Lohnersatzleistungen kompensiert werden. Diese aus der versicherungsförmigen Struktur resultierenden Konstruktionsmängel wurden im Verlauf der gegenwärtigen Beschäftigungskrise durch wiederholte politische Eingriffe in das Leistungsrecht des Arbeitsförderungsgesetzes und des neuen SGB III verstärkt (vgl. dazu die Übersicht bei Steffen 2000).

Aber auch das Leistungssystem der Sozialhilfe (vgl. Kap. 2.8) weist im Hinblick auf die Armutsvermeidung Defizite auf, die durch die Reformen der letzten beiden Dekaden verstärkt wurden (vgl. Hanesch 1996). Daher ist keineswegs gewährleistet, dass der ergänzende oder ausschließliche Anspruch auf Hilfe zum Lebensunterhalt im Rahmen der Sozialhilfe wirksam vor Armut bei Arbeitslosigkeit schützt. Dabei ist in den beiden letzten Jahrzehnten zu beobachten, dass der Anteil der Arbeitslosen, die ausschließlich oder ergänzend Leistungen der Sozialhilfe in Anspruch nehmen müssen, kontinuierlich gewachsen ist. Die Hilfe zum Lebensunterhalt erfüllt heute für wachsende Teilgruppen der Arbeitslosen die Funktion einer Grundsicherung – eine Funktionszuweisung, die weder bei Einführung des BSHG vorgesehen war noch auf Dauer mit den Konstruktionsprinzipien der Sozialhilfe zu vereinbaren ist.

3.2.3.2 Arbeitsförderung und aktive Arbeitsmarktpolitik

Grundsätzlich ist die Aufgabe der Vermeidung bzw. Überwindung von Arbeitslosigkeit und der damit verbundenen materiellen Folgeprobleme dem Gesamtsystem der Arbeitsmarkt- und Beschäftigungspolitik und damit dem Bund zugewiesen. Dabei ist es Aufgabe der Beschäftigungspolitik im Allgemeinen, das Niveau von Beschäftigung und Arbeitslosigkeit auf ein sozialstaatlich angemessenes Maß zu bringen. Die Aufgabe der Arbeitsförderung besteht dagegen vor allem darin, bestimmten Zielgruppen besondere Förderungs- und Integrationshilfen als Ausgleich für Benachteiligungen zu bieten, mit denen sie sich auf dem Arbeitsmarkt konfrontiert sehen. Daher konzentriert sich die Darstellung im Folgenden auf das arbeitsmarktpolitische Maßnahmesystem der Arbeitsförderung.

Die Doppelstruktur der sozialen Sicherung bei Arbeitslosigkeit findet sich wieder bei der doppelten Zuständigkeit für Maßnahmen und Instrumente der (Re-)Integration von Arbeitslosen in das Arbeitsmarkt- und Beschäftigungssystem: So ist die Arbeitsförderung einmal gemäß SGB III (bzw. dem früheren AFG) gesetzliche Pflichtaufgabe der Bundesanstalt für Arbeit und wird auf der örtlichen Ebene durch die Arbeitsämter umgesetzt. Zum anderen hat sich die Arbeitsförderung seit den 80er-Jahren immer stärker zu einem Aufgaben- und Handlungsfeld der kommunalen Wirtschafts- und Sozialpolitik entwickelt (Hanesch 1997; Freidinger/Schulze-Böing 1993).

Die Maßnahmen der Arbeitsverwaltung sind im SGB III (bzw. im früheren AFG) gesetzlich normiert, sie werden aus Beitragsmitteln der Arbeitslosenversicherung – ergänzt durch Bundeszuschüsse und spezielle Bundesprogramme – finanziert. Die Maßnahmen werden durch die Bundesanstalt für Arbeit zentral gesteuert, wobei im neuen SGB III die Handlungsspielräume der örtlichen Arbeitsämter stark erweitert wurden. Die Kommunen sind dagegen auf der Grundlage eigener Zielvorstellungen im Rahmen der kommunalen Selbstverwaltung und der eigenen sehr begrenzten Einnahmenbasis tätig, wobei in begrenztem Umfang ergänzende Mittel aus EU-, Bundes- und Landesprogrammen hinzukommen. Angesichts der hohen Komplexität des Leistungs- und Maßnahmenspektrums im SGB III ist es an dieser Stelle nicht möglich, diese Maßnahmen im Einzelnen näher darzustellen. Hinzu kommt, dass die Entwicklung und Veränderung des Maßnahmenspektrums seit den 80er-Jahren mit einbezogen werden müsste (vgl. dazu Bäcker/Bispinck/Hofemann/Naegele 2000a; Sell 1997).

Noch schwieriger ist es, die Maßnahmen der Städte und Kreise im Bestand und in ihrer zeitlichen Entwicklung darzustellen, da jede Kommune frei ist, ihre spezifische Maßnahmenpalette zu entwickeln. Zwar sind – wie die regelmäßigen Erhebungen des Deutschen Städtetags (1999) erkennen lassen – die Kommunen mittlerweile in quantitativ beachtlicher Größenordnung in diesem Feld aktiv. So wurden 1998 bundesweit rund 300000 Teilnehmer in Maßnahmen der «Hilfe zur Arbeit» nach §§ 18–20 BSHG von den Kommunen gefördert. Umso bedauerlicher ist es, dass bis heute keine Gesamtübersicht zu diesem wachsenden Bereich von Integrationsmaßnahmen vorgelegt worden ist (ausschnitthafte Übersichten geben z.B. BMG 1995; Böckmann-Schewe/Röhrig 1997; demnächst auch Hanesch/Balzter 2000).

Im Hinblick auf die Zielsetzung der Armutsvermeidung bzw. -beseitigung durch Maßnahmen der Arbeitsförderung sollen hier lediglich vier Punkte hervorgehoben werden: Ein erstes Problem besteht darin, dass Arbeitslose ohne Ansprüche auf Lohnersatzleistungen im Regelfall auch keinen Anspruch auf Maßnahmen der aktiven Arbeitsförderung nach SGB III geltend machen können; wer also aus der sozialen Sicherung der Arbeitslosenversicherung herausgefallen ist, wird im Regelfall auch nicht in die aktivierenden Hilfen des SGB III einbezogen. Umgekehrt sind Arbeitslose, die ausschließlich Sozialhilfeleistungen beziehen, allein auf die Integrationsmaßnahmen des örtlichen Sozialhilfeträgers angewiesen. Da die Bandbreite und Reichweite der beiden Fördermaßnahmen stark auseinander klaffen, sind mit den Graden sozialer Absicherung tendenziell auch unterschiedliche Grade von Förderchancen verbunden. Ein Problem der gegenwärtigen rechtlichen und institutionellen Strukturen der kommunalen Arbeitsförderung in der Bundesrepublik ist, dass kein einheitliches System der Arbeitsförderung und Arbeitsmarktintegration im gesamten Bundesgebiet existiert. Vielmehr sind die individuellen Chancen, Zugang zu solchen Fördermaßnahmen zu erhalten, umso besser, je größer der Stellenwert dieser Aufgabe im Rahmen kommunaler Politik ist und je mehr die betreffende Kommune finanziell zu solchen Aktivitäten in der Lage ist. Die Doppelstruktur hat weiterhin zur Folge, dass auf der örtlichen Ebene ein auf die spezifischen örtlichen Bedarfslagen abgestimmtes Vorgehen bei der Planung, Abstimmung und Evaluation der Integrationsmaßnahmen – von einzelnen beispielhaften Kommunen abgesehen – kaum anzutreffen ist. Schließlich liegen bis heute kaum Ergebnisse von Programm-Evaluationen vor, aus denen erkennbar würde, in welchem Maße es durch die Programme oder Maßnahmen tatsächlich gelungen ist, die Integrationschancen der Teilnehmer in den Arbeitsmarkt wie ihre materielle Lage nachhaltig bzw. dauerhaft zu verbessern (vgl. zur Hilfe zur Arbeit z. B. Jacobs 2000; zu den Maßnahmen des SGB III vgl. z. B. Schmid/Mosley/Hilbert/Schütz 1999; Steiner/Hagen 2000).

3.2.4 Empirische Befunde zu Arbeitslosigkeit und Armut

3.2.4.1 Entwicklung der Arbeitslosigkeit in der Bundesrepublik

Die Zahl der registrierten Arbeitslosen hat sich im alten Bundesgebiet seit Mitte der 80er-Jahre in zwei Etappen entwickelt: Während die Arbeitslosigkeit als Folge eines Wachstumsschubs Ende der 80er- und des anschließenden Vereinigungsbooms bis Anfang der 90er-Jahre zurückging (von 2,304 Mio. in 1985 auf 1,689 Mio. in 1991), hat sie seit Anfang der 90er-Jahre wieder stark zugenommen und sich im Zeitraum 1991 bis 1998 fast verdoppelt. Auch die neuen Bundesländer waren seit Anfang der 90er-Jahre durch einen transformationsbedingten Rückgang der Beschäftigung und eine starke Zunahme der Arbeitslosigkeit gekennzeichnet. 1998 betrug nach Angaben der Bundesanstalt für Arbeit die Zahl der registrierten Arbeitslosen im alten Bundesgebiet 2,904 Mio. und in den neuen Bundesländern 1,375 Mio. Personen. Insgesamt waren in diesem Jahr also 4,279 Mio. Personen von amtlich erfasster Arbeitslosigkeit betroffen. Die offiziellen Arbeitslosenquoten betrugen im Westen 10,5, im Osten 19,5 und für Gesamtdeutschland 12,3 % (vgl. Bundesanstalt für Arbeit 1999). Die Zahl der registrierten Arbeitslosen liegt auf Basis des SOEP in ähnlicher Größenordnung wie die der amtlichen Statistik (Tabelle 3.2–1), obwohl die Erhebungs- bzw. Erfassungskonzepte völlig unterschiedlich sind (Selbstangabe versus amtlicher Registrierung; Angabe zum Erhebungszeitpunkt versus Jahresdurchschnittswert etc.).

Tabelle 3.2–1: Registrierte Arbeitslose 1985 bis 1998

Jahr	Registrierte Arbeitslose nach BA-Statistik in 1000	Registrierte Arbeitslose nach SOEP in 1000	Arbeitslosenquote nach BA in % der abh. zivilen Erwerbspersonen
Alte Bundesländer			
1985	2.304	2.189	9,3
1988	2.241	1.995	8,7
1991	1.689	1.577	6,3
1994	2.556	2.807	9,2
1997	3.021	3.072	11,0
1998	2.904	2.967	10,5
Neue Bundesländer			
1991	913	1.072	10,3
1994	1.142	1.854	16,0
1997	1.364	1.598	19,5
1998	1.375	1.703	19,5
Gesamtdeutschland			
1991	2.602	2.649	7,3
1994	3.698	4.662	10,4
1997	4.385	4.670	12,7
1998	4.279	4.670	12,3

Quelle: Bundesanstalt für Arbeit 1999; eigene Auswertungen auf Datenbasis SOEP.

Die Zahl der im Laufe eines Jahres von Arbeitslosigkeit betroffenen Personen wird durch die Bestandszahl der bei den Arbeitsämtern registrierten Arbeitslosen nur unzutreffend wiedergegeben, da die Zahl der Fälle, die im Laufe eines Jahres als sogenannte Zugänge in die Arbeitslosigkeit einmünden, ebenso wie die der Abgänge ein Vielfaches der Bestandszahl beträgt. Dabei tritt eine Person, die im Laufe eines Jahres wiederholt arbeitslos wird, mehrfach als Fall auf. Die Zahl der in einem bestimmten Zeitraum bei den Arbeitsämtern registrierten Arbeitslosigkeitsfälle erlaubt also keine Rückschlüsse auf die Zahl der Personen, die in diesem Zeitraum von Arbeitslosigkeit betroffen waren, weil sie mehrmalige Zugänge derselben Personen enthalten kann. Aber auch der zeitpunktbezogen ausgewiesene Bestand weist lediglich diejenigen aus, die bei den Arbeitsämtern als arbeitslos registriert sind, erfasst also nicht diejenigen, die sich in arbeitsmarktpolitischen Maßnahmen befinden, die aus sonstigen Gründen zwar erfasst sind, aber nicht als arbeitslos gezählt werden (z. B. Jugendliche, die nur einen Ausbildungsplatz suchen; Ältere, die dem Arbeitsmarkt nicht mehr zur Verfügung stehen müssen), oder Erwerbslose, die sich – aus welchen Gründen auch immer – nicht oder nicht mehr registrieren lassen. Die Gesamtzahl der Arbeitslosen setzt sich daher aus den registrierten Arbeitslosen und der sogenannten stillen Reserve nicht registrierter Arbeitsloser zusammen. 1998 betrug nach Angaben der Bundesanstalt für Arbeit die Gesamtzahl der Arbeitslosen einschließlich dieser «stillen Reserve» (im Umfang von 2,315 Mio.) im Jahresdurchschnitt 6,594 Mio. Personen im Bundesgebiet (vgl. Bundesanstalt für Arbeit 1999; Autorengemeinschaft 2000).

Obwohl also die Zahl registrierter Arbeitsloser nur einen Teil des Gesamtbestands an Arbeitslosen ausmacht, werden im Folgenden Auswertungen ausschließlich für diese Gruppe vorgenommen, da sie die Kerngruppe der Arbeitslosen darstellt und im Zentrum der sozialpolitischen Debatte steht.[39] Dabei beleuchten die empirischen Befunde weniger die Erscheinungsformen und Bedingungen von Arbeitslosigkeit, sondern konzentrieren sich

39 Ein dem Verfahren im Kapitel Armut bei Erwerbstätigkeit folgendes Vorgehen würde es erfordern, die Analyse der Arbeitslosigkeit am ILO-Konzept auszurichten. Anstelle der registrierten Arbeitslosen müssten die Arbeitslosen untersucht werden, die – unabhängig von der amtlichen Registrierung – keinerlei Erwerbstätigkeit nachgehen, eine Arbeit suchen und innerhalb kurzer Zeit eine Arbeit aufnehmen können. Die Analyse müsste also einen Teil der registrierten Arbeitslosen ausblenden (die mindestens eine Stunde pro Woche arbeiten) und einen Teil der stillen Reserve einbeziehen (vgl. z. B. Klös/Lichtblau 1998; Holst 1998).

auf die Einkommenslage der registrierten Arbeitslosen. Wie in den anderen Kapiteln basiert die empirische Analyse auf der Auswertung des Datenmaterials des SOEP. Ausgehend von einer Gegenüberstellung von Arbeitslosen und Arbeitslosenhaushalten konzentriert sich die Untersuchung auf die Entwicklung und Verteilung der Einkommenslage von Arbeitslosenhaushalten. Diese wird vor allem mit Blick auf Merkmale wie Erwerbskonstellation im Haushalt und Haushaltstyp untersucht. In den letzten Abschnitten wird der Zusammenhang von Dauer und Häufigkeit der Arbeitslosigkeit einerseits und Armut andererseits beleuchtet, darüber hinaus werden Mobilitätsprozesse in der Arbeitslosigkeit wie auch aus der Arbeitslosigkeit heraus im Hinblick darauf untersucht, inwieweit dadurch die Armut überwunden wird. Abschließend wird analysiert, welche Wirkung staatliche Umverteilungsmaßnahmen auf die Armut von Arbeitslosen haben.

3.2.4.2 Struktur der Arbeitslosen und Arbeitslosenhaushalte

Um die Armutslage von Arbeitslosen untersuchen zu können, muss der Schritt von der Personenebene zur Ebene des Arbeitslosenhaushalts vollzogen werden. Erst durch die Einbeziehung des Haushaltsbedarfs wie der gesamten Einkommenslage des Haushalts sind Aussagen über die Wohlstandsposition des Haushalts und der darin lebenden Personen möglich. Um die Arbeitslosen zu Arbeitslosenhaushalten zusammenzufassen, werden im Folgenden nur solche Haushalte herangezogen, bei denen mindestens ein Haushaltsvorstand von Arbeitslosigkeit betroffen ist. Damit bleiben solche Haushalte ausgeblendet, in denen «nur» Kinder oder weitere Haushaltsangehörige arbeitslos sind. Als Begründung hierfür lässt sich anführen, dass sich die Untersuchung dadurch auf solche Haushalte beschränkt, bei denen die Erwerbs- und Verdienstlage durch die Arbeitslosigkeit der Haushaltsvor-

Tabelle 3.2–2: Struktur der Arbeitslosen, Arbeitslosenhaushalte und Personen in Arbeitslosenhaushalten 1998 *

	Alte Bundesländer		Neue Bundesländer	
	in 1.000	in %	in 1.000	in %
Arbeitslose Personen nach Stellung im Haushalt				
HHV 1	1.885	62,2	1.000	58,7
HHV 2	679	22,9	567	33,3
Kind < 18	0	()	4	()
Kind >= 18	403	13,6	121	(7,1)
Sonstige	40	()	11	()
Summe	2.967	100	1.703	100
Arbeitslosenhaushalte nach Erwerbskonstellation der Haushaltsvorstände				
Alo allein	918	38,6	409	30,6
Alo/Alo	39	()	146	(11,0)
Alo/Erw.	863	36,3	569	42,6
Alo/Nicht erw.	558	23,5	212	15,9
Summe	2.378	100	1.336	100
Personen in Arbeitslosenhaushalten nach Erwerbskonstellation der Haushaltsvorstände				
Alo allein	1.076	19,5	606	18,2
Alo/Alo	112	2,0	423	12,7
Alo/Erw.	2.536	45,9	1.788	53,7
Alo/Nicht erw.	1.805	32,6	524	15,4
Summe	5.530	100	3.331	100

Datenbasis SOEP. * () = Fallzahl 0–30; (X) = Fallzahl 31–50.

stände maßgeblich beeinflusst wird (Hauptverdiener). Dies trifft am stärksten für die genannte Gruppe zu, während die ökonomische Lage der übrigen Haushalte durch die Arbeitslosigkeit eines Kindes oder eines weiteren Haushaltsmitglieds vermutlich nur geringfügig beeinträchtigt wird. Dies ist vor allem dann zu vermuten, wenn die Haushaltsvorstände einen anderen Erwerbsstatus besitzen.

Tabelle 3.2–2 ist zu entnehmen, dass im Jahr 1998 im alten Bundesgebiet 2,967 Mio. registrierte Arbeitslose in 2,378 Arbeitslosenhaushalten lebten und in diesen Haushalten wiederum 5,530 Mio. Menschen von der Arbeitslosigkeit der Haushaltsvorstände mit betroffen waren. In den neuen Bundesländern waren es 1,703 Mio. registrierte Arbeitslose, die sich auf 1,336 Mio. Arbeitslosenhaushalte verteilten, in denen wiederum 3,331 Mio. Menschen lebten. Dass die genannten Zahlen von denen der Statistik der Bundesanstalt für Arbeit abweichen, liegt u. a. daran, dass es sich um Selbstangaben der Betroffenen handelt und zudem die Registrierung zum Erhebungszeitpunkt (Frühjahr des jeweiligen Jahres) ausgewiesen wird. Insgesamt halten sich die Differenzen jedoch in engen Grenzen.

Um festzustellen, wie sich die Arbeitslosen auf die so definierten Arbeitslosenhaushalte verteilen, werden in einem ersten Schritt die Arbeitslosen nach ihrer Stellung im Haushalt untergliedert: Aus Tabelle 3.2–2 ergibt sich, dass 1998 im alten Bundesgebiet rund 85 % aller registrierten Arbeitslosen die Stellung eines Haushaltsvorstandes bzw. Partners hatten. Während minderjährige Kinder und weitere Personen im Haushalt unter den Arbeitslosen praktisch keine Rolle spielen, sind immerhin 13,6 % der Arbeitslosen Kinder im Alter von über 18 Jahren. Eine ähnliche Struktur findet sich in den neuen Bundesländern. Hier liegt der Anteil der Arbeitslosen, die Haushaltsvorstand oder Partner sind, sogar bei 92 %, während der Anteil der Kinder über 18 nur rund halb so hoch ist wie im alten Bundesgebiet (7,1 %). Im Prinzip hat sich diese Struktur seit Mitte der 80er bzw. Anfang der 90er-Jahre nicht entscheidend verändert. Da ein Teil der erwachsenen Kinder in Haushalten mit arbeitslosen Haushaltsvorständen bzw. Partnern lebt, bleibt bei den folgenden Auswertungen nur ein geringer Teil der Haushalte mit Arbeitslosen ausgespart.

In einem zweiten Schritt werden die Arbeitslosenhaushalte daraufhin untersucht, welche Erwerbskonstellationen der Haushaltsvorstände sie aufweisen. Dabei sind vier Erwerbskonstellationen möglich: Zum einen kann ein arbeitsloser Haushaltsvorstand allein, also ohne Partner, in einem Haushalt leben; dabei können Kinder im Haushalt vorhanden sein. Ein arbeitsloser Haushaltsvorstand kann aber ebenso mit einem arbeitslosen Partner zusammenleben. Möglich ist weiterhin, dass der arbeitslose Haushaltsvorstand mit einem erwerbstätigen Partner zusammenlebt. Schließlich kann er mit einem nicht erwerbstätigen Partner im Haushalt leben. Tabelle 3.2–2 gibt einen Überblick über die Struktur der Arbeitslosenhaushalte wie der darin lebenden Personen nach diesen vier Erwerbskonstellationen für das Jahr 1998: Betrachtet man zunächst die Struktur der Arbeitslosenhaushalte, entfielen 1998 38,6 % auf die erste Konstellation, bei der ein arbeitsloser Haushaltsvorstand allein lebt. Die zweite Erwerbskonstellation mit zwei zusammenlebenden Arbeitslosen war kaum vertreten. Da bei beiden Erwerbskonstellationen der Verdienstausfall nicht durch ein Erwerbseinkommen eines Partners aufgefangen wird, ist die Einkommensgefährdung durch die Arbeitslosigkeit hier besonders hoch. Ob sie eintritt, hängt nicht zuletzt von der Höhe des früheren Verdienstes und der entsprechenden Arbeitslosenunterstützung ab. Die vierte Erwerbskonstellation, bei der ein nicht erwerbstätiger Partner und ggf. weitere Haushaltsmitglieder von der Lohnersatzleistung leben müssen, die Einkommensgefährdung also vermutlich besonders hoch ist, war mit 23,5 % unter den Arbeitslosenhaushalten vertreten. Die dritte Konstellation, bei der der Verdienstausfall des einen durch den Verdienst des anderen Partners zumindest potenziell aufgefangen werden kann, war immerhin mit 36,3 % vertreten. In den neuen Bundesländern lag insoweit eine deutlich andere Erwerbsstruktur in Arbeitslosenhaushalten vor, als diese dritte Erwerbskonstellation mit 42,6 % wesentlich stärker vertreten war als im alten Bundesgebiet. Demgegenüber lagen die Anteile der ersten mit 30,6 % und der vierten Konstellation mit 15,9 % vergleichsweise niedrig. Allerdings kam hier auch der zweiten Konstellation mit 11 % größere Bedeutung zu.

Betrachtet man die Zahl der Personen in Arbeitslosenhaushalten, ergibt sich ein etwas anderes Bild: Da den Haushalten mit größeren Personenzahlen hierbei ein größeres Gewicht zukommt, weil jede Person im Haushalt gezählt wird, verschieben sich auch die Anteile der vier Erwerbskonstellationen, denen diese Personen zuzuordnen sind. Im alten Bundesgebiet vermindert sich das Gewicht der ersten Erwerbskonstellation auf 19,5 %. Umgekehrt erhöhen sich die Anteile der dritten Erwerbskonstellation auf 45,9 % und die der vierten auf 32,6 %. Die im Durchschnitt größere Personenzahl in der dritten und vierten Konstellation hat also zur Folge, dass diese beiden Konstellationen für 88,5 % aller Personen in Arbeitslosenhaushalten maßgeblich sind. In den neuen Bundesländern ergibt sich ein etwas anderes Bild: Zwar sinkt auch hier der Anteil der ersten Konstellation bei der Betrachtung der Personen in Arbeitslosenhaushalten auf 18,2 % und steigt der Anteil der dritten Konstellation auf 53,7 %. Erstaunlicherweise bleibt der Anteil der vierten Konstellation mit 15,4 % aber nahezu unverändert. Größere Haushaltsgemeinschaften scheinen sich somit vor allem auf die dritte Erwerbskonstellation zu konzentrieren.

3.2.4.3 Einkommensarmut und Niedrigeinkommen in Arbeitslosenhaushalten

Wie hat sich die Einkommenslage von Arbeitslosenhaushalten seit Mitte der 80er-Jahre entwickelt? Im Folgenden soll zur Beantwortung dieser Frage allein der untere Einkommensbereich betrachtet werden. Tabelle 3.2–3 gibt dazu einen Überblick über die Entwicklung der Armutsquote auf Basis der 50 %-Schwelle und der Niedrigeinkommensquote auf Basis einer 75 %-Schwelle:

1998 lag die Armutsquote für Personen in Arbeitslosenhaushalten im alten Bundesgebiet mit 32,1 % rund dreimal höher als für die Gesamtbevölkerung (9,5 %). Dabei lag die Armutsquote bei den Arbeitslosenhaushalten im Vergleich zu 1985 mit 29,6 % um 2,6 %-Punkte höher, während für die Gesamtbevölkerung ein leichter Rückgang der Armutsbetroffenheit zu beobachten war (1985 11,2 %). Ähnlich wie für die Gesamtbevölkerung lassen sich zwei Phasen der Armutsentwicklung unterscheiden: Während die Armutsquote bis Anfang der 90er-Jahre rückläufig war (minus 2,8 %-Punkte), wies sie in den 90er-Jahren mit einer Zunahme von 5,3 %-Punkten eine stark steigende Tendenz auf. Diese Entwicklung ist insofern bemerkenswert, da die Armutsentwicklung in der Gesamtbevölkerung zwar ebenfalls in der zweiten Hälfte der 80er-Jahre rückläufig war, in den 90er-Jahren jedoch stagnierte. Die Ar-

Tabelle 3.2–3: Armuts- und Niedrigeinkommensquoten in Haushalten von registrierten Arbeitslosen und allen Haushalten 1985 bis 1998

	Armutsquote auf Basis 50 %-Schwelle		Niedrigeinkommensquote auf Basis 75 %-Schwelle	
	Arbeitslosen HH	Alle Haushalte	Arbeitslosen HH	Alle Haushalte
Alte Bundesländer				
1985	29,6 %	11,2 %	64,8 %	35,9 %
1988	31,4 %	10,1 %	62,5 %	33,9 %
1991	26,8 %	8,8 %	56,4 %	34,9 %
1994	25,7 %	9,4 %	59,5 %	35,1 %
1997	28,1 %	9,1 %	65,8 %	35,6 %
1998	32,1 %	9,5 %	68,4 %	34,9 %
Neue Bundesländer				
1991	9,6 %	4,1 %	38,2 %	22,1 %
1994	16,5 %	7,5 %	49,7 %	25,0 %
1997	15,4 %	6,3 %	49,3 %	24,9 %
1998	11,2 %	4,6 %	58,1 %	26,9 %

Datenbasis SOEP

beitslosen und ihre Angehörigen waren somit im alten Bundesgebiet in den 90er-Jahren im untersten Einkommensbereich mit einer deutlich schlechteren Entwicklung konfrontiert als die Gesamtbevölkerung. In den neuen Bundesländern war in den 90er-Jahren nur eine leichte Zunahme der Armutsquote in Arbeitslosenhaushalten festzustellen (plus 2,8 %-Punkte). Dabei stieg die Quote – ähnlich wie für die Gesamtbevölkerung – bis 1994 zunächst stark an, um dann aber wieder abzusinken. Aber auch in den neuen Bundesländern waren die Arbeitslosen und ihre Angehörigen wesentlich stärker als die Gesamtheit der Haushalte von Armut betroffen (mit 11,2 % gegenüber 4,6 %).

Stellt man die Armutsquote der Personen in Arbeitslosenhaushalten derjenigen der Arbeitslosen allein gegenüber, wie sie in Kapitel 2 präsentiert wurde, so lag erstere 1997 im alten Bundesgebiet mit 28,1 % gegenüber letzterer mit 23,5 % deutlich höher; in den neuen Bundesländern lag sie mit 15,4 % gegenüber 17,6 % etwas niedriger. Die Differenzen lassen sich damit erklären, dass in den armen Arbeitslosenhaushalten im alten Bundesgebiet mehr Menschen als in den nicht armen lebten; in den neuen Bundesländern war dieses Verhältnis umgekehrt (vgl. auch Kapitel 3.1).

Betrachtet man die Niedrigeinkommensquote in Arbeitslosenhaushalten, so hat sich diese im alten Bundesgebiet im gesamten Beobachtungszeitraum um 3,6 %-Punkte auf 68,4 % erhöht. Sie liegt damit 1998 für Personen in Arbeitslosenhaushalten fast doppelt so hoch wie für Personen in allen Haushalten (34,9 %). Auch bei der Niedrigeinkommensquote war zunächst ein noch stärkerer Rückgang bis Anfang der 90er-Jahre zu beobachten (minus 4,4 %-Punkte), bevor diese Entwicklung im Verlauf der 90er-Jahre durch einen stärkeren Anstieg von 12,0 %-Punkten kompensiert wurde. Da die Niedrigeinkommensquote für die Gesamtbevölkerung im Gesamtzeitraum nur wenig Veränderungen aufwies, zeigen sich auch im Niedrigeinkommensbereich die Arbeitslosen und ihre Angehörigen als die Verlierer der Einkommensentwicklung in den 90er-Jahren. In den neuen Bundesländern war bei den Niedrigeinkommen im Vergleich zum Armutsbereich eine deutlich negativere Entwicklung zu beobachten, erhöhte sich doch die entsprechende Quote von 38,2 % auf 58,1 % um 19,9 %-Punkte. Während sich also der Anteil der Bevölkerung in Arbeitslosenhaushalten, der in Armut lebte, nur wenig erhöhte, hat der Anteil derer, die im Bereich prekärer Einkommen lebten, dramatisch zugenommen. Auch im Osten unterscheidet sich diese Entwicklung wesentlich von der in allen Haushalten, nahm doch die Niedrigeinkommensquote für die Gesamtbevölkerung in diesem Zeitraum nur leicht zu.

Insgesamt ist somit die Gruppe der Arbeitslosenhaushalte deutlich stärker von Armut betroffen als die Gesamtheit der Haushalte. Es bestätigt sich, dass die Aktualisierung des Arbeitslosigkeitsrisikos eine zentrale Ursache für die Existenz von Einkommensarmut in der Bundesrepublik darstellt. Im Folgenden soll der Frage nachgegangen werden, welche Teilgruppen unter den Personen in Arbeitslosenhaushalten in besonderem Maße mit Armut konfrontiert sind.

3.2.4.4 Einkommensarmut nach Erwerbskonstellationen in Arbeitslosenhaushalten

Um ein differenzierteres Bild der Betroffenheit durch Armut und Niedrigeinkommen in Arbeitslosenhaushalten zu gewinnen, soll im Folgenden die Einkommenslage bei unterschiedlichen Erwerbskonstellationen der Haushaltsvorstände in Arbeitslosenhaushalten betrachtet werden, die die Einkommenslage des Haushalts maßgeblich bestimmen.

Tabelle 3.2–4 gibt einen Überblick über die Entwicklung der Erwerbskonstellationen in Arbeitslosenhaushalten seit Mitte der 80er-Jahre: Danach lebten 1998 im alten Bundesgebiet nur 2,0 %

Tabelle 3.2–4: Personen in Arbeitslosenhaushalten nach Erwerbskonstellationen der HHV 1985 bis 1998 *

	Personen in Arbeitslosenhaushalten des Typs (in % der Personen in allen Arbeitslosenhaushalten)				
	Arbeitsloser HHV allein	Zwei arbeitslose HHV	Arbeitsloser/ Erwerbstätiger HHV	Arbeitsloser/ Nicht erwerbstätiger HHV	Summe
Alte Bundesländer					
1985	19,3	9,5	47,6	23,5	100
1988	16,3	3,6	47,3	32,8	100
1991	23,5	(2,5)	46,6	27,4	100
1994	17,2	5,1	48,4	29,3	100
1997	19,8	3,7	44,1	32,4	100
1998	19,5	2,0	45,9	32,6	100
Neue Bundesländer					
1991	10,5	8,1	69,7	11,6	100
1994	12,4	15,8	59,7	12,2	100
1997	17,0	10,1	55,4	17,5	100
1998	18,2	12,7	53,7	15,4	100

Datenbasis SOEP. * ( ) = Fallzahl 0–30; (X) = Fallzahl 31–50.

der Personen in Arbeitslosenhaushalten in Haushalten mit zwei arbeitslosen Haushaltsvorständen, wobei sich das quantitative Gewicht dieser Erwerbskonstellation seit 1985 (9,5 %) stark verringert hat. Der Anteil der allein stehenden arbeitslosen Haushaltsvorstände ist im Beobachtungszeitraum relativ konstant geblieben und betrug 1998 19,5 %. Stark erhöht hat sich das Gewicht der Konstellation mit einem erwerbstätigen und einem nicht erwerbstätigen Haushaltsvorstand (von 23,5 % in 1985 auf 32,6 % in 1998). Während bei diesen drei Konstellationen der Verdienstausfall durch kein anderes Erwerbseinkommen eines Haushaltsvorstands kompensiert wird, die Armutsgefahr daher vergleichsweise groß ist, gilt dies nicht für die vierte Konstellation: Die Haushaltskonstellation mit einem arbeitslosen und einem erwerbstätigen Haushaltsvorstand, die 1998 immerhin noch für fast die Hälfte aller Personen in Arbeitslosenhaushalten bestimmend ist, hat sich in ihrer quantitativen Bedeutung nur leicht verringert (1998 45,9 %). Tendenziell haben sich die Erwerbskonstellationen in den neuen Bundesländern denen im alten Bundesgebiet angenähert, wobei trotz rückläufiger Tendenz die Konstellation mit einem arbeitslosen und einem erwerbstätigen Vorstand im Osten nach wie vor wesentlich größeres Gewicht als im Westen hat (1998 53,7 %). Abweichend ist auch der große Anteil der Haushalte mit zwei arbeitslosen (12,6 %) und der niedrige Anteil der Haushalte mit einem arbeitslosen und einem nicht erwerbstätigen Haushaltsvorstand (1998 18,2 %), während die allein stehenden Arbeitslosen ähnlich stark vertreten sind (1998 15,4 %).

Die Tabellen 3.2–5 und 3.2–6 informieren darüber, wie sich die Armuts- und Niedrigeinkommensquoten – differenziert nach den vier Erwerbskonstellationen in Arbeitslosenhaushalten – entwickelt haben. Sie lassen erkennen, dass im alten Bundesgebiet 1998 besonders hohe Anteile in der untersten «Armuts»-Klasse sowohl bei den Haushalten mit zwei arbeitslosen Vorständen (42,7 %) als auch bei Haushalten mit einem arbeitslosen und einem nicht erwerbstätigen Vorstand (43,5 %) anzutreffen waren, wobei sich beide Konstellationen gegenläufig – erstere rückläufig und letztere ansteigend – entwickelt haben. In Haushalten mit einem allein stehenden Vorstand lag die Armutsquote 1998 mit 26,4 % ähnlich hoch wie in Haushalten mit einem arbeitslosen und einem erwerbstätigen Vorstand (1998 25,8 %). Auch hierbei waren die Trends gegenläufig, da die Armutsquote im ersten Fall rückläufig war und im zweiten Fall steigende Tendenz aufwies. Bezieht man den Bereich prekärer Einkommen mit ein, fällt besonders die hohe Quote bei den Haushalten mit zwei arbeitslosen Vorständen auf, lagen diese doch sämtlich im Niedrigeinkommensbereich. Die Personen in Haushalten von allein stehenden Arbeitslosen wie in Haushalten mit einem arbeitslosen und einem nicht erwerbstätigen Haushaltsvorstand erreichten mit ihren Niedrigeinkommensquoten 1998 ähnliche Größenordnungen (78,7 % bzw. 79,8 %). Allein die Gruppe der Arbeitslosenhaushalte mit einem arbeitslosen und einem nicht erwerbstätigen Vorstand lag mit ihrer Niedrigeinkommensquote von 54,7 % in 1998 deutlich niedriger. Insgesamt nahm der Anteil derer, die im Niedrigeinkommensbereich lagen, in allen Arbeitslosenhaushalten mit Ausnahme der vierten Konstellation (ein arbeitsloser und ein nicht erwerbstätiger Vorstand) zu.

Tabelle 3.2–5: Armutsquoten in Arbeitslosenhaushalten nach Erwerbskonstellationen der HHV 1985 bis 1998 *

	Armutsquoten (50 %-Schwelle) der Personen in Arbeitslosenhaushalten des Typs			
	Arbeitsloser HHV allein	Zwei arbeitslose HHV	Arbeitsloser/ Erwerbstätiger HHV	Arbeitsloser/ Nicht erwerbstätiger HHV
Alte Bundesländer				
1985	33,9	38,1	14,0	54,2
1988	44,8	47,5	14,7	47,1
1991	30,3	(45,9)	16,6	39,0
1994	36,3	39,2	15,3	35,6
1997	31,7	43,7	19,2	35,9
1998	26,4	(42,4)	25,8	43,5
Neue Bundesländer				
1991	35,2	28,8	2,7	16,1
1994	37,9	39,5	7,6	9,3
1997	34,9	34,3	6,6	14,1
1998	22,6	20,5	5,9	7,7

Datenbasis SOEP. * ( ) = Fallzahl 0–30; (X) = Fallzahl 31–50.

Tabelle 3.2–6: Niedrigeinkommensquoten in Arbeitslosenhaushalten nach Erwerbskonstellationen der HHV 1985 bis 1998 *

	Niedrigeinkommensquoten (75 %-Schwelle) der Personen in Arbeitslosenhaushalten des Typs			
	Arbeitsloser HHV allein	Zwei arbeitslose HHV	Arbeitsloser/ Erwerbstätiger HHV	Arbeitsloser/ Nicht erwerbstätiger HHV
Alte Bundesländer				
1985	74,5	77,6	48,2	84,9
1988	85,6	77,6	45,6	74,1
1991	59,9	(82,0)	47,9	65,2
1994	80,8	90,7	41,9	72,6
1997	81,0	87,5	55,0	68,5
1998	78,7	(100,0)	54,7	79,8
Neue Bundesländer				
1991	62,8	49,8	32,2	44,8
1994	76,0	75,4	37,9	48,7
1997	78,9	75,6	36,2	47,5
1998	71,8	73,4	53,7	42,8

Datenbasis SOEP. * ( ) = Fallzahl 0–30; (X) = Fallzahl 31–50.

In den neuen Bundesländern war bei allein stehenden Arbeitslosen ein ähnliches Niveau und eine ähnliche Entwicklung der Armutsquoten zu beobachten (1998 22,6 %). Vergleichbares gilt, wenn man den prekären Einkommensbereich mit einbezieht; die Niedrigeinkommensquote erreichte bei dieser Gruppe 1998 den Wert von 71,8 %. In Haushalten mit zwei arbeitslosen Vorständen lag dagegen bei rückläufiger Tendenz der Anteil der Armen 1998 nur etwa halb so hoch wie im alten Bundesgebiet (20.5 %). Auch unter Einbeziehung des prekären Einkommensbereichs lag die Niedrigeinkommensquote deutlich niedriger als im alten Bundesgebiet (73,4 %), wies jedoch steigende Tendenz auf. Schließlich war auch die Konstellation mit einem arbeitslosen und einem nicht erwerbstätigen Vorstand durch rückläufige und deutlich niedrigere Armuts- wie Niedrigeinkommensquoten als im Westen gekennzeichnet (1998 7,7 % bzw. 42,8 %). Eine Zunahme der Armut war allein bei den Haushalten mit einem erwerbstätigen Vorstand festzustellen, wobei die Höhe der Armutsquote 1998 mit 5,9 % immer noch weit unter der im Westen lag. Allerdings erreichte die ebenfalls ansteigende Niedrigeinkommensquote 1998 mit 53,7 % bereits Westniveau.

Besonders brisant ist das Armutsproblem in Arbeitslosenhaushalten also vor allem dann, wenn zwei arbeitslose Haushaltsvorstände zusammenleben und wenn ein arbeitsloser mit einem nicht erwerbstätigen Vorstand einen Haushalt bildet. Dagegen kann die Armut bei allein stehenden Haushaltsvorständen – zumindest im Westen – vermutlich durch staatliche Transfers in Grenzen gehalten werden. Eine erkennbare Risikokompensation tritt zudem bei Arbeitslosenhaushalten auf, in denen ein Haushaltsvorstand erwerbstätig ist.

3.2.4.5 Einkommensarmut nach Haushaltstypen von Arbeitslosenhaushalten

Neben der Erwerbskonstellation im Haushalt ist auch die personenbezogene Haushaltsstruktur für die Armutslage von Bedeutung. Tabelle 3.2–7 gibt einen Überblick über die in Arbeitslosenhaushalten anzutreffenden Haushaltstypen: Im alten Bundesgebiet lebten 1998 13,7 % der Personen in Singlehaushalten, 23,2 % lebten in Paarhaushalten ohne Kinder, 40,7 % in Paarhaushalten mit minderjährigen Kindern, 3,7 % in Einelternhaushalten mit minderjährigen Kindern und 18,8 % in Familienhaushalten mit erwachsenen Kindern.

Tabelle 3.2–7: Personen in Arbeitslosenhaushalten nach Haushaltstypen 1985 bis 1998 *

	Personen in Arbeitslosenhaushalten des Typs in % der Personen in allen Arbeitslosenhaushalten					
	Single-Haushalte	Paar-Haushalte ohne Kinder	Paar-Haushalte mit minderj. Kindern	Eineltern-Haushalte mit minderj. Kindern	Familien-Haushalte mit erw. Kindern	Summe
Alte Bundesländer						
1985	11,0	20,9	51,0	7,2	9,8	100
1988	10,3	23,5	50,7	(4,4)	11,0	100
1991	(14,9)	23,0	44,1	(7,1)	10,9	100
1994	11,5	26,0	41,9	(4,2)	16,3	100
1997	12,7	26,7	37,7	(5,3)	17,6	100
1998	13,7	23,2	40,7	3,7	18,8	100
Neue Bundesländer						
1991	()	25,6	51,5	()	12,8	100
1994	(6,0)	26,2	49,8	5,8	12,2	100
1997	(7,8)	27,9	44,5	(6,6)	13,1	100
1998	8,9	31,0	42,0	7,8	10,3	100

Datenbasis SOEP. * ( ) = Fallzahl 0–30; (X) = Fallzahl 31–50.

Während Singlehaushalte, Paarhaushalte mit minderjährigen Kindern und Einelternhaushalte seit Mitte der 80er-Jahre unter den Personen in Arbeitslosenhaushalten quantitativ an Bedeutung verloren haben, hat das Gewicht der beiden übrigen Haushaltstypen zugenommen. In den neuen Bundesländern sind zahlenmäßig vor allem die Paarhaushalte ohne Kinder (31,0 %) und mit minderjährigen Kinder (42,0 %) von größter Bedeutung, wobei erstere wie im Westen stark zugenommen und letztere sich rückläufig entwickelt haben. Singles mit 8,9 % und Familienhaushalte mit erwachsenen Kindern mit 10,3 % sind im Osten von vergleichsweise geringer Bedeutung. Einelternhaushalte mit minderjährigen Kindern haben zwar ebenfalls zahlenmäßig nur ein geringes Gewicht, nehmen jedoch zu und besitzen mit 1998 7,8 % einen höheren Anteil an den Personen in Arbeitslosenhaushalten als im Westen.

Wie sieht die Einkommenslage in Arbeitslosenhaushalten für die unterschiedlichen Haushaltstypen aus? Aus Tabelle 3.2–8 sind Angaben zu den Armutsquoten und aus Tabelle 3.2–9 zu den Niedrigeinkommensquoten für die fünf verschiedenen Haushaltstypen zu entnehmen: Vergleichsweise niedrige Armutsquoten sind – in Ost wie in West – in Paarhaushalten ohne Kinder (19,5 % im Westen und 6,6 % im Osten) und in Familienhaushalten mit erwachsenen Kindern (15,9 % im Westen und 6,4 % im Osten) anzutreffen. Besonders hohe Armutsquoten findet man dagegen in Einelternhaushalten mit minderjährigen Kindern (33,8 % im Westen und 25,6 % im Osten), in Paarhaushalten mit minderjährigen Kindern (48,0 % im Westen und 10,1 % im Osten) und in Singlehaushalten (28,7 % im Westen und 23,1 % im Osten). Insgesamt sind also die höchsten Armutsquoten bei den Einelternhaushalten und Paarhaushalten mit minderjährigen Kindern anzutreffen. In beiden Haushaltstypen leben Kinder im Alter bis 18, woraus zusätzliche Bedarfe resultieren. Auffällig ist aber auch die hohe Armutsquote bei den Singlehaushalten. Da hier keine Kinder im Haushalt leben, kann vermutet werden, dass die hohe Armutsbetroffenheit auf eine unzureichende Kompensation des Verdienstausfalls durch staatliche Transfers – insbesondere durch die Lohnersatzleistungen der Arbeitslosenversicherung – zurückzuführen ist. Bezieht man den prekären Einkommensbereich mit ein, lagen die höchsten Niedrigeinkommensquoten bei den gleichen Haushaltstypen, die auch die höchsten Armutsquoten aufwiesen.

Tabelle 3.2–8: Armutsquoten in Arbeitslosenhaushalten nach Haushaltstypen 1985 bis 1998 *

	Armutsquoten (50 %-Schwelle) der Personen in Arbeitslosenhaushalten des Typs				
	Single-Haushalte	Paar-Haushalte ohne Kinder	Paar-Haushalte mit minderj. Kindern	Eineltern-Haushalte mit minderj. Kindern	Familien-Haushalte mit erw. Kindern
Alte Bundesländer					
1985	27,2	18,7	35,9	48,5	8,7
1988	35,0	10,1	41,0	(65,4)	15,1
1991	(18,9)	13,4	36,2	(46,1)	14,8
1994	29,2	11,9	35,8	(48,2)	13,9
1997	22,7	10,7	43,6	(52,4)	18,2
1998	28,7	19,5	48,0	33,8	15,9
Neue Bundesländer					
1991	()	6,4	7,1	()	4,6
1994	(22,0)	1,2	19,7	53,4	15,7
1997	(30,3)	6,8	15,0	(48,4)	10,0
1998	23,1	6,6	10,1	25,6	6,4

Datenbasis SOEP. * ( ) = Fallzahl 0–30; (X) = Fallzahl 31–50.

Tabelle 3.2–9: Niedrigeinkommensquoten in Arbeitslosenhaushalten nach Haushaltstypen 1985 bis 1998 *

	Niedrigeinkommensquoten (75 %-Schwelle) der Personen in Arbeitslosenhaushalten				
	Single-Haushalte	Paar-Haushalte ohne Kinder	Paar-Haushalte mit minderj. Kindern	Eineltern-Haushalte mit minderj. Kindern	Familien-Haushalte mit erw. Kindern
Alte Bundesländer					
1985	73,3	47,9	71,1	78,0	48,6
1988	83,2	31,1	71,7	(100,0)	52,8
1991	(44,1)	31,5	72,5	(86,2)	41,1
1994	77,9	34,6	71,4	(81,7)	51,1
1997	72,8	32,9	84,7	(97,1)	61,5
1998	76,0	51,5	76,2	95,1	61,9
Neue Bundesländer					
1991	()	20,8	45,6	()	21,2
1994	(54,5)	23,1	61,4	97,3	34,2
1997	(63,6)	23,4	57,5	(98,3)	43,9
1998	63,5	36,8	69,8	84,7	44,8

Datenbasis SOEP. * ( ) = Fallzahl 0–30; (X) = Fallzahl 31–50.

Als Fazit lässt sich festhalten, dass die Betroffenheit durch Armut und Niedrigeinkommen stark mit der jeweiligen Haushaltsstruktur – gemessen durch die hier verwendete Haushaltstypologie – variiert. Vor allem Einelternhaushalte und Paarhaushalte mit minderjährigen Kindern weisen eine hohe Armutsbetroffenheit auf, wobei beide Haushaltstypen im alten Bundesgebiet unter den Personen in Arbeitslosenhaushalten an Bedeutung verloren haben; in den neuen Bundesländern gilt dies nur für die zweite Gruppe. Besorgnis erregend ist aber auch die hohe Armutsbetroffenheit bei Singlehaushalten.

3.2.4.6 Zur Soziodemographie einkommensarmer Arbeitsloser

Im weiteren Verlauf der Untersuchung stehen die registrierten Arbeitslosen (ohne die Angehörigen) im Mittelpunkt der Untersuchung. Dabei wird zunächst die soziodemographische und sozioökonomische Struktur der Arbeitslosen betrachtet, bevor die zeitliche Dimension der Arbeitslosigkeit näher beleuchtet wird. Da es hier um personenbezogene Merkmale geht (individueller Bildungsstatus oder individuelle Arbeitslosigkeitsdauer), sind der einzelne Arbeitslose und nicht der Haushalt bzw. die darin lebenden Personen Bezugspunkt der Analyse. Ansonsten wäre das Zusammentreffen unterschiedlicher Konstellationen (z. B. von individueller Arbeitslosigkeitsdauer) im Haushalt explizit zu untersuchen.

Tabelle 3.2 – 10 lässt sich entnehmen, dass die Armutsquoten im alten Bundesgebiet wie in den neuen Bundesländern vor allem bei jüngeren Arbeitslosen, bei Arbeitslosen mit keinem oder niedrigem allgemein bildenden und beruflichen Abschluss, bei Arbeitslosen aus sehr kleinen und sehr großen Haushalten, bei Arbeitslosen aus Singlehaushalten und aus Paarhaushalten mit minderjährigen Kindern überdurchschnittlich hoch ausfallen. Interessanterweise klafft die geschlechtsspezifische Betroffenheit im alten Bundesgebiet und in den neuen Bundesländern auseinander, da im Westen die Männer, im Osten dagegen Frauen höhere Armutsquoten aufweisen. Die genannten Befunde dürfen aber nicht überbewertet werden, da erst eine multivariate Analyse eindeutigere Rückschlüsse auf die maßgeblichen Merkmale zulassen würde.

Tabelle 3.2–10: Soziodemographie registrierter Arbeitsloser und Armuts- und Niedrigeinkommensposition 1998 *

	Verteilung in % der Bevölkerung		Armutsquoten		Niedrigeinkommens-quoten	
	Alte Bundesländer	Neue Bundesländer	Alte Bundesländer	Neue Bundesländer	Alte Bundesländer	Neue Bundesländer
Geschlecht						
Männlich	55,2	48,1	32,7	11,8	72,1	50,2
Weiblich	44,8	51,9	21,6	14,7	59,9	59,0
Alter						
Bis 15 Jahre	19,7	20,8	28,4	24,9	70,7	67,8
16 bis 30 Jahre	34,2	35,3	45,8	9,7	74,8	67,3
31bis 45 Jahre	39,6	43,4	14,5	10,7	60,3	38,9
46 bis 60 Jahre	(6,0)	()	(4,7)	()	49,4	()
61 Jahre und älter	()	()	()	()	()	()
Größe der Haushalte						
1 Person	24,3	17,2	30,5	23,3	80,6	64,2
2 Personen	32,0	35,2	21,8	10,7	56,4	38,9
3 Personen	19,2	21,4	29,3	7,7	68,2	56,7
4 Personen	14,7	17,9	18,3	13,4	58,6	63,6
5 und mehr Personen	9,9	(8,3)	55,6	(17,1)	81,2	(77,5)
Haushaltstyp						
Single-Haushalt	26,1	17,3	28,9	23,2	75,4	63,8
Paar-Haushalt ohne Kinder	25,3	34,2	23,1	10,1	52,5	37,5
Paar-Haushalte mit minderj. Kindern	25,5	29,1	40,2	13,8	73,1	66,6
Eineltern-Haushalte mit minderj. Kindern	()	()	()	()	()	()
Familien-Haushalte mit erwachsenen Kindern	20,3	13,9	16,5	3,7	62,6	45,7

	Verteilung in % der Bevölkerung		Armutsquoten		Niedrigeinkommensquoten	
	Alte Bundesländer	Neue Bundesländer	Alte Bundesländer	Neue Bundesländer	Alte Bundesländer	Neue Bundesländer
Höchster allgemein bildender Abschluss (nur Personen über 16 Jahre)						
Ohne Schulabschluss	22,2	()	33,4	()	74,9	()
Hauptschule	55,7	28,4	30,9	17,7	70,7	48,2
Realschule	13,6	36,9	31,4	11,0	61,4	61,4
(Fach-)Hochschulreife	6,3	(8,6)	6,3	(1,0)	55,8	(31,9)
noch in der Schule	()	()	()	()	()	()
Höchster beruflicher Abschluss (nur Personen über 16 Jahren)						
ohne Berufsabschluss	38,0	11,5	29,8	28,8	75,2	66,9
Lehre	44,0	67,9	33,9	14,9	67,8	60,8
mehr als eine Lehre	12,0	13,0	20,2	6,4	56,1	24,5
(Fach-)Hochschulabschluss	()	()	()	()	()	()
in Berufsausbildung	()	()	()	()	()	()

Datenbasis SOEP. * ( ) = Fallzahl 0–30; (X) = Fallzahl 31–50.

3.2.4.7 Dauer und Häufigkeit der Arbeitslosigkeit und Einkommensarmut

Für den Zusammenhang von Arbeitslosigkeit und Einkommensarmut ist die zeitliche Dimension der Arbeitslosigkeit entscheidend. Ist doch zu vermuten, dass mit zunehmender Dauer der einzelnen Arbeitslosigkeitsphasen und mit zunehmender Gesamtdauer der Arbeitslosigkeit wie auch mit zunehmender Zahl einzelner Arbeitslosigkeitsphasen das Risiko zunimmt, in eine Armuts- oder armutsnahe Situation zu geraten. Dafür spricht u. a., dass die Höhe und Verfügbarkeit der Lohnersatzleistungen des SGB III zeitlich gestaffelt sind und mit zunehmender Dauer der Arbeitslosigkeit nur noch einen eingeschränkten Schutz vor

Armut bieten. Dafür spricht aber auch, dass mit zunehmender Dauer und/oder Häufigkeit der Arbeitslosigkeit Resignationsprozesse eintreten können, die die gesamte Ressourcenlage des Arbeitslosenhaushalts negativ beeinflussen.

Im Folgenden soll der zeitlichen Dimension von Arbeitslosigkeit nachgegangen werden, wobei allein auf die Einkommenslage des einzelnen registrierten Arbeitslosen abgestellt wird und die weiteren Personen im Arbeitslosenhaushalt nicht mit einbezogen werden. Zu bedenken bleibt, dass als Folge dauerhafter oder häufiger individueller Arbeitslosigkeit Reaktionen und Veränderungen im Haushaltskontext auftreten können, die wiederum Rückwirkungen auf die Einkommenslage des Arbeitslosenhaushalts haben, wenn etwa ein Familienmitglied eine Erwerbstätigkeit aufnimmt, um die Einkommenslage zu verbessern, oder wenn es als Folge zunehmender Familienkonflikte zu Trennung und Scheidung kommt (vgl. z. B. Andreß 1999). Auf solche Prozesse und ihre Auswirkungen auf die Einkommenslage kann hier nicht näher eingegangen werden.

Tabelle 3.2–11 gibt einen Überblick über die zeitliche Dynamik im Sinne der Dauer und Häufigkeit der individuellen, amtlich registrierten Arbeitslosigkeit. Dazu betrachten wir einmal die Gesamtdauer der individuellen Arbeitslosigkeit – gemessen in Monaten – im Siebenjahreszeitraum von Januar 1991 bis Dezember 1997. Es zeigt sich, dass im alten Bundesgebiet 29,3 % der registrierten Arbeitslosen ein bis fünf Monate (von maximal 84 möglichen in diesem Zeitraum) mit Arbeitslosigkeit konfrontiert waren. Diese Gesamtdauer konnte durchgehend sein oder sich aus mehreren Einzelphasen zusammensetzen. 23,5 % waren in diesem Zeitraum 6 bis 11 Monate arbeitslos, und immerhin 47,2 % waren 12 Monate und länger von Arbeitslosigkeit betroffen. Es zeigt sich also, dass – soweit Arbeitslosigkeit in diesem Zeitraum für den Einzelnen überhaupt auftrat – sie relativ häufig, nämlich in nahezu jedem zweiten Fall, von längerer Dauer war.

Tabelle 3.2–11 zeigt ebenso, wie häufig solche Arbeitslosigkeitsphasen beim einzelnen Arbeitslosen im angegebenen Zeitraum aufgetreten sind. Mehr als zwei Drittel der Arbeitslosen – genau 69,6 % – waren lediglich einmal mit Arbeitslosigkeit konfrontiert. Etwa jeder fünfte Arbeitslose war zweimal von diesem Ereignis betroffen (19,4 %), 8,2 % dreimal, und nur noch 2,8 % waren viermal oder häufiger in Arbeitslosigkeit geraten. Insgesamt war also kein häufiges Auftreten von Arbeitslosigkeit in diesem Zeitraum zu beobachten, die meisten – rund 90 % – der Arbeitslosen wurden ein- bis zweimal arbeitslos. Da die Arbeitslosen relativ lange Gesamtdauern von Arbeitslosigkeit aufwiesen, bedeutet dieser Befund, dass es sich zumeist um einmalige Phasen von langer Dauer handelte und sich nur bei einem kleinen Teil der Langzeitarbeitslosen mehrere kurze Phasen zu einer langen Gesamtphase addierten.

In den neuen Bundesländern ist ein etwas ungünstigeres Bild hinsichtlich Dauer und Häufigkeit von Arbeitslosigkeit zu beobachten: So waren hier sogar 59,7 % der registrierten Arbeitslosen 12 und mehr Monate im Beobachtungszeitraum mit Arbeitslosigkeit konfrontiert. Zugleich handelte es sich dabei «nur» zu 48,1 % um einmalige Ereignisse, während häufigere Arbeitslosigkeitsphasen stärker vertreten waren. Allein 27,3 % der Arbeitslosen waren dreimal oder häufiger innerhalb eines Jahres arbeitslos, während dies im Westen nur für 11 % zutraf. Somit war in den neuen Bundesländern nicht nur die Gesamtdauer der Arbeitslosigkeit länger, sondern sie verteilte sich im Durchschnitt auch auf mehr Einzelphasen. Dennoch muss für das alte Bundesgebiet wie für die neuen Bundesländer hervorgehoben werden, dass der Anteil der Langzeitarbeitslosen wesentlich höher liegt, als dies zumeist unterstellt und in den amtlichen Statistiken (allerdings mit einem anderen Messkonzept) ausgewiesen wird (vgl. z. B. Bundesanstalt für Arbeit 1999).

Wie haben sich nun Dauer und Häufigkeit des Auftretens von

Tabelle 3.2–11: Dauer und Häufigkeit registrierter Arbeitslosigkeit und Armut im Zeitraum 1991 bis 1997 *

	Arbeitslosigkeit in Monaten in %	Arbeitslose nach Anzahl der Jahre in Armut in %				Durchschnittsanzahl Jahre soweit aufgetreten
		0	1	2	3 und mehr	
Alte Bundesländer						
Arbeitslose nach Gesamtdauer						
1–5	29,2	22,5	()	()	()	2,3
6–11	23,5	16,6	()	()	(2,0)	2,3
12 und mehr	47,2	27,4	8,2	(2,8)	8,9	2,8
Summe	100	66,4	13,6	6,7	13,3	2,6
Anzahl der Arbeitslosigkeitsereignisse pro Arbeitslosen in %						
Einmal	69,6	49,0	7,0	(5,2)	8,4	2,8
Zweimal	19,4	10,9	(4,9)	()	(2,8)	2,3
Dreimal	8,2	(4,5)	()	()	()	3,6
Viermal und mehr	2,8	()	()	()	()	(2,5)
Summe	100	65,4	13,3	7,1	14,3	2,6
Neue Bundesländer						
Arbeitslose nach Gesamtdauer						
1–5	23,6	20,0	()	()	()	1,7
6–11	16,5	13,4	()	()	()	1,6
12 und mehr	59,7	40,7	8,3	()	()	2,2
Summe	100	74,1	12,4	(6,2)	(7,4)	2,0
Anzahl der Arbeitslosigkeitsereignisse pro Arbeitslosen in %						
Einmal	48,1	39,7	(4,6)	()	()	1,9
Zweimal	24,7	18,1	(3,4)	()	()	2,0
Dreimal	15,5	9,9	()	()	()	2,1
Viermal und mehr	6,2	6,2	()	()	()	2,3
Summe	100	73,8	12,5	(6,1)	(7,6)	2,0

Datenbasis SOEP. * ( ) = Fallzahl 0–30; (X) = Fallzahl 31–50.

Arbeitslosigkeit auf die Einkommensposition der Arbeitslosen ausgewirkt? Gibt es den eingangs angesprochenen Zusammenhang zwischen Dauer und Häufigkeit der Arbeitslosigkeit einerseits und der Höhe des Haushaltseinkommens andererseits? Zur Beantwortung dieser Frage wird untersucht, ob und wie lange – gemessen durch die Anzahl der Jahre im Siebenjahreszeitraum – die Arbeitslosen in Einkommensarmut (gemessen an der 50 %-Schwelle) gelebt haben. Die Antwort fällt insofern ungenau aus, als der Anzahl der Monate in Arbeitslosigkeit nicht ebenfalls Monate, sondern Jahre (genauer der Erhebungsmonat des jeweiligen Jahres) gegenübergestellt werden. Zugleich ist unbestimmt, ob die Phasen der Arbeitslosigkeit mit den Phasen der Armut übereingestimmt haben oder ob es sich um unterschiedliche Zeiträume gehandelt hat. Die folgenden Befunde müssen also lediglich als eine erste Annäherung an die Beantwortung der genannten Frage verstanden werden.

Tabelle 3.2–11 lässt erkennen, dass das Auftreten von Arbeitslosigkeit im alten Bundesgebiet für 66,4 % der betroffenen Arbeitslosen zu keiner Armutsphase geführt hat. 13,6 % der in diesem Zeitraum von Arbeitslosigkeit Betroffenen waren einmal mit Armut konfrontiert, 6,7 % zweimal und 13,3 % dreimal oder mehr. Aufgrund der zu niedrigen Fallzahlen lassen sich nur für die Langzeitarbeitslosen mit 12 und mehr Monaten Arbeitslosigkeit gesicherte Aussagen zur Häufigkeit der Armutsbetroffenheit machen. Danach lebten 27,4 % oder mehr als die Hälfte der 47,2 % Langzeitarbeitslosen im Beobachtungszeitraum nie in Armut, 8,2 % oder rund 1/6 war einmal, 2,8 % zweimal und 8,9 % dreimal oder häufiger arm. Waren es also bei allen Arbeitslosen 13,3 %, die dreimal oder häufiger arm waren, erhöhte sich dieser Anteil bei den Langzeitarbeitslosen auf 18,9 % (8,9 von 47,2 %). Zugleich stellten diejenigen, die im Beobachtungszeitraum nie in Armut lebten, bei den kürzer Arbeitslosen jeweils die überwiegende Mehrheit (22,5 von 29,2 % und 16,6 von 23,5 %), während sie bei den Langzeitarbeitslosen mit 27,4 von 47,2 % nur noch etwas mehr als die Hälfte ausmachten. Betrachtet man die Häufigkeit des Auftretens von Arbeitslosigkeit, so war das einmalige Auftreten in rund zwei Drittel der Fälle mit keiner einzigen Armutsphase verbunden (49,0 von 69,6 %), und nur in 8,4 von 69,6 % der Fälle ging sie mit drei und mehr Armutsphasen einher.

Schließlich zeigt Tabelle 3.2–11 auch, wie lange, d. h. wie viele Jahre im Siebenjahreszeitraum, die verschiedenen Gruppen von Arbeitslosen in Armut lebten, soweit sie überhaupt von Armut betroffen waren: Während alle Arbeitslosen im Durchschnitt 2,6 Jahre in Einkommensarmut verbrachten, betrug dieser Zeitraum bei den Kurzzeitarbeitslosen ebenso wie bei den Arbeitslosen von mittlerer Dauer 2,3 Jahre, für die Langzeitarbeitslosen waren es dagegen 2,8 Jahre. Vor allem für diese Gruppe bestätigt sich also die Hypothese, dass eine längere Arbeitslosigkeitsdauer mit größerer Häufigkeit und längerer Dauer der Armut einhergeht. Ein Zusammenhang zwischen Häufigkeit des Auftretens von Arbeitslosigkeit und der durchschnittlichen Dauer der Armut ist dagegen nicht eindeutig erkennbar.

In den neuen Bundesländern zeigt sich ein günstigeres Bild als im alten Bundesgebiet: Hier trat für 74,1 % aller Arbeitslosen Einkommensarmut überhaupt nicht auf, für 12,4 % einmal, für 6,2 % zweimal und für 7,4 % dreimal oder häufiger. Sie waren also nicht nur seltener, sondern auch – wenn überhaupt – weniger häufig mit Armut konfrontiert als die Arbeitslosen im Westen der Republik. Auch hier nimmt das Auftreten von Armut mit zunehmender Arbeitslosigkeitsdauer zu. Ähnliches gilt für die Häufigkeit des Auftretens der Arbeitslosigkeit: Der Anteil derer, die nie in Armut lebten, geht mit zunehmender Häufigkeit zurück. Betrachtet man die durchschnittliche Armutsdauer, so nahm sie mit zunehmender Arbeitslosigkeitsdauer ebenso wie mit zunehmender Arbeitslosigkeitshäufigkeit zu.

Für die neuen Bundesländer gilt also, dass deutlich weniger Arbeitslose in Armut lebten als im alten Bundesgebiet (rund 25 % gegenüber etwa 33 %). Dies trifft auch für die Langzeitarbeitslosen und die häufig Arbeitslosen zu, die nur jeweils halb so oft mit Armut konfrontiert waren. Auch die durchschnittliche Armutsdauer war mit 2,0 gegenüber 2,6 Jahren im Vergleich zum alten Bundesgebiet kürzer. Schließlich wird durch die Befunde in den neuen Bundesländern ein eindeutigerer Zusammenhang zwischen Dauer und Häufigkeit von Arbeitslosigkeit und Dauer und Häufigkeit von Armut als im Westen nahe gelegt.

Die dargestellten Befunde können nur einen ersten, recht groben Einblick in den Zusammenhang von zeitlicher Dynamik der Arbeitslosigkeit und Einkommensarmut geben. Differenziertere Analysen, etwa zu den armutsrelevanten Folgen bestimmter Verlaufsmuster von Arbeitslosigkeit, würden größere Fallzahlen im SOEP erfordern. Um diese Aspekte dennoch zu ergänzen und zu vertiefen, werden im Folgenden Abschnitt Ergebnisse einer zeitraumbezogenen Verbleibsuntersuchung vorgestellt. Schließlich wird die Dauer der Arbeitslosigkeit auch bei der Analyse der Wirkungen staatlicher Umverteilung auf die Armut bei Arbeitslosigkeit noch einmal aufgegriffen.

3.2.4.8 Einkommensmobilität in und aus der Arbeitslosigkeit

Der vorliegende Abschnitt präsentiert Ergebnisse einer Analyse zur Einkommensmobilität von registrierten Arbeitslosen. Bei der Frage nach dem Zusammenhang zwischen zeitlicher Dauer und Verlaufsform von Arbeitslosigkeit und Armut interessiert ja nicht nur, welche Dauer- und Verlaufsmuster mit welchen Armutsrisiken verbunden sind. Eine weitere ganz entscheidende Frage geht dahin, wie sich die Einkommenslage des bzw. der Arbeitslosen im Zeitverlauf verändert.

Um die Veränderung der Einkommensposition der zu einem

gegebenen Zeitpunkt Arbeitslosen erfassen zu können, wird im Folgenden die Verteilung der bedarfsgewichteten Haushaltseinkommen jeweils zu Beginn und am Ende eines bestimmten Zeitraums gegenübergestellt. Zugrunde gelegt wurde hierfür der Siebenjahreszeitraum 1991 bis 1997. Untersucht wird in einem ersten Schritt, wie sich die Einkommensposition der registrierten Arbeitslosen über diesen Beobachtungszeitraum hinweg entwickelt hat. Aus Fallzahlgründen wird die (Veränderung der) Einkommensposition allein daran gemessen, ob der betreffende Arbeitslose unter oder über der Niedrigeinkommensschwelle liegt. In einem weiteren Schritt wird die Veränderung des Erwerbsstatus im Beobachtungszeitraum mit einbezogen. Dadurch soll erkennbar werden, in welchem Maße die Veränderung des Erwerbsstatus dazu beigetragen hat, die Einkommensposition der Arbeitslosen zu verbessern. Auch in diesem Abschnitt bleiben die weiteren Personen in Arbeitslosenhaushalten explizit ausgeblendet, Veränderungen der Einkommenslage werden also allein mit Status-Veränderungen bei den Arbeitslosen selbst in Beziehung gesetzt. Gleichwohl darf der Einfluss der weiteren Faktoren im Haushaltskontext nicht unerwähnt bleiben.[40]

Tabelle 3.2–12 zeigt zunächst die reine Einkommensmobilität – unabhängig von Veränderungen des Erwerbsstatus: So hat sich im alten Bundesgebiet die Einkommensverteilung der registrierten Arbeitslosen von 1991 im Zeitraum 1991 bis 1997 geringfügig verschlechtert: Waren die Arbeitslosen 1991 noch zu 46,9 % in einer Niedrigeinkommensposition, erhöhte sich dieser Anteil bis 1997 auf 48,4 %. Umgekehrt hat sich der Anteil der im gesicherten Wohlstand Lebenden von 53,1 % auf 51,7 % verringert. Innerhalb des unteren Einkommenssegments hat sich eine umge-

40 So ist bei Zugrundelegung eines Siebenjahreszeitraums zu berücksichtigen, dass vor allem Größe und Zusammensetzung des Haushalts Veränderungen unterworfen sind, so durch die Geburt von Kindern oder durch den Auszug von Kindern aus dem Haushalt.

kehrte Verschiebung ergeben (ohne Tabelle): Der Anteil der Einkommensarmen verminderte sich von 18,1 % auf 14,7 %, während sich der Anteil der prekären Einkommensbezieher von 28,8 % auf 33,7 % erhöhte. Da also der prekäre Bereich stärker wuchs, als sich der arme Einkommensbereich verminderte, hat sich der Anteil der ehemals Arbeitslosen mit Niedrigeinkommen per Saldo erhöht. Die neuen Bundesländer zeigten 1991 eine wesentlich günstigere Ausgangsverteilung der Einkommen bei den registrierten Arbeitslosen, da hier der Anteil der Niedrigeinkommensbezieher lediglich 37,7 % betrug. Bis 1997 ging dieser Anteil sogar auf 34,6 % zurück, wobei dieser Rückgang vor allem den prekären Einkommensbereich betraf. Insgesamt muss erstaunen, wie wenig sich die Einkommensposition der ehemals Arbeitslosen in diesem doch recht langen Zeitraum verändert hat.

Tabelle 3.2–12: Mobilität in und aus Niedrigeinkommen von registrierten Arbeitslosen im Zeitraum 1991 bis 1997 *

Einkommensposition der registrierten Arbeitslosen von 1991	Einkommensposition 1997 der reg. Alo. von 1991			Einkommensposition 1997 der Niedrigeinkommensbezieher 1991			Einkommensposition 1991 der Niedrigeinkommensbezieher 1997		
	bis 0,75	ab 0,76	Alle	bis 0,75	ab 0,76	Alle	bis 0,75	ab 0,76	Alle
Alte Bundesländer									
Bis 0,75	29,9	(17,0)	46,9	61,9	(32,9)	–	63,9	(36,1)	100
Ab 0,76	(18,5)	34,7	53,1	(38,1)	67,1	–	(34,7)	65,3	100
Alle	48,4	51,7	100	100	100	–	–	–	–
Neue Bundesländer									
Bis 0,75	(17,2)	(20,5)	37,7	(49,7)	(31,4)	–	(45,6)	(54,5)	100
Ab 0,76	(17,4)	44,9	62,3	(50,3)	68,6	–	(28,0)	72,0	100
Alle	34,6	65,4	100	100	100	–	–	–	–

Datenbasis SOEP. * () = Fallzahl 0–30; (X) = Fallzahl 31–50.

Wohin haben sich die ehemaligen Niedrigeinkommensbezieher unter den Arbeitslosen mit ihrer Einkommensposition entwickelt? Aus welcher Einkommensposition stammen die Niedrigeinkommensbezieher von 1997 unter den ehemals Arbeitslosen? Tabelle 3.2–12 zeigt, dass im alten Bundesgebiet 61,9 % der Niedrigeinkommensbezieher in 1997 sich bereits 1991 in einer solchen Einkommensposition befanden. 38,1 % sind dagegen aus einer Situation des gesicherten Einkommenswohlstands in die Niedrigeinkommenslage abgestiegen. Umgekehrt waren 67,1 % der Arbeitslosen mit höheren Einkommen bereits 1991 in einer solchen Situation, während 32,9 % erst in diese Position aufgestiegen sind. In den neuen Bundesländern war der Anteil der Absteiger in die Niedrigeinkommensposition mit 50,3 % wesentlich größer und der Anteil der aus der gleichen Position in 1991 stammenden Arbeitslosen kleiner als im Westen. Der Anteil der Aufsteiger war dagegen ähnlich gering wie im Westen.

Ein ähnliches Bild zeigt sich, blickt man in die entgegengesetzte zeitliche Richtung: So gelang es im alten Bundesgebiet 36,1 % der ursprünglichen Niedrigeinkommensbezieher, in den gesicherten Einkommensbereich aufzusteigen. Umgekehrt mussten 34,7 % einen Abstieg in den Niedrigeinkommensbereich hinnehmen. In den neuen Bundesländern waren es 54,5 %, die in die gesicherte Einkommensregion aufgestiegen sind, 28,0 % mussten dagegen einen Abstieg hinnehmen.

Insgesamt war der Anteil der Niedrigeinkommensbezieher unter den Arbeitslosen von 1991 zu Beginn wie am Ende des Beobachtungszeitraums in den neuen Bundesländern niedriger als im alten Bundesgebiet. Während sich die Einkommenslage im Westen leicht verschlechtert hat, hat sie sich im Osten verbessert. Per Saldo war daher im Osten eine deutlich stärker ausgeprägte Aufwärtsmobilität als im Westen festzustellen. Von besonderem Interesse ist es, in welchem Zusammenhang die genannten Veränderungen der Einkommensposition mit Veränderungen des Erwerbsstatus der ehemaligen Arbeitslosen stehen. Tabelle 3.2–13 lässt sich entnehmen, dass in diesem Siebenjahreszeitraum im alten Bundesgebiet 23,0 % der ehemals registrierten Arbeitslosen in dieser Erwerbsposition verblieben (oder wieder zurückgekehrt) sind. 38,6 % haben eine Erwerbstätigkeit aufgenommen, und 30,8 % sind in die Nichterwerbstätigkeit gewechselt. In den neuen Bundesländern waren es ähnlich viele Arbeitslose, die in der registrierten Arbeitslosigkeit geblieben sind (23,5 %). Die Zahl der Wechsler in die Nichterwerbstätigkeit war wesentlich geringer (25,2 %), dagegen haben mit 48,8 % wesentlich mehr ehemals Arbeitslose als im Westen eine Beschäftigung aufgenommen. Auch wenn somit Arbeitslosenzahl und -quote in den neuen Bundesländern wesentlich ungünstiger als im alten Bundesgebiet sind, gelingt deutlich mehr Arbeitslosen der Übergang in den Beschäftigungssektor. Inwieweit es sich dabei um Normalarbeits- oder prekäre Arbeitsverhältnisse handelt, war aus Gründen der zu geringen Fallzahlen mit Hilfe des SOEP nicht zu ermitteln. Vermutlich hat die Konzentration von Maßnahmen der aktiven Arbeitsmarktpolitik in den neuen Bundesländern zu diesem relativ günstigen Ergebnis beigetragen.

Die hier besonders interessierende Frage nach der Verteilung der Einkommenspositionen in den verschiedenen Erwerbspositionen ist aus Fallzahlgründen nur für das alte Bundesgebiet zu beantworten: Es zeigt sich, dass der Anteil der Niedrigeinkommensbezieher beim Verbleib in der registrierten Arbeitslosigkeit mit 86,1 % am höchsten war (19,8 von 23,0 %), dass sie beim Übergang in die Nichterwerbstätigkeit mit 43,5 % bereits deutlich niedriger ausfällt (13,4 von 30,8 %). Der mit Abstand niedrigste Anteil von Niedrigeinkommensbeziehern ergibt sich mit 29,5 % beim Übergang in die Erwerbstätigkeit (11,4 von 38,6 %). Auch wenn für die neuen Bundesländer keine gesicherten Werte hierzu verfügbar sind, ist zu vermuten, dass vor allem der im Vergleich zum Westen häufigere Übergang in die Er-

Tabelle 3.2–13: Arbeitsmarktmobilität und Niedrigeinkommensposition von registrierten Arbeitslosen im Zeitraum 1991 bis 1997 *

	Erwerbsstatus und Einkommensposition der reg. Alo. von 1991 in 1997				
	Summe	Reg. Alo	Stille Res.	Erwerbstätig	Nicht erwerbstätig
Alte Bundesländer					
Alle	100	23,0	()	38,6	30,8
Davon mit Einkommen bis 0,75	48,4	(19,8)	()	(11,4)	(13,4)
Neue Bundesländer					
Alle	100	23,5	()	48,4	25,2
Davon mit Einkommen bis 0,75	37,7	()	()	()	()

Datenbasis SOEP. * ( ) = Fallzahl 0–30; (X) = Fallzahl 31–50.

werbstätigkeit zu dem positiven Bild bei der Einkommensmobilität beigetragen hat.

Insgesamt ergibt sich aus diesen Befunden, dass der Wechsel in die Erwerbstätigkeit nicht nur geeignet ist, die Arbeitsmarktlage zu verbessern, sondern auch zu einer substanziellen Verbesserung der Einkommenslage beizutragen. Bei den anderen Optionen bleibt nicht nur die Ausgrenzung am Arbeitsmarkt erhalten, zugleich bleibt auch die Einkommenslage problematisch.

3.2.4.9 Einkommensarmut und Niedrigeinkommen bei Arbeitslosigkeit vor und nach staatlicher Umverteilung

In einem letzten Schritt soll die Wirkung staatlicher Umverteilungsmaßnahmen auf die Armuts- und Niedrigeinkommensposition von registrierten Arbeitslosen untersucht werden.

Wie zu Beginn dieses Kapitels dargelegt, wird die individuelle Einkommenslage beim Eintritt in wie beim Andauern von Arbeitslosigkeit primär durch den Bezug von staatlichen Transfers bestimmt.

Von besonderer Bedeutung sind hierbei die Leistungen des SGB III und des BSHG:

(1) Nach Angaben der Bundesanstalt für Arbeit haben 1998 im alten Bundesgebiet von den im Jahresdurchschnitt 2,9 Mio. registrierten Arbeitslosen 2,2 Mio. oder 75,5 % Lohnersatzleistungen nach dem SGB III bezogen; von diesen Leistungsempfängern bezogen 56 % Arbeitslosengeld und 44 % Arbeitslosenhilfe. In den neuen Bundesländern bezogen von den 1,4 Mio. registrierten Arbeitslosen 1,3 Mio. oder 94,4 % solche Lohnersatzleistungen, darunter 58 % Arbeitslosengeld und 42 % Arbeitslosenhilfe (Bundesanstalt für Arbeit 1999).

(2) Zum 31.12. des gleichen Jahres bezogen 709 000 registrierte Arbeitslose Hilfe zum Lebensunterhalt nach dem BSHG. Diese machten 40 % der 1,766 Mio. HLU-Empfänger im Alter von 15 bis unter 65 Jahren aus. Unter ihnen waren 424 000 Arbeitslose oder 24 % ausschließlich auf die HLU angewiesen, während 285 000 oder 16 % die Sozialhilfe lediglich ergänzend zu AFG-Lohnersatzleistungen bezogen. Unter den 1,488 Mio. Bedarfsgemeinschaften, die laufende HLU bezogen, befanden sich 628 000 oder 42 % mit mindestens einem arbeitslos gemeldeten Mitglied (vgl. Statistisches Bundesamt 2000). Damit war der Anteil der registrierten Arbeitslosen, die ausschließlich oder ergän-

zend auf Sozialhilfe angewiesen sind, trotz steigender Tendenz mit rund 17 % immer noch vergleichsweise niedrig.

Fragt man nach den Wirkungen staatlicher Umverteilung auf die Einkommenslage von Arbeitslosen, sind allerdings nicht nur einzelne arbeitslosigkeitsbezogene Transfers des Staates bzw. der Arbeitslosenversicherung zu berücksichtigen, vielmehr ist die Gesamtheit aller staatlichen Transfers einerseits, die dem Arbeitslosenhaushalt zufließen, wie auch die Gesamtheit der direkten öffentlichen Abgaben andererseits, die der Haushalt abzuführen hat, mit einzubeziehen. Erst aus dem Saldo aller positiven und negativen Transfers des Staates lässt sich erkennen, in welchem Maße der Staat dazu beigetragen hat, eine Armuts- oder Niedrigeinkommenssituation für den Arbeitslosenhaushalt zu vermeiden. Zu vermuten ist, dass durch die staatliche Umverteilung vor allem die Armutsquoten deutlich vermindert werden, wobei dieser Effekt umso stärker auftreten sollte, je länger die Arbeitslosigkeit anhält. Zwar vermindert sich – wie eingangs dargestellt – die armutsvermeidende Schutzfunktion der Arbeitslosenversicherung mit anhaltender Dauer der Arbeitslosigkeit. Andererseits dürften gerade Langzeitarbeitslose in besonderem Maße auf staatliche Transfers angewiesen sein.

Um diesen Einfluss der «staatlichen Umverteilung» quantitativ zu erfassen, werden im Folgenden Armuts- und Niedrigeinkommensquoten vor und nach staatlicher Umverteilung für das Jahr 1997 ausgewiesen. Dabei wurden die Armuts- und Niedrigeinkommensquoten auf Basis der 50 %- und 75 %-Schwellen nach Umverteilung ermittelt. Sie ergeben sich also, indem die bedarfsgewichteten Haushaltseinkommen des einzelnen Arbeitslosen vor und nach staatlicher Umverteilung diesen Schwellen gegenübergestellt werden. Auch hierbei sind die Angehörigen bzw. die weiteren Haushaltsmitglieder nicht explizit berücksichtigt, da zugleich die Umverteilungswirkung bei unterschiedlicher Arbeitslosigkeitsdauer ausgewiesen werden soll. Im Blickpunkt stehen somit allein die registrierten Arbeitslosen, während die weiteren Haushaltsmitglieder nur implizit bei der Berechnung der Äquivalenzeinkommen berücksichtigt werden.

Aus Tabelle 3.2–14 ergibt sich, dass 1997 die Armutsquote der registrierten Arbeitslosen nach staatlicher Umverteilung bei 22,6 % lag.[41] Bezogen auf die gleiche Armutsschwelle lag der Anteil der armen Arbeitslosen vor staatlichen Maßnahmen bei 42,4 %. Durch den Saldo von staatlichen Abgaben und Transfers wurde die Armutsquote also um 19,8 %-Punkte oder um 46,7 % vermindert. Betrachtet man die Niedrigeinkommensquote, so war nur ein vergleichsweise geringer Effekt festzustellen, hat sich diese doch lediglich um 5,1 %-Punkte von 57,6 % auf 52,5 % vermindert. Während also im Hinblick auf die Vermeidung von Armut eine starke positive Wirkung staatlicher Umverteilung festzustellen ist, ist dieser Effekt im Hinblick auf die Vermeidung einer Niedrigeinkommensposition nur schwach ausgeprägt. Dazu hat vermutlich beigetragen, dass im prekären Einkommensbereich eher Abgaben anfallen, die den positiven Effekt der Transfers zumindest teilweise aufheben. Zudem reicht die Höhe der staatlichen Transfers in vielen Fällen nicht aus – vor allem dann, wenn weitere Personen im Arbeitslosenhaushalt vorhanden sind –, ein Einkommen oberhalb der Niedrigeinkommensschwelle zu erreichen.

41 Diese Armutsquote für registrierte Arbeitslose liegt mit 22,6 % etwas niedriger als die, die in Kapitel 2 für Arbeitslose ausgewiesen wird (23,5 %; vgl. auch Abschnitt 3.2.4.3). Die Differenz ist u. a. darauf zurückzuführen, dass die Analyse der Wirkungen staatlicher Umverteilung auf Basis der (Vor-)Jahreseinkommen erfolgte, während die übrigen Analysen auf Grundlage der Monatseinkommen durchgeführt wurden.

Tabelle 3.2–14: Einkommensarmut und Niedrigeinkommen von registrierten Arbeitslosen vor und nach staatlicher Umverteilung 1997 *

	50 %-Armutsquote		Veränderung		75 %-Niedrigeinkommensquote		Veränderung	
	vor Umverteilung	nach Umverteilung	absolut	relativ in % v. U.	vor Umverteilung	nach Umverteilung	absolut	relativ in % v. U.
Alte Bundesländer								
Alle	42,4	22,6	– 19,8	– 46,7	57,6	52,5	– 5,1	– 0,9
Arbeitslosigkeitsdauer in Monaten								
1–3	14,3	10,5	– 3,8	– 26,6	30,1	32,7	+ 2,6	+ 0,8
4–6	35,9	17,5	– 18,4	– 51,3	52,1	53,2	+ 1,1	+ 0,2
7–12	57,2	29,7	– 27,5	– 48,1	71,7	61,0	– 10,7	– 17,5
Neue Bundesländer								
Alle	45,0	14,0	– 31,0	– 68,9	58,1	36,9	– 21,2	– 36,5
Arbeitslosigkeitsdauer in Monaten								
1–3	24,7	9,3	– 15,4	– 62,3	38,8	25,8	– 13,0	– 33,5
4–6	18,2	5,5	– 12,7	– 69,8	34,9	20,9	– 14,0	– 40,1
7–12	67,2	20,2	– 47,0	– 69,9	78,1	49,7	– 28,4	36,4

Datenbasis SOEP. * ( ) = Fallzahl 0–30; (X) = Fallzahl 31–50.

In den neuen Bundesländern sind die Wirkungen staatlicher Intervention im Hinblick auf Armuts- und Niedrigeinkommenspositionen jeweils stärker ausgeprägt als im alten Bundesgebiet. So verminderte sich die Armutsquote um 31,0 %-Punkte von 45,0 auf 14,0 %. Zwar lag sie damit vor Umverteilung ähnlich hoch wie im Westen, danach war sie aber nur noch etwas mehr als halb so hoch. Ein ähnlicher Effekt war im Hinblick auf die Reduzierung der Niedrigeinkommensquote festzustellen; diese wurde von 58,1 % um 21,2 %-Punkte auf 36,9 % vermindert. Die einkommenspolitische Schutzfunktion staatlicher Intervention war also in den neuen Bundesländern von größerer quantitativer Bedeutung.

Bezieht man die Dauer der Arbeitslosigkeit als weitere Variable mit ein, zeigt sich im Westen wie im Osten, dass die Armuts- und Niedrigeinkommensquoten vor wie nach staatlicher Umverteilung mit zunehmender Dauer der Arbeitslosigkeit im laufenden Jahr zunehmen: So steigt die Armutsquote vor Umverteilung im alten Bundesgebiet von 14,3 % bei einer Arbeitslosigkeitsdauer von 1 bis 3 Monaten auf 17,5 % bei einer Dauer von 4 bis 6 Monaten bis zu einer Höhe von 57,2 % bei einer Dauer von 7 bis 12 Monaten im Jahr an. Die Armutsquote nach Umverteilung lag bei einer Arbeitslosigkeitsdauer von 1 bis 3 Monaten bei 10,5 %, bei einer Dauer von 4 bis 6 Monaten bereits bei 17,5 % und bei einer Dauer von 7 bis 12 Monaten sogar bei 29,7 %. In den neuen Bundesländern gehen die entsprechenden Quoten vor Umverteilung zunächst von 24,7 % auf 18,2 % zurück, steigen dann aber auf 67,2 %. Auch nach Umverteilung gehen sie von 9,3 % zunächst auf 5,5 % zurück, steigen dann aber auf 20,2 %. Die Verteilung der Niedrigeinkommensquoten vor und nach Umverteilung ergibt ein ähnliches Bild.

Während also sowohl die Armuts- und Niedrigeinkommensquoten vor und nach staatlicher Umverteilung mit zunehmender Arbeitslosigkeitsdauer steigen, nimmt auch die Wirkung staatlicher Umverteilung bei längerer Arbeitslosigkeitsdauer zu; dies gilt für die absolute Verminderung der Armuts- und Niedrigeinkommensquoten, trifft in der Tendenz aber auch für die relative Quotenverminderung zu. Insgesamt zeigt sich, dass der Grad der Angewiesenheit auf staatliche Unterstützung mit wachsender Arbeitslosigkeitsdauer zunimmt und dass auch der Effekt staatlicher Maßnahmen steigt. Bedenklich ist jedoch, dass es der Steuer- und Transferpolitik nicht gelingt, einen mit zunehmender Arbeitslosigkeitsdauer auftretenden Anstieg der Armuts- und Niedrigeinkommensquoten nach Umverteilung zu vermeiden.

3.2.5 Zusammenfassung und Lösungsperspektiven

Durch die vorgestellten Ergebnisse der SOEP-Auswertungen bestätigt sich, dass die Gruppe der Arbeitslosen in besonderem Maße von Einkommensarmut und prekären Einkommenslagen nicht nur bedroht, sondern auch betroffen ist. So sind für die Menschen in dieser Haushaltsgruppe nicht nur die Armuts- und Niedrigeinkommensquoten höher, sie weisen auch einen ungünstigeren zeitlichen Verlauf der Armuts- und Niedrigeinkommensentwicklung auf. Auch die Ergebnisse zur Dauer der Arbeitslosigkeit und zu den Mobilitätsprozessen der Arbeitslosen verweisen darauf, dass sich eine anhaltende Ausgrenzung am Arbeitsmarkt negativ auf die Einkommensposition auswirkt. Allein eine (Re-)Integration in Erwerbsarbeit bietet vergleichsweise günstige Perspektiven, nicht nur die Ausgrenzung am Arbeitsmarkt zu überwinden, sondern auch die Einkommensposition nachhaltig zu verbessern.

Besonders vom Armutsrisiko bedroht sind Arbeitslosenhaushalte, bei denen beide Haushaltsvorstände arbeitslos sind; dies trifft freilich nur für sehr wenige Haushalte zu. Auch allein stehende Arbeitslose und Arbeitslose mit einem nicht erwerbstätigen Partner sind von einem erhöhten Armutsrisiko bedroht. Weiterhin zeigt sich, dass vor allem Arbeitslosenhaushalte mit Kindern – Eineltern- und Paarhaushalte mit minderjährigen Kindern – ein überdurchschnittliches Armutsrisiko tragen.

Zwar ist es gelungen, die Armutsquoten in Arbeitslosenhaushalten durch Maßnahmen staatlicher Umverteilung so stark zu vermindern, dass die Einkommenslage nach Umverteilung erheblich günstiger aussieht als davor – bei den Niedrigeinkommensquoten gilt dies aber nur in eingeschränktem Maße. Die staatliche Intervention konnte jedoch nicht verhindern, dass sich die mit wachsender Arbeitslosigkeitsdauer zunehmende Angewiesenheit auf staatliche Hilfe – indiziert durch stark steigende Armutsquoten vor Umverteilung – letztlich doch in ebenfalls steigenden Armutsquoten nach Umverteilung niedergeschlagen hat.

Inwieweit die Verschlechterung der Leistungsbedingungen im AFG bzw. SGB III in den 90er-Jahren zum Anstieg der Armutsquoten in Arbeitslosenhaushalten beigetragen haben, ist aus den vorgestellten Ergebnissen nicht direkt abzulesen. Die zeitliche Parallelität zwischen den Einschnitten im AFG/SGB III und dem Anstieg der Armutsquoten legt einen solchen Zusammenhang zumindest nahe. Um eine Grundlage für gesicherte Aussagen zu haben, bedarf es jedoch weiterer Analysen, in denen der Zusammenhang zwischen Armutslage und Transferbezug (bzw. dem Bezug unterschiedlicher staatlicher Transfers) für die verschiedenen Gruppen von Arbeitslosen und ihre Angehörigen differenzierter untersucht wird.

Welche Lösungsperspektiven bieten sich vor dem Hintergrund der vorgestellten Befunde für das Problem der Armut durch Arbeitslosigkeit? Da der Umfang der Armutsbetroffenheit stark von der Dauer und der Häufigkeit von Arbeitslosigkeit abhängig ist, sollte durch Maßnahmen der aktiven Arbeitsförderung versucht werden, wenn schon nicht den Umfang, so doch die Dauer der individuellen Arbeitslosigkeit zu reduzieren. Dabei besteht allerdings das Dilemma, dass zeitlich begrenzte Integrationsmaßnahmen, die zu keinem dauerhaften Eingliederungserfolg auf dem Arbeitsmarkt führen, zwar die Dauer der Arbeitslosigkeit verkürzen, dafür jedoch die Häufigkeit erhöhen, was unter armutspolitischen Gesichtspunkten kaum weniger negativ zu bewerten ist.

Für eine Verbesserung der Einkommenslage sind daher Strategien am Erfolg versprechendsten, die darauf setzen, Arbeitslose dauerhaft in den Arbeitsmarkt zu (re-)integrieren. Hier sind vor allem Beschäftigungs- und Arbeitszeitstrategien gefordert (vgl. dazu auch die Kapitel 4 und 5). Allerdings kann dies nicht bedeuten, die Wiedereingliederung um jeden Preis zu forcieren, da ein

Wechsel in eine (extrem) niedrige Verdienstklasse die Armutsgefährdung nicht beseitigen würde. Eine Strategie, die auf die Ausweitung eines Niedriglohnsektors setzt – eventuell ergänzt durch aufstockende Transferleistungen im Sinne sogenannter Kombi-Lohn-Modelle –, ist mit erheblichen Risiken behaftet (vgl. dazu z. B. Bäcker/Hanesch 1997; vgl. Kapitel 3.1 und 5).

Trotz des Vorrangs von Eingliederungsstrategien bleibt zu fragen, wie die soziale Absicherung beim Auftreten und Andauern von Arbeitslosigkeit so verbessert werden kann, dass eine Armutsgefährdung vermieden wird. Durch Maßnahmen zur Verringerung des sozialen Schutzes bei Arbeitslosigkeit, wie sie gegenwärtig etwa als Vorschläge zur Überführung der Arbeitslosenhilfe in die Sozialhilfe diskutiert werden (vgl. z. B. Sächsisches Staatsministerium für Wirtschaft und Arbeit 2000; Berthold/Kunz/Thode 2000; zur Kritik vgl. z. B. Adamy/Steffen 1999; Articus 2000), würde die materielle Lage insbesondere der Langzeitarbeitslosen kaum verbessert, sondern eher weiter verschlechtert. Gefordert ist stattdessen die «Sockelung» der sozialen Sicherungsfunktion der Arbeitslosenversicherung – vor allem für diejenigen, die in besonderem Maße auf dieses Leistungsnetz angewiesen sind. Dies könnte am ehesten durch Modelle einer sozialen Grundsicherung bei Arbeitslosigkeit erreicht werden (vgl. z. B. Hauser 1997). Darüber hinaus sind Reformmaßnahmen in weiteren Zweigen des sozialen Sicherungssystems gefordert – insbesondere im Bereich des Familienlastenausgleichs, durch die besondere kinderbedingte Bedarfslagen aufgefangen und daraus resultierende Armutsrisiken vermieden werden (vgl. dazu die Kapitel 3.3 und 5).

3.3 Armut von Familien

3.3.1 Problemstellung

Spätestens mit der Vorlage des 10. Kinder- und Jugendberichts im Sommer 1998 ist auch der breiten Öffentlichkeit bekannt geworden, dass das Risiko, in Deutschland in Armut zu geraten, in besonderem Maße für Kinder bzw. für kinderreiche Familien gilt. Je stärker sich die damalige konservativ-liberale Bundesregierung bemühte, das Problem der Kinderarmut im Vorfeld der anstehenden Bundestagswahlen zu relativieren oder ganz abzustreiten (Stellungnahme der Bundesregierung 1998, S. XII), umso intensiver entbrannte die öffentliche Debatte über die Dimensionen, Ursachen und Konsequenzen eines sozialen Problems, das dem proklamierten Anspruch der Politik, vorrangig Familie und Kinder zu fördern und zu stützen, offensichtlich widersprach. Dabei waren die Aussagen der unabhängigen Sachverständigenkommission, die den Kinder- und Jugendbericht erarbeitet hat, keineswegs sensationell. In der Armutsforschung wird seit vielen Jahren immer wieder der Tatbestand bestätigt, dass die Armutsbetroffenheit – welcher Ansatz der Armutsdefinition und -messung auch immer gewählt wird – maßgeblich von der Altersstruktur der Bevölkerung und den Familien- und Haushaltsformen abhängt (vgl. u. a. Hauser/Hübinger 1993): Nicht mehr die Altersarmut prägt das Bild in Deutschland, die Armutsquoten liegen umso höher, je jünger die Menschen sind. Die Rede ist von einer «Infantilisierung der Armut» (Hauser 1997, S. 40). Zugleich konzentriert sich das Risiko, mit einem niedrigen Einkommen leben zu müssen, bezüglich der Haushaltsformen auf Familien mit mehreren Kindern und besonders auf Ein-Eltern-Familien. Diese Befunde wurden nicht zuletzt im ersten gesamtdeutschen Armutsbericht (Hanesch u. a. 1994) präsentiert und kommen auch in den

Strukturdaten der Sozialhilfe (Hilfe zum Lebensunterhalt) zum Ausdruck (vgl. dazu weiter hinten).

Das Thema Familien- und Kinderarmut hat in der wissenschaftlichen Debatte der letzten Jahre – auch im Zusammenhang mit der sich entwickelnden Kindheitsforschung (Nauck / Bertram 1995; Nauck / Meyer / Joos 1996) – große Aufmerksamkeit erfahren. Sozial- und Armutsberichte über dieses Thema (u. a. Czock / Riedel / Schirowski 1994; Hock / Holz 1998) sowie Sammelbände (u. a. Klocke / Hurrelmann 1998; Butterwegge 2000) liegen in großer Zahl vor; sie können an dieser Stelle nicht im Einzelnen gewürdigt werden. Diese hohe politische wie wissenschaftliche Aufmerksamkeit hat viele Gründe. Vor allem dürfte ausschlaggebend sein, dass Kinder aufgrund ihrer Konstitution und ihrer Bedürfnisse auf zufrieden stellende und förderliche Lebensbedingungen besonders angewiesen sind. Armut bereits am Beginn der persönlichen Biographie beinhaltet Gefährdungen für die gesamte spätere Lebensentwicklung. Ein ausreichendes Einkommen ist zwar nicht die einzige, aber sicherlich eine zentrale Voraussetzung für gute Entfaltungschancen und Sozialisationsbedingungen von Kindern. Da in entwickelten Marktgesellschaften der Zutritt zu nahezu sämtlichen Lebensbereichen durch die Verfügung über Geld bestimmt wird – angefangen von der Wohnung und dem Wohnumfeld, über die Ernährung, den Kauf von langlebigen Gebrauchs- und Konsumgütern bis hin zu Urlaub und Freizeitgestaltung –, kann ein unzureichendes, unterhalb des Mindestbedarfsniveaus liegendes Einkommen zu erheblichen Beschränkungen in der gesamten Lebenslage führen. Kinder, die kürzere oder längere Zeit in Armut aufwachsen, haben nicht die Möglichkeit, ihre Einkommens- und Versorgungsposition aus eigener Kraft zu verbessern – sie sind abhängig von der Einkommenslage ihrer Eltern und den Bewältigungsstrategien, die die Eltern aus der Armut heraus entwickeln. Eine Reihe von neueren Untersuchungen hat sich dementsprechend auf die Frage konzentriert, welche Rückwirkungen ein niedriges Haushaltseinkommen auf die Versorgungslage von Kindern hat, welche familiären Spannungen und Krisen entstehen können und wie sich diese Bedingungen auf das subjektive Erleben, die Verhaltensweisen und den Lebens- und Bildungsverlauf von Kindern auswirken (vgl. u. a. die Beiträge in: Otto 1997; Mansel/Brinkhoff 1998; Mansel/Neubauer 1998; Iben 1998 sowie Walper 1998; Bundesministerium für Familie 1998).

Wir werden uns im Folgenden – entsprechend der Anlage und der Datenbasis unseres Berichts – auf die Analyse der Einkommensarmut von Familien beschränken. Im Mittelpunkt unserer Betrachtungen steht die Einkommenslage der Personen, die in Haushalten mit minderjährigen Kindern leben. Erfasst sind also nicht nur die Kinder selber, sondern, vermittelt über das gesamte Haushaltseinkommen, auch die Eltern.[42] Wenn die Einkommenslage dieser Haushalte oder, präziser, der Personen in diesen Familienhaushalten als besonders gefährdet angesehen werden kann, so ist dies Ausdruck des Tatbestands, dass Kinder in der Regel über kein eigenes Einkommen verfügen, sondern von ihren Eltern unterhalten werden müssen. Aus der Perspektive der Eltern bzw. der Familiengemeinschaft vergrößern Kinder den Einkommensbedarf, ohne dass sichergestellt wäre, dass auch der Einkommenszufluss entsprechend steigt. Eher das Gegenteil ist der Fall. In modernen Gesellschaften lässt sich eine Indifferenz oder «strukturelle Rücksichtslosigkeit» (Kaufmann 1995, S. 169) gegenüber einem Leben mit Kindern feststellen. Familien und Kinder finden zwar große moralische, aber unzureichende materielle und gesellschaftliche Anerkennung. Die ökonomischen und gesellschaftlichen Rahmenbedingungen benachteiligen Eltern gegenüber Kin-

42 Eine auf die Einkommenslage von Kindern konzentrierte Analyse (z. B. Weick 1999) unterscheidet sich davon nicht grundsätzlich, da auch hier das Einkommen der Kinder sinnvollerweise nur als das bedarfsgewichtete pro-Kopf-Einkommen des Familienhaushalts gemessen werden kann.

derlosen in vielfältiger Hinsicht: So spielen in einem marktwirtschaftlichen Wirtschaftssystem Kinder und die daraus resultierenden finanziellen Bedarfe der Familie keine Rolle bei der Entlohnung, denn diese richtet sich nach Markt- und Leistungskriterien und nicht nach Bedarfskriterien.[43] Darüber hinaus geht die gesamte Organisation der Arbeitswelt implizit von der Voraussetzung aus, dass sich der Einsatz der menschlichen Arbeitskraft nach den Vorgaben der betrieblichen Rationalität und den betrieblichen Arbeitszeitstrukturen richten solle. Beruflich erfolgreich ist das hoch mobile, zeitlich flexible, von Familienpflichten unbelastete Individuum.

Die Benachteiligung der Familien wächst, wenn immer mehr Menschen bzw. Paare kinderlos bleiben und keine Unterhaltsverpflichtungen haben. Im Vergleich zu den Kinderlosen wiegen die finanziellen Belastungen derjenigen besonders schwer, die aus ihrem Einkommen mehrere Kinder zu versorgen haben, wegen der Kindererziehung aber nur selten auf zwei Vollzeiteinkommen zurückgreifen können. Armut in Erwerbstätigenhaushalten ist, wie wir in Kapitel 3.1 gesehen haben, vor allem dann zu konstatieren, wenn Kinder zu versorgen sind. Rein ökonomisch gesehen ist es deshalb wenig attraktiv, Elternverantwortung zu übernehmen, da Kinder in vielfacher Hinsicht eine finanzielle und berufliche Belastung darstellen und zu Wohlstandseinbußen führen. In der Folge droht die Gesellschaft sich in einen Familien- und Nicht-Familiensektor aufzuspalten, wobei der zweite Sektor ökonomisch und sozial besser gestellt ist, sowohl hinsichtlich des Lebensstandards als auch der beruflichen Karriere und sozialen Absicherung. Kinder werden damit zu einem wichtigen Element sozialer Ungleichheit (Olk/Mierendorff 1998, S. 230ff.).

43 Eine bedarfsbezogene, nach der Zahl der Kinder differenzierte Entlohnung würde sich für erwerbstätige Eltern auf dem Arbeitsmarkt als beschäftigungshemmend erweisen, da die Arbeitgeber bevorzugt kinderlose Arbeitnehmer einstellen würden.

Wohlstandseinbußen durch den Unterhalt von Kindern lassen sich durch alle Einkommensgruppen hindurch feststellen. Gleichwohl kann natürlich nicht die Rede davon sein, dass die Geburt eines Kindes automatisch zu einer schwierigen bis hin zu Armut reichenden Einkommenslage führt. Die an der 50 %-Schwelle gemessene Armutslage bei Familienhaushalten mit einem Kind liegt noch unterhalb der allgemeinen Armutsquote. Und bei einem hohen Einkommensniveau der Eltern lässt sich der Mehrbedarf mehrerer Kinder verkraften, hier erreichen auch die Kinder eine hohe Wohlstandsposition. Zu erwähnen ist, dass Kinder und Jugendliche heute ein hohes und wachsendes Konsumpotenzial darstellen; die Ausstattung mit Markenkleidung und Hightech-Geräten zählt zum Standard, der wiederum Bezugsgröße für jene Kinder und Eltern ist, deren Einkommen wesentlich niedriger liegt.

3.3.2 Lebensformen und Familienstrukturen im Wandel

Unter dem Einfluss ökonomischer, sozialer, kultureller und politischer Veränderungen haben sich die Lebensformen in den zurückliegenden Jahren nachhaltig gewandelt. Die selbstverständliche Heirat und Familiengründung gibt es nicht mehr. Ehe und Elternschaft werden nicht mehr als vorgegebene Lebensperspektiven verstanden, sondern als Gegenstand bewusster Lebensentwürfe und verantworteter Entscheidung (vgl. zum Folgenden Bäcker/Bispinck/Hofemann/Naegele 2000 b, S. 156 ff.):

– Die Ehe hat ihren Leitbildcharakter und ihr «Quasi-Monopol» als – möglichst unauflösliche – Lebensform des Zusammenlebens verloren. Eine wachsende Zahl von Menschen lebt über längere Phasen allein oder mit einem Partner in nicht ehelichen Lebensgemeinschaften zusammen. Ehepartner sehen sich in ihrem Selbstverständnis mehr und mehr frei, sich aus einer Ehe wieder lösen zu können. Steigende Erwerbstätigkeit und eigenes Einkommen von Frauen sowie die Veränderungen im Scheidungs- und Scheidungsfolgenrecht haben Frauen aus dem Zwang befreit, aus materiellen und sozialen Motiven in einer unerträglich gewordenen Beziehung verharren zu müssen. Die Scheidungsziffer liegt bei den jüngeren Eheschließungsjahrgängen (in den alten Bundesländern) bei etwa 30 %.

- Der Wunsch, Kinder zu haben, ist nur noch ein möglicher Lebensinhalt. Die Geburtenziffer ist deutlich gesunken, das Erstgeburtsalter deutlich gestiegen. Eine größer werdende Zahl verheirateter (und nicht verheirateter) Paare bleibt zeitlebens kinderlos. Weder hat Eheschließung automatisch Mutterschaft zur Folge, noch ist Mutterschaft notwendigerweise an eine Ehe gekoppelt. Etwa 30 % der Erwachsenen aus den 60er-Jahrgängen haben keine eigenen Kinder (Bundesministerium für Familie 1998, S. 88.)
- Vor allem infolge der hohen Scheidungshäufigkeit nehmen Anzahl und Anteil der Kinder zu, die nur mit einem Elternteil, in aller Regel mit den Müttern, zusammenleben. Von gut der Hälfte der Scheidungsfälle in Gesamtdeutschland sind minderjährige Kinder betroffen, das bedeutet, dass rund 150 000 minderjährige «Scheidungskinder» je Jahr gezählt werden können.

Insgesamt lässt sich festhalten, dass das Leben mit Kindern schwieriger geworden ist und in Konkurrenz zu anderen, kinderlosen Lebensformen steht. Allerdings reichen die Veränderungen nicht so weit, dass von einer «Auflösung» der Institution Familie gesprochen werden könnte (vgl. u. a. Burkart 1995):

- So ist immer noch die weit überwiegende Mehrheit der Menschen verheiratet und hat Kinder. Die große Mehrzahl der minderjährigen Kinder wächst bei ihren leiblichen und in erster Ehe verheirateten Eltern auf (zu knapp 84 % in Ehepaarhaushalten und zu 16 % in Einelternhaushalten; darunter finden sich 2,4 % der Kinder, die bei ihrem allein erziehenden Vater leben, und 13,7 % der Kinder, die bei ihrer allein erziehenden Mutter leben).

- Das Familienleben verläuft in unterschiedlichen Phasen und Konstellationen. Viele der nicht ehelichen Lebensgemeinschaften, die in der Phase der Postadoleszenz eingegangen werden, münden bei der Geburt von Kindern in eine Ehe. Auch viele Geschiedene heiraten wieder und gründen neue Familien. Viele der in der amtlichen Statistik als «allein erziehend» Definierten haben neue Partner und leben mit diesen in nicht-ehelicher Lebensgemeinschaft zusammen, was in vielen Fällen zu späterer Eheschließung führt.

Um die Größenordnung der Familienhaushalte zu umreißen, werden im Folgenden zentrale Eckdaten des SOEP benannt, die sich auch mit den Ergebnissen des Mikrozensus vergleichen lassen.

- Unter den rund 37 Mio. Haushalten Deutschlands finden sich 10,5 Mio. Haushalte, in denen minderjährige Kinder leben.
- Unter diese Familienhaushalte im engeren Sinne fallen zu 13,6 % Alleinerziehenden-Haushalte, zu 82,9 % Ehepaar-Haushalte und etwa 4,5 % Nicht-Ehelichen-Haushalte mit Kindern.
- Bei den Alleinerziehenden-Haushalten handelt es sich überwiegend (87 %) um allein erziehende Mütter mit ihren Kindern. Diese wiederum sind zu knapp 55 % geschieden oder getrennt lebend, zu 24 % ledig und zu 11 % verwitwet.
- In den Familienhaushalten leben 37,6 Mio. Personen, darunter rund 34 Mio. in Ehepaar- und Paar-Haushalten und rund 3.5 Personen in Alleinerziehenden-Haushalten.
- Die rund 18 Mio. Kinder unter 18 Jahren haben zu 33,5 %

Tabelle 3.3–1: Familienhaushalte mit Kindern unter 18 Jahren

	Allein Erziehende ohne Lebensgemeinschaften				Zusammenlebende Ehepaare			
	Haushalte		Zahl der Kinder		Haushalte		Zahl der Kinder	
	in Mio.	in %	in Mio.	in %	in Mio.	in %	in Mio.	in %
SOEP 1997								
1 Kind	1.015	70,9	1.121	52,7	3.961	45,5	5.007	31,0
2 Kinder	282	19,7	571	26,8	3.744	43,0	7.740	47,9
3 und mehr Kinder	135	9,4	433	20,4	995	11,5	3.422	21,2
insgesamt	1.432	100	2.126	100	8.700	100	16.169	100
Mikrozensus 1997								
1 Kind	898	67,5	1.065	50,2	3.560	46,4	3.272	24,3
2 Kinder	344	25,9	601	28,3	3.115	40,6	6.463	48,0
3 und mehr Kinder	88	6,6	456	21,5	997	13,0	3.730	27,7
insgesamt	1.330	100	2.122	100	7.673	100	13.465	100

Datenbasis SOEP; Engstler 1998.

keine Geschwister, 45,4 % haben einen (minderjährigen) Bruder oder eine Schwester, und 21 % haben zwei oder mehr Geschwister.[44]

44 Zu berücksichtigen ist, dass es sich hier um eine zeitpunktbezogene Betrachtung handelt. Der hohe Anteil der geschwisterlosen Kinder resultiert auch daraus, dass die Geschwister noch nicht geboren wurden oder dass die älteren Geschwister nicht mehr minderjährig sind. Wenn man allein die Kinder in der Altersgruppe zwischen 6 und 9 Jahren betrachtet, deren jüngere Geschwister zumeist bereits geboren sind und deren ältere Geschwister überwiegend noch zu Hause wohnen, ändert sich das Bild: Von diesen Kindern haben gut 80 % Geschwister. Das können Voll- oder Halbgeschwister sein (Engstler 1998, S. 42).

3.3.3 Einkommensprobleme von Familien

3.3.3.1 Scherenentwicklung von steigenden Bedarfen und zurückbleibenden Einkommen

Mit der Geburt eines Kindes bzw. eines weiteren Kindes ist stets ein doppeltes Einkommensproblem verbunden: Zum einen fallen Kosten für den angemessenen Lebensunterhalt der Kinder an. Die Aufwendungen variieren je nach Lebensalter der Kinder und können mehr als zwei Jahrzehnte anhalten. Denn je länger die Ausbildung dauert, umso größer und langwieriger wird der Aufwand. So absolvieren aufgrund der Bildungsexpansion immer mehr Kinder eine (sich zugleich verlängernde) weiterführende schulische und/oder berufliche Ausbildung, z. T. bis über das 25. Lebensjahr hinaus. Insgesamt erfolgt heute der Zugang der Jugendlichen zu einer existenzsichernden Berufstätigkeit relativ spät. Die Aufwendungen für Kinder sind nicht auf das Zusammenleben im gemeinsamen Haushalt beschränkt, es gibt auch Unterhaltsleistungen der Eltern an auswärts studierende Kinder oder an arbeitslose Kinder. Zum anderen hält das Haushaltseinkommen mit den steigenden Bedarfen nicht Schritt; es sinkt sogar, wenn ein Partner, in der Regel die Frau, die Berufstätigkeit unterbricht oder zeitlich reduziert (Teilzeit). Diese ökonomisch als Opportunitätskosten zu bewertenden Einkommensverluste fallen für die Lebensbedingungen von Familien stark ins Gewicht, weil wegen der sozio-strukturellen Wandlungsprozesse heute nicht mehr allein das Erwerbseinkommen des Mannes der Referenzmaßstab für den Einkommens- und Lebensstandard von Haushalten ist, sondern das Einkommen zweier (voll-)erwerbstätiger, kinderloser Partner. Wenn Mütter ihre Berufstätigkeit einschränken oder unterbrechen, setzt sich der Einkommensverlust auch dann fort, wenn sie nach der Familienphase ins Erwerbsleben zurückkehren. Die Gefahr ist groß, den beruflichen Anschluss zu verpassen und dauerhafte Einbußen im Lebenseinkommen hinnehmen zu müssen. Die berufliche Wiedereingliederung gelingt häufig nur noch auf einem schlechter bezahlten, nicht Qualifikations-adäquaten Arbeitsplatz (vgl. Bäcker 1995).

Das Zusammentreffen von steigenden Bedarfen und stagnierenden bis rückläufigen finanziellen Ressourcen führt dazu, dass die bedarfsgewichteten Pro-Kopf-Einkommen in der Familie mit wachsender Haushaltsgröße sinken. Aus der Sicht der Armutsforschung ist entscheidend, ob dieses Absinken bis zur Armuts- und Niedrigeinkommensschwelle führt. Dabei ist zwischen jenen Haushalten zu unterscheiden, deren Einkommen sich bereits vor der Geburt von Kindern an oder unterhalb der Armutsschwelle befindet – hier verschlechtert sich die Situation weiter –, und jenen Haushalten, die erst durch den Unterhalt von Kindern in ihrer Einkommenslage abfallen (Wingen 1998, S. 206ff.). Das Risiko, die Armutsschwelle zu unterschreiten, hängt dabei von mehreren Faktoren ab:

Die finanziellen Belastungen des Haushalts wachsen mit der Zahl der Kinder. Zwar ist bei bestimmten Ausgaben eine Kostendegression zu erwarten, auf der anderen Seite hat die Entscheidung für zwei oder drei Kinder über kurz oder lang zur Folge, dass eine größere Wohnung benötigt wird. Für größere Familien ist es ausgesprochen schwer, auf dem Wohnungsmarkt eine angemessene und bezahlbare Wohnung zu finden. Auch der Erwerb von Wohneigentum ist mit erheblichen finanziellen Belastungen verbunden. Die Ausgaben je Kind nehmen mit steigendem Alter zu und erreichen bei der Finanzierung eines Studiums ihr Maximum. Andererseits werden die Kinder selbständiger, sodass der Betreuungs- und Erziehungsaufwand sinkt und entsprechende Kosten entfallen (Kindergartengebühren, Kosten für Tagesmütter etc.). Jugendliche in der Berufsausbildung erhalten Ausbildungsvergütungen, die in das Haushaltseinkommen einfließen.

Die kindbedingten Mehraufwendungen lassen sich umso besser bewältigen, je höher die der Familie zufließenden Einkommen sind. Ein eher nachrangiges Gewicht für das verfügbare Haushaltseinkommen haben die allgemeinen und spezifischen Transfers im Rahmen des Familienleistungsausgleichs. Grundlegend für die familiäre Einkommensposition sind hingegen die Netto-Erwerbseinkommen.[45] Diese wiederum hängen in ihrer Höhe und Stetigkeit nicht nur davon ob, wie hoch das Erwerbseinkommen des «Hauptverdieners» ist, sondern vor allem davon, ob beide Elternteile erwerbstätig sind oder nicht. Wenn sich der Mann (in der Regel der Hauptverdiener) nur im mittleren oder unteren Verdienstbereich befindet, ist es für die Erziehung eines ausreichenden Haushaltseinkommens wichtig, dass auch die Frau erwerbstätig ist.

Die Möglichkeit und Bereitschaft der Frauen, ihre Erwerbstätigkeit nach der Geburt nicht längerfristig zu unterbrechen und zumindest Teilzeit zu arbeiten, werden maßgeblich durch die Zahl und das Alter der Kinder bestimmt. Generell gilt, dass eine durchgängige Erwerbsbeteiligung bzw. ein beruflicher Wiedereinstieg umso leichter fällt, je weniger Kinder zu versorgen sind und je älter und je selbständiger sie sind. Um Berufstätigkeit und Familie zu vereinbaren, sind außerdem Quantität und Qualität der Angebote zur außerhäuslichen Kinderbetreuung, die praktizierte häusliche Arbeitsteilung zwischen den (Ehe-)Partnern und die Tragfähigkeit sozialer Netzwerke von Bedeutung (Unterstützung bei der Kinderbetreuung durch Großeltern, Nachbarschaft, Freunde usw.). Zugleich wird die Erwerbsbeteiligung der Mütter bestimmt durch ihre schulische und berufliche Qualifikation, ihre Beschäftigungs- und Einkommenschancen sowie durch die allgemeinen Bedingungen des Arbeitsmarkts, insbesondere durch das

45 In den Fällen, in denen kein Elternteil eine Erwerbstätigkeit ausübt, gewinnen allerdings die Transferzahlungen – und hier insbesondere die Sozialhilfe – für das Haushaltseinkommen erheblich an Gewicht. In dieser Lage befinden sich in erster Linie nicht erwerbstätige Alleinerziehende sowie Familienhaushalte, die von Arbeitslosigkeit betroffen sind.

Angebot an qualifizierten Teilzeitarbeitsplätzen. Ökonomisch gesehen müssen dabei die Netto-Erträge aus dem zusätzlichen Erwerbseinkommen mit den möglicherweise entstehenden Mehraufwendungen infolge einer außerhäuslichen Kinderbetreuung (Tagesmütter, Kinderfrauen, Kindergartenbeiträge) saldiert werden. Bei einer niedrigen Qualifikation bzw. bei einem niedrigen Einkommen (aufgrund niedriger Lohnsätze und/oder wegen einer Teilzeitarbeit) kann es dazu kommen, dass sich eine Erwerbsaufnahme nicht oder kaum «rechnet», zumal auch die Vorteile der Eigenarbeit im Haushalt zu berücksichtigen sind (Andreß 1998, S. 56). Die immer noch sehr unterschiedliche Frauen- und Müttererwerbsquote in den neuen und alten Bundesländern weist schließlich darauf hin, dass die Erwerbstätigkeit von Müttern jüngerer Kinder in einem hohen Maße von kulturellen Normen und gesellschaftlichen Einstellungen abhängt: Die für die alten Bundesländer charakteristische Frage «Berufstätigkeit oder Kinder?» stellt sich für die Frauen in den neuen Bundesländern in dieser Form nicht. Während sich für die meisten Frauen in Westdeutschland Mutterschaft und durchgängige (Vollzeit-)Erwerbstätigkeit ausschließen, zählte und zählt bis heute in Ostdeutschland die beidseitige Berufstätigkeit von Paaren mit Kindern zur gesellschaftlichen Normalität. Allerdings verliert in den alten Bundesländern das Modell der Einverdienerehe an Bedeutung, während in den neuen Bundesländern eine hohe Nicht-Erwerbstätigkeit von Frauen infolge von Arbeitslosigkeit festzustellen ist (vgl. Kapitel 3.1).

Die vorliegenden Untersuchungen über die Bestimmungsfaktoren von Familienarmut kommen zu dem übereinstimmenden Ergebnis, dass in armen Haushalten mit Kindern überproportional häufig nur eine Person, nämlich der Mann, erwerbstätig ist (vgl. Strengmann-Kuhn 2000, S. 147; Eggen 1998, S. 210ff.; Dathe 1998; Weick 1999, S. 121ff.). Dies gilt auch dann, wenn bei den Berechnungen die Zahl und das Alter der Kinder berücksichtigt werden (Andreß 1998, S. 254). In Kapitel 3.1 haben wir aufgezeigt, dass damit das traditionelle Muster der Alleinverdiener- und Hausfrauenehe als besonders armutsgefährdet bewertet werden muss, selbst dann, wenn das individuelle Arbeitseinkommen des Mannes ein durchschnittliches Niveau erreicht und das Arbeitsverhältnis als Normalarbeitsverhältnis eingestuft werden kann. Kurz: Das Modell des Ernährer- oder Familienlohns, nach dem das Einkommen des Vaters ausreicht, um die Familie zu versorgen, erweist sich als zunehmend brüchig (vgl. Honig/Ostner 1998).

Der enge Zusammenhang zwischen Haushaltsgröße, Erwerbseinkommen und Familienarmut lässt erkennen, dass das Armutsrisiko sprunghaft ansteigt, wenn Arbeitslosigkeit und damit der Verlust eines Erwerbseinkommens auftritt (vgl. Kapitel 3.2). Zwar kann ein Teil der Arbeitslosen auf Lohnersatzleistungen zurückgreifen (Arbeitslosengeld und Arbeitslosenhilfe), aber das Leistungsniveau liegt deutlich unterhalb des letzten Nettoeinkommens und lässt besondere familiäre Bedarfe weitgehend unberücksichtigt.[46] Prekär wird die Situation, wenn der allein verdienende Partner seinen Arbeitsplatz verliert und kein Ausgleich über ein weiteres Erwerbseinkommen möglich ist. Arbeitslosigkeit als Ursache für die Armut von Familienmitgliedern bzw. Kindern kommt in den neuen Bundesländern besonders häufig vor. Hier findet sich nicht selten die Konstellation, dass beide Elternteile arbeitslos sind, typischer aber ist die Arbeitslosigkeit der Ehefrau (Joos/Meyer 1998).

Ein überproportional hohes Armutsrisiko tragen schließlich Migrantenfamilien bzw. Migrantenkinder (Weick 1999; Boos-Nünning 2000). Das liegt zum einen daran, dass bei Migranten überproportional große Haushalte, d. h. kinderreiche Familien,

46 Eine lediglich begrenzte Kompensation bieten die höheren Leistungssätze beim Arbeitslosengeld und bei der Arbeitslosenhilfe, wenn unterhaltspflichtige Kinder zu versorgen sind.

festzustellen sind. Außerdem ist die Einkommensposition der Migranten aufgrund ihrer benachteiligten Lage auf dem Arbeitsmarkt und ihrer Betroffenheit von Arbeitslosigkeit in der Regel schlechter als die deutscher Familien. Auf diesen Zusammenhang wird in Kapitel 3.5 ausführlich eingegangen. Von besonders angespannten Einkommensverhältnissen muss auch bei Familien mit behinderten Kindern ausgegangen werden. Sowohl die – aufgrund der zeitintensiven Betreuung – eingeschränkte Möglichkeit zur Erwerbstätigkeit als auch die behinderungsbedingten Versorgungs- und Betreuungskosten belasten das Budget. Diese Problematik wird in Kapitel 3.4 aufgegriffen.

3.3.3.2 Einkommensprobleme von Ein-Eltern-Familien

Charakteristisch für Ein-Eltern-Familien ist, dass die Betreuung und Erziehung des Kindes/der Kinder und die Unterhaltssicherung durch Erwerbsarbeit im Wesentlichen durch eine Person geleistet werden müssen. Im Unterschied zu Verheirateten können sich Alleinerziehende nicht auf die laufende Teilhabe am Partnereinkommen und die abgeleiteten sozialen Sicherungsansprüche verlassen. Selbst wenn der Spagat zwischen Kindererziehung und Erwerbstätigkeit gelingt, schlagen Niedrigverdienste (infolge eines geringen Arbeitszeitvolumens und/oder niedriger Lohnsätze) oder Einkommensausfälle durch Arbeitslosigkeit bei Alleinerziehenden unmittelbar auf das Haushaltseinkommen durch. Zwar können Alleinerziehende für ihre Kinder und u. U. auch für sich Unterhaltsansprüche geltend machen, allerdings leisten viele Väter den Kindes- sowie Ehegattenunterhalt nur in geringer Höhe, gar nicht oder schleppend. Häufig mangelt es an der finanziellen Leistungsfähigkeit; viele Väter versuchen aber auch, sich der Zahlungspflicht zu entziehen bzw. ihr tatsächliches Einkommen zu verbergen. Nur etwa jedes dritte Kind erhält den Betrag, den ihm der abwesende Elternteil laut Gesetz und Rechtsprechung schuldet (vgl. Schewe 1996).

Das bedeutet allerdings nicht, dass Ein-Eltern-Familien eine homogene Gruppe bilden und per se Gefahr laufen, in Einkommensarmut zu geraten. Die Lebens- und Einkommensverhältnisse von allein stehenden Eltern und ihren Kindern sind so unterschiedlich wie die Gründe für das Alleinerziehen und die individuellen Bewältigungsstrategien. So konnten wir z. B. für die alten Bundesländer feststellen, dass die Personen, die in erwerbstätigen Ein-Eltern-Haushalten leben, zwar ein überproportional hohes Armutsrisiko tragen (mit einer Armutsquote von 14,5 %), dass die Armutsquote aber in Paar-Haushalten mit Kindern, bei denen nur ein Partner erwerbstätig ist, mit 29,6 % deutlich höher ausfällt (vgl. Kapitel 3.1).

Mit den unterschiedlichen Typen von Ein-Eltern-Familien sind jeweils besondere Bedingungen bei den Einkommens- und Lebensverhältnissen verbunden:

- *Allein erziehende Väter* leben vorwiegend mit älteren Kindern zusammen, geben ihre Berufstätigkeit normalerweise nicht auf und üben überdurchschnittlich oft einen qualifizierten, gut bezahlten Beruf aus.
- *Verwitwete Mütter* und ihre Kinder sind im Schnitt älter. Witwen und Waisen haben in der Regel Ansprüche auf sozialrechtliche Unterhaltsersatzleistungen, d. h. auf Hinterbliebenenrenten aus den Alterssicherungssystemen, und zählen insofern zu der Gruppe der Ein-Eltern-Familien mit dem besten und stabilsten Versorgungsniveau.
- *Ledige Mütter* sind im besonderen Maße von finanziellen Problemen betroffen, dies vor allem dann, wenn sie noch nicht im Erwerbsleben Fuß gefasst und/oder (noch) keine Ausbildung absolviert haben. Die Kinder haben zwar Unterhaltsansprüche gegenüber ihren Vätern, aber die Mutter kann – da nicht verheiratet – gegenüber dem Mann keinen nachehelichen oder Be-

treuungsunterhalt geltend machen. Allerdings hat die nicht eheliche Mutter für die ersten drei Jahre nach der Geburt des Kindes einen ähnlichen Unterhaltsanspruch wie die geschiedene Frau.

- Die Einkommenslage *geschiedener bzw. getrennt lebender Mütter* hängt davon ab, ob und in welcher Höhe sie mit Unterhaltszahlungen für sich und ihre Kinder rechnen können und ob sie erwerbstätig sind bzw. bereit und in der Lage sind, in den Beruf zurückzukehren. Anspruch auf (aufstockenden) Ehegattenunterhalt besteht, wenn der unterhaltspflichtige Mann leistungs-, d. h. zahlungsfähig ist und die Frau wegen der Betreuung eines Kindes bzw. wegen Alter, Krankheit, Ausbildung oder Erwerbslosigkeit nicht oder nur eingeschränkt erwerbstätig sein kann oder ihr Lebensstandard nach der Scheidung ungebührlich absinken würde.

3.3.3.3 Armutsrisiken und Familienphasen

Die bisherigen Ausführungen haben deutlich gemacht, dass Größe und Struktur einer Familie im Zeitverlauf – also von der Familiengründung bis zur Familienauflösung – nicht unverändert bleiben. Zahl und Alter der im Haushalt lebenden Kinder verändern sich ebenso wie die Erwerbsbeteiligung der Haushaltsmitglieder. Durch kritische Ereignisse wie Trennung, Scheidung oder Tod können sich Umbrüche in der Familienstruktur und Einkommensausfälle ergeben (vgl. Andreß 1999). In der Untersuchung von Eggen werden vier Familienphasen typisiert, in denen sich die Möglichkeiten, den familiären Lebensunterhalt zu sichern und Berufstätigkeit mit Kindererziehung zu vereinbaren, sehr unterschiedlich gestalten. In diesen Phasen hat die zu Armutsrisiken führende Lücke zwischen Einkommensbedarf und Einkommenszufluss ein abweichendes Gewicht. Unterschieden wird bei Familien mit Kindern zwischen der Gründungsphase, der Aufbauphase, der Stabilisierungsphase und der Konsolidierungsphase (Eggen 1998).

In der *Gründungsphase* wird das erste Kind geboren. Sind die Eltern noch jung, so sind mit dieser Konstellation besondere Probleme verbunden: Denn je jünger die Beschäftigten sind und je kürzer ihre Betriebszugehörigkeit ist, desto niedriger liegen im Regelfall auch ihre Erwerbseinkommen. Das hängt einerseits vom erreichten Qualifikations-, Erfahrungs- und Leistungsgrad ab, der in der Tendenz mit höherem Alter steigt, und andererseits von der in vielen Wirtschaftsbereichen praktizierten Entlohnung nach dem Senioritätsprinzip. Jüngere Beschäftigte tragen zudem höhere Arbeitsmarktrisiken. Das im Zuge des Strukturwandels von Arbeitsmarkt und Arbeitsverhältnissen unter Druck geratene «Normalarbeitsverhältnis», das die Grundlage der männlichen Ernährerrolle darstellt, wird gerade für jüngere Männer zunehmend unsicher. Befristete Beschäftigung, Leiharbeit, Scheinselbständigkeit, erhöhtes Kündigungsrisiko sind die Stichworte. Anders sieht die Situation aus, wenn die Eltern bei der Erstgeburt des Kindes bereits ein höheres Alter haben. Die Familiengründung erfolgt dann nach Abschluss einer qualifizierten Ausbildung und nach der eingeleiteten Berufskarriere. Dieses Verhalten lässt sich eindeutig als ein Mittel- und Oberschichtphänomen einstufen, während sich ein frühes Heirats- und Geburtsalter auf den Bereich der niedrig qualifizierten Beschäftigten konzentriert (vgl. u. a. Strohmeier 1993).

In der *Aufbauphase* erfolgt die Entscheidung über die Geburt weiterer Kinder. Vergrößert sich die Kinderzahl, steigen die Einkommensbedarfe weiter an, was sich insbesondere beim Wohnungsbedarf bemerkbar macht, während die Erwerbsbeteiligung der Frau zunehmend schwieriger wird.

In der *Stabilisierungsphase* hat die Familie ihre endgültige Größe erreicht, und in der Einkommenslage tritt eine Entspannung ein: Die Wohnungssituation und die Ausstattung mit langlebigen Gebrauchsgütern hat sich stabilisiert. Der Hauptverdiener ist in seiner Berufskarriere fortgeschritten und verfügt über ein (auch relativ) höheres Einkommen als zu Beginn der Familienkarriere. Die Kinder sind älter, sie haben zwar einen hohen Einkommensbedarf, auf der anderen Seite wird für die Frau der Wiedereinstieg in die Erwerbstätigkeit oder die zeitliche Ausdehnung ihrer Erwerbstätigkeit möglich.

In der *Konsolidierungsphase* schließlich verlassen die ersten Kinder das Elternhaus, die Berufskarriere des Mannes und seine relative Einkommensposition erreichen ihren Höhepunkt, und der Erwerbstätigkeit der Frau stehen keine erziehungsbedingten Hemmnisse mehr entgegen.

Wie diese Typisierung erkennen lässt, konzentrieren sich die Armutsrisiken vor allem auf die ersten beiden Phasen. Aus familien- und armutspolitischer Sicht hat dabei die Senioritätsentlohnung problematische Folgen: Die relative Einkommensposition ist am Ende der Berufstätigkeit am höchsten, dann aber laufen die Unterhaltsverpflichtungen für die Kinder aus, während in der beruflichen Einstiegsphase, die mit der Geburt von Kindern zusammenfällt, nicht nur Ausgaben für den Lebensunterhalt der Kinder anfallen, sondern auch die Grundausstattung des Haushalts finanziert werden muss. Vor diesem Hintergrund verwundert es nicht, dass gerade junge Familien durch Schulden belastet sind (vgl. Zimmermann 1999).

3.3.4 Sozialhilfebedürftigkeit von Familien und Kindern

Die schwierige Einkommenslage von Familien mit mehreren Kindern und insbesondere von Ein-Eltern-Familien spiegelt sich auch in der Sozialhilfestatistik wider. Zugleich wird bei der Altersstruktur der Sozialhilfeempfänger deutlich, dass die Bedürftigkeit umso höher ist, je jünger die Menschen sind (vgl. u. a. Buhr 1998; Rentzsch 2000). Die aktuelle amtliche Sozialhilfestatistik lässt folgende Daten, Trends und Strukturen des Bezugs von Hilfe zum Lebensunterhalt erkennen (vgl. Burmester 2000; Haustein 2000):

- Der Anteil von Haushalten mit Kindern an allen Empfängerhaushalten von laufender Hilfe zum Lebensunterhalt betrug Ende 1998 (alte Bundesländer) 36,3 %; davon Ehepaare zu 11,4 % und allein erziehende Frauen zu 22,4 %.
- Insgesamt waren Ende 1998 in Deutschland über 1 Mio. Kinder unter 18 Jahren auf Hilfe zum Lebensunterhalt angewiesen, darunter etwa 480 000 Kinder unter 7 Jahren. Die unter 18-jährigen stellten damit einen Anteil von 37 %, die unter 7-jährigen einen von 16,6 % an allen Empfängern. Seit 1985 (alte Bundesländer) hat sich die Zahl der minderjährigen Leistungsempfänger nahezu verdoppelt. Für Gesamtdeutschland beziffert sich die Zuwachsrate seit 1991 auf 44 %.
- Die Sozialhilfequote liegt – bezogen auf die Gesamtzahl der Bevölkerung im jeweiligen Alter – bei den unter 7-Jährigen bei 8,6 %, bei den unter 18-Jährigen bei 6,8 %. Damit ist die Sozialhilfequote für Minderjährige nahezu doppelt so hoch wie für die Gesamtbevölkerung. Wie Abbildung 3.3–2 erkennen lässt, hat sich die Sozialhilfeempfängerquote in den alten Bundesländern von 1980 bis 1997 vor allen in den jüngeren Altersgruppen stark erhöht.
- Zwischen den neuen und den alten Bundesländern bestehen dabei immer noch deutliche Abweichungen. In den neuen Bundesländern erreicht die Empfängerquote von Sozialhilfe allgemein und von minderjährigen Leistungsempfängern im Besonderen ein insgesamt niedrigeres Niveau als im Westen – mit allerdings stark steigender Tendenz. Hier beträgt die Empfängerquote der unter 18-jährigen Bevölkerung 5 %, bei den unter 3-Jährigen ist sie höher als im alten Bundesgebiet und beträgt 11,2 %.

Abbildung 3.3–1: Altersspezifische Sozialhilfeempfängerquoten Jahresende 1980 und 1997, alte Bundesländer

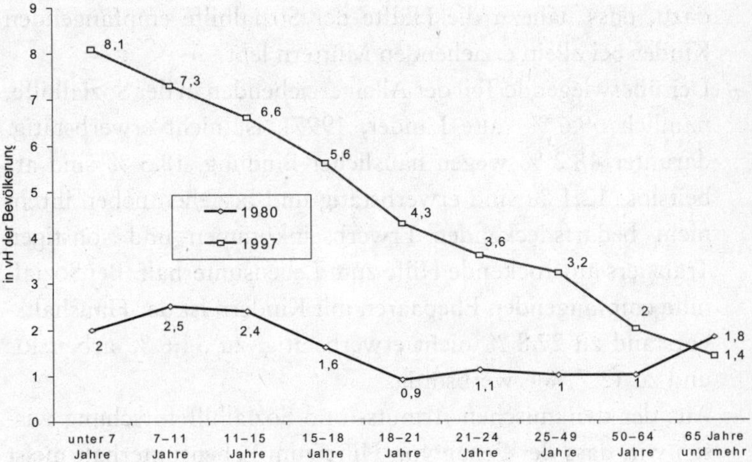

Quelle: Engstler 1998, S. 42.

– Deutliche Unterschiede werden sichtbar, wenn man die Nationalität der Empfänger berücksichtigt. Besonders stark angestiegen ist die Zahl der minderjährigen Hilfeempfänger ohne deutschen Pass. Sie machen Ende 1998 einen Anteil von knapp 23 % an allen unter 18-jährigen Hilfeempfängern aus. Seit 1985 (alte Bundesländer) hat sich die Zahl der ausländischen Hilfeempfänger unter 18 Jahren mehr als vervierfacht. Die Leistungsempfängerquote liegt (1997, alte Länder) bei ausländischen Minderjährigen bei 14 %, bei deutschen Minderjährigen bei 6,1 %.
– Betrachtet man die Struktur der Bedarfsgemeinschaften bzw. der Haushalte, so zeigt sich, dass die Haushalte insgesamt eine Empfängerquote von 4 % aufweisen. Ehepaare mit Kindern liegen mit 2,4 % unter, allein erziehende Frauen mit 28,1 %

beachtlich über dem Durchschnitt. Mehr als ein Viertel des Haushaltstyps «Allein erziehende Frauen» ist damit auf den Bezug von Hilfe zum Lebensunterhalt angewiesen. Dies führt dazu, dass nahezu die Hälfte der Sozialhilfe empfangenden Kinder bei allein erziehenden Müttern lebt.

- Der überwiegende Teil der Alleinerziehenden in der Sozialhilfe, nämlich 69,6 % (alte Länder, 1997), ist nicht erwerbstätig, darunter 48,2 % wegen häuslicher Bindung. 18,3 % sind arbeitslos. 12,1 % sind erwerbstätig und beziehen neben ihrem nicht bedarfsdeckenden Erwerbseinkommen und sonstigen Transfers aufstockende Hilfe zum Lebensunterhalt. Bei Sozialhilfe empfangenden Ehepaaren mit Kindern ist der Haushaltsvorstand zu 27,8 % nicht erwerbstätig, zu 54,6 % arbeitslos und zu 12,7 % erwerbstätig.
- Aus der dynamischen Armuts- und Sozialhilfeforschung wissen wir, dass der Bezug von Hilfe zum Lebensunterhalt meist nur von kurzer Dauer ist. Langfristige Sozialhilfebedürftigkeit ist die Ausnahme. Allerdings zeigt sich, dass Familien mit mehreren Kindern sowie Alleinerziehende nicht nur häufiger, sondern auch länger Sozialhilfe beziehen (vgl. u. a. Leibfried/Leisering 1995, S. 101 ff.; Olk/Rentzsch 1998, S. 97 ff.; Buhr 1998, S. 78 ff.).

3.3.5 Defizite der Familienpolitik

3.3.5.1 Der Familienleistungsausgleich – kein armutsfestes Netz

Die skizzierten Daten lassen erkennen, dass das der Sozialhilfe vorgelagerte sozialstaatliche Sicherungssystem nur unzureichend in der Lage ist, die Einkommensprobleme von Familien auszugleichen. Das Netz des Familienleistungsausgleich ist nicht armutsfest. Der Hauptgrund dafür ist nicht, dass die finanziellen Gesamtdimensionen der Familienpolitik nicht ausreichend sind, sondern die Strukturen und Prinzipien des Leistungssystems führen zu Fehlentwicklungen. Das wichtigste Problem ist der bis heute herrschende Grundsatz, dass der Familienleistungsausgleich die Kosten, die beim Unterhalt sowie bei der Betreuung und Erziehung von Kindern entstehen, nicht in voller Höhe berücksichtigen kann und soll. Dies bedeutet, dass die Sicherung des sozio-kulturellen Existenzminimums der nachgelagerten Sozialhilfe vorbehalten bleibt. Als weiteres Problem erweist sich, dass das Kernstück des Familienleistungsausgleichs[47] mit den Elementen Kindergeld und steuerliche Freibeträge doppelgleisig gestaltet ist.

Die duale Struktur des Familienleistungsausgleichs ist Folge der unterschiedlichen Zielsetzungen, die damit verbunden werden. Im Wesentlichen lassen sich zwei gegenläufige Zielvorstellungen unterscheiden (vgl. Bäcker 2000 b, S. 251 f.): der horizontale Leistungsausgleich («Steuergerechtigkeit») und der vertikale Leistungsausgleich («Bedarfsgerechtigkeit»). Beim horizontalen Leistungsausgleich geht es darum, den niedrigeren Lebensstandard von Eltern mit Kindern im Vergleich zu dem kinderloser Paare bzw. Eltern mit weniger Kindern innerhalb gleicher Einkommensgruppen auszugleichen, indem die geringere wirtschaftliche Leistungsfähigkeit von Eltern mit Kindern steuerlich berücksichtigt wird. Im Ergebnis bedeutet dies, dass sich die Entlastungen der Familien mit steigendem Einkommen erhöhen. Die durch einen Kinderfreibetrag erreichte Verminderung der steuer-

47 Daneben findet sich eine Reihe spezifischer, d. h. an bestimmte Lebenslagen und Zweckbindungen gekoppelte Leistungen, auf die hier nicht weiter eingegangen werden soll, wie die kostenfreie Mitversicherung der Kinder in der Kranken- und Pflegeversicherung, die Waisenrenten in der Renten- und Unfallversicherung, der gesetzliche Unfallschutz für Kindergartenkinder, Schüler und Studierende, das Erziehungsgeld, der Unterhaltsvorschuss, die Ausbildungsförderung sowie die Berücksichtigung von Kindern beim Wohngeld, beim sozialen Wohnungsbau und der Wohneigentumsförderung.

lichen Bemessungsgrundlage wirkt sich durch den progressiven Verlauf des Einkommensteuertarifs bei einem Ehepaar mit Spitzenverdienst sehr viel stärker aus als bei einem Ehepaar mit mittlerem Einkommen. So errechnet sich bei dem Höchststeuersatz von 51 % und einem Kinderfreibetrag von knapp 7000 DM bei einem Kind eine Entlastung von 3500 DM. Haushalte dagegen, die mit ihrem Einkommen nur im Eingangsbereich der Steuerprogression liegen, können nur mit einer sehr geringen Steuerersparnis rechnen. Völlig leer gehen jene Familien aus, die überhaupt keine direkten Steuern zahlen. Hierbei handelt es sich um niedrig verdienende (junge) Familien, die mit ihrem Einkommen den Grundfreibetrag nicht übersteigen, sowie um Arbeitslose, Sozialhilfeempfänger und Alleinerziehende. Betroffen sind nach dem aktuellen steuerrechtlichen Stand fast 5 Mio. Kinder nicht steuerbelasteter Eltern.

Das Bundesverfassungsgericht hat in seiner Rechtsprechung zur Steuerfreiheit des Existenzminimums ausdrücklich den Grundsatz der horizontalen Steuergerechtigkeit betont. Auch das Urteil vom 10. November 1998 zielt in diese Richtung: Nach dieser Entscheidung des Gerichts widerspricht es der Verfassung, die steuerliche Abzugsfähigkeit von Kinderbetreuungskosten (erwerbsbedingter Betreuungsbedarf) und Haushaltsfreibetrag (Erziehungsbedarf) auf Alleinerziehende und unverheiratete Elternpaare zu begrenzen. Diese besonderen Kinderbedarfe, die über die Sicherung des Existenzminimums hinausreichen, müssen auch bei verheirateten Eltern Berücksichtigung finden. Allerdings hat es das Gericht freigestellt, wie die steuerliche Gleichbehandlung erreicht werden soll, ob durch Abzug eines Betrages von der steuerlichen Bemessungsgrundlage (steuerlicher Kinderfreibetrag), durch die Zahlung von Kindergeld oder durch eine Kombination dieser Maßnahmen.

Der vertikale Familienleistungsausgleich zielt hingegen darauf ab, Familien mit geringem bis mittlerem Einkommen und mehreren Kindern durch direkte Zahlungen finanziell zu unterstützen, d. h. einen möglichst hohen Anteil der Kinderkosten zu übernehmen, um die Entwicklung der Kinder und die Lebensbedingungen der Eltern sicherzustellen. Dieses Ziel lässt sich nicht durch die Freistellung des Existenzminimums von der Einkommensbesteuerung erreichen, da die Steuerentlastung nicht bedeutet, dass sich der Staat an den Kosten beteiligt. Die Steuerentlastung wirkt zudem überhaupt nur dann, wenn Steuern zu zahlen sind. Beim vertikalen Ausgleich richtet sich die Beteiligung des Staates an den Kosten des Kindesunterhalts nach dem Kriterium der Bedarfsgerechtigkeit. Diesem Maßstab entspräche ein Kindergeldsystem, dessen Leistungen umso höher ausfallen, je geringer das Familieneinkommen ist.

Die Gegensätzlichkeit dieser beiden Ziele hat seit der Einführung des Familienleistungsausgleichs für kontroverse Diskussionen über die Prioritäten der finanziellen Förderung von Familien gesorgt und – je nach den parlamentarisch-politischen Machtverhältnissen – zu unterschiedlichen Ausgestaltungen des Familienleistungsausgleichs geführt. Das Problem liegt darin, dass hohe Kinderfreibeträge zwar dem Postulat der horizontalen Steuergerechtigkeit entsprechen, aber nur den besser gestellten Familien zugute kommen und zudem den finanziellen Spielraum zur Erhöhung des Kindergeldes einengen.

Die monatliche Höhe des Kindergeldes beträgt ab 2000 für das erste und zweite Kind 270 DM, für das dritte Kind 300 DM und für das vierte und jedes weitere Kind 300 DM. Der allgemeine Kinderfreibetrag je Kind liegt bei 6912 DM, der neu eingeführte Betreuungsfreibetrag (für jedes Kind bis zur Vollendung des 16. Lebensjahres) bei 3024 DM. Zwischen dem Bezug von Kindergeld und der Inanspruchnahme des Kinderfreibetrags besteht ein Wahlrecht nach Maßgabe des Günstigkeitsprinzips: Wirkt sich der Freibetrag für die Familie günstiger als das Kindergeld aus, liegen also die steuerlichen Entlastungen höher als die Kindergeldzahlungen, werden die zu viel gezahlten Steuern im Rahmen des Steuerjahresausgleichs zurückerstattet.

Fraglich ist, ob das Leistungsniveau des Familienleistungsausgleichs ausreicht. So entspricht das mit 6912 DM pro Jahr angesetzte steuerfrei zu stellende Existenzminimum wohl kaum dem tatsächlichen Existenzminimum. Schwerer wiegt, dass das Kindergeld nur einen Teil der Mindestunterhaltskosten für Kinder ausgleicht und nicht den sozial-kulturellen Bedarf abdecken will (vgl. Andreß/Lipsmeier 1998). Nimmt man die Sozialhilferegelsätze für Kinder als Vergleich, so liegt selbst das Kindergeld für die vierten und weiteren Kinder noch deutlich unterhalb dieses Niveaus. Noch größer sind die Abstände, wenn der gesamte kinderspezifische Sozialhilfebedarf, also neben den Regelsätzen auch die Einmalleistungen und die anteiligen Wohnungskosten, berücksichtigt wird. Im Ergebnis summiert sich der privat zu finanzierende Kostenanteil bei mehreren Kindern auf sehr hohe Beträge, die im unteren Einkommensbereich nicht mehr getragen werden können. Da das Haushaltseinkommen – wegen der Kinder – das sozial-kulturelle Existenzminimum unterschreitet, muss auf ergänzende Hilfe zum Lebensunterhalt zurückgegriffen werden. Betroffen davon sind nicht zuletzt Arbeitnehmerhaushalte aus dem Bereich niedriger Arbeitseinkommen. Wenn sich hier das Sozialhilfeniveau mit den verfügbaren Einkommen einschließlich von Transferleistungen überschneidet und insofern das Abstandsgebot verletzt wird, so liegt dies nicht an überhöhten Sozialhilferegelsätzen, sondern am unzureichenden Familienleistungsausgleich (vgl. Bäcker/Hanesch 1998).

Kritisch anzumerken ist des Weiteren, dass die Höhe des Kindergeldes keiner festen Dynamisierung nach Maßgabe der Einkommensentwicklung unterliegt. Allerdings ist seit der Neuregelung des Familienleistungsausgleichs im Jahre 1996 das Kindergeld für das erste und zweite Kind dreimal angehoben worden; die Erhöhung um insgesamt 70 DM oder 35 % liegt deutlich oberhalb der allgemeinen Einkommens- und Preisentwicklung.

Dem Problem, dass der Kindesunterhalt bei Alleinerziehenden häufig nicht, nicht ausreichend oder nicht regelmäßig gezahlt wird, soll durch öffentliche Unterhaltsvorschussleistungen begegnet werden, die Kindern zustehen, die mit ihrem allein stehenden Elternteil zusammenleben und die Unterhalt nicht mindestens in Höhe des Regelbedarfs erhalten. Der Unterhaltsvorschuss hat allerdings an der hohen Sozialhilfebedürftigkeit von Alleinerziehenden-Haushalten nichts verändert. Dies liegt zum einen daran, dass die Bezugsdauer auf 6 Jahre begrenzt ist und nur Kinder unter 12 Jahren Unterhaltsvorschuss erhalten können. Zum anderen ist die Höhe der Leistungen unzureichend, sie entspricht dem Regelbedarf für nicht eheliche Kinder abzüglich der Hälfte des Erstkindergeldes und unterschreitet damit das Sozialhilfebedarfsniveau von Kindern. Zudem ist zu berücksichtigen, dass Alleinerziehende mit einem Kind unter 7 Jahren oder mit zwei oder drei Kindern unter 16 Jahren einen Mehrbedarfszuschlag von 40 % des Regelsatzes erhalten. Die Zahl der Kinder, die Unterhaltsvorschuss beziehen, ist in den letzten Jahren kontinuierlich angestiegen. Zum Jahresende 1997 waren es rund 500 000, darunter fast zur Hälfte nicht eheliche Kinder (Stellungnahme der Bundesregierung 1998, S. XVII).[48]

48 Der Anspruch auf Unterhalt gegenüber dem nicht zahlungswilligen Unterhaltspflichtigen geht auf das Land über. Tatsächlich treiben die Länder jedoch nur einen kleinen Teil der Leistungen von den Unterhaltspflichtigen ein, sei es weil die Unterhaltspflichtigen zahlungsunfähig sind, sich der Zahlungspflicht entziehen oder weil die Jugendämter wenig energisch auftreten. Schätzungen gehen von einer Rückholquote von lediglich 10 bis 15 % aus (vgl. Schewe 1998).

3.3.5.2 Unzureichende Voraussetzungen für die Vereinbarkeit von Beruf und Familie

Wie oben skizziert, verschlechtert sich die Einkommenslage von Familien vor allem dann, wenn ein Elternteil, in der Regel die Mutter, seine Erwerbstätigkeit nach der Geburt des Kindes unterbricht. Die Begrenzung des Risikos, während der Kindererziehung in eine Niedrigeinkommens- oder Armutsposition abzurutschen, hängt insofern entscheidend davon ab, ob es gelingt, Kindererziehung und Beruf miteinander zu vereinbaren.

Das einkommensabhängige Erziehungsgeld, das bei Nicht-Erwerbstätigkeit[49] gezahlt wird, ist in seiner Ausrichtung und Dimension ungeeignet, den Einkommensausfall bei einer Erwerbsunterbrechung zu kompensieren. Zum einen liegt die Leistungshöhe bei lediglich 600 DM, zum anderen kann die Leistung für längstens 24 Monate nach der Geburt eines jeden Kindes bezogen werden. Da der Bezug von Erziehungsgeld bei der Sozialhilfe nicht angerechnet wird, stockt das Erziehungsgeld die Hilfe zum Lebensunterhalt auf. Dies kommt insbesondere vielen nicht erwerbstätigen und Sozialhilfe empfangenden Alleinerziehenden zugute, die in den ersten beiden Lebensjahren des Kindes ein vergleichsweise hohes Einkommensniveau erreichen (Regelsätze + Mehrbedarfszuschläge + Mietkosten + Erziehungsgeld + nicht angerechneter Kindergelderhöhungsbetrag von 20 DM). Mit der Vollendung des zweiten Lebensjahres des Kindes erfolgt durch den Wegfall des Erziehungsgeldes jedoch ein recht drastischer Abfall im Einkommensniveau.

Die Zielsetzung, auch nach der Geburt von Kindern erwerbstätig bleiben zu können und sich beruflich fortzuentwickeln, setzt zwingend voraus, dass für alle Altersgruppen ein bedarfsgerechtes Angebot an Tageseinrichtungen mit arbeitszeitangepassten

49 Möglich ist allerdings eine Teilzeitarbeit.

Öffnungszeiten bereitgestellt wird. Insbesondere allein erziehende Mütter, die ein eigenes Erwerbseinkommen erzielen und nicht langfristig auf den Sozialhilfebezug angewiesen sein wollen, brauchen solch ein Angebot. Einrichtungen der institutionellen Betreuung von Kindern sind jedoch mehr als ein Entlastungsangebot für berufstätige Eltern. Sie haben zugleich einen Erziehungs- und Bildungsauftrag und sind angesichts des Wandels familiärer Lebensformen und veränderter Lebenswelten Ausdruck der gesellschaftlichen Verantwortung für angemessene Sozialisationsbedingungen von Kindern.

Bei der Versorgung mit Tageseinrichtungen für Kinder ist zwischen den alten und den neuen Bundesländern zu unterscheiden (vgl. Bäcker/Bispinck/Hofemann/Naegele 2000b, S. 210ff.): In der DDR war ein flächendeckendes Angebot an Kindergärten auf Ganztagsbasis wie auch an Krippen- und Hortplätzen selbstverständlich. Dass das KJHG den Rechtsanspruch auf Kinder im Kindergartenalter beschränkt, ist insofern ein Rückschritt. In den alten Bundesländern besteht demgegenüber ein erheblicher Nachholbedarf. Zwar ist im Zuge der Umsetzung des Rechtsanspruchs bei den Kindergartenplätzen die Vollversorgung weitgehend erreicht worden, allerdings handelt es sich hier überwiegend um Vormittagsplätze. Aber dieser positiven Entwicklung steht ein unverändert unzureichendes Angebot für Krippenkinder im Alter bis zu drei Jahren gegenüber. Die Versorgungsquote mit Krippenplätzen oder in altersgemischten Gruppen erreichte in den alten Bundesländern 1996 nur 2,2 %. In den neuen Bundesländern sind es demgegenüber (mit deutlich sinkender Tendenz) 41,3 %. Die Aussagefähigkeit des westdeutschen Wertes relativiert sich zudem stark, wenn man die beträchtlichen regionalen Unterschiede betrachtet. Krippenplätze sind im Wesentlichen auf die Großstädte, insbesondere auf die Stadtstaaten verteilt. Eine gleichermaßen unbefriedigende Betreuungssituation liegt vor, wenn die Kinder das Schulalter erreicht haben. Die Schulen in Deutschland sind im Unterschied zu denen der meisten EU-Länder reine Vormittagseinrichtungen, die einen Bildungs-, aber keinen Betreuungsauftrag haben. Ganztagsschulen oder Schulen mit Mittagsverpflegung gibt es nach wie vor nur selten und bei Grundschulen überhaupt nicht. Das Angebot an Hortplätzen ist in den alten Bundesländern mit einer Versorgungsquote von 3,5 % äußerst gering. Insgesamt stellt sich die Betreuung in den alten Bundesländern als sehr lückenhaft dar und erweist sich als Hemmschuh für die Vereinbarkeit von Berufstätigkeit und Familie. Die von den Kommunen erbrachten Mehraufwendungen für den Ausbau der Kindergartenversorgung haben sogar dazu geführt, dass die Betreuungsangebote für Krippen- wie für Schulkinder vernachlässigt worden sind.

3.3.5.3 Eheförderung statt Kinderförderung

Familie und Ehe können heute nicht mehr gleichgesetzt werden. Tatsächlich geht die Sozial- und Familienpolitik bei einer Reihe von Leistungen aber immer noch von dieser Gleichsetzung aus. So baut die Sozialversicherung in ihren Grundstrukturen auf dem traditionellen, durch die Hausfrauenehe bestimmten Familienmodell auf und regelt die soziale Sicherung der Ehefrau als eine vom Mann abgeleitete Sicherung. In dem Maße allerdings, in dem die Zahl der Alleinerziehenden steigt, ein wachsender Teil verheirateter Frauen kinderlos bleibt und sich auch für die verheirateten Mütter die Phase der Kindererziehung verkürzt, stellt sich die Frage, wie sinnvoll eine rein eheorientierte Förderung noch ist. Die Probleme einer eheorientierten Familienförderung zeigen sich am deutlichsten im Steuerrecht (vgl. Kirner/Schöb/Weick 1999): Bei der Besteuerung werden die Ehepartner nicht individuell, sondern gemeinsam veranlagt. Jeder Partner wird so behandelt, als habe er die Hälfte vom Gesamteinkommen verdient. Das so gesplittete Einkommen wird jeweils nach dem Steuersatz für Ledige versteuert; der Steuerbetrag wird dann verdoppelt, sodass sich die Gesamtsteuerschuld errechnet. Progressionsbedingt (aber auch als Folge des doppelt berechneten Grundfreibetrags) ergeben sich dadurch erhebliche finanzielle Vorteile, denn die Steuerschuld von zwei halben Einkommen ist geringer als die eines Gesamteinkommens in gleicher Höhe. Die Vorteile fallen umso höher aus, je größer der Unterschied zwischen den beiden Einkommen und je höher das Einkommen des Alleinverdieners ist. Besonders günstig wirken sie sich aus, wenn die Ehefrau kein eigenes Einkommen bezieht. Bei einem Jahreseinkommen des Ehemanns ab 210 000 DM, wenn der Spitzensteuersatz erreicht ist, summieren sich die Entlastungen auf immerhin 22 847 DM im Jahr.

Da die Entlastung allein am juristischen Tatbestand «Ehe» anknüpft, tritt sie auch dann ein, wenn keine Kinder zu versorgen sind oder die Kinder das Haus bereits verlassen haben. Ausgeschlossen vom Splittingvorteil werden Alleinerziehende sowie alle Familien mit Niedrigeinkommen, die keine oder nur sehr wenig Steuern bezahlen und insofern nicht von Steuerentlastungen profitieren können. Gerade in der Familiengründungsphase liegen die Erwerbseinkommen sowie die bedarfsgewichteten Pro-Kopf-Einkommen aber besonders niedrig. Das ehebezogene Steuersplitting hat 1996 Steuermindereinnahmen von etwa 41 Mrd. DM verursacht, davon 10 Mrd. DM für Paare, die keine Kinder (mehr) zu versorgen haben. Dieser Betrag lag fast genau so hoch wie die Aufwendungen für das Kindergeld bzw. die Kinderfreibeträge (44 Mrd. DM) und mehr als sechsmal so hoch wie die Ausgaben für das Erziehungsgeld (7 Mrd. DM) (vgl. Bäcker/Bispinck/Hofemann/Naegele 2000, S. 200 f.).

3.3.6 Empirische Befunde zur Einkommensarmut von Familien

3.3.6.1 Probleme und offene Fragen der Armutsmessung

Wenn wir im Folgenden zentrale Befunde zur Armut von Familien auf der Grundlage der SOEP-Auswertung vorstellen, so basieren die Daten auf den methodischen Grundlagen, die wir bereits in Kapitel 2 skizziert haben. Gerade unter dem Aspekt der Familien- und Kinderarmut sollte jedoch noch einmal in Erinnerung gerufen werden, dass die Ergebnisse maßgeblich durch die bei der Armutsdefinition und -messung unterstellten Annahmen bestimmt sind. Auf einzelne Probleme, die jeweils zu einer Unterschätzung oder Überschätzung des Armutspotenzials in Familien führen können, sei deshalb ausdrücklich hingewiesen.

Das Konzept der relativen Einkommensarmut basiert auf dem Ressourcenansatz und berücksichtigt ausschließlich den Einkommenszufluss. Hingegen bleiben die Bedingungen und Belastungen bei der Einkommenserzielung, die Vermögensausstattung und die Art der Einkommensverwendung außer Betracht. Nun ist es aber gerade für die Bewertung eines Familieneinkommens nicht unerheblich, ob das Einkommen durch die gut bezahlte Berufstätigkeit des allein verdienenden Ehemannes erzielt wird oder ob zum Erreichen derselben Einkommensposition auch die Frau und womöglich Kinder in der beruflichen Ausbildung beitragen müssen. Bei der Vermögensausstattung ist zu bedenken, dass vor allem das Geld- und Grundvermögen, aber auch das Gebrauchsvermögen altersabhängig ungleich verteilt ist. Insbesondere junge Familien haben einen niedrigen Vermögensbestand, was wiederum bedeutet, dass ein größerer Teil des erzielten Einkommens für den Kauf von Einrichtungsgegenständen oder anderen langlebigen Gebrauchsgütern verwendet werden muss. Werden diese Ausgaben kreditfinanziert, dann belasten Zins- und Tildungsverpflichtungen den künftigen finanziellen Spielraum.

Aus anderen Untersuchungen wissen wir, dass Eltern und ihre Kinder häufig von den Großeltern unterstützt werden (vgl. Kohli u. a. 1999). Es bleibt fraglich, ob diese privaten Übertragungen in Form unregelmäßiger Geld- oder Sachgeschenke beim Einkommenszufluss ausreichend berücksichtigt werden (vgl. Joos 2000). Auf der anderen Seite weist alles darauf hin, dass das Elterneinkommen nicht nur durch den Unterhalt der noch im gemeinsamen Haushalt lebenden Kinder belastet wird; häufig werden die älteren Kinder auch dann noch finanziell unterstützt, wenn sie aus dem Haushalt ausgezogen sind und z. B. auswärts studieren. Hier bleibt offen, ob diese Übertragungen als Minderung des verfügbaren Einkommens des Elternhaushalts erfasst sind.

Bei der Berechnung der Nettoäquivalenzeinkommen gilt die Gleichverteilungsannahme. Das heißt, dass alle Haushaltsmitglieder die gleiche Wohlstandsposition einnehmen. Ob diese Annahme der proportionalen Ressourcenzuteilung in der Familienwirklichkeit tatsächlich zutrifft, wird kritisch diskutiert (vgl. u. a. Joos 1998, S. 19 ff.; Andreß 1999, S. 85). So kann vermutet werden, dass Kinder weniger als «ihren» Anteil erhalten, da ihre innerfamiliäre Machtposition nur schwach ausgeprägt ist. Auf der anderen Seite finden sich vielfältige Hinweise, dass sich Eltern zugunsten ihrer Kinder einschränken, damit die Kinder die finanzielle Notlage nicht spüren (vgl. Bundesministerium 1998, S. 87).

Eine hohe Bedeutung für das Ausmaß der Kinderarmut hat schließlich die unterstellte Äquivalenzskala. Je nachdem welche Bedarfsgewichte weiteren Haushaltsmitgliedern und Kindern zugeordnet werden, kommt es zu unterschiedlichen Armutsquoten. Ein hohes Bedarfsgewicht von Kindern führt zu einer Anhebung der Armutsbetroffenheit von Kindern und kinderreichen Haushalten. Niedrige Bedarfsgewichte haben den gegenteiligen Effekt (vgl. u. a. Kaiser 1997; Andreß 1999, S. 86; Weick 1999, S. 68 ff.).

3.3.6.2 Durchschnittliche Nettoäquivalenzeinkommen nach Haushaltstypen

Bei der empirischen Analyse der Einkommensverhältnisse steht die Frage im Mittelpunkt, welchen Einkommensrisiken Mitglieder von Haushalten unterliegen, in denen minderjährige Kinder leben. Bezugsgröße ist das auf die Haushaltsmitglieder entsprechend ihren Bedarfsgewichten verteilte Haushaltseinkommen. Dieses bedarfsgewichtete Pro-Kopf-Einkommen wird dabei nicht nur durch die Zahl der minderjährigen Kinder und ihrer Eltern bestimmt. Leben in einem Familienhaushalt mit minderjährigen Kindern zusätzlich erwachsene Kinder oder andere Haushaltsmitglieder, so beeinflussen auch diese Personen das Nettoäquivalenzeinkommen dieses Haushalts.

In einem ersten Schritt werden die durchschnittlichen Nettoäquivalenzeinkommen der Familienhaushalte mit den durchschnittlichen Nettoäquivalenzeinkommen aller Haushalte und der Nicht-Familienhaushalte verglichen. Es geht also um die Unterscheidung der Wohlstandspositionen der Menschen in einzelnen Haushalts- und Familienformen. Setzt man das durchschnittliche Nettoäquivalenzeinkommen aller Haushalte gleich 100, zeigen sich folgende Abweichungen (Tabelle 3.3–2):

(Ehe-)Paar-Haushalte mit Kindern unter 18 Jahren unterschreiten das Niveau von 100 % in den alten Bundesländern um gut 26 Prozentpunkte, in den neuen Bundesländern um etwa 10 Punkte. Demgegenüber sind die Haushaltstypen ohne Kinder durchweg besser gestellt. Das trifft vor allem auf die Single- und Paar-Haushalte im mittleren Alter zu, die in ihrer Wohlstandsposition deutlich über dem Durchschnitt rangieren. Bei den Familienhaushalten fällt auf, wie stark die Zahl der Kinder die Positionierung bestimmt. Während (in den alten Bundesländern) Paar-Haushalte mit 1 Kind noch das durchschnittliche Nettoäquivalenzeinkommen erreichen, sinkt bei zwei Kindern das Einkommensniveau auf 71,1 % des Durchschnitts, bei drei und mehr Kindern auf 61,9 %. Als ungünstig erweist sich auch die Einkommenslage in Ein-Eltern-Haushalten, die auf einen Satz von 61,7 % kommen. Auffällig sind die Unterschiede zwischen den unterschiedlichen Typen der Alleinerziehenden-Haushalte: Am schlechtesten ist die Einkommenslage dann, wenn eine ledige Mutter dem Haushalt vorsteht. Hier erreicht das Nettoäquivalenzeinkommen 53,8 % (alte Bundesländer) bzw. 76,9 % (neue Bundesländer) des Durchschnitts. Nur wenig besser stehen sich Geschiedene/getrennt Lebende, die Anteilswerte betragen 59,8 % (alte Bundesländer) bzw. 82,7 % (neue Bundesländer). Dem gegenüber verbessern sich Verwitwete (deren Kinder im Schnitt älter sind) auf 80,2 % (alte Bundesländer). Sie übertreffen damit das Niveau von (Ehe-)Paar-Haushalten.

Vergleicht man die Situation in den neuen Bundesländern mit der in den alten, dann fällt auf, dass bei den Paar-Haushalten mit Kindern die Abweichungen vom allgemeinen Haushaltsäquivalenzeinkommen geringer als im Westen ausfallen. Dies dürfte daran liegen, dass die Erwerbsbeteiligung von Müttern in den neuen Ländern immer noch deutlich höher als im alten Bundesgebiet ist. Auch die Stellung der Ein-Eltern-Haushalte erweist sich als besser als im Westen. Dieser Familientyp rangiert gleichwohl auch in den neuen Bundesländern beachtlich unter dem dortigen durchschnittlichen Nettoäquivalenzeinkommen.

Tabelle 3.3–2: Durchschnittliche Netto-Äquivalenzeinkommen nach Haushaltstypen 1998 in DM und in % des Gesamtdurchschnitts

	Alte Bundesländer		Neue Bundesländer		Gesamtdeutschland	
	in DM	in %*)	in DM	in %*)	in DM	in %*)
Haushalte insgesamt	2.337	100	1.708	100	2.006	100
Single< 45 Jahre	2.489	106,5	1.935	113,3	2.405	119,8
Paar< 45 Jahre	2.662	113,9	1.934	113,2	2.543	126,8
Single 45–65 Jahre	2.683	114,8	1.648	96,5	2.497	124,5
Paar 45–65 Jahre	2.684	114,8	1.919	112,4	2.505	124,8
Paar-Haushalt mit Kind/Kindern	1.721	73,6	1.535	89,9	1.685	84,0
– Paar-Haushalt 1 Kind	2.376	101,6	1.612	94,4	1.862	92,8
– Paar-Haushalt 2 Kinder	1.662	71,1	1.559	91,3	1.641	81,8
– Paar-Haushalt 3 und mehr Kinder	1.447	61,9	1.103	64,6	1.402	69,9
Ein-Eltern-Haushalt	1.442	61,7	1.353	79,2	1.419	70,7
– geschieden/getrennt	1.397	59,8	1.413	82,7	1.401	69,8
– ledig	1.258	53,8	1.313	76,9	1.284	64,0
– verwitwet	1.875	80,2	1.096	64,2	1.711	85,3
Paar-Haushalte mit erwachsenen Kindern	1.966	84,1	1.754	102,7	1.933	96,4
Paar > 65 Jahre	2.073	88,7	1.866	109,3	2.029	101,1
Single > 65 Jahre	2.240	95,8	1.997	116,9	2.196	109,5

Datenbasis SOEP.

* In Relation zum Nettoäquivalenz-Einkommen aller Haushalte

In Abbildung 3.3–2, die auf den Daten von Tabelle 3.3–2 beruht, werden die bedarfsgewichteten Pro-Kopf-Einkommen in DM-Beträgen für ausgewählte Haushalts- und Familienformen gegenüber gestellt.

Abbildung 3.3–2: Durchschnittliche Nettoäquivalenzeinkommen ausgewählter Haushaltsformen, alte Bundesländer 1998

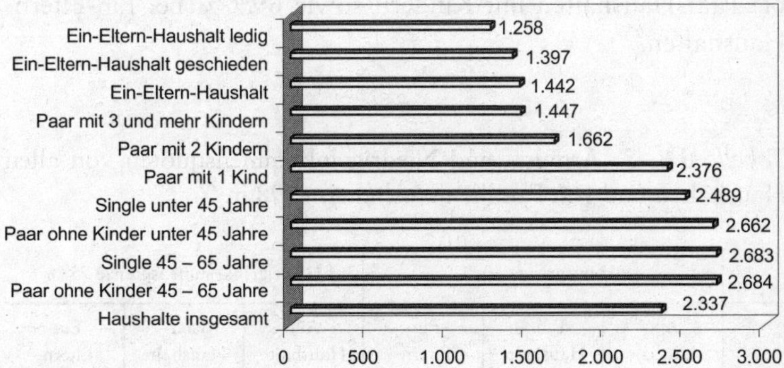

3.3.6.3 Armuts- und Niedrigeinkommensquoten nach Haushalts- und Familienkonstellationen

Die durchschnittlichen Nettoäquivalenzeinkommen geben noch keinen Hinweis auf die Einkommensspreizung. Uns interessiert vor allem, wie stark die Einkommensklassen je nach Haushaltstyp «unter 50 % des Durchschnitts» (Armut) und «unter 75 % des Durchschnitts» (Niedrigeinkommen) besetzt sind. Tabelle 3.3–3 weist aus, dass von 1985 bis einschließlich 1998 Familienhaushalte sowohl die 50 %-Armutsgrenze wie die 75 %-Niedrigeinkommensgrenze deutlich häufiger unterschreiten als alle Haushalte. So liegt im Jahr 1998 die Armutsquote (50 %-Schwelle) in allen Haushalten in den alten Bundesländern bei 9,5 %, in den Paar-Haushalten mit Kindern hingegen bei 13,0 % und in den Alleinerziehenden-Haushalten bei 30,1 %. Noch stärker ausgeprägt sind die Abstände bei der 75 %-Niedrigeinkommensgrenze. Hier betragen die entsprechenden Quoten 1998 in den alten Bundesländern 32,3 % bei allen Haushalten und 47 % bei Paar-Haushalten mit Kindern sowie 69,7 % bei Ein-Eltern-Haushalten.

Tabelle 3.3–3: Armuts- und Niedrigeinkommensquoten von allen Haushalten und von Familienhaushalten 1998 in %

	Armutsgrenze 50 %			Niedrigeinkommensgrenze 75 %		
	Alle Haushalte	Paar-Haushalte mit Kindern	Ein-Eltern-Haushalte	Alle Haushalte	Paar-Haushalte mit Kindern	Ein-Eltern-Haushalte
Alte Bundesländer						
1985	11,2	14,5	35,6	35,9	46,7	67,2
1988	10,1	13,7	29,9	33,9	46,6	65,4
1991	8,8	11,4	35,3	34,9	48,2	64,2
1994	9,4	11,6	28,2	35,1	46,5	72,8
1997	9,1	11,6	29,5	35,6	48,3	67,4
1998	9,5	13,0	30,1	32,3	47,0	69,7
Neue Bundesländer						
1991	4,1	3,6	17,6	22,1	24,1	47,8
1994	7,5	9,2	26,8	25,0	32,5	57,5
1997	6,3	6,5	24,2	22,8	33,0	62,1
1998	4,6	5,6	13,4	26,9	35,0	51,1

Datenbasis SOEP.

Die sich aus diesen Unterschieden zwischen der 50 %- und 75 %-Schwelle errechnende Spanne von gut 30 Punkten, die seit 1985 (mit Schwankungen) für den gesamten Verlauf der Entwicklung von Armuts- und Niedrigeinkommensquote charakteristisch ist, lässt erkennen, dass die Zone 51 % bis 75 % des durchschnittlichen Nettoäquivalenzeinkommens («prekärer Wohlstand») bei Familienhaushalten sehr stark besetzt ist.

Ein extrem hohes Risiko, in Armutslagen abzurutschen, tragen die Alleinerziehenden-Haushalte: 1998 unterschreitet nahezu jeder dritte Haushalt dieser Gruppe mit seinem Einkommen die 50 %-Schwelle; zwei Drittel liegen unter der 75 %-Schwelle.

Wie bereits erwähnt, verändern sich die Armutsquoten von Familienhaushalten, wenn die Äquivalenzskala modifiziert wird. Wir haben Vergleichsberechnungen zwischen der revidierten OECD-Skala mit den Äquivalenzgewichten 1,0 (Haushaltsvorstand), 0,5 (weiteres Haushaltsmitglied), 0,3 (Kinder unter 15 Jahre) und der von uns verwendeten Skala mit den Bedarfsgewichten 1:0,7:0,5 vorgenommen. Das Ergebnis ist in Tabelle 3.3–4 nachzulesen: Bei der revidierten OECD-Skala liegen die Werte durchgängig um 3 bis 4 Punkte niedriger als bei der alten Skala (Tabelle 3.3–4).

Tabelle 3.3–4: Armutsquoten von Familienhaushalten nach unterschiedlichen Äquivalenzskalen in %

	Armutsgrenze 50 %			
	Alte Bundesländer		Neue Bundesländer	
	Paar-Haushalte mit Kindern Äquivalenzskala: 1 : 0,7 : 0,5	Paar-Haushalte mit Kindern Äquivalenzskala 1 : 0,5 : 0,3	Paar-Haushalte mit Kindern Äquivalenzskala 1 : 0,7 : 0,5	Paar-Haushalte mit Kindern Äquivalenzskala 1 : 0,5 : 0,3
1985	14,5	8,9	–	–
1988	13,7	9,3	–	–
1991	11,4	7,6	3,6	3,1
1994	11,6	6,5	9,2	7,1
1997	11,6	7,4	6,5	3,8
1998	13,0	8,3	5,6	3,6

Datenbasis SOEP.

Eine tiefere Untergliederung der Armuts- und Niedrigeinkommensquoten und ihres zeitlichen Verlaufs nach unterschiedlichen Haushaltskonstellationen erlaubt die Tabelle 3.3–5. Hier werden die Haushaltskonstellationen nach den unterschiedlichen Stationen im Haushalts- und Lebenszyklus systematisiert: Eine deutlich unterdurchschnittliche Armutsbetroffenheit weisen alle Paar-Haushalte ohne Kinder auf – am besten schneiden Paare ohne Kinder ab. Hier liegen die Armutsquoten 1998 (alles bezogen auf die alten Bundesländer) zwischen 2,6 % (Paare zwischen 45 und 65 Jahren) und 5,6 % (Paare unter 45 Jahren). Ebenfalls unterdurchschnittlich betroffen sind Single-Haushalte mit Armutsquoten zwischen 3,9 (Single zwischen 45 und 65 Jahren) und 8,9 % (Single unter 45 Jahren).

Tabelle 3.3–5: Armuts- und Niedrigeinkommensquoten nach Haushaltskonstellationen, Armutsgrenze 50 % und Niedrigeinkommensgrenze 75 %

	1985		1988		1991		1994		1997		1998	
	< 50 %	< 75 %	< 50 %	< 75 %	< 50 %	< 75 %	< 50 %	< 75 %	< 50 %	< 75 %	< 50 %	< 75 %
Alte Bundesländer												
Single < 45 Jahre	11,9	28,4	10,0	20,5	6,9	18,0	6,5	21,5	7,4	19,4	8,9	23,0
Paar < 45 Jahre	2,7	12,8	4,2	11,7	2,6	14,5	6,0	16,1	3,7	12,8	5,6	18,1
Single 45–65 Jahre	7,3	22,5	8,0	27,1	6,0	21,9	7,9	21,9	5,8	26,8	3,9	17,6
Paar 45–65 Jahre	3,2	17,3	3,4	17,4	4,0	17,5	5,0	17,3	3,5	18,0	2,6	17,5
Paar-Haushalt 1 Kind	8,1	34,0	7,6	32,9	9,4	36,5	8,9	35,4	7,5	32,9	7,8	34,0
Paar-Haushalt 2 Kinder	13,9	47,9	17,3	52,1	8,7	49,0	7,4	46,8	11,4	56,8	13,0	52,4
Paar-Haushalt 3 und mehr Kinder	32,3	76,5	21,7	70,4	20,9	70,4	25,7	68,0	21,6	63,6	24,7	63,9
Ein-Eltern-Haushalt	35,6	67,2	29,9	65,4	35,3	64,2	28,2	72,8	29,5	67,4	30,1	69,7
Paar-Haushalt mit erw. Kindern	8,1	25,8	5,6	21,4	5,4	26,7	10,2	30,4	10,0	38,4	8,8	34,5
Paar > 65 Jahre	7,8	31,6	6,7	31,1	5,4	31,2	3,2	25,6	2,8	22,8	3,5	27,4
Single > 65 Jahre	7,2	32,7	7,9	29,1	6,5	31,6	5,6	27,4	6,3	24,8	6,1	25,0
Neue Bundesländer												
Single < 45 Jahre					9,6	19,7	9,7	24,6	5,8	19,4	10,5	28,1
Paar < 45 Jahre					8,1	17,8	2,7	9,2	4,7	10,2	2,7	23,3
Single 45–65 Jahre					1,4	25,8	5,8	18,3	20,3	31,3	6,9	34,1
Paar 45–65 Jahre					2,1	8,5	1,3	14,2	1,7	12,5	3,2	15,6
Paar-Haushalt 1 Kind					2,5	16,8	7,1	20,5	5,8	22,9	3,5	25,3
Paar-Haushalt 2 Kinder					4,0	25,5	9,3	34,5	5,0	34,6	3,6	37,3
Paar-Haushalt 3 und mehr Kinder					5,8	42,3	16,5	70,4	14,7	67,0	22,7	66,6
Ein-Eltern-Haushalt					17,6	47,8	26,8	57,5	24,2	62,1	13,4	51,1
Paar-Haushalt mit erw. Kindern					2,8	13,4	9,6	22,2	4,9	24,8	1,3	25,4
Paar > 65 Jahre					1,3	12,1	1,0	3,6	1,6	8,0	1,2	7,2
Single > 65 Jahre					2,2	43,9	3,9	–	2,3	12,6	0,6	9,6

Datenbasis SOEP.

Dem stehen die Familienhaushalte mit folgenden Armutsquoten gegenüber: Paar-Haushalte mit 1 Kind: 7,8 %; Paar-Haushalte mit 2 Kindern: 13 %; Paar-Haushalte mit 3 und mehr Kindern: 24,7 %. Hier wird wieder einmal deutlich, dass Paar-Haushalte mit 1 Kind in der Armutsbetroffenheit unter dem Durchschnitt der Gesamtbevölkerung rangieren, dass aber Paar-Haushalte mit 2 Kindern den Durchschnitt leicht sowie Paar-Haushalte mit 3 und mehr Kindern den Durchschnittswert erheblich übersteigen.

Die schwierige Einkommenslage von Familienhaushalten setzt sich im Bereich des prekären Wohlstands fort. Diese Einkommensgruppe zwischen 51 und 75 % des durchschnittlichen Haushaltsäquivalenzeinkommens ist sehr stark besetzt: Paar-Haushalte mit 1 Kind zu 26,2 %; Paar-Haushalte mit 2 Kindern zu 39,4 %; Paar-Haushalte mit 3 und mehr Kindern zu 39,2 %. Fasst man die beiden vorgenannten Einkommensgruppen zusammen und bezieht sie auf die Niedrigeinkommensschwelle von 75 %, dann errechnen sich für 1998 folgende Quoten für die alten Bundesländer: Paar-Haushalte mit 1 Kind: 34 %; Paar-Haushalt mit 2 Kindern: 52,4 %; Paar-Haushalte mit 3 und mehr Kindern: 63,9 %. Unterdurchschnittlich vertreten sind wiederum die Paar-Haushalte mit einem Kind; aber deutlich mehr als die Hälfte aller anderen hier aufgeführten Familienhaushalte muss mit einem bedarfsgewichteten Pro-Kopf-Einkommen von bis zu 75 % des durchschnittlichen Nettoäquivalenzeinkommens auskommen.

Tabelle 3.3–6: Armuts- und Niedrigeinkommensquoten in Familienhaushalten, Armutsgrenze 50 % und Niedrigeinkommensgrenze 75 %

Familienkonstellationen	1985		1988		1991		1994		1997		1998	
	< 50 %	< 75 %	< 50 %	< 75 %	< 50 %	< 75 %	< 50 %	< 75 %	< 50 %	< 75 %	< 50 %	< 75 %
Alte Bundesländer												
Ehepaar mit Kind/Kindern	14,6	46,7	13,7	47,1	10,6	47,8	10,8	46,1	11,9	48,9	13,4	49,1
Nicht verheiratetes Paar mit Kind/Kindern	11,1	44,9	13,8	26,9	26,2	64,2	22,0	51,3	18,5	53,4	20,6	45,2
Alleinerziehend: Getrennt/Geschieden	36,9	61,7	35,6	67,8	32,4	62,5	31,9	77,3	31,0	68,8	29,4	71,4
Alleinerziehend: Ledig	45,0	76,7	29,3	74,6	43,1	84,9	22,8	79,3	48,9	85,5	38,0	83,7
Alleinerziehend: Verwitwet	26,4	69,4	22,7	52,4	21,2	56,5	3,3	48,0	6,5	38,7	11,4	35,1
Neue Bundesländer												
Ehepaar mit Kind/Kindern					3,7	24,5	7,8	31,6	5,0	31,3	5,5	35,1
Nicht verheiratetes Paar mit Kind/Kindern					3,8	19,0	26,2	39,3	13,3	34,3	3,3	42,6
Alleinerziehend: Getrennt/Geschieden					22,3	46,8	19,2	59,2	22,3	68,6	7,1	51,2
Alleinerziehend: Ledig					4,7	45,6	38,0	53,9	29,1	52,5	17,4	44,6
Alleinerziehend: Verwitwet					()	()	()	()	()	()	()	()

Datenbasis SOEP. ( ) = Fallzahl 0–30; (X) = Fallzahl 31–50.

Die Ein-Eltern-Haushalte lassen sich nach unterschiedlichen Gruppen aufschlüsseln: Zu unterscheiden ist zwischen den getrennt Lebenden und Geschiedenen, den Ledigen und den Verwitweten. Sowohl hinsichtlich der Armutsgrenze 50 % als auch der Niedrigeinkommensgrenze 75 % sind die Ledigen (Mütter) mit ihren Kindern am schlechtesten gestellt: Sie weisen für 1998 in den alten Bundesländern Armutsquoten von 38 % bzw. Niedrigeinkommensquoten von 87,7 % aus (vgl. Tabelle 3.3–6). Als ebenfalls äußerst schwierig erweist sich die Einkommenslage von getrennt Lebenden und Geschiedenen. Hier lassen sich Quoten von 29,4 % und 71,4 % feststellen. Deutlich besser ist die Situation der Witwen mit minderjährigen Kindern mit einer Armutsquote von 11,4 % und einer Niedrigeinkommensquote von 35,1 %. Das im Schnitt höhere Alter der Kinder und der Anspruch auf sozialversicherungsrechtliche Unterhaltsersatzleistungen (Witwen- und Waisenrenten) schlagen sich hier entlastend nieder.

Alleinerziehende und ihre Kinder sind häufig mit der Situation konfrontiert, dass die Unterhaltsleistungen unzureichend sind oder gar nicht gezahlt werden. Die geringe Bedeutung der Unterhaltsleistungen für die Einkommenslage wird durch die Ergebnisse von Tabelle 3.3–7 bestätigt. Hier wird der Anteil der privaten Übertragungen (worunter überwiegend Unterhaltsleistungen fallen) am Jahreshaushaltseinkommen ausgewiesen. Für 1998 beläuft sich der Anteilswert für alle Ein-Eltern-Haushalte in den alten Bundesländern auf 8,2 %. Bei Geschiedenen und getrennt Lebenden liegt er erwartungsgemäß mit 10,5 % höher als bei Ledigen mit 7,8 %. Betrachtet man die Unterschiede zwischen den neuen und den alten Bundesländern, fällt ins Auge, dass die ostdeutschen Alleinerziehenden mit deutlich geringeren privaten Übertragungen rechnen können. Hier beträgt der Anteilswert für alle Ein-Eltern-Haushalte nur 3,6 % – mit leicht steigender Tendenz seit 1991. In den alten Bundesländern ist die Unterhaltsquote bei der Geschiedenen seit 1994 rückläufig, bei den Ledigen steigt sie hingegen an.

Tabelle 3.3–7: Private Übertragungen an Ein-Eltern-Haushalte in % des verfügbaren Jahreshaushaltseinkommens

	1985	1989	1991	1994	1997	1998
Alte Bundesländer						
Alle Ein-Eltern-Haushalte	6,0	5,7	7,7	10,4	8,9	8,2
Ein-Eineltern-Haushalte geschieden/getrennt lebend	9,0	9,2	10,8	15,1	12,3	10,5
Ein-Eineltern-Haushalte ledig	2,4	0,4	2,9	3,8	4,5	7,8
Neue Bundesländer						
Alle Ein-Eltern-Haushalte			2,0	2,6	2,9	3,6
Ein-Eineltern-Haushalte geschieden/getrennt lebend			1,2	3,4	3,3	3,5
Ein-Eineltern-Haushalte ledig			3,8	2,3	2,9	5,4

Datenbasis SOEP.

Was die Unterschiede zwischen Ost und West hinsichtlich der Armuts- und Niedrigeinkommensquoten betrifft, so lässt sich festhalten, dass in den neuen Ländern – gemessen am Einkommensniveau Ost (!) – nicht nur die allgemeine Betroffenheit, sondern auch die Betroffenheit der Familienhaushalte von einer relativ schlechten Einkommenslage sichtbar schwächer ausfällt als in den alten Bundesländern. Auffällig ist auch, dass die Paar-Haushalte mit Kindern im Osten leicht oberhalb des Durchschnittswertes liegen. Zwar muss auch in den neuen Ländern ein überproportional hoher Anteil der Haushalte von Alleinerziehenden mit einer schlechten Einkommenslage rechnen; doch im Unterschied zum Westen erweist sich das Einkommensrisiko als weniger stark ausgeprägt.

Verfolgt man die Ergebnisse der Tabellen 3–3.5 und 3–3.6 über den vom SOEP erfassten Zeitraum, dann lässt sich – bei allen Schwankungen im Einzelnen – im Ergebnis eine weitgehende Konstanz der Armuts- und Niedrigeinkommensquoten feststellen. Abbildung 3–3.3 demonstriert die Entwicklung der Armutsquoten für Paar-Haushalte mit 1 Kind, für Paar-Haushalte mit 3 Kindern und für Ein-Eltern-Haushalte zwischen 1985 und 1998 (alte Bundesländer). Ein Anstieg von Familienarmut ist nicht zu konstatieren. Im Einzelnen lassen sich folgende Feststellungen treffen: Paare mit 3 und mehr Kindern haben ihre Position bis Anfang der 90er-Jahre schrittweise verbessern können, seit 1993 deutet sich aber wieder eine Verschlechterung an. Paar-Haushalte mit 1 Kind bewegen sich in ihrer Armutsquoten weitgehend parallel zu der Armutsquote aller Haushalte. Demgegenüber schwankt die Armutsquote der Ein-Eltern-Haushalte stark, doch die Ausschläge pendeln um die 35 %-Marke herum. Wesentlich gleichförmiger entwickelt sich für diesen Familientyp die 75 %-Niedrigeinkommensquote (vgl. Tabelle 3.3–5), was darauf hindeutet, dass hier Ausschläge bei der Armutsbetroffenheit im Bereich des «prekären Wohlstands» abgepuffert werden. Immerhin fallen im Schnitt der Jahre zwischen 35 und 40 % der Alleinerziehendenhaushalte in das Einkommenssegment «50 % bis 75 % des Durchschnitts».

Diese Befunde stehen im offensichtlichen Widerspruch zu der vorne beschriebenen Entwicklung bei der Sozialhilfe, für die der Anstieg der Empfängerquoten (bezogen auf Kinder und Alleinerziehenden-Haushalte) typisch ist. Eine Erklärung für diese gegenläufige Entwicklung könnte darin liegen, dass im Verlauf der zurückliegenden Jahre immer mehr Familien auf Hilfe zum Lebensunterhalt zurückgreifen mussten, um das Existenzminimum zu erreichen und dass zugleich die Quote der nicht in Anspruch

Abbildung 3.3–3: Armutsquoten von Familienhaushalten 1985–1998, alte Bundesländer

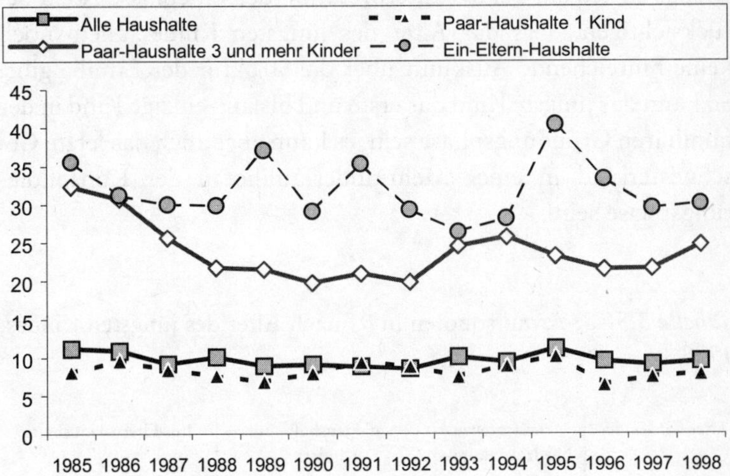

genommenen Sozialhilfe zurückgegangen ist. Darüber hinaus bleibt zu berücksichtigen, dass das sozialhilferechtliche Existenzminimum (Bedarfsniveau) für Alleinerziehende und ihre Kinder höher als die Armutsschwelle liegt, die sich aus der 50 %-Grenze des durchschnittlichen Haushaltseinkommens errechnet (vgl. dazu Kapitel 2.8).

Die Auswertung soll durch Befunde über die Auswirkung von Zahl und Lebensalter der Kinder auf die Armutsbetroffenheit ergänzt werden: Das Lebensalter der Kinder (Tabelle 3.3–8) – hier definiert als das Alter des jüngsten Kindes – hat bei Paar-Haushalten wie bei Ein-Eltern-Haushalten in den alten Bundesländern hinsichtlich der 50 %-Grenze eine sichtbare Bedeutung für die Höhe der Armuts- und Niedrigeinkommensquoten: Je niedriger das Alter des jüngsten Kindes, umso höher liegen die Anteilswerte. Dies trifft auch auf die neuen Bundesländer zu, allerdings zeigt sich hier, dass die Anteilswerte bei der höchsten Altersstufe wieder ansteigen. Bei der Interpretation der Ergebnisse ist zu berücksichtigen, dass das Alter des jüngsten Kindes allein noch keine hinreichende Auskunft über die Struktur der Familie gibt: So kann das jüngste Kind das erste und bislang einzige Kind in der familiären Gründungsphase sein, es kann aber auch das letzte Geschwisterkind in einer Mehrkinderfamilie in der Konsolidierungsphase sein.

Tabelle 3.3–8: Armutsquoten in % nach Alter des jüngsten Kindes, 1998

Alter der Kinder	Armutsgrenze Niedrigeinkommensgrenze	Paar-Haushalte mit Kindern		Ein-Eltern-Haushalte	
		Alte Bundesländer	Neue Bundesländer	Alte Bundesländer	Neue Bundesländer
0–6 Jahre	< 50 %	15,3	7,4	30,7	(26,4)
	< 75 %	54,4	48,1	74,2	(61,1)
7–14 Jahre	< 50 %	13,0	2,9	29,0	8,6
	< 75 %	45,3	29,4	64,5	54,0
15–18 Jahre	< 50 %	10,7	7,7	22,4	(10,5)
	< 75 %	41,5	34,5	64,7	(36,7)

Datenbasis SOEP. ( ) = Fallzahl 0–30; (X) = Fallzahl 31–50.

Wie bereits vermutet, erweist sich die Zahl der Kinder als ein signifikanter Faktor für das Risiko von Familienhaushalten, mit dem verfügbaren Einkommen unter die Armutsgrenze zu sinken. Tabelle 3.3–9 bestätigt die schon mehrfach dargestellten Ergebnisse, dass kinderreiche Familien in besonderem Maße armutsgefährdet sind.

Tabelle 3.3–9: Armutsquoten in % nach Zahl der Kinder, 1998

Alter der Kinder	Armutsgrenze Niedrigeinkommensgrenze	Paar-Haushalte mit Kindern		Ein-Eltern-Haushalte	
		Alte Bundesländer	Neue Bundesländer	Alte Bundesländer	Neue Bundesländer
1 Kind	< 50 %	7,8	3,5	28,1	6,3
	< 75 %	35,1	25,3	66,2	38,8
2 Kinder	< 50 %	13,0	3,6	24,8	7,7
	< 75 %	53,7	37,2	75,8	57,3
3 und mehr	< 50 %	24,7	22,7	44,5	(45,6)
Kinder	< 75 %	63,8	66,2	74,4	(79,9)

Datenbasis SOEP. ( ) = Fallzahl 0–30; (X) = Fallzahl 31–50.

3.3.6.4 Familienhaushalte und Erwerbsbeteiligung

Abschließend wollen wir noch einmal darauf zurückkommen, dass der Grad der Erwerbsbeteiligung der Familienmitglieder ein zentraler Faktor für die Höhe des Armutsrisikos in Familienhaushalten ist. Tabelle 3.3–10 demonstriert, dass in Paar-Haushalten mit Kindern die Armutsbetroffenheit sehr gering ist, wenn beide Partner erwerbstätig sind. 1998 lag die Quote in den alten Bundesländern bei 3,7 %. Das Risiko steigt sprunghaft an, wenn ein Partner nicht erwerbstätig ist – sei es wegen Arbeitslosigkeit, Erwerbsunterbrechung oder Erwerbsaufgabe. So unterschreiten 18,8 % aller Personen, die in Alleinverdiener-Haushalten mit Kindern leben, mit ihrem bedarfsgewichteten Einkommen die 50 %-Schwelle. Noch größer ist das Problem, wenn beide Partner nicht erwerbstätig sind. In diesem Fall wird die Armutsgrenze zu 41,8 unterschritten.

Wichtig erscheint uns der Hinweis, dass die Armutsquote in Haushalten von erwerbstätigen Alleinerziehenden mit 15,1 % (1998, alte Bundesländer) niedriger ausfällt als die Armutsquote in Alleinverdiener-Paar-Haushalten (18,8 %). Bei diesen Befunden darf allerdings nicht vergessen werden, dass die Konstellation der Erwerbstätigkeit beider Partner eng mit der Zahl der Kinder verknüpft ist. Bei nur einem Kind fällt es der Frau leichter, erwerbstätig zu bleiben, und der zusätzliche Bedarf ist begrenzt. Bei

Tabelle 3.3–10: Armuts- und Niedrigeinkommensquoten in Familienhaushalten nach Erwerbsbeteilung

	Armutsquote 50 %						Niedrigeinkommensquote 50 %					
	1985	1998	1991	1994	1997	1998	1985	1988	1991	1994	1997	1998
Alte Bundesländer												
Ein-Eltern-Haushalte												
– erwerbstätig	21,0	17,7	18,4	7,9	16,5	15,1	51,9	52,7	54,1	61,4	55,9	53,6
– nicht erwerbstätig	48,8	56,7	53,7	51,0	55,2	44,5	80,3	86,7	80,8	89,0	86,9	86,2
Paar-Haushalte mit Kindern												
A: erwerbstätig B: erwerbstätig	6,3	7,3	4,8	3,6	2,9	3,7	29,9	34,1	35,4	20,5	31,3	29,6
A: erwerbstätig B: nicht erwerbstätig	16,7	13,3	14,6	13,7	16,6	18,8	55,0	51,6	57,6	57,6	59,5	61,3
A: nicht erwerbstätig B: nicht erwerbstätig	54,8	64,1	54,6	45,7	44,3	41,8	84,0	93,0	99,6	89,0	96,6	85,1
Neue Bundesländer												
Ein-Eltern-Haushalte												
– erwerbstätig			8,9	10,8	13,8	3,9			36,3	33,4	46,6	31,3
– nicht erwerbstätig			46,8	49,6	42,9	26,0			85,7	90,7	87,6	84,1
Paar-Haushalte mit Kindern												
A: erwerbstätig B: erwerbstätig			2,7	4,1	1,5	1,6			17,1	15,1	14,8	14,5
A: erwerbstätig B: nicht erwerbstätig			4,1	10,6	9,5	7,3			38,1	51,3	52,0	57,4
A: nicht erwerbstätig B: nicht erwerbstätig			26,5	59,6	34,1	18,2			55,1	98,6	92,8	85,1

Datenbasis SOEP. ( ) = Fallzahl 0–30; (X) = Fallzahl 31–50.

mehreren Kindern ist Erwerbstätigkeit schwieriger, zugleich wird das begrenzte Einkommen durch mehrere Personen geteilt. Diese Wechselwirkungen sind ein wichtiger Erklärungsfaktor für die hohen Unterschiede bei den Armutsquoten von Einverdiener-Paar-Haushalten und Zweiverdiener-Paar-Haushalten.

Tabelle 3.3 – 11 gibt einen Überblick über die Erwerbskonstellationen in Familienhaushalten. Unterschieden wird auch hier, ob der Partner erwerbstätig ist oder nicht. Hinzu kommt als weitere Information eine Differenzierung der Erwerbsformen. Unterschieden wird zwischen «Normalarbeitsverhältnissen» (NAB) (vgl. Kap. 3.1), sonstiger abhängiger Beschäftigung (SAB) (darunter vor allem Teilzeitarbeit), selbständiger Tätigkeit (SEL) und Nichterwerbstätigkeit (NEW). Folgende Befunde können festgehalten werden: Während für Paar-Haushalte ohne Kinder die Erwerbstätigkeit von Mann und Frau typisch ist – zu mehr als der Hälfte befinden sich beide Partner in einem Normalarbeitsverhältnis – und so Armut weitgehend vermieden werden kann, trifft genau dies für Familienhaushalte nicht zu. 1997 gab es im alten Bundesgebiet nur eine kleine und mit wachsender Kinderzahl rückläufige Gruppe von Eltern, bei denen beide in Normalarbeitsverhältnissen beschäftigt waren. Typisch ist vielmehr die Kombination, dass ein Partner – in aller Regel ist dies der Mann – im Normalarbeitsverhältnis beschäftigt ist, während der andere Partner – üblicherweise die Frau – sich in einer «sonstigen abhängigen Beschäftigung» findet. Dies trifft – wiederum abgestuft nach der Zahl der Kinder – für ein Drittel bis ein Viertel der Fälle zu. Noch stärker vertreten ist jedoch die «klassische» Konstellation, bei der der Mann in einem Normalarbeitsverhältnis beschäftigt ist, die Frau nicht erwerbstätig, arbeitslos oder im Erziehungsurlaub ist. Bei Ehepaar-Haushalten mit Kindern beispielsweise deckt diese Konstellation mehr als ein Drittel (37,4 %) der entsprechenden Haushalte ab.

Tabelle 3.3–11: Personen in ausgewählten Haushaltstypen nach Erwerbskonstellation 1997:

	Single HH < 45 Jahre	Paar-HH < 45 Jahre	Paar-Haushalte mit Kindern				Ein-Eltern-HH	
			1	2	3 und mehr	Paar-HH mit Kind/Kindern	alle	geschieden
Alte Bundesländer								
Allein stehend								
NAB	64,9						28,8	29,6
SAB	5,1						27,4	30,3
SEL	8,9						8,6	(5,0)
SON + NEW	21,1						34,3	35,1
Paar-Haushalte								
A: NAB B: NAB		52,0	10,9	4,7	2,1	6,5		
A: NAB B: SAB		10,6	29,4	36,3	23,5	30,4		
A: NAB B: SEL		5,5	6,1	8,1	4,3	6,4		
A: NAB B: NEW		17,6	33,4	36,3	46,7	37,4		
A: SAB B: SAB		( )	( )	( )	( )	( )		
A: SAB B: SEL		1,5	5,8	2,6	2,0	3,4		
A: SAB B: NEW		2,8	2,3	2,7	8,7	4,0		
A: SEL B: SEL		3,7	2,3	2,4	3,3	2,5		
A: SEL B: NEW		2,5	3,3	2,8	4,0	3,3		
	100	100	100	100	100	100	100	100
Neue Bundesländer								
Allein stehend								
NAB	61,6						37,9	29,1
SAB	4,3						16,1	14,3

	Single HH < 45 Jahre	Paar-HH < 45 Jahre	Paar-Haushalte mit Kindern				Ein-Eltern-HH	
			1	2	3 und mehr	Paar-HH mit Kind/ Kindern	alle	geschieden
SEL	6,4						10,3	11,1
NEW	27,8						35,8	45,4
Paar-Haushalte								
A: NAB B: NAB		40,1	39,2	29,8	11,2	32,2		
A: NAB B: SAB		10,6	15,4	16,6	10,9	15,6		
A: NAB B: SEL		3,4	6,8	5,8	6,2	6,3		
A: NAB B: NEW		31.4	24,0	32,4	44,7	30,5		
A: SAB B: SAB		( )	( )	( )	( )	( )		
A: SAB B. SEL		2,9	1,8	2,9	3,6	2,7		
A: SAB B: NEW		1,5	1,5	1,3	7,6	1,3		
A: SEL B: SEL		(-)	3,0	3,8	(-)	2,3		
A: SEL B: NEW		4,0	3,7	1,9	1,5	2,4		
	100	100	100	100	100	100	100	100

Datenbasis SOEP. ( ) = Fallzahl 0–30; (X) = Fallzahl 31–50.

Wie zu erwarten, sind Mütter in Ein-Eltern-Haushalten in einem deutlich höheren Maße erwerbstätig als Mütter in Paar-Haushalten. Im Vergleich zu Single-Haushalten ohne Kinder ist jedoch die Besetzung eines Normalarbeitsverhältnisses gering, die Besetzung einer sonstigen abhängigen Beschäftigung – dies dürften vor allem Teilzeitarbeitsverhältnisse sein – hoch.

Bei der Analyse der Erwerbskonstellation in den neuen Ländern wird sichtbar, dass dort die Beschäftigung beider Elternteile in einem Normalarbeitsverhältnis stark ausgeprägt ist. Weniger häufig vertreten ist die Konstellation NAB/SAB. Auch die Alleinerziehenden sind in den neuen Ländern häufiger in einem Normalarbeitsverhältnis beschäftigt.

Zu vergleichbaren Ergebnissen führen unsere Auswertungen des SOEP (die hier nicht tabellarisch wiedergegeben werden), die die Erwerbskonstellationen nach den Arbeitszeiten aufschlüsseln. In den alten Bundesländern kommt es bei den Familienhaushalten nur selten vor, dass beide (Ehe-)Partner vollzeitig, d. h. mehr als 34 Stunden arbeiten. Von den Ehepaar-Haushalten mit minderjährigen Kindern sind dies gerade einmal 13,9 %. Der «Normalfall» ist vielmehr, dass ein Partner vollzeitig beschäftigt ist, der andere Partner, der vor allem für die Kindererziehung zuständig ist, eine Teilzeitbeschäftigung zwischen 1 und 15 Stunden oder zwischen 16 und 34 Stunden ausübt. Die Abweichungen in den neuen Ländern sind beträchtlich: So sind in Ostdeutschland nahezu 50 % der Ehepartner in Haushalten mit minderjährigen Kindern vollzeitig beschäftigt.

Unsere vorstehenden Auswertungen über die Erwerbskonstellation haben die Kategorien «nicht erwerbstätig» nicht näher aufgeschlüsselt. Nicht erwerbstätig sind aber nicht nur die Personen, die wegen der Kindererziehung (vorübergehend) aus dem Arbeitsmarkt ausgeschieden sind, sondern auch Arbeitslose. Wir verweisen hier noch einmal auf Kapitel 3.2, das herausgestellt hat, wie häufig gerade in Familienhaushalten Arbeitslosigkeit zu einer Armutsposition führt. Immerhin leben 1998 (alte Bundesländer) nahezu zwei Drittel aller Personen, die sich in Arbeitslosenhaushalten insgesamt befinden, in Haushalten mit Kindern, so 40,7 % in Paar-Haushalten mit minderjährigen Kindern, 3,7 % in Ein-Eltern-Haushalten und 18,8 % in Paar-Haushalten mit erwachsenen Kindern. Die Armutsquoten in diesen Arbeitslosenhaushalten mit Kindern liegen hoch: 48 % bei Paar-Haushalten mit minderjährigen Kindern und 33,8 % bei Ein-Eltern-Haushalten.

3.3.7 Sozialpolitische Schlussfolgerungen

Unsere Ausführungen haben gezeigt, dass das Risiko, in eine Armutslage zu geraten, im hohen Maße von der Haushaltskonstellation und vom Lebensalter abhängt. Das Zusammenleben mit Kindern stellt Haushalte vor große Probleme. Durch die Vergrößerung des Haushalts erhöht sich der Bedarf, zugleich ist aber nicht sichergestellt, dass das verfügbare Haushaltseinkommen mit dem Bedarf Schritt hält. Da die Versorgung und Erziehung der Kinder zu einem erheblichen Arbeits- und Zeitaufwand führt, werden die Möglichkeiten des Haushalts, erwerbstätig zu sein und Erwerbseinkommen zu erzielen, beschränkt. Dieses Zusammentreffen von steigenden Bedarfen, aber wegen der Versorgungs- und Erziehungsverpflichtungen rückläufigen finanziellen Ressourcen belastet zwei Familientypen in besonderer Weise, nämlich kinderreiche Familien und Ein-Eltern-Familien. Wenn mehrere Kinder zu versorgen und die Kinder noch jung sind, klafft aufgrund der faktischen Unmöglichkeit, das Haushaltseinkommen durch die durchgängige Vollzeiterwerbstätigkeit beider Elternteile auf ein ausreichend hohes Niveau zu bringen, die Schere zwischen den hohen Ausgaben eines großen Haushalts und den Einnahmen weit auf. Ein-Eltern-Familien wiederum leiden darunter, dass sich die Anforderungen und Risiken der Einkommenserzielung und die Aufgaben der Erziehungs- und Hausarbeit auf dieselbe Person konzentrieren.

Die außerordentlich hohen Armutsrisiken von kinderreichen Paar-Familien und von Ein-Eltern-Familien sind ein alarmierendes Signal für einen Sozialstaat, bei dem der Schutz und die Förderung von Familien und Kindern eine besondere Bedeutung hat. Soll die bestehende Armut in Familien abgebaut und das Entstehen neuer Armut vermieden werden, ist die Sozial- und Familienpolitik zu gegensteuernden Maßnahmen aufgefordert. Dabei geht es nicht nur um die Reform eines Elements wie des Familienleistungsausgleichs. Eine Politik zur Förderung von Familien, von Familien in Armutslagen oder armutsnahen Einkommenslagen im Besonderen ist eine Aufgabe, die unterschiedliche Bereiche der Politik und der Gesellschaft berührt. Es kommt auf ein ganzes Bündel aufeinander abgestimmter Maßnahmen an, die an dieser Stelle lediglich skizziert werden können:

– Der Familienleistungsausgleich sollte so gestaltet werden, dass ein Haushalt nicht mehr durch den Unterhalt von Kindern in eine Armutslage fällt und auf Sozialhilfe angewiesen ist. Dies bedeutet, dass bei der vom Bundesverfassungsgericht eingeforderten Berücksichtigung des Erziehungs- und Betreuungsbedarfs nicht der Aspekt des horizontalen Ausgleichs und der Steuergerechtigkeit in den Vordergrund gestellt werden darf. Von höheren steuerlichen Freibeträgen haben Eltern wenig, die keine oder nur geringe Steuern zahlen. Noch ärger trifft es Familien in der Sozialhilfe, weil das sozialhilferechtliche Bedarfsniveau für Kinder ausdrücklich auf den existenziellen Sachbedarf beschränkt ist und den Betreuungs- und Erziehungsbedarf unberücksichtigt lässt. Geboten ist deshalb, dass die zweite Stufe der Reform des Familienleistungsausgleichs auf die Bedarfsgerechtigkeit und den vertikalen Ausgleich ausgerichtet wird. Dazu ist es notwendig, das Kindergeld so zu gestalten, dass es im unteren Einkommensbereich bedarfsdeckend ist und den Rückgriff auf die Sozialhilfe ersetzt. Das würde voraussetzen, das Kindergeld nicht mehr ausschließlich als Pauschalbetrag zu zahlen, sondern im unteren Einkommensbereich bis zur Übernahme des vollen Kinderexistenzminimums aufzustocken. Denkbar wäre auch die Einführung eines einkommensabhängigen Zusatzkindergeldes. Das (Gesamt-)Kindergeld und der Regelsatz der Hilfe zum Lebensunterhalt für Kinder wären dann identisch, mit steigendem Haushaltseinkommen würde das Kindergeld bis zum Sockelbetrag abgeschmolzen. Bei einer solchen degressiven Ausgestaltung des Kindergelds bleibt allerdings zu bedenken, dass die gleitende Absenkung der Zahlbeträge zu einer Kindergeldaufstockung bis in die stark besetzten mittleren Einkommensgruppen führt, damit kostenaufwendig ist und wohl nur schrittweise erreicht werden kann.

- Bei der Reform des allgemeinen Familienleistungsausgleichs sollten die speziellen Leistungen für Familien und Kinder mit berücksichtigt und stärker bedarfsorientiert ausgerichtet werden. Das betrifft u. a. die Ausbildungsförderung, das Wohngeld, die Spar- und Wohneigentumsförderung sowie die vorgesehenen Fördermaßnahmen zum Ausbau einer privaten Altersvorsorge.
- Wenn eine weitere Anhebung des Kindergelds angesichts angespannter öffentlicher Kassen nur schwer zu finanzieren ist, sollte überlegt werden, ob die Eheförderung durch das steuerliche Splitting-Verfahren korrigiert werden kann, um das Steuermehraufkommen für eine stärkere Anhebung des Kindergelds einzusetzen. Ein grundsätzlicher Schritt wäre, auf das bisherige Splitting-Verfahren bei der Besteuerung von Ehegatten ganz zu verzichten und zur Individualbesteuerung überzugehen, dabei allerdings einen Freibetrag für die Unterhaltsleistungen zwischen den Ehepartnern zu berücksichtigen (Realsplitting). Das Problem solch einer «sauberen» Lösung ist, dass das Splitting-Verfahren derzeit nicht nur Kinderlose stützt (der Anteil der reinen Hausfrauenehen dürfte eher rückläufig sein), sondern auch Familien mit Kindern oder pflegebedürftigen Angehörigen, in denen die Frauen nicht erwerbstätig sind, bzw. jene Familien, bei denen Frauen nach Beendigung der Familienphase nicht mehr in die Berufstätigkeit zurückfinden. Eine Abschaffung des Splittings würde hier zu empfindlichen Einkommenseinbußen führen und wäre nur durchführbar, wenn uno actu Kindergeld und Erziehungsgeld erhöht würden. Eine Lösung könnte darin bestehen, den Splitting-Vorteil in Höhe und personeller Reichweite zu begrenzen, etwa durch die Festlegung einer Maximal-

Entlastung und/oder durch eine Differenzierung des Splittingfaktors nach Familienstand und Kinderzahl (Ausschluss der Kinderlosen oder volle Wirksamkeit nur bei unterhaltspflichtigen Kindern).

– Es ist an der Zeit, die Unterbrechung oder Einschränkung der Erwerbstätigkeit wegen Kindererziehung als soziales Risiko anzuerkennen und den anderen sozialstaatlich abgesicherten Risiken bei der Einkommenserzielung anzugleichen. Das Erziehungsgeld erfüllt diesen Auftrag nur unzureichend. Die beschlossene Reform des Erziehungsgelds bringt zwar wichtige Fortschritte, insbesondere bei der Regelung des Erziehungsurlaubs, aber bei der Höhe der Leistungen erfolgen keine nennenswerten Verbesserungen. Eine Aufstockung des Erziehungsgelds ist deshalb geboten, um zumindest den Realwert wieder herzustellen, der 1986 mit dem bis heute gültigen Förderungsbetrag von 600 DM verbunden war. Ein darüber hinaus reichendes Vorhaben könnte sein, die Höhe des Erziehungsgelds bei Erwerbsunterbrechung oder teilzeitbedingter Einkommensminderung als Lohnersatz auszugestalten. Die Einführung eines pauschalen Erziehungsgehalts hingegen (vgl. dazu Wingen 2000; Leipert/Opielka 1998), das bis zum Schulalter der Kinder bezogen werden kann, mit dem Erziehungsarbeit generell honoriert und mit Erwerbsarbeit gleichgestellt wird, ist ein rückwärts gewandter Schritt. Ein solches Erziehungsgehalt festigt das traditionelle Familienbild mit der Option, finanziell und sozial abgesichert Familien- und Erziehungsarbeit zu leisten, statt erwerbstätig zu sein. Die Gefahr einer dauerhaften Verdrängung der Mütter vom Arbeitsmarkt liegt auf der Hand, da eine berufliche Wiedereingliederung nach einer langen Familientätigkeit schwer, wenn nicht unmöglich ist. Das wäre ein gleichstellungs- und arbeitsmarktpolitischer Rückschritt und würde die Armutsrisiken von Frauen vergrößern.

- Die Möglichkeit, Erwerbtätigkeit und Kindererziehung miteinander zu vereinbaren, ist eine grundlegende Voraussetzung zur Vermeidung von Armut in Familienhaushalten. Dies trifft insbesondere auf Alleinerziehende zu. Allerdings ist die stärkere Erwerbsbeteiligung von Müttern an Voraussetzungen gebunden. Es bedarf eines verlässlichen, qualitativ hochwertigen und kontinuierlichen Angebots an familienergänzenden Diensten und Einrichtungen zur Betreuung und Erziehung der Kinder. Auch nach der Geburt von Kindern erwerbstätig bleiben zu können und sich beruflich fortzuentwickeln setzt zwingend voraus, für alle Altersgruppen, also auch für Kinder im Krippen- wie im Schulalter, ein bedarfsgerechtes Angebot an Tageseinrichtungen mit arbeitszeitangepassten Öffnungszeiten bereitzustellen.
- Die hier skizzierten Reformschritte können sicherlich nur schrittweise realisiert werden. Solange sie ihre Wirkungen nicht entfalten, bleibt die Sozialhilfe ein zentrales Element im System der sozialen Sicherung, besonders für Familien. An der gegenwärtigen familien- und kindorientierten Ausrichtung der Hilfe zum Lebensunterhalt sollte deshalb nicht gerüttelt werden. Für die von den Sozialhilfeträgern immer wieder diskutierte Absenkung der anteiligen Regelsätze bei großen Familien erkennen wir keine sachliche Begründung. Auf der anderen Seite ist die Regelung, die Erhöhung des Kindergelds für das erste und zweite Kind ab 2000 um 20 DM nicht auf die Hilfe zum Lebensunterhalt anzurechnen, problematisch. Systematischer und für die Familien verlässlicher wäre es, die Regelsatzproportionen für Kinder zu verbessern.
- Für viele Alleinerziehende stellt die Sozialhilfe derzeit eine wichtige finanzielle Überbrückungsmöglichkeit dar, solange sie nicht erwerbstätig sein können und die Unterhaltsleistungen nicht oder nicht ausreichend erfolgen. Um die Abhängigkeit der Betroffenen von der Sozialhilfe zu verringern und zeitlich zu be-

grenzen, sollte der Unterhaltsvorschuss verbessert und zugleich der Rückgriff auf nicht zahlungswillige Unterhaltsverpflichtete verstärkt werden. Zentrale Aufgabe bleibt jedoch, es Alleinerziehenden zu erleichtern, bereits dann eine Erwerbstätigkeit auszuüben, wenn die Kinder noch klein sind. Dabei geht es allerdings nicht darum, die Erwerbsaufnahme durch eine restriktive Leistungspraxis bei der Sozialhilfe zu «erzwingen». Vielmehr sind die Sozialhilfeträger wie die Arbeitsämter aufgefordert, ihre Angebote der Hilfe zur Arbeit stärker an den Lebensbedingungen der Alleinerziehenden auszurichten.

- Die Einkommens- und Versorgungslage von Familien mit Kindern wird neben der finanziellen Ausstattung auch durch Einrichtungen, Dienste und Leistungen bestimmt, vor allem in den Bereichen Gesundheit, Bildung und Erziehung, Freizeit, Kultur und Sport. Der kostenlose Zugang zu den Bildungs- und Gesundheitsleistungen und zu den Angeboten der Jugendhilfe ist insbesondere für einkommensschwache Familien ein wichtiger Faktor bei der Stabilisierung ihrer Versorgungslage. Deshalb ist es gerade aus armutspolitischer Sicht bedenklich, wenn diese Bereiche privatisiert und über Gebühren finanziert würden. Die öffentliche Debatte bewegt sich in diese Richtung.
- Armut ist mehr als Einkommensarmut. Allein durch eine finanzielle Besserstellung, so grundlegend sie ist, lassen sich die Gefährdungen und Schwierigkeiten vieler Betroffener nicht lösen. Das gilt insbesondere für die Armutslagen von Familien bzw. für die Lebensbedingungen von Kindern in diesen Familien. Soll soziale Ausgrenzung von armen Eltern und ihren Kindern vermieden, die Integration in die Gesellschaft sichergestellt und der Anspruch auf Chancengleichheit nicht aufgegeben werden, muss die Politik zugleich auf die Verbesserung von Wohnung und Wohnumfeld sowie von Schul- und Bildungsangeboten abstellen und gruppen- und stadtteilbezogene Fördermaßnahmen und Hilfestellungen entwickeln.

3.4. Behinderte Menschen in Armut

3.4.1 Problemstellung

In einer auf das Arbeitsleben orientierten Gesellschaft wie der deutschen sind Menschen, die nur eingeschränkt am Arbeitsmarkt teilhaben, von sozialer Ausgrenzung und Armut bedroht. Insbesondere für Menschen, die aufgrund des Zusammentreffens von gesundheitlichen Beeinträchtigungen (Pflegebedürftigkeit, chronischen Krankheiten oder Behinderung) und den bestehenden ökonomischen Verhältnissen keinen Zugang zum Arbeitsmarkt finden, besteht die Gefahr, nur eingeschränkt am gesellschaftlichen Leben teilhaben zu können. Dennoch sind Angaben zur materiellen und sozialen Lage von «gesundheitlich beeinträchtigten» Personen angesichts der großen Heterogenität dieses Personenkreises sozialpolitisch im Allgemeinen nur wenig aussagekräftig, da die Ausgrenzungsrisiken je nach Art der gesundheitlichen Beeinträchtigung differieren und im Hinblick auf die Einkommenssicherung völlig verschiedene Sicherungssysteme mit unterschiedlichen Wirkungsgraden greifen. Auch wenn zwischen diesen Gruppen große personelle Überschneidungen bestehen, wird in diesem Kapitel exemplarisch nur eine dieser Gruppen, und zwar die der Menschen mit Behinderung, behandelt.

Theoretisch wurde innerhalb der verschiedenen Fachdisziplinen die soziale Ausgrenzung von behinderten Menschen immer wieder thematisiert (vgl. z. B. Cloerkes 1985; Deppe 1994). Schon Anfang der 70er-Jahre formulierte der Behindertenpädagoge Jantzen die These, dass Behinderung und Armut eng miteinander verflochten sind und in einem wechselseitigen Wirkungszusammenhang stehen (Jantzen 1974, S. 127). Empirisch liegen jedoch für die Bundesrepublik bisher keine repräsentativen Studien zur Armut von behinderten Menschen vor. Zwar gehen neuere Untersuchungen auf die finanzielle Situation von Teilgruppen behinderter Menschen ein (vgl. zu Familien mit behinderten Kindern: Häußler/Bormann 1997; zu behinderten Frauen: Eiermann/Häußler/Helfferich; zu behinderten Personen in Einrichtungen: Wacker/Wetzler/Metzler/Hornung 1998; zu behinderten Menschen in den neuen Bundesländern: Winkler/Liebscher/Wille 1999), dabei wurden aber meist individuelle Einkommen oder ungewichtete Haushaltseinkommen zugrunde gelegt. Da Armut- oder Niedrigeinkommensquoten sinnvollerweise aber nur auf der Basis bedarfsgewichteter Haushaltseinkommen ausgewiesen werden, können aus diesen Untersuchungen keine Rückschlüsse auf Armut gezogen werden. Auch im vierten Bericht der Bundesregierung zur Lage der Behinderten und zur Entwicklung der Rehabilitation finden sich keine empirischen Daten zur Einkommensverteilung und Einkommensarmut von behinderten Menschen. Eine Ausnahme bildet hier die Untersuchung von Hackenberg/Tillmann zur Lebenslage behinderten Menschen in den neuen Bundesländern (vgl. Hackenberg/Tillmann 1997). Auf Basis des SOEP wurde der Einfluss gesundheitlicher Beeinträchtigungen auf das Haushaltsäquivalenzeinkommen untersucht. Der untere Einkommensbereich, sprich Einkommensarmut und Niedrigeinkommen, wurde aber nicht weiter betrachtet.

Das bestehende empirische Forschungsdefizit in Bezug auf Armut lässt sich auch darauf zurückführen, dass in amtlichen Erhebungen das Merkmal Behinderung nur unzureichend erfasst (Mikrozensus) oder die Einkommenssituation der Behinderten nicht erhoben wird (Schwerbehindertenstatistik). Auch die Aggregation dieser Statistiken ist aufgrund unterschiedlicher Abgrenzungskriterien für Behinderung nicht möglich (vg. Busch/Pfaff 1996, S. 435).

Die im Folgenden vorgestellte Untersuchung zur Einkommenssituation von behinderten Menschen versucht, diese Lücke zu schließen. In einem ersten Schritt soll auf den Begriff der Behinderung eingegangen werden. Dazu werden die international anerkannte WHO-Klassifikation von Behinderung (ICIDH) und die amtliche Erfassung von behinderten Menschen in Deutschland dargestellt und diskutiert. In einem zweiten Schritt werden ein kurzer Überblick über die zentralen Einkommensrisiken von behinderten Menschen gegeben sowie Risiken in anderen Lebensbereichen und ihre Wechselwirkung mit dem Einkommen skizziert. Im dritten Schritt werden die derzeitigen Rechte von behinderten Menschen sowie die Leistungen für sie dargestellt. Dabei werden neben dem Rehabilitationssystem die im Zusammenhang mit Armut besonders wichtigen Schutzmaßnahmen auf dem Arbeitsmarkt und die staatlichen Transfers an behinderte Menschen vorgestellt. Vor diesem Hintergrund werden im vierten Schritt empirische Analysen zur Einkommenslage behinderter Menschen im Alter ab 16 Jahren in privaten Haushalten vorgestellt. Die auf Auswertungen des SOEP basierende Untersuchung stellt die materielle Lage im Haushaltskontext dar. Neben der zeitpunkt- und zeitraumbezogenen Betrachtung der Einkommenssituation werden auch gesonderte Armuts- und Niedrigeinkommensquoten unter Berücksichtigung von Aufwandspauschalen ausgewiesen. Diese empirischen Ergebnisse werden durch Exkurse zur materiellen Sicherung von behinderten Kindern und Jugendlichen sowie von behinderten Menschen in Einrichtungen ergänzt. Abschließend werden – ausgehend von den empirischen Befunden – sozialpolitische Forderungen zur Verbesserung der sozioökonomischen Situation von behinderten Menschen skizziert.

3.4.2 Was ist Behinderung?

Im Alltagsverständnis werden Behinderte häufig mit Rollstuhlfahrern, Blinden oder Menschen mit Down-Syndrom assoziiert. Die Gruppe der in Deutschland offiziell als «behindert» geltenden Menschen ist jedoch viel heterogener. So finden sich unter den 6,6 Millionen als schwer behindert registrierten Personen z. B. ein 70-jähriger wohlhabender Pensionär, der kürzlich ein künstliches Hüftgelenk eingesetzt bekommen hat, eine 55-jährige aufgrund eines Herzklappenfehlers chronisch kranke Arbeitslose, aber auch ein 10-jähriges Mädchen mit Down-Syndrom oder ein 45-jähriger Arbeiter, dem nach einem Arbeitsunfall ein Arm amputiert werden musste. Was diese Menschen gemeinsam haben, ist eine amtlich anerkannte Behinderung (vgl. Wahl 1998, S. 86 ff.). In diesem Abschnitt soll verdeutlicht werden, was unter Behinderung zu verstehen ist und wer in Deutschland als (schwer-)behindert amtlich erfasst wird.

Eine allgemein gültige Definition von Behinderung existiert nicht. Während bis in die 70er-Jahre hinein Behinderung eher aus einer medizinisch-funktionalen Perspektive betrachtet wurde, die dem Individuum die Behinderung als weitgehend irreparablen Defekt zuschrieb, hat sich seit den 70er-Jahren zunehmend ein Verständnis von Behinderung etabliert, das Behinderung als Resultat der Interaktion aus «medizinisch feststellbarer somatischer Beeinträchtigung einerseits und gesellschaftlich-sozialen, personalen und ökologischen Bedingungen andererseits» begreift (Häußler/Wacker/Wetzler 1996, S. 22; vgl. auch Cloerkes 1997, S. 3 ff.; Gerspach 1989, S. 58 ff.). Danach ist Behinderung kein naturwüchsig entstandenes Phänomen, sondern ein sozialer Gegenstand, der in Abhängigkeit von der Integrationsbereitschaft und den normativen Vorstellungen einer Gesellschaft entsteht (vgl. Jantzen 1992, S. 18). Diese Abhängigkeit von sozialen und anderen Kontextvariablen kommt im Ansatz auch in dem international weitgehend gebräuchlichen Klassifikationssystem von Behinderung der WHO zum Ausdruck. Die WHO unterscheidet in ihrer Klassifikation von Behinderung[50] folgende drei Ebenen (vgl. BMA 1983 S. 4, WHO 1980, S. 30ff.):

- *Schädigung (Impairment)*: Jeder Verlust oder jede Anomalie einer psychologischen, physiologischen oder anatomischen Struktur oder Funktion.
- *Beeinträchtigung (Disability)*: Jede (auf eine Schädigung zurückgehende) Einschränkung der Fähigkeit oder die Unfähigkeit, eine Tätigkeit so und im Rahmen dessen auszuüben, was für Menschen als normal gilt.
- *Behinderung (Handicap)*: Eine auf Schädigung oder Beeinträchtigung zurückgehende Benachteiligung, die einen bestimmten Menschen teilweise oder ganz daran hindert, eine Rolle auszufüllen, die für ihn nach Alter, Geschlecht und soziokulturellen Faktoren normal wäre.

Der Vorteil dieser differenzierten Wahrnehmung von Behinderung ist, dass im Sinne der WHO im Ideal eine Umwelt denkbar wäre, in der Menschen trotz Schädigung und Beeinträchtigung frei von Behinderung leben könnten. Zwar kann eine Schädigung nicht im sozialen Umfeld aufgehoben werden, aber das Umfeld kann so gestaltet werden, dass der betreffende Mensch trotz Schädigung oder Beeinträchtigung wenig behindert wird (vgl. Sander 1994). Der Nachteil eines solch komplexen Verständnisses von Behinderung für empirische Untersuchungen liegt darin, dass sich Behinderung als ein soziales Phänomen quantitativ kaum fassen lässt. Eine körperliche Schädigung ist feststellbar, und auch die Beeinträchtigung ist bezogen auf die gerade aktuel-

50 Für 2001 plant die WHO, eine neue Klassifikation von Behinderung (ICIDH-2) einzuführen. In ihrem im Juli 1999 vorgelegten Entwurf werden die Begriffe Impairment, Disability und Handicap von den Begriffen Body Functions & Structures, Activities und Participation abgelöst (vgl. WHO 1999).

len gesellschaftlichen Vorstellungen vom Normalzustand quantifizierbar. Behinderung im genannten Sinne ist dagegen ein Phänomen, das auf schwer messbare soziale Auswirkungen eines individuellen Zustands oder einer individuellen Situation hinweist. Auch der Begriff der Benachteiligung lässt weiten Raum für Interpretationen.

Neben dieser WHO-Konzeption ist in Bezug auf Einkommensarmut und Niedrigeinkommen vor allem die sozialrechtliche Definition von Behinderung von Bedeutung, da die gesetzliche Anerkennung der Behinderung die Voraussetzung für Schutzmaßnahmen am Arbeitsmarkt und einige Ansprüche auf Sozialleistungen ist. Im Vergleich zur dreistufigen Konzeption der WHO ist Behinderung im deutschen Schwerbehindertengesetz (SchwbG) § 3, Abs. 1 eher pragmatisch definiert: « Behinderung im Sinne dieses Gesetzes ist die Auswirkung einer nicht nur vorübergehenden Funktionsbeeinträchtigung, die auf einem regelwidrigen körperlichen, geistigen oder seelischen Zustand beruht. Regelwidrig ist der Zustand, der von dem für das Lebensalter typischen abweicht. Als nicht nur vorübergehend gilt ein Zeitraum von mehr als 6 Monaten. Bei mehreren sich gegenseitig beeinflussenden Funktionsbeeinträchtigungen ist deren Gesamtauswirkung maßgeblich.»

Das Ausmaß dieser Behinderung wird mit dem von den Versorgungsämtern zuerkannten Grad der Behinderung (GdB) bemessen. Der GdB orientiert sich in seiner Konzeption an der Definition der WHO und soll sowohl das Ausmaß der Funktionsbeeinträchtigung als auch deren körperliche, geistige, seelische und soziale Auswirkungen ausdrücken. Als « schwer behindert » gelten Menschen, denen ein GdB von 50 oder mehr zuerkannt wurde (§ 1 SchwbG). Personen mit einem geringeren Grad als 50, aber wenigstens 30, können ihnen auf Antrag vom Arbeitsamt gemäß § 2 SchwbG gleichgestellt werden. Aus dem ermittelten GdB lässt sich aber weder auf die Leistungsfähigkeit noch auf eine mögliche Berufs- oder Erwerbsunfähigkeit der Person schließen. Der Grad der Behinderung ist Grundlage für einen Teil der Rechte und Leistungen, die behinderten Menschen zustehen. So ist der Großteil der Nachteilsausgleiche an einen GdB von mindestens 50 gebunden. Die Rehabilitationsleistungen für behinderte Menschen werden aber explizit unabhängig vom GdB gewährt (vgl. BMA 1999b, S. 11).

Kritisch anzumerken ist, dass die sozialrechtliche Definition von Behinderung sich in der Praxis tendenziell an das medizinische Verständnis von Behinderung anlehnt (vgl. Gerspach 1989, S. 65), da sich die ärztliche Gutachtertätigkeit bei der Ermittlung des Grades der Behinderung an Tabellen orientiert, in denen den einzelnen Schädigungen und damit verbundenen Funktionsbeeinträchtigungen altersunabhängige Erfahrungswerte zugewiesen wurden (vgl. BAGH 1999, S. 265ff.). Einige Beeinträchtigungen wie psychische Störungen werden hierin kaum oder gar nicht berücksichtigt. Des Weiteren ist mit der Anerkennung der Behinderung für manche Gruppen das Dilemma verbunden, dass nur durch die Anerkennung eines möglichst hohen GdB rechtliche Leistungsansprüche erworben werden können, gleichzeitig aber mit der Anerkennung auch eine Etikettierung und Stigmatisierung einhergeht, die Sekundäreffekte erzeugt, die weit über die eigentliche Behinderung hinaus wirken können (vgl. Eberwein 2000, S. 103f.).

In der alle zwei Jahre vom Statistischen Bundesamt zu erstellenden amtlichen Schwerbehindertenstatistik (§ 53 SchwbG) wird der GdB für die Abgrenzung von Menschen mit einer Behinderung verwendet. Danach wurden 1997 6,6 Millionen Menschen in Deutschland als Schwerbehinderte erfasst. Neben der Art, der Ursache und dem Grad der Behinderung werden soziodemographische Merkmale wie Alter, Geschlecht, Staatsangehörigkeit und Wohnort erhoben. Weitere armutsrelevante Merkmale wie Einkommen und Haushaltssituation werden jedoch nicht erfasst. In Tabelle 3.4–1 sind die Arten der erfassten Behinderung aufgeführt. Von den rund 6,6 Millionen als Schwerbehinderte erfassten Personen waren 1997 29,9 % von Beeinträchtigungen der inneren Organe und Organsysteme (z. B. Herz-Kreislauf-Probleme) und 30,5 % von Funktionseinschränkung der Gliedmaßen, der Wirbelsäule, des Rumpfs oder des Brustkorbs betroffen. Weitere 14,7 % waren entweder geistig oder seelisch behindert oder suchtkrank. Gerade diese letzte Kategorie zeigt, wie völlig unterschiedliche Personen hier zu einer Gruppe zusammengefasst werden.

Tabelle 3.4–1: Arten der Behinderungen 1997

Art	in 1.000	in %
Insgesamt	6.621	100,0
Verlust oder Teilverlust der Extremitäten	107	1,6
Funktionseinschränkung der Extremitäten	1.006	15,2
Wirbelsäule, Rumpf, Brustkorb	1.010	15,3
Blindheit, Sehbehinderung	343	5,2
Hör-, Sprach-, Sprechbehinderung	260	3,9
Kleinwuchs, Entstellungen	172	2,6
Beeinträchtigung innerer Organe	1.982	29,9
Querschnittslähmung, zerebrale Störungen, geistig-seelische Behinderungen, Suchtkrankheiten	973	14,7
Sonstige	768	11,6

Quelle: Statistisches Bundesamt, Schwerbehindertenstatistik 1997. Erfasst sind die Behinderungen von Personen mit Schwerbehindertenstatus (vgl. Statistisches Bundesamt, 1999 S. 21).

Tabelle 3.4–2 können die Ursachen der amtlichen Schwerbehinderung entnommen werden. Mit 84,8 % ist der größte Teil aller Schwerbehinderungen auf allgemeine Krankheiten zurückzuführen. Nur jeweils rund 5 % der Schwerbehinderungen sind angeboren oder durch einen Unfall entstanden. Aus der Verteilung der Arten und Ursachen von Behinderungen wird deutlich, dass die in der amtlichen Schwerbehindertenstatistik erfassten Personen von dem eingangs skizzierten Bild, das im Alltagsverständnis vorherrscht, abweichen. Auch wenn eine Schwerbehinderung keinesfalls mit Krankheit gleichgesetzt werden darf, zeigt sich, dass die anerkannten Behinderungen zumeist Langzeitfolgen von chronischen Krankheiten sind. Zwischen der Gruppe der chronisch kranken Menschen und der Gruppe der behinderten Menschen dürfte es daher große Überschneidungen geben.

Tabelle 3.4–2: Ursachen der Behinderungen 1997

Ursache	in 1.000	in %
Insgesamt	6.621	100,0
Allgemeine Krankheiten	5.616	84,8
Angeborene Behinderung	310	4,7
Kriegs-, Wehr-, Zivildienst	212	3,2
Arbeitsunfall, Berufskrankheit	91	1,4
Verkehrsunfall	45	0,7
Sonstiger Unfall	33	0,5
Unfall im Haus	10	0,2
Sonstige	304	4,6

Quelle: StBA, Schwerbehindertenstatistik. Erfasst sind die Behinderungen von Personen mit Schwerbehindertenstatus (vgl. Statistisches Bundesamt, 1999, S. 38).

Obwohl physiologische Veränderungen im Alter oder nur vorübergehende Gesundheitsstörungen (bis zu sechs Monaten) bei der Zuerkennung des GdB explizit nicht zu berücksichtigen sind, treten chronische Krankheiten im Alter zunehmend häufiger auf. Dies hat zur Folge, dass – wie die Schwerbehindertenstatistik ausweist – mehr als drei Viertel der als schwerbehindert registrierten Personen über 55 Jahre und die Hälfte sogar über 65 Jahre alt sind (vgl. hierzu Abschnitt 4.5.1).

3.4.3 Zentrale Risiken für die Einkommensarmut behinderter Menschen

Für behinderte Menschen ist die gesellschaftliche Teilhabe an vielen Lebensbereichen wie Bildung, Arbeit, Einkommen, Wohnen und soziale Kontakte mit erheblichen Hindernissen verbunden. Besonders schwer zu erreichen ist die Integration auf dem Arbeitsmarkt, da sie dem betriebswirtschaftlichen Kalkül gewinnorientierter Unternehmen widerspricht. Durch diese Benachteiligungen sind behinderte Menschen erhöhten sozioökonomischen Risiken ausgesetzt, die auch durch das 1994 in Kraft getretene Benachteiligungsverbot nicht verschwunden sind. Wie sich diese Benachteiligungen für den einzelnen behinderten Menschen auswirken, ist von dem Zusammenspiel der verschiedenen Lebensbereiche und der speziellen Lebenssituation des Betroffenen abhängig. Neben der Art der Behinderung, dem Lebensalter bei Eintritt der Behinderung und interpersonalen Unterschieden im Umgang mit der Schädigung sind auch die individuellen Lebensumstände und die Gestaltung der Umwelt entscheidend. Besonders gravierend ist die Kumulation von Unterversorgungen in mehreren Lebensbereichen. Aufgrund der zentralen Bedeutung des Einkommens, das in einer marktwirtschaftlichen Gesellschaft den Zugang zu nahezu allen Lebensbereichen reguliert, sind Unterversorgungslagen in diesem Bereich besonders einschneidend (vgl. Hanesch u. a. 1994, S. 128 ff.).

Zur Überprüfung der eingangs genannten These Jantzens, dass Behinderung und Armut eng miteinander verflochten sind, ist es sinnvoll, die Gruppe der behinderten Menschen in drei Untergruppen zu differenzieren, da für das Einkommensrisiko entscheidend ist, wann die Behinderung im Erwerbslebenslauf eingetreten ist:

(1) Personen mit Behinderung vor Eintritt ins Erwerbsleben: Behinderte Kinder und Jugendliche sowie Menschen, die nie in den primären Arbeitsmarkt eingetreten sind, tragen ein hohes

Einkommensrisiko, da sie über kein eigenes Erwerbseinkommen verfügen und somit ausschließlich auf private Versorgungsnetze (Familie) sowie staatliche Transfers angewiesen sind.

(2) Personen mit Behinderung während des Erwerbslebens: Je nach Art der Behinderung können behinderte Erwerbspersonen durch eine Behinderung in ihrer beruflichen Tätigkeit eingeschränkt oder arbeitslos werden oder dauerhaft vorzeitig aus dem Erwerbsleben ausscheiden. Folge sind Einkommenseinbußen durch einen geringeren Lohn oder durch Arbeitslosengeld bzw. -hilfe. Aufgrund niedrigerer Beitragszahlungen zur Rentenversicherung kann sich die Behinderung in diesem Fall auch beim Rentenbezug einkommensmindernd auswirken. Häufig ist auch der Vorruhestand sowie die Berufs- oder Erwerbsunfähigkeit die Folge einer Behinderung (vgl. BMA 1998 b, S. 285 ff.).

(3) Personen mit Behinderung nach dem Erwerbsleben: Auch für ältere Menschen, die auf ein abgeschlossenes Berufsleben zurückblicken können, bedeutet eine Behinderung erhebliche Hürden im Alltag. Ihre Altersbezüge (Renten) werden aber durch die Behinderung nicht eingeschränkt.

Für alle Gruppen von behinderten Menschen gilt, dass das individuelle Einkommensrisiko nicht mit einem Armutsrisiko gleich gesetzt werden darf. Da Armutslagen sinnvollerweise nur auf Basis des Haushaltseinkommens bzw. dem bedarfsgewichteten Pro-Kopf-Einkommen erfasst und gemessen werden können, ist der jeweilige Haushaltskontext mit zu berücksichtigen. Maßgeblich für die drohende oder eingetretene Armutslage des Haushalts eines behinderten Menschen ist, ob die vorhandenen Einkommen für die Deckung des haushaltsspezifischen Bedarfs ausreichen. Das Einkommensarmutsrisiko wird also neben dem individuellen Einkommen des behinderten Menschen durch die Zahl und die Höhe weiterer Einkünfte des Haushalts sowie durch Größe und Zusammensetzung des Haushalts bestimmt, in dem der behinderte Mensch lebt. Des Weiteren treten unabhängig vom Zeitpunkt des Eintritts und der Art der Behinderung zusätzliche privat zu tragende Kosten auf, die das für das alltägliche Leben zur Verfügung stehende Einkommen erheblich einschränken können. Auf dieses Einkommensrisiko wird in Abschnitt 4.5.3.6 noch ausführlich eingegangen.

Bevor die Rechte behinderter Menschen und die Leistungen für sie vorgestellt werden, sollen zunächst ihre spezifischen Problemstellungen in einzelnen Lebensbereichen skizziert werden.

3.4.3.1 Risiken in der schulischen und beruflichen Bildung

Der Zugang zu öffentlichen Bildungsinstitutionen wie Kindergärten, Schulen, Hochschulen oder Ausbildungsplätzen ist für behinderte Kinder und Jugendliche schwieriger als für Personen ohne Behinderung. Gerade Kinder mit sogenannten Teilleistungsschwächen, geistigen Behinderungen oder Sinnesbehinderungen bedürfen besonderer, nach ihren Fähigkeiten differenzierten Unterrichtshilfen, um einen qualifizierten Schulabschluss zu erlangen. Auch erhöhte Fehlzeiten aufgrund von Krankenhausaufenthalten oder chronischen Krankheiten erschweren die Wissensvermittlung und können die Wiederholung einer Jahrgangsstufe nach sich ziehen. Obwohl die schulische Integration – das gemeinsame Lernen und Arbeiten von behinderten und nicht behinderten Kindern – im Kindergarten und in der Grundschule und regional teilweise auch in der Sekundarstufe I in den 90er-Jahren stark vorangeschritten ist, ist die Förderung behinderter Kinder und Jugendlicher in Regelschulen mit gemeinsamem Unterricht nach wie vor die Ausnahme und die Sonderschule die Regel (vgl. Schneekloth 1994, S. 24). Neben dem Ort der Wissensvermittlung ist die Schule aber auch ein sozialer Ort. Kinder lernen, sich in einer Gruppe zu verhalten, gemeinsam etwas zu erarbeiten und zu erleben. Schule ist ein potenzieller Ausgangspunkt für Kontakte und Freundschaften zu Gleichaltrigen.

Die Schwierigkeiten nehmen mit dem Ende der Schulzeit häufig noch zu. Ebenso wie in der Schule bedarf ein Teil der behinderten Personen auch in der Berufsausbildung der besonderen Förderung. Während Körperbehinderte in der Dienstleistungsbranche und in der Industrie noch relativ häufig einen Ausbildungsplatz finden, ist die Stellenlage für Jugendliche und junge Erwachsene, die als «lernbehindert» oder geistig behindert gelten, schwierig. Ausbildungsbetriebe des ersten Arbeitsmarkts fühlen sich hier oft nicht zuständig. Unerfahrenheit und Ängste im Umgang mit behinderten Menschen seitens der Arbeitgeber, die mit der Behinderung assoziierte geringere Leistungsfähigkeit sowie das gleichzeitige Überangebot an Bewerbern können es behinderten Menschen weiter erschweren, einen Ausbildungsplatz zu finden. In vielen Fällen stellen nur Berufsförderungs- und Berufsbildungswerke im Rahmen der beruflichen Rehabilitation die Möglichkeit für eine qualifizierte Berufsausbildung sicher. Da der Bedarf an unqualifizierten Arbeitskräften in modernen Dienstleistungsgesellschaften immer geringer wird, ist eine qualifizierende Berufsausbildung für die spätere Integration in das Berufsleben unerlässlich. Unterbleibt eine solche qualifizierende Berufsausbildung, sinkt die Chance, auf dem ersten Arbeitsmarkt ein geregeltes Erwerbseinkommen zu erzielen.

3.4.3.2 Risiken im Beschäftigungssystem

Arbeit ist für die gesellschaftliche Integration von zentraler Bedeutung. Zum einen ist Arbeit für den Einzelnen mit ökonomischer Unabhängigkeit, Anerkennung, Selbstverwirklichung und sozialem Status verbunden. Zum anderen ist Arbeit aber auch ein wichtiger Bestandteil des menschlichen Lebens, beinhaltet soziale Kontakte und wirkt tagesstrukturierend. Daher ist die allgemeine

Integration behinderter Menschen in die Gesellschaft bei gleichzeitiger Ausgrenzung aus einem so zentralen Lebensbereich wie Arbeit nicht möglich. In einer marktwirtschaftlich verfassten Wirtschaftsgesellschaft steht die Integration behinderter Menschen in den regulären Arbeitsmarkt damit im Spannungsfeld zwischen dem berechtigten Integrationsanspruch des Einzelnen und der ökonomischen Rationalität des Beschäftigungssystems. Auf dem Arbeitsmarkt wird eine Behinderung unabhängig von der objektiven physischen und psychischen Belastbarkeit als Indikator für reduzierte Einsatzfähigkeit gesehen. Auch arbeitsmarktpolitische Schutzmaßnahmen wie der besondere Kündigungsschutz (siehe hierzu Abschnitt 4.4.2) können die Widerstände gegen die Einstellung behinderter Menschen erhöhen. Dennoch spricht vieles dafür, dass die Arbeitslosenquote unter behinderten Menschen ohne arbeitsmarktpolitische Schutzmaßnahmen noch größer als zurzeit wäre (vgl. Abschnitt 4.5.3.3).

Integration und Rentabilität müssen aber nicht im Widerspruch zueinander stehen. Häufig herrschen bezüglich der Leistungsfähigkeit von behinderten Menschen irrationale Befürchtungen vor. So ist bei vielen amtlich anerkannten Schwerbehinderten die Behinderung nicht auf den ersten Blick wahrnehmbar und spielt für den Arbeitsprozess unter Umständen gar keine Rolle. Löst man sich von der engen, auf die Leistungsfähigkeit des Einzelnen beschränkten Sichtweise und betrachtet die Gesamtproduktivität eines Betriebes, so kann auch die Beschäftigung einer an ihrer Produktivität gemessen unrentablen Arbeitskraft für das Unternehmen ökonomisch sinnvoll sein. So ist die Weiterbeschäftigung eines behindert gewordenen Beschäftigten günstiger, wenn die – durch das verantwortungsvolle Verhalten des Unternehmens gegenüber seinen Arbeitnehmern – steigende Produktivität und die sinkenden Personalkosten der Gesamtbelegschaft sowie die vermiedenen Kosten des Personalwechsels die zusätzlich anfallenden Lohn- und Gehaltskosten des behinderten Arbeitnehmers übertreffen (vgl. Sadowski/Böck/Brühl/Frick 1992, S. 32 ff.). Dieses Argument gilt aber nur bei der internen Rekrutierung von behinderten Menschen, also für Personen, die während ihres Beschäftigungsverhältnisses schwer behindert werden, oder für bereits beschäftigte behinderte Arbeitnehmer, da sich die Gesamtbelegschaft meist nur mit ihnen identifiziert und solidarisch fühlt. Die externe Rekrutierung von Arbeitskräften, d. h. die Einstellung arbeitsloser behinderter Menschen, rechnet sich für die Unternehmen aus betriebswirtschaftlicher Sicht oft nicht. Ohne stärkere Anreizsysteme, die den Widerspruch zwischen betriebswirtschaftlichem Kalkül und sozialer Verantwortung aufheben oder zumindest verringern, lässt sich die gesetzliche Verpflichtung der Unternehmen, behinderte Menschen zu beschäftigen, nur schwer durchsetzen.

Das Risiko, keinen Arbeits- oder Ausbildungsplatz zu finden, schwankt in Abhängigkeit von individuellen Merkmalen wie Alter und Art der Behinderung erheblich. Für geistig Behinderte, psychisch Kranke, Mehrfachbehinderte oder chronische Kranke sind die Chancen auf einen regulären Arbeitsplatz gering. Mit der Verlagerung einfacher Produktionstätigkeiten und dem steigenden Rationalisierungsdruck innerhalb der Unternehmen verschlechtert sich die Situation weiter. Eine besondere Gruppe sind schwerstmehrfach behinderte oder psychisch kranke Menschen. Auch wenn hier in der Praxis oftmals die Grenze der Beschäftigungsmöglichkeiten auf dem regulären Arbeitsmarkt erreicht wird, ist dennoch auch für sie Arbeit im Sinne einer Kultur schaffenden Tätigkeit von Bedeutung.

Für behinderte Menschen, die wegen der Art und Schwere ihrer Behinderung keine oder noch keine Beschäftigung auf dem allgemeinen Arbeitsmarkt gefunden haben, bieten die Werkstätten für Behinderte (WfB) Beschäftigungsmöglichkeiten an. Die Beschäftigtenzahlen haben in den 90er-Jahren zugenommen. 1998 waren nach Informationen der Bundesarbeitsgemeinschaft

WfB rund 175 000 behinderte Personen im Arbeitstrainings- und im Arbeitsbereich der WfB beschäftigt. Aufgabe der WfB ist es, die behinderten Beschäftigten so zu fördern, dass sie im Idealfall in den allgemeinen Arbeitsmarkt eingegliedert werden können oder «wenigstens ein Mindestmaß wirtschaftlich verwertbarer Arbeitsleistung» im Arbeitsbereich der WfB erbringen (BMA 1998a, S. 76f.). Da sich die WfB weitgehend selbst tragen und eine möglichst geringe öffentliche Finanzierung in Anspruch nehmen sollen, entsteht ein Dilemma zwischen Rentabilitäts- und Integrationsinteresse: Einerseits ist es aus betriebswirtschaftlichen Überlegungen sinnvoll, möglichst «gute Arbeitskräfte» an die WfB zu binden, andererseits sollen – dem sozialpolitischen Auftrag folgend – die besten Arbeitskräfte in den allgemeinen Arbeitsmarkt vermittelt und neue Beschäftigte gefördert werden.

Der Arbeitsmarkt ist für das Einkommen von behinderten Menschen im erwerbsfähigen Alter entscheidend, da ihre Einkommensposition in erster Linie durch ihren Erwerbsstatus geprägt wird. Für Personen, die erst am Ende ihres Berufslebens oder danach behindert werden, hat die Behinderung in der Regel kaum Auswirkungen auf das Einkommen. Ihre Altersbezüge (Rente, Pension) sind von der Behinderung nicht betroffen. Auch Personen, die aufgrund von Berufs- bzw. Erwerbsunfähigkeit frühzeitig aus dem Erwerbsleben ausscheiden, haben Anspruch auf eine anteilige bzw. volle Einkommensersatzleistung, da sie in ihrem Beruf bzw. allgemein kein «verwertbares Restleistungsvermögen» mehr haben (vgl. BMA 1998b, S. 285). Diese Form des Ausscheidens aus dem Erwerbsleben ist nur bedingt einkommensmindernd. Hingegen erhöht die Behinderung für erwerbsfähige Personen im erwerbstätigen Alter, wie im vorhergehenden Abschnitt beschrieben, das Risiko der Arbeitslosigkeit und damit das Risiko eines generellen Verdienstausfalls. Auch kann das Stigma der Behinderung eventuell zu niedrig dotierten Stellungen und geringeren Aufstiegschancen führen. Speziell Beschäftigte des zweiten und dritten Arbeitsmarktes müssen sich mit deutlich geringeren Bezügen zufrieden geben. Die in Werkstätten für Behinderte Beschäftigten erhalten Arbeitsentgelte, die mit einer durchschnittlichen Höhe von etwa 220 DM im Monat mehr an Taschengeld als an Lohn erinnern (vgl. DPWV 1995, S. 29; Bundesarbeitsgericht 1999).

3.4.3.3 Risiken im Bereich des Wohnens und der Haushaltskonstellation

Wenn eine Person sich häufig in der Wohnung aufhalten muss, sind eingeschränkter Wohnraum und schlechte Wohnstandards besonders belastend und schwer durch Außenaktivitäten zu kompensieren. Auch verlangen manche Behinderungen eine besondere Ausstattung der Wohnung. Wohnungsmerkmale, mit denen sich die Personen vor der Behinderung noch arrangieren konnten (z. B. Kohleheizung, viele Treppen oder schlechte sanitäre Ausstattung), erfordern Umbauten oder den Auszug aus der Wohnung. Kosten für den Umbau oder erhöhte Miete sind die Folge. Je nach Art der Behinderung können besondere Ausgaben für Hilfe und Pflege, spezielle Ernährung oder besondere medizinische Hilfsmittel und Präparate, die nicht von einem Träger der Sozialversicherung übernommen werden, das zur Verfügung stehende Haushaltseinkommen erheblich reduzieren. Auch verfügbare Einkommen im Bereich des prekären Wohlstands können in Anbetracht dieser besonderen Aufwendungen zu faktischer Armut führen (vgl. dazu Abschnitt 4.5.3.6).

Für Haushalte mit behinderten Kindern oder Erwachsenen, die einen besonderen Hilfe- und Pflegebedarf haben, tritt das zusätzliche Risiko auf, dass die Berufstätigkeit eines weiteren Haushaltsmitglieds (zumeist Frauen) aufgrund des notwendigen Betreuungs- und Pflegebedarfs eingeschränkt und das gemeinsame Haushaltseinkommen weiter gemindert wird. Sofern im Rahmen der Pflegeversicherung eine Pflegebedürftigkeit festgestellt wurde, wird bei Inanspruchnahme des Pflegegelds ein Teil der Einkommensminderung kompensiert. Ein besonderes Risiko stellt auch der Wechsel in eine stationäre Einrichtung dar. Bei Heimentgelten von monatlich weit über 3000 DM sind das eigene Einkommen und Vermögen schnell aufgebraucht, und private oder staatliche finanzielle Hilfen werden notwendig (vgl. Abschnitt 4.5.5).

3.4.3.4 Risiken für soziale Kontakte und gesellschaftliche Teilhabe

Viele Behinderungen erschweren das Anknüpfen neuer und das Aufrechterhalten bestehender sozialer Kontakte. Neben sprachlichen Barrieren müssen auch andere Hürden überwunden werden. Behinderungen reduzieren häufig den Aktionsradius und damit die Anlässe für Kommunikation, die mit dem alltäglichen Nutzen der Infrastruktur, Arbeitsstelle, Schule oder Freizeit verbunden sind. Auch der Kontakt zu Bekannten, Freunden oder Familienangehörigen verändert sich bei Eintritt einer Behinderung. Möglicherweise sind frühere Aktivitäten nicht ohne zusätzliche Kosten durchführbar.

Die schwierige Balance zwischen Autonomie und Interdependenz in sozialen Beziehungen muss bei Eintritt einer Behinderung neu austariert werden. Für Menschen, die ihr Leben eigenständig und unabhängig gelebt haben, ist das Angewiesensein auf die Hilfe anderer und die Organisation dieser Hilfe häufig unangenehm. Ohne eine aktive Auseinandersetzung mit der Behinderung und eine Integration ins Selbstkonzept, bei den behinderten Menschen wie auch bei Eltern und Freunden, setzt sich die Behinderung in den sozialen Kontakten negativ fort. Mangelndes Selbstwertgefühl, Depressionen, Scham oder falsch verstandene Bescheidenheit können bei den Betroffenen zu Rückzug aus dem öffentlichen Leben und Vereinsamung führen. Aufseiten der Nichtbehinderten kann innerpsychische Abgrenzung und Abwehr von Behinderung und Krankheit, aber auch Angst vor der Konfrontation mit Leid und Trauer zu Ausgrenzung und Behindertenfeindlichkeit führen. Auch die Möglichkeiten der Pränataldiagnostik und die Euthanasiediskussion bringen Eltern behinderter Kinder in Rechtfertigungsdruck und erzeugen eine behindertenfeindliche gesellschaftliche Atmosphäre. Diese Atmosphäre wurde in den vergangenen Jahren durch Gerichtsurteile verstärkt, welche die Anwesenheit von behinderten Menschen in Ferienhotels als «urlaubsfreudenmindernd» bezeichneten und den Klägern Schadensersatz zusprachen oder die geistig behinderten Menschen wegen des besonderen «Lästigkeitsfaktors» ihrer unartikulierten Laute nur noch eine zeitlich beschränkte Nutzung ihres eigenen Gartens erlaubten (vgl. Dahesch 1999; DPWV 1998, S. 7).

3.4.4 Rechte und Leistungen für behinderte Menschen

Trotz dieser Risiken sind behinderte Menschen keine «Sorgenkinder», die unseres Mitleids bedürfen, sondern Bürger mit gleichen Rechten und Ansprüchen auf Leistungen.[51] Durch das System der sozialen Sicherung soll die Integration behinderter Menschen in die Gesellschaft gewährleistet werden. Diese Aufgabe des Staates wurde 1994 mit der Aufnahme des Benachteiligungsverbots in das Grundgesetz nochmals unterstrichen. Gemäß dem neuen Art. 3 Abs. 3 Satz 2 GG darf niemand seiner Behinderung wegen benachteiligt werden. Dennoch sind gesundheitliche Einschränkungen und Behinderungen in der Regel mit Nachteilen verbunden. Mit

51 Ausdruck der Veränderung in der Wahrnehmung von behinderten Menschen ist auch die Umbenennung der «Aktion Sorgenkind» in «Aktion Mensch» durch die Deutsche Behindertenhilfe im Sommer 1999.

staatlichen und privaten Hilfen können viele Behinderungen zwar nicht beseitigt, aber in ihren Auswirkungen gemildert werden, sodass auch behinderte Menschen weitgehend normal am gesellschaftlichen Leben teilhaben können. Ebenso wie alle anderen Bürger können behinderte Menschen die allgemeinen Sozialleistungen in Anspruch nehmen. In Bezug auf das Einkommen sind vor allem die Leistungen der Sozialhilfe (HLU und HbL) sowie die beitragspflichtigen Leistungen der Sozialversicherungen (Rente, Krankengeld, Arbeitslosenunterstützung und Pflegegeld etc.) von Bedeutung. Neben der Altersrente und der Arbeitslosenunterstützung dürfte parallel zur Behinderung häufig auch eine Berufs- oder Erwerbsunfähigkeitsrente bezogen werden. Aufgrund der hohen Überschneidungen mit der Gruppe der Pflegebedürftigen sind die Leistungen der Pflegeversicherung für behinderte Menschen in privaten Haushalten von besonderer Bedeutung. Während behinderte Personen, die ambulant versorgt werden, die vollen Leistungen nach §§ 36 ff. des SGB XI erhalten, werden von der Pflegeversicherung für Personen, die in Einrichtungen der Behindertenhilfe leben und gleichzeitig pflegebedürftig sind, nur maximal 500,– DM für die geleisteten Pflegeausgaben nach § 43 a SGB XI vergütet (vgl. Bundesverband Evangelische Behindertenhilfe u. a. 1999, S. 113 ff.).

Über diese Sozialleistungen hinaus gibt es eine Fülle von Regelungen und Leistungen, die gezielt auf die Eingliederung behinderter Menschen und von Behinderung bedrohter Menschen ausgerichtet sind. Diese Regelungen und Leistungen sind nicht wie bei der Pflege in einem eigenständigen Leistungsrecht zusammengefasst, sondern in vielen Einzelgesetzen und -verordnungen enthalten. Von Bedeutung sind vor allem das BSHG, das Schwerbehindertengesetz (SchwbG), die Regelungen zu den einzelnen Sozialversicherungszweigen innerhalb der Sozialgesetzbücher (SGB) und das Rehabilitations-Angleichungsgesetz. Die verwirrende Vielfalt und Heterogenität der gesetzlichen Grundlagen, die Fülle an unterschiedlichen Leistungen und die Zersplitterung der organisatorischen Zuständigkeiten haben in den vergangenen Jahren immer wieder, u. a. vonseiten der Behindertenverbände, die Forderung nach einem eigenständigen Leistungsrecht oder einem eigenständigen Sozialgesetzbuch für behinderte Menschen aufkommen lassen (vgl. z. B.: Bundesverband Evangelische Behindertenhilfe u. a. 1999, S. 94 ff.). Bisherige Versuche, das unübersichtliche Rehabilitationsrecht in einem SGB IX zusammenzufassen, sind bisher gescheitert. Aus diesem Grunde ist für behinderte Menschen heute die Aufklärung, Auskunft und Beratung über die vorhanden Rechte und Möglichkeiten durch die Sozialleistungsträger, die Freie Wohlfahrtspflege, die Behindertenverbände und die Selbsthilfeorganisationen chronisch kranker Menschen unerlässlich.

In diesem Abschnitt werden die besonderen Sozialleistungen für behinderte Menschen, die den oben genannten Einkommensrisiken gegenüberstehen, dargestellt. Neben den Wieder- und Ersteingliederungsmaßnahmen für nichtbeschäftigte behinderte Menschen (1) und den Schutzmaßnahmen für behinderte Beschäftigte (2) sind die staatlichen Transfers und der sonstige Nachteilsausgleich (3) sowie die ergänzenden Sach- und Dienstleitungen (4) von Bedeutung. Da sich diese Sozialleistungen inhaltlich überschneiden, werden die Punkte (1) und (4) im folgenden Abschnitt gemeinsam behandelt.

3.4.4.1 Rehabilitationssystem und Rehabilitationsmaßnahmen

Behinderte und von Behinderung bedrohte Menschen haben in der Bundesrepublik Deutschland ein Recht auf Rehabilitation und Eingliederung. Nach § 10 SGB I hat jeder, der körperlich, geistig oder seelisch behindert ist, oder dem eine solche Behinderung droht, unabhängig von der Ursache der Behinderung ein

Recht auf Hilfe, die notwendig ist, um «die Behinderung abzuwenden, zu beseitigen, zu bessern, ihre Verschlimmerung zu verhüten oder ihre Folgen zu mildern» und «ihm einen seinen Neigungen und Fähigkeiten entsprechenden Platz in der Gemeinschaft, insbesondere im Arbeitsleben zu sichern». Die aus diesem Recht hervorgehenden Eingliederungsleistungen, die zusammenfassend Rehabilitation genannt werden, sind in § 29 SGB I näher ausgeführt. Generell werden Rehabilitationsleistungen unabhängig vom Grad der Behinderung gewährt. Im Einzelnen sind dies medizinische, berufliche, schulische und soziale Rehabilitation (vgl. BMA 1998, S. 419 ff.; BAGH 1999, S. 79 ff.; BAR 1999).

Neben einer Vielzahl von Sachleistungen bzw. der Übernahme von Kosten für solche Leistungen werden im Rahmen der sonstigen ergänzenden Leistungen auch direkte monetäre Transfers wie Übergangs- oder Krankengeld gezahlt. Unter dem Gesichtspunkt von Einkommensarmut ist besonders die berufliche Rehabilitation von Bedeutung. Ziel der beruflichen Rehabilitation ist es, die Erwerbsfähigkeit eines behinderten Menschen zu erhalten, zu bessern, herzustellen oder wieder herzustellen, damit dieser einen Arbeitsplatz auf dem allgemeinen Arbeitsmarkt erlangen kann. Menschen, die wegen der Art und Schwere ihrer Behinderung keinen Arbeitsplatz auf dem allgemeinen Arbeitsmarkt finden, sollen in Werkstätten für Behinderte eine Beschäftigung erhalten. Der Grundsatz «Rehabilitation vor Rente» ist für diesen Bereich maßgeblich (vgl. BMA, 1999 b, S. 65 ff.). Welcher Träger für die Leistungen aufzukommen hat und in welchem Umfang in der Praxis Leistungsansprüche bestehen, hängt jedoch von der Ursache der Behinderung, dem Lebensalter und der Erwerbsbiographie des behinderten Menschen ab. Nach dem Prinzip der einheitlichen Risikozuordnung ist der Sozialleistungsträger für die Rehabilitation zuständig, der im Hinblick auf seine Grundaufgabe das Risiko des Scheiterns trägt (vgl. hierzu Steinke 1999, S. 10).

Tabelle 3.4–3: Übersicht über die Rehabilitationsleistungen nach § 29 SGB I

Medizinische Leistungen insbesondere	Berufsfördernde Leistungen insbesondere	Leistungen zur allgemeinen sozialen (schulischen und vorschulischen) Eingliederung, insbesondere	Sonstige ergänzende Leistungen insbesondere
a) ärztliche und zahnärztliche Behandlung	a) Hilfen zur Erhaltung oder Erlangung eines Arbeitsplatzes	a) zur Entwicklung der geistigen und körperlichen Fähigkeiten vor Beginn der Schulpflicht	(a) Übergangs- oder Krankengeld
b) Arznei- und Verbandmittel	b) Berufsvorbereitung	b) zur angemessenen Schulbildung einschließlich der Vorbereitung hierzu	b) sonstige Hilfen zum Lebensunterhalt
c) Heilmittel einschließlich Krankengymnastik, Bewegungs-, Sprach- und Beschäftigungstherapie	c) berufliche Anpassung, Ausbildung, Fortbildung und Umschulung	c) für Behinderte, die praktisch bildbar sind, zur Ermöglichung einer Teilnahme am Leben in der Gemeinschaft	c) Beiträge zur gesetzlichen Kranken-, Unfall- und Rentenversicherung sowie zur Bundesanstalt für Arbeit
d) Körperersatzstücke, orthopädische und andere Hilfsmittel	d) sonstige Hilfen zur Förderung einer Erwerbs- oder Berufstätigkeit auf dem allgemeinen Arbeitsmarkt oder in einer Werkstatt für Behinderte	d) zur Ausübung einer angemessenen Tätigkeit, soweit berufsfördernde Leistungen nicht möglich sind	d) Übernahme der mit einer berufsfördernden Leistung zusammenhängenden Kosten
e) Belastungserprobung und Arbeitstherapie, auch in Krankenhäusern und Vorsorge- oder Rehabilitationseinrichtungen		e) zur Ermöglichung und Erleichterung der Verständigung mit der Umwelt	e) Übernahme der Reisekosten
		f) zur Erhaltung, Besserung und Wiederherstellung der körperlichen und geistigen Beweglichkeit sowie des seelischen Gleichgewichts	f) Behindertensport in Gruppen unter ärztlicher Betreuung
		g) zur Ermöglichung und Erleichterung der Besorgung des Haushalts	g) Haushaltshilfe
		h) zur Verbesserung der wohnungsmäßigen Unterbringung	
		i) zur Freizeitgestaltung und zur sonstigen Teilnahme am gesellschaftlichen und kulturellen Leben	

Kritisch anzumerken ist hierbei, dass das 1974 erlassenen Rehabilitations-Angleichungsgesetz nicht die Leistungen der Kinder- und Jugendhilfe und der Sozialhilfe umfasst. Auf behinderte Kinder und Jugendliche sowie Erwachsene, die nie in den primären Arbeitsmarkt eingetreten sind und noch keine Ansprüche gegenüber vorrangigen Sozialleistungsträgern erworben haben (z. B. Rentenversicherung oder Arbeitslosenversicherung), ist das Prinzip der einheitlichen Risikozuordnung nicht anwendbar. Die oben genannten Personen müssen die Mittel für ihre Rehabilitation aus eigenem Einkommen oder Vermögen aufbringen. Erst nachrangig, wenn der Person oder ihren Verwandten ersten Grades die Kosten nicht zuzumuten sind, greift die Sozialhilfe als «Ausfallbürge» (vgl. BMA 1998 a, S. 5 ff.). Gerade für geistig oder mehrfach behinderte Menschen, die oft keinen Anspruch auf die Leistungen anderer Sozialleistungsträger haben, ist die Eingliederungshilfe des BSHG (§§ 39 ff.) die mit Abstand wichtigste Sozialleistung im gegliederten System des Sozialrechts (vgl. Bundesverband Evangelische Behindertenhilfe u. a. 1999 S. 94 f.). Behinderte Menschen, die auf die Eingliederungshilfe angewiesen sind, werden auf diese Weise schlechter gestellt als Personen mit einer ähnlichen Behinderung, die Leistungen auf der Grundlage der vorrangigen Sozialleistungsgesetze erhalten. Gleiches gilt etwa für die Leistungen für psychisch behinderte Kinder und Jugendliche im Rahmen der Jugendhilfe. Die Unterhaltspflicht der Eltern für Leistungen zur Eingliederung ist gemäß §§ 91 ff. des KJHG in der Regel auf einen Kostenbeitrag in Höhe der häuslichen Ersparnis begrenzt.

3.4.4.2 Besondere Schutzmaßnahmen im Arbeitsleben

Die in § 29 SGB I aufgeführten Leistungen zur Eingliederung behinderter Menschen in das Arbeitsleben werden durch die besonderen Hilfen des Gesetzes zur Eingliederung Schwerbehinderter in Arbeit, Beruf und Gesellschaft unterstützt (SchwbG). Diese Hilfemaßnahmen können aber – ebenso wie der Großteil der noch zu erläuternden Nachteilsausgleiche – nur von Personen mit einem GdB von mindestens 50 oder von ihnen gleichgestellten Personen in Anspruch genommen werden (vgl. BAGH 1999 S. 192 ff.). Zu diesen Maßnahmen gehören:

- Die Pflicht öffentlicher und privater Arbeitgeber (mit mindestens 16 Arbeitsplätzen), 6 % ihrer Arbeitsplätze mit schwer behinderten Arbeitnehmern zu besetzen und für nicht besetzte Plätze eine Ausgleichsabgabe in Höhe von monatlich 200,– DM zu zahlen (§§ 5–12 SchwbG).
- Ein besonderer Kündigungsschutz (§§ 15–22 SchwbG), ein Zusatzurlaub (nicht für gleichgestellte Personen mit einem GdB zwischen 30 und 50, § 47 SchwG) und eine spezielle innerbetriebliche Vertretung durch eine Vertrauensperson (§§ 24–27 SchwbG).
- Eingliederungshilfen im Sinne von Zuschüssen und Hilfen an den Arbeitgeber bei Weiterbeschäftigung oder Einstellung eines behinderten Menschen (§ 31 SchwbG).

Auch für behinderte Menschen muss die berufliche Eingliederung in den Arbeitsmarkt Vorrang vor staatlichen Transfers haben. Trotz der beschriebenen Palette an Schutz- und Fördermaßnahmen in Bezug auf Arbeitsplätze sind die Arbeitslosenquoten unter behinderten Menschen deutlich höher als im Durchschnitt der Bevölkerung (vgl. Abschnitt 4.5.3.3). Die bestehenden Regelungen reichen nicht aus, um die Integration in den Arbeitsmarkt sicherzustellen (vgl. Sadowski/Böck/Brühl/Frick 1992). Zur dauerhaften Reduktion der Arbeitslosigkeit unter behinderten Menschen hat die Bundesregierung für den Herbst diesen Jahres umfangreiche gesetzliche Änderungen vorgesehen. Unter anderem wird die Beschäftigungspflichtquote auf 5 % abgesenkt und gleichzeitig die Ausgleichsabgabe erhöht, die Rechte der Schwerbehinderten und der Schwerbehindertenvertretungen werden gestärkt, und ein flächendeckendes Netz von Integrationsfachdiensten und Integrationsunternehmen wird auf- und ausgebaut (vgl. BMA, 2000).

3.4.4.3 Staatliche Transfers und sonstige Nachteilsausgleiche

Über diese Leistungen hinaus werden behinderten Menschen in einer Reihe von Gesetzen und Verordnungen Sonderkonditionen, so genannte Nachteilsausgleiche, eingeräumt. Diese Hilfen sind aber keine Privilegien, sondern sollen unspezifisch einen Teil der Nachteile und Mehraufwendungen ausgleichen. Sie sind in der Regel auf schwer behinderte Menschen beschränkt bzw. werden gemäß den im Schwerbehindertenausweis gekennzeichneten Merkzeichen vergeben. Die wichtigsten Nachteilsausgleiche sind (vgl. Landschaftsverband Westfalen-Lippe 1999; BAGH 1999, S. 217 ff.):

- Steuerliche Erleichterungen: Mit der Behinderung verbundene außergewöhnliche Belastungen werden durch Pauschalbeträge (§ 33 b EstG) oder durch Geltendmachung aller besonderer Aufwendungen (§ 33 EstG) in der Einkommenssteuer abgegolten. Je nach GdB wird ein Pauschalbetrag zwischen 600 und 2760,– DM gewährt. Für blinde Personen sowie Personen, die aufgrund ihrer Behinderung hilflos sind, erhöht sich dieser Pauschalbetrag auf 7200,– DM.
- Kinder: Kinderbetreuungskosten und Kindergeld für behinderte Kinder (auch über das 18. Lebensjahr hinaus, wenn sie im Haushalt wohnen).

- Mobilität: Völlige oder teilweise Reduktion des Fahrpreises im Personennah- und -fernverkehr, völlige oder teilweise Reduktion der Kraftfahrzeugsteuer (§ 59 SchwbG).
- Wohnen: Sonderregelungen bei der Berechnung des Wohngelds und Begünstigung bei der Vermietung öffentlich geförderter Wohnungen.
- Kommunikation und Medien: Reduktion von Rundfunkgebühren, Telefongebühren.

In Bezug auf Einkommensarmut ist anzumerken, dass die Nachteilsausgleiche unspezifisch und einkommensunabhängig gewährt werden. Gerade die einkommensrelevanten steuerlichen Freibeträge kommen aufgrund der progressiven Steuersätze besonders den einkommensstarken behinderten Menschen zugute.

3.4.5 Empirische Befunde zu behinderten Menschen in privaten Haushalten

In diesem Abschnitt werden die Ergebnisse unserer Untersuchung von Einkommensarmut und Niedrigeinkommen von behinderten Menschen in privaten Haushalten dargestellt. Die zentrale Datenquelle der vorgestellten Befunde ist das SOEP. Eine Einschränkung dieser Datenbasis besteht darin, dass im SOEP Informationen zur Behinderung nur bei Personen ab 16 Jahren abgefragt werden. Kinder und Jugendliche unter 16 Jahren konnten bei den folgenden Analysen deshalb nicht berücksichtigt werden. Auch zu behinderten Menschen, die in Einrichtungen leben, liegen im SOEP nicht genügend Daten vor, da es sich um eine Haushaltsbefragung handelt. Um das Bild zur Einkommenssituation von behinderten Menschen in Deutschland zu vervollständigen, werden daher in zwei kurzen Exkursen Ergebnisse anderer Untersuchungen zur materiellen Lage von behinderten Kindern und Jugendlichen sowie von behinderten Menschen in Einrichtungen skizziert.

3.4.5.1 Operationalisierung von Behinderung

Im SOEP liegen nur in begrenztem Umfang Informationen zum Thema Behinderung vor. Zwar wird der amtliche Grad der Behinderung erfasst, eine nähere Spezifizierung der Behinderung – wie Art und Ursache – wird aber nicht erhoben. Um der Komplexität des sozialen Phänomens Behinderung besser gerecht zu werden, wurde daher neben dem amtlichen Grad der Behinderung auch die subjektive Einschätzung, inwieweit der Gesundheitszustand die Person an der Verrichtung alltäglicher Aufgaben behindert, als zweites Kriterium verwendet. Folgende zwei Operationalisierungen von Behinderung sind den im Weiteren vorgestellten empirischen Daten zugrunde gelegt:

1. Personen, die einen amtlichen Grad der Behinderung von mindestens 50 angeben, werden im Weiteren als «schwer behinderte Menschen» bezeichnet. Personen mit einem GdB von wenigstens 30, die möglicherweise nach § 2 SchwbG gleichgestellt sind, werden nicht in diese Gruppe einbezogen, da im SOEP die Gleichstellung nicht erfragt wird.
2. Personen, die angeben, dass sie – von kurzen Erkrankungen abgesehen – von ihrem Gesundheitszustand bei der Erfüllung alltäglicher Aufgaben, z. B. Haushalt, Beruf oder Ausbildung, stark behindert werden, werden im Weiteren als «alltagsbehinderte Menschen» bezeichnet.

Der amtliche Grad der Behinderung als Operationalisierung ermöglicht den Vergleich mit den Ergebnissen anderer empirischer Untersuchungen und den Daten der amtlichen Schwerbehindertenstatistik. Von Vorteil ist weiterhin, dass auch das deutsche Leistungsrecht die Wahrnehmung von Rechten und Leistungen zumindest teilweise an den amtlich anerkannten Grad der Behinderung bindet. Die so erfasste Gruppe beinhaltet also jene behinderten Menschen, die eine gesellschaftlich anerkannte Schädigung haben und bei denen der Staat durch zusätzliche Rechte und

Leistungen versucht, aus der Behinderung erwachsene Nachteile auszugleichen. Da die Feststellung der Schwerbehinderung nur auf Antrag geschieht, bleiben Personen unberücksichtigt, die aus Unwissen oder Unsicherheit nicht den Weg zum Amt finden oder die keinen bzw. nur einen geringen Nutzen aus der Anerkennung als Schwerbehinderte ziehen können und sich deshalb um keine Anerkennung bemühen. Vor allem Kinder und Jugendliche und Personen, die ihr Berufsleben bereits beendet haben, dürften untererfasst sein, da für sie weder die Arbeitsschutzbestimmungen des SchwbG noch die in der Regel daran gekoppelten Steuervorteile von Nutzen sind (vgl. Busch/Pfaff 1996, 432 f.). Einschränkend gilt, dass der amtliche Grad der Behinderung als Versuch der Objektivierung einer kulturabhängigen Konstruktion letztlich nur eine Hilfskonstruktion zur Erfassung dieser sehr heterogenen Personengruppe ist.

Auch die zweite Operationalisierung (alltagsbehinderte Menschen) ist lediglich eine Annäherung an das komplexe soziale Geschehen «Behinderung». Im Gegensatz zum amtlichen Grad der Behinderung (schwer behinderte Menschen) wirken sich bei diesem subjektiven Zugang auch altersbedingte Leistungseinschränkungen und das konkrete Lebensumfeld auf die Einschätzung der Alltagsbehinderung aus. Neben den objektiven altersbedingten Leistungseinschränkungen kann sich auch die subjektive Einschätzung des Gesundheitszustands mit dem Alter ändern (vgl. Schneider, 1999). Bei dieser Operationalisierung werden auch Personen mit einbezogen, die einen geringeren GdB als 50 haben, aber gemäß ihrer konkreten Behinderung eigentlich Anspruch auf einen Schwerbehindertenausweis und die damit verbundenen Nachteilsausgleiche hätten. Weiterhin bleibt offen, aus welchen spezifischen (gesundheitlichen) Gründen eine Person sich im Alltag bzw. bei den alltäglichen Verrichtungen behindert fühlt, da die Ursachen der «Alltagsbehinderung» sehr verschieden sein können. Die Alltagsbehinderung kann durch eine schwere oder leichte (aber subjektiv als sehr belastend empfundene) Schädigung als auch durch eine langfristige gesundheitliche Beeinträchtigung, wie sie vor allem bei chronischen Krankheiten auftritt, hervorgerufen werden. Kritisch anzumerken ist, dass diese zweite Operationalisierung stärker auf die «Impairment»-Dimension der WHO-Klassifikation abzielt.

Tabelle 3.4–4: Anteile behinderter Menschen an der Gesamtbevölkerung in Deutschland in Abhängigkeit der gewählten Operationalisierung 1998

	Grad der Behinderung		
Alltagsbehinderung	0–49 GdB	50–100 GdB	Gesamt
nicht und wenig alltagsbehindert	84,3	5,1	89,4
stark alltagsbehindert	5,5	5,2	10,6
Gesamt	89,7	10,3	100,0

Datenbasis SOEP. Die Prozentangaben weichen leicht von den in Tabelle 3.4–5 aufgeführten Angaben ab, da Personen, die in einer der beiden Kategorien keine Angaben gemacht haben, bei der Berechnung der Anteile ausgeschlossen wurden.

Zur Veranschaulichung der verwendeten Operationalisierungen von Behinderung wird in Tabelle 3.4–4 die Verteilung der Wohnbevölkerung über 16 Jahre auf diese beiden Kategorien aufgezeigt. Im Jahr 1998 waren gemäß SOEP 15,8 % der Bevölkerung durch mindestens eine der beiden Operationalisierungen als behindert anzusehen. 5,2 % erfüllten beide Kriterien. 5,5 % der Befragten waren zwar nichtamtlich als schwer behindert registriert, fühlten sich aber im Alltag stark eingeschränkt. Und weitere 5,1 % hatten zwar einen amtlichen GdB von 50 und mehr, fühlten sich aber im Alltag nicht stark behindert. Das bedeutet, dass mehr als die Hälfte (52,9 %) der amtlich als schwer behindert registrierten Personen sich im Alltag durch ihren Gesundheitszustand nicht behindert fühlten. Auf der anderen Seite hatten mehr als die Hälfte (55,3 %) der Personen, die sich im Alltag durch ihren Gesundheitszustand stark behindert fühlen, keinen amtlich registrierten GdB von 50 und mehr. Es zeigt sich, dass durch die Verwendung beider Operationalisierungen ein deutlich breiteres Spektrum an Personen abgebildet wird, als mit einer der beiden Operationalisierungen erfasst würde. Trotz dieser Erweiterung bleibt festzuhalten, dass in Bezug auf die gesellschaftlich-sozialen und ökologischen Bedingungen auch die vorliegende Kombination der Abgrenzungen nicht ausreichend ist.

3.4.5.2 Entwicklung des Anteils behinderter Menschen an der Bevölkerung

Die Anteile behinderter Menschen an der Bevölkerung unterscheiden sich je nach Operationalisierung in ihrem Niveau und in ihrer zeitlichen Entwicklung. Wie aus Tabelle 3.4–5 hervorgeht, lebten 1998 in Deutschland – bezogen auf die Wohnbevölkerung über 16 Jahren – rund 6,6 Millionen stark alltagsbehinderte Menschen und 6,3 Millionen schwer behinderte Menschen. Das entspricht für die alltagsbehinderten Menschen einem Anteil von 10,1 % und für die schwer behinderten Menschen einem Anteil von 9,4 % an der Wohnbevölkerung über 16 Jahre.

Während der Anteil bei den Alltagsbehinderten in beiden Landesteilen nahezu gleich ist, ist das Niveau bei der amtlichen Schwerbehinderung in den alten Bundesländern deutlich höher als in den neuen. Mit Schwankungen ist der Anteil amtlich schwer behinderter Menschen seit 1985 in den alten und seit 1992 auch in den neuen Bundesländern tendenziell leicht gestiegen. Der Anteil der alltagsbehinderten Menschen hingegen war in dem betrachteten Zeitraum in beiden Landesteilen rückläufig. Es stellt sich die Frage, ob bestimmte Behinderungen im Alltag (Wohnung, Verkehr, Arbeit) inzwischen leichter zu bewältigen sind. Auch gilt es zu klären, inwieweit die steigende Zahl der anerkannten schwer behinderten Menschen im Osten auf die neuen gesetzlichen Rahmenbedingungen und die veränderte Anerkennungspraxis zurück geführt werden kann.

Tabelle 3.4–5: Anteil der Personen, die sich durch ihren Gesundheitszustand im Alltag «stark» behindert fühlen oder als Schwerbehinderte amtlich anerkannt wurden (GdB 50–100) Angaben in Prozent

	Stark Alltagsbehinderte						Schwerbehinderte					
	alte Bundesländer		neue Bundesländer		Deutschland insgesamt		alte Bundesländer		neue Bundesländer		Deutschland insgesamt	
	in %	absolut (1.000)	in %	absolut (1.000)	in %	absolut (1.000)	in %	absolut (1.000)	in %	absolut (1.000)	in %	absolut (1.000)
1985	13,1	6.489					9,2	4.523				
1987	12,1	6.018					9,0	4.460				
1992	12,1	6.261	10,0	1.217	11,7	7.478	10,4	5.366	5,6	669	9,5	6.035
1995	10,5	5.188	9,1	1.117	10,3	6.305	11,0	5.424	6,4	784	10,1	6.208
1997	10,3	5.449	9,0	1.118	10,1	6.567	10,3	5.439	6,7	830	9,6	6.269
1998	11,0	5.821	10,5	1.293	10,9	7.114	10,8	5.783	6,8	827	10,0	6.610

Datenbasis SOEP. Da die Frage nach der Alltagsbehinderung nicht in allen Jahren erhoben wurde, weichen die betrachteten Jahre von denen der anderen Abschnitte etwas ab.

Die Gesundheitsberichterstattung des Bundes gibt unter Bezug auf den Mikrozensus von 1995 den Anteil der amtlich Schwerbehinderten mit rund 10 % an (vgl. Statistisches Bundesamt 1998, S. 63). Aus der Schwerbehindertenstatistik 1997 geht hervor, dass am 31. Dezember 1996 bei den Versorgungsämtern 6,6 Millionen amtlich anerkannte Schwerbehinderte (GdB von 50 und mehr) registriert waren. Dies entspricht einem Anteil von rund 8,1 % der Wohnbevölkerung (vgl. Statistisches Bundesamt, 1999). Die Differenz zwischen den in Tabelle 3.4–5 ausgewiesenen Zahlen auf Basis des SOEP und den Daten der amtlichen Schwerbehindertenstatistik ist zu einem großen Teil darauf zurückzuführen, dass sich die amtlichen Statistiken im Gegensatz zum SOEP auch auf die Wohnbevölkerung unter 16 Jahren beziehen.

3.4.5.3 Zur Einkommenssituation behinderter Menschen in privaten Haushalten

Die im Folgenden vorgestellten empirischen Befunde beleuchten die Einkommenssituation behinderter Menschen über 16 Jahre in privaten Haushalten. Nach der Entwicklung des durchschnittlich verfügbaren Äquivalenzeinkommens sowie der Armuts- und Niedrigeinkommensquoten behinderter Menschen (1) wird deren Einkommensposition (2) skizziert. Danach wird die Verteilung der soziodemographischen und sozioökonomischen Merkmale innerhalb der Gruppe der behinderten Menschen dargestellt (3), und anschließend werden die spezifischen Niedrigeinkommensquoten nach diesen Merkmalen betrachtet (4). Es folgt eine Darstellung der Einkommensmobilität von behinderten Menschen (5). Der Abschnitt schließt mit der Simulation von Armutsquoten bei Berücksichtigung von pauschaliertem Sonderbedarf (6). Im Großteil der folgenden Tabellen wird nicht mehr zwischen neuen und alten Bundesländern differenziert, da die Fallzahlen keine tiefer gehenden Auswertungen zu Einkommensarmut und Niedrigeinkommen zulassen (vgl. zur Lebenslage behinderter Menschen in den neuen Bundesländern: Hackenberg/Tillmann 1997).

3.4.5.3.1 Entwicklung des verfügbaren Äquivalenzeinkommens und der Armuts- und Niedrigeinkommensquoten behinderter Menschen

Im Folgenden soll der Frage nachgegangen werden, wie sich sowohl das durchschnittlich verfügbare monatliche Äquivalenzeinkommen als auch die Armuts- und Niedrigeinkommensquoten behinderter Menschen entwickelt haben. In Tabelle 3.4–6 werden für beide Operationalisierungen das zur Verfügung stehende Äquivalenzeinkommen und die Quoten für West-, Ost- und Gesamtdeutschland dargestellt.

Das durchschnittlich verfügbare monatliche Äquivalenzeinkommen von schwer behinderten Menschen lag mit Ausnahme der alten Bundesländer in den Jahren 1992 und 1997 immer über dem Durchschnitt der Gesamtbevölkerung (vgl. zur Einkommenssituation schwer behinderter Menschen in den neuen Bundesländern: Winkler 1995). Während das allgemeine durchschnittliche Äquivalenzeinkommen kontinuierlich gestiegen ist, sank es bei schwer behinderten Personen nach dem Jahr 1995 erst einmal ab. Im Jahr 1998 lag es mit 2.098 DM immer noch unter dem Wert des Jahres 1995, überstieg aber das durchschnittliche Äquivalenzeinkommen der allgemeinen gesamtdeutschen Bevölkerung um 92 DM.

Hingegen lag das durchschnittlich verfügbare monatliche Äquivalenzeinkommen von alltagsbehinderten Menschen in den alten Bundesländern mit Ausnahme von 1998 immer unter dem westdeutschen Durchschnitt. Mit 2139 DM übertraf es im Jahr 1998 den westdeutschen Durchschnitt aber um 62 DM. Hingegen befand sich das durchschnittliche Äquivalenzeinkommen in den neuen Bundesländern mit Ausnahme von 1992 über dem Durchschnitt der allgemeinen Bevölkerung. In Deutschland insgesamt stand alltagsbehinderten Personen mit 2059 DM ein überdurchschnittliches Äquivalenzeinkommen zur Verfügung. Generell lag das Äquivalenzeinkommen alltagsbehinderter Personen aber unter dem Äquivalenzeinkommen schwer behinderter Personen.

Tabelle 3.4–6: Durchschnittliches monatlich verfügbares Äquivalenzeinkommen und Armuts- und Niedrigeinkommensquoten von behinderten Menschen

	Schwer behinderte Menschen			Alltagsbehinderte Menschen			Gesamtbevölkerung		
	Ø monatl. verf. Äeink. (in DM)	Armutsquote	Niedrigeinkommensquote	Ø monatl. verf. Äeink. (in DM)	Armutsquote	Niedrigeinkommensquote	Ø monatl. verf. Äeink. (in DM)	Armutsquote	Niedrigeinkommensquote
… in den alten Bundesländern									
1985	1.347	10,0	31,7	1.261	12,7	39,4	1.338	11,2	35,9
1987	1.485	4,9	27,9	1.417	9,6	34,1	1.468	9,2	33,8
1992	1.810	8,0	31,2	1.776	9,9	35,8	1.833	8,6	33,6
1995	2.164	9,5	30,5	1.962	13,2	36,6	2.035	12,8	38,0
1997	2.072	6,3	30,3	2.019	9,8	32,9	2.075	9,1	35,5
1998	2.148	5,6	29,5	2.139	8,1	34,6	2.077	9,5	34,9
… in den neuen Bundesländern									
1992	1.179	( )	(17,5)	1.099	( )	23,6	1.145	5,9	23,1
1995	1.698	( )	(13,9)	1.619	( )	(18,9)	1.568	6,3	27,2
1997	1.824	( )	(13,6)	1.738	( )	18,9	1.701	6,3	24,9
1998	1.753	( )	25,6	1.717	( )	23,8	1.709	4,6	26,9
… in Gesamtdeutschland									
1992	1.736	7,7	30,3	1.658	10,8	37,7	1.695	9,8	38,8
1995	2.103	7,1	27,4	1.902	10,7	33,9	1.943	11,1	38,0
1997	2.038	6,1	28,9	1.966	9,3	32,3	2.003	8,8	35,2
1998	2.098	5,1	28,1	2.059	7,1	33,6	2.006	9,1	34,3

Datenbasis SOEP. Der Berechnung der Quoten wurde das jeweilige ost- bzw. westdeutsche durchschnittlich verfügbare Äquivalenzeinkommen zugrunde gelegt. ( ) = Fallzahl 0–30; (X) = Fallzahl 31–50.

Die Armutsquoten schwer behinderter Menschen lagen in allen betrachteten Jahren in beiden Landesteilen unter dem Durchschnitt der Gesamtbevölkerung. Sowohl in den alten als auch in den neuen Bundesländern schwankten die Quoten stark. In Deutschland insgesamt waren die Armutsquoten von schwer behinderten Personen seit 1992 rückläufig und hatten 1998 ein Niveau von 5,1 %. Die Niedrigeinkommensquoten schwer behinderter Menschen waren in West- und Ostdeutschland in allen betrachteten Jahren deutlich niedriger als die Niedrigeinkommensquoten der allgemeinen Bevölkerung. In den alten Bundesländern lagen sie in den betrachteten Jahren mit leichten Schwankungen bei rund 30 %. In den neuen Bundesländern waren die Werte deutlich geringer, näherten sich im Jahr 1998 mit über 25 % dem westdeutschen Niveau an.

Die Armutsquoten alltagsbehinderter Menschen lagen in den alten Bundesländern mit Ausnahme des Jahres 1998 über den Armutsquoten der Bevölkerung insgesamt. Im Jahr 1998 lag die Armutsquote mit 8,1 % alltagsbehinderter Personen unterhalb der Armutsquote der westdeutschen Bevölkerung. Bei gesamtdeutscher Sicht gingen die Armutsquoten alltagsbehinderter Personen seit 1992 zurück und erreichten 1998 ein Niveau von 7,1 %. Die Armutsquoten alltagsbehinderter Menschen waren in allen betrachteten Jahren höher als bei den schwer behinderten Personen. Die Niedrigeinkommensquoten alltagsbehinderter Menschen lagen unterhalb derer der allgemeinen Bevölkerung und etwas oberhalb derer der schwer behinderten Personen. Für die neuen Bundesländer betrug die Niedrigeinkommensquote im Jahr 1998 23,8 %, in den alten Bundesländern 34,6 %.

Diese Zahlen legen die These nah, Behinderung sei in Deutschland nicht armutsfördernd. Diese These wird im Folgenden noch zu prüfen sein. Es kann festgehalten werden, dass die Gruppe der schwer behinderten Menschen in den 90er-Jahren relativ niedrige und die Gruppe der alltagsbehinderten leicht erhöhte Armuts- und Niedrigeinkommensquoten hatten.

Tabelle 3.4–7: Armutsquoten behinderter Menschen in Abhängigkeit von der gewählten Operationalisierung 1998

	Grad der Behinderung					
	0–49 GdB		50–100 GdB		Gesamt	
Alltagsbehinderung	Einkommensarmut	Niedrigeinkommensbereich	Einkommensarmut	Niedrigeinkommensbereich	Einkommensarmut	Niedrigeinkommensbereich
Nicht u. wenig alltagsbeh.	8,2	30,6	4,9	27,5	8,0	30,4
Stark alltagsbehindert	8,1	35,7	5,3	28,9	7,1	33,6
Gesamt	8,2	30,9	5,1	28,1	9,1	34,3

Datenbasis SOEP. Der Berechnung der Quoten wurde das gesamtdeutsche durchschnittlich verfügbare Äquivalenzeinkommen zugrunde gelegt.

In Tabelle 3.4–7 wird für das Jahr 1998 noch einmal die Verteilung der Armuts- und Niedrigeinkommensquoten auf die Kombinationen der zwei Operationalisierungen von Behinderung dargestellt. Es zeigt sich, dass bei gleicher Alltagsbehinderung die Quoten für Personen, die zusätzlich einen Grad der Behinderung von 50 und mehr haben, niedriger sind.

3.4.5.3.2 Einkommenspositionen behinderter Menschen

Die Einkommensverteilung schwer behinderter Personen war – wie Tabelle 3.4–8 zeigt – günstiger als bei der Gesamtbevölkerung. Der Anteil der Personen, denen nur ein Betrag bis zu 75 % des durchschnittlichen Äquivalenzeinkommens zur Verfügung stand, war geringer als in der Gesamtbevölkerung. Dafür waren die Einkommensklassen zwischen 76 und 200 % des Durchschnitts stärker besetzt. 42,1 % der schwer behinderten Personen erzielten ein Äquivalenzeinkommen über dem Durchschnitt.

Bei alltagsbehinderten Personen war der Anteil derer, die in Einkommensarmut lebten, kleiner als in der Gesamtbevölkerung. Die Einkommensklassen zwischen 51 und 100 % des durchschnittlichen Äquivalenzeinkommens waren etwas stärker besetzt. Ebenso wie bei der Gesamtbevölkerung lagen 38,7 % der alltagsbehinderten Personen mit ihrem Äquivalenzeinkommen über dem gesamtdeutschen Durchschnitt.

Tabelle 3.4–8: Einkommensverteilung in Anteilen des durchschnittlich verfügbaren Äquivalenzeinkommens 1998

Ø verfügbares Äquivalenzeinkommen (in DM)	Schwer behinderte Menschen	Alltagsbehinderte Menschen	Gesamtbevölkerung
	2.098	2.059	2.006
0–50 % des Ø	5,1	7,1	9,1
51–75 % des Ø	23,0	26,5	25,2
76–100 % des Ø	29,7	27,7	27,1
101–150 % des Ø	30,4	25,5	27,7
151–200 % des Ø	7,5	8,6	6,8
201 u. mehr % des Ø	4,2	4,6	4,2

Datenbasis SOEP. Der Berechnung der Anteile wurde das gesamtdeutsche durchschnittlich verfügbare Äquivalenzeinkommen zugrunde gelegt.

3.4.5.3.3 Soziodemographische und sozioökonomische Merkmale behinderter Menschen

Im Folgenden wird die soziodemographische und sozioökonomische Struktur behinderter Menschen mit der der Gesamtbevölkerung verglichen. Tabelle 3.4–9 weist hierzu die Verteilung auf die soziodemographischen und sozioökonomischen Merkmale für behinderte Menschen und die Gesamtbevölkerung jeweils in der ersten Spalte aus.

Im Jahr 1998 waren schwer behinderte Personen mit 52,9 % überwiegend männlich, alltagsbehinderte Personen mit 55,6 % überwiegend weiblich. Sowohl schwer behinderte Menschen als auch alltagsbehinderte Menschen waren deutlich älter als die Gesamtbevölkerung. 78,8 % der schwer behinderten und 73,8 % der alltagsbehinderten Personen waren älter als 55 Jahre. Die im SOEP befragten schwer behinderten Personen gaben als Eintrittsalter der Schwerbehinderung im Durchschnitt 54 Jahre an. Aufgrund der allgemein höheren Lebenserwartung von Frauen lässt sich der unterproportionale Anteil schwer behinderter Frauen nur auf ein geschlechtsspezifisches Verhalten bei der Inanspruchnahme von Leistungen, häufigere Nicht-Erwerbstätigkeit und die Untererfassung in der amtlichen Schwerbehindertenstatistik zurückführen (vgl. Eiermann/Häußler/Hellferich 2000, S. 38 ff.; Niehaus 1989).

Etwa vier Fünftel der behinderten Menschen lebten in Ein- und Zwei-Personen-Haushalten. Im Gegensatz zur Gesamtbevölkerung lebten nur ca. 6–7% der behinderten Menschen in Haushalten mit Kindern. Der Anteil von behinderten Menschen, die in Single-Haushalten oder Paar-Haushalten ohne Kinder lebten, war hingegen deutlich höher als in der Gesamtbevölkerung. Während knapp die Hälfte der Gesamtbevölkerung erwerbstätig war, betrug der Anteil der Voll- oder Teilzeitbeschäftigten unter den schwer behinderten Personen lediglich 16,8 % und unter den alltagsbehinderten Personen 18,9 %. Jeweils über 70 % waren nicht erwerbstätig. Der Anteil der Arbeitslosen unter den schwer behinderten Personen betrug 3,8 %. Dies entspricht einer Arbeitslosenquote (schwer behinderte Arbeitslose/schwer behinderte Erwerbspersonen) von 18 %. Dieser Wert wird durch die von der Bundesanstalt für Arbeit (BA) ausgegeben Zahlen bestätigt. Von den ca. 190 000 registrierten arbeitslosen Schwerbehinderten war

Tabelle 3.4–9: Soziodemographische und sozioökonomische Merkmale und spezifisch nach diesen Merkmalen ausgewiesene Niedrigeinkommensquoten 1998

	Schwer behinderte Menschen		Alltagsbehinderte Menschen		Gesamtbevölkerung	
	Allgemeine Verteilung	Niedrigeinkommensquote	Allgemeine Verteilung	Niedrigeinkommensquote	Allgemeine Verteilung	Niedrigeinkommensquote
Geschlecht						
männlich	52,9	29,4	44,4	33,5	48,5	34,1
weiblich	47,1	26,7	55,6	33,6	51,5	34,3
Alter						
17 bis 25 J.	(-)	(-)	(-)	(-)	26,8	48,2
25 bis 54 J.	20,7	42,3	24,9	39,1	43,5	31,4
55 bis 64 J.	25,7	27,5	25,2	34,4	13,3	27,3
65 J. u. älter	53,1	22,6	48,6	29,4	16,4	24,9
Haushaltsgröße						
1 Pers.	28,2	22,9	31,4	38,2	16,3	24,3
2 Pers.	51,6	23,1	48,2	23,1	29,0	22,9
3 Pers.	12,1	39,3	11,4	45,2	20,1	35,3
4 u. mehr	8,1	62,2	9,0	58,8	34,6	48,0
Haushaltstyp						
Single/Sonstige	29,2	23,0	32,5	38,0	16,9	24,2
Paar o. Kinder	48,8	22,1	46,5	22,8	26,5	20,6
Paar mit Kindern	6,8	58,6	6,3	69,1	37,8	45,2
Alleinerziehende	(-)	(-)	(-)	(-)	3,5	71,5
Paar mit erwachsenen Kindern	15,0	43,5	14,1	42,2	15,3	33,3
Erwerbsstatus						
Vollzeit/Teilzeit	16,8	(21,3)	18,9	22,2	47,9	21,6
In Ausbildung	(-)	(-)	(-)	(-)	8,1	46,6
Nicht erwerbstätig	78,7	28,0	71,6	32,1	36,8	32,1
Arbeitslos	3,8	(57,0)	8,2	69,5	7,2	66,7

Datenbasis SOEP. ( ) = Fallzahl 0–30; (X) = Fallzahl 31–50.

1998 rund die Hälfte bereits länger als ein Jahr arbeitslos (vgl. BA 1999, S. 135 ff. und 212 ff.). Der Anteil der Arbeitslosen unter den alltagsbehinderten Personen lag mit 8,2 % deutlich höher. Dies entspricht einer Arbeitslosenquote unter alltagsbehinderten Erwerbspersonen von 29 %. Für die Gruppe der alltagsbehinderten Personen können keine direkten Vergleichszahlen aus der Statistik der BA herangezogen werden. Allerdings verweist die BA darauf, dass von den im September 1998 gemeldeten Arbeitslosen 27 % gesundheitliche Einschränkungen aufwiesen.

3.4.5.3.4 Niedrigeinkommensquoten nach soziodemographischen und sozioökonomischen Merkmalen behinderter Menschen

Für schwer- und alltagsbehinderte Menschen werden jeweils in der zweiten Spalte von Tabelle 3.4–9 die Niedrigeinkommensquoten getrennt nach den soziodemographischen und sozioökonomischen Merkmalen ausgewiesen. Während die Niedrigeinkommensquote für schwer behinderte Personen mit 28,1 % niedriger als die der Gesamtbevölkerung mit 34,3 % und für alltagsbehinderte Personen mit 33,6 % nahezu gleich hoch lag, waren einige spezifische Niedrigeinkommensquoten behinderter Menschen deutlich höher.

Für schwer behinderte Menschen zeigt sich, dass Personen im Alter von 25 bis 54 Jahren mit 42,3 % deutlich überproportional von Niedrigeinkommen betroffen sind. Für Personen unter 25 kann aufgrund zu geringer Fallzahlen keine Angabe gemacht werden, vermutlich liegen aber auch hier aufgrund der mangelnden Integration in den regulären Arbeitsmarkt sehr hohe Quoten vor. Auch schwer behinderte Personen, die in Haushalten mit drei (39,3 %) und mehr Personen (69,2 %), in Haushalten mit Kindern (58,6 %) oder nachelterlichen Haushalten (43,5 %) leben, haben eine deutlich überdurchschnittliche Niedrigeinkommensquote. Eine ebenfalls erhöhte Quote haben schwer behinderte Personen, die zum Zeitpunkt der Befragung arbeitslos waren (57,0 %). Geschlechtsspezifische Unterschiede in der Erwerbstätigkeit und dem persönlichen Einkommen werden bei der Ermittlung des Haushaltsäquivalenzeinkommens durch den Haushalt kompensiert (vgl. zur finanziellen Lage schwer behinderter Frauen: Eiermann/Häußler/Hellferich 2000, S. 41 ff. und 89 ff.).

Bei alltagsbehinderten Personen waren Personen zwischen 25 und 54 Jahren mit 39,1 % überproportional von Niedrigeinkommen betroffen. Alltagsbehinderte Menschen, die in Haushalten mit drei (Niedrigeinkommensquote: 45,2 %) oder mehr (58,8 %) Personen, als Single (38,0 %), mit Kindern (69,1 %) oder in einem nachelterlichen Haushalt (42,2 %) lebten, stand häufiger nur ein Einkommen unter der Niedrigeinkommensgrenze zur Verfügung. 69,5 % der arbeitslosen alltagsbehinderten Personen lebten im Niedrigeinkommensbereich.

Vor dem Hintergrund dieser zum Teil sehr hohen Niedrigeinkommensquoten wird deutlich, dass die allgemein eher geringen Niedrigeinkommensquoten behinderter Menschen durch deren «günstige» Altersstruktur und Haushaltskonstellation zustande kommen. Viele der über 60-jährigen schwer- und alltagsbehinderten Menschen dürften über ein abgeschlossenes Erwerbsleben mit den damit verbundenen Altersbezügen (Rente/Pension) verfügen. Diese Haupteinnahmequelle alter behinderter Menschen wird durch die Behinderung nicht berührt, sodass es zu keinen Einkommensbeschränkungen kommt. Die relativ günstige Einkommensposition älterer behinderter Menschen senkt in Verbindung mit ihrem hohen Anteil an behinderten Menschen deren allgemeine Armuts- und Niedrigeinkommensquoten. Diese Ergebnisse zeigen, dass die aus der niedrigen allgemeinen Armutsquote behinderter Menschen abgeleitete These, Behinderung sei kein oder nur ein geringes Armutsrisiko, für junge behinderte Menschen nicht aufrecht erhalten werden kann.

3.4.5.3.5 Dynamik und Mobilität von Armut und Niedrigeinkommen unter behinderten Menschen

Welche Auswirkungen Einkommensarmut auf die soziale Lage von Personen hat, hängt entscheidend von der Dauer der Armut ab. In Tabelle 3.4–10 wird für den Zeitraum von 1992 bis 1998 die Häufigkeit und die durchschnittliche Anzahl der Jahre in Einkommensarmut kontrolliert. Dabei ist zu berücksichtigen, dass die individuellen Verläufe unterschiedliche Muster haben und von großer zeitlicher Heterogenität geprägt sind. So kann eine Person, die im betrachteten Zeitraum zu vier Zeitpunkten arm war, seit 1995 dauerhaft in Armut leben oder mit ihrem Einkommen zwischenzeitlich auch über der Armutsgrenze liegen.

Tabelle 3.4–10: Anzahl der Zeitpunkte in Einkommensarmut im Zeitraum von 1992 bis 1998 (Angaben in %)

	Schwer behinderte Menschen	Alltagsbehinderte Menschen	Gesamtbevölkerung
Keinmal	85,0	77,9	77,6
1–2 mal	10,5	14,1	14,4
3-mal und mehr	4,5	8,0	8,0
Ø Anzahl der Jahre in Armut	2,5 Jahre	2,7 Jahre	2,5 Jahre

Datenbasis SOEP. Bei der Berechnung der durchschnittlichen Anzahl der Jahre in Armut wurden nur Personen berücksichtigt, die sich mindestens einmal in diesem Zeitraum in Armut befanden. Das monatliche Einkommen zum Zeitpunkt der Erhebung wird dabei als Schätzwert für das Gesamtjahr verwendet.

Unter den schwer behinderten Menschen hatte ein Anteil von 85 % in den betrachteten Jahren zu keinem Zeitpunkt ein Einkommen unterhalb der Armutsgrenze. 10,5 % lebten in den sieben Jahren ein oder zweimal in Armut, und weitere 4,5 % befanden sich mindestens dreimal in Einkommensarmut. Durchschnittlich lebten schwer behinderte Personen, die mindestens einmal arm waren, 2,5 Jahre in Einkommensarmut.

Unter den alltagsbehinderten Personen liegt der Anteil derer, die sich in den 7 Jahren mindestens einmal in einer Armutsposition befanden, bei 22,1 %. Über 14 % waren nur ein oder zweimal arm, 8 % hingegen dreimal oder häufiger. Durchschnittlich lebten alltagsbehinderte Personen mit 2,7 Jahren etwas häufiger als die Gesamtbevölkerung in Einkommensarmut.

In Tabelle 3.4–11 werden die Einkommenspositionen in den Jahren 1992 und 1998 verglichen. Dabei wurde nicht kontrolliert, welche Einkommenspositionen die Personen in den dazwischen liegenden Jahren inne hatten. Auch wurden nur Personen berücksichtigt, für die in beiden Jahren Einkommensangaben vorlagen.

An den Daten von Tabelle 3.4–11 ist bemerkenswert, dass von den 28,1 % schwer behinderten Personen, deren Einkommen im Jahr 1992 unter der Niedrigeinkommensgrenze lag, sich 1998 56,6 % wieder oder immer noch in dieser Einkommensposition befanden. 43,4 % verließen diesen Einkommensbereich. Schwer behinderte Personen, die im Jahr 1992 über ein Einkommen über der Niedrigeinkommensgrenze verfügten, lebten auch im Jahr 1998 nur selten in Armut oder prekärem Wohlstand. Dennoch kam rund ein Drittel der 24,2 % schwer behinderten Personen, die 1998 ein Einkommen unter der Niedrigeinkommensgrenze hatten, aus Einkommensbereichen über 75 % des durchschnittlich verfügbaren Äquivalenzeinkommens. Im Vergleich zur Gesamtbevölkerung war die Einkommensmobilität etwas geringer. Bedingt durch das höhere Durchschnittsalter schwer behinderter

Tabelle 3.4–11: Veränderung der Einkommensposition von behinderten Menschen zwischen 1992 und 1998

1. Zeile: Zeilenprozente 2. Zeile: Spaltenprozente		Einkommensposition 1998 0–75 %	76–150 %	151 % und mehr	Gesamt
Einkommensposition 1992 von schwer behinderten Personen	0–75 %	56,6 65,7	42,7 42,7	0,7 0,7	28,1
	76–150 %	13,5 33,1	80,9 74,2	5,6 29,4	59,3
	151 % und mehr	2,4 1,3	36,9 7,2	60,7 68,8	12,7
	Gesamt	24,2	64,6	11,2	100,0
Einkommensposition 1992 von alltagsbehinderten Personen	0–75 %	59,1 64,9	40,9 24,9	(-) (-)	35,2
	76–150 %	20,5 35,1	73,6 69,8	5,8 31,4	54,8
	151 % und mehr	(-) (-)	30,6 5,3	69,4 68,6	10,0
	Gesamt	32,1	57,8	10,2	100,0
Einkommensposition der Gesamtbevölkerung	0–75 %	56,2 66,0	41,9 24,2	1,9 5,0	33,8
	76–150 %	17,4 32,0	74,2 67,2	8,4 34,9	52,9
	151 % und mehr	4,4 2,0	37,9 8,6	57,7 60,2	13,3
	Gesamt	28,8	58,5	12,7	100,0

Datenbasis SOEP. Die Einkommensverteilung in der Spalte «Gesamt» weicht von der Einkommensverteilung in Tabelle 3.4–8 ab, da hier nur Personen berücksichtigt werden, für die in beiden Jahren Angaben zum Einkommen zur Verfügung standen.

Personen war dieses Ergebnis zu erwarten. Von den 35,2 % alltagsbehinderter Personen, deren verfügbares Äquivalenzeinkommen 1992 weniger als 75 % des Durchschnittes betrug, waren auch 1998 59,1 % in dieser Einkommensposition. 40,9 % stiegen in eine höhere Einkommensposition auf und verließen damit den Niedrigeinkommensbereich. Die Gruppe der alltagsbehinderten Personen, die im Jahr 1998 über ein niedriges Einkommen verfügten, setzte sich aus 64,9 % Personen, die bereits 1992 unterhalb der Niedrigeinkommensgrenze lebten, und 35,1 % Personen, die 1992 noch mehr als 75 % des Durchschnittseinkommens zur Verfügung hatten, zusammen.

Insgesamt war die Einkommensverteilung schwer behinderter und alltagsbehinderter Menschen 1998 im Vergleich zu 1992 günstiger. Der Anteil der behinderten Personen, die in Armut und prekärem Wohlstand lebten, ist gesunken.

3.4.5.3.6 Auswirkungen von Sonderbedarf auf die Armuts- und Niedrigeinkommensquoten von schwer behinderten Menschen

Die vorangegangenen Betrachtungen der spezifischen Niedrigeinkommensquoten haben bereits die These relativiert, dass Behinderung kein Armutsrisiko sei. Zusätzlich ist zu berücksichtigen, dass durch die Behinderung regelmäßig besondere Aufwendungen entstehen. Diese Aufwendungen fließen nicht in die Berechnung der Armutsquoten ein, da bei der Erhebung des verfügbaren Äquivalenzeinkommens nur die Einkommensseite betrachtet wird.

In früheren Untersuchungen wurde bereits darauf hingewiesen, dass schwer behinderte Menschen vermutlich einen nicht unerheblichen Teil ihres verfügbaren Haushaltseinkommens für gesundheitliche Maßnahmen verwenden müssen (vgl. Hauser/Hübinger 1993, S. 155). In einer Untersuchung zu hilfebedürftigen Behinderten in privaten Haushalten wird dieser Sonderbedarf auch ausgewiesen (vgl. Schneekloth 1994, S. 19ff.). Bei einem Haushaltsnettoeinkommen schwer behinderter Menschen von unter 1000 DM liegen die durchschnittlichen Kosten bei 229 DM, bei einem Haushaltsnettoeinkommen zwischen 1000 und 2000 DM bei 234 DM und bei einem Einkommen zwischen 2000 und 3000 DM bei 383 DM. Diese Kosten müssen zu einem großen Teil privat getragen werden (vgl. Eiermann/Häußler/Helfferich 2000, S. 93). Implizit belegt auch die Gesetzgebung mit den im Rahmen der Hilfe zum Lebensunterhalt (§ 23 BSHG, Abs. 1, 3 und 4) gewährten Mehrbedarfszuschlägen einen realen Sonderbedarf behinderter Menschen. Mit 20 % bzw. 40 % des Regelsatzes werden hier Zuschläge von etwas über 100 bzw. 200 DM gewährt.

Die in Tabelle 3.4–12 dargestellte Simulation berechnet die Armuts- und Niedrigeinkommensquoten schwer behinderter Menschen auf der Basis des um den angegebenen Sonderbedarf reduzierten Äquivalenzeinkommens. In Anlehnung an die Mehrbedarfszuschläge der Sozialhilfe (HLU) und die Ergebnisse Schneekloths wurden dabei dem Haushalt pro schwer behinderte Person die unterstellten Aufwandspauschalen angerechnet. Auf diese Weise reduzieren die Beträge das durchschnittlich verfügbare Äquivalenzeinkommen der schwer behinderten Person selbst nicht in der vollen Höhe. Als Sonderbedarf wurden die Beträge 50 DM, 100 DM, 200 DM und 300 DM angesetzt. Während mit der Aufwandspauschale von 50 DM nur die Sensitivität der Armutsschwelle getestet werden soll, orientieren sich die Beträge 100 DM, 200 DM und 300 DM an den oben beschriebenen Kosten, die den Haushalten in Zusammenhang mit der Behinderung zusätzlich entstehen.

Tabelle 3.4–12: Armuts- und Niedrigeinkommensquoten schwer behinderter Menschen unter Berücksichtigung von verschiedenen Aufwandspauschalen 1998

… in Deutschland	Ø monatlich verfügbares Äquivalenzeinkommen (in DM)	Armutsquote	Niedrigeinkommensquote
insgesamt ohne Aufwandspauschale	2.098	5,1	28,1
50 DM	2.059	6,1	30,3
100 DM	2.021	7,8	31,4
200 DM	1.943	11,4	35,7
300 DM	1.866	15,3	40,3

Datenbasis SOEP.

Die im Vergleich zur Gesamtbevölkerung ursprünglich niedrigen Armuts- und Niedrigeinkommensquoten von schwer behinderten Menschen steigen mit zunehmenden Sonderbedarf an. Bei einem dem Haushalt unterstellten Sonderbedarf von 100 DM steigt die Armutsquote schwer behinderter Menschen um 2,7 % und die Niedrigeinkommensquote um 3,3 %. Bereits bei einem Sonderbedarf von 200 DM übertrifft die Armutsquote schwer behinderter Menschen mit 11,4 % und die Niedrigeinkommensquote mit 35,7 % die der Gesamtbevölkerung. Bei 300 DM Sonderbedarf liegt der Anteil einkommensarmer Personen bei 15,3 % und der Anteil der Personen im Niedrigeinkommensbereich bei 40,3 %. Diese Simulation zeigt, dass bei Berücksichtigung realistischer Aufwandspauschalen die Armuts- und Niedrigeinkommensquoten schwer behinderter Menschen beträchtlich über den durchschnittlichen Quoten der Bevölkerung liegen.

3.4.5.4 Exkurs 1: Die sozioökonomische Situation von behinderten Kindern und Jugendlichen

In der BRD leben nach Angaben der Schwerbehindertenstatistik aus dem Jahr 1997 rund 162 000 Kinder und Jugendliche im Alter bis 18 Jahre mit einer amtlich registrierten Schwerbehinderung, davon 132 000 in den alten und 30 000 in den neuen Bundesländern. Dies entspricht, bezogen auf Gesamtdeutschland, einem Anteil von ca. 2,5 % aller Schwerbehinderten. Der größte Teil der behinderten Kinder und Jugendlichen lebt in privaten Haushalten, zumeist bei den Eltern. Nur rund 6 % leben in Einrichtungen der Behindertenhilfe (vgl. BMA 1998 a, S. 97 ff.).

In Haushalten mit behinderten Kindern dürfte eine besonders angespannte Einkommenssituation vorliegen. Sowohl die – aufgrund der zeitintensiven Betreuung – eingeschränkte Möglichkeit zur Erwerbstätigkeit als auch die behinderungsbedingten Kosten belasten das Haushaltseinkommen (vgl. Häußler/Bormann 1997, S. 73 f.). Zu nennen sind therapeutische Hilfsmittel, Pflegehilfen, Medikamente und Fahrten, aber auch die besondere Wohnungsausstattung und aufwendigere Urlaubsgestaltung, die überwiegend privat finanziert werden müssen. Die Auswirkungen für den Haushalt sind erheblich. Die Betreuung und Pflege dieser Kinder und Jugendlichen wird hauptsächlich durch die Eltern, aber auch durch die Geschwister und Großeltern geleistet (vgl. Häußler/Wacker/Wetzler 1996, S. 397 f.). Da in erster Linie Frauen diese Arbeit vollbringen, lag die Erwerbsquote von Müttern insgesamt doppelt so hoch wie die von Müttern mit einem behinderten Kind (vgl. Beck/Naegele 1997, S. 12 ff.; Wahl 1998, S. 213).

Es ist fraglich, in welchem Maße Leistungen des BSHG (Eingliederungshilfe und Hilfe zur Pflege) und Leistungen aus der im Frühjahr 1995 eingeführten Pflegeversicherung diese Einkommenseinbußen kompensieren können. Die Bundesregierung kommt in ihrem Bericht zur Lage der Behinderten (1997) zu dem

Schluss, dass die verringerte Erwerbstätigkeit trotz steuerlicher Entlastungen und Sozialleistungen das durchschnittliche Haushaltsnettoeinkommen dieser Familien deutlich unter den Durchschnitt senkt (vgl. BMA 1998 a, S. 100). In einer Repräsentativerhebung zur «Lebenssituation von Familien mit behinderten Kindern in den neuen Bundesländern» wurde für 1995 festgestellt, dass mehr als ein Drittel der Zwei-Eltern-Familien und gut die Hälfte der Haushalte von Alleinerziehenden im Monat weniger als DM 800,– pro Kopf zur Verfügung hat und damit im Bereich der Sozialhilfesätze liegt (vgl. Häußler/Bormann 1997, S. 237). Auch wenn für Haushalte mit behinderten Kindern und Jugendlichen keine Armutsquoten auf Basis des SOEP verfügbar sind, ist klar, dass Haushalte mit behinderten Kindern besondere sozioökonomische Probleme zu bewältigen haben. Ein großer Anteil dieser Haushalte dürfte daher unter der Armutsgrenze liegen.

3.4.5.5 Exkurs 2: Die sozioökonomische Situation von behinderten Menschen in Einrichtungen

Der Anteil der in Einrichtungen lebenden Schwerbehinderten (bezogen auf alle als schwer behindert registrierten Personen) ist mit etwas mehr als 2 % in Deutschland relativ gering. Im Jahr 1995 lebten etwa 142 000 Menschen (davon 120 000 in den alten und 22 000 in den neuen Bundesländern) in rund 3000 Heimen und Wohneinrichtungen der Behindertenhilfe. Auch wenn die Anzahl der Einrichtungen seit den 80er-Jahren sprunghaft gestiegen ist, hat die stationäre Betreuung insgesamt immer noch eine nachrangige Bedeutung (vgl. BMA 1998 a, S. 85 ff.; Wacker/Wetzler/Metzler/Hornung 1998, S. 43 ff.).

In der Verteilung der Altersstruktur und in der Art der Behinderung unterscheiden sich die in Einrichtungen lebenden Personen von der durchschnittlichen behinderten Bevölkerung. In Einrichtungen der Behindertenhilfe leben überproportional viele Menschen mit einer geistigen Behinderung. Der größte Teil der Bewohner ist im erwerbsfähigen Alter zwischen 16 und 64 Jahren; davon sind 62 % tatsächlich erwerbstätig. Diese behinderten Menschen arbeiten fast ausschließlich im tertiären Arbeitsmarkt, also besonderen Einrichtungen wie z. B. Werkstätten für Behinderte (zur Entlohnung dieser Arbeit siehe Abschnitt 4.3.2). Nur in seltenen Fällen (1 %) finden sie eine Beschäftigung im ersten Arbeitsmarkt. Die verbleibenden 37 % sind vor allem Personen mit schweren körperlichen oder mehrfachen Behinderungen (vgl. Wacker/Wetzler/Metzler/Hornung 1998, S. 43 ff.; vgl. zur Versorgungslage mit Heimen auch: Bormann/Häußler/Wacker 1996, S. 105 ff. und 170 ff.).

Die finanzielle Situation von behinderten Menschen in Einrichtungen ist durch eine hohe Sozialhilfeabhängigkeit (Hilfe in besonderen Lebenslagen) gekennzeichnet. Angesichts durchschnittlicher monatlicher Heimkosten von 3000 bis 6000 DM ist die Grenze der Zahlungsfähigkeit der Heimbewohner meist schnell erreicht. 1994 waren nur 2,9 % der Bewohner von Einrichtungen der Behindertenhilfe Selbstzahler. Für 77,2 % der behinderten Menschen war die Rechtsgrundlage der Finanzierung die Eingliederungshilfe für Behinderte (§§ 39 f BSHG) und für weitere 16,1 % der Bewohner die Hilfe zur Pflege (§ 68 BSHG). Bewohner von Einrichtungen haben so den Status von Taschengeldempfängern. Analog zu § 21, Abs. 3 BSHG wird ihnen ein Barbetrag gewährt, der je nach Einkommen zwischen 30 % und maximal 45 % des Eckregelsatzes schwankt. Bei einem Eckregelsatz von 538,– DM (1998) entspricht dies einem Taschengeld von 162,– bis 216,– DM (vgl. Metzler/Wacker 1998, S. 93 f.; Wacker/Wetzler/Metzler/Hornung 1998, S. 236).

Trotz dieser gravierenden Einschränkungen muss ein geringes Taschengeld aber nicht per se mit Armut gleich gesetzt werden. Ob behinderte Menschen in Deprivation leben, hängt entscheidend von den Wohn- und Lebensbedingungen in den Einrichtungen ab. Neben der Personalausstattung dürften hierfür sowohl der zur Verfügung stehende Wohnraum als auch die Arbeitsverhältnisse der behinderten Menschen und die Möglichkeiten zu sozialen Kontakten auch außerhalb der Einrichtung ausschlaggebend sein. Die Kumulation von Unterversorgungslagen in diesen Bereichen tritt vermutlich häufig auf. Besonders beim zur Verfügung stehenden Wohnraum muss von erheblichen Einschränkungen in der individuellen Lebensführung ausgegangen werden. So wohnen bundesweit 43 % aller Bewohner von Behinderteneinrichtungen in einem Zweibettzimmer und rund 16 % in einem Zimmer mit drei oder mehr Betten (vgl. Wacker/Wetzler/Metzler/Hornung 1998, S. 86ff. und 301f.; Schneekloth 1998 S. 109ff.). Wohneinrichtungen der Behindertenhilfe sind dauerhafte Wohn- und Lebensorte. An sie dürfen daher nicht die gleichen Maßstäbe wie an Einrichtungen angelegt werden, die nur für einen kurzfristigen Aufenthalt gedacht sind.

In den vergangenen Jahren hat sich die sozioökonomische Situation behinderter Menschen in Einrichtungen durch die Einführung der Pflegeversicherung verändert. Da die Träger der stationären Behinderteneinrichtung gemäß § 43a des SGB XI von der Pflegeversicherung maximal 500,– DM pauschal für die geleisteten Pflegeausgaben erhalten, drängen die Sozialhilfeträger aus Kostengründen darauf, die Behinderteneinrichtungen in Pflegeeinrichtungen umzuwandeln, um so einen Teil ihrer Kosten auf die Pflegeversicherungen umschichten zu können. Für die behinderten Menschen hat dies verschiedene Auswirkungen:

- Je nach Höhe ihres eigenen Einkommens werden sie als Pflegebedürftige aus dem Bezug der Sozialhilfe herausgenommen und können damit selbst über deutlich mehr Geld verfügen. Dieser Aspekt ist aber nicht zu überschätzen: Im Bereich der Pflegebedürftigen sind selbst nach Einführung der Pflegeversicherung noch etwa 40 % der Heimbewohner Sozialhilfeempfänger, da die Pflegeversicherung nur einen Teil der Heimkosten abdeckt (vgl. Rothgang/Vogler 1998, S. 20 f.).

- Eine weitere Auswirkung dieser Veränderung betrifft alle behinderten Menschen unabhängig von ihrem Einkommen. Sie erhalten nun keine individuell auf sie abgestimmte Hilfe mehr, deren Ziel die Integration ist, sondern die Versorgung in einer Pflegeeinrichtung. Soziale Eingliederungshilfen werden nicht durch die Pflegeversicherung getragen. Die Gefahr ist groß, dass die soziale Betreuung in diesen Einrichtungen stark eingeschränkt oder gar eingestellt wird und die Hilfe auf reine Pflegeleistungen beschränkt wird.

Die Spitzenverbände der freien Wohlfahrtspflege und die Fachverbände für Menschen mit Behinderung kritisieren diese Entwicklung in ihrem gemeinsamen Positionspapier (vgl. Bundesverband Evangelische Behindertenhilfe u. a. 1999, S. 113 ff.). Sie hinterfragen die Umstrukturierung von Einrichtungen der Behindertenhilfe in Pflegeeinrichtungen bezüglich des Versprechens gleichbleibender Qualität.

3.4.6 Zusammenfassung und sozialpolitische Schlussfolgerungen

Im Folgenden werden die zentralen Ergebnisse dieses Abschnitts zusammengefasst und einige sozialpolitische Forderungen zur Verbesserung der sozioökonomischen Situation von behinderten Menschen diskutiert.

Behinderte Menschen tragen je nach Art und Umfang sowie nach Zeitpunkt des Eintritts der Behinderung sehr unterschiedliche Einkommensrisiken. Besonders Personen, die vor Eintritt in den Arbeitsmarkt behindert werden, sind von Armut bedroht. Unabhängig vom Einkommensrisiko werden behinderte Menschen in ihrer Teilhabe an vielen gesellschaftlichen Lebensbereichen, wie z. B. Wohnen, soziale Kontakte, Bildung, Arbeit und Einkommen, in erheblichem Maße eingeschränkt. Trotz zahlreicher Anstrengungen auf Verbandsebene und neuer Gesetzesinitiativen sind behinderte Menschen im Alltag nach wie vor mit erheblichen Hindernissen konfrontiert. Das am 15. November 1994 in Artikel 3 GG aufgenommene Benachteiligungsverbot hat noch einmal unterstrichen, dass eine dauerhafte Benachteiligung behinderter Menschen in unserer Gesellschaft nicht hinzunehmen ist. Die Diskriminierung behinderter Menschen ist – wie der Behinderungsbegriff der WHO verdeutlicht – vom kulturellen Umgang mit Schädigungen, chronischen Krankheiten und Beeinträchtigungen abhängig. («Behindert ist man nicht, behindert wird man!») Deshalb gilt es, Lebensbedingungen so zu gestalten, dass sie möglichst wenige Behinderungen erzeugen. Über die Gestaltung der Lebensbedingungen hinaus bedürfen behinderte Menschen auch des besonderen Schutzes und der Solidarität unserer Gesellschaft. Freier Wettbewerb auf unbeschränkten Märkten wird auch in Zukunft behinderten und chronisch kranken Menschen keine ausreichenden Integrationschancen und keinen ausreichenden Einkommensschutz bieten können. Während die (Wieder-)Eingliederung besondere Schutz- und Eingliederungshilfen erfordert, muss der Einkommensschutz im sozialen Sicherungssystem – insbesondere im Bereich der Sozialversicherungen – abgesichert werden. In diesem Zusammenhang ist auch die Diskussion um das neue, noch nicht in Kraft getretene SGB IX und das bereits seit langem geforderte Gleichstellungsgesetz zu sehen.

In Bezug auf Einkommensarmut können die ermittelten Ergebnisse die zu Beginn genannte These von Jantzen, dass Behinderung und Armut eng miteinander verbunden sind, für die von uns erfassten behinderten Personen nicht bestätigen. Behinderte Menschen sind, wie die Ergebnisse in Abschnitt 4.5 zeigen, nicht überdurchschnittlich von Armut betroffen. Die Armuts- und Niedrigeinkommensquoten waren sowohl für amtlich schwer behinderte als auch für alltagsbehinderte Menschen rückläufig und lagen im Jahr 1998 unter dem Niveau der Gesamtbevölkerung. Dieses Ergebnis bedeutet aber nicht, dass Behinderung in unserer Gesellschaft kein Armutsrisiko ist und alle bestehenden Einkommensrisiken hinreichend gedeckt sind. Denn die niedrigen allgemeinen Armuts- und Niedrigeinkommensquoten entstehen zum einen durch den großen Anteil von Personen über 55 Jahren. Diese Gruppe verfügt häufig über ein abgeschlossenes Erwerbsleben mit den entsprechenden Rentenbezügen oder kann über den Haushaltskontext mögliche Einkommenseinbußen kompensieren. Zum anderen erhöhen besondere mit der Behinderung verbundene und privat finanzierte Aufwendungen nicht die Armutsquote, da die Ausgaben der Haushalte bei der üblichen Berechnung der Armuts- und Niedrigeinkommensquoten nicht berücksichtigt werden. Werden die besonderen und im Regelfall privat getragenen Aufwendungen von Haushalten mit behinderten Menschen berücksichtigt, so steigen die Armuts- und Niedrigeinkommensquoten stark an. Bei einer realistischen Pauschale von durchschnittlich 300,– DM pro Monat für solche privat getragenen Aufwendungen wächst die Armutsquote der amtlich schwer behinderten Menschen 1998 von 5,1 % auf 15,3 % (vgl. Abschnitt 4.5.3.6).

Auch unabhängig von diesen besonderen Bedarfen kann Behinderung zu einem Armutsrisiko werden. Bei der Betrachtung der 25- bis 55-jährigen zeigt sich, dass ihre Niedrigeinkommensquote deutlich höher liegt. Die höhere Niedrigeinkommensquote und die erheblich höhere Arbeitslosenquote behinderter Personen belegen eine unzureichende Absicherung der Einkommensrisiken von behinderten Menschen dieser Altersgruppe (vgl. Abschnitt 4.5.3.3). Das bestehende System der sozialen Sicherung ist auf Erwerbsarbeit ausgerichtet. Älteren Personen, die bereits im Ruhestand sind und durch Rente bzw. Pension abgesichert sind, erwachsen durch die Behinderung keine Einkommensnachteile. Auch bei im ersten Arbeitsmarkt beschäftigten schwer behinderten Menschen ist keine Einkommensdiskriminierung festzustellen (vgl. Hackenberg/Tillmann 1997, S. 411 f.). Hingegen tragen jüngere Menschen, die entweder den Eintritt in den ersten Arbeitsmarkt nicht geschafft haben oder arbeitslos geworden sind, hohe Einkommensrisiken. So gelten – bedingt durch die überdurchschnittlich lange Dauer der Arbeitslosigkeit (vgl. Abschnitt 4.5.3.3) – die in Kapitel 3.2 erwähnten Risiken für arbeitslose behinderte Personen im besonderen Maße. Ähnliches gilt für die in Sondereinrichtungen tätigen behinderten Menschen: Die rund 175 000 Beschäftigten in Werkstätten für Behinderte erhalten einen Lohn, der mit rund 300 DM eher einem Taschengeld als einem Erwerbseinkommen gleicht (vgl. Abschnitt 4.3.2). Kann dieser Lohn nicht über den Haushaltskontext kompensiert werden, sind die Betroffenen trotz Erwerbstätigkeit auf Sozialhilfe angewiesen. Auch die finanzielle Situation behinderter Menschen in Einrichtungen zeichnet sich – wie in Exkurs 2 beschrieben – durch einen hohen Grad an Sozialhilfeabhängigkeit und wenig frei verfügbare Geldmittel aus. Familien mit behinderten Kindern dürften über die in Kapitel 3.3 vorgestellten Risiken hinaus von Einkommensarmut und prekärem Wohlstand betroffen sein (vgl. Exkurs 1). Neben zusätzlichen Aufwendungen wird die Erwerbstätigkeit eines Elternteils (in der Regel der Mutter) durch die Pflege und Betreuung des behinderten Kindes oft eingeschränkt. Insgesamt ist festzuhalten, dass insbesondere für behinderte Menschen im erwerbsfähigen Alter, die nicht in den ersten Arbeitsmarkt integriert sind, für Familien mit behinderten Kindern und für behinderte Menschen in Einrichtungen erhebliche ungesicherte Risiken vorliegen. Der von der Bundesregierung ab 2001 erstellte Armuts- und Reichtumsbericht sollte speziell diese Gruppen von behinderten Menschen in seine Untersuchungen einbeziehen.

Welche sozialpolitischen Schlussfolgerungen lassen sich aus den empirischen Befunden zu Armut und Niedrigeinkommen von behinderten Menschen ziehen, damit die aufgezeigten Risiken geringer als bisher sind?

(1) *Eigenständiges Leistungsgesetz (SGB IX)*: In der Koalitionsvereinbarung vom 20. 10. 1998 hat die Bundesregierung angekündigt, alle bundesrechtlichen Vorschriften, welche Rehabilitation und Schwerbehindertenrecht betreffen, in einem eigenen Sozialgesetzbuch zusammenzufassen und weiterzuentwickeln. Dabei sollen die derzeitigen rechtlichen Regelungen vereinfacht werden und sprachlich an den internationalen Standard angepasst werden. Mit dem übergeordneten Ziel, eine möglichst unabhängige und weitgehend selbständige Lebensführung zu sichern, sollen die Rehabilitationsmaßnahmen noch mehr als bisher aufeinander abgestimmt werden. Die Leistungen und Zuständigkeiten sollen jedoch gleichbleiben. Die Eingliederungshilfe (Sozialhilfe und Jugendhilfe) soll zwar einbezogen, aber weiter nachrangig gewährt werden. Auch wenn der bisher vorliegende Referentenentwurf an dieser Stelle nicht detailliert diskutiert werden kann (vgl. DPWV 2000), sei folgender Punkt angemerkt: Wenn – wie vorgesehen – behinderte Menschen, die Leistungen im Rahmen der Eingliederungshilfe empfangen, diese auch weiterhin abhängig vom Einkommen erhalten, widerspricht dies dem Grundsatz, Menschen mit der gleichen Behinderung unabhängig von der Ursache bei der Kostenheranziehung gleich zu behandeln. Gerade für Menschen, die seit ihrer Geburt behindert sind oder in ihrer Kindheit und Jugend behindert wurden, bedeutet dies, dass sie gegenüber anderen behinderten Personen auch weiterhin benachteiligt werden. Hinzu kommt, dass in der Regel allein die Eingliederungshilfe der Träger der sozialen Rehabilitation ist. Nur wenn die Nachrangigkeit der Eingliederungshilfe aufgehoben wird, kann erreicht werden, dass die medizinische, die soziale und die berufsfördernde Rehabilitation wirklich gleichrangig nebeneinander stehen und die Stellung schwer geistig und mehrfach behinderter Menschen gestärkt wird.

(2) *Integration in den Arbeitsmarkt:* Eine allgemeine Integration behinderter Menschen bei gleichzeitiger Ausgrenzung aus dem zentralen Lebensbereich Arbeit ist nicht möglich. Mit dem *Gesetz zur Bekämpfung der Arbeitslosigkeit Schwerbehinderter*, das am 1. Oktober 2000 in Kraft treten soll, verfolgt die Bundesregierung das Ziel, die Zahl der arbeitslosen schwer behinderten Personen in den nächsten zwei bis drei Jahren um 50 000 Personen dauerhaft zu senken. Dazu ist ein ganzes Bündel von Maßnahmen vorgesehen (vgl. Abschnitt 4.4.2). Durch die vorgesehenen Maßnahmen sollen die Arbeitgeber stärker motiviert werden, schwer behinderte Menschen einzustellen. Dieses Maßnahmenpaket ist zu begrüßen, denn die Vermittlung behinderter Menschen in den ersten Arbeitsmarkt muss verstärkt werden und Vorrang vor anderen Beschäftigungsmaßnahmen haben. Dennoch kann auch die Gesetzesänderung die Gesetze des Marktes nicht aufheben, sondern nur die Rentabilitätsgrenze verschieben und die Nachfrage nach «wirtschaftlich interessanten» behinderten Menschen erhöhen. Darüber hinaus sollte aber auch jenen Menschen, die weiterhin nicht in den ersten Arbeitsmarkt integriert werden können, ein Lohn gezahlt werden, der über das derzeitige Taschengeldniveau hinausgeht und eine eigenständige Existenzsicherung ermöglicht.

(3) *Familien mit behinderten Kindern:* Zur Verbesserung der sozioökonomischen Situation der Haushalte von Familien mit behinderten Kindern gelten in erster Linie die sozialpolitischen Vorschläge des Kapitels 3.3 für Familien und Alleinerziehende. Um darüber hinaus die besondere Belastung dieser Haushalte zu verringern und eine Fremdunterbringung in vollstationären Einrichtungen zu vermeiden, sollte schwerpunktmäßig die Palette ambulanter Hilfe (begrenzte zeitliche Entlastung innerhalb und außerhalb des Haushalts: familienentlastender Dienst, Freizeitangebote etc.) ausgebaut werden. Des Weiteren sind die bestehenden Angebote zu vernetzen und die Haushalte über die bestehen-

den Hilfsangebote umfassend zu informieren (vgl. Häußler 1997, S. 238 ff.). Die Integration behinderter Kinder muss bei der Stärkung und Unterstützung ihrer Familien ansetzen. Neben angemessener finanzieller Unterstützung gilt es die Betreuungszeiten analog zur Pflege (§ 44 SGB XI) rentenrechtlich anzuerkennen. Familien mit behinderten Kindern sollten die Rehabilitationsleistungen einkommens- und vermögensunabhängig erhalten. Unabhängig davon sollte die Unterhaltspflicht der Eltern in jedem Fall mit dem 27. Lebensjahr enden und die Kostenbeteiligung auf die häusliche Ersparnis für den Lebensunterhalt beschränkt sein (vgl. Bundesverband Evangelische Behindertenhilfe u. a. 1999, S. 106 f.).

(4) *Behinderte Menschen in Einrichtungen:* Um die Lebensqualität von behinderten Menschen in Einrichtungen zu verbessern, die größtenteils von Sozialhilfe abhängig sind, genügt es nicht, lediglich das ihnen ausgehändigte «Taschengeld» zu erhöhen, weil es für die Mobilität, die Möglichkeiten der Freizeitgestaltung und die Chancen auf soziale Kontakte nicht ausreicht. Die gedeckelten Entgelte für die Unterbringung behinderter Menschen und der Rationalisierungs- und Einsparungsdruck der Kommunen einerseits sowie die steigenden Löhne und die zunehmende Zahl von schwerstmehrfach behinderten Menschen andererseits stellen die Einrichtungen vor gewaltige Probleme. Es droht ein Qualitäts- und Substanzverlust, der sich in der Einschränkung des Angebotes und des Abbaus qualifizierten Personals manifestiert (vgl. Bundesverband Evangelische Behindertenhilfe u. a. 1999, S. 113 ff.). Auch die in Abschnitt 4.5.5 beschriebenen Probleme, die mit der Einführung der Pflegeversicherung einhergehen, führen zu Leistungseinschränkungen. Um die Qualität der Einrichtungen zu sichern, sollten bedarfsgerechte Entgelte vereinbart und die Pflegekassen stärker eingebunden werden. Vonseiten der Wohlfahrtsverbände liegen hierzu Vorschläge vor (vgl. Bundesverband Evangelische Behindertenhilfe u. a. 1999, S. 108). Der

ganzheitliche Betreuungsansatz der Einrichtungen der Behindertenhilfe darf nicht gefährdet werden.

(5) *Nachteilsausgleiche*: Innerhalb der Nachteilsausgleiche sind vor allem die steuerlichen Freibeträge einkommensrelevant. Aufgrund der progressiven Steuersätze kommen die derzeitigen Freibeträge besonders den einkommensstarken behinderten Menschen zugute. Einkommensabhängige Transfers wären in Bezug auf Einkommensarmut und Niedrigeinkommen zielgenauer.

Abschließend sei noch einmal darauf hingewiesen, dass für eine Überwindung der Benachteiligung behinderter Menschen eine Verbesserung der Einkommenssituation nicht ausreicht. Politik und Gesellschaft sind verpflichtet, die Umwelt so zu gestalten, dass eine gleichberechtigte Teilhabe behinderter Menschen an allen Lebensbereichen möglich ist. Nur so kann sichergestellt werden, dass das Recht auf eine selbständige und gleichberechtigte Lebensführung und Chancengleichheit in allen Gesellschaftsbereichen für behinderte Menschen eingelöst werden kann (vgl. DGB 1998, S. 6 ff.).

3.5 Armut bei ausländischen und deutschen Migranten

3.5.1 Problemstellung

«Deutschland ist kein Einwanderungsland.» Dieser Satz war über Jahrzehnte die stereotype Antwort auf drängende Fragen des Umgangs mit Migration und Integration[52] von sogenannten Auslän-

52 In Abgrenzung zu Assimilierung wird unter Integration der beständige und wechselseitige Prozess der Verständigung um gemeinsame Grundlagen und Regeln des Zusammenlebens in einem Gemeinwesen verstanden. Grundlage dieses Prozesses sind die Anerkennung der Werte des Grundgesetzes und die Kenntnis der gemeinsamen Sprache (vgl. Beauftragte der Bundesregierung für Ausländerfragen 2000, S. 202 f.; Hauser 1995).

dern. Faktisch jedoch war und ist die Bundesrepublik seit dem Zweiten Weltkrieg ein Einwanderungsland. Die Zuwanderung von Migranten[53] wurde je nach Wirtschaftslage gefördert oder gebremst und war sowohl für die volkswirtschaftliche Entwicklung förderlich als auch politisch gewollt. Denn mit der Migration waren auch Interessen der Bundesrepublik Deutschland verbunden: bei Aussiedlern und Flüchtlingen aus den Ländern des ehemaligen Ostblocks als Signal gegenüber dem «sozialistischen Block», bei Flüchtlingen und Asylbewerbern aus Diktaturen und Kriegsgebieten als Lehre aus dem Nationalsozialismus und Bekenntnis zu den Menschenrechten und bei den ehemaligen «Gastarbeitern» aus den Mittelmeerländern als Ausdruck des ökonomischen Bedarfs an einer flexiblen Arbeitskraftreserve auf Zeit.

Die ökonomische Lage der ausländischen Migranten wurde bereits in den 70er-Jahren intensiv diskutiert. In breiten Teilen der Öffentlichkeit galten jedoch schlechtere Arbeitsbedingungen und auch schlechtere Bezahlungen als selbstverständlich. Spezielle staatliche Programme zur Unterstützung und zur besseren gesellschaftlichen Integration waren – anders als bei deutschstämmigen Migranten – selten. Assimilation und Einordnung am unteren Ende der beruflichen Hierarchie und der sozialen Ordnung wurden erwartet. Bis in die 70er-Jahre hinein wurde an der Vorstellung festgehalten, dass die Migranten in ihre Heimatländer zurückkehren würden, obwohl in Wirklichkeit ein Großteil von ihnen die Bundesrepublik längst zu seinem Lebensmittelpunkt gemacht hatte. Die geringe Beachtung ihrer wirtschaftlichen Situation war auch auf fehlende sichtbare Zeichen von Armut – wie erhöhte staatliche Transfers – zurückzuführen. Arbeitslosigkeit oder Sozialhilfeempfang bei «Ausländern» gab es bis Ende der

53 Unter Migranten werden alle in die Bundesrepublik dauerhaft eingereisten Personen verstanden. Dies können sowohl (Spät-)Aussiedler als auch Personen aus Ländern der Europäischen Union oder anderen Drittstaaten sein. Der Begriff «Migranten» ist daher nicht mit «Ausländern» gleichzusetzen.

70er-Jahre kaum und konnte es auch nur sehr eingeschränkt geben, da für die Migranten, die im Rahmen der Arbeitskräfteanwerbung in die Bundesrepublik gekommen waren, der Aufenthalt rechtlich an eine Erwerbstätigkeit gebunden war. Die Folge von Arbeitslosigkeit war die Rückkehr ins Heimatland, Hilfe zum Lebensunterhalt (Sozialhilfe) ein Ausweisungsgrund.

Aufgrund veränderter rechtlicher Bedingungen und der allgemeinen Entwicklung auf dem Arbeitsmarkt stiegen die Arbeitslosenquote und der Anteil der Sozialhilfeempfänger (HLU) unter der als «Ausländer» registrierten Bevölkerung. Seit Ende der 60er-Jahre wurde in verschiedenen Untersuchungen immer wieder auf die schlechte sozioökonomische Stellung der ausländischen Migranten, die im Rahmen der Anwerbung und dem folgenden Familiennachzug nach Deutschland kamen, hingewiesen. Aufgrund der sich seit Ende der 80er-Jahre stark verändernden Zusammensetzung der dauerhaft eingereisten Migranten wurden diese Untersuchungen durch weitere Studien zur sozioökonomischen Situation von neuen Migrantengruppen – wie Asylbewerber und Flüchtlinge oder deutsche Zuwanderer wie DDR-Übersiedler (bis Juni 1990) sowie Aussiedler und Spätaussiedler[54] – ergänzt (vgl. Frick/Wagner 1996). Die stark erhöhten Armutsquoten von Migranten wurden vor allem auf die Kumulation von allgemeinen Risikofaktoren wie niedrigere Schul- und Berufsabschlüsse, schlechtere Stellung im Beruf oder kinderreiche Haushaltskonstellationen, aber auch Diskriminierung auf dem Arbeitsmarkt zurückgeführt (vgl. Seifert 1994).

In der nun folgenden Darstellung soll sowohl der veränderten

54 Aussiedler und Spätaussiedler sind nach Art. 116, Abs. 1 Grundgesetz sowie nach § 1, Abs. 2, Nr. 3 des erstmals 1953 erlassenen Bundesvertriebenen- und Flüchtlingsgesetzes (BVFG) deutsche Staatsangehörige oder Volkszugehörige, wenn sie ihren Wohnsitz vor Mai 1945 in den ehemaligen Ostgebieten bzw. Osteuropa gehabt und diese Länder nach Abschluss der Vertreibung verlassen haben. Seit dem 1992 verabschiedeten Kriegsfolgenbereinigungsgesetz spricht man von Spätaussiedlern.

Zusammensetzung der Migranten in Deutschland als auch der im Rahmen der europäischen Vereinigung sich wandelnden rechtlichen Stellung der verschiedenen Migrantengruppen Rechnung getragen werden. Gegenstand der Untersuchung ist daher Armut sowohl bei ausländischen als auch bei deutschen Migranten.

Die Schwierigkeiten und Widersprüche, die mit dem Status dieser Gruppen verbunden sind, spiegeln sich auch auf der semantischen Ebene wider. So steht die juristisch richtige Bezeichnung «Ausländer» [55] teilweise im offenen Widerspruch zur gesellschaftlichen Situation der Inländer ohne deutsche Staatsangehörigkeit. Denn eine seit über 30 Jahren in Deutschland lebende italienische Familie, deren Mitglieder als EU-Bürger deutschen Bürgern rechtlich weitgehend gleichgestellt sind und die hier ihren festen Lebensmittelpunkt hat, als «Ausländer» zu bezeichnen, hingegen eine gerade aus Russland eingewanderte Spätaussiedler-Familie als «deutsch» und damit quasi «inländisch», entspricht zwar der rechtlichen Sachlage, spiegelt aber die Lebensrealität dieser Familien nicht wider. Auch die nett gemeinte Wortwahl «ausländischer Mitbürger» ist wenig hilfreich, da sie einen falschen Rechtsstatus suggeriert. Denn Menschen ohne deutsche Staatsangehörigkeit sind in der Bundesrepublik keine (Mit-)Bürger, da ihnen bestimmte Bürgerrechte nicht zustehen und darüber hinaus ausländerrechtliche Sondernormen für sie bindend sind, die sie von «deutschen» Bürgern abgrenzen und sie diskriminieren (vgl. Rittstieg 2000, S. IX).

Auch der im englischen Sprachraum gebrauchte Begriff der «ethnic minorities» ist nicht treffend, da die ethnischen Minderheiten in den angelsächsischen Ländern in der Regel nicht nur zur festen und dauerhaften Bestandsbevölkerung zählen, sondern

55 Gemäß der Definition in § 1, Abs. 2 AuslG ist Ausländer jeder, der nicht Deutscher im Sinne des Art. 116, Abs. 1 GG ist, also nicht die deutsche Staatsangehörigkeit oder Volkszugehörigkeit hat.

auch Staatsbürger sind. In Ermangelung eines treffenderen Begriffs wird im Weiteren von «deutschen und ausländischen Migranten» die Rede sein, da all diese Personen oder ihre Eltern unabhängig von der Dauer ihrer Anwesenheit und ihrer Nationalität in die Bundesrepublik eingereist sind. Aber auch diese Wortwahl beinhaltet Unschärfen. Denn wie lange muss ein Mensch mit Migrationshintergrund in einem Land leben, um Teil der «Bestandsbevölkerung» zu werden? Sind die zum Teil seit über 30 Jahren im Rahmen der Anwerbung eingereisten Personen und ihre hier geborenen Kinder und Kindeskinder immer noch Migranten? Deshalb lässt es sich nicht immer vermeiden, den Begriff «Ausländer» zu verwenden, wenn rechtliche oder statistische Zusammenhänge erläutert werden.

Die Vielschichtigkeit des Themas Migration, seine historische, wirtschafts- und sozialpolitische Bedeutung, die zunehmende gesamteuropäische Dimension sowie die hohe Binnenheterogenität der Migranten machen die Auseinandersetzung mit ihrer sozioökonomischen Situation schwierig. Zugleich verdeutlicht sie aber die Dringlichkeit dieser Thematik.

Im Folgenden werden nach einem kurzen Überblick über die Entwicklung der Migration und die verschiedenen rechtlichen Aufenthaltstitel in der Bundesrepublik Deutschland die Risikopotentiale der einzelnen Gruppen von Migranten beschrieben. Es folgt die Darstellung empirischer Befunde, die auf der Basis des SOEP zur Einkommensarmut unter deutschen und ausländischen Migranten in den alten Bundesländern ermittelt wurden. Die Einschränkung auf Westdeutschland liegt in der geringen Anzahl von ausländischen Migranten in Ostdeutschland begründet. Fast 97 % aller ausländischen Migranten, die in Deutschland leben, wohnen in den alten Bundesländern. Der Abschnitt schließt mit sozialpolitischen Empfehlungen zur Bekämpfung der Armut unter Migranten.

3.5.2 Migration und rechtlicher Status deutscher und ausländischer Migranten

3.5.2.1 Migration in die Bundesrepublik Deutschland

Die heutige Situation von Migranten in Deutschland ist nur vor dem geschichtlichen Hintergrund der Einwanderungsbewegungen in die Bundesrepublik Deutschland seit den 50er-Jahren und den parallel zu diesen Bewegungen erlassenen ausländerrechtlichen Bestimmungen und Gesetzen zu verstehen. Der in Wellenbewegungen verlaufenden Migration in die BRD folgten – besonders seit den 70er-Jahren – Gesetzesinitiativen oder neue Verordnungen, welche das Ziel hatten, die Einwanderung abzuschwächen.

Mit dem Ende des Zweiten Weltkrieges kamen 12 Mio. Flüchtlinge und Vertriebene aus den ehemaligen deutschen Ostgebieten sowie Polen, der Tschechoslowakei, Ungarn und Jugoslawien nach West- und Ostdeutschland und Österreich. Ihre rechtliche Gleichstellung wurde durch den Artikel 116 GG gesichert. Ökonomisch wurden die Heimatvertriebenen durch die Kompensationszahlungen für verlorenes Eigentum im Rahmen des Lastenausgleichs unterstützt. Mit dem 1953 in Kraft getretenen Bundesvertriebenen- und Flüchtlingsgesetz (BVFG) wurde die rechtliche Grundlage für die ethnisch privilegierte Zuwanderung weiterer Deutscher aus den ehemaligen deutschen Ostgebieten geschaffen. Diese Zuwanderung setzte sich bis Mitte der 80er-Jahre auf niedrigem Niveau fort. Aufgrund ihrer ethnischen Zugehörigkeit erhielten diese Aussiedler und ihre Familienangehörigen auf Antrag die deutsche Staatsangehörigkeit. Im Rahmen des BVFG konnten sie u. a. Eingliederungshilfen für den Berufseinstieg in Anspruch nehmen, und frühere Arbeitsjahre in ihren Herkunftsländern wurden ihnen als Beitragsjahre für die Sozialversicherungen angerechnet (vgl. Münz/Seifert/Ulrich 1999, S. 28 ff.).

Trotz dieser Zuwanderung konnten bereits in den 50er-Jahren in einigen Branchen nicht mehr alle Arbeitsplätze besetzt werden. Durch die Rekrutierung von Arbeitskräften aus Südeuropa war es möglich, diese Nachfragelücke zu schließen. Zur rechtlichen Absicherung dieser Rekrutierung schloss die Bundesregierung 1955 ein erstes Abkommen mit Italien. In den 60er-Jahren folgten weitere Abkommen mit Spanien, Griechenland, der Türkei, Marokko, Portugal, Tunesien und dem ehemaligen Jugoslawien. Gemäß dem Rotationsmodell sollte mit dieser Rekrutierung keine dauerhafte Einwanderung, sondern lediglich ein temporärer Aufenthalt von wenigen Jahren verbunden sein. Der Einsatz ausländischer Arbeitskräfte sollte bei der Beseitigung konjunkturell und demographisch bedingter Engpässe helfen. Die angeworbenen Arbeitskräfte erhielten für kurze Zeit ausgestellte Aufenthalts- und Arbeitserlaubnisse. Als 1973 im Zuge des OPEC-Ölembargos (Ölkrise) und der darauf folgenden Rezession die Arbeitslosenzahlen stiegen, kam es zu einem Anwerbestopp.

Ebenso wie in der BRD wurden auch in der DDR Vertragsarbeiter auf der Basis zwischenstaatlicher Verträge aus den sozialistischen Ländern Mitteleuropas, später auch aus Algerien, Kuba, Mosambik, Vietnam, der Mongolei, Angola und China angeworben. Die Anwerbung erfolgte jedoch in viel geringerem Umfang. Da an dem Prinzip der Rotation und der Rückkehr in die Herkunftsländer festgehalten wurde und ein Familiennachzug nicht möglich war, stieg die Zahl der ausländischen Vertragsarbeitnehmer nie über 200 000.

In den alten Bundesländern kam es nach dem Anwerbestopp 1973 zu einer Konsolidierung der ausländischen Wohnbevölkerung. Zeitweise sank die Zahl der ausländischen Wohnbevölkerung sogar. Insgesamt stieg der Anteil der ausländischen Wohnbevölkerung bis Ende der 80er-Jahre um etwa 1 % auf 7,3 % (1988). Dieser niedrige Anstieg im Saldo heißt aber keineswegs, dass es während dieser Zeit kaum Migration in und aus der BRD gegeben hätte. Zwar verhinderten die stark reduzierten Einreisemöglichkeiten den Zuzug weiterer Arbeitskräfte, aber vor allem im Rahmen des Rechts auf Familiennachzug, des Asylrechts, zwischenstaatlicher Verträge (Werkvertragsarbeitnehmer und Saisonarbeiter), Sonderregelungen für Kontingentflüchtlinge aus internationalen Hilfsaktionen (Boat-People) und Art. 116 GG kamen weitere ausländische und deutsche Migranten in die BRD, während gleichzeitig nahezu ebenso viele Deutsche wie «Ausländer» fortzogen.

In dem Zeitraum von 1988 bis 1992 kam es erneut zu einem Anstieg der Zuwanderung. Zum einen stieg durch die Liberalisierung der Ausreisemöglichkeiten aus den ehemaligen sozialistischen Ländern Ost- und Mitteleuropas die Zuwanderung von DDR-Übersiedlern und Aussiedlern. Zum anderen erhöhte sich, bedingt durch den Krieg und die «ethnische Säuberung» im ehemaligen Jugoslawien sowie die sich zuspitzende Situation im kurdisch besiedelten Teil der Türkei, der Zuzug von Asylbewerbern und Flüchtlingen aus dem Gebiet des ehemaligen Jugoslawien und der Türkei, aber auch aus Afghanistan, Irak, Iran, Sri Lanka und Rumänien. Die geographische Lage, die attraktive wirtschaftliche Situation, bestehende Kontakte (Familienzusammenführung) und die rechtliche Situation (Asyl und Familiennachzug) ließen die Bundesrepublik zu einem Zielland vieler Menschen werden.

Die Zunahme der Migranten hatte zwei Folgen. Aufgrund des starken Anstiegs der Zahl von Asylbewerbern geriet das individuelle Grundrecht auf Asyl erneut in die Diskussion. Unter dem Motto «Das Boot ist voll» wurde Stimmung gegen Asylbewerber und sogenannte Wirtschaftsflüchtlinge gemacht. Die traumatischen Erlebnisse und die große Not in den Herkunftsländern wurden dabei weitgehend ausgeblendet. Trotz heftiger Kritik von Parteien, Verbänden und Kirchen stand am Ende dieses Prozesses die Einschränkung des Asylrechts und die Neuformulierung des

Art. 16a des GG. Nach dem 1993 in Kraft getretenen sogenannten Asylkompromiss haben Flüchtlinge in der Bundesrepublik keinen Anspruch auf Anerkennung als Asylberechtigte nach Art. 16a GG, wenn sie über einen sicheren Drittstaat eingereist sind. Alle Anrainerstaaten der Bundesrepublik werden derzeit offiziell als sichere Drittstaaten eingeschätzt. Für Personen aus «verfolgungsfreien Herkunftsländern» wurde ein vereinfachtes Prüfungsverfahren eingerichtet, das meist zur Ablehnung führt. Gleichzeitig wurde der vorübergehende Schutz von Kriegs- und Bürgerkriegsflüchtlingen außerhalb des Asylverfahrens im Ausländergesetz neu geregelt. Allerdings fanden die Bestimmungen des § 32a AuslG erst im Mai 1999 für einen Teil der Flüchtlinge aus dem Kosovo Anwendung.

Die Neuregelung des Asylrechts und die restriktivere Praxis sorgten ab 1993 für ein starkes Absinken der Zahl von Asylbewerbern und -berechtigten. Allerdings werden nicht alle Personen, die nach Art. 16 GG nicht anerkannt wurden, sofort abgeschoben. Einem Teil von ihnen wird Abschiebeschutz aufgrund der Genfer Flüchtlingskonvention (Art. 33 – Refoulement-Verbot) gewährt, wenn durch die Abschiebung das Leben oder die Freiheit des Flüchtlings «wegen seiner Rasse, Religion, Staatsangehörigkeit, seiner Zugehörigkeit zu einer bestimmten Gruppe oder wegen seiner politischen Überzeugung bedroht ist» (§ 51 Abs. 1 AuslG – kleines Asyl). Andere Flüchtlinge erhalten gemäß der europäischen Menschenrechtskonvention Abschiebeschutz (§ 53 AuslG). Schließlich ist bei einer weiteren Gruppe von Flüchtlingen («De-facto-Flüchtlinge») eine Abschiebung aus tatsächlichen oder rechtlichen Gründen nicht möglich. Im Unterschied zu anerkannten Asylsuchenden, die einen Anspruch auf eine unbefristete Aufenthaltserlaubnis, eine Arbeitserlaubnis und Eingliederungshilfen in Form von Ausbildungsförderung und Sprachkursen haben, sind sie lediglich geduldet (§ 56 AuslG), und ihr Aufenthalt wird nur für einen begrenzten Zeitraum toleriert.

Bedingt durch den starken Anstieg der Aussiedler aus Osteuropa, wurde zur Steuerung des Aussiedlerzuzugs bereits im Juli 1990 das Aussiedleraufnahmegesetz (AAG) erlassen. Potenzielle Aussiedler müssen seitdem bereits vor ihrer Einreise zur Prüfung ihrer deutschen Volkszugehörigkeit einen ca. 50 Seiten langen Fragebogen beantworten. Diese Regelungen wurden in das 1993 novellierte Bundesvertriebenen- und Flüchtlingsgesetz (BVFG) übernommen und Teile der besonderen Eingliederungshilfen abgeschafft. Zusätzlich wurde der jährliche Zuzug von Spätaussiedlern und ihren Familienangehörigen ab 1993 auf 225 000 (Durchschnitt der Jahre 1991/92) und ab 2000 auf rund 100 000 Personen quotiert. Ein Anspruch besteht seitdem nur noch für Volksdeutsche aus dem Gebiet der ehemaligen Sowjetunion. Während bis 1995 das Kontingent fast komplett ausgeschöpft wurde, ist die Zahl der Einwanderer in den letzten Jahren rückläufig. 1997 kamen nur 134 419, 1998 103 080 und 1999 104 916 Spätaussiedler in die Bundesrepublik (vgl. Zimmermann 1999; Beauftragter der Bundesregierung für Aussiedlerfragen 1999).

Insgesamt hat seit 1993 die Migration nach Deutschland kontinuierlich abgenommen, sodass sich 1998 Zu- und Fortzüge fast deckten und ein positiver Saldo von weniger als 50 000 verzeichnet wurde. Der in der Graphik sichtbare Rückgang bei deutschen Migranten seit 1991 ist ein Artefakt. Personen, die nach Juni 1990 von West- nach Ostdeutschland übersiedelten, wurden als Binnenwanderer und nicht mehr als Migranten erfasst.

Seit 1950 sind insgesamt über 30 Mio. Menschen registriert nach Westdeutschland zu und fast 22 Mio. abgewandert, sodass der Wanderungsgewinn insgesamt 8 Mio. betrug. Zu den Einwanderern in dieser Zeit zählten deutsche Migranten (Vertriebene, deutschstämmige Aussiedler, Übersiedler aus der DDR) ebenso wie ausländische Migranten (Arbeitsmigranten, Gastarbeiter, Asylsuchende, Kriegs- und Bürgerkriegsflüchtlinge, «neue Arbeitsmigranten» und andere). Etwa 20 % der seit 1950 zuge-

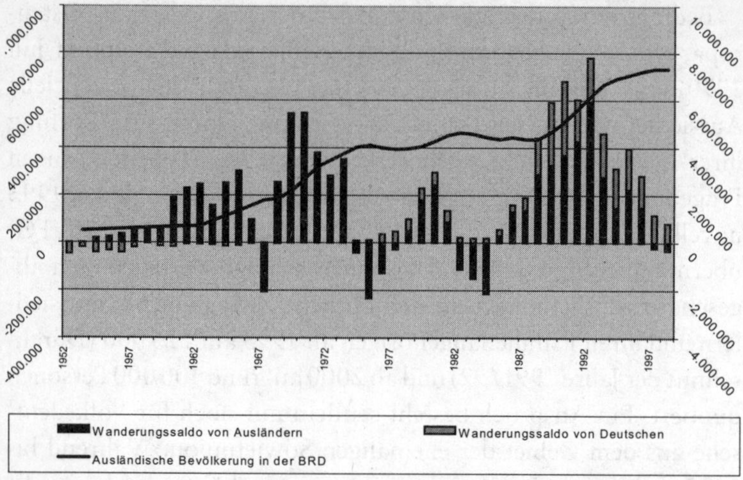

Abbildung 3.5–1: Wanderungssaldo der Bundesrepublik Deutschland seit 1952 (ab 1991 einschließlich der neuen Bundesländer)

wanderten Personen waren aus juristischer Sicht Deutsche. Die ausländische Wohnbevölkerung ist seit 1950 um mehr als 6,6 Mio. gewachsen. 1998 besaßen von den 82 Mio. Einwohnern Deutschlands 7,32 Mio. (8,9 %) keine deutsche Staatsbürgerschaft. 6,6 Mio von ihnen lebten in den alten, 240 000 in den neuen Bundesländern und rund 480 000 in Berlin. Im internationalen Vergleich ist die BRD sowohl absolut als auch relativ zu ihrer Bevölkerungsgröße in den vergangenen fünf Jahrzehnten ein Land mit hoher Migration gewesen. Die Bundesrepublik ist, obwohl die bestehende Rechtssituation und die mit ihr verbundenen Möglichkeiten der Einreise für ausländische Migranten seit dem Anwerbestopp eher als ein Abwehrsystem denn als ein geregeltes Einwanderungssystem aufgefasst werden können, faktisch seit den 50er-Jahren ein Einwanderungsland (vgl. Münz/Seifert/Ulrich 1999, S. 42 ff.; Lederer 1997, S. 177 ff., Beauftragte der Bundesregierung für Ausländerfragen, 1999 b).

3.5.2.2 Die unterschiedlichen Aufenthaltstitel von Migranten

Während deutsche Migranten das Recht auf Einbürgerung[56], damit einhergehend auf alle staatsbürgerlichen Rechte und in eingeschränktem Maße auch Anspruch auf Integrationsleistungen haben, unterliegen ausländische Migranten einem rechtlichen Sonderstatus. Trotz zum Teil jahrzehntelanger Aufenthaltszeiten bleiben Migranten und ihre Kinder Ausländer. Grund war das bis 1999 gültige Staatsbürgerschaftsrecht, das durch die Idee des *ius sanguinis* geprägt war und die Staatsbürgerschaft an die Abstammung von Deutschen band. Bis 1999 hatten ausländische Migranten nur nach langen Aufenthaltszeiten (in der Regel 15 Jahre) und unter Einschränkungen ein Anrecht auf Einbürgerung (§§ 85 ff. AuslG; vgl. Bundesbeauftragte für Ausländerfragen, 1999 a, S. 11 ff.). Auch wenn Integration und Einbürgerung nicht identisch sind, wie die Schwierigkeiten von Spätaussiedler bei der Eingliederung in die bundesdeutsche Gesellschaft zeigen, so ist die Einbürgerung der einzig mögliche Schritt zur vollkommenen rechtlichen Gleichstellung mit «Deutschen».

In Abhängigkeit vom Aufenthaltsstatus und der Staatsangehörigkeit haben Migranten eine unterschiedliche Stellung im Arbeits- und Sozialrecht. Das in der BRD gültige Recht definiert folgende vier Arten von Aufenthaltsgenehmigung für ausländische Migranten (vgl. Lederer 1997, S. 88 ff.; Brand 1999, S. 24 ff.; Heinhold 2000, S. 165 ff.; Huber 1999):

56 Nichtdeutsche Ehegatten von Aussiedlern, die noch keine drei Jahre mit dem Aussiedler verheiratet sind, bleiben rechtlich Ausländer, können aber unter erleichterten Bedingungen einbürgern.

Aufenthaltsberechtigung nach § 27 AuslG:
Sicherster Aufenthaltsstatus, den das Ausländergesetz gewährt (zweite Stufe der Verfestigung des Aufenthalts). Unter den Bedingungen, dass bereits seit 8 Jahren eine Aufenthalterlaubnis vorliegt (bei ehemaligen Deutschen, Ehegatten Deutscher, Asylberechtigten nach 5 Jahren), mindestens 60 Monatsbeiträge zur gesetzlichen Rentenversicherung geleistet wurden, der Lebensunterhalt selbständig bestritten wird und der Antragsteller wegen keiner größeren vorsätzlichen Straftat verurteilt wurde, kann die Aufenthaltsberechtigung auf Antrag erteilt werden. Aufenthaltsberechtigte bedürfen keiner Arbeitsgenehmigung (§ 284, Abs. 1 SGB III).

Aufenthaltserlaubnis nach §§ 15–26 und 35 AuslG:
Grundlage für einen Daueraufenthalt und erste Stufe der Verfestigung des Aufenthalts. An die Aufenthaltserlaubnis ist kein bestimmter Aufenthaltszweck gebunden. Die *befristete Aufenthaltserlaubnis* (§§ 15–23 AuslG) regelt vor allem das Aufenthaltsrecht von ausländischen Kindern und Jugendlichen, Familienangehörigen und Ehegatten. Voraussetzung für Erteilung und Verlängerung der befristeten Aufenthaltserlaubnis ist stets, dass der Lebensunterhalt der Person ohne die Inanspruchnahme öffentlicher Mittel gesichert ist. Eine Arbeitserlaubnis kann unter Beachtung des Inländervorranges gewährt werden. Nach fünfjährigem Besitz der befristeten Aufenthaltserlaubnis und Erfüllung weiterer Voraussetzungen wird sie gemäß §§ 24, 26 AuslG in eine *unbefristete Aufenthaltserlaubnis* umgewandelt. Ebenso erhalten anerkannte Asylberechtigte nach § 68 Abs. 1 Asyl-VFG eine unbefristete Aufenthaltserlaubnis. «Ausländer» mit einer unbefristeten Aufenthaltserlaubnis bedürfen keiner Arbeitsgenehmigung (§ 284, Abs. 1 SGB III). Die unbefristete Aufenthaltserlaubnis ist die erste Stufe der Verfestigung des Aufenthalts.

Aufenthaltsbewilligung nach §§ 28–29 AuslG:
Zeitlich beschränkter Aufenthaltsstatus, dessen Dauer streng an den Aufenthaltszweck gebunden ist. Die Erteilung der Aufenthaltsbewilligung erfolgt nach Ermessen. Nach Wegfall dieses Zwecks müssen «Ausländer» (z. B. Werkvertragsarbeitnehmer, Gastarbeitnehmer, Studenten, Auszubildende, Besucher, Geschäftsreisende) die BRD grundsätzlich – ohne Möglichkeit zur aufenthaltsrechtlichen Verfestigung – wieder verlassen.

Aufenthaltsbefugnis nach §§ 30–34 AuslG und § 70 AsylVerfG:
Personen, denen der Aufenthalt in der BRD aus völkerrechtlichen, dringenden humanitären oder politischen Gründen erlaubt werden soll und für die die Erteilung einer Aufenthaltserlaubnis ausgeschlossen ist, erhalten eine Aufenthaltsbefugnis. Sowohl Personen, die gemäß der Genfer Flüchtlingskonvention nicht abgeschoben werden dürfen (§ 51 Abs. 1 AuslG – «kleines Asyl») als auch Kriegs- und Bürgerkriegsflüchtlingen (§ 32 a AuslG) wird eine Aufenthaltsbefugnis erteilt. Auch abgelehnte aber geduldete Asylbewerber können nach zwei Jahren eine Aufenthaltsbefugnis erhalten. Gemäß § 34 AuslG gilt die Aufenthaltsdauer jeweils für längstens zwei Jahre und darf grundsätzlich nur bei Weiterbestehen der Gründe der Aufenthaltsgewährung verlängert werden. Eine Arbeitserlaubnis ist unter Beachtung des Inländervorranges möglich; nach fünf Jahren erhalten Aufenthaltsbefugte eine Arbeitsberechtigung.

Hinzu kommen Sonderregelungen für EU-Staatsangehörige und türkische Arbeitnehmer:

Aufenthaltserlaubnis-EG nach § 1ff Aufenthaltsgesetz/EWG: Der Aufenthalt von EU-Staatsangehörigen und ihnen gleichgestellten Personen wird im – dem AuslG vorrangigen – Aufenthaltsgesetz der EWG geregelt. Insbesondere Arbeitnehmern, Dienstleistern und Selbständigen gewährt es Personenfreizügigkeit innerhalb des gesamten EU-Raums. Fallen Regelungen des AuslG günstiger aus als des Europarechts, so gelten diese ebenso für EU-Staatsangehörige (Meistbegünstigungsprinzip). Mit der von den Ausländerbehörden erstellten Aufenthaltserlaubnis-EG sind EU-Bürger rechtlich deutschen Staatsangehörigen in weiten Bereichen gleichgestellt. Einer Arbeitserlaubnis bedürfen EU-Bürger nicht.

Sonderstellung türkischer Arbeitnehmer gemäß der Assoziationsratsbeschlüsse Nr. 2/76 und 1/80:

Durch das Assoziationsabkommen der EWG und der Türkei von 1963 sollten türkische Arbeitnehmer in den Vertragsstaaten der EU sukzessive Freizügigkeit erhalten und langfristig der Beitritt der Türkei zur EU vorbereitet werden. In der BRD wurden diese europäischen Beschlüsse aber ignoriert und erst nach einem Urteil des Europäischen Gerichtshofs 1990 umgesetzt. Damit ist die aufenthalts- und arbeitsrechtliche Stellung türkischer Arbeitnehmer und ihrer Familienangehörigen günstiger als die anderer Ausländer aus Nicht-EU-Staaten. In der Praxis mangelt es allerdings nach wie vor an der Umsetzung dieser Beschlüsse. Gemäß ARB Nr. 1/80 haben bereits beschäftigte türkische Arbeitskräfte einen Rechtsanspruch auf Verlängerung der Arbeitserlaubnis und der zur Arbeitsaufnahme erteilten Aufenthaltsgenehmigung.

Zusätzlich zu diesen Aufenthaltsgenehmigungen enthält das deutsche Ausländer- und Asylrecht noch folgende weitere Aufenthaltstitel:

Duldung nach § 55 AuslG:
Zeitweise Aussetzung der Abschiebung. Personen ohne Aufenthaltsgenehmigung, die rechtlich verpflichtet sind, die BRD zu verlassen, aber aus rechtlichen oder tatsächlichen Gründen nicht abgeschoben werden können, kann eine Duldung erteilt werden. Gründe für eine solche Duldung können sein: Gefahr für Leib, Leben und Freiheit, Gefahr von Folter und Todesstrafe, die Weigerung des Heimatstaates, den «Ausländer» wieder aufzunehmen. Die Duldung ist zeitlich auf ein Jahr befristet, kann aber verlängert werden. Bei Wegfall der Gründe wird die Duldung widerrufen. Je nach Arbeitsmarktlage kann geduldeten Personen eine Arbeitserlaubnis erteilt werden (§ 5 ArGV), aber in der Regel erhalten sie diese vom Arbeitsamt nicht.

Aufenthaltsgestattung nach §§ 55–67 AsylVfG:
Aufenthaltstitel von Asylbewerbern für die Dauer des Asylverfahrens. Die Aufenthaltsgestattung bindet sie für die Dauer des Asylverfahrens räumlich an den Bezirk der zuständigen Ausländerbehörde. Bei Anerkennung nach Art. 16a GG erhalten Asylberechtigte eine unbefristete Aufenthaltserlaubnis. Werden sie als Flüchtlinge im Sinne der Genfer Flüchtlingskonvention (§ 51 Abs. 1 AuslG – «kleines Asyl») anerkannt, erhalten sie eine Aufenthaltsbefugnis. In den 80er-Jahren erhielten Asylbewerber praktisch keine Arbeitserlaubnis, seit 1991 können sie eine Arbeitserlaubnis erhalten, aber diese wird zum Schutz der einheimischen Erwerbsbevölkerung nur nachrangig vergeben. Gemäß einer Weisung des BMA sollen Asylbewerber und geduldete Ausländer, die nach Mai 1997 eingereist sind, keine Arbeitserlaubnis erhalten.

Personen, die keinen der oben genannten Rechtsstatus innehaben, halten sich *ohne legalen ausländerrechtlichen Status* in der BRD auf – was noch nicht heißt, dass ihre Anwesenheit illegal ist. Neben Personen, die illegal eingereist sind oder deren Aufenthaltsstatus abgelaufen ist, besitzen beispielsweise auch Migranten, die einen Antrag auf Aufenthaltsgenehmigung gestellt haben, keinen Aufenthaltstitel. Die rechtliche Situation von Migranten ohne legalen ausländerrechtlichen Status ist desolat. Eventuell bestehende Rechte werden häufig nicht eingefordert, da sie den Aufenthalt gefährden würden. Für eine vertiefte Auseinandersetzung sei an dieser Stelle insbesondere auf die Erklärung der Verbände der Freien Wohlfahrtspflege «Zur rechtlichen und sozialen Situation der Ausländer ohne legalen Aufenthaltsstatus» vom April 1999 verwiesen (Bundesarbeitsgemeinschaft der Freien Wohlfahrtspflege 1999; siehe auch Beauftragte der Bundesregierung für Ausländerfragen 2000, S. 177f.).

Tabelle 3.5–1: Migranten aus Drittstaaten nach ihrem rechtlichen Status

Staatsangehörigkeit[1)]	Gesamtzahl der Personen	davon mit Aufenthaltsgenehmigung (in %)						sonstiger Aufenthaltsstatus (in %)			
		A'Berechtigung	unbefr. A'erl.	befr. A'erl.	A'Bewilligung	A'Befugnis	A'Erl-EG	Duldung	A'Gestattung	v. A'G. befreit	ungeklärter Status
Marokko	81450	12,0	29,3	39,5	6,4	0,3	0,8	0,4	0,5	2,5	8,3
Vietnam	85362	1,6	31,8	25,9	1,6	4,3	0,1	16,4	4,2	0,1	14,1
Rumänien	87504	0,7	16,8	23,3	13,3	2,7	0,8	1,3	3,7	0,1	37,3
Russ. Föderation	98363	0,3	41,4	32,7	7,4	1,9	0,3	1,4	2,2	0,1	12,2
USA	111982	3,7	37,1	36,4	6,1	0,0	0,9	0,0	0,0	2,7	13,0
Iran	116446	10,6	38,8	20,9	1,8	7,2	0,2	1,3	9,7	0,1	9,4
Bosnien/ Herzegowina	167690	13,0	15,1	24,9	1,7	3,8	0,6	27,7	2,8	0,2	10,4
Kroatien	213954	31,9	36,3	21,9	3,2	0,3	0,4	1,3	0,2	0,5	3,8
Polen	291673	2,5	23,4	30,3	15,9	3,0	0,8	0,5	0,5	0,4	22,8
Jugoslawien	737204	13,5	21,9	16,0	0,5	3,4	0,3	19,7	12,7	1,5	10,5
Türkei	2053564	23,2	30,1	36,3	0,3	1,0	0,1	0,7	2,0	1,9	4,3
Gesamt	7343591	11,2	27,6	23,9	3,1	2,4	10,3	4,1	3,6	2,8	10,9

Quelle: Bundesverwaltungsamt Köln, Ausländerzentralregister (AZR), Stand: 31. 12. 1999

[1)] Es wurden nur Drittstaaten aufgeführt, mit deren Staatsangehörigkeit mehr als 80000 Personen in der BRD leben.

Hinsichtlich der Verteilung der Aufenthaltstitel unter den ausländischen Migranten aus Drittstaaten (Staaten außerhalb des Einzugsbereichs des AufenthG/EWG) lassen sich nationenspezifische Muster identifizieren. Am Jahresende 1999 hatten Kroaten (68,3 %), Türken (53,3 %) oder Iraner (49,5 %) deutlich häufiger als Personen aus Polen (26,1 %), Bosnien-Herzegowina (18,2 %) oder Rumänien (17,6 %) einen verfestigten Aufenthalt (unbefristete Aufenthaltserlaubnis oder Aufenthaltsberechtigung). Dies ist sicherlich auch auf die unterschiedliche durchschnittliche Aufenthaltsdauer zurückzuführen. So sind fast 40 % aller Personen aus Bosnien-Herzegowina nur geduldet (Bürgerkriegsflüchtlinge) oder besitzen eine Aufenthaltsgestattung. Aber auch von den 2,1 Mio. Türken, von denen fast zwei Drittel schon länger als zehn Jahre in der BRD leben, hatten 36,3 % eine befristete, 30,1 % eine unbefristete Aufenthaltserlaubnis und nur 23,2 % eine Aufenthaltsberechtigung. Für andere Migranten, welche ebenfalls die Staatsangehörigkeit von Anwerbeländern haben, die nicht zur EU zählen, ist die Verteilung der Aufenthaltsberechtigten sogar noch ungünstiger.

Da ein fester Aufenthaltsstatus eine wichtige Voraussetzung für die Integration in die Gesellschaft ist, kritisiert die Ausländerbeauftragte der derzeitigen Bundesregierung die aktuelle Situation der ausländischen Migranten. In Anbetracht der Tatsache, dass 1997 mehr als die Hälfte der ausländischen Migranten bereits länger als 10 Jahre und 30 % sogar länger als 20 Jahre in der BRD lebten und «für die meisten Migrantinnen und Migranten die Bundesrepublik Deutschland zum Lebensmittelpunkt geworden ist, lässt der Aufenthaltsstatus immer noch zu wünschen übrig» (Beauftragte der Bundesregierung für Ausländerfragen 2000 S. 19). Gründe für diese Situation sind sowohl die Unkenntnis der Betroffenen als auch die hohen gesetzlichen Auflagen sowie die restriktive Handhabung der Behörden.

3.5.3 Zentrale Risiken für Einkommensarmut von Migranten

In einer marktwirtschaftlich orientierten Gesellschaft bestimmt Einkommen den Zugang zu nahezu allen Lebensbereichen. Das Risiko von Einkommensarmut und Unterversorgung in anderen Lebenslagen ist für Migranten deutlich höher als für den Durchschnitt der Bevölkerung. Daher entspricht es einer verkürzten Sicht, das soziale Phänomen von Armut unter Migranten nur auf Einkommensarmut zu beschränken. Im Spannungsfeld von gesellschaftlicher Exklusion und Inklusion sind Bildung, Arbeit, soziale Kontakte, Wohnen und Gesundheit ebenso zentrale Einflussgrößen. Da im Weiteren vor allem auf die für das Einkommen besonders relevante Lebenslage «Arbeit» näher eingegangen wird, sei bezüglich möglicher Unterversorgung in anderen Lebenslagen auf die vorhandene Literatur hingewiesen (vgl. Beauftragte der Bundesregierung für Ausländerfragen 2000, S. 113 ff.; Frick/Wagner 1996; Hauser/Kinstler 1995; Thränhardt/Dieregsweler/Santel 1994, S. 139 ff.; Thränhardt 1995).

Das Risiko, in Einkommensarmut zu geraten, ist einerseits abhängig von der Anzahl und der Höhe der Erwerbseinkünfte, der Höhe der Besitzeinkünfte und den privaten und staatlichen Transfers, die dem Haushalt zufließen, andererseits von der Größe und der Zusammensetzung des Haushaltes, die den Haushaltsbedarf definieren. Daher werden im Folgenden die mit dem Haushaltsbedarf verbundenen Risiken kurz genannt und anschließend die für das Einkommen entscheidenden Risiken skizziert.

3.5.3.1 Risiken durch besondere Haushaltsbedarfe

Die durchschnittliche Größe und die Struktur der Haushalte von Migranten sowie der mit ihnen verbundene Bedarf bergen Risiken im Hinblick auf Einkommensarmut. Die Haushaltsstruktur von Migranten zeichnet sich durch eine höhere Anzahl der in Haushalten lebenden Personen, eine jüngere Altersstruktur und damit verbunden durch eine größere Zahl von Kindern und Jugendlichen im Vergleich zum Durchschnitt der Bevölkerung aus. Geht mit der höheren Anzahl der in den Haushalten lebenden Personen ein ungünstigeres Verhältnis von Erwerbstätigen zu den mit zu versorgenden Haushaltsmitgliedern einher, dann erhöht sich das Risiko für Einkommensarmut. In diesem Fall kann der erhöhte Bedarf an Wohnraum, Lebensmitteln und sonstigen Gütern nicht durch mehrere Erwerbseinkommen kompensiert werden. Wenn die tatsächliche Bedarfsgemeinschaft, die von der Summe der Einkünfte versorgt wird, noch über die im Haushalt lebenden Personen hinausgeht (z. B. durch Familienangehörige in den Herkunftsländern), wird das für die Haushaltsmitglieder zur Verfügung stehende Einkommen weiter reduziert.

Eine Folge des größeren Bedarfs durch die höhere Anzahl der in den Haushalten lebenden Personen ist eine oftmals schlechte Wohnsituation, die sich sowohl in der Größe des verfügbaren Wohnraums als auch in der Ausstattung niederschlägt (vgl. Beauftragte der Bundesregierung für Ausländerfragen 1997, S. 63 ff.). Besonders drastisch ist die beengte und belastende Wohnsituation von Asylbewerbern, Flüchtlingen und Spätaussiedlern in Übergangsheimen, Billigpensionen und anderen Notunterkünften (vgl. Beauftragte der Bundesregierung für Ausländerfragen 2000, S. 157 ff.; Hauser/Kinstler 1995). Hinzu kommt, dass Migranten aufgrund hoher Mieten und diskriminierenden Verhaltens der Vermieter häufig nur Wohnungen in Gebieten und Stadtteilen mieten können, die einen niedrigen Status und bereits eine hohe Konzentration von Migranten haben. Da für «deutsche» Mieter diese Wohnviertel oft unattraktiv sind, sind in den letzten Jahrzehnten in Großstädten wie Stuttgart, München oder Frankfurt am Main Stadtteile entstanden, in denen zum größten Teil Migranten wohnen. Die Folgen dieser Entwicklung sind unter dem Schlagwort «Kolonie oder Ghetto» diskutiert worden. Die häufig schlechte Wohnsituation und sozialräumliche Konzentration kann einen negativen Einfluss auf Bildung, Arbeit und Gesundheit ausüben und soziale Spannungen erzeugen. Bestehende Unterversorgungslagen in der Wohnsituation von Migranten dürften eines der großen Risiken für Armut sein.

3.5.3.2 Arbeitsmarkt- und Erwerbseinkommensrisiken

Das Risiko, im Haushalt nur über ein geringes oder überhaupt kein Einkommen aus Erwerbsarbeit zu verfügen, ist zum einen abhängig von volkswirtschaftlichen Größen wie der Erwerbs- und Arbeitslosenquote sowie der Verteilung der Arbeitskräfte auf die einzelnen Branchen, zum anderen von individuellen Merkmalen wie schulischer und beruflicher Qualifizierung sowie beruflicher Stellung. In diesem Abschnitt werden daher in einem ersten Schritt die Risiken skizziert, die für Migranten beim Zugang zum Arbeitsmarkt bestehen. Neben der Möglichkeit, arbeiten zu können, ist letztlich die tatsächliche Partizipation am Arbeitsmarkt entscheidend. Daher werden anschließend die Risiken aufgezeigt, die in der Struktur der Erwerbstätigkeit, der Arbeitslosigkeit sowie den Defiziten in der Bildungs- und Ausbildungssituation von Migranten liegen.

3.5.3.2.1 Rechtlicher Zugang zum Arbeitsmarkt

Während deutsche Migranten uneingeschränkten Zugang zum Arbeitsmarkt und zu speziellen Hilfen zur beruflichen Eingliederung haben, ist für ausländische Migranten der Zugang zum Arbeitsmarkt von ihrem Aufenthaltsstatus abhängig. Grundsätzlich bedürfen ausländische Migranten zur Ausübung einer Beschäftigung einer Genehmigung des Arbeitsamtes (§ 19 Arbeitsförderungsgesetz). Wie bereits in Abschnitt 5.2.2 erwähnt, sind von dieser Genehmigungspflicht gemäß § 284 SGB III nur EU-Staatsbürger und solche Personen aus Drittstaaten befreit, die über eine Aufenthaltsberechtigung oder eine unbefristete Aufenthaltserlaubnis verfügen. Gleiches gilt für «Ausländer», deren Aufenthalt zum Zwecke einer Erwerbstätigkeit in zwischenstaatlichen Vereinbarungen geregelt ist (§§ 28–29 AuslG, z. B. Werkvertragsarbeitnehmer). Eine Sonderstellung haben türkische Arbeitnehmer und ihrer Angehörigen. Durch den Beschluss Nr. 1/80 des Assoziationsrats EWG/Türkei sind sie Deutschen und EU-Arbeitnehmern auf dem Arbeitsmarkt gleichgestellt. Allen anderen ausländischen Migranten aus Drittstaaten können die Arbeitsämter – in Abhängigkeit vom Aufenthaltsstatus – zwei Arten von Arbeitsgenehmigungen erteilen, wenn die Lage und Entwicklung des Arbeitsmarktes dies gemäß § 1 Arbeitserlaubnisverordnung zulassen:

- Arbeitserlaubnis nach § 285 SGB III und § 1 Arbeitserlaubnisverordnung,
- Arbeitsberechtigung nach § 286 SGB III

Im Gegensatz zu einer Arbeitserlaubnis, die befristet und auf bestimmte Betriebe, Berufsgruppen, Wirtschaftszweige oder Bezirke beschränkt werden kann, wird eine Arbeitsberechtigung unbefristet und ohne Beschränkungen erteilt. Während Personen, welche die Voraussetzungen und Wartezeiten für eine Arbeitsberechtigung erfüllen, einen Rechtsanspruch haben, wird Migranten mit einer Aufenthaltsbefugnis, einer Aufenthaltsgestattung oder einer Duldung die Arbeitserlaubnis hingegen nur unter Berücksichtigung des einzelnen Falles und der Arbeitsmarktlage erteilt. Es besteht folglich auch kein Rechtsanspruch auf eine allgemeine Arbeitserlaubnis. Diese wird nach einem Erlass der Bundesanstalt für Arbeit vom März 1993 nur noch für ein Jahr gewährt und dann erneut unter Berücksichtigung der Arbeitsmarktlage geprüft. Für einige Gruppen ausländischer Migranten ist es bei der bestehenden behördlichen Praxis mittlerweile fast unmöglich geworden, eine Arbeitsgenehmigung zu erhalten. Asylbewerber, die nach dem Mai 1997 eingereist sind, geduldete Ausländer sowie Flüchtlinge, die sich nach § 32 a AuslG in der BRD aufhalten, erhalten gemäß einer Weisung des Bundesministeriums für Arbeit vom 30. 05. 1997 keine Arbeitsgenehmigung (vgl. Huber 1999; Brand 1999, S. 96 ff.; Lederer 1997, S. 135 ff.; BA 1999, S. 122).

3.5.3.2.2 Defizite in der Bildungs- und Ausbildungssituation

Schul- und Berufsabschlüsse bedingen die Stellung im Beruf und die Höhe des Erwerbseinkommens. Daher gehören Bildung und Ausbildung zu den wichtigsten gesellschaftlichen Integrationsfaktoren für Migranten und ihre Kinder. Mit dem Erwerb eines qualifizierten Schulabschlusses oder einer abgeschlossenen Berufsausbildung ist sowohl die berufliche als auch die soziale Integration verbunden, denn gut ausgebildete Arbeitskräfte befinden sich nicht nur seltener in Niedrigeinkommenspositionen bzw. Armut, sondern werden auch stärker von ihren Kollegen akzeptiert und gesellschaftlich anerkannt (vgl. Beauftragte der Bundesregierung für Ausländerfragen 1997).

Bei Vergleichen des Schul- und Berufsqualifikationsniveaus zeigt sich eine erhebliche Polarität in den Qualifikationsniveaus der deutschen Bestandsbevölkerung und der ausländischen Migranten. Dies beginnt bei den Besuchsquoten in Kindergärten und setzt sich in der Verteilung auf die Schularten fort. Folglich ist auch das Niveau der Schulabschlüsse und die Ausbildungsquote von Jugendlichen ohne deutsche Staatsbürgerschaft niedriger. Während bis Anfang der 90er-Jahre noch ein positiver Trend zu höheren Bildungsabschlüssen zu verzeichnen war, ist es seit 1992 zu einem Stillstand bei der Entwicklung der Bildungsbeteiligung und seit 1994 sogar zu einem Rückgang in der Berufsausbildung gekommen (vgl. DIW-Wochenbericht 22/99 und 26/99). Speziell für die 2. und 3. Generation hat diese Entwicklung weitreichende Folgen, da die Bildungsbeteiligung von Kindern und Jugendlichen ohne deutsche Staatsangehörigkeit ihre zukünftigen Armutsrisiken maßgeblich bestimmt. Die Bildungssituation der Kinder von Kriegsflüchtlingen und Asylbewerbern zeichnet sich durch die nicht bestehende Schulpflicht aus. Ein Schulbesuch ist aber auf Antrag möglich. Im Falle der Nicht-Einschulung steigt aufgrund wachsender Bildungslücken das Beschäftigungsrisiko und damit das Armutsrisiko dieser jungen Menschen.

Die Ursachen für diese unbefriedigende Bildungs- und Ausbildungssituation von Kindern und Jugendlichen mit ausländischem Pass sind vielfältig. Die Beauftragte der Bundesregierung für Ausländerfragen hat zurecht darauf hingewiesen, dass einseitige Erklärungen oder individuelle Zuweisungen wie z. B. Kulturdifferenz oder fehlende Motivation unzureichend sind. Stattdessen spielen neben Faktoren wie Schichtzugehörigkeit, Sprachkenntnis und Einreisealter auch strukturelle Benachteiligungen im Bildungssystem eine wichtige Rolle. Daher werden Migrantenkinder die bestehende Bildungslücke ohne tief greifende Veränderungen des deutschen Bildungssystems in struktureller und inhaltlicher Hinsicht nicht schließen können (vgl. Beauftragte der Bundesregierung für Ausländerfragen 2000, S. 113 ff.; Büchel/Wagner 1996).

Die Bildungs- und Ausbildungssituation der deutschen Migranten ist günstiger (vgl. Zimmermann 1999). Mit dem zunehmenden Anteil von Spätaussiedlern aus der ehemaligen Sowjetunion ist aber eine Veränderung in der Ausbildungs- und Berufsstruktur einhergegangen, und die daraus resultierenden Arbeitsmarktperspektiven sind schlechter geworden. Über die Situation von Kindern deutscher Migranten im Schul- und Bildungssystem liegen nur wenige Erkenntnisse vor. Aber auch hier zeichnen sich gerade in den letzten Jahren Bildungsrisiken in Form schwerwiegender Sprachdefizite ab.

3.5.3.2.3 Struktur der Erwerbstätigkeit

Die Situation der beschäftigten Migranten ist durch eine defizitäre Beschäftigungsstruktur gekennzeichnet. Diese kommt zum einen in einem hohen Anteil an Arbeitern und ungelernten Arbeitskräften in konjunkturanfälligen Wirtschaftsbereichen und zum anderen in unterwertiger Beschäftigung zum Ausdruck.

Die meisten Erwerbstätigen ohne deutschen Pass waren 1998 als Arbeiterinnen und Arbeiter (über 60 %) beschäftigt. Der Anteil der Angestellten und der Selbständigen nahm aber in den vergangenen Jahren – dem Trend zur Tertiarisierung folgend – kontinuierlich zu. Der überwiegende Teil der Erwerbstätigen ohne deutschen Pass ist im produzierenden Gewerbe tätig, dort überproportional in besonders belastenden Berufen und überwiegend als un- und angelernte Arbeiter. Mit dem Abbau einfacher Tätigkeiten im industriellen Sektor nimmt der Anteil der im Dienstleistungssektor Beschäftigten zu. Dies gilt jedoch vor allem für den Bereich der gering qualifizierten Dienstleistungen. Aufgrund der unterschiedlichen Repräsentation in den verschiedenen Wirtschaftszweigen und der Unterschiede in der Ausbildung sind die verschiedenen Nationalitäten unterschiedlich stark von dem strukturellen Wandel der Wirtschaft betroffen (vgl. Beauftragte der Bundesregierung für Ausländerfragen 2000, S. 140 ff. und S. 260).

Wegen der häufigen Nichtanerkennung ihrer im Ausland erworbenen Bildungsabschlüsse sind Migranten oft unterwertig beschäftigt, sodass sie ihre beruflichen Kenntnisse und Qualifikationen auf dem Arbeitsplatz nur beschränkt anwenden können.

Auch nach langer Anwesenheitsdauer weisen ausländische Migranten nur eine geringe berufliche Mobilität auf. Strukturelle Veränderungen und eine Verbesserung der Arbeitsmarktposition sind hauptsächlich auf den Eintritt neuer, höher qualifizierter Arbeitskräfte, insbesondere der zweiten Generation, in den Arbeitsmarkt zurückzuführen. Insgesamt sind die Startchancen der zweiten Generation besser. Sie hat eine höhere berufliche Qualifizierung und ist auch adäquater beschäftigt. Jedoch ist auch die Beschäftigungsstruktur der zweiten Generation noch deutlich ungünstiger als die gleichaltriger Erwerbstätiger mit deutschem Pass. Erwerbstätige Frauen ohne deutschen Pass haben auf dem Arbeitsmarkt eine besonders schlechte Position, sie sind schlechter als ausländische Männer und ihre weiblichen deutschen Kolleginnen gestellt (vgl. Bender/Seifert 1996 und 1999). Die gegenwärtige Arbeitsmarktposition eines Großteils der ausländischen Migranten (drei Viertel von ihnen haben die Nationalität eines Anwerbestaates) ist immer noch durch die Struktur der Anwerbung geprägt, aus der eine Eingliederung der Migranten am unteren Ende der beruflichen Hierarchie resultierte (vgl. Schulz 1999).

Im Gegensatz zu den ehemaligen Arbeitsmigranten der 60er- und frühen 70er-Jahre sind neue Zuwanderergruppen mit einer ganz anderen Arbeitsmarktsituation konfrontiert. Dabei ist der Einstieg in den Arbeitsmarkt stark durch den Rechtsstatus und die an ihn gebundene Arbeitsgenehmigung bedingt. Obwohl der Bildungsgrad aller Zuwanderergruppen höher als der der Arbeitsmigranten in den 60er- und frühen 70er-Jahre ist, sind Zuwanderer – sofern sie überhaupt Zugang zum Arbeitsmarkt haben – überproportional häufig als Arbeiter und (zunächst) auf eher unqualifizierten Arbeitsplätzen beschäftigt. Oft entspricht die Tätigkeit nicht ihrem Qualifikationsniveau. Verstärkt sind neue Zuwanderer auch im Dienstleistungssektor tätig. Da neben dem Qualifikationsniveau der Tätigkeit, dem zeitlichen Umfang der Beschäftigung und dem Arbeitsmarktsegment auch die Dauer der

Betriebszugehörigkeit über die Höhe des Einkommens entscheidet, haben Migranten, die erst kurze Zeit in Deutschland sind oder ihre Beschäftigung (ungewollt) häufiger gewechselt haben, ein höheres Risiko für ein niedriges Einkommen (vgl. Beauftragte der Bundesregierung für Ausländerfragen 2000, S. 133 ff.; Seifert 1996 b; Zeager 1999).

3.5.3.2.4 Arbeitslosigkeit

Bis in die 70er-Jahre hinein gab es unter ausländischen Migranten keine signifikante Arbeitslosigkeit. Die Arbeitskräfte waren überwiegend in der industriellen Massenfertigung und der Schwerindustrie beschäftigt. Wie bereits erwähnt, ging mit dem Verlust des Arbeitsplatzes meist auch der Wegfall des Aufenthaltsrechts einher. Da vor allem junge Arbeitskräfte angeworben wurden, war die Erwerbsquote der Migranten deutlich höher als die der Deutschen. Erst mit dem Anwerbestopp und dem folgenden Familiennachzug kam es zu einer Umschichtung der demographischen Zusammensetzung und damit zu einer kontinuierlich sinkenden Erwerbsquote der Migranten.

Parallel zu dieser Entwicklung ist seit 1973 mit der allgemein zunehmenden Arbeitslosigkeit auch die Zahl der arbeitslosen Migranten sprunghaft angestiegen. Die Konzentration auf konjunkturanfällige Wirtschaftsbereiche und der Rückgang der industriellen Produktion verstärkte dieses Ansteigen der Arbeitslosigkeit. Seit den 80er-Jahren war die Arbeitslosenquote ausländischer Migranten stets höher als die der westdeutschen Bevölkerung insgesamt. Insbesondere zu Beginn der 90er-Jahre weitete sich das Arbeitskräfteangebot wanderungsbedingt stark aus, während die Arbeitskräftenachfrage allgemein und speziell in der industriellen Produktion sank, sodass die Arbeitslosenquote weiter stieg. 1998 lag die Arbeitslosenquote der ausländischen Migranten in den alten Bundesländern bei 20,3 % und damit fast doppelt so hoch wie die der westdeutschen Bevölkerung insgesamt (10,5 %). Die tatsächliche Quote von arbeitslosen ausländischen Migranten dürfte noch höher liegen, da seit August 1992 arbeitslos gemeldete Asylbewerber, die keinen Anspruch auf Arbeitslosengeld oder -hilfe erworben haben, nicht mehr in der Arbeitslosenstatistik geführt werden und arbeitslos gewordene Ausländer sich aus Angst vor Ausweisung häufig nicht bei den Arbeitsämtern melden (vgl. BA 1999, S. 121 ff.; Bender/Seifert 1999; Lederer 1997, S. 135 f.; Schulz 1999).

Aber nicht alle Migrantengruppen sind in gleichem Maße von Arbeitslosigkeit betroffen. Über drei Viertel der arbeitslosen ausländischen Migranten hatten 1998 keine abgeschlossene Berufsausbildung; hingegen waren es bei Arbeitslosen mit deutschem Pass (ohne Spätaussiedler) nur 38,2 %. Betrachtet man die Arbeitslosen ohne deutschen Pass näher, so zeigen sich für die großen Nationalitätengruppen (ehemaliger Anwerbestaaten) nationenspezifische Muster. Während die Arbeitslosenquote von Erwerbspersonen mit spanischer (12,3 %) oder (ex-)jugoslawischer (11,0 %) Staatsangehörigkeit noch relativ nahe an der westdeutschen Arbeitslosenquote insgesamt lag, waren die Quoten von Erwerbspersonen mit türkischer (22,7 %), griechischer (17,7 %) und italienischer (17,6 %) Staatsangehörigkeit weit überdurchschnittlich (vgl. Beauftragte der Bundesregierung für Ausländerfragen 2000, S. 264 ff.; und 1999 a, S. 48 ff.).

Auch Spätaussiedler haben Schwierigkeiten bei der Arbeitsmarktintegration, obwohl sie rechtlich vollen Zugang zum Arbeitsmarkt haben, staatliche Förderung im Bereich der Sprache und der schulischen und beruflichen Bildung erhalten sowie über höher qualifizierte Bildungsabschlüsse verfügen. Die Bundesanstalt für Arbeit erfasst zwar Spätaussiedler gesondert, deren Einreisedatum maximal fünf Jahre zurückliegt, weist aber in ihrer Statistik keine gesonderte Arbeitslosenquote aus. Schätzungsweise lag die durchschnittliche Arbeitslosenquote der Spätaussiedler 1998 aber bei über 20 % (vgl. BA 1999, S. 125 ff.). Daran wird deutlich, dass auch bei politischer, rechtlicher und sozialstaatlicher Inklusion offensichtlich weiterhin Exklusionsmechanismen auf dem Arbeitsmarkt bestehen (vgl. Seifert 1996 a).

3.5.3.3 Risiken in Bezug auf staatliche Transfers

Im beitragspflichtigen System der Sozialversicherungen sind die großen Risiken des Verlusts von Einkommen (Unfall, Krankheit, Pflegebedürftigkeit, Alter, Arbeitslosigkeit) für Arbeitnehmerinnen und Arbeitnehmer abgedeckt. Hinzu kommen die nicht an frühere Beiträge gebundenen staatlichen Transfers wie Kindergeld, Wohngeld oder Sozialhilfe. Diese – für das deutsche Sozialstaatsmodells typischen – Leistungen bewirken eine erhebliche Umverteilung der Einkommen. Ein Ausschluss oder eine Einschränkung der Inanspruchnahme dieser Leistungen für ausländische Migranten wirkt sich gravierend auf deren Einkommenssituation aus. Im Folgenden werden daher die rechtlichen Zugangsmöglichkeiten von Migranten zu staatlichen Transfers beschrieben und die Risiken im Umfang der Inanspruchnahme skizziert.

3.5.3.3.1 Rechtlicher Zugang zu staatlichen Transfers

Ebenso wie der Zugang zum Arbeitsmarkt sind auch die Möglichkeiten, staatliche Leistungen in Anspruch zu nehmen, nicht für alle Migranten gleich. Generell sind die staatlichen Transfers und Eingliederungshilfen, die deutsche Migranten erhalten können, umfangreicher als die Transfers und Hilfen für ausländische Migranten. Im Folgenden werden zuerst die Leistungen und Transfers aufgeführt, die deutsche Migranten erhalten können, anschließend die für ausländische Migranten. Aufgrund der unterschiedlichen Aufenthaltstitel sind für die Gruppe der ausländischen Migranten weitere Differenzierungen notwendig.

Durch die deutsche Staatsangehörigkeit haben deutsche Migranten vom ersten Tag des Aufenthalts in der Bundesrepublik

Deutschland an alle Rechte und Pflichten deutscher Bürger und damit ein Anrecht auf alle Sozialleistungen. Hinzu kommen weitere besondere Hilfen an deutsche Migranten, die vor allem im Bundesvertriebenengesetz (BVFG) geregelt sind.

Durch das Kriegsfolgenbereinigungsgesetz vom Dezember 1992 wurde das BVFG umfassend reformiert, dabei wurden sowohl der Personenkreis als auch die ihnen zustehenden Hilfen eingeschränkt. Seitdem haben nur noch Spätaussiedler aus der ehemaligen Sowjetunion und Personen aus den übrigen Aussiedlungsgebieten, die glaubhaft machen können, dass sie nach Dezember 1992 Benachteiligungen aufgrund ihrer deutschen Volkszugehörigkeit unterlagen, einen Anspruch auf besondere Eingliederungshilfen sowie Sonderregelungen in den Sozialversicherungen, die vom Bund bzw. von den Sozialversicherungen getragen werden.

Wichtige Eingliederungshilfen für deutsche Migranten sind (vgl. BMA 1998 b, S. 722 ff.):

- direkte Aufnahme in die Arbeitslosenversicherung und Anerkennung von Beitragszeiten, wenn der Spätaussiedler vor der Ausreise aus den Aussiedlungsgebieten mindestens 150 Tage in einer Beschäftigung war, die bei ihrer Ausübung in der BRD die Beitragspflicht begründet hätte,
- Leistungen der gesetzlichen Krankenversicherung für eine Übergangszeit im Falle der Nichtversicherung,
- Gleichstellung von Beitragszeiten in der Rentenversicherung für Beschäftigungszeiten in den Aussiedlungsgebieten zurückgelegt, die in der BRD beitragspflichtig gewesen wären,
- Leistungen aus der Unfallversicherung auch für Arbeitsunfälle, die noch im Aussiedlungsgebiet geschehen sind,
- Kostenübernahme für die Reise (ab Januar 2000 pauschaliert) und die Erstaufnahmeeinrichtung (Übergangswohnung),
- spezielle Sprachförderung, berufsspezifische Vergünstigungen oder Existenzgründungshilfen.

Für ausländische Migranten hingegen sind die Anrechte auf staatliche Leistungen und Eingliederungshilfen an den Aufenthaltsstatus gebunden. Eine Ausnahme sind EU-Staatsangehörige, die gemäß dem Diskriminierungsverbot des EG-Vertrages (Art. 6 EGV) und der Verordnung (EWG) Nr. 1408/71 unabhängig von ihrer Erwerbstätigkeit und von ihrem Aufenthaltstitel generell die gleichen Sozialleistungen wie Deutsche erhalten. Eine Einreise zum Zwecke der Sozialhilfe wird aber explizit ausgenommen (Art. 4, Abs. 4). Auch Personen marokkanischer, algerischer und tunesischer Staatsbürgerschaft dürfen gemäß dem Kooperationsabkommen mit diesen Ländern auf dem Gebiet der sozialen Sicherheit keine Leistungen vorenthalten werden (vgl. Beauftragte der Bundesregierung für Ausländerfragen 1997 S. 103 f.). Die strittige Frage, ob gemäß dem Assoziationsratsbeschluss 3/80 auch türkischen Arbeitnehmern und ihren Familienangehörigen gleiche Leistungen zu gewähren sind, hat der Europäische Gerichtshof in einem Urteil im Mai 1999 positiv beantwortet.

Für alle ausländischen Migranten aus anderen Drittstaaten mit einer Aufenthaltsgenehmigung (außer Aufenthaltsbefugnis) gilt hingegen, dass sie gemäß ihres Aufenthaltstitels nur bedingt Ansprüche haben. Soweit aufgrund eines anderen Gesetzes kein Anspruch besteht, wird ihnen nach § 7 AuslG nur dann eine Aufenthaltsgenehmigung erteilt, wenn sie ihren Lebensunterhalt einschließlich ausreichender Krankenversicherung aus eigenen Mitteln sichern können und keine öffentlichen Leistungen in Anspruch nehmen, die nicht auf einer Beitragspflicht beruhen. Auf Leistungen der Sozialversicherungen haben sie gemäß ihren Beitragszeiten Anrechte erworben. Arbeitszeiten in den Herkunftsländern werden anders als bei den Spätaussiedlern nicht anerkannt. Auch auf Familienleistungen wie Kindergeld, Erziehungsgeld und Wohngeld können, obwohl dies nichtbeitragspflichtige öffentliche Leistungen sind, ausländische Migranten je nach Aufenthaltsstatus und Dauer ein Anrecht haben. Migranten mit einer Aufenthaltserlaubnis und einer Aufenthaltsberechtigung haben nach § 1, Abs. 3 Bundeskindergeldgesetz und § 1, Abs. 1 Bundeserziehungsgeldgesetz ein Anrecht auf Kinder- und Erziehungsgeld. Hingegen haben ausländische Arbeitnehmer mit einer Aufenthaltsbewilligung, die nur vorübergehend zwecks Dienstleistung (Werkvertrag) in Deutschland sind, kein Anrecht auf diese Leistungen. Auch für Wohngeld ist die Aufenthaltsgenehmigung eine Grundvoraussetzung (vgl. Brand 1999, S. 108 ff.).

Der Bezug von Sozialhilfe ist für ausländische Migranten möglich, wird aber durch den ausschließlich für «Ausländer» geltenden § 120 BSHG eingeschränkt. Danach ist nur Ausländern, die sich tatsächlich in der Bundesrepublik aufhalten, Hilfe zum Lebensunterhalt, Krankenhilfe, Hilfe für werdende Mütter und Wöchnerinnen sowie Hilfe zur Pflege zu gewähren. Leistungsberechtigte nach § 1 des Asylbewerberleistungsgesetzes können keine Leistungen der Sozialhilfe erhalten. Ebenso haben Ausländer, die sich in die Bundesrepublik Deutschland begeben haben, um Sozialhilfe oder medizinische Hilfe zu erlangen, keinen Anspruch. Im Krankheitsfall soll nur zur Behebung eines akut lebensbedrohlichen Zustandes oder bei unaufschiebbaren schweren oder ansteckenden Fällen Krankenhilfe geleistet werden. Außerdem fordert der § 120 BSHG die betroffenen Behörden auf, im Rahmen von Leistungen der Sozialhilfe an «Ausländer» auf die Leistungen bestehender Rückführungs- und Weiterwanderungsprogramme hinzuweisen und in geeigneten Fällen «auf eine Inanspruchnahme solcher Programme hinzuwirken». Für ausländische Migranten mit einem ungefestigten Aufenthaltsstatus (Aufenthaltsbewilligung und befristete Aufenthaltserlaubnis) bedeutet dies, dass ihr Aufenthalt durch den Bezug staatlicher Transfers wie etwa der Sozialhilfe rechtlich gefährdet sein kann.

Mit dem im Zuge des «Asylkompromiss» am 1. November 1993 in Kraft getretenen Asylbewerberleistungsgesetz (AsylbLG) wurde ein Teil der ausländischen Migranten aus der Sozialhilfe ausgegliedert und ein eigenes Leistungsgesetz für sie geschaffen. Mit der Gesetzesnovelle von 1997 wurde der Personenkreis der vom AsylbLG Betroffenen ausgeweitet, sodass nun Personen, die eine Aufenthaltsbefugnis nach § 32/32a AuslG, eine Duldung oder eine Aufenthaltsgestattung haben, sowie Personen, die über einen Flughafen einreisen wollen und denen die Einreise nicht oder noch nicht gestattet ist (Asylbewerber und Flüchtlinge) nun grundsätzlich keine Anspruchsberechtigten im Sinne des BSHG mehr sind. Damit fallen mit Ausnahme der relativ kleinen Gruppe der Kontingentflüchtlinge, alle oben genannten Flüchtlingsgruppen in den Geltungsbereich des Asylbewerberleistungsgesetzes; ihre Leistungsansprüche sind damit nachhaltig eingeschränkt. Sie erhalten nur noch den um mindestens 20 % geringeren Regelsatz, der vorrangig in Sachleistungen gewährt werden soll. Monatlich steht ihnen lediglich ein Bargeldbetrag in Höhe von 80 DM bzw. 40 DM (bis 13 Jahre) zur Verfügung. Medizinische Leistungen werden lediglich zum Zwecke der Behandlung akuter Erkrankungen oder Schmerzzustände gewährt. Da die oben genannten Gruppen de facto keine legale Arbeitsmöglichkeit haben, sind sie auf diese Leistungen, die deutlich unter der Armutsschwelle liegen, angewiesen. Mit dieser massiven Einschränkung der Sozialleistungen wurde eine substanzielle Einschränkung des Bedarfsprinzips der Sozialhilfe vorgenommen (vgl. Lederer 1997, S. 142 ff.). Im August 1998 wurde das Asylbewerberleistungsgesetz durch eine «Missbrauchsklausel» zur Bekämpfung des angeblich massenhaften Missbrauchs von Sozialleistungen durch Flüchtlinge und andere Ausländer weiter verschärft (§ 1a Anspruchseinschränkung). Danach sollen – in Anlehnung an § 120 BSHG – sowohl Personen, die nur in die BRD gekommen sind, um Leistungen nach diesem Gesetz zu erlangen, als auch Personen, die aus von ihnen selbst zu vertretenden Gründen nicht ausgewiesen werden können, nur noch «unabweisbare gebotene Leistungen» gewährt werden. Die Bundesarbeitsgemeinschaft der Freien Wohlfahrtspflege weist in diesem

Zusammenhang darauf hin, dass die Einführung eines Leistungsniveaus unterhalb des schon auf das zum Lebensunterhalt Unerlässliche abgesenkten Niveaus nach § 3 AsylbLG einen weiteren gravierenden Einschnitt in das soziale Sicherungssystem darstellt. Diese Absenkung ist mit sozialstaatlichen Grundsätzen nicht vereinbar und stößt auf erhebliche verfassungsrechtliche Bedenken (vgl. Stellungnahme der Bundesarbeitsgemeinschaft der Freien Wohlfahrtspflege vom 22. 04. 1998).

3.5.3.3.2 Umfang und Inanspruchnahme staatlicher Transfers

Für das verfügbare Einkommen ist letztlich aber nicht der Anspruch, sondern die tatsächliche Inanspruchnahme von Leistungen entscheidend. Die tatsächliche Inanspruchnahme wird vor allem durch zwei Faktoren eingeschränkt. Obwohl ausländischen Migranten vonseiten der Ausländersozialdienste spezielle Beratungen angeboten werden, ist zu vermuten, dass Migranten – ebenso wie Deutsche – über viele ihnen zustehende Leistungen nicht informiert sind bzw. diese aus Scham nicht beanspruchen. Zum anderen hindert ausländische Migranten sicherlich auch die mit § 7 Abs. 2 und § 46 Abs. 6 AuslG verbundene Angst vor dem Verlust der Aufenthaltsgenehmigung bzw. der Ausweisung daran, staatliche Leistungen in Anspruch zu nehmen.

Bedingt durch den Rückgang der sozialversicherungspflichtigen Erwerbstätigen und die gestiegene Arbeitslosigkeit unter ausländischen Migranten, ist die Gefahr, auf das nachrangige Netz der Sozialhilfe angewiesen zu sein, für ausländische Migranten deutlich gewachsen. Für alte ausländische Migranten, die durch durchschnittlich kürzere Beitragszeiten und geringere Löhne niedrigere Rentenansprüche haben, ist das Risiko, mit dem verfügbaren Einkommen unter die Sozialhilfeschwelle zu rutschen, deutlich höher als für deutsche Rentner (vgl. Stubig 1998; Sen/Cryns/Kaya-Smajgert 1992, S. 45 ff.). Auch Migranten, die erst kurze Zeit in Deutschland sind, haben wegen der mangelnden Arbeitsmarktintegration ein höheres Risiko des Sozialhilfebezuges. Dies gilt insbesondere für Spätaussiedler und Asylberechtigte. Mit zunehmender Aufenthaltsdauer in Deutschland und fortschreitender Integration in die deutsche Gesellschaft und den Arbeitsmarkt nimmt dieses Risiko ab (vgl. Büchel/Frick/Voges 1997; DIW-Wochenbericht 48/1996).

Abbildung 3.5–2: Entwicklung der Hilfe zum Lebensunterhalt (Sozialhilfe) in der Bundesrepublik Deutschland

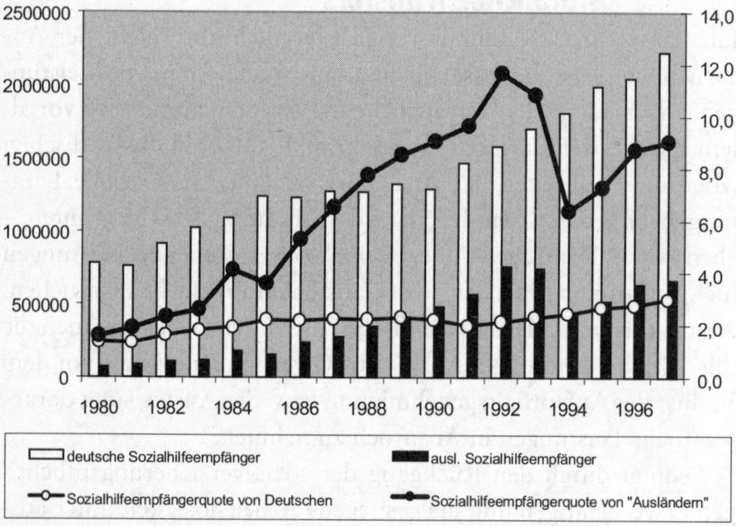

Quelle: Daten des Statistischen Bundesamtes 1/1999, bis 1990 früheres Bundesgebiet, ab 1991 Deutschland

Wie aus Abbildung 3.5–2 hervorgeht, hat sich die Zahl der Sozialhilfeempfänger (HLU) ohne deutschen Pass zwischen 1980 und 1997 sowohl absolut als auch relativ vervielfacht. Dies ist zu einem Teil auf die gestiegene Zahl von ausländischen Migranten zurückzuführen, aber auch die Sozialhilfeempfängerquote bei

Migranten ist drastisch angestiegen. 1997 waren 3,0 % der Gesamtbevölkerung mit deutschem Pass in Deutschland Sozialhilfeempfänger – hingegen waren es unter den ausländischen Migranten 9,0 % (vgl. Statistisches Bundesamt 1999). Der starke Abfall der ausländischen Sozialhilfeempfängerquote in den Jahren 1993/1994 ist auf die Einführung des Asylbewerberleistungsgesetzes (AsylbLG) im November 1993 zurückzuführen. Seitdem erhalten Asylbewerber, abgelehnte Bewerber und geduldete Ausländer ihre Leistungen nach dem AsylbLG und werden folglich nur noch in der Asylbewerberleistungsstatistik registriert. In den Jahren 1994 bis 1997 erhielten im Laufe jedes Jahres mehr als 445 000 Menschen Leistungen nach dem AsylbLG. Ohne die Einführung des AsylbLG wäre die Sozialhilfeempfängerquote von ausländischen Migranten folglich noch deutlich höher. Migranten mit deutscher Staatsangehörigkeit werden an dieser Stelle nicht getrennt ausgewiesen, aber auch hier ist von erhöhten Sozialhilfebezugsquoten auszugehen (vgl. Seewald 1999).

Die erhöhten Quoten von «Ausländern» bei der Sozialhilfe können nicht auf stärkere Inanspruchnahme zurückgeführt werden. In einer Untersuchung auf der Basis des SOEP konnte gezeigt werden, dass die niedrigere Dunkelziffer bei der Inanspruchnahme von HLU (40 % im Vergleich zu 59 % bei der Gesamtbevölkerung) sich nicht auf das Merkmal «Migrant», sondern auf die unterschiedliche Struktur im Hinblick auf Einkommen, Haushaltsstruktur und Alter zurückführen lässt (vgl. Bird/Kayser/Frick/Wagner 1999; Riphan 1998). Der oben skizzierte geringere Bildungsstand und die Beschäftigung in Arbeitsmarktsegmenten mit besonders hohem Arbeitslosigkeitsrisiko sowie die größere Zahl der Haushaltsmitglieder (Kinder) sind entscheidende Faktoren für das Risiko, in Abhängigkeit von Sozialhilfe zu geraten.

An dieser Stelle sei kurz auf eine Untersuchung jüngeren Datums hingewiesen, die das Vorurteil, ausländische Migranten seien eine ökonomische Last für die deutsche Gesellschaft, untersucht hat. Dabei wurden die Einkommenspositionen vor und nach staatlicher Umverteilung verglichen. Bei Einbezug des Steuer- und Sozialversicherungssystems zeigt sich, dass ausländische Migranten Nettozahler, Ostdeutsche und (Spät-)Aussiedler hingegen Nettoempfänger bei der Umverteilung sind. Dieser Umstand geht vor allem auf den geringeren Rentenbezug zurück. Ausländische Migranten können damit nach Steuern und staatlichen Transfers zu den Verlierern der derzeitigen Verteilung von Einkommen gezählt werden (vgl. Büchel/Frick 2000).

3.5.4 Empirische Ergebnisse zu Armut und Niedrigeinkommen unter Migranten

3.5.4.1 Operationalisierung der Migrantengruppen

Das SOEP erfasst seit seiner ersten Erhebung im Jahr 1984 auch Migranten und deren Haushalte. Darüber hinaus wurden in den nachfolgenden Jahren auch Personen, die im Rahmen des Familiennachzugs in die Bundesrepublik kamen bzw. in diesen Familien geboren wurden (2. und 3. Generation), automatisch in die Stichprobe einbezogen. Aufgrund des Zustroms von Migranten und der sich dadurch verändernden Bevölkerungszusammensetzung wurde die Befragungsgesamtheit 1994/1995 um eine spezielle Zuwanderer-Stichprobe erweitert. Für die in dieser Stichprobe erfassten Migranten wurde auch die Art der Zuwanderung abgefragt. Es wird zwischen (Spät-)Aussiedlern, Bürgern eines EU-Mitgliedstaates, Asylbewerbern oder Flüchtlingen sowie «sonstigen Ausländern» unterschieden. Mit Hilfe der Angaben zur Staatsangehörigkeit und zum Herkunftsland können für die Zwecke des vorliegenden Berichts verschiedene Migrantengruppen gebildet werden. Als Vergleichsgruppe wird die westdeutsche Bevölkerung herangezogen. Die Beschränkung auf die alten Bundesländer liegt in der geringen Anzahl ausländischer Migranten in den neuen Bundesländern begründet. Fast 97 % aller ausländischen Migranten in Deutschland leben mit starken regionalen und lokalen Konzentrationen in den alten Bundesländern (vgl. zur Einkommenssituation von ausländischen Migranten in Ostdeutschland: Mehrländer/Ascheberg/Ueltzhöffer 1996, S. 471 ff.).

Folgende Gruppen von ausländischen Migranten werden getrennt ausgewiesen:

1. Migranten mit dem Herkunftsland Türkei: Wie bei den Gruppen 2 und 3 handelt es sich bei den türkischen Migranten vor allem um Personen, die im Rahmen der Anwerbung in die Bundesrepublik kamen, sowie deren Angehörige.
2. Migranten mit dem Herkunftsland «Ex-Jugoslawien»: Mit der Hilfskonstruktion «Ex-Jugoslawien» werden alle Nationalitätengruppen, die aus dem ehemaligen Jugoslawien hervorgegangen sind, abgedeckt. Problematisch an dieser Konstruktion ist die große Heterogenität in der sozioökonomischen Struktur dieser Nationalitätengruppen (vgl. Thränhardt/Dieregsweler/Santel 1994, S. 64 f.).
3. Migranten aus den Herkunftsländern Spanien, Italien, und Griechenland: Aufgrund geringer Fallzahlen werden spanische, italienische und griechische Migranten zu einer Gruppe zusammengefasst. Die Zusammenlegung ist gerechtfertigt, weil sie alle EU-Bürger sind und damit den gleichen Rechtsstatus besitzen. Anzumerken ist jedoch, dass die IAB-Beschäftigtenstichprobe erhebliche Differenzen in der sozioökonomischen Struktur dieser Nationalitätengruppen belegt (vgl. Bender/Seifert 1999, S. 22 ff.).
4. Zweite und dritte Generation der Migranten: Zu dieser Gruppe werden sowohl hier geborene «Ausländer» als auch Kinder und Jugendliche gezählt, die bis zum Alter von 12 Jahren in die BRD kamen und in der Regel noch mindestens 4 Jahre lang in eine deutsche Schule gegangen sind. In dieser

Operationalisierung nicht enthalten sind Kinder von (Spät-)Aussiedlern und eingebürgerte Kinder und Jugendliche.

5. Asylbewerber und Flüchtlinge sowie deren Angehörige: Seit der Erhebung der Zuwandererstichprobe 1994/5 liegen auch für diese Migrantengruppe Zahlen vor. Eine wichtige Einschränkung ist allerdings, dass nur in privaten Haushalten lebende Personen befragt wurden. Diese Personen dürften größtenteils als Asylberechtigte anerkannt sein und daher einen verbesserten Aufenthaltsstatus haben. Asylbewerber und Flüchtlinge wohnen jedoch überwiegend in Not- und Sammelunterkünften und sind auf die eingeschränkten Leistungen des Asylbewerberleistungsgesetzes angewiesen. Mit der im SOEP erfassten Stichprobe werden deshalb die sozioökonomischen Bedingungen, unter denen Asylbewerber und Flüchtlinge leben, deutlich zu positiv eingeschätzt.
6. «Sonstige ausländische Migranten»: Alle weiteren ausländischen Migrantengruppen werden zu «sonstige ausländische Migranten». Generell ist bei der Interpretation der Daten dieser Gruppe zu berücksichtigen, dass es sich hier um eine «Restgruppe» mit großer Heterogenität handelt. So können sich in dieser Gruppe sowohl Personen aus EU-Ländern als auch Personen aus früheren Anwerbeländern außerhalb der EU (Maghreb) befinden.

Bei den *deutschen Migranten* wurde zwischen zwei Gruppen unterschieden:

- Übersiedler aus der ehemaligen DDR: Seit der Erhebung der Zuwandererstichprobe 1994/95 werden auch Personen erfasst, die bis zur Wirtschafts-, Währungs- und Sozialunion im Juni 1990 aus der ehemaligen DDR nach Westdeutschland eingewandert sind. Nach diesem Zeitpunkt aus Ostdeutschland nach Westdeutschland gezogene Personen werden als Binnenwanderer nicht mehr getrennt erfasst.

- (Spät-)Aussiedler: Deutsche, die als Herkunftsland Osteuropa angeben und nach der Einführung des Bundesvertriebenen- und Flüchtlingsgesetzes im Jahre 1953 einreisten, sowie Personen, die angeben, «Aussiedler aus Osteuropa» zu sein, werden in dieser Gruppe zusammengefasst. Für die große Anzahl an Spätaussiedlern, die seit Beginn der 90er-Jahre nach Deutschland gekommen sind, liegen, sofern sie nicht in bereits im SOEP erfasste Haushalte gezogen sind, erst seit der Zuwandererstichprobe 1994/95 Informationen vor.

In einigen Fällen ist die individuelle Zuordnung der Migranten nicht eindeutig möglich. So können z. B. bosnische Bürgerkriegsflüchtlinge, die zu Beginn der 90er-Jahre nach Deutschland kamen und in – im SOEP befragte – bestehende Haushalte von Verwandten gezogen sind, unter der Kategorie «Migranten aus Ex-Jugoslawien» erscheinen (Familiennachzug). Geben sie im Fragebogen an, dass sie als Flüchtling nach Deutschland kamen, werden sie unter dieser Kategorie registriert. Bezogen auf das Beispiel der bosnischen Bürgerkriegsflüchtlinge wird in der Datenerhebungspraxis die zweite Zuordnungsmöglichkeit vermutlich wesentlich häufiger gewählt.

Da das SOEP nur in Haushalten registrierte Personen befragt, lassen sich mit den Daten des SOEP einige Gruppen von Migranten nicht erfassen, etwa ausländische Migranten ohne rechtlichen Aufenthaltsstatus oder die in Not- und Sammelunterkünften lebenden Flüchtlinge. Gerade diese beiden Gruppen tragen ein sehr hohes Armutsrisiko, da sie keinen oder nur einen sehr eingeschränkten Zugang zum legalen Arbeitsmarkt und zu staatlichen Leistungen haben. Neben der Einkommensarmut ist auch hinsichtlich der Lebenslagen Bildung, Arbeit, Wohnen, Gesundheit und soziale Kontakte mit erheblicher Unterversorgung zu rechnen. Auch zu den «neuen Arbeitsmigranten mit begrenztem Aufenthaltsrecht» (Werkvertragsarbeitnehmer) können mit dem

SOEP keine Aussagen gemacht werden (vgl. Mehrländer/Ascheberg/Ueltzhöffer 1996, S. 597 ff.).

Bei einigen der folgenden Analysen würde die oben aufgeführte differenzierte Klassifikation der Migranten jedoch mit zu geringen Fallzahlen einhergehen, sodass in diesen Fällen lediglich zwischen ausländischen und deutschen Migranten unterschieden wird.

3.5.4.2 Durchschnittliche Haushaltseinkommen

Zwischen der Einkommenslage von Migranten und Nicht-Migranten bestehen erhebliche Unterschiede. Bei der Betrachtung der durchschnittlich verfügbaren Haushaltseinkommen pro Monat in Tabelle 3.5–2 treten diese Unterschiede jedoch kaum zu Tage. Ebenso wie das Haushaltseinkommen der westdeutschen Bevölkerung insgesamt stieg das Einkommen von Migranten seit Mitte der 80er-Jahre nominal kontinuierlich an. Im Durchschnitt verfügten ausländische Migranten 1998 insgesamt über ein um 5 % geringeres Haushaltseinkommen als die westdeutschen Haushalte. Für die einzelnen Gruppen ergibt sich ein wesentlich differenzierteres Bild. Während 1998 türkische Migranten (4370 DM), «sonstige ausländische Migranten» (4890 DM) und (Spät-)Aussiedler (4354 DM) ein überdurchschnittliches Haushaltsnettoeinkommen erreichten, lagen Migranten aus dem ehemaligen Jugoslawien (3895 DM), Personen der zweiten und dritten Generation (3715 DM) und Asylbewerber und Flüchtlinge (2839 DM) mit ihrem durchschnittlichen Haushaltseinkommen weit unter dem westdeutschen Vergleichswert.

Bei Berücksichtigung der Haushaltsgröße nehmen die Einkommensdifferenzen deutlich zu. Mit Ausnahme der (Spät-)Aussiedler waren die Haushalte von Migranten in den betrachteten Jahren stets größer als die von Nicht-Migranten. In den Haushalten von ausländischen Migranten lebten 1998 durchschnittlich 3,5 Personen, in Haushalten deutscher Migranten 3,4 Personen, in

Tabelle 3.5–2: Durchschnittlich verfügbare Einkommen und Haushaltsgrößen von ausländischen und deutschen Migranten 1998 (alte Bundesländer) in %

	»Nicht-migranten«	Ausländische Migranten in den alten Bundesländern							Deutsche Migranten in den alten Bundesländern			Bevölkerung West-deutsch-land
		Türkische Migran-ten	Migranten aus «Ex-Jugoslawien»	ital., span. & griech. Migranten	2./3. Gene-ration	Asyl-bewerber/ Flüchtlinge	Sonstige auslän. Migranten	Summe ausländ. Migranten	DDR-Übersiedler bis 1990	(Spät-) Aussiedler	Summe deutsche Migranten	
Durchschnittlich verfügbares Haushaltseinkommen im Monat (in DM)												
1985	2.990	2.665	2.552	2.764	2.715	x	3.131	2.750	x	2.575	2.575	2.968
1991	3.683	3.581	3.499	3.473	3.645	x	4.142	3.655	x	3.327	3.327	3.674
1997	4.366	4.154	3.965	3.709	4.011	2.563	4.438	3.992	4.555	4.040	4.138	4.306
1998	4.353	4.370	3.895	4.173	3.715	2.839	4.890	4.111	4.143	4.354	4.315	4.321
Durchschnittlich verfügbares Äquivalenzeinkommen im Monat (in DM)												
1985	1.358	927	1.144	1.134	1.043	x	1.399	1.093	x	1.187	1.187	1.337
1991	1.788	1.198	1.426	1.379	1.381	x	1.922	1.414	x	1.604	1.604	1.748
1997	2.183	1.291	1.564	1.562	1.561	(993)	1.931	1.539	2.079	1.622	1.709	2.076
1998	2.174	1.285	1.632	1.794	1.553	(1.015)	2.088	1.587	1.906	1.596	1.654	2.074
Durchschnittliche Anzahl der Personen im Haushalt												
1985	3,0	4,1	3,3	3,6	3,5	x	3,2	3,6	x	2,9	2,9	3,0
1991	2,8	4,0	3,3	3,6	3,6	x	3,2	3,6	x	2,8	2,8	2,9
1997	2,7	4,0	3,2	3,3	3,5	3,7	3,0	3,5	3,1	3,4	3,3	2,8
1998	2,7	4,2	3,0	3,2	3,4	3,9	3,0	3,5	3,0	3,4	3,4	2,8

Datenbasis: SOEP. Für die mit × gekennzeichneten Zeilen lagen keine Angaben vor. In Klammern gesetzte Angaben bedeuten, dass die Fallzahl zwischen 30 und 50 Personen lag.

Haushalten von Nicht-Migranten hingegen nur 2,7 Personen. Besonders groß waren sowohl Haushalte von türkischen Migranten mit durchschnittlich mehr als vier Personen und Haushalte von Asylbewerbern und Flüchtlingen mit fast vier Personen.

Diese höhere Anzahl an Personen wirkt sich auf das durchschnittlich im Monat verfügbare Äquivalenzeinkommen aus. Wird das Haushaltsnettoeinkommen durch die gewichtete Haushaltsgröße (ältere OECD-Skala) geteilt, liegen alle Migrantengruppen in allen Jahren mit ihrem Einkommen deutlich unter dem der Nicht-Migranten. Eine Ausnahme sind die «sonstigen Migranten», die 1985 und 1991 über dem westdeutschen Durchschnitt lagen. Auch Personengruppen, die zuvor noch eine günstige Position beim verfügbaren Haushaltseinkommen innehatten, sinken nun weit unter den Durchschnitt. Am stärksten wirkt sich dieser durch die Haushaltsgröße bedingte Abfall der Einkommensposition bei den türkischen Migranten aus. Mit 1285 DM lag ihr monatlich verfügbares Äquivalenzeinkommen 1998 weit unter dem Durchschnitt der westdeutschen Bevölkerung (2074 DM). Aber auch Migranten der zweiten und dritten Generation (1553 DM) und aus «Ex-Jugoslawien» (1632 DM) sowie (Spät-)Aussiedler (1596 DM) verfügen nur über weit unterdurchschnittliche Äquivalenzeinkommen. Die mit Abstand schlechteste durchschnittliche Einkommensposition haben jedoch in privaten Haushalten lebende Asylbewerber und Flüchtlinge (1015 DM). Das durchschnittliche Niveau ihres Äquivalenzeinkommens beträgt 48,9 % des westdeutschen Durchschnitts.

3.5.4.3 Einkommensarmut, Niedrigeinkommen und Einkommensverteilung

Die durchschnittlich niedrigeren Äquivalenzeinkommen in Tabelle 3.5–2 legen bereits den Schluss nahe, dass Einkommensarmut und prekärer Wohlstand bei deutschen und ausländischen

Migranten stark verbreitet sind. Diese Vermutung wird durch die erheblich höheren Armuts- und Niedrigeinkommensquoten unter Migranten in Tabelle 3.5–3 belegt. Mit Ausnahme der Armutsquote der Migranten aus «Ex-Jugoslawien» in 1991 waren bei allen Migrantengruppen in allen betrachteten Jahren beide Quoten deutlich höher als für «Nicht-Migranten».

Nachdem die Armuts- und Niedrigeinkommensquoten von ausländischen Migranten zu Beginn der 90er-Jahre gesunken waren, stiegen sie Ende der 90er-Jahre wieder an. 1998 lag die Armutsquote für die ausländischen Migranten insgesamt bei über 20 % und die Niedrigeinkommensquote bei 63,8 %. Die schlechteste Einkommensposition hatte die Gruppe der Asylbewerber und Flüchtlinge, für die erst seit Mitte der 90er-Jahre Daten vorliegen. Über 90 % dieser Gruppe lebte in den ausgewählten Jahren im Niedrigeinkommensbereich, und weit mehr als die Hälfte dürfte in Einkommensarmut leben. Dabei ist noch zu berücksichtigen, dass mit den Daten des SOEP der sozioökonomische Status von Asylbewerbern und Flüchtlingen überschätzt wird (vgl. Abschnitt 5.4.1). Ebenfalls sehr hohe Armutsrisiken tragen türkische Migranten. Von den über zwei Millionen in den alten Bundesländern lebenden Personen mit türkischer Staatsangehörigkeit befanden sich 1998 mehr als ein Viertel (27,9 %) in Einkommensarmut und mehr als vier Fünftel (83,0 %) im Niedrigeinkommensbereich. Der größte Teil der verbleibenden Personen verfügt über ein Einkommen unterhalb des durchschnittlich verfügbaren Äquivalenzeinkommens in den alten Bundesländern (2074 DM). Ein kaum geringeres Armutsrisiko tragen Personen der zweiten und dritten Generation. Ihre Armutsquoten haben sich seit Anfang der 90er-Jahre sogar erhöht. Über 20 % dieser jungen Migranten lebten 1998 in Einkommensarmut und fast zwei Drittel im Niedrigeinkommensbereich. Weniger als ein Fünftel dieser Personen verfügte über ein Einkommen, das über das durchschnittliche westdeutsche Niveau hinausging.

Vergleichsweise niedrige Armuts- und Niedrigeinkommensquoten haben Migranten aus dem ehemaligen Jugoslawien, Italien, Spanien und Griechenland. Nachdem die Armutsquote der Migranten aus dem ehemaligen Jugoslawien 1991 auf 7,5 % gesunken war, stieg sie – bei einer nahezu gleichbleibend hohen Niedrigeinkommensquote von ca. 50 % – wieder an. Von 1997 auf 1998 sank die Armutsquote wieder und lag 1998 bei 12,5 %. Nur ein Sechstel der Migranten aus dem ehemaligen Jugoslawien konnte ein überdurchschnittliches Einkommen erzielen. Bei italienischen, spanischen und griechischen Migranten kam es von 1997 nach 1998 zu einem ähnlichen Absinken der Armutsquote, die 1998 mit 9,6 % nahe der westdeutschen Gesamtquote lag. Dennoch lebte über die Hälfte der italienischen, spanischen und griechischen Migranten im Niedrigeinkommensbereich, und nur ein Viertel konnte über ein Einkommen über dem westdeutschen Durchschnitt verfügen.

Die Armuts- und Niedrigeinkommensquoten für deutsche Migranten sind insgesamt günstiger als die der ausländischen Migranten. Allerdings hatten auch (Spät-)Aussiedler in allen ausgewählten Jahren deutlich höhere Quoten als der Durchschnitt der Bevölkerung. 1998 lebten 17 % der (Spät-)Aussiedler in Einkommensarmut, fast 55 % im Niedrigeinkommensbereich und nur 13 % über dem durchschnittlichen westdeutschen Äquivalenzeinkommen. Die einzige Gruppe von Migranten, die eine günstigere Niedrigeinkommensquote als die westdeutsche Gesamtbevölkerung aufweist, ist die Gruppe der bis Juni 1990 nach Westdeutschland gekommenen DDR-Übersiedler. Nur rund 30 % von ihnen lebten 1998 im Niedrigeinkommensbereich.

Tabelle 3.5–3: Armuts- und Niedrigeinkommensquoten und Einkommensverteilung von ausländischen und deutschen Migranten 1998 (alte Bundesländer) in %

	»Nicht-Migranten«	Ausländische Migranten in den alten Bundesländern							Deutsche Migranten in den alten Bundesländern			Bevölkerung Westdeutschland
		Türkische Migranten	Migranten aus «Ex-Jugoslawien»	Ital., span., & griech. Migranten	2./3. Generation	Asylbewerber/Flüchtlinge	Sonstige auslän. Migranten	Summe ausländ. Migranten	DDR-Übersiedler bis 1990	(Spät-) Aussiedler	Summe deutsche Migranten	
Armuts- und Niedrigeinkommensquoten												
1985												
unter 50 %	10,5	30,0	21,5	18,3	18,4	x	()	20,9	x	()	()	11,2
unter 75 %	34,4	70,3	49,9	52,4	51,7	x	(36,1)	55,0	x	39,1	39,1	35,9
1991												
unter 50 %	7,9	23,6	7,5	14,1	19,2	x	()	16,2	x	()	()	8,8
unter 75 %	32,9	67,5	51,9	54,1	52,0	x	(22,2)	52,4	x	38,7	38,7	34,9
1997												
unter 50 %	6,1	27,4	18,5	18,8	25,8	(57,2)	()	23,7	()	23,6	20,0	9,1
unter 75 %	30,2	80,9	54,5	63,2	59,9	92,4	42,6	62,9	33,8	58,5	53,8	35,6
1998												
unter 50 %	8,0	27,9	(12,5)	(9,6)	22,5	()	()	20,4	()	17,0	14,1	9,9
unter 75 %	29,2	83,0	51,8	54,5	65,2	(96,1)	37,8	63,8	(30,6)	54,9	50,4	34,6
Armuts- und Niedrigeinkommensquoten unter Berücksichigung von Überweisungen an Personen außerhalb des Haushalts												
1998												
unter 50 %	8,0	29,2	(14,6)	(11,4)	22,0	()	()	21,0	()	15,4	13,6	9,9
unter 75 %	28,2	82,6	54,1	56,6	64,3	(96,1)	37,2	63,8	28,4	53,6	48,9	33,7
Einkommensverteilung in Bezug auf das durchschnittlich verfügbare Äquivalenzeinkommen												
1998												
bis 50 %	8,0	27,9	12,5	9,6	22,5	()	()	20,4	()	17,0	14,1	9,9
51–75 %	21,2	55,1	39,3	44,9	42,7	()	30,9	43,4	(28,9)	37,9	36,3	24,7
76–100 %	28,3	12,5	31,5	20,5	17,1	()	()	17,2	(39,3)	32,1	33,4	27,2
101–150 %	28,4	()	15,3	19,3	12,8	–	36,7	15,0	(26,0)	10,4	13,3	26,0
151–200 %	9,6	()	()	()	()	–	()	(1,9)	()	()	()	8,1
201 und mehr	4,5	()	()	()	()	–	()	2,1	()	()	()	4,1

Datenbasis: SOEP 1998. Für die mit × gekennzeichneten Zellen lagen keine Angaben vor. ( ) = Fallzahl 0–30; (X) = Fallzahl 31–50.

Im Vergleich zur westdeutschen Bevölkerung ist auch die gruppenspezifische Einkommensverteilung (Tabelle 3.5–3) von Migranten eindeutig ungünstiger. Mit Ausnahme der «sonstigen Migranten» sind die oberen Einkommensbereiche von Migranten deutlich schwächer oder gar nicht besetzt. Während in der westdeutschen Bevölkerung 38,2 % eine Einkommensposition über dem Durchschnitt innehatten, waren es bei den ausländischen Migranten nur 19 %. Bei den türkischen Migranten waren es sogar weniger als 5 %, bei den Migranten aus dem ehemaligen Jugoslawien 16,7 % und bei der zweiten und dritten Generation 17,7 %. Von den Asylbewerbern und Flüchtlingen konnten nur 4 % eine Einkommensposition über 75 % des Durchschnitts erreichen. Über dem Durchschnitt waren keine Anteile festzustellen.

Unter den deutschen Migranten haben die DDR-Übersiedler eine vergleichsweise günstige Einkommenslage. Auch wenn sie keine ganz hohen Einkommenspositionen (über 200 %) besetzen konnten, so erzielten doch über 30 % von ihnen ein Äquivalenzeinkommen über dem westdeutschen Durchschnitt. Bei den (Spät-)Aussiedlern hingegen erreichten nur 13,1 % eine Einkommensposition über dem durchschnittlichen verfügbaren Äquivalenzeinkommen.

3.5.4.4 Armuts- und Niedrigeinkommensquoten unter Berücksichtigung von Überweisungen an Personen außerhalb des Haushalts

In der Zahlungsbilanzstatistik der Deutschen Bundesbank werden für die 90er-Jahre «Heimatüberweisungen der Gastarbeiter» in Höhe von rund sieben Milliarden DM pro Jahr ausgewiesen. Da diese Transferzahlungen das Haushaltseinkommen vermindern, das für die Bedarfsdeckung zur Verfügung steht, soll an dieser Stelle der Frage nachgegangen werden, inwieweit Überweisungen an Personen außerhalb des Haushalts Einkommensarmut erhöhen. In der Tabelle 3.5–3 wurden daher die fiktiven Armuts- und Niedrigeinkommensquoten ausgewiesen, die zustande kämen, wenn die von den Haushalten angegeben Überweisungen an Personen außerhalb des Haushalts vom Haushaltseinkommen abgezogen werden.

Da neben den gruppenspezifischen Äquivalenzeinkommen auch die relative Armutsschwelle bzw. das durchschnittlich verfügbare westdeutsche Äquivalenzeinkommen sinkt, können die Armuts- und Niedrigeinkommensquoten je nach relativer Höhe und Verteilung der Überweisungen steigen oder sinken. Insgesamt bleibt die Armutsquote in den alten Bundesländern mit 9,9 % auf gleichem Niveau, die Niedrigeinkommensquote sinkt um ein knappes Prozent auf 33,7 %. Während bei den Migranten aus Anwerbestaaten die Armutsquoten um etwa 1,3 bis 2,1 % steigen, gehen sie bei Personen der zweiten und dritten Generation und (Spät-)Aussiedlern etwas zurück. Die Niedrigeinkommensquoten von Migranten aus dem ehemaligen Jugoslawien, Italien, Spanien und Griechenland nehmen zu, die Quoten aller anderen hingegen ab. Dieses heterogene Ergebnis lässt nicht den Schluss zu, dass die Überweisungen an Personen außerhalb des Haushalts das Haushaltseinkommen von Migranten überdurchschnittlich belasten.

3.5.4.5 Niedrigeinkommensquoten nach soziodemographischen und sozioökonomischen Merkmalen

Neben dem rechtlichen Status, der den Zugang zum Arbeitsmarkt, zum Bildungswesen und zu staatlichen Transfers für einige Gruppen von ausländischen Migranten erschwert, bedingt vor allem die soziodemographische und sozioökonomische Struktur der Migranten ihre Einkommensposition. Tabelle 3.5–4 zeigt für die drei Gruppen jeweils in der ersten Spalte die Verteilung der

Gruppen auf die Personen- und Haushaltsmerkmale. In der zweiten Spalte werden nach diesen Merkmalen spezifische Niedrigeinkommensquoten ausgewiesen.

Zunächst zur soziodemographischen und sozioökonomischen Struktur: Im Vergleich zur westdeutschen Gesamtbevölkerung waren sowohl ausländische als auch deutsche Migranten beträchtlich jünger. Fast die Hälfte (49,5 %) aller ausländischen Migranten und 43,3 % aller deutschen Migranten waren im Jahr 1998 unter 30 Jahre alt. Migranten leben in deutlich größeren Haushalten. Über die Hälfte aller Migranten lebt in Haushalten mit Kindern. Während von der westdeutschen Gesamtbevölkerung über 16 Jahre nur 11,2 % keinen Schulabschluss besaßen, waren es bei den ausländischen Migranten 56,3 % und bei deutschen Migranten 39,4 %. Auch bezüglich der Berufsausbildung war die Verteilung bei den Migranten über 16 Jahren ungünstiger als in der westdeutschen Bevölkerung. So verfügten 63,3 % der ausländischen Migranten und 42,1 % der deutschen Migranten über keinen Berufsabschluss. Der Anteil der Erwerbspersonen unter den Migranten über 16 Jahren ist mit jeweils über 70 % größer als der der Gesamtbevölkerung (62,2 %). Jedoch ist auch der Anteil der Arbeitslosen unter den Migranten deutlich höher. Im Vergleich zu den Informationen der Bundesanstalt für Arbeit unterschätzt das SOEP den Anteil der arbeitslosen Migranten sogar noch etwas (vgl. Abschnitt 5.3.2.4). Über 60 % der ausländischen Migranten und über 50 % der deutschen Migranten sind als Arbeiter beschäftigt, der Großteil von ihnen als un- und angelernte Arbeiter (vgl. Abschnitt 5.3.2.3). Innerhalb der westdeutschen Gesamtbevölkerung lag dieser Anteil bei rund 30 %.

Tabelle 3.5–4: Niedrigeinkommensquoten nach soziodemographischen und sozioökonomischen Merkmalen 1998 (alte Bundesländer) in %

	Ausländische Migranten		Deutsche Migranten		Bevölkerung in den alten Bundesländern	
	alle	Niedrigeinkommensquote	alle	Niedrigeinkommensquote	alle	Niedrigeinkommensquote
Geschlecht						
Männlich	49,6	63,9	48,6	52,2	47,6	34,8
Weiblich	50,4	63,7	51,4	48,5	52,4	34,9
Alter						
Bis 15 Jahre	21,9	77,1	22,8	70,3	17,1	51,2
16 bis 30 Jahre	27,6	64,8	20,5	56,7	17,6	41,2
31 bis 45 Jahre	20,2	61,8	21,7	46,3	23,9	33,6
46 bis 60 Jahre	21,1	50,3	21,7	46,3	20,0	25,9
61 bis 75 Jahre	8,6	59,2	10,9	()	15,0	25,5
75 Jahre und älter	()	()	()	()	6,4	28,4
Größe der Haushalte						
1 Person	8,0	(38,1)	(8,9)	()	17,8	22,5
2 Personen	17,5	34,8	20,3	(31,9)	28,4	22,7
3 Personen	20,3	65,0	22,0	32,2	19,4	33,8
4 Personen	24,9	70,2	23,5	63,5	22,3	44,5
5 und mehr Personen	29,3	81,5	25,3	74,0	12,1	64,4
Haushaltstyp						
Single-Haushalt	8,4	(36,9)	(9,1)	()	18,2	22,4
Paar-Haushalt	14,1	28,4	18,7	()	25,3	20,3
Paar-Haushalt mit mindj. Kindern	48,2	77,6	53,0	67,1	37,2	47,1
Alleinerziehend.-Haushalt	4,4	83,5	(2,8)	()	3,5	70,2
Eltern-Haushalt mit erw. Kindern	25,0	62,8	16,4	(30,2)	15,7	36,2

	Ausländische Migranten		Deutsche Migranten		Bevölkerung in den alten Bundesländern	
	alle	Niedrigeinkommensquote	alle	Niedrigeinkommensquote	alle	Niedrigeinkommensquote
Höchster allgemeinbildender Schulabschluss (nur Personen über 16 Jahre)						
ohne Schulabschluss	56,3	63,2	39,4	54,7	11,2	52,3
Hauptschule	18,0	56,5	22,3	()	44,0	32,8
Realschule	7,1	(39,0)	15,8	()	20,6	21,7
(Fach-) Hochschulreife	5,6	()	()	()	14,4	13,5
noch in der Schule	13,1	67,0	16,4	(56,1)	9,8	43,9
Höchster Schulabschluss der Personen (nur Personen über 16 Jahre)						
ohne Berufsabschluss	63,3	66,6	42,1	48,9	27,1	43,5
Lehre	14,2	43,5	26,3	()	38,5	27,7
mehr als eine Lehre	4,9	(28,3)	(8,3)	()	17,4	20,3
(Fach-) Hochschulabschluss	4,5	()	(6,8)	()	17,2	10,7
in Berufsausbildung	13,0	67,0	16,4	(56,1)	9,8	43,9
Erwerbsstatus der Personen (nur Personen über 16 Jahre)						
erwerbstätig	49,6	41,3	50,0	37,5	48,7	21,4
in Ausbildung	10,4	74,2	13,5	(66,0)	7,7	48,8
nicht erwerbstätig	29,9	76,0	28,4	32,7	37,8	34,7
arbeitslos	10,2	79,4	(8,1)	()	5,8	67,0
Berufsstellung der erwerbstätigen Personen						
un- und angelernter Arbeiter	45,5	51,8	30,5	44,7	17,0	45,4
qualifizierter Arbeiter	16,7	47,7	23,1	()	14,5	28,7
Selbständiger	4,7	()	()	()	9,8	20,8
Auszubildender	7,2	(73,0)	()	()	4,6	52,1
Angestellter (einfache Tätigkeit)	7,1	()	(11,2)	()	10,7	24,1
Angestellter (qual. Tätigkeit)	18,5	()	20,8	()	35,4	12,6
Beamter einf. und mittl. Dienst	()	()	()	()	2,6	()
Beamter gehobener Dienst	()	()	()	()	5,3	()

Datenbasis SOEP. Für die mit × gekennzeichneten Zeilen lagen keine Angaben vor.
( ) = Fallzahl 0–30; (X) = Fallzahl 31–50.

Nun folgt die Betrachtung der Niedrigeinkommensquoten nach personen- und haushaltsbezogenen Merkmalen. Im Gegensatz zu haushaltsbezogenen Merkmalen, die in einem unmittelbaren Zusammenhang mit Armut und prekärem Wohlstand stehen, wirken sich personenbezogene Merkmale nur eingeschränkt auf die Quoten aus, da die Einkommenspositionen von Personen im Haushaltskontext bestimmt werden. So kann beispielsweise eine arbeitslose Person über den Haushaltskontext ein hohes Äquivalenzeinkommen erhalten oder eine Person in einer gehobenen beruflichen Stellung aufgrund des Haushaltskontextes mit ihrem Äquivalenzeinkommen unter die Armutsgrenze fallen.

Sowohl unter ausländischen als auch unter deutschen Migranten leben besonders junge Menschen im Alter bis 30 Jahre in Einkommensarmut oder prekärem Wohlstand (vgl. Boos-Nünning 2000). Auffallend ist der Anstieg der Niedrigeinkommensquote bei den Personen über 60 Jahren (vgl. Abschnitt 5.3.3.2). Überproportional stark von Armut oder prekärem Wohlstand sind große Haushalte betroffen. Im Vergleich zur westdeutschen Bevölkerung sind diese Haushalte unter Migranten nicht nur stärker besetzt, sondern weisen auch höhere Quoten aus. Mit steigender Anzahl der Personen wachsen die Quoten tendenziell an. So lebten über 70 % der ausländischen Migranten, die in Haushalten mit vier Personen wohnten, im Niedrigeinkommensbereich. Bei Haushalten mit fünf und mehr Personen lag die Niedrigeinkommensquote sogar bei über 80 %. Auch bei deutschen Migranten zeichnet sich ein ähnliches Bild ab. Zwar liegen die Quoten etwas niedriger als bei den ausländischen Migranten, im Vergleich zur Gesamtbevölkerung sind sie aber stark erhöht. Auch bei Haushalten mit Kindern liegt die Niedrigeinkommensquote sehr hoch. Im Vergleich zur westdeutschen Gesamtbevölkerung sind diese Haushaltstypen nicht nur stärker besetzt, sondern weisen auch eine deutlich höhere Quote auf. Über drei Viertel der ausländischen und über zwei Drittel der deutschen Migranten, die in

Haushalten mit Kindern leben, befinden sich mit ihrem Einkommen im Niedrigeinkommensbereich.

Bei Personen ohne Schul- und Berufsabschluss liegen die Quoten im Allgemeinen hoch. Bei Migranten sind diese Gruppen zum einen stärker besetzt, zum anderen liegen die Quoten noch höher als bei der Gesamtbevölkerung. Unter den über 16-jährigen ausländischen Migranten sind bei Auszubildenden, Nicht-Erwerbstätigen und Arbeitslosen die Niedrigeinkommensquoten überproportional hoch. Besonders arbeitslose ausländische Migranten haben mit ca. 80 % eine sehr hohe Niedrigeinkommensquote, die auch durch den Haushaltskontext nicht kompensiert werden kann. Bei den deutschen Migranten fällt auf, dass Nicht-Erwerbstätige im Gegensatz zu den ausländischen Migranten mit einer Quote von 32,7 % schwächer von Niedrigeinkommen betroffen sind. Dies könnte darauf zurückzuführen sein, dass sich unter den Nicht-Erwerbstätigen viele Rentner befinden, die frühere Arbeitszeiten im Herkunftsland bei der Berechnung ihrer Rentenzahlungen anerkannt bekommen. Selbst unter den erwerbstätigen Migranten befindet sich rund die Hälfte (51,8 % und 44,7 %) im Niedrigeinkommensbereich. Dieses Ergebnis ist zum einen durch die hohe Besetzung der Gruppe von un- und angelernten Arbeitern und zum anderen auf den Haushaltskontext zurückzuführen. Zusammenfassend lässt sich sagen, dass Gruppen, die auch in der Gesamtbevölkerung ein hohes Risiko tragen, in Armut oder prekärem Wohlstand zu leben, unter Migranten stark vertreten sind und diese Gruppen zudem noch höhere Quoten aufweisen.

3.5.4.6 Dynamik und Mobilität von Armut unter Migranten

Wie gravierend Einkommensarmut für den Einzelnen ist und erlebt wird, hängt entscheidend von der Dauer der Einkommensarmut ab. Daher wird in Tabelle 3.5–5 die Anzahl der Jahre aufgeführt, die bestimmte Gruppen von Migranten im Zeitraum von 1991 bis 1997 unterhalb der Armutsgrenze verbracht haben. Es werden nur Personen berücksichtigt, für die in allen Jahren valide Einkommensangaben vorlagen.

Tabelle 3.5–5: Zeitpunkte in Armut im Zeitraum zwischen 1991 und 1997 von ausländischen und deutschen Migranten, alte Bundesländer

	«Nicht-Migranten»	Ausländische Migranten in den alten Bundesländern				Bevölkerung alte Bundesländer
		Türkische Migranten	Migranten aus «Ex-Jugoslawien»	ital., span. & griech. Migranten	2./3. Generation	
Kein mal	81,6	39,2	62,2	58,6	53,1	79,0
1–2 mal	11,9	27,0	32,9	22,6	20,3	13,1
3–4 mal	3,8	15,6	()	(11,5)	12,8	4,4
5 oder mehr mal	2,8	18,2	()	(7,4)	13,8	3,5
Ø Anzahl der Jahre in Armut	2,5	3,3	1,8	2,7	3,3	2,6

Datenbasis SOEP. Für die mit × gekennzeichneten Zeilen lagen keine Angaben vor. ( ) = Fallzahl 0–30; (X) = Fallzahl 31–50. Das monatliche Einkommen zum Zeitpunkt der Erhebung wurde bei dieser Betrachtung als Schätzwert für das Gesamtjahr verwendet.

Während über vier Fünftel der «Nicht-Migranten» im betrachteten Zeitraum nie unter die Einkommensgrenze fielen, liegt dieser Anteil bei Migranten mit Ausnahme der (Spät-)Aussiedler und der «sonstigen ausländischen Migranten» beträchtlich niedriger. Über 60 % aller türkischen Migranten lebten im betrachteten Zeitraum mindestens ein Jahr in Armut. Während es sich bei 27 % um einen kurzfristigen Einkommensverlust handelt, lebte ein gutes Drittel in drei oder mehr der sieben Jahre in Einkommensarmut. Die türkischen Migranten, die mindestens ein Jahr in Einkommensarmut verbrachten, waren in der betrachteten Zeitspanne im Durchschnitt 3,3 Jahre arm. Auch bei der zweiten und dritten Generation lebte fast die Hälfte mindestens ein Jahr in Armut, über ein Viertel sogar drei oder mehr Jahre. Im Durchschnitt erzielten die von Armut Betroffenen in 3,3 Jahren ein Einkommen unter der Armutsschwelle. Bei Migranten aus Italien, Spanien und Griechenland war die Häufigkeit der Armut etwas geringer. Dennoch waren über 40 % von ihnen mindestens ein Jahr und fast 20 % in drei oder mehr Jahren in Armutspositionen. Bei den Migranten aus dem ehemaligen Jugoslawien waren rund ein Drittel kurzfristig (1–2 Jahre) und weniger als 5 % langfristig arm. Dieses überraschend günstige Ergebnis im Vergleich zu den hohen Armutsquoten seit Mitte der 90er-Jahre lässt sich durch die oben erwähnte Selektion erklären, bei der nur der örtlich an Deutschland gebundene Teil untersucht wurde.

Wie stark sich die Einkommensarmut bei ausländischen Migranten verfestigt hat, wird bei der Betrachtung der Einkommensmobilität in einem Zwei-Zeitpunkte-Vergleich deutlich (Tabelle 3.5–6). Da nur Personen berücksichtigt wurden, deren Einkommensposition in beiden Jahren bekannt war, können die Armutsquoten von den in Tabelle 3.5–3 aufgezeigten Quoten abweichen. Zugezogene bzw. abgewanderte Personen wurden nicht in die Betrachtung einbezogen. Die erste Zeile in den einzelnen Zellen bezieht sich auf die Einkommensposition im Jahr 1997 bezogen auf 1991. Die zweite Zeile zeigt die Einkommensposition im Jahr 1991, bezogen auf 1997. Bezugspunkt war das westdeutsche durchschnittliche Äquivalenzeinkommen im jeweiligen Jahr.

Die Einkommensverteilung der beobachteten ausländischen Migranten war 1997 im Vergleich zu 1991 günstiger, insgesamt gab es einen leichten Aufwärtstrend. Von den 16,2 % der ausländischen Migranten, deren Einkommen 1991 unter der Armutsgrenze lag, waren 1997 42 % wieder oder immer noch arm. Fast 40 % erzielten 1997 ein Einkommen im Bereich des prekären Wohlstands. Der Rest (rund 18 %) verließ den Niedrigeinkommensbereich. Von den 36,7 % der ausländischen Migranten, die sich 1991 mit ihrem Einkommen im Bereich des prekären Wohlstandes befanden, lebten auch 1997 über 70 % unter der Niedrigeinkommensgrenze. Insgesamt ist die Einkommensmobilität aus den unteren Einkommenspositionen in Einkommenspositionen oberhalb dieses Bereichs jedoch gering.

Tabelle 3.5–6: Veränderung der Einkommenspositionen zwischen 1991 und 1997 für ausländische und deutsche Migranten, alte Bundesländer

1. Zeile: Zeilenprozente 2. Zeile: Spaltenprozente		Einkommensposition 1997						
		00–50	51–75	76–100	101–150	151–200	201–	Gesamt
Einkommensposition 1991 von ausländischen Migranten	00–50	42,0 33,8	39,9 17,5	(15,5) (10,5)	() ()	– –	– –	16,2
	51–75	26,5 48,2	44,9 44,6	20,8 32,0	6,8 16,5	() ()	() ()	36,7
	76–100	9,4 11,1	41,0 26,5	36,7 36,8	12,7 20,0	() ()	– –	23,9
	101–150	() ()	23,3 11,0	21,6 15,8	42,1 48,2	() ()	() ()	17,4
	151–200	() ()	() ()	() ()	() ()	() ()	– –	5,0
	201–	– –	– –	– –	() ()	– –	() ()	0,7
	Gesamt	20,2	37,0	23,9	15,2	3,0	0,9	100,0
Einkommensposition 1991 der westdeutschen Gesamtbevölkerung	00–50	36,8 37,6	37,2 12,8	16,4 4,8	(7,0) (2,0)	() ()	() ()	8,1
	51–75	12,4 41,1	45,0 50,2	28,2 26,7	12,7 12,0	() ()	() ()	26,4
	76–100	3,6 10,7	23,2 22,9	45,9 38,6	24,6 20,5	2,4 6,2	() ()	23,4

1. Zeile: Zeilenprozente 2. Zeile: Spaltenprozente	Einkommensposition 1997						
	00–50	51–75	76–100	101–150	151–200	201–	Gesamt
101–150	2,7	9,1	23,0	50,5	12,2	(2,4)	
	10,1	11,3	24,3	53,1	40,5	(20,6)	29,4
151–200	()	(6,5)	15,1	35,6	34,7	7,9	
	()	(2,3)	4,5	10,5	32,1	18,7	8,3
201–	()	()	()	(12,3)	33,4	44,1	
	()	()	()	(1,9)	15,9	53,6	4,2
Gesamt	8,0	23,7	27,9	28,1	8,9	3,5	100,0

Datenbasis SOEP. Für die mit × gekennzeichneten Zellen lagen keine Angaben vor.
( ) = Fallzahl 0–30; (X) = Fallzahl 31–50.

Von den 20,2 % ausländischen Migranten, deren verfügbares Äquivalenzeinkommen sich 1997 unterhalb der Armutsgrenze befand, war ein Drittel 1991 bereits arm, knapp die Hälfte lebte im Bereich des prekären Wohlstands, und ca. 18 % erzielten ein Einkommen oberhalb von 75 % des Durchschnitts. Die 37,0 % der ausländischen Migranten, die 1997 im Bereich des prekären Wohlstandes lebten, erwirtschafteten 1991 zu 17,5 % ein Einkommen unterhalb der Armutsgrenze, zu 44,6 % ein Einkommen im Bereich des prekären Wohlstands und zu fast 38 % ein Einkommen über dem Niedrigeinkommensbereich.

Im Vergleich zur westdeutschen Gesamtbevölkerung kann festgehalten werden, dass der Niedrigeinkommensbereich in beiden Jahren höher besetzt und die Mobilität bei den ausländischen Migranten deutlich geringer ist. Vor dem Hintergrund der durchschnittlich höheren Anzahl der Jahre in Armut und der geringeren Einkommensmobilität kann von einer dauerhaften Einkommensarmut unter ausländischen Migranten auf hohem Niveau gesprochen werden.

3.5.4.7 Zusammenfassung der empirischen Ergebnisse

Sowohl ausländische als auch deutsche Migranten sind überdurchschnittlich von Einkommensarmut betroffen. Die untersuchten Gruppen lagen 1998 mit ihrem verfügbaren Äquivalenzeinkommen durchgängig weit unter dem Durchschnitt der «Nicht-Migranten». Ebenso waren die Armutsquoten der ausländischen Migranten mit 20,4 % und die der deutschen Migranten mit 14,1 % signifikant höher als die der westdeutschen Gesamtbevölkerung (9,9 %). Besonders hohe Armutsquoten hatten türkische Migranten (27,9 %), die zweite und dritte Generation (22,0 %) und (Spät-)Aussiedler (17,0 %). Die Armutsquote der Asylbewerber und Flüchtlinge hat trotz der oben beschriebenen Auswahl mit weit über 50 % eine ganz andere Größenordnung, die wohl mit keiner anderen Bevölkerungsgruppe vergleichbar ist. Die in Abschnitt 3 aufgezeigte rechtliche Diskriminierung und die Herausnahme dieser Bevölkerungsgruppe aus dem Geltungsbereich des BSHG (Sozialhilfe) findet hier ihren Niederschlag.

Über 60 % der ausländischen Migranten und fast 50 % der deutschen Migranten leben unter der Niedrigeinkommensschwelle. Bei türkischen Migranten (83,0 %) und Asylbewerbern und Flüchtlingen (über 90 %) werden diese Anteile noch übertroffen. Im Vergleich zur westdeutschen Bevölkerung sind Einkommensarmuts- und Niedrigeinkommenslagen bei ausländischen Migranten beständiger. Migranten haben eine geringere Einkommensmobilität und verbleiben länger in Armutslagen. Auffallend ist die schlechte Einkommensposition von (Spät-)Aussiedlern. Während bei Asylbewerbern und Flüchtlingen aufgrund ihres rechtlichen Status mit einem sehr niedrigen Einkommen zu rechnen war, haben (Spät-)Aussiedler trotz bestehender Eingliederungshilfen und eines besseren sozial- und arbeitsrechtlichen Status hohe Armutsquoten.

Daran wird deutlich, dass die erhöhten Armuts- und Niedrigeinkommensquoten von Migranten neben dem Aufenthaltsstatus auch durch ihre soziodemographische und sozioökonomische Struktur bedingt werden. Vor allem Personen in größeren Haushalten und in Haushalten mit Kindern, Personen mit einem gering qualifizierenden Bildungsabschluss sowie nicht Erwerbstätige, Arbeitslose und erwerbstätige Personen mit einer niedrigen beruflichen Stellung leben sehr häufig in Armut oder prekärem Wohlstand. Im Vergleich zur westdeutschen Gesamtbevölkerung weisen sowohl ausländische als auch deutsche Migranten diese in Bezug auf die Einkommenssituation ungünstigen Merkmale erheblich häufiger auf.

Die Frage, in welchem Umfang auch Fremdenfeindlichkeit zu den bestehenden Unterversorgungslagen beiträgt, ist schwer zu beantworten. Frühere Ergebnisse multivariater Einkommensanalysen auf Basis des SOEP zeigen, dass keine systematische Lohndiskriminierung der Migranten vorliegt (vgl. Seifert 2000; DIW- Wochenbericht 50/96). Dennoch wirken sich bestehende Ressentiments gegenüber «Fremden» aus, z. B. bei der Vergabe von Arbeitsplätzen, der Vermietung von Wohnraum oder bei sozialen Kontakten. So gaben im Jahr 1998 10,0 % der ausländischen Migranten und 6,9 % der deutschen Migranten an, wegen ihrer Herkunft häufig benachteiligt zu werden. Weitere 40,4 % der ausländischen und 39,4 % der deutschen Migranten gaben an, selten benachteiligt zu werden.

3.5.5 Sozialpolitische Schlussfolgerungen

De facto ist Deutschland ein Einwanderungsland. Diese Tatsache nicht anzuerkennen und die Fiktion des Rückzugs auf die «eigene Kultur» zu propagieren, ist nicht nur naiv, sondern übersieht sowohl die veränderte Bevölkerungsstruktur als auch den bereits existierenden kulturellen Pluralismus in Deutschland. Migration nach und aus Deutschland hat es in der jungen Geschichte der Bundesrepublik immer gegeben. Und auch in Zukunft wird es Zu- und Abwanderungen von Migranten nach Deutschland geben. Neben der materiellen und kulturellen Bereicherung bringt Migration auch Veränderungen, die zu Konflikten führen können und die nach einer Auseinandersetzung um Werte und die Verteilung von Mitteln verlangen. Auch die romantische Folklore multikultureller Volksfeste kann die notwendige gesellschaftliche Auseinandersetzung nicht ersetzen. Diese muss im Alltag, im Bildungswesen, auf dem Arbeitsmarkt, im Gesundheitswesen, auf dem Wohnungsmarkt und in der politischen Diskussion stattfinden. Dabei darf es nicht zu einer Ethnisierung gesellschaftlicher Probleme und Konflikte kommen. Gerade die Medien tragen hier eine große Verantwortung.

Integration ist ein wechselseitiger Prozess. Die Angehörigen der Mehrheitsgesellschaft müssen die Chancengleichheit und die Partizipation in allen wichtigen Bereichen von Gesellschaft und Wirtschaft zulassen und sicherstellen. Auch Migranten sollten ihren Teil zur Integration beitragen, dazu gehört der Erwerb von Sprachkenntnissen und die Anerkennung der Regeln und Gesetze des Aufnahmelandes. Eine notwendige offensive Diskussion über gemeinsame Grundwerte auf der Basis des Grundgesetzes kann aber nur zwischen gleichberechtigten Partnern geführt werden. Solange Migranten – sowohl ökonomisch wie rechtlich – gesellschaftlich marginalisiert bleiben, kann es keinen gleichberechtigten Dialog geben und die vollständige Integration wird nicht gelingen.

Die in Abschnitt 5.4. beschriebene durchschnittlich schlechtere ökonomische Stellung, die hohen Armutsquoten, der häufigere und längere Verbleib in Armutslagen und die überproportionalen Arbeitslosen- und Sozialhilfebezugsquoten von Migranten müssen auch als Folge einer misslungenen Migrationspolitik in Deutschland angesehen werden, die eine ökonomische wie soziale Integration verhindert hat. Da sich weite Teile des Ausländer- und Asylrechts in Zukunft nicht mehr auf die Grenzen des Nationalstaats beschränken und sich Entscheidungen über Einwanderung und Asyl zunehmend auf die europäische Ebene verlagern (Amsterdamer Vertrag)[57], war die Angleichung des deutschen Staatsbürgerschaftsrecht im Jahr 2000 an den europäischen Standard überfällig. Die Ergänzung des traditionellen Abstammungsprinzips (ius sanguinis) durch den Erwerb der Staatsbürgerschaft durch Geburt (ius soli) und die Verkürzung der Einbürgerungsfristen werden die rechtliche Integration der über 7 Millionen in der BRD lebenden Ausländer erleichtern. Dennoch ist ein Paradigmenwechsel in der Migrations- und Integrationspolitik der Bundesrepublik nach wie vor notwendig, nicht nur im Interesse der Einwandernden, sondern auch unter dem Gesichtspunkt volkswirtschaftlicher Leistungsfähigkeit und gesellschaftlicher Kohäsion. Alle Menschen, die auf Dauer in der Bundesrepublik leben, sollten die gleichen Rechte und Pflichten haben.

Inwieweit die derzeitigen – die De-facto-Einwanderung regelnden – Gesetze in ein Einwanderungsgesetz einmünden sollten und in welchem Umfang Migration in die Bundesrepublik Deutschland in Zukunft möglich sein soll, ist nicht Thema dieses Berichts. Unter dem Fokus zukünftiger Armutsbekämpfung muss aber sichergestellt werden, dass ein neues Einwanderungsgesetz nicht zulasten von Menschen geht, die vor politischer Verfolgung, (Bürger-)Krieg oder Katastrophen und der damit meist einhergehenden Armut flüchten. Zwar wäre mit der ausschließlichen Einwanderung von Hochqualifizierten das Armutsproblem

57 Mit dem 1990 in Kraft getretenen Schengener Durchführungsübereinkommen und dessen Überführung in das europäische Gemeinschaftsrecht durch den Amsterdamer Vertrag (Mai 1999) wurde der Grundstein für eine gemeinsame europäische Ausländer- und Migrationspolitik gelegt. Innerhalb des Raumes der Unterzeichnerstaaten soll freier Personengrenzverkehr sein, an den Außengrenzen hingegen liegen die Kontrolle und der Grenzschutz in der Verantwortung der Gemeinschaft.

von Zuwanderern «gelöst», aber schon der Bundespräsident hat darauf verwiesen, dass das individuelle Asylrecht deswegen nicht aufgegeben werden darf (vgl. Rau 2000). Nationale Regelungen dürfen nicht hinter die Genfer Flüchtlingskonvention zurückfallen. Flüchtlingsschutz und das Recht auf Asyl sollten nicht gegen wirtschaftsrelevante Zuwanderung ausgespielt werden. Weitere Verschärfungen des Asylrechts werden Menschen aus Angst vor Folter und Verfolgung in die Illegalität treiben. Zum anderen muss für die zuziehenden Migranten ein Rechtsanspruch auf Eingliederungshilfen bestehen, die sowohl die ökonomische, soziale als auch kulturelle Integration absichern. Neben einer Neuorientierung der Migrationspolitik und der zu leistenden Integrationshilfen für neu einreisende Migranten, die sich langfristig auf die sozioökonomische Situation von Migranten auswirken werden, sind parallel für die bereits in Deutschland lebenden Migranten Maßnahmen zur Verhinderung von Armut notwendig:

(1) *Aufhebung der arbeitsrechtlichen Diskriminierung von Migranten.* Allein durch ihren Rechtsstatus haben einige Gruppen von Migranten überhaupt keinen oder nur einen eingeschränkten Zugang zum Arbeitsmarkt. Diese Personengruppen sind zwangsläufig auf staatliche Transfers angewiesen und müssen in niedrigen Einkommenspositionen bzw. Armut verharren. Das derzeitige Arbeitsverbot für Asylbewerber und Flüchtlinge vom 30. 5. 1997 sollte daher aufgehoben und die Aufhebung nicht durch lange Wartezeiten konterkariert werden. Für alle dauerhaft in Deutschland lebenden Migranten muss rechtlich sichergestellt sein, dass sie unbeschränkten Zugang zum Arbeitsmarkt erhalten. Wartefristen für nachgezogene Familienangehörige sollten entfallen. Bei Arbeitgebern müssen bestehende Vorbehalte gegen die Einstellung von ausländischen Arbeitskräften durch aktive Aufklärungsmaßnahmen abgebaut werden.

(2) *Maßnahmen zur Förderung der allgemeinen und beruflichen Qualifikation.* Um Chancengleichheit und das Recht auf freie Entfaltung für alle hier lebenden und hier aufwachsenden Menschen zu sichern, bedarf es besonderer Bildungs- und Qualifizierungsmaßnahmen für Migranten, speziell der zweiten und dritten Generation. Zweisprachig aufzuwachsen, sich in verschiedenen Kulturen bewegen zu können und sie biographisch zu verbinden ist eine große Chance und Ressource – nicht nur für die Migranten selbst, sondern auch für die Gesellschaft –, die nicht ungenutzt bleiben sollte. Um spätere Arbeitsmarktchancen sicher zu stellen und Arbeitslosigkeit zu vermeiden, benötigen Migranten ausreichende schulische und berufliche Förderung. Diese Arbeit beginnt in den Kindergärten und Grundschulen und setzt sich in der beruflichen Bildung und an den Hochschulen fort. Für diese Aufgabe muss in den betreffenden Bildungsinstitutionen genügend geschultes Personal zur Verfügung gestellt werden. Hier sind insbesondere beim dualen Ausbildungssystem neben dem Staat auch die Unternehmen in die Verantwortung zu nehmen. Des Weiteren ist eine verbesserte Anerkennung von ausländischen Schul- und Berufsabschlüssen sicher zu stellen, um zu gewährleisten, dass Migranten nicht aus formalen Gründen unterhalb ihrer Qualifikationen arbeiten.

(3) *Aufhebung der sozialpolitischen Diskriminierung.* Die bestehenden Einschränkungen hinsichtlich der staatlichen Leistungen für Migranten sollten aufgehoben werden. Hierzu zählt auch die Möglichkeit der Ausweisung (§ 46 AuslG) bzw. die Nicht-Verlängerung des Aufenthaltsstatus (§§ 7 und 13) bei Inanspruchnahme von Sozialhilfe oder Obdachlosigkeit und der fehlende Anspruch auf Kinder- und Erziehungsgeld für Personen ohne gesicherten Aufenthaltsstatus. Besonders die Herausnahme von Migrantengruppen aus dem Geltungsbereich des BSHG sollte rückgängig gemacht werden. Men-

schen den Zugang zum Arbeitsmarkt zu verwehren und die ihnen zustehenden staatlichen Leistungen unter das gesellschaftliche Minimum (Sozialhilfe) zu senken ist diskriminierend. Armut und Unterversorgungslagen werden hier staatlich verordnet. Dies ist sozialpolitisch nicht zu vertreten. Angemessener Flüchtlingsschutz ist kein Gnadenakt, sondern ein Recht, das in einer demokratischen Wertegemeinschaft selbstverständlich sein sollte.

(4) *Verbesserung allgemeiner sozialpolitischer Leistungen.* Migranten sind durch ihre soziodemographische und sozioökonomische Zusammensetzung von einigen sozialen Risiken im besonderen Maße betroffen. Daher würden ihnen eine Verbesserung allgemeiner sozialpolitischer Leistungen besonders zugute kommen. Kinderlastenausgleich, Mindestsicherung bei Arbeitslosigkeit oder niedriger Rente, Wohnungsbauprogramme und Sicherstellung der sozialen Infrastruktur und Gemeinwesenarbeit in sozial schwachen Stadtteilen könnten dazu beitragen, die Einkommensposition von Migranten zu verbessern bzw. das Auftreten von Armut zu verhindern.

Neben den zu verändernden gesetzlichen Rahmenbedingungen bleibt die Integration von Migranten eine gesamtgesellschaftliche Aufgabe. Populistische Volksbefragungen und Postkarten-Aktionen stärken bestehende Ressentiments und die Fremdenfeindlichkeit. Der Kampf gegen Rassismus und Fremdenfeindlichkeit darf nicht bei Bekenntnissen zur Offenheit und Toleranz stehen bleiben, sondern muss die rechtliche Gleichstellung von Inländern mit und ohne deutschen Pass sicherstellen. Die schlechte sozioökonomische Stellung von ausländischen und deutschen Migranten darf nicht als dauerhaft und gegeben hingenommen werden. Der Ungleichheit von Lebensperspektiven und -chancen muss in einem reichen Land wie der Bundesrepublik Deutschland durch gezielte Ausgleichs- und Kompensationsangebote entgegengetreten werden.

Kapitel 4 Einkommensarmut und Armutspolitik im europäischen Vergleich

4.1 Fragestellung

Die Darstellung und Diskussion des Armutsproblems in der Bundesrepublik soll in diesem Kapitel um eine Auseinandersetzung mit Armut im europäischen Kontext ergänzt und erweitert werden. Spätestens im Zuge der Globalisierungsdebatte hat sich die Perspektive der wirtschafts- und sozialpolitischen Auseinandersetzung erweitert. In Politik und Öffentlichkeit wie in den Wirtschafts- und Sozialwissenschaften hat der Blick über die Grenzen Konjunktur: Vor welchen wirtschafts- und sozialpolitischen Problemen und Herausforderungen stehen andere Länder, welche Antworten haben sie darauf gefunden? Auch durch das Zusammenwachsen der Mitgliedsstaaten in der Europäischen Union erscheint ein ausschließlich nationaler Zugang zu sozialen Problemen zunehmend fragwürdig. Zwar ist die Sozialpolitik in der EU nach wie vor primär eine nationale Angelegenheit, und die nationalen Regierungen sind sehr darauf bedacht, sie nicht aus der Hand zu geben. Dennoch geht mit der immer engeren ökonomischen Verflechtung ein wachsender Druck einher, die nationalen Politikstrategien – auch im Bereich der Armuts- und Sozialpolitik – im europäischen Kontext zu reflektieren.

Ist es also dringender denn je geboten, sich mit den Problemlagen und Lösungsansätzen in anderen Ländern zu beschäftigen, so zeigen die bisher vorliegenden Versuche zu international vergleichenden Sozialpolitikuntersuchungen, dass solche Vergleiche viele

Fragen aufwerfen. Schmid spricht in diesem Zusammenhang von einer «Doppelgesichtigkeit» des Wohlfahrtsstaatsvergleichs: «Einerseits ist er gerade deshalb interessant, weil in einzelnen Ländern die allgemeine Idee sozialer Sicherheit ganz unterschiedlich umgesetzt worden ist, andererseits ist es jedoch gerade diese Vielfalt, die die Vergleichbarkeit und damit auch die Übertragbarkeit von ‹best practices› erschwert» (Schmid 1996, S. 17). Die konzeptionelle Vorentscheidung, mit dem Thema «Armut und Armutspolitik» ein spezifisches Problem- und Politikfeld zu untersuchen, stieß auf die Schwierigkeit, ausreichendes Datenmaterial zu den interessierenden Fragen zu finden. Außerdem sind einzelne Problemindikatoren wie etwa Armutsquoten für sich genommen nur bedingt interpretierbar; sie gewinnen ihre Bedeutung erst vor dem Hintergrund der jeweiligen sozial-ökonomischen Gesamtstruktur und des ihr zugrunde liegenden wirtschaftlichen und gesellschaftlichen Entwicklungsmusters. Vergleichbares gilt für einzelne Maßnahmen und Instrumente der Sozialpolitik; können doch die Ausgestaltungsformen und Lösungsmuster nur vor dem Hintergrund des jeweiligen wohlfahrtsstaatlichen Gesamtsystems und der jeweiligen sozialkulturellen Tradition verstanden werden.

Auch wenn somit bei der Interpretation einzelner Problemindikatoren und Politikinstrumente Vorsicht geboten ist, soll im Folgenden der Versuch unternommen werden, die Armutsthematik im europäischen Kontext darzustellen und Strategien zur Bekämpfung der Armut in einer Reihe ausgewählter europäischer Mitgliedstaaten zu betrachten. Dadurch soll es möglich werden, die spezifische Ausprägung von Armut in Deutschland in einem breiteren Zusammenhang zu sehen. Zugleich soll die deutsche Variante einer «Lösung des Armutsproblems» in vergleichender Perspektive diskutiert und gewürdigt werden. Dies kann im Rahmen der vorliegenden nationalen Studie notwendigerweise nur sehr skizzenhaft geschehen. Dennoch soll die Aufnahme dieser Thematik in unseren nationalen Armutsbericht dazu beitragen, dass dieser Zugang künftig als notwendiges, ergänzendes Element einer nationalen Armuts- und Sozialberichterstattung wahrgenommen wird.

Die Möglichkeit, Armut in Europa vergleichend zu untersuchen, besteht spätestens, seitdem mit dem Europäischen Haushaltspanel ein Erhebungsinstrument und darauf basierend ein Datensatz geschaffen wurde, mit dem erstmals Informationen zu vielfältigen Dimensionen sozialer Problemlagen in den Mitgliedsstaaten der EU in vergleichbarer Form erhoben und für die wissenschaftliche Auswertung bereitgestellt werden. Der folgende Abschnitt gibt einen Überblick über Umfang und Struktur von Einkommensarmut und Ungleichheit in den EU-Mitgliedsstaaten. Anschließend wird die Armut bekämpfende Politik in Europa dargestellt und gewürdigt. Dies geschieht in doppeltem Sinne in exemplarischer Weise: Zum einen konzentriert sich die vergleichende Betrachtung auf vier europäische Nachbarländer; zum anderen greift sie die Problematik der arbeitsmarktbedingten Armut heraus. Dabei soll nicht nur die Bandbreite von Zugängen und Lösungen vorgestellt werden, sondern sollen auch mögliche Lehren für die Bundesrepublik gesucht und diskutiert werden.

4.2 Armut in der Europäischen Union

4.2.1 Wohlfahrtsstaatstypen und das Armutsproblem

« Gesellschaften strukturieren die Lebenschancen ihrer Bevölkerung in vielfältiger und unterschiedlicher Weise. Sie tun dies, indem sie Mitgliedschaften definieren […] indem sie Aufgaben und deren Verteilung innerhalb der Gruppen

und Organisationen wie zwischen ihnen definieren: Aufgaben, mit denen sich Pflichten, Kompetenzen, und damit wieder allgemeiner, Lebenschancen verbinden.» (Flora 1999, S. 30).

Aus der international vergleichenden Wohlfahrts- bzw. Sozialstaatsforschung[58] ist bekannt, dass es kein einheitliches Modell des europäischen Wohlfahrtsstaats gibt, sondern dass die (west-)europäischen Nationen vielmehr gemäß ihrem jeweiligen wirtschaftlichen und gesellschaftlichen Entwicklungsstand sowie aus ihren spezifischen sozialen und kulturellen Traditionen heraus unterschiedliche Modelle von Sozialstaatlichkeit und sozialer Sicherung entwickelt haben.

Auf den ersten Blick lassen sich hinsichtlich der Strukturierung von Lebensbedingungen und -chancen in den Ländern der Europäischen Union mehr Gemeinsamkeiten als Unterschiede erkennen. Alle Staaten können dem Typus Wohlfahrtsstaat zugeordnet werden, dessen Hauptmerkmale ein demokratisches politisches System, ein dem Typus der Gelenkten Marktwirtschaft entsprechendes Wirtschaftssystem und ein ausgebautes soziales Sicherungssystem sind (vgl. Hauser 1997, S. 521). Die nationalen Sicherungssysteme der EU-Staaten gewähren Schutz vor sozialen Massenrisiken wie Arbeitseinkommensausfall, Unterhaltsausfall, besondere Bedarfe bei Krankheit etc., Familienlasten und Armut. Zwar sind diese Systeme in den vergangenen Jahren zur Gewährleistung der Freizügigkeit und zur Annäherung der Arbeits- und Lebensbedingungen in der Europäischen Gemeinschaft unter einen gewissen Anpassungsdruck gestellt worden. Die Regelungskompetenz ist aber vorerst bei den jeweiligen Mitgliedsstaaten verblieben. Nach wie vor gibt es gravierende nationale Unterschiede in der Organisationsform, der Finanzierung, im De-

58 Im Folgenden werden die Begriffe Wohlfahrtsstaat und Sozialstaat synonym verwendet.

ckungsgrad oder im Leistungsniveau bei den jeweiligen Schutz- und Sicherungsleistungen (vgl. hierzu Hauser 1999, 1998, 1997, Veit-Wilson 1998).

In Anlehnung an Esping-Andersen (1990) und Leibfried (1990) werden in der Regel vier Wohlfahrts- oder Sozialstaatsregime unterschieden (zur Diskussion der Konstruktion und der Aussagekraft solcher Typologien vgl. z. B. Schmid 1996; Lessenich/Ostner 1998; Kohl 1999):

(1) das «liberale» Sozialstaatregime, das in den angelsächsischen Ländern anzutreffen ist,

(2) das «sozialdemokratische» Sozialstaatsregime, das für die skandinavischen Länder charakteristisch ist,

(3) das «korporatistisch-konservative» Sozialstaatregime, durch das die meisten kontinentaleuropäischen Länder gekennzeichnet sind, sowie

(4) das «rudimentäre» Sozialstaatsregime, das den südeuropäischen Staaten zuzuordnen ist.

Typus des Sozial- bzw. Wohlfahrtstaates	**Schutz gegen Marktkräfte und Einkommensausfälle**	**Länder**
liberal	schwach (vorwiegend private Absicherung)	Großbritannien, Irland
sozialdemokratisch	stark (staatliche universalistische Absicherung auf hohem Niveau)	Schweden, Norwegen, Dänemark, Finnland, Niederlande
konservativ	mittel (staatliche kategoriale Absicherung – lohnarbeits- und sozialversicherungszentriert)	Österreich, Belgien, Frankreich, Italien, Deutschland, Niederlande
rudimentär	schwach (nur partiell ausgebautes Sicherungssystem, ergänzt durch traditionelle Familiensysteme)	Spanien, Portugal, Griechenland, Italien

Die Wohlfahrtsstaatstypen spiegeln idealtypische Normalitätsannahmen und somit spezifische Zugangsbedingungen zu den einzelnen Schutzleistungen der verschiedenen nationalen Sicherungssysteme wider. Dem Schutz des Individuums vor sozialen Risiken durch staatliche Sicherungssysteme wird vor allem bei den sozialdemokratischen und konservativen Wohlfahrtstypen eine hohe Priorität eingeräumt, während der liberale Typ eher die ‹Rolle des freien Marktes und der Familie hervorhebt› und nur bei kurzzeitigen Einkommensausfällen einen Schutz gewährt (vgl. Schmid 1996, S. 57). Bei dem rudimentären Typ handelt es sich vor allem um Länder, deren wirtschaftlicher und gesellschaftlicher Modernisierungsprozess erst vergleichsweise spät eingesetzt hat (und die auch erst spät in die Europäische Gemeinschaft integriert wurden) und deren Sicherungssysteme z. T. noch nicht an diesen Modernisierungsprozess angepasst wurden. Insgesamt unterscheiden sich die vier Typen in ihrer institutionellen Ausgestaltung des Arrangements von Arbeitsmarkt- und Sozialpolitik, wie sich bei dem Vier-Länder-Vergleich zeigen wird.

Lässt man das südeuropäische Modell des rudimentären Wohlfahrtsstaats einmal beiseite und interpretiert dieses eher als ein Entwicklungs- oder Übergangsmodell[59], lassen sich drei klar konturierte Sozialstaatsmodelle unterscheiden, die heute in Westeuropa bzw. innerhalb der Europäischen Union nebeneinander existieren. Während das angelsächsische Modell auch außerhalb des europäischen Kontinents – insbesondere in den USA, in Australien und Neuseeland – große Verbreitung gefunden hat, können das skandinavische und das kontinentaleuropäische Modell als spezifisch europäisch interpretiert werden; sie sind auch weitgehend auf Europa beschränkt.

59 In vergleichbarer Weise kann man die im Zuge des Übergangs zu marktorientierten Wirtschaftsgesellschaften neu eingeführten Sicherungssysteme in den Staaten Mittel- und Osteuropas als Übergangsmodelle interpretieren.

In der vergleichenden Wohlfahrtsstaatsforschung werden zur Bestätigung dieser Typologie Aggregatdaten über die Höhe der Staats- oder Sozialleistungsausgaben und das Bruttoinlandsprodukt herangezogen. Es zeigt sich, dass die Varianz zwischen den Typen größer ist als innerhalb der Regime, aber bei einem Vergleich von realem Wirtschaftswachstum (pro Kopf) und Sozialausgaben gelangt diese Typologie an die Grenzen ihrer Erklärungskraft (vgl. Kohl 1999, S. 122). Ferner wird die bewirkte Umverteilung und die Effektivität der Ressourcen in den Vergleich nicht einbezogen. «Die Messung von Wohlfahrtsstaatlichkeit bleibt eindimensional; sie erlaubt es nur, zwischen ‹mehr› oder ‹weniger› Wohlfahrtsstaat, aber nicht zwischen qualitativ unterschiedlichen Ausprägungen zu unterscheiden» (Kohl 1999, S. 113). Aus der Sicht der vergleichenden Armutsforschung besteht ein weiteres Defizit darin, dass die Armutspolitik in dieser Typologie ausgeblendet bleibt. Vor dem Hintergrund einer wachsenden Bedeutung der Armuts(bekämpfungs)politik in den einzelnen Wohlfahrtsstaaten plädieren Voges/Kazepov dafür, die Ausrichtung und Intensität der Armutsbekämpfungspolitik als zusätzliche Dimension in die oben dargestellte Wohlfahrtsstaatstypologie aufzunehmen (vgl. Voges/Kazepov 1998, S. 7; vgl. auch Eardley u.a. 1996a).

4.2.2 Zur Empirie der Armut und Ungleichheit in den EU-Mitgliedsstaaten

Eine international vergleichende, empirische Untersuchung des Armutsproblems in Europa ist mit zwei grundlegenden Fragen konfrontiert: Wie lässt sich im Rahmen einer solchen Untersuchung Armut definieren, und auf welche empirische Datenbasis kann sie zurückgreifen?

Zur Beantwortung der ersten Frage hat sich in den beiden letzten Jahrzehnten eine Verfahrenskonvention entwickelt. Im Zeitraum Mitte der 70er- bis Mitte der 90er-Jahre hat die Europäische Kommission drei europäische Armutsprogramme entwickelt und umgesetzt (1975–80/1986–1989/1990–1994), deren Zielsetzung in erster Linie im Zusammentragen von Informationen über die Armutslagen in den Mitgliedsländern bestand. Im Rahmen des ersten Armutsprogramms hat die Kommission am 22. Juli 1975 die Formulierung einer Armutsdefinition beschlossen, die bis heute für die wissenschaftliche und politische Armutsdiskussion in Europa bestimmend geblieben ist: Danach sind Arme «Einzelpersonen oder Familien, die über so geringe Mittel verfügen, dass sie von der Lebensweise ausgeschlossen sind, die in dem Mitgliedsstaat, in dem sie leben, als annehmbares Minimum angesehen wird» (Kommission der Europäischen Gemeinschaften 1983, S 8).

Armut wurde also mit der Definition der EU-Kommission als relativer Wert und ausschließlich in Relation zum jeweiligen nationalen Lebensstandard bestimmt. Wie Hradil (1997, S. 498) im Sinne einer absoluten Armutsbetrachtung hervorgehoben hat, ergibt sich als Konsequenz eines solchen Konzepts, dass sich Arme in Deutschland oder Dänemark oft wesentlich mehr leisten können als Nicht-Arme in Portugal. Mit dieser Empfehlung legte die Europäische Kommission ein einheitliches, relatives und landesspezifisches Vorgehen zur Messung von Armut fest. Dennoch sind auf der Grundlage dieser Definitions- und Verfahrenskonvention immer noch viele Varianten zur Operationalisierung und Messung von Armut möglich und in den bisher vorliegenden Studien auch anzutreffen. Das betrifft etwa die Festlegung des Einkommensbegriffs, die Wahl der Äquivalenzskala für die Bedarfsgewichtung, die Bestimmung des Mittelwerts und der Armutsschwellen für das Haushaltsäquivalenzeinkommen etc. Das im Folgenden zugrunde gelegte Messverfahren, das an der Vorgehensweise in den übrigen Berichtsteilen ausgerichtet ist, ist daher nur eines von vielen möglichen (vgl. z. B. Hagenaars et al. 1995). Beim Einkommensvergleich ist weiterhin zu bedenken, dass in manchen Ländern von den verfügbaren Hauhaltseinkommen Infrastrukturleistungen privat gekauft werden müssen, während sie in anderen Ländern durch die öffentliche Hand als sogenannte Realtransfers gratis oder zumindest stark subventioniert bereitgestellt werden.

Das zweite zentrale Problem der vergleichenden Armutsforschung in Europa bestand bis vor kurzem in der unzureichenden Datenlage, die keinen umfassenden Überblick über die Armutslagen und Ausgrenzungsmechanismen in den einzelnen Ländern gewährte. Mit dem «European Community Household Panel on Income and Living Condition» (ECHP) steht seit kurzem zum ersten Mal ein auf einen europäischen Vergleich angelegtes Panel zur Verfügung, das vom Statistischen Amt der Europäischen Gemeinschaft (EUROSTAT) in Luxemburg koordiniert wird. Die nationalen statistischen Ämter der mittlerweile 15 Mitgliedsstaaten der Europäischen Union führen seit 1994 die Erhebungen durch und übergeben die Daten an EUROSTAT, das daraus einen einheitlichen Mikrodatensatz erstellt. Gegenwärtig liegen für das ECHP die ersten drei Befragungswellen (1994 bis 1996) vor, in denen vor allem differenzierte Informationen zu den Einkommens- und Transferarten der Privathaushalte, aber auch zu weiteren Aspekten den Arbeits- und Lebensbedingungen der EU-Bevölkerung erhoben wurden. Ca. 140 000 Fälle in 15 Ländern umfasst diese ECHP-Datenbank, wobei die Auschöpfungsraten zwischen ca. 40 und knapp 90 Prozent schwanken.[60]

Auf der Basis der ECHP-Daten wird im Folgenden ein knapper Überblick über die Armutslagen in den Ländern der Europäischen Union gegeben. In den meisten Analysen konnten Einkommensinformationen von insgesamt 14 Ländern (mit Ausnahme

60 «Das gesamte Sample dieser komparativen Datenbank umfasst 143 000 Fälle in 15 Ländern (Erwachsene von 15 bis 84 Jahren). Die niedrigen Ausschöpfungsquoten in manchen Ländern sind durchaus als problematisch anzusehen. Insgesamt variiert die Ausschöpfung der Stichprobe zwischen 38 und 88 Prozent» (Vogel 1999, S. 76).

von Schweden, das am ECHP nicht beteiligt ist) für die Armutsmessung verwendet werden. Österreich und Finnland sind erst im Laufe des ECHP dazugekommen, konnten also nur bei einem Teil der Auswertungen berücksichtigt werden. Analog zu den SOEP-Auswertungen wurde hier die sogenannte ältere OECD-Äquivalenzskala verwendet, welche der ersten erwachsenen Person im Haushalt (mind. 15 Jahre) ein Gewicht von 1.0, jeder weiteren erwachsenen Person ein Gewicht von 0.7 und jedem Kind (unter 15 Jahre) ein Gewicht von 0.5 zuordnet. Während die SOEP-Auswertungen vorwiegend auf dem monatlichen Haushaltsnettoeinkommen basieren, wurde hier bei der Armutsmessung das Jahres-Haushaltsnettoeinkommen des Vorjahres herangezogen. Insofern handelt es sich um Retrospektivinformationen von Personen aus den jeweiligen Befragungswellen. Dieses Einkommen enthält u. a. einmalige Zahlungen, aber nicht den Nettomietwert selbst genutzten Wohneigentums (Imputed Rent).

Die oben dargestellte Wohlfahrtsstaatstypologie dient bei der Betrachtung der empirischen Ergebnisse lediglich als Ausgangspunkt, weil sie nur Indizien für die Generosität der Sicherungssysteme liefert und die Armutsbekämpfungspolitik nicht einbezieht. Mit der Ausweisung von allgemeinen und an sozialen Merkmalen orientierten Armutsquoten (Altersgruppen, Haushaltstypen, Erwerbsstatus) soll hier vor allem die Position von Deutschland innerhalb der Europäischen Union sichtbar gemacht werden. In einem ersten Schritt werden deshalb die 50 %-Armutsquoten, die 75 %-Niedrigeinkommensquoten sowie die Einkommensungleichheit (anhand des Gini-Koeffizienten) für alle Ländern ausgewiesen. Anschließend werden für drei zentrale Merkmale die Armutsbetroffenheit in den verschiedenen Bevölkerungsgruppen diskutiert, um zu zeigen, inwiefern Armutslagen in Deutschland auch in anderen Ländern zu finden sind. Wie groß die Fluktuation innerhalb der Armutspopulation in den drei Befragungswellen ist und ob sich trotz großer Gemeinsamkeiten nationale Unterschiede bei dem Verbleib in Armut ergeben, wird im letzten Schritt der empirischen Analysen gefragt.

Wie Tabelle 4–1 zu entnehmen ist, erreichen sowohl die Einkommensungleichheit (gemessen durch den Gini-Koeffizienten) als auch die 50 %-Armutsquoten und die 75 %-Niedrigeinkommensquoten in den angelsächsischen und südeuropäischen Ländern das höchste Niveau. Insgesamt lassen sich die Länder der Europäischen Union in drei große Gruppen oder Cluster einteilen: Eine erste Gruppe bilden Großbritannien, Irland, Spanien, Griechenland und Portugal. Ein Viertel der portugiesischen Bevölkerung lebte demnach 1994 in Armut. In den anderen Ländern dieser Gruppe schwankte die Armutsbetroffenheit um die 20-Prozent-Marke und war damit deutlich höher als in den Ländern des konservativen oder sozialdemokratischen Wohlfahrtsstaatstypus. Deutschland, Frankreich, Niederlande, Luxemburg, Belgien, Österreich und schließlich Italien bilden die mittlere Gruppe. Dänemark und Finnland können als eine dritte Gruppe kategorisiert werden. Letztere weisen Armutsquoten von weniger als zehn Prozent auf,[61] während in den Ländern der mittleren, sehr heterogenen Gruppe, die auch Deutschland einschließt, die Armutsquoten zwischen der 10- und 20-Prozent-Marke streuen.[62] Österreich nimmt hier den niedrigsten Rang mit 10,4 % und Italien den höchsten Rang mit 18,2 % im Jahre 1996 ein.

61 Vogel hat in seinem Ländervergleich neben den ECHP-Daten noch schwedische Daten (Querschnittssurveys 1974–1997) mit in die Armutsanalyse einbezogen und kommt für Schweden 1994 zu einem Gini-Koeffizienten von 24 und einer Armutsquote von 5,5 Prozent. Allerdings nimmt er die modifizierte bzw. die sogenannte neue OECD-Skala, welchen von größeren Haushaltseinsparungen bei Mehr-Personen-Haushalten ausgeht, als Grundlage für seine Armutsmessung (Vogel 1999).

62 Da die SOEP-Datenbank ebenfalls über generierte Vorjahreseinkommen verfügt, bot es sich an, die Armutsquoten auf der Basis der SOEP-Daten bei analoger Berechnungsweise (alte OECD-Skala) mit den Armutsquoten aus dem ECHP zu vergleichen. Die Abweichungen können bei der 50 %- und 75 %-Grenze als marginal bezeichnet werden: SOEP 1994: 13,4 Prozent in Armut, 37,6 Prozent im Niedrigeinkommensbereich und in der Befragungswelle 1996 waren 13,9 Prozent im Vorjahr 1995 arm; 36,4 Prozent befanden sich im Niedrigeinkommensbereich (vgl. auch Kapitel 2).

Tabelle 4–1: Einkommensungleichheit und -armut in EU-Mitgliedsländern 1994 und 1996

	Armut in den EU-Mitgliedsländern													
	D	BEL	LUX	NL	AUS	FR	I	UK	IRE	GRE	SPA	P	DK	FIN
Einkommensungleicheit und -armut 1994														
Gini	31	29	31	29	–	34	33	35	35	36	34	40	25	–
50%	15,7	13,2	15,6	11,3	–	17,9	18,0	21,2	21,3	22,2	20,2	25,0	6,4	–
75%	37,1	35,9	40,2	39,0	–	42,0	39,1	43,2	47,0	42,5	42,3	46,4	31,1	–
Einkommensungleichheit und -armut 1996														
Gini	29	28	29	31	27	29	34	34	34	34	33	37	23	24
50%	13,7	13,6	12,9	11,8	10,4	14,1	18,2	19,9	20,5	20,1	18,0	22,7	6,9	8,0
75%	34,2	34,8	38,9	39,9	36,0	38,3	40,2	44,4	45,7	41,9	41,4	45,6	27,7	30,7
Bevölkerung nach Altersgruppen 1996														
< 15 J.	16,4	19,9	19,3	19,9	19,3	19,6	15,3	21,6	25,6	17,0	16,6	18,9	18,9	21,1
16–30	18,3	18,7	18,8	19,9	20,7	20,6	22,0	18,7	23,2	21,9	24,4	21,9	21,0	19,5
31–45	22,9	22,9	24,7	25,1	23,1	22,9	22,2	22,8	20,2	20,7	21,7	21,9	22,6	21,9
46–60	20,2	17,7	18,0	19,0	18,2	17,6	19,0	17,7	16,1	18,1	16,5	17,6	19,0	18,8
61 u. >	22,2	20,9	19,3	16,1	18,8	19,3	21,5	19,2	14,9	22,2	20,8	19,7	18,5	18,7
	100,0	100,0	100,0	100,0	100,0	100,0	100,0	100,0	100,0	100,0	100,0	100,0	100,0	100,0
Armut in Altersgruppen 1996														
< 15 J.	20,7	18,6	20,5	17,6	16,6	19,3	23,4	31,1	31,8	19,7	24,4	27,5	3,9	5,9
16–30	16,8	14,3	14,5	16,8	10,0	18,3	24,9	20,4	20,6	19,7	20,6	17,7	11,9	13,1
31–45	13,2	12,1	11,5	10,4	10,4	11,8	16,4	15,6	19,9	15,3	18,5	19,6	4,6	6,4
46–60	10,3	11,8	11,5	7,2	6,8	10,2	16,8	11,9	13,5	17,8	17,2	19,4	5,3	8,0
61 u. >	9,7	11,6	6,3	5,8	7,7	10,5	10,7	19,2	8,3	27,3	10,0	29,8	8,9	6,8

Datenbasis: ECHP (UDB) 2000. Die bedarfsgewichteten Einkommen (alte OECD-Skala: 0–14 J.: 50 v.H., 15+ Jahre: 70 v. H.) wurden anhand des Vorjahres-Haushalts-Nettoeinkommens berechnet.

Der zweite Teil der Tabelle 4–1 spiegelt die Bevölkerungsstruktur und die Armutsbetroffenheit in den verschiedenen Altersgruppen wider und gibt einen Einblick in die Zusammensetzung der nationalen Armutspopulation. Für die mittlere Gruppe (Deutschland, Belgien etc.) zeichnet sich ein recht klares Bild ab. Die Armutsbetroffenheit bzw. das Armutsrisiko sinkt mit zunehmendem Alter in den verschiedenen Ländern in unterschiedlich hohem Maße. Vor dem Hintergrund der Heterogenität im Armutsausmaß in dieser Gruppe stellt sich hier die Frage, inwiefern sich bei spezifischen Haushaltskonstellationen das Armutsrisiko von Kindern erhöht. In den skandinavischen Ländern (letzte Gruppe) mit ihren großzügigen sozialpolitischen Maßnahmen in der Familienpolitik und der hohen (Teilzeit-)Erwerbsquote der Frauen ist das Problem der Kinderarmut nicht anzutreffen (vgl. Höpflinger 1997, S. 115 f.). Die Altersgruppe der bis 15-Jährigen besitzt in dieser Ländergruppe nicht nur absolut sondern auch relativ – im Vergleich zu den anderen Altersgruppen – das geringste Armutsrisiko (Dänemark: 1995 : 3,9 %; Finnland: 5,9 %). Bei der ersten Gruppe, die die südeuropäischen und angelsächsischen Länder umfasst, gestaltet sich eine Einschätzung im Rahmen der oben angeführten Wohlfahrtstypologie schwieriger, zumal Höhn (1997) und Höpflinger in ihrem Überblick über die soziodemographische und sozial-strukturelle Entwicklung in der Europäischen Union zeitliche Verzögerungen im Modernisierungsprozess bzw. im sozialen Wandel für die südeuropäischen Länder festgestellt haben. Die Gruppe setzt sich somit nicht nur aus zwei Wohlfahrtstypen, sondern auch aus – in ihrem Modernisierungs- und EU-Integrationsprozess – unterschiedlich fortgeschrittenen Ländern zusammen. Auf diese Aspekte wird in der folgenden Tabelle (Tabelle 4–2) näher eingegangen. Hier sei nur festgehalten, dass sowohl Kinder als auch Ältere (61 Jahre und älter) in Großbritannien, Griechenland und Portugal sehr hohe Armutsrisiken besitzen.

Tabelle 4–2: Einkommensarmut von Personen in verschiedenen Haushaltstypen in EU-Mitgliedsländern 1996

	Armut in den EU-Mitgliedsländern nach Haushaltstypen													
	D	BEL	LUX	NL	AUS	FR	I	UK	IRE	GRE	SPA	P	DK	FIN
Bevölkerung nach Haushaltstruktur														
1-Pers. <30 J.	2,5	0,9	1,3	3,2	1,3	2,3	0,5	1,2	0,7	1,3	0,2	0,2	3,6	3,0
1-Pers. 30–64	6,1	6,0	6,0	5,5	4,0	5,1	2,9	4,5	2,6	1,9	1,1	1,3	6,6	7,9
1-Pers. 65 J. + >	7,3	5,6	4,1	5,1	5,1	5,8	4,7	6,5	4,2	3,8	3,0	3,2	7,0	5,3
2-Pers. mit 1-Pers. < 65 J.	11,3	10,8	9,1	8,8	8,1	10,5	9,7	10,3	6,9	11,7	9,0	9,4	9,9	11,2
2–Pers. beide > 65 J.	17,5	12,4	11,4	19,6	12,0	13,4	7,5	16,4	7,9	8,3	5,5	6,0	18,2	15,3
Sonstige ohne Kinder	11,5	10,2	13,3	9,6	13,9	8,0	21,2	12,0	12,1	17,5	21,0	17,8	8,2	5,5
Alleinerz.	3,2	4,6	2,2	2,3	3,4	4,1	1,8	7,1	3,4	1,7	1,1	2,7	3,5	6,0
Paar mit ein Kind	12,7	13,3	12,6	8,5	11,7	13,7	13,2	10,8	8,1	12,0	11,0	13,9	12,5	12,7
Paar mit 2 Kindern	14,8	17,9	18,2	18,9	17,6	18,3	17,1	15,9	14,6	21,0	19,0	17,9	15,9	17,4
Paar mit 3 u. m. Kindern	6,5	10,5	10,5	11,0	4,9	10,9	5,5	8,1	17,7	4,7	5,6	5,1	7,2	11,4
Sonstige mit Kindern	6,6	7,7	11,2	7,5	18,0	8,0	15,9	7,1	21,6	16,1	23,3	22,5	7,4	4,3
Gesamt	100,0	100,0	100,0	100,0	100,0	100,0	100,0	100,0	100,0	100,0	100,0	100,0	100,0	100,0
Armutsquoten von Personen nach Haushaltstruktur														
1-Pers.-HH. <30J.	22,5	–*	–*	36,2	27,5	30,5	(19,9)	(29,6)	–*	20,8	–*	–*	22,9	41,1
1-Pers.-HH. 30–64	7,6	8,3	(6,5)	5,8	7,4	9,6	8,5	12,3	3,3	12,6	9,5	33,6	5,6	13,1
1-Pers.-HH. 65 J. +>	11,1	12,6	(7,9)	5,0	5,6	11,2	6,0	24,5	6,8	27,8	5,3	38,9	8,6	9,7
Paar mit 1 Pers. < 65 J.*	7,6	12,6	5,9	5,9	6,8	9,6	9,9	19,2	7,2	30,9	7,2	30,9	9,4	4,9
Paar beide Pers. > 65 J.	8,5	8,4	9,6	4,6	4,9	8,5	8,7	7,3	5,9	13,4	12,7	19,7	5,7	4,4
Sonstige ohne Kinder	10,4	8,0	1,3	5,4	4,5	8,3	15,6	7,2	6,4	15,4	12,3	14,7	15,5	9,8
Alleinerz..	43,5	25,6	–*	35,8	31,8	30,0	15,8	54,1	48,8	21,0	27,3	33,6	4,4	7,5
Paar mit 1 Kind	9,0	8,0	5,3	10,1	9,5	7,6	14,8	12,3	11,1	10,0	14,8	14,8	2,8	8,0
Paar mit 2 Kindern	16,0	14,1	14,9	12,5	8,9	10,5	17,3	19,1	15,5	17,6	19,9	19,0	2,8	4,8
Paar mit 3u. m. Kindern	25,9	25,8	30,7	21,9	28,3	24,2	40,4	35,9	35,7	17,7	34,1	42,9	3,9	4,9
Sonstige mit Kindern	17,4	16,4	18,7	19,4	14,1	25,7	31,2	25,4	23,7	30,9	24,5	24,5	8,5	8,4
61 u. >	9,7	11,6	6,3	5,8	7,7	10,5	10,7	19,2	8,3	27,3	10,0	29,8	8,9	6,8

Datenbasis: ECHP (UDB) 2000. Die bedarfsgewichteten Einkommen (alte OECD-Skala: 0–14 J.: 50 v.H., 15+ Jahre: 70 v. H.) wurden anhand des Vorjahres-Haushalts-Nettoeinkommens berechnet. () Fallzahl in dieser Merkalsgruppe unter 100; * Fallzahl in dieser Merkmalsgruppe unter 50.

In Tabelle 4–2 werden die Armutsquoten für die verschiedenen Haushaltstypen ausgewiesen, welche EUROSTAT bei der Zusammenführung der nationalen Datensätze generiert hat. Auffallend ist in manchen skandinavischen und mittel- bzw. westeuropäischen Ländern ein hohes Armutsrisiko von 1-Person-Haushalten (bis 30 Jahre). Vogel erklärt dies damit, dass in den südeuropäischen Ländern Jugendliche länger in ihren Familien verbleiben, wofür nicht nur das traditionell orientierte Familienbild, sondern auch die schlechtere Arbeitsmarktsituation von Jugendlichen maßgeblich ist (vgl. Vogel 1999). Der Anteil der 1-Person-Haushalte bis 30 Jahre ist in den südeuropäischen Ländern insgesamt nicht nur kleiner, auch die Kategorie ‹Sonstige mit Kindern› (vor allem Mehrgenerationenhaushalte) ist sehr hoch besetzt, was auf ein Nord-Süd-Gefälle in den Familienstrukturen hinweist. Wie Kazepov/Negri (1998, S. 143 f.) und Voges betonen, schützen die traditionellen Familienstrukturen zwar Jugendliche bzw. Berufsanfänger vor Armut, zugleich sind sie jedoch Ausdruck für die problematische Lage der Jugendlichen in den jeweiligen Gesellschaften.

Die vergleichsweise hohe Kinderarmut in der mittleren Gruppe – und damit auch in Deutschland – kann offensichtlich auf die prekäre Einkommenssituation der Alleinerziehenden- und der Paarhaushalte mit mehreren Kindern zurückgeführt werden. Ähnliches gilt für die Länder des liberalen Wohlfahrtsstaatstypus. Fast die Hälfte der Alleinerziehenden sind in Deutschland, Großbritannien und Irland von Einkommensarmut betroffen. Den dramatischen Gegensatz dazu bilden Dänemark und Finnland mit extrem niedrigen Quoten von 4,4 und 7,5 % in der Kategorie Alleinerziehende. Ähnlich wie in Deutschland hat es in Großbritannien in den vergangenen Jahren einen Wandel in der Zusammensetzung der Armutspopulation gegeben, wobei Großbritannien einen ‹rasanten Anstieg› von Armut in den 80er-Jahren erlebt hat. Nach Oppenheim bilden in den 90er-Jahren nicht die Rentner und Ehepaare mit Kindern den Großteil der Armutspopulation, sondern Alleinerziehende und alleinlebende Personen ohne Kinder (vgl Oppenheim 1998). Anhand der HBAI-Studie von 1993/94 (‹Household Below Average Income›), einer offiziellen Statistik zu unteren Einkommensschichten, belegt er, dass sich das Armutsausmaß in der britischen Bevölkerung von 9.0 Prozent im Jahre 1979 auf 24,0 Prozent im Jahre 1993/94 (nach Abzug der Haushaltskosten) mehr als verdoppelt hat. «Der Anstieg von Armut unter Kindern ist ungleich steiler, er verlief von 1,4 Millionen (10 % aller Kinder in der Bevölkerung) im Jahre 1979 auf 4,2 Millionen im Jahre 1993/94 (32 %)» (Oppenheim 1998:74). Welche Folgen daraus für die Lebenslagen der betroffenen Kinder resultieren, kann den Ergebnissen der Breadline Britain Surveys entnommen werden, die Armut über den Lebensstandard messen: 2,5 Millionen Kindern fehlten 1990 z.B. drei Mahlzeiten pro Tag, Spielzeug oder schulische Aktivitäten – (vgl. Oppenheim 1999, S. 75). Während Irland nach wie vor einen hohen Anteil an kinderreichen Familien hat, hat sich das Geburtenniveau in Großbritannien ähnlich wie in Frankreich in den 80er bei 1,8/1,9 Geburten je Frau stabilisiert (vgl. Höhn 1997, S. 77). Frankreich nimmt allerdings bei der Altersgruppen- wie auch bei der Haushaltstypenbetrachtung bezüglich der Kinderarmut eine deutlich günstigere Position als Großbritannien und Deutschland ein (siehe Tabellen 4–1 und 4–2). Auf der Institutionenebene müssten die Anspruchvoraussetzungen und Sozialleistungen für Kindergeld, Familienbeihilfen, Mutterschaft etc. näher untersucht werden, um die soziale Lage von Alleinerziehenden und Familien in den verschiedenen Ländern besser einschätzen zu können. In diesem Zusammenhang ist auf eine Untersuchung von Schmid zu verweisen, der einen Ländervergleich für Dänemark, Deutschland, Frankreich, Großbritannien, Niederlande, Schweden und Spanien durchgeführt hat und für den familienpolitischen Bereich zu dem Schluss kommt: «Entsprechend des universalistischen Charakters von Familienbeihilfen bestehen in keinem der hier untersuchten Länder spezifische Anspruchsvoraussetzungen. Dagegen ist insbesondere der Bezug von Geldleistungen bei Mutterschaft mit Ausnahme der Niederlande und Schweden an bestimmte Bedingungen geknüpft, die sich auf die Dauer der Versicherungsmitgliedschaft und/oder auf das Ausmaß der Erwerbstätigkeit vor dem Beginn des Mutterschutzes beziehen» (Schmid 1996, S. 165). Das Kindergeld unterscheidet sich in diesen Ländern nach Kriterien wie Alter und Anzahl der Kinder und Einkommensgrenzen, wobei Schweden Familien und Alleinerziehende am großzügigsten unterstützt. Sachleistungen werden wiederum in Frankreich nur nach einem Nachweis von Beitragszahlungen in einer Mindesthöhe gewährt. Die Unterschiede in dem Bereich Familie und Mutterschaft schätzt Schmid hier größer als in anderen Bereichen der Sozialen Sicherungssysteme dieser Länder ein (Arbeitslosigkeit, Gesundheitspolitik, Rentenversicherung, Unfall) (vgl. Schmid 1996, S. 159).

Inwiefern sich das Bild bei der Einbeziehung von Erwerbsinformationen über die von Armut betroffenen Haushalte für die einzelnen Länder verändert oder stabilisiert, geht aus der Tabelle 4–3 hervor. Zwei Perspektiven werden hier gewählt. Zum einen wird die Armutsbetroffenheit von Personen unabhängig von ihrem Haushaltskontext in den verschiedenen Erwerbsformen ausgewiesen. In vielen nationalen Untersuchungen wird der Nicht-/Erwerbstätigkeit des Haushaltsvorstands eine zentrale Bedeutung für die mögliche individuelle Wohlfahrtsposition aller Haushaltsmitglieder zugeordnet. Da das ECHP eine sehr komplexe Definition des Haushaltsvorstands wählt, in die mehrere Aspekte (Erwerbstätigkeit, Alter, Selbsteinschätzung) einfließen, werden hier zusätzlich die Armutsquoten für Personen aus Haushalten mit mindestens einem Erwerbstätigen oder einem Arbeitslosen (und keinem Erwerbstätigen) berechnet, um die unterschiedlichen Facetten dieser Perspektive zu erfassen. Auch wenn bei den vier nach Haushaltsmerkmalen operationalisierten Kategorien nicht zwischen Hausmann/-frau und arbeitssuchenden Personen unterschieden wird, so stellt die unterste Kategorie in dieser Tabelle 4–3 zweifellos den striktesten Zugang dar. Entsprechend ist das Armutsrisiko – mit Ausnahme von Portugal und den skandinavischen Ländern – am höchsten, wenn eine Person in einem Haushalt mit einem Arbeitslosen, aber keinem weiteren Erwerbstätigen wohnt. Da zu Erwerbstätigkeit auch geringfügige Erwerbsformen zählen und in diesem Sinne eine sehr weit gefasste Definition von Erwerbstätigkeit verwendet wird, können die Armutsquoten in diesem Kontext als ein sehr strenger Indikator für unzureichende Lebenslagen angesehen werden. Ist der Haushaltsvorstand arbeitslos, bedeutet dies vor allem für Personen in angelsächsischen Ländern, aber auch in Ländern des konservativen Wohlfahrtsstaatstypus ein hohes Armutsrisiko. Mehr als die Hälfte der Personen sind in diesem Fall in Großbritannien wie auch in Irland von Armut betroffen. Die mittlere Gruppe ist hier durch eine hohe Heterogenität gekennzeichnet, in der Deutschland eine mittlere Position insbesondere bei den beiden Kategorien zu Arbeitslosigkeit im Haushaltskontext einnimmt. Die skandinavischen Länder lassen sich allerdings als Gruppe nicht ohne weiteres der angelsächsischen oder der mittleren Gruppe gegenüberstellen, weil Finnland eine auffällig hohe Armutsbetroffenheit bei dem Merkmal Arbeitslosigkeit im Haushaltskontext aufweist.

Vogel entwickelt in seinem Ländervergleich einen Index der Arbeitslosigkeitsrisiken für das Jahr 1993 (4 Indikatoren: Insgesamt / Langzeitarbeitslosenquote / Frauenarbeitslosenquote / Jugendarbeitslosenquote) auf der Basis der ECHP-Daten und nationalen Erhebungen in Schweden und Finnland. Dort erhält Finnland einen positiven Indexwert, während Schwedens und Dänemarks Arbeitslosigkeitsrisiken im negativen Bereich liegen und sich die

Tabelle 4–3: Einkommensarmut von Personen nach Erwerbsstatus in EU-Mitgliedsländern 1996

	Armut in den EU-Mitgliedsländern nach Erwerbsstatus der Haushaltsmitglieder													
	D	BEL	LUX	NL	AUS	FR	I	UK	IRE	GRE	SPA	P	DK	FIN
Bevölkerung nach Erwerbsstatus*														
Erwerbstätig	52,2	46,8	48,5	51,4	54,1	51,3	40,6	55,3	47,2	42,9	38,3	54,5	57,7	45,1
in Ausbildung	4,8	8,3	6,4	8,2	5,2	8,2	8,2	3,3	7,6	6,5	9,1	7,6	8,0	10,9
Arbeitslos	4,2	6,7	1,8	6,9	3,3	6,1	7,3	3,5	7,2	6,6	11,4	4,2	5,4	9,6
in Ruhestand od. sonstiges	38,8	38,2	43,3	33,6	37,4	34,5	44,0	37,9	38,0	44,0	41,3	33,7	29,0	34,5
Einkommensarmut nach Erwerbsstatus														
Erwerbstätig	9,4	8,2	8,3	6,4	7,3	8,1	12,7	8,5	8,6	14,7	13,1	16,5	3,8	4,8
in Ausbildung	24,3	18,2	20,5	28,2	15,3	21,8	22,8	29,0	22,5	20,5	19,5	18,5	17,6	20,6
Arbeitslos	22,8	24,1	(–)	21,8	14,7	27,4	40,5	38,6	30,1	27,9	30,3	21,5	4,3	14,7
in Ruhestand od. sonstiges	11,7	13,8	11,1	8,5	9,2	14,6	16,3	24,1	17,3	24,4	15,6	30,3	8,5	7,4
Einkommensarmut von Personen bei Erwerbstätigkeit des Haushaltsvorstands														
< 50 %-Grenze	11,3	9,7	11,7	9,2	9,4	11,5	18,1	10,8	11,5	17,5	15,4	19,2	3,9	4,6
< 75 %-Grenze	30,8	27,4	38,5	36,9	33,4	34,8	40,0	31,3	30,5	38,7	36,5	41,3	19,4	21,2
Einkommensarmut von Personen bei Erwerbstätigkeit von mindestens einer Person im Haushalt														
< 50 %-Grenze	11,7	9,9	12,1	9,6	9,8	11,7	17,6	12,9	13,9	17,4	16,3	19,9	4,4	5,0
< 75 %-Grenze	31,6	27,7	38,1	36,8	34,7	35,6	38,6	34,0	34,0	38,7	37,6	41,9	20,8	22,2
Einkommensarmut von Personen bei Arbeitslosigkeit des Haushaltsvorstands														
< 50 %-Grenze	32,5	39,0	23,6	39,1	17,3	43,4	45,0	57,0	55,6	35,4	40,6	25,2	9,2	17,5
< 75 %-Grenze	57,3	67,2	69,5	71,9	46,9	75,2	60,7	74,9	80,4	61,4	67,3	51,9	30,9	65,1
Einkommensarmut von Personen bei Arbeitslosigkeit von mindestens einer und Erwerbstätigkeit keiner weiteren Person im Haushalt														
< 50 %-Grenze	40,4	44,6	45,3	39,3	25,7	50,3	46,4	63,6	59,9	32,0	47,0	16,0	9,1	16,4
< 75 %-Grenze	67,7	73,1	72,5	68,8	43,8	79,5	63,6	84,0	91,4	63,9	74,1	62,1	40,4	66,1

Datenbasis: ECHP (UDB) 2000. Die bedarfsgewichteten Einkommen (alte OECD-Skala: 0–14 J.: 50 v. H., 15 + Jahre: 70 v. H.) wurden anhand des Vorjahres-Haushalts-Nettoeinkommens berechnet.

Arbeitsmarktsituation dort somit deutlich positiver gestaltet als in Finnland (vgl. Vogel 1999, S. 86 f.). «Finnland fällt aus dem nördlichen Cluster aufgrund seiner ernsten misslichen Lage durch den Verlust seines östlichen Marktes heraus. Dies führte zu extrem hohen Arbeitslosenquoten und insbesondere Jugendarbeitslosigkeit» (Vogel 1999, S. 86; vgl. Noponen/Klöer 1997, S. 217 f.). Betrachtet man die beiden Varianten einer Armut bei Erwerbstätigkeit im Haushaltskontext, fallen lediglich die südeuropäischen Länder (einschließlich Italien) durch überdurchschnittlich hohe Armutsquoten auf. Dagegen liegen die Armutsquoten in den beiden Länder des liberalen Modells auf einem ähnlichen Niveau wie in den meisten Ländern des konservativen Wohlfahrtsstaatstypus. Die beiden skandinavischen Länder heben sich durch vergleichsweise niedrige Armutsquoten ab. Wie im Falle der Arbeitslosigkeit liegen die Armutsquoten bei Erwerbstätigkeit des Haushaltsvorstands fast durchweg niedriger als bei der irgendeines Haushaltsmitglieds. In Tabelle 4–3 zeigt sich (wie bereits bei den SOEP-Auswertungen), dass die Armutsquoten von Arbeitslosen niedriger als die der Personen in Arbeitslosenhaushalten ausfallen. Die Differenz ist darauf zurückzuführen, dass in armen Haushalten im Durchschnitt mehr Menschen als in den nicht armen Haushalten leben. Dadurch erhöht sich der Anteil der Armen an der Gesamtheit aller Arbeitslosen und ihren Angehörigen im Vergleich zur Betrachtung allein der Arbeitslosen. Vergleichbares gilt für die Differenz zwischen der Armut von Erwerbstätigen und von Personen in Erwerbstätigenhaushalten.

Den Abschluss der empirischen Analysen mit dem ECHP bildet eine Betrachtung der Häufigkeit von Armutserfahrungen in dem zur Verfügung stehenden Dreijahreszeitraum 1994 bis 1996. Tabelle 4–4 enthält in der ersten Zeilengruppe für das Jahr 1994 die Ergebnisse für die Armuts- und die Niedrigeinkommensquoten sowie die Quote derer, die über der Niedrigeinkommensgrenze

Tabelle 4–4: Armutsverläufe in den EU-Mitgliedsländern im Zeitraum 1994 bis 1996

Längsschnitt 94–96	Armutsverläufe in den EU-Mitgliedsländern im Zietraum 1994 bis 1996													
	D	BEl	LUX	NL	AUS	FR	I	UK	IRE	GRE	SPA	P	DK	FIN
Betroffenheit von Einkommensarmut in 1994														
< 50%-Grenze	13,9	13,9	14,6	10,0	–	15,8	17,0	18,8	19,0	19,6	20,2	23,2	5,2	–
<75%-Grenze	34,4	36,1	38,8	35,2	–	38,0	38,0	40,1	42,7	38,8	41,7	43,0	26,6	–
>75%-Grenze	65,6	63,9	61,2	64,8	–	62,0	62,0	59,9	57,3	61,2	58,3	57,0	73,4	–
Betroffenheit von Einkommensarmut in 1996, wenn 1994 < 50%														
< 50%-Grenze 1996	50,5	50,7	50,8	48,0	–	51,1	57,2	57,7	63,5	59,7	49,9	61,7	26,8	–
< 75%-Grenze 1996	21,5	21,2	12,0	22,4	–	18,3	21,5	13,0	7,1	17,5	19,1	14,2	36,5	–
nie arm in 1995/96	27,2	33,2	27,9	36,6	–	32,9	29,3	28,7	21,8	27,8	30,7	21,2	49,8	–
2-mal arm in 1995/96	42,8	35,8	41,5	32,0	–	39,1	45,1	40,0	53,8	46,9	37,8	54,3	19,2	–
wenn 1994 <75%														
<50%-Grenze 1996	28,4	28,5	27,9	23,1	–	31,0	36,0	38,5	38,3	40,9	34,9	43,3	12,8	–
nie arm in 1995/96	58,0	62,0	62,0	69,3	–	58,4	54,3	51,7	51,1	48,3	50,8	43,5	77,6	–
2-mal arm in 1995/96	21,0	17,6	19,6	13,1	–	20,2	24,3	22,5	29,6	30,1	23,2	35,9	5,7	–
wenn 1994>75%														
<50%-Grenze 1996	5,0	3,8	2,7	3,3	–	2,7	4,2	5,7	5,4	5,5	4,7	3,7	3,3	–
nie arm in 1995/1996	91,5	91,8	95,0	92,1	–	94,7	90,2	90,8	91,5	90,9	91,9	90,8	94,0	–
2-mal arm in 1995/96	2,1	2,1	1,0	1,6	–	1,1	3,0	2,0	2,9	2,3	1,4	3,4	0,9	–

Datenbasis: ECHP (UDB) 2000. Die bedarfsgewichteten Einkommen (alte OECD-Skala: 0–14 J.: 50 v.H., 15+ Jahre: 70 v. H.) wurden anhand des Vorjahres-Haushalts-Nettoeinkommens berechnet.

liegen.[63] Darüber hinaus enthält die Tabelle eine Längsschnittbetrachtung in zwei Formen: Zum einen wird im Zwei-Zeitpunkte-Vergleich vorgestellt, wie die Einkommensposition am Ende dieses Zeitraums aussieht, genauer gesagt, in welchem Umfang zu diesem Zeitpunkt Einkommensarmut wieder vorliegt. Diese Quote kann als Verbleibsquote interpretiert werden, auch wenn zunächst offen ist, ob die Armut durchgängig gegeben oder zwischenzeitlich unterbrochen war. Daher wird ebenfalls die Armutshäufigkeit in den Jahren 1995 und 1996 in der Form gemessen, dass gefragt wird, wie viele Personen in diesen beiden Jahren nie und wie viele zweimal arm waren. Beide Auswertungen beziehen sich auf drei Teilgruppen der nationalen Längschnittbevölkerung: Die erste Gruppe umfasst die 1994 von Armut unter der 50 %-Schwelle betroffenen Personen, die zweite die 1994 im Niedrigeinkommensbereich (unter der 75 %-Schwelle) lebenden Personen (diese Gruppe überschneidet sich also mit der ersten Gruppe) und als dritte Gruppe diejenigen, die 1994 oberhalb der Niedrigeinkommensgrenze lagen. Geht es bei der ersten Gruppe u. a. um die Frage, inwieweit es ihr gelungen ist, der Armut zu entkommen, interessiert bei der dritten vor allem die Frage, inwieweit sie einen Abstieg in Armut hinnehmen musste.

Betrachtet man die erste Teilgruppe, lebte 1996 die Hälfte der ehemals 13,9 % armen Deutschen des Jahres 1994 wieder oder immer noch im Armutsbereich (50,5 %). Einen Aufstieg über den Niedrigeinkommensbereich hinaus schafften nur 21,5 %. Die übrigen ehemals Armen (28,0 %) verblieben im prekären Wohlstandsbereich (51–75 %-Grenze).[64] Analog zu den zeitpunktbe-

63 Die Quoten sind für die Personen ermittelt, für die in den einzelnen Länder Längsschnittdaten für den gesamten Dreijahreszeitraum verfügbar sind; sie weichen daher etwas von denen der Tabelle 4–1 ab.

64 Aus Platzgründen werden die Werte für den prekären Wohlstandsbereich ausgeblendet. Sie lassen sich jedoch einfach berechnen, da hier die Frage beantwortet wird, auf welche Ein-

zogenen Armutsquoten in den einzelnen Ländern (siehe Tabelle 4–1) lassen sich hinsichtlich des Verbleibs in Armut ebenfalls drei große Cluster bilden: Am geringsten ist nicht nur der Ausgangswert der Armutsquote sondern auch die Verbleibsquote in Armut in Dänemark (26,8 %) als dem einzigen skandinavischen Land, für das Längsschnittdaten verfügbar sind. Umgekehrt fallen nicht nur die ursprünglichen Armutsquoten sondern auch die Verbleibsquoten bei den angelsächsischen und südeuropäischen Ländern (einschließlich Italien) sehr hoch aus. Lediglich in Spanien lag die Verbleibsquote etwas niedriger. Trotz größerer Heterogenität bewegten sich die Verbleibswerte der kontinentaleuropäischen Länder in einem mittleren Bereich. Am geringsten war die Einkommensmobilität über den prekären Wohlstandsbereich hinaus bei den ehemals Armen in den Ländern des liberalen Modells, Irland (7,1 %) und Großbritannien (13,0 %), sowie in Luxemburg (12,0 %). Besonders hoch war der Aufsteigeranteil in Dänemark mit 36,5 %. Deutschland bewegt sich mit 21,5 % im mittleren Bereich. Inwiefern das Verbleibsrisiko durch eine Kumulation von personenbezogenen (Zugangsbedingungen zum Sozialen Sicherungssystem) und strukturellen Bedingungen (Arbeitsmarktsituation) in den einzelnen Ländern geprägt wird, kann diese deskriptive Analyse nicht beantworten. Eine zweimalige Armutserfahrung in den darauf folgenden Jahren und somit eine dreimalige Armutserfahrung im gesamten Zeitraum erlebten in Dänemark nur 19,2 % der ehemals Armen. Bei den übrigen Ländern schwankte der Anteilswert für die dauerhaft Armen unter den Armen von 1994 zwischen 30 und 50 %. Dabei nahm

kommensbereiche sich die Armutspopulation aus 1993 in 1995 aufteilt: Die Bezugsgröße für die Berechnung sind immer 100 Prozent, und der Wert für den prekären Wohlstandsbereich (50–75 %-Grenze) ergibt sich über die Subtraktion der ‹50 %- und ‹75 %Werte für die jeweiligen Länder von 100. Die gleiche Verfahrensweise kann auf die Frage angewendet werden, wie viel Prozent der Armen aus 1993 in den darauf folgenden Jahren nur einmal arm waren.

Deutschland mit 42,8 % sogar den höchsten Wert für die kontinentaleuropäischen Länder an.

Betrachtet man die zweite Teilgruppe, war die Quote derer, die einen Abstieg in Armut hinnehmen mussten, in den Ländern des liberalen und des rudimentären Modells besonders hoch. In diesen Ländern war also das Risiko, in Armut zu bleiben, ebenso überdurchschnittlich hoch wie das Risiko, aus dem prekären Einkommensbereich in die Armut abzusteigen. Allerdings war die Quote derer, die in den beiden Folgejahren in Armut waren, nicht in all diesen Ländern überdurchschnittlich hoch. So lag dieser Wert für Großbritannien und Spanien kaum höher als für Deutschland. Allerdings war der Anteil derer, die in den beiden Folgejahren nie mit Armut konfrontiert war, in Deutschland mit 58 % deutlich höher als in diesen beiden Ländern. Sowohl was den Abstieg in Armut als auch was das Vermeiden von Armut betrifft, waren die Länder des konservativen Modells deutlich besser gestellt als die des liberalen und rudimentären Modells.

Bei der dritten Teilgruppe, den Personen, die 1994 über der prekären Wohlstandsgrenze lagen (65,5 % in Deutschland), wird eine besonders krasse Form von Abwärtsmobilität in Armut sichtbar: Der Prozentsatz der Personen, die in 1996 in Armut waren, war in allen Ländern vergleichsweise niedrig. Die niedrigsten Werte hatten Luxemburg und Frankreich (2,7 %), während Deutschland mit Großbritannien, Irland und Griechenland eine Spitzengruppe mit Werten von mindestens 5,0 Prozent (Deutschland 5,0 % und Großbritannien 5,7 %) bildete. Dennoch ist, wie Tabelle 4–1 gezeigt hat, die Einkommensungleichheit in Deutschland (Gini: 0,29 im Jahr 1996) im Vergleich zu den anderen Ländern gering (UK; IRE, GRE: 0,34). Insgesamt bestätigt die Fluktuation der Armutspopulation das Bild von den drei Betroffenheitsmustern in Europa. Das Risiko der dauerhaften Armut ist in Dänemark am geringsten, es ist in der mittleren Gruppe (Deutschland, Belgien, Niederlande etc.) durch ein heterogenes Muster auf mittlerem Niveau geprägt und in den angelsächsischen und südeuropäischen Wohlfahrtsstaaten am höchsten.

Ähnlich wie in der oben kurz skizzierten Wohlfahrtsstaatstypologie lassen sich auf der Basis der ECHP-Daten also drei große Gruppen oder Cluster von Armutsmustern in der Europäischen Union identifizieren (vgl. auch Ramprakash 1997; Marlier 1989; Hanesch 1998 a):

(1) Deutschland und Frankreich bilden zusammen mit den Benelux-Staaten und Österreich sowie Italien eine große mittlere Ländergruppe des konservativ-korporatistischen Wohlfahrtsstaatstyps, die sich in ihrem Armutsausmaß und der Zusammensetzung der Armutspopulation im Rahmen der hier dargestellten drei sozialen Merkmale (Alter, Haushaltstyp, Erwerbsstatus) von den angelsächsischen und südeuropäischen Staaten durch eine deutlich niedrigere Armutsbetroffenheit in der Bevölkerung auszeichnet.

(2) Die beiden skandinavischen Staaten bestätigen das Bild vom generösen sozialen Sicherungssystem (auf einem hohen universalistischen Niveau) der sozialdemokratischen Wohlfahrtsstaatstypen am stärksten. Es gibt nur ein geringes Ausmaß an Armut und insbesondere die Kinderarmut nimmt in diesen Ländern ein nicht annähernd so hohes Ausmaß wie in Deutschland ein. Auffällig ist auch die (nur für Dänemark erfasste) niedrige Verbleibsquote in Armut.

(3) Dass die angelsächsischen und somit liberalen Wohlfahrtsstaatstypen ähnlich hohe Armutsquoten wie die offensichtlich im Hinblick auf die soziale Sicherung rudimentär ausgestalteten südeuropäischen Ländern mit traditionellen Familienstrukturen besitzen, gehört zweifellos zu den bedeutendsten Ergebnissen des Vergleichs. Inwiefern die jüngsten sozialpolitischen Reformen im Rahmen des europäischen Integrationsprozesses in den südeuropäischen Ländern zu einer Verringe-

rung von Armut beitragen werden und neue Mischtypen von Wohlfahrtsstaatstypen oder -regimen auf diese Weise entstehen, bleibt eine spannende Frage.

(4) Die vergleichsweise hohen Armutsquoten in den liberalen und rudimentären Modellen werden in ihrer sozial- und gesellschaftspolitischen Problematik durch die negative Armutsdynamik in diesen Ländern verschärft: Ist doch nicht nur das Risiko des Verbleibs, sondern auch das Risiko des Abgleitens in Armut in diesen Ländern besonders hoch, auch wenn dies nicht ein permanentes Verbleiben in Armut bedeuten muss.

4.3 Armutspolitik in den EU-Mitgliedsstaaten

4.3.1 Armut als Herausforderung für die europäischen Sozialstaatsmodelle

Die Wohlfahrtsstaaten der Europäischen Union haben seit Mitte der 80er-Jahre mit ähnlichen wirtschaftlichen, sozialstrukturellen und soziodemographischen Problemen zu kämpfen und darauf mit einer großen Bandbreite an Bewältigungsstrategien reagiert, zu denen – insbesondere seit Beginn der 90er-Jahre – auch Reformen im Sozialen Sicherungssystem gehören. Ob der europäische Integrationsprozess in einen ‹europäischen Sozialstaat› münden wird bzw. welcher Grad an Konvergenz überhaupt möglich ist, gehört bei dem gegenwärtigen Stand der Vergleichenden Wohlfahrtsstaatsforschung zu den offenen Fragen (Huster 1996, Kaufmann 1997, Leibfried/Pierson 1992, Leibfried/Leisering 2000).

Wie die Europäische Kommission festgestellt hat, sind alle Mitgliedsstaaten der Europäischen Union seit den 80er-Jahren mit einer Beschleunigung des wirtschaftlichen und sozialen Wandels konfrontiert. Dieser Wandel geht mit einer mehr oder weniger starken Aktualisierung von Verarmungsrisiken einher. Damit wachsen zugleich die Herausforderungen an die europäischen Sozialstaaten (vgl. z. B. European Commission 1998). Strukturelle Ursachen für das Vorhandensein von Einkommensarmut sind insbesondere

- eine De-Industrialisierung und Tertiärisierung der Wirtschaftsstruktur,
- eine anhaltende Massenarbeitslosigkeit und eine damit einhergehende Strukturalisierung von Arbeitslosigkeit, d. h. die Konzentration des Arbeitslosigkeitsrisikos auf bestimmte Problemgruppen des Arbeitsmarkts,
- eine Erosion des (länderspezifisch unterschiedlich ausgeprägten) Normalarbeitsverhältnisses und die Zunahme von atypischen bzw. prekären Beschäftigungsformen sowie
- eine Erosion traditioneller Familien- und Haushaltsstrukturen und die Herausbildung neuer Formen der Lebensführung.

Durch den Wandel des Arbeitsmarkt- und Beschäftigungssystems sowie durch die Veränderung der Lebensformen wächst der Bedarf für sozialstaatliche Interventionen, die die Zunahme von Armut verhindern oder sie zumindest in Grenzen halten. In welchem Maße, in welcher Form und mit welchem Erfolg wird in den EU-Mitgliedsstaaten der Kampf gegen die Armut verfolgt? Vor allem die folgenden arbeits- und sozialpolitischen Handlungsfelder sind hierfür von besonderer Bedeutung[65]:

65 Daneben sind zweifellos auch weitere Politikfelder von Bedeutung, von denen hier nur die Steuer- und Abgabenpolitik besonders hervorgehoben werden soll.

- Zum einen geht es um die Regelungen und Instrumente der Arbeitsmarkt- und Beschäftigungspolitik: Ihre Aufgabe liegt u. a. darin, das Arbeits- und Lohnverhältnis rechtlich zu regeln, das Beschäftigungsvolumen zu beeinflussen sowie arbeitsmarktpolitische Hilfen bereitzustellen. Diese Interventionen sollen dazu beitragen, auskömmliche Arbeitseinkommen sicherzustellen; sie sollen zu einem ausreichenden Arbeitsplatzangebot beitragen; sie sollen schließlich einen Ausgleich der Anforderungs- und Angebotsprofile am Arbeitsmarkt herbeiführen.
- Zum anderen geht es um die Familienpolitik, die sowohl monetäre Transfers zur Kompensation von familienbedingten Lasten bzw. zur flankierenden Unterstützung familiärer Leistungen als auch Sach- und Dienstleistungen zur Bereitstellungen ergänzender Hilfen umfasst. Diese Leistungspalette hat vor allem durch den Wandel der Haushalts- und Lebensformen von Familien mit Kindern wachsende Bedeutung gewonnen.
- Schließlich kommt den Systemen der Einkommenssicherung beim Ausfall des (oder der) Erwerbseinkommens besondere Bedeutung bei der Vermeidung bzw. Beseitigung von Armut zu. Gefordert sind dabei zum einen die vorgelagerten allgemeinen Sicherungssysteme, zum anderen die Sozialhilfesysteme als letzte Netze sozialer Sicherung.

Zur Umsetzung sozialstaatlicher Zielsetzungen haben sich in den einzelnen Mitgliedsstaaten höchst unterschiedliche Formen sozialstaatlicher Regulierung und sozialer Sicherung entwickelt. In jedem der genannten Sozialstaatsregimes bzw. in den entsprechenden Ländern finden sich spezifische Mischungen von Arbeitsmarktinterventionen, familienpolitischen Leistungen sowie Systemen der Einkommenssicherung, die in jeweils charakteristischer Weise zur Bekämpfung der Armut beitragen:

(1) Das liberale Modell der angelsächsischen Länder hat einen weitgehend deregulierten Arbeitsmarkt mit stark ausgepräg-

ter Lohnspreizung. Die Einkommenssicherung weist neben universellen Sicherungssystemen mit vergleichsweise bescheidenen Leistungen ein ausgebautes Sozialhilfeleistungssystem auf. Die familienbezogene Infrastruktur muss privat am Markt gekauft werden.

(2) Das sozialdemokratische Modell der skandinavischen Länder ist durch einen staatlich regulierten Arbeitsmarkt mit weitgehenden Zugangsrechten zum Arbeitsmarkt gekennzeichnet (Integration durch Arbeit). Darüber hinaus weist das universelle soziale Sicherungssystem hohe Einkommensersatzleistungen auf; die Sozialhilfe spielt dagegen traditionell nur eine untergeordnete Rolle. Die Familienpolitik ist vor allem durch eine breite Palette staatlicher Betreuungshilfen gekennzeichnet.

(3) Die Länder des konservativ-korporatistischen Modells kombinieren einen stark regulierten Arbeitsmarkt mit einem ausgebauten System sozialer Sicherung. Auch hier spielte die Sozialhilfe traditionell eine eher marginale Rolle. Die Familienpolitik ist eher schwach entwickelt (Ausnahme Frankreich).

(4) Die südeuropäischen Länder sind schließlich durch einen wenig regulierten Arbeitsmarkt gekennzeichnet, ergänzt durch ein nur rudimentär entwickeltes Sicherungssystem, bei dem auch das letzte Netz der Sozialhilfe zumindest auf der nationalen Ebene kaum oder gar nicht existent ist. Auch die Familienpolitik ist wenig entwickelt, wobei die Funktionsweise traditioneller Familienstrukturen unterstellt wird.

Angesichts der Komplexität von Bereichen und Formen staatlicher Leistungen ist ihre armutspolitische Effektivität nur schwer einzuschätzen. In einer neueren EUROSTAT-Veröffentlichung hat Marlier (1999) den Einfluss der staatlichen Sozialtransfers mit Ausnahme von Rentenleistungen auf die Einkommensverteilung für das Jahr 1994 untersucht. Dabei wurde die Einkommensverteilung vor und nach staatlichen Transfers gegenübergestellt, um abschätzen zu können, in welchem Maße die staatlichen Transfers dazu beitragen, Ungleichheit und Niedrigeinkommen zu vermindern.[66] Die Einkommensverteilung vor Transfers wird dabei bestimmt durch die Verteilung der Faktoreinkommen, der privaten Transfers sowie der staatlichen Abgaben und Rentenleistungen. Da der Effekt der staatlichen Abgaben und Rentenleistungen nicht gesondert ausgewiesen wurde, kann man von keiner echten pre- und post-government-Verteilung sprechen (vgl. z. B. Förster 1994; Burniaux et al. 1998; vgl. auch die Analysen zu Armut und Niedrigeinkommen vor und nach staatlicher Umverteilung in diesem Band).

Betrachtet man die Veränderung der Ungleichheit durch den Transferbezug – gemessen an der Veränderung des Gini-Koeffizienten (ohne Tabelle) – ergibt sich für 13 EU-Mitgliedsstaaten in 1994 folgendes Bild: Die höchste Ungleichheit vor Transfers wiesen Irland (0,40), Großbritannien und Portugal (jeweils 0,39) auf. Am niedrigsten lag der Gini-Wert in Dänemark (0,30) und den Niederlanden (0,31). Nach Transferbezug verminderte sich die Ungleichheit im EU-Durchschnitt von 0,36 auf 0,32. In Portugal (0,37), Irland (0,35) und Großbritannien (0,33) blieb der Gini-Wert überdurchschnittlich hoch, ebenso wie in Griechenland (0,34) und Spanien (0,33). Am geringsten ausgeprägt war die Ungleichheit nach Transfers in Dänemark (0,23) und den Niederlanden (0,27), gefolgt von Belgien, Frankreich, Österreich und Deutschland (jeweils 0,29).

Ein ähnliches Bild ergibt sich mit Blick auf die Veränderung der 60 %-Niedrigeinkommensquote durch den Transferbezug (vgl. Tabelle 4–5): Betrachtet man die Verteilung der Haushaltsnetto-

66 Bei der Gegenüberstellung der Anteile vor und nach Transfers wurde die jeweilige Niedrigeinkommensschwelle, ermittelt auf Basis der bedarfsgewichteten verfügbaren Haushaltseinkommen, für den Vergleich konstant gehalten.

einkommen vor Transfers, lebten in der gesamten EU 26 % aller Personen mit ihrem bedarfsgewichteten Einkommen unter der Niedrigeinkommensschwelle. Dabei erreichten diese pre-government-Quoten in Großbritannien und Irland mit 34 % die höchsten Werte, gefolgt von Belgien (30 %), Dänemark (29 %), Frankreich und Portugal (jeweils 28 %). Die niedrigsten Werte hatten Italien (21 %), Griechenland (22 %), die Niederlande (23 %) und Deutschland (24 %). Nach Transferbezug sank die Niedrigein-

Tabelle 4–5: Niedrigeinkommensquoten vor und nach staatlichen Transfers in %

EU-Mitgliedsstaaten	Nationale Niedrigeinkommensschwellen in Kaufkraftparitäten	Bevölkerung unter der nationalen 60 %-Schwelle vor staatlichen Transfers in % Gesamtbevölkerung	Bevölkerung unter der nationalen 60 %-Schwelle nach staatlichen Transfers in % Gesamtbevölkerung	Veränderung	
				Absolut in Prozentpunkten	Relativ in Prozent der Quoten v. T.
Belgien	7563	30	18	– 12	– 25
Dänemark	7759	29	11	– 18	– 62
Deutschland	7433	24	18	– 6	– 25
Frankreich	7025	28	16	– 12	– 43
Griechenland	4268	22	21	– 1	– 5
Großbritannien	6720	34	20	– 14	– 41
Irland	5447	34	21	– 13	– 38
Italien	5232	21	19	– 2	– 10
Luxemburg	11220	26	14	– 12	– 46
Niederlande	6588	23	10	– 13	– 57
Österreich	7398	27	17	– 10	– 37
Portugal	3789	28	24	– 4	– 14
Spanien	4544	27	19	– 8	– 30
EU-13	6352	26	18	– 8	– 31

Quelle: Marlier 1999, S. 5

kommensquote im EU-Durchschnitt um 8 Prozentpunkte auf 18 %. Die höchste Quote nach Transferbezug wies Portugal auf (24 %), gefolgt von Irland, Griechenland (jeweils 21 %) und Großbritannien (20 %). Die niedrigsten Quoten hatten die Niederlande (10 %), Dänemark (11 %), Luxemburg (14 %), Frankreich (16 %) und Österreich (17 %).

Insgesamt trugen also die sozialen Transferleistungen in allen EU-Staaten dazu bei, Niedrigeinkommen zu vermindern, allerdings in höchst unterschiedlichem Umfang. Am geringsten war die Reduktion in Griechenland, Italien und Portugal. Am stärksten war sie in Dänemark und den Niederlanden, die zugleich nach Transferbezug die niedrigsten Niedrigeinkommensquoten hatten. Irland und Großbritannien hatten dagegen vor wie nach staatlichen Transfers hohe Niedrigeinkommensquoten.

Es zeigt sich also, dass Umfang und Ausgestaltung des Transfersystems erheblichen Einfluss auf das Ausmaß der Ungleichheit und der Einkommensarmut haben. Es zeigt sich ebenfalls, dass die skandinavischen Staaten des sozialdemokratischen Sozialstaatsmodells ebenso wie die kontinentaleuropäischen Länder des konservativ-korporatistischen Sozialstaatsmodells mit ihren Transfersystemen am erfolgreichsten sind, Niedrigeinkommenslagen zu beseitigen. Zugleich ist hier die Ungleichheit vor Umverteilung nicht so stark ausgeprägt wie in den angelsächsischen und südeuropäischen Länder Europas. Es ist sicherlich kein Zufall, dass in den armutspolitisch vergleichsweise erfolgreichen Ländern die Sozialleistungsquoten über dem EU-Durchschnitt liegen, während die armutspolitisch weniger erfolgreichen Länder unterdurchschnittliche Quoten aufweisen (vgl. Tabelle 4–6; vgl. auch EUROSTAT 1998; Hanesch 1998 b).

Tabelle 4–6: Sozialleistungsquote* in der Europäischen Union 1990 bis 1995 in % des Bruttoinlandsproduktes

	Deutschland**	Dänemark	Frankreich	Niederlande	Großbritannien	EU15
1990	25,4	30,3	27,7	32,4	23,0	–
1991	27,0	31,6	28,4	32,6	25,2	–
1992	28,4	32,1	29,3	33,2	27,3	–
1993	29,1	33,5	31,0	33,7	28,4	28,8
1994	28,9	35,1	30,5	32,7	28,0	28,6
1995	29,4	34,3	30,6	31,6	27,7	28,4
Nachtrag 1: Anteil der Ausgaben für Arbeitslosigkeit am BIP						
1995	2,6	4,9	2,4	3,0	1,6	–
Nachtrag 2: Anteil der Ausgaben für Familien/Kinder am BIP						
1995	7,5	12,4	9,0	4,7	9,0	–
Nachtrag 3: Anteil der Ausgaben für Wohnungshilfen am BIP						
1995	0,6	2,4	3,2	1,1	7,0	–
Nachtrag 4: Anteil der Ausgaben für soziale Ausgrenzung am BIP						
1995	0,6	1,5	0,5	0,7	0,3	–

* Ausgaben für soziale Sicherheit in Prozent des Bruttoinlandsprodukts; ** Wert für Deutschland ab 1991 einschließlich neue Bundesländer.
Quelle: Eurostat 1998, S. 12, 68 f.

4.3.2 Armutspolitik in ausgewählten Mitgliedsstaaten der Europäischen Union

4.3.2.1 Armutspolitik im europäischen Vergleich

Im vorliegenden Abschnitt wird der Versuch unternommen, eine vergleichende Gegenüberstellung der Politik der Armutsbekämpfung in ausgewählten Mitgliedsstaaten der Europäischen Union in komprimierter Form vorzunehmen, um die Entwicklung der

Armutspolitik in der Bundesrepublik im europäischen Kontext einordnen zu können.[67] Vier Länder werden für diesen Vergleich herangezogen:

- Großbritannien als Beispiel für das «liberale Wohlfahrtsstaatsmodell»,
- Dänemark als Beispiel für das «sozialdemokratische Modell»,
- Frankreich als Beispiel für das «konservative Modell» sowie
- die Niederlande als Beispiel für einen spezifischen Mix aus sozialdemokratischem und konservativem Sozialstaatsmodell.

Vor dem Hintergrund der Tatsache, dass heute in allen EU-Mitgliedsstaaten Arbeitslosigkeit die Hauptursache von Armut geworden ist, konzentriert sich die Darstellung auf das Problem der arbeitslosigkeitsbedingten Armut. Im Vordergrund steht die Betrachtung der sozialen Sicherung bei Arbeitslosigkeit und der Maßnahmen zur Vermeidung bzw. zur Überwindung arbeitslosigkeitsbedingter Armut in den 90er-Jahren. Maßnahmen im Bereich der Arbeitspolitik wie auch der Steuer- und Abgabenpolitik bleiben dagegen ausgeblendet. Diese Beschränkung erlaubt es, schwerpunktmäßig den Zusammenhang zwischen Arbeitslosenversicherung und Sozialhilfe einerseits und Arbeitsmarkt andererseits in vergleichender Perspektive zu untersuchen und danach zu fragen, wie die praktizierten Strategien der Armutsbekämpfung in diesen Ländern mit diesem Zusammenhang umgehen. Im Mittelpunkt der folgenden Darstellung stehen daher neben den Restrukturierungen der Arbeitslosenversicherungs- und Sozialhilfesysteme die verschiedenen Varianten einer (Re-)Integration von Arbeitslosen in den Arbeitsmarkt, wie sie in diesen Ländern anzutreffen sind.

Wenn im Folgenden von der Sozialhilfe gesprochen wird, so ist

67 Eine ausführliche Darstellung der Armutspolitik in den einzelnen Ländern konnte aus Platzgründen nicht in den Bericht aufgenommen werden und wird an anderer Stelle veröffentlicht.

dieser Begriff mit Vorsicht zu verstehen, da es in Europa weder ein einheitlich gestaltetes Sicherungsnetz noch eine einheitliche Terminologie gibt. Unter Sozialhilfe werden im Folgenden in Anlehnung an Eardley u. a. (1996 a)

- Leistungsnetze verstanden, die dazu vorgesehen sind, im Falle von Bedürftigkeit ein sozialkulturelles Existenzminimum sicherzustellen. Die Sozialhilfe in diesem Sinne beinhaltet also die Elemente der Einkommensabhängigkeit und Bedürftigkeitsprüfung einerseits und der (mehr oder weniger ausgeprägten) Bedarfsorientierung andererseits.
- Weiterhin bezeichnet dieser Begriff eigenständige Sicherungsnetze, die in der Regel als letztes Netz sozialer Sicherung fungieren. Ausgeblendet bleiben also solche Mindestsicherungssysteme, in denen bedarfsorientierte Mindestsicherungssysteme integrierter Bestandteil des vorgelagerten Sicherungsnetzes sind.
- Charakteristisch für die Sozialhilfe ist schließlich das Element des Nachrangs: Sie ist subsidiär gegenüber der Verpflichtung, am Arbeitsmarkt teilzunehmen und seinen Lebensunterhalt aus Erwerbseinkommen zu bestreiten, ebenso wie gegenüber der Verpflichtung, vorrangige familiäre Unterhaltsverpflichtungen in Anspruch zu nehmen bzw. zu erfüllen. Schließlich ist die Sozialhilfe aber auch den Leistungen der übrigen Zweige des sozialen Sicherungssystems nachgeordnet.

Die vergleichende Darstellung konzentriert sich auf vier Punkte: (1) Wie haben sich in den untersuchten Ländern die Arbeitsmarktrisiken und arbeitsmarktbedingten Armutsrisiken entwickelt, (2) welches sind die Charakteristika der sozialen Sicherung bei Arbeitslosigkeit, (3) welche wichtigen Reformen wurden im letzten Jahrzehnt in der sozialen Sicherung vorgenommen, (4) welche Strategien zur Arbeitsmarktintegration wurden in den 90er-Jahren ergriffen. Dabei soll die Frage im Vordergrund stehen, wie die Bundesrepublik im Vergleich zu diesen Staaten abschneidet und inwieweit die Lösungen anderer Länder für die Bundesrepublik interessant und übertragbar sein könnten.

4.3.2.2 Aktualisierung von Arbeitslosigkeitsrisiken

Betrachtet man in einem ersten Schritt die jeweilige Arbeitsmarktlage und die Aktualisierung von Arbeitsmarktrisiken in den betrachteten Ländern, ergibt sich ein sehr heterogenes Bild (vgl. Tabelle 4–7[68]):

(1) Das dänische Wohlfahrtsstaatsmodell ist traditionell der Zielsetzung verpflichtet, jedem Erwerbsfähigen den Zugang zum Arbeitsmarkt zu ermöglichen und einen hohen Stand der Erwerbsbeteiligung herzustellen. In den 90er-Jahren war Dänemark neben den Niederlanden das arbeitsmarktpolitisch erfolgreichste Land der Europäischen Union, da es ihm gelungen ist, seine Anfang des Jahrzehnts noch hohe Arbeitslosenquote bis 1998 auf den Wert von 5,1 % zu senken. Zugleich hält Dänemark bei der Erwerbs- wie bei der Beschäftigtenquote den Spitzenwert (1998: 79,3 % bzw. 75,3 %). Auch der Anteil der Langzeitarbeitslosen lag 1998 in Dänemark mit 28,7 % weit unter dem EU-Durchschnitt. Die positive Beschäftigungsentwicklung war Ergebnis einer guten Wirtschaftskonjunktur bei geringem Produktivitätsanstieg. Diese konnte auf die Arbeitslosenzahlen durchschlagen, weil die Bevölkerung im erwerbsfähigen Alter schwächer anstieg als in Deutschland. Von Bedeutung war ebenso, dass Dänemark bei den Ausgaben für aktive Arbeitsmarktpolitik einen Spitzenwert aufweist und innovative Modelle der Arbeitszeitpolitik (Freistellungsprogramme in Verbindung mit Jobrotation) entwickelt und umgesetzt hat.

68 Vgl. z. B. auch Bieling/Deppe 1997; Döhrn/Heilemann/Schäfer 1988; Emmerich/Werner 1998; Werner 1998; Lestrade 1998; Walwei 1998; Scherrer/Simons/Westermann 1998; European Commission 1999b; OECD Economic Surveys verschiedene Jahtrgänge)

Tabelle 4–7: Erwerbstätigkeit und Arbeitslosigkeit in ausgewählten EU-Ländern 1990 bis 1998

	Deutschland*	Dänemark	Frankreich	Niederlande	Großbritannien	EU15
Erwerbsquoten**						
1990	69,9 %	82,4 %	66,0 %	66,7 %	77,8 %	67,5 %
1995	70,5 %	79,5 %	66,8 %	70,1 %	75,9 %	67,4 %
1996	70,4 %	79,5 %	67,4 %	70,8 %	76,1 %	67,6 %
1997	70,6 %	79,8 %	67,1 %	72,1 %	76,2 %	67,8 %
1998	70,1 %	79,3 %	67,4 %	72,9 %	75,9 %	67,9 %
Beschäftigungsquoten***						
1990	66,4 %	75,4 %	59,9 %	60,8 %	72,4 %	62,0 %
1995	64,7 %	73,9 %	59,0 %	64,2 %	69,3 %	60,1 %
1996	64,1 %	74,0 %	59,2 %	66,2 %	69,8 %	60,2 %
1997	63,6 %	75,4 %	58,8 %	68,1 %	70,8 %	60,5 %
1998	64,1 %	75,3 %	59,4 %	69,8 %	71,2 %	61,1 %
Teilzeitanteil an Beschäftigten 1998						
Alle	16,6 %	17,0 %	14,8 %	30,0 %	23,0 %	16,0 %
Männer	4,6 %	9,9 %	5,8 %	12,4 %	8,2 %	5,9 %
Frauen	32,4 %	25,4 %	25,0 %	54,8 %	41,2 %	28,1 %
Standardisierte Arbeitslosenquoten						
1990	4,8 %	7,7 %	9,0 %	6,2 %	7,1 %	–
1995	8,2 %	7,3 %	11,7 %	6,9 %	8,7 %	10,7 %
1996	8,9 %	6,8 %	12,4 %	6,3 %	8,2 %	10,8 %
1997	9,9 %	5,6 %	12,3 %	5,2 %	7,0 %	10,6 %
1998	9,4 %	5,1 %	11,7 %	4,0 %	6,3 %	10,0 %
Anteil Langzeitarbeitslose (ab 1 Jahr Arbeitslosigkeit)						
1990	46,8 %	29,9 %	38,0 %	49,3 %	34,4 %	48,6 %
1995	48,7 %	27,9 %	42,3 %	46,8 %	43,6 %	50,2 %
1996	47,8 %	26,5 %	39,5 %	50,0 %	39,8 %	49,3 %
1997	50,1 %	27,2 %	41,2 %	49,1 %	38,6 %	50,1 %
1998	52,2 %	28,7 %	44,1 %	47,9 %	33,1 %	50,1 %
Arbeitslosenquote Jugendliche 15–24 Jahre****						
1990	4,6 %	11,5 %	19,1 %	11,1 %	10,1 %	15,7 %
1995	8,5 %	9,9 %	25,9 %	12,8 %	15,3 %	20,8 %
1998	9,4 %	7,2 %	25,4 %	8,2 %	12,3 %	19,1 %

	Deutschland*	Dänemark	Frankreich	Niederlande	Großbritannien	EU15
Arbeitslosenquote Erwachsene 25–54 Jahre**						
1990	4,7 %	7,9 %	8,0 %	6,7 %	5,8 %	
1995	7,7 %	6,2 %	10,5 %	6,1 %	7,4 %	
1998	7,7 %	4,6 %	10,8 %	3,6 %	5,0 %	
Arbeitslosenquote Ältere 55–64 Jahre**						
1990	7,5 %	6,1 %	6,7 %	3,7 %	7,2 %	
1995	11,6 %	8,0 %	7,2 %	3,0 %	7,5 %	
1998	12,7 %	5,1 %	8,7 %	2,3 %	5,3 %	

* 1990 Werte für Westdeutschland; ** Anteil Beschäftigte und Arbeitslose an Bevölkerung im erwerbsfähigen Alter; *** Anteil Beschäftigte an Bevölkerung im erwerbsfähigen Alter; **** auf Basis der registrierten Arbeitslosen in nationaler Definition.
Quelle: OECD 1997b, S. 162ff.; 1998b, S. 208ff.; 1999, S. 224ff.

(2) Während die Niederlande noch Anfang der 80er-Jahre eine der höchsten Arbeitslosenquoten in der Europäischen Union aufwiesen, hat sich die Arbeitsmarktsituation im Verlauf der 80er- und 90er-Jahre dramatisch verbessert. Die anfangs niedrige Beschäftigungsquote stieg in den 90er-Jahren kontinuierlich an und erreichte 1998 den Wert von 69,8 %. Dabei war der Anstieg vor allem der raschen Zunahme der Teilzeitbeschäftigung geschuldet; 1998 waren bereits 30 % aller Beschäftigten auf Teilzeitbasis tätig. Der bereits 1990 niedrige Wert der Arbeitslosenquote hat sich bis 1998 nochmals auf erstaunliche 4,0 % verringert. Nach wie vor lag aber 1998 der Anteil der Langzeitarbeitslosen vergleichsweise hoch. Insgesamt ist die Zunahme der Beschäftigung in den Niederlanden vor allem auf einen vergleichsweise geringen Anstieg der Produktivität und auf eine Umverteilung des Arbeitsvolumens auf mehr Beschäftigte (vor allem durch die Ersetzung von Vollzeit- durch Teilzeitarbeitsplätze bzw. durch den Rückgang der durchschnittlichen Arbeitszeit je Erwerbstätigen) zurückzuführen.

(3) Großbritannien gilt als eines der beschäftigungspolitisch er-

folgreichsten Länder der 90er-Jahre – eine Einschätzung, die durch die Beschäftigungsentwicklung bestätigt wird: Die Erwerbs- und die Beschäftigungsquote lagen in den 90er-Jahren stets über den deutschen Werten, wobei das hohe Beschäftigungsniveau – die Beschäftigungsquote lag 1998 bei 71,7 % – einem vergleichsweise hohen Anteil Teilzeitbeschäftigter geschuldet war (23 %). Dennoch lag die standardisierte Arbeitslosenquote bis Mitte der 90er-Jahre höher als im vereinten Deutschland und erreichte auch 1998 mit 6,3 % nicht das niedrige Niveau von Dänemark oder den Niederlanden. Der vergleichsweise niedrige Anteil von Langzeitarbeitslosen an allen registrierten Arbeitslosen unterstreicht die positive beschäftigungspolitische Bilanz Großbritanniens.

(4) Der Arbeitsmarkt in Frankreich war in den 90er-Jahren durch eine Stagnation der Beschäftigungsentwicklung gekennzeichnet. Dabei lag die Beschäftigungsquote 1998 (59,4 %) deutlich niedriger als in der Bundesrepublik und geringfügig niedriger als im EU-Durchschnitt. Besonders niedrig lag die Quote bei den jungen und bei den älteren Altersgruppen. Umgekehrt bewegte sich die standardisierte Arbeitslosenquote auf einem im Vergleich zu den übrigen betrachteten Ländern sehr hohen Niveau (1998 11,7 %). Der Anteil der Langzeitarbeitlosen schwankte wie in den übrigen Ländern und bewegte sich dabei unterhalb des EU-Niveaus.

Insgesamt war die Bundesrepublik in den neunziger Jahren im Vergleich zu drei der vier betrachteten Länder durch eine stärkere Aktualisierung von Arbeitsmarktrisiken gekennzeichnet – zumindest was die Höhe der standardisierten Arbeitslosenquote (1998 9,4 %) und den Anteil der Langzeitarbeitslosen an den registrierten Arbeitslosen betrifft (52,2 %). Nur Frankreich (und in der ersten Hälfte der 90er-Jahre Großbritannien) hatte eine höhere Arbeitslosenquote, und nur die Niederlande hatten (zeitweilig) einen höheren Anteil an Langzeitarbeitslosen. Ein günstigeres Bild ergibt sich, wenn man die Arbeitslosenquote der Jugendlichen und jungen Erwachsenen betrachtet; aber auch hier hat sich das Bild im Verlauf der 90er-Jahre verschlechtert, während z. B. Dänemark und die Niederlande die Beschäftigungssituation ihrer Jugendlichen deutlich verbessern konnten. Vergleichsweise ungünstig war schließlich im gesamten Beobachtungszeitraum die Arbeitsmarktlage der Älteren, die in Deutschland durchgehend die höchsten Arbeitslosenquoten der fünf Länder aufwiesen. Hinzu kommt: Unter den betrachteten Ländern hatte Deutschland neben Frankreich in den 90er-Jahren die geringste Erwerbsquote, d. h. den geringsten Anteil von Erwerbspersonen an der Bevölkerung im erwerbsfähigen Alter. Gleiches gilt für die Beschäftigtenquote, d. h. den Anteil der Erwerbstätigen an der Bevölkerung im erwerbsfähigen Alter (64,1 %). Allerdings bewegten sich die Werte aller fünf Länder über dem EU-Durchschnitt.

Zweifellos war die Verschlechterung der Arbeitsmarktlage in der Bundesrepublik in den neunziger Jahren vor allem den anhaltenden Transformations- und Strukturproblemen des Beschäftigungssystems in den neuen Bundesländern geschuldet. Unabhängig davon war der Anstieg der Arbeitslosigkeit in der Bundesrepublik weniger auf nachfragebedingte Faktoren zurückzuführen, da das im Vergleich zur Produktion höhere Wachstum der Produktivität in seinen Auswirkungen auf den Arbeitsmarkt durch Arbeitszeitverkürzungen weitgehend kompensiert wurde. Maßgeblich für die Zunahme der Arbeitslosigkeit war vielmehr die Zunahme des Arbeitsangebots im Sinne einer wachsenden Zahl von Personen, die dem deutschen Arbeitsmarkt zur Verfügung stehen. Dabei wurde das Ausmaß der Arbeitslosigkeit insbesondere in den neuen Bundesländern durch den Einsatz von Maßnahmen der aktiven Arbeitsmarktpolitik (aber auch von Frühverrentungsmaßnahmen) in Grenzen gehalten.

Wie im Kapitel Arbeitslosigkeit und Armut für die Bundesrepublik gezeigt wurde, muss eine Aktualisierung individueller Arbeitsmarktrisiken keineswegs automatisch zur Verarmung des Arbeitslosenhaushalts führen. Abgesehen von weiteren Faktoren wie die Verfügbarkeit über weitere Mittel im Haushalt, die Haushaltsstruktur und die Erwerbsstruktur im Haushalt etc. kommt vor allem dem Zugang zu sozialen Sicherungsleistungen und Integrationshilfen entscheidende Bedeutung zu.

4.3.2.3 Soziale Sicherung bei Arbeitslosigkeit

Wie sieht nun das Gesamtsystem sozialer Sicherung bei Arbeitslosigkeit aus und wie gut ist das deutsche Sicherungsnetz im Vergleich zu den übrigen betrachteten EU-Staaten? Die Absicherung des Arbeitslosigkeitsrisikos wird in allen fünf betrachteten Ländern schwerpunktmäßig vom primären Sicherungsnetz der Arbeitslosenversicherung getragen. Allerdings spielt mit zunehmendem Andauern der individuellen Arbeitslosigkeit das letzte Netz der Sozialhilfe eine immer wichtigere Rolle (vgl. dazu die Übersichten bei Eardley et al. 1996; Guibentif/Bouget 1997; OECD 1998a; MISSOC 1999; European Commission 1999a; Wörister/Schmid 2000).

Die Übersicht 4–1 zur sozialen Sicherung bei Arbeitslosigkeit für das Jahr 1998 zeigt, dass die Arbeitslosenversicherungssysteme der betrachteten Länder beträchtlich differieren. Zwar handelt es sich in allen Ländern um beitragsfinanzierte Versicherungssysteme, während jedoch in Dänemark eine Mitgliedschaft auf freiwilliger Basis zustande kommt, besteht in den übrigen Ländern eine Versicherungspflicht. Die Beschäftigungs- und Beitragszeiten als Zugangsvoraussetzungen variieren zwischen vier Monaten und einem Jahr; umgekehrt erstreckt sich die Periode des Leistungsbezugs auf eine Dauer von einem bis fünf Jahren. Abgesehen von Großbritannien, das einen einheitlichen Leistungsbetrag kennt, sind die anderen Lohnersatzleistungen prozentual an den früheren Verdienst gekoppelt. Dabei variieren die Sätze zwischen 60 % des früheren Nettoverdienstes und 90 % des früheren Bruttoverdienstes, wobei diese Transfers mit Ausnahme der Bundesrepublik versteuert werden müssen. Neben der Bundesrepublik hat nur Frankreich eine Doppelstruktur aus Arbeitslosengeld und Arbeitslosenhilfe, während in Dänemark, Großbritannien und den Niederlanden (außer für Ältere) im Anschluss an das Arbeitslosengeld im Falle der Bedürftigkeit gleich die Sozialhilfe einsetzt. Bei der Arbeitslosenhilfe ist nur in Deutschland die Lohnersatzleistung an den früheren Verdienst gekoppelt, während in Frankreich ein Einheitsbetrag gezahlt wird; in beiden Fällen ist der Bezug der (aus Steuermitteln finanzierten) Arbeitslosenhilfe zeitlich unbefristet möglich. Eine Besonderheit liegt in den Niederlanden darin, dass Arbeitslosenversicherung und Arbeitsförderung institutionell getrennt sind und unterschiedlich finanziert werden (erstere aus Beiträgen, letztere aus Steuermitteln). Als weitere Besonderheit hat Dänemark bereits Ende der 70er-Jahre eine Garantie auf eine zeitlich befristete Beschäftigung eingeführt.

Übersicht 4–1: Soziale Sicherung bei Arbeitslosigkeit: Schematische Darstellung für 5 EU-Länder in 1995*

	Deutschland	Dänemark	Frankreich	Niederlande	Großbritannien
1 Arbeitslosenversicherung					
(1.1) Arbeitslosengeld					
Beschäftigungsvoraussetzungen	1 Jahr in 3 Jahren	1 Jahr in 3 Jahren	4 in 8 Monaten	½ Jahr bis 4 Jahre**	½ Jahr in 1 Jahr
Wartefrist	0 Tage	0 Tage	8 Tage	0 Tage	3 Tage
Lohnersatzrate***	60 % v. Nettoverd.	90 %	57,4 %	Festbetrag/ 70 %**	Einheitsbetrag
Mindestleistung	–	ja	ja	–	–
Maximalbetrag	ja	ja	ja	ja	–
Leistungsdauer	1 Jahr	1 + 3 Jahre	5 Jahre	5 Jahre	½ Jahr

	Deutschland	Dänemark	Frankreich	Niederlande	Großbritannien
(1.2) Arbeitslosenhilfe					
Beschäftigungs-vorauss.****	½ Jahr in 1 Jahr	–	5 in 10 Jahren	4 in 5 Jahren	–
Wartefrist	0 Tage	–	0 Tage	0 Tage	–
Lohnersatzrate	53 % v. Netto-verd.	–	Einheitsbetrag	Einheitsbetrag	–
Mindestleistung	–	–	–	–	–
Leistungsdauer	unbegrenzt	–	unbegrenzt	1 Jahr	–
Einkommens-abhängigkeit	ja	–	ja	ja	–
2 Familienleistungen*****					
Kindergeld	einkommensun-abhängig	einkommensun-abhängig	einkommensun-abhängig außer APJE	einkommensun-abhängig	einkommensun-abhängig
Monatl. Betrag		Beträge			
1. Kind	111 ECU	altersabhängig	APJE 148 ECU	47–67 ECU	72–111 ECU
Weitere Kinder	ansteigend bis 177 ECU ab 4. Kind	0–3: 122 ECU 3–7: 111 ECU 7–18: 86 ECU	2. K. 103 ECU, ansteigend bis 6. K. 632 ECU; weitere jew. plus 132 ECU	Mit Zahl und Alter ansteigend	58 ECU für jedes weitere Kind
Zusatz in Alounter-stützung	Alg + 7 %, Alhi + 4 %	–	–	–	Zuschlag für Ehegatten
3 Wohngeldleistungen					
Voraussetzungen	eink. abh. + in Sohi	eink. abh. + in Sohi	einkommensab-hängig	einkommensab-hängig	eink. abh. + in Sohi
Wohngeld (Maximalbetrag)	100% bis Höchstbetrag	75% bis Höchstbetrag	80 %	80 %	100%
4 Sozialhilfe Monatsbeträge******					
Single	316 ECU	930 ECU	367 ECU	433 ECU	610 ECU
Paar mit 2 Kindern	993 ECU	1.481 ECU	766 ECU	991 ECU	1.203 ECU
Alleinerz. 2 Kinder	604 ECU	1.360 ECU	545 ECU	664 ECU	849 ECU
Festsetzung der Re-gelsatzstruktur	Bundeseinheitliche Regelsatz-struktur	Bundeseinheitliche Regelsatz-struktur	Bundeseinheitliche Regelsatz-struktur	Bundeseinheitliche Regelsatz-struktur	Bundeseinheitliche Regelsatz-struktur

* In allen Ländern außer BRD sind Transfers zu versteuern; ** ½ in 1 Jahr für Basisleistung, für erweiterte Leistung 4 in 5 Jahren (prozentuale Leistung); *** in % des Bruttoverdienstes außer Deutschland (in % des Nettoverdienstes); **** weiterhin: Anschlussarbeitslosenhilfe als Anschlussleistung nach Bezug von Arbeitslosengeld; ***** Für Alleinerziehende z. T. weitere Leistungen; ****** Z. T: weitere Leistungen für bestimmte Bedarfstatbestände; sämtliche Leistungen einkommensabhängig.

Quelle: Zusammengestellt aus MISSOC 1999; OECD 1998 a und Guibentif/Bouget 1997.

Noch stärker als die Arbeitslosenversicherungssysteme differieren die Sozialhilfenetze in den fünf Ländern. Zu besseren Übersicht sollen diese letzten Netze kurz skizziert werden (vgl. z. B. Eardley et al. 1996 b):

(1) In **Dänemark** kommt der Sozialhilfe traditionell eine eher marginale Rolle zu. Sozialhilfe kann beantragen, wer durch ein kritisches Lebensereignis oder eine Veränderung seiner Lebensbedingungen wie Krankheit, Mutterschaft, Arbeitslosigkeit, Trennung und Scheidung, Tod des Lebenspartners etc. in seiner Fähigkeit beeinträchtigt ist, seinen Lebensunterhalt aus eigener Kraft zu bestreiten. Unzureichendes Einkommen allein reicht für einen Sozialhilfeanspruch also nicht aus. Anspruchsberechtigt sind Personen im Alter von 25 bis 66, junge Erwachsene im Alter 18 bis 24 haben einen Anspruch auf eine spezielle Youth Allowance. Ältere Menschen sind durch eine Mindestrente nicht auf Sozialhilfe angewiesen. Niveau und Struktur der Sozialhilfe sind seit 1994 an das Arbeitslosengeld und damit an den Durchschnittslohn gekoppelt. Die Sozialhilfe muss versteuert werden. Ergänzend können Sozialhilfebezieher wie andere Niedrigeinkommensbezieher ein nach der Miethöhe und der Zahl der Kinder gestaffeltes Wohngeld beantragen. Ebenso besitzen Sozialhilfeempfänger mit Kindern Anspruch auf das allgemeine Kindergeld. Das Sozialhilfeniveau wird jährlich mit der Anhebung des Arbeitslosengelds mit fortgeschrieben. Zwar wird die Sozialhilfe immer nur für eine kurze Dauer bewilligt, da sie eine Übergangsleistung sein soll. Sind keine anderen Sozialleistungen oder Möglichkeiten zur Bestreitung des Lebensunterhalts verfügbar, kann sie jedoch wieder neu bewilligt werden. Leistungsempfänger müssen – soweit sie arbeitsfähig sind – dem Arbeitsmarkt zur Verfügung stehen, bei der Arbeitsverwaltung registriert sein und sich aktiv um eine Beschäftigung bemühen. Für junge Erwachsene im Alter von 18 bis 19 (mittlerweile 18 bis 24) Jahren gilt diese Anforderung in verschärfter Form, da sie bereit sein müssen, ein Bildungs-, Ausbil-

dungs- oder Beschäftigungsangebot des Sozialamtes anzunehmen, um weiterhin Hilfe zu erhalten. Wie in den übrigen skandinavischen Ländern wird die Sozialhilfe in Dänemark durch die Gemeinden verwaltet; sie wird aus Steuermitteln des Bundes und der Gemeinden finanziert, und die Gemeinden haben einen großen Entscheidungsspielraum im Hinblick auf die Ausgestaltung der Sozialhilfeleistungen, auch wenn sie an Richtlinien des Sozialministeriums gebunden sind. Dennoch gilt der Bezug von Sozialhilfe in Dänemark als wenig stigmatisierend.

(2) **Großbritanniens** soziales Sicherungssystem sieht eine Doppelstruktur aus vergleichsweise niedrigen, einheitlichen Sozialversicherungsleistungen sowie einem ergänzenden Netz von Sozialhilfeleistungen vor. Da die vorgelagerte Sozialversicherung weniger am Ziel der Lebensstandardsicherung als an dem der Armutsbeseitigung ausgerichtet ist, wobei dieses Ziel wegen der unzureichenden Leistungsniveaus jedoch nur bedingt erreicht wird, spielt die Sozialhilfe in diesem «liberalen Sozialstaatsmodell» traditionell eine sehr viel größere Rolle als in den anderen europäischen Modellen. Das soziale Sicherungssystem wird auf nationaler Ebene von der Benefits Agency für das Ministerium für Soziale Sicherung (Department of Social Security) verwaltet. Der Income Support als wichtigster Sozialhilfeleistung in Großbritannien wurde 1988 anstelle des früheren Supplementary Benefit eingeführt. Diese Sozialhilfe erhalten Einzelpersonen und Familienangehörige, die nicht erwerbstätig sind oder weniger als 16 Stunden pro Woche arbeiten. Der Income Support kann erst ab dem Alter von 18 Jahren beantragt werden. Der Income Support setzt voraus, dass der Haushalt über kein bzw. ein Einkommen unterhalb einer gesetzlich festgelegten Einkommensgrenze verfügt, zugleich sind die Leistungen am Bedarf des Haushalts ausgerichtet. Die Leistungen werden jährlich fortgeschrieben. Neben einem nach Größe und Zusammensetzung des Haushalts variierenden

Grundbetrag werden zusätzliche Leistungen für bestimmte Bedarfstatbestände gewährt. In Großbritannien haben Vollzeitbeschäftigte nie einen Anspruch auf Sozialhilfe geltend machen können. Da Niedrigverdienste in diesem Land traditionell stark verbreitet sind, wurde bereits in den 70er-Jahren eine aufstockende Sozialhilfeleistung für erwerbstätige Familien mit niedrigen Arbeitseinkommen eingeführt, die 1988 reformiert und ausgeweitet wurde. Dieser Family Credit bietet eine aufstockende Hilfe für Familien mit Kindern, soweit eine Person mindestens 16 Stunden pro Woche arbeitet. Er bietet diesen Familien die Möglichkeit, ein Einkommensniveau in Höhe des Income Support bereits vor einer Vollzeitbeschäftigung zu erreichen. Dabei vermindert sich der maximale Credit um einen Betrag, der von der Höhe des Arbeitseinkommens abhängig ist.

(3) In den **Niederlanden** existiert ein System der Mindesteinkommen, das drei Komponenten umfasst: die allgemeine Sozialhilfe, spezielle Sozialhilfeleistungen im Rahmen besonderer Hilfesysteme und kommunale Einkommensunterstützungsleistungen für spezielle Gruppen und Tatbestände. Das allgemeine System der Sozialhilfe (Algemene Bijstand), basierend auf dem Sozialhilfegesetz von 1967, hat viele Ähnlichkeiten mit der deutschen Sozialhilfe. Auch hier hat jeder Bedürftige Anspruch, der seinen Lebensunterhalt nicht aus eigener Kraft bestreiten kann. Er hat vorrangig die Pflicht, seinen Lebensunterhalt durch den Einsatz seiner Arbeitskraft zu bestreiten. Auch die holländische Sozialhilfe wird vom Bund rechtlich geregelt, jedoch von den Kommunen verwaltet. Ein wichtiger Unterschied zur deutschen Sozialhilfe liegt jedoch darin, dass in den Niederlanden der Bund 90 % und die Kommunen lediglich die restlichen 10 % der Sozialhilfeaufwendung tragen. Die Höhe der Sozialhilfe ist national festgelegt. Sie ist stark pauschaliert und an den gesetzlichen Mindestlohn gekoppelt. Ehepaare/Zusammenlebende erhalten unter Anrechnung vorhandener

Einkommen und Vermögen eine Sozialhilfe in Höhe von 100 % des Nettobetrags des gesetzlichen Mindestlohns, Alleinerziehende erhalten 70 % (bis 1995: 90 %) und Alleinstehende 50 % (bis 1995: 70 %). Die Wohnkosten sind bis zu einem bestimmten Betrag in diesem Grundbetrag enthalten, bei höheren Wohnkosten werden diese anteilig bis zu einem Höchstbetrag übernommen. Die Sozialhilfe sieht keine eigenen Kinderregelsätze vor; der Bedarf von Kindern wird ausschließlich über das allgemeine, nach Alter gestaffelte Kindergeld abgedeckt. Die Fortschreibung des gesetzlichen Mindestlohns wie die Anpassung der Sozialhilfe erfolgt durch das Ministerium für Beschäftigung und Soziales.

(4) In **Frankreich** ist das System der Sozialhilfeleistungen äußerst komplex und für Außenstehende nur schwer zu durchschauen. Traditionell ist die Sozialhilfe in Frankreich kategorial ausrichtet, d. h. sie besteht aus einer Reihe von Einzelleistungen für jeweils spezifische Bedarfsgruppen bzw. Bedarfslagen. Insgesamt sind die verschiedenen Sozialhilfenetze wenig aufeinander abgestimmt. Das System von Sozialhilfeleistungen umfasst neben bundesstaatlich festgesetzten Mindesteinkommensleistungen ebenso Familien- und Wohnungsbeihilfen sowie Sach- und Dienstleistungen auf örtlicher Ebene. Erst 1988 wurde nach langen Diskussionen ein einheitliches nationales Mindesteinkommenssystem – der Revenu Minimum d'Insertion (RMI) – als Mindestsicherungsleistung für Erwerbslose eingeführt, die über keinen Zugang zu anderen Sicherungsleistungen verfügen. Zugleich ist dieses Leistungsnetz am Ziel ausgerichtet, den Leistungsempfänger wieder in den Arbeitsmarkt und die Gesellschaft einzugliedern; der etwas schillernde Begriff der «insertion» kann am besten mit Eingliederung übersetzt werden. Dieses Transfersystem wird aus Steuermitteln des Bundes finanziert und auf der örtlichen Ebene verwaltet. Dabei ist die Transferkomponente des RMI von der Eingliederungskomponente administrativ getrennt. Generell besteht ein in-

dividueller Rechtsanspruch auf den RMI. Er wird zunächst für 3 Monate bewilligt, die Fortführung der Zahlung ist an die Bereitschaft gekoppelt, einen Insertionsvertrag zu unterzeichnen. Der Insertionsvertrag und die Laufzeit des RMI sind zeitlich begrenzt, können aber immer wieder erneuert werden. Die Leistungen des RMI (monetärer Transfer, Krankenversicherung für gesamte Familie, u. a.) sind einkommensabhängig, wobei das Einkommen des gesamten Haushalts bei der Bedürftigkeitsprüfung einbezogen ist. Auch gegenüber anderen Sozialleistungen ist der RMI nachrangig. Die RMI-Leistungen werden regelmäßig an die Preisentwicklung angepasst. Ergänzt werden sie durch Wohngeld, Familienhilfen sowie lokale Hilfen. Jugendliche und junge Erwachsene im Alter unter 25 Jahren haben keinen Anspruch auf den RMI, außer wenn sie schwanger sind oder eigene Kinder haben. Die einzigen Leistungen, auf die diese Personengruppe Anspruch hat, sind Wohnungsbeihilfen.

Wie die Kurzbeschreibungen der Sozialhilfesysteme dieser vier Länder erkennen lassen, ist es schwierig, sie auf einen Nenner zu bringen: So besitzt Frankreich ein ganzes Netz von streng kategorial ausgerichteten Sozialhilfeleistungen. Die Niederlande besitzen ein ganzes System von allgemeinen und speziellen Sozialhilfeleistungen. Charakteristisch für Großbritannien ist dagegen die Doppelstruktur von Income Support für die Nichterwerbstätigen und Negativsteuer für die Erwerbstätigen. Dänemark und die Bundesrepublik sind schließlich durch ein (mit Abstrichen) universell ausgerichtetes, einheitliches Sozialhilfenetz gekennzeichnet. Die Sozialhilfesysteme in den fünf Ländern unterscheiden sich weiterhin im Hinblick auf Niveau und Struktur der Sozialhilfeleistungen, wobei die Sozialhilfe zumeist durch weitere einkommensabhängige Leistungen ergänzt wird, die für die Deckung spezifischer Bedarfe – insbesondere für den Kindesunterhalt und den Wohnungsbedarf – vorgesehen sind.

Im Rahmen der Analyse der Anreizwirkungen des sozialen Sicherungssystems auf den Arbeitsmarkt hat die OECD (1998 a) den Umfang der Einkommensabsicherung durch die verschiedenen sozialen Sicherungsleistungen für ausgewählte Haushaltstypen verglichen. Dabei wurden auf der Basis des modellhaft ermittelten verfügbaren Haushaltseinkommens bei Erwerbstätigkeit und bei Arbeitslosigkeit sogenannte Lohnersatzraten berechnet, die anzeigen sollen, in welchem Umfang Einkommenseinbußen durch Arbeitslosigkeit auftreten. Dieser Versuch erwies sich als schwierig, da die Haushaltseinkommen nicht nur durch Erwerbseinkommen und Lohnersatzleistungen bestimmt sind, sondern eine Vielzahl weiterer staatlicher Transfers daran beteiligt sind – neben der Sozialhilfe insbesondere familien- und wohnkostenbezogene Transferleistungen. In Tabelle 4–8 bis 4–10 ist das Ergebnis dieser Analysen zusammenfassend dargestellt:

Tabelle 4–8: Lohnersatzraten für vier Haushaltstypen bezogen auf Durchschnittsvollzeitverdienste 1995 in %

	Deutschland	Dänemark	Frankreich	Niederlande	Großbritannien
A Lohnersatzrate im ersten Monat nach Beginn des Bezugs von Arbeitslosenunterstützung*					
Haushaltstypen					
Single	70	65	76	75	52
Ehepaar ohne Kind	66	68	74	81	63
Ehepaar mit 2 Kindern	80	77	79	82	67
Alleinerz. m. 2 Kindern	80	77	80	75	56
Zusammensetzung der Leistungen bei Ehepaar mit 2 Kindern**					
Arbeitslosengeld	83	98	76	124	50
Familienleistungen	7	13	9	9	12
Wohngeld	10	15	19	6	38
Einkommensteuer	0	-26	-4	-39	0
Summe	100	100	100	100	100

	Deutschland	Dänemark	Frankreich	Niederlande	Großbritannien
B Lohnersatzrate im 60. Monat nach Beginn des Bezugs von Arbeitslosenunterstützung*					
Haushaltstypen					
Single	62	49	43	60	52
Ehepaar ohne Kind	63	77	43	76	63
Ehepaar mit 2 Kindern	73	97	51	78	76
Alleinerz. m. 2 Kinder	68	71	49	70	65
Zusammensetzung der Leistungen bei Ehepaar mit 2 Kindern**					
Arbeitslosenhilfe	71	0	46	0	0
Familienleistungen	7	10	14	10	11
Wohngeld	13	0	38	14	34
Sozialhilfe	9	135	4	98	55
Einkommensteuer	0	- 45	- 2	- 22	0
Summe	100	100	100	100	100

* Lohnersatzrate im Hinblick auf das verfügbare Haushaltseinkommen bei einem Erwerbstätigen mit einem durchschnittlichen Vollzeitverdienst (Verdiener mittleren Alters mit 22 Jahren ununterbrochener Erwerbstätigkeit, Kinder sind im Alter 4 und 6); ** Zum Zwecke der Vergleichbarkeit wurde das verfügbare Haushaltseinkommen bei Arbeitslosigkeit gleich 100 gesetzt.
Quelle: Zusammengestellt aus OECD 1998a, S. 30ff.

Aus Tabelle 4–8 ergibt sich, dass zu Beginn des Arbeitslosigkeitsprozesses die Lohnersatzraten unter Berücksichtigung aller Transfers in den betrachteten Ländern dicht beisammen lagen – mit Ausnahme von Großbritannien, das deutlich niedrigere Ersatzraten gewährte. Dabei lag Ersatzrate für Haushalte mit Kindern im Regelfall höher als für Haushalte ohne Kinder. Allerdings wies die Zusammensetzung der Transfers, auf die arbeitslose Haushalte Anspruch besaßen, große Unterschiede auf. Nach fünf Jahren andauernder Arbeitslosigkeit klafften die Lohnersatzraten erheblich stärker auseinander, sowohl für die einzelnen Haushaltstypen als auch für die verschiedenen Länder: Im Durchschnitt lagen die Lohnersatzraten in Deutschland und Frankreich niedriger als zu Beginn der Arbeitslosigkeit. In den übrigen drei Ländern hatte sich das Sicherungsniveau kaum verändert. Die Bundesrepublik lag im Durchschnitt der verschiedenen Haushaltstypen mit ihren Lohnersatzraten etwas günstiger als Frankreich, etwa gleich mit Großbritannien und niedriger als Dänemark und die Niederlande. Stärker noch klafft die Zusammensetzung der Transfers auseinander: Während in Deutschland und Frankreich die Arbeitslosenhilfe die Hauptlast der Sicherungsfunktion trug und den weiteren Transfers nur ergänzende Bedeutung zukam, hatte sich die Hauptlast in den drei übrigen Ländern – die keine Arbeitslosenhilfe besitzen – auf die Sozialhilfe verlagert. Zugleich spielten in Frankreich und Großbritannien die Wohnungsbeihilfen eine wichtige Rolle im Einkommensmix von Langzeitarbeitslosen.

Die genannten Zahlen zum Niveau sozialer Sicherung bei Arbeitslosigkeit liefern lediglich Ergebnisse stark vereinfachter Modellkonstellationen. Ein ähnliches Bild ergibt sich, wenn man die durchschnittlichen Lohnersatzraten aus Tabelle 4–9 betrachtet (vgl. OECD 1997a). Diese sind das rechnerische Ergebnis bei Zugrundelegung unterschiedlicher Modellannahmen zum Verdienstniveau, zur Arbeitslosigkeitsdauer und zur Haushaltsstruktur. Daraus ist zu entnehmen, dass die Lohnersatzraten (netto, d. h. nach Besteuerung) in Deutschland, Frankreich und Großbritannien eine ähnliche Größenordnung besaßen und knapp über 50 % lagen. Dagegen bewegten sich die Lohnersatzraten in den Niederlanden (knapp 70 %) und vor allem in Dänemark (rund 80 %) auf wesentlich höherem Niveau.

Tabelle 4–9: Lohnersatzraten bei Arbeitslosigkeit in ausgewählten europäischen Ländern 1995 in %

	Deutschland	Dänemark	Frankreich	Niederlande	Groß-britannien
Brutto-Lohn-ersatzrate	26	71	38	46	18
Netto-Lohn-ersatzrate	54	81	55	69	51

* Durchschnittswerte unter Zugrundelegung von zwei Verdiensthöhen, drei Arbeitslosigkeitsdauern und drei Haushaltstypen
Quelle: OECD 1997a, S. 56.

Tabelle 4–10: Transferbezug bei Arbeitslosigkeit 1990 und 1995

	Anteil Arbeitslosengeld		Anteil Transferbezieher* an allen registrierten Arbeitslosen	
	1990	1995	1990	1995
Deutschland	41 %	49 %	64 %	76 %
Dänemark	83 %	84 %	100 %	100 %
Frankreich	54 %	54 %	81 %	77 %
Niederlande	46 %	73 %	145 %	144 %
Großbritannien	18 %	21 %	86 %	97 %

* einbezogen sind Arbeitslosengeld, Arbeitslosenhilfe, Garantiertes Mindesteinkommen/ Sozialhilfe
Quelle: OECD 1997a, S. 56.

Die häufig unterstellte Annahme, dass die «Großzügigkeit» der sozialen Sicherung bei Arbeitslosigkeit maßgeblich für den Umfang der Arbeitslosigkeit sei, wird durch die Ergebnisse der OECD-Analyse der Lohnersatzraten nicht bestätigt: Es zeigt sich vielmehr, dass gerade die beiden Länder, die Mitte der 90er-Jahre die ungünstigsten Lohnersatzraten besaßen, durch die höchsten

Arbeitslosenquoten und die höchsten Anteile an Langzeitarbeitslosen gekennzeichnet waren. Diese Befunde legen es nahe, den unterstellten Zusammenhang zwischen Sicherungsniveau und Arbeitslosigkeitsumfang als zu stark vereinfachend zurückzuweisen. Ähnliches gilt für die Dauer der Lohnersatzleistungen: Aus dem vorliegenden Datenmaterial ist ein empirischer Zusammenhang weder zwischen Höhe der Arbeitslosenquote und Dauer der Lohnersatzleistungen noch zwischen Anteil der Langzeitarbeitslosen und der Bezugsdauer zu erkennen. So hat etwa Dänemark zwar eine vergleichsweise lange Bezugsdauer von Arbeitslosengeld (einschließlich Aktivierungsphase), zugleich aber auch die zweitniedrigste Arbeitslosenquote und den geringsten Anteil Langzeitarbeitsloser.

Interessanterweise wiesen nicht die Länder, die neben dem Arbeitslosengeld eine Arbeitslosenhilfe besaßen, eine vergleichsweise günstige soziale Sicherung bei Langzeitarbeitslosigkeit auf, sondern es waren die Länder, die diesen Risikofall schwerpunktmäßig über die Sozialhilfe absicherten. Allerdings bleibt zu fragen, wie groß der Kreis derer war, die überhaupt Zugang zu diesen Sicherungsleistungen besaßen. Gemäß Tabelle 4–10 waren es vor allem die Niederlande und Dänemark, die die höchsten Anteile von Transferbeziehern – bezogen auf die Zahl registrierter Arbeitsloser – besaßen (vgl. OECD 1997a; Reissert 1998).[69] Zugleich waren dies die Länder, die durch die geringsten Arbeitslosenquoten und die höchsten Sicherungsniveaus gekennzeichnet waren. Umgekehrt waren die Anteile von Transferbeziehern in Deutschland und Frankreich besonders niedrig. Es zeigt sich also, dass die Bundesrepublik im Vergleich zu den Niederlanden und Dänemark nicht nur das niedrigere Sicherungsniveau, sondern auch einen erheblich

69 Dass die Quoten in den Niederlanden über 100 liegen, liegt daran, dass bestimmte Gruppen von arbeitslosen Leistungsbeziehern davon freigestellt sind, als Arbeitslose registriert zu sein.

kleineren Kreis von Anspruchsberechtigten aufwies. Insgesamt war daher Mitte der 90er-Jahre die soziale Sicherung bei Arbeitslosigkeit in der Bundesrepublik im Vergleich zu den hier betrachteten Ländern bestenfalls Mittelmaß.

4.3.2.4 Reformen der Sicherungsnetze und Armutsbekämpfung

Die soziale Sicherung bei Arbeitslosigkeit hat sich im letzten Jahrzehnt in vielen europäischen Ländern zu einem Brennpunkt der sozialpolitischen Auseinandersetzung entwickelt. Zugleich sind die beteiligten Netze sozialer Sicherung wie wenig andere zum Gegenstand von Reformüberlegungen und Reformprojekten geworden. Wenn heute von einem Umbau der europäischen Sozialstaaten gesprochen werden kann, so trifft dies in besonderem Maße für die soziale Sicherung bei Arbeitslosigkeit und damit für die Arbeitslosenversicherung und die Sozialhilfe zu. Gerade diese sozialen Sicherungsnetze sind zugleich zu einem Hauptanwendungs- und Experimentiertfeld für neue sozialpolitische Philosophien geworden. Die Idee des «aktivierenden Sozialstaats» hat hier ein Hauptbetätigungsfeld gefunden (vgl. für die Bundesrepublik z. B. Bandemer u. a. 1995; Mezger/West 1998; Evers/Leggewie 1999; Heinze/Schmid/Strünck 1999).

In den letzten beiden Jahrzehnten ist eine Zunahme der Sozialhilfeempfängerzahlen wie auch der Sozialhilfeausgaben im europäischen Raum zu beobachten. Diese quantitativen Trends sind einmal Ausdruck der Zunahme struktureller Verarmungsrisiken in den meisten europäischen Ländern. Sie sind zum anderen Resultat von Neudefinitionsprozessen der sozialen Sicherungssysteme in diesen Ländern. Wachsende Empfängerzahlen und steigende Ausgaben in der Sozialhilfe sind nicht zuletzt Indikatoren dafür, dass die primären Sicherungsnetze für die Verhinderung von Armut an Bedeutung verloren haben. Parallel dazu hat die Sozialhilfe als letztes Netz sozialer Sicherung in nahezu allen europäischen Ländern für die Einkommenssicherung an Bedeutung gewonnen. Der gewachsene Stellenwert der Sozialhilfe in den jeweiligen nationalen Sicherungssystemen vollzieht sich vor dem Hintergrund eines Rückbaus der europäischen Sozialstaaten. Seit nunmehr zwei Jahrzehnten ist in den europäischen Staaten ein Prozess der Zurücknahme sozialstaatlicher Regulierung und Leistungsversprechen zu beobachten. Tendenzen zu einer Ökonomisierung, Differenzierung, Privatisierung und Dezentralisierung der sozialen Sicherung (Lessenich 1999) schlagen sich also nicht zuletzt darin nieder, dass die Sozialhilfe als älteste und ursprünglichste Form sozialer Sicherung wieder stärker in den Vordergrund rückt.[70]

In der Bundesrepublik wie auch in den übrigen hier betrachteten Ländern ist eine Verlagerung der Sicherungsfunktion vor allem im Falle von Langzeitarbeitslosigkeit von der Arbeitslosenversicherung zur Sozialhilfe festzustellen – abzulesen an den steigenden Zahlen von Sozialhilfeempfängern, wobei sich in allen betrachteten Ländern die Arbeitslosigkeit zur Hauptursache des Sozialhilfebezugs entwickelt hat. Allerdings war nur in drei der betrachteten Länder – in der Bundesrepublik (wenn man die Empfänger von Leistungen nach dem Asylbewerberleistungsgesetz mit einbezieht), in Frankreich und Großbritannien – in den 90er-Jahren eine deutliche Zunahme der Zahl von Sozialhilfeempfängern zu beobachten, während die Empfängerzahlen in Dänemark und den Niederlanden stagnierten (vgl. Tabelle 4–11).

70 Vgl. zu den Reformen im Bereich soziale Sicherung und Aktivierung in Großbritannien z. B. Schulte 1997; Oppenheim 1998; Peter 1998 a und b; Trabert 1999; Leisering/Hilpert 1999; DSS 1998; 1999 a und b; Boeri/Layard/Nickell 2000; in Dänemark z. B. Act on an Active Social Policy 1997; Köhler 1997 und 1998; Abrahamson 2000 a und b; in Frankreich z. B. Kaufmann 1990 und 1997; Paugam 1998; Lestrade 1998; Delegation Interministerielle au Revenue Minimum d'Insertion 1999; in den Niederlanden z. B. Kötterer 1997; Ministery of Social Affairs and Employment 1999; Hackenberg 1999; Trampusch 1999; van der Veen 2000; Kleinfeld 2000. Zu Gesamtübersichten vgl. z. B. Eardley 1996 a und b; Jarree 1997; Hirsch 1997; OECD 1998 c und d; EAPN 1999; European Foundation 1999; European Commission 1999 a und b; Wörister/Schmid 2000.

Tabelle 4–11: Entwicklung der Sozialhilfeempfänger in ausgewählten EU-Ländern* 1990 bis 1995

	Deutschland**	Dänemark	Frankreich	Niederlande	Großbritannien
A Absolute Zahl der Leistungsempfänger					
1990	1.832.000		510.0	530.0	4.200.0
1991	2.129.000	131.0	582.0	499.0	4.500.0
1992	2.438.000	133.0	671.0	481.0	5.100.0
1993	2.529.000	136.0	793.0	477.0	5.600.0
1994	2.308.000	146.0	908.0	485.0	5.700.0
1995	2.555.000	152.0	946.0	493.0	5.700.0
B Anteil an der Wohnbevölkerung					
1990	2,8 %	–	0,8 %	3,6 %	7,4 %
1991	2,5 %	2,6 %	0,9 %	3,4 %	7,9 %
1992	2,9 %	2,6 %	1,0 %	3,3 %	9,0 %
1993	3,0 %	2,7 %	1,3 %	3,2 %	9,8 %
1994	2,8 %	2,8 %	1,4 %	3,2 %	9,9 %
1995	3,1 %	2,9 %	1,5 %	3,2 %	9,9 %

* Sozialhilfe und garantierte Mindesteinkommen; ** 1990: Nur Westdeutschland; ab 1991 Gesamtdeutschland; unter Einbeziehung der Empfänger von Leistungen nach dem Asylbewerberleistungsgesetz waren es 1994 2.755.000 oder 3,3 % und 1995 3.044.000 oder 3,7 %.
Quelle: Guibentif/Bouget 1997, S. 148; Statistisches Bundesamt 1999, S. 46 ff.

Trotz dieses Bedeutungsgewinns liegen die absoluten Zahlen wie auch die Anteile der Leistungsempfänger an der Bevölkerung in den betrachteten Ländern – mit Ausnahme von Großbritannien – nach wie vor vergleichsweise niedrig. Und auch der Anteil der Aufwendungen für Sozialhilfe oder entsprechende Mindestsicherungsleistungen liegt immer noch auf einem bescheidenen Niveau, vergleicht man sie etwa mit den Aufwendungen für die klassischen sozialen Risiken wie Arbeitslosigkeit oder Alter (vgl. Tabelle 4–6).

Die Verschiebung der politisch-administrativen Zuständigkeit war nicht zuletzt auf eine Verschärfung der Anspruchsvoraussetzungen und/oder eine Verringerung des Leistungsumfangs in der Arbeitslosenversicherung zurückzuführen, was Höhe und Dauer der Lohnersatzleistungen betrifft:

- So wurde etwa in Großbritannien die Dauer des Leistungsbezugs von Arbeitslosengeld von einem auf ein halbes Jahr verkürzt.
- In Dänemark wurden die Anspruchsvoraussetzungen verschärft und die Leistungsdauer um drei Jahre auf vier Jahre vermindert.
- In den Niederlanden wurden die Anspruchsvoraussetzungen stärker auf Personen mit kontinuierlicher Erwerbsbiographie zugeschnitten, während für alle Übrigen die Sicherung bei 70 % des Mindestlohns festgeschrieben wurde.

Auch in der Bundesrepublik war das Leistungssystem der Arbeitslosenversicherung ein bevorzugtes Feld von Leistungskürzungen (vgl. Steffen 2000). Allein in Frankreich fanden keine größeren Restrukturierungsmaßnahmen statt. Parallel dazu wurde in fast allen Ländern die Anforderung der Verfügbarkeit für den Arbeitsmarkt restriktiver formuliert und die Verpflichtung verstärkt, an Aktivierungsmaßnahmen teilzunehmen. Daneben gab es länderspezifische Besonderheiten:

- So ist in Großbritannien 1996 mit der Einführung der Jobseekers Allowance die Arbeitslosenversicherung in ihrer Ausgestaltung und ihrem administrativen Verfahren mit der Sozialhilfe (Income Support) so eng verbunden worden, dass kaum mehr von zwei getrennten Leistungssystemen gesprochen werden kann. Lediglich das Element der Einkommensabhängigkeit und damit korrespondierend der Bedürftigkeitsprüfung markiert noch die Trennlinie zwischen Versicherungs- und Fürsorgeleistung.

- Auch in den Niederlanden sind Arbeitsverwaltung und Sozialhilfe stärker miteinander verzahnt worden und sollen künftig gemeinsam Aufgaben wahrnehmen, wobei die Kommunen in ihrer Verantwortung für die «Aktivierung» der Arbeitslosen gestärkt wurden.
- In Dänemark ist die Arbeitsverwaltung seit 1994 verpflichtet, individuelle Hilfepläne zu erstellen. Zugleich wurde die Bezugsdauer von Arbeitslosenunterstützung in zwei Phasen unterteilt: Eine erste Phase des Bezugs von Lohnersatzleistungen wird durch eine zweite ergänzt, die durch die verpflichtende Teilnahme an Aktivierungsmaßnahmen gekennzeichnet ist.

Insgesamt handelt es sich bei der genannten Zuständigkeitsverlagerung um eine politikbedingte Zunahme des Risikos, im Falle von (insbesondere Langzeit-)Arbeitslosigkeit auf das letzte Netz der Sozialhilfe angewiesen zu sein. Für den betroffenen Arbeitslosen kann, muss dies aber nicht eine Absenkung des Absicherungsniveaus bedeuten. In jedem Fall bedeutet es aber den Übergang von einer versicherungsrechtlichen zu einer fürsorgerechtlichen Absicherung in Form von einkommensabhängigen und bedürftigkeitsgeprüften Leistungen. Zudem sind die Leistungen nicht mehr am früheren Erwerbseinkommen, sondern an einem wie auch immer definierten Bedarf ausgerichtet. Politisch-institutionell bedeutet der Übergang von der Arbeitslosenversicherung zur Sozialhilfe in den betrachteten Ländern im Gegensatz zur Bundesrepublik keine Verlagerung der fiskalischen Zuständigkeit von der Bundes- auf die Gemeindeebene, da im Regelfall der Bund die Kosten der Sozialhilfe ganz oder doch ganz überwiegend trägt (Großbritannien und Frankreich zu 100 %, Niederlande zu 90 % und Dänemark zu 50 %). Weder findet mit der Verlagerung der Sicherungsfunktion eine der Bundesrepublik vergleichbare Kostenentlastung der Bundesebene statt, noch werden dadurch den Kommunen übermäßige Lasten aufgebürdet.

Aber auch in den Sozialhilfesystemen wurden im Verlauf der 90er-Jahre restriktivere Leistungsbedingungen eingeführt:

- So wurde in Großbritannien insbesondere nach dem Regierungsantritt von «New Labour» im Rahmen des «New Deal»-Konzepts der Druck auf Arbeitslose im Bereich der Arbeitslosenversicherung wie der Sozialhilfe verstärkt, sich aktiv um die Wiedereingliederung in die Erwerbsarbeit zu bemühen und an entsprechenden Beratungs-, Einschätzungs- und Vermittlungsmaßnahmen teilzunehmen. Zugleich wurde das institutionell-administrative Gefüge von Einrichtungen und Zuständigkeiten neu definiert, um den «Aktivierungprozess» zu effektivieren.
- In Dänemark wurde die bisherige, an unterstellten Bedarfen unterschiedlicher Haushaltstypen ausgerichtete Leistungsstruktur stark pauschaliert und prozentual an die Höhe des Arbeitslosengelds bzw. des Durchschnittslohns gekoppelt. Vor allem die (insbesondere jugendlichen) Sozialhilfeempfänger sind verpflichtet worden, an «Aktivierungsmaßnahmen» teilzunehmen, die anzubieten die Kommunen nunmehr gesetzlich verpflichtet sind.
- Bereits Ende der 80er-Jahre hat Frankreich – der kategorialen Sozialhilfetradition des Landes folgend – mit dem RMI im Rahmen der Sozialhilfe eine spezifische Grundsicherung für Arbeitslose eingeführt, die die soziale Sicherung unmittelbar mit dem sozialen Eingliederungsgedanken (insertion) verbindet.
- In den Niederlanden wurden in der Sozialhilfe nicht nur die Leistungssätze für Alleinstehende und Alleinerziehende abgesenkt und den Gemeinden mehr Freiheiten bei der Ausgestaltung der Hilfen eingeräumt, sondern ebenso die Verpflichtung der Sozialhilfeempfänger verschärft, an «Aktivierungsmaßnahmen» der Sozialhilfeträger teilzunehmen. Parallel dazu wurde eine Ausbildungs- und Beschäftigungsgarantie für Ju-

gendliche und junge Erwachsenen im öffentlichen und öffentlich subventionierten Sektor eingeführt.

Auch in der Bundesrepublik haben wiederholte Eingriffe in das Leistungsrecht der Sozialhilfe stattgefunden, ohne dass es bisher zu einer grundlegenden Reform gekommen wäre (vgl. dazu Kapitel 5). Insgesamt wurde also – mit Ausnahme von Frankreich – nicht nur der Sicherungsstandard bei Arbeitslosigkeit im primären Netz der Arbeitslosenversicherung eingeschränkt, sondern auch die Sozialhilfe restriktiver gestaltet. Am stärksten tritt als Gemeinsamkeit die Tatsache hervor, dass in allen Sozialhilfenetzen die Rückbindung an den Arbeitsmarkt verstärkt wurde. Insofern war unter dem Stichwort «Aktivierung» der Zusammenhang zwischen Sozialhilfe und Arbeitsmarkt das zentrale Thema der Sozialhilfereformen der letzten Dekade.

4.3.2.5 «Aktivierung» zwischen Workfare und nachhaltiger Arbeitsmarktintegration

Die Sozialhilfereformen der 90er-Jahre waren in den EU-Mitgliedsstaaten an einer breiten Palette von Zielen ausgerichtet. Dazu gehörten die Vermeidung einer Arbeitslosigkeits- bzw. Armutsfalle, die Überwindung länger andauernder Sozialhilfeabhängigkeit sowie die Überwindung von ökonomischer und sozialer Ausgrenzung. Die Reformmaßnahmen konzentrierten sich zum einen auf eine Neugestaltung von Leistungsniveau und Leistungsbedingungen (Neugestaltung im Sinne von Absenkung des Leistungsniveaus, Verstärkung finanzieller Anreize, Verbesserung der administrativen Effektivität etc.). Zum anderen lag der Schwerpunkt vor allem in Initiativen, die Integration der arbeitslosen Leistungsempfänger in den Arbeitsmarkt zu verbessern. Insgesamt wurden die Reformansätze maßgeblich durch die Idee des «From Welfare to Work» bzw. des «Work First» bestimmt.

Traditionell werden in den meisten der betrachteten Ländern Maßnahmen der aktiven Arbeitsmarktpolitik in vergleichsweise großem Umfang durchgeführt – mit der doppelten Zielsetzung, sowohl die Funktionsfähigkeit des Arbeitsmarkts zu verbessern als auch einen Ausgleich unterschiedlicher Risikolagen am Arbeitsmarkt herbeizuführen. Der Schwerpunkt solcher Programme liegt vor allem darin, Problemgruppen des Arbeitsmarkts (wieder) in das Arbeitsmarkt- und Beschäftigungssystem einzugliedern. Die Tabelle 4–12 zeigt, dass im Zeitraum Mitte der 80er- bis Mitte der 90er-Jahre die Aufwendungen für die aktive Arbeitsmarktpolitik in allen betrachteten Länder nicht nur absolut, sondern auch im Verhältnis zum Bruttoinlandsprodukt ausgeweitet wurden. Allerdings gelang es nicht in allen Ländern, das Verhältnis der Mittel zugunsten aktiver Maßnahmen im Sinne einer stärker aktivierenden Politik zu verschieben. Vor allem in Dänemark und den Niederlanden wurden hohe Aufwendungen für die aktive Arbeitsmarktförderung getätigt, aber auch in diesen Ländern waren die Aufwendungen für «aktive» Integrationsmaßnahmen erheblich niedriger als für «passive» Lohnersatzleistungen. Die Bundesrepublik und Frankreich lagen mit ihren Aufwendungen für aktive Arbeitsmarktpolitik etwas niedriger, in Großbritannien spielten solche Aufwendungen dagegen nur eine marginale Rolle. Die Teilnehmerzahlen spiegeln die unterschiedliche fiskalische Prioritätensetzung in Bezug auf die aktive Arbeitsmarktpolitik in den einzelnen Ländern wider (vgl. Tabelle 4–13). Auch wenn die Höhe der Aufwendungen und die Zahl der Teilnehmer gute Hinweise für den politischen Stellenwert dieses Handlungsfelds bieten, können sie doch keine Auskunft über die Wirkungen der eingesetzten Mittel geben (vgl. z. B. Walwei 1996). Zudem stellen Maßnahmen der aktiven Arbeitsmarktpolitik nur ein wenn auch wichtiges Element eines breiten Bündels möglicher Maßnahmen zur Verbesserung der Beschäftigungssituation dar.

Tabelle 4–12: Ausgaben für Arbeitsmarktpolitik 1995 und 1998 in % des Bruttoinlandsprodukts

	Ausgaben für Arbeitsmarktpolitik			Ausgaben für passive Arbeitsmarktpolitik			Ausgaben für aktive Arbeitsmarktpolitik		
	1985	1995	1998	1985	1995	1998	1985	1995	1998
Deutschland	2,2	3,8	3,6	1,4	2,4	2,3	0,8	1,4	1,3
Dänemark	5,0**	6,6	5,6	3,9	4,6	3,7	1,1	2,0	1,9
Frankreich	3,1	3,2	3,2	2,4	2,0	1,9	0,7	1,3	1,4
Niederlande	4,2	4,7	4,9	3,0	3,2	3,1	1,1	1,5	1,8
Großbritannien	0,8	2,2	1,5***	0,4	1,6	1,1	0,3	0,6	0,4

** Angaben für 1984; *** Angaben für 1997.
Quelle: OECD 1998e, S. 218; 1999, S. 245 ff.; Walwei 1996, S. 352

Tabelle 4–13: Zugänge von Teilnehmern zu Maßnahmen der aktiven Arbeitsmarktpolitik 1994*

	Zugänge von Teilnehmern zu Maßnahmen der aktiven Arbeitsmarktpolitik insgesamt	Zugänge zu Bildungsmaßnahmen	Zugänge zu subventionierter Beschäftigung	Zugänge zu Zielgruppenförderung
Deutschland	4,1	1,9	1,3	0,9
Dänemark	17,2	12,0	1,3	3,9
Frankreich	10,5	4,8	2,5	3,3
Niederlande	2,8	1,4	0,3	1,0
Großbritannien	1,8	0,9	0,2	0,6

* Teilnehmer in Prozent der Personen im erwerbsfähigen Alter.
Quelle: Walwei 1996, S. 353.

Betrachtet man die Maßnahmen zur Arbeitsmarktintegration in den betrachteten Ländern innerhalb der letzten Dekade, standen vor allem folgende Elemente im Vordergrund:

- Zum einen wurde die Verpflichtung für arbeitslose Sozialhilfeempfänger verschärft, dem Arbeitsmarkt zur Verfügung zu stehen und sich aktiv um eine Erwerbstätigkeit zu bemühen.
- Zum anderen wurden Integrationsangebote im Bereich von Qualifizierungs- und Beschäftigungsmaßnahmen ausgebaut.
- Schließlich wurden die Beratungs-, Einschätzungs-, und Vermittlungsbemühungen verstärkt, wobei die direkte Eingliederung in den ersten Arbeitsmarkt zunehmend stärker im Vordergrund steht.

Während Länder wie Dänemark und die Niederlande nach wie vor auf die Qualifizierung und die Schaffung von Ersatzarbeitsmärkten setzen (in Deutschland in den 80er-Jahren unter dem Begriff «zweiter Arbeitsmarkt» diskutiert), dominiert vor allem in Großbritannien die Direktvermittlung in den ersten Arbeitsmarkt. Dabei verstärkt sich die Tendenz, den Bezug von Sozialleistungen durch Erwerbsarbeit oder die Teilnahme an arbeitsmarktpolitischen Maßnahmen zu ersetzen oder zumindest daran zu koppeln. Eine solche Work-First-Strategie wird von durchaus unterschiedlichen sozialpolitischen Philosophien getragen, wie dies z. B. Leisering/Hilkert (2000) für Großbritannien skizziert haben:

- In ihrer «konservativen» Variante wird sie mit der Vorstellung begründet, der Transferbezug in der Sozialhilfe trage als solcher dazu bei, abweichende Orientierungs- und Verhaltensmuster zu erzeugen oder zu verstärken, die darauf hinauslaufen, sich in der Sozialhilfe einzurichten (Kultur der Armut). Nur eine Strategie, die darauf setzt, den Sozialhilfebezug von vornherein durch die bessere Alternative einer Beschäftigungsaufnahme zu ersetzen, kann derartige Fehlorientierungen vermeiden bzw. beseitigen und die Verfestigung einer «under-

class» von dauerhaften Sozialhilfebeziehern vermeiden. Letztlich setzt dieser Ansatz darauf, sozialstaatliche Leistungen und Interventionen weitgehend zugunsten einer reinen Marktorientierung zurückzunehmen (vgl. z. B. Murray 1984).
– In ihrer «progressiven» Variante wird dieser Ansatz durch eine Philosophie der «Aktivierung» getragen, wie sie etwa in den Schriften von Giddens (vgl. z. B. 1999) begründet wurde und im Blair-Schröder-Papier (1999) politisch aufgegriffen wurde. Auch hier soll der Sozialstaat einer Verfestigung des Sozialhilfebezugs entgegenwirken, zugleich jedoch alle notwendigen flankierenden Hilfen bereitstellen, um eine (Wieder-)Einmündung in Erwerbsarbeit zu ermöglichen.

Die Entwicklung der 90er-Jahre ist nicht zuletzt interessant, weil sich beide Positionen im Hinblick auf Sozialhilfe und Sozialhilfereform stark angenähert haben und neue Allianzen in der Begründung solcher Integrations- und Aktivierungsprogramme entstanden sind.

Eine Alternative zur Work-First-Strategie findet sich in den französischsprachigen Ländern und zunehmend auch in den südeuropäischen Ländern, wo der Integrationsansatz zwar ebenfalls an Bedeutung gewonnen hat, jedoch in der spezifischen Variante der «Insertion» (vgl. etwa den beispielgebenden RMI/Revenue Minimum d'Insertion in Frankreich). Bei diesem Ansatz geht es weniger um eine Arbeitsmarktintegration um jeden Preis. Vielmehr steht die soziale Integration im Vordergrund, die auf der Grundlage individueller Vereinbarungen zwischen Sozialverwaltung und Klienten mit einem breiten Bündel von Maßnahmen erreicht werden soll. Bezeichnenderweise ist der RMI in Frankreich nicht mit der automatischen Anforderung verbunden, dem Arbeitsmarkt zur Verfügung zu stehen. In der Praxis hat das Konzept der Insertion bisher aber nicht den Eingliederungserfolg gebracht, der ursprünglich erwartet und erhofft wurde.

Für die Bewertung der neu entwickelten Maßnahmen zur Arbeitsmarktintegration lassen sich mehrere Ziel- und Erfolgskriterien heranziehen: (1) Die politisch-fiskalische Zieldimension, wobei sich dieses Zielbündel am besten anhand der Erfolgskriterien Senkung der Fallzahl- und Ausgabenentwicklung messen und überprüfen lässt. (2) Die arbeitsmarktpolitische Zieldimension: Diese Zielsetzung wird vor allem durch das Erfolgskriterium der nachhaltigen bzw. dauerhaften Arbeitsmarktintegration realisiert. (3) Die sozialpolitische Zieldimension: Diese Zielsetzung lässt sich an der Sozialintegration im weitesten Sinne messen. Die bislang vorliegenden Untersuchungen zu den Wirkungen der beschriebenen Aktivierungs- und Integrationsmaßnahmen lassen im Hinblick auf diese drei Zieldimensionen noch kein klares Bild erkennen (vgl. z. B. zu den Erfahrungen in den OECD-Ländern OECD 1996; Martin 1998; im skandinavischen Raum Abrahamson 2000 a und b; in der Bundesrepublik z. B. Schmid/Mosley/Hilbert/Schütz 1999; Steiner/Hagen 2000; Jacobs 2000). Dies liegt nicht nur an methodischen Problemen, etwa den nachhaltigen Arbeitsmarkterfolg von Integrationsmaßnahmen zu ermitteln. Von Bedeutung ist ebenso, dass viele der Maßnahmen erst in den letzten Jahren in Gang gesetzt worden sind und erst nach und nach entsprechende Untersuchungsergebnisse veröffentlicht werden. Was allerdings auffällt, ist die Tatsache, dass die neuen Programme in den meisten Nachbarstaaten intensiv begleitend untersucht werden und Evaluationen selbstverständliche, integrierte Bestandteile dieser Programme sind – man studiere dazu etwa die entsprechende Website des Department of Social Security in Großbritannien. In der Bundesrepublik fehlt eine solche Tradition, schon bei der Verabschiedung neuer sozialpolitischer Programme bzw. Programmreformen die Durchführung einer Wirkungsforschung als notwendiges Element eines feed back an Politik und Verwaltung gesetzlich vorzuschreiben. Im Falle der Sozialhilfe kommt in der Bundesrepublik hinzu, dass die Veränderungen der kommunalen Praxis im Rahmen der kommunalen Selbstverwaltung stattfinden und weder der Bund noch die Länder bisher ernsthaft Interesse gezeigt haben, genauer zu erfahren, welche Maßnahmen in der kommunalen Praxis stattfinden und welche Wirkungen diese Maßnahmen bisher gezeitigt haben. Bislang sind vor allem Daten zur Fallzahlentwicklung und zur Veränderung der Ausgaben verfügbar. Dies lässt darauf schließen, dass letztlich doch die politisch-fiskalische Zieldimension bei den Maßnahmen im Vordergrund steht. Dagegen liegen nur in wenigen Ländern Daten zur dauerhaften Integration in den Arbeitsmarkt oder gar zur (schwieriger zu operationalisierenden) Sozialintegration vor – ein Hinweis dafür, dass diese Zieldimensionen bisher politisch eher von nachrangiger Bedeutung sind.

Das restriktive Element vieler Work First Programme wirft die Frage auf, inwieweit es sich hierbei um Formen von «Workfare» handelt. Bis heute gibt es keine eindeutige Definition des Begriffs Workfare. Trickey und Loedemel (2000) definieren Workfare als eine Politik, die von den Sozialhilfeempfängern Formen von Erwerbsarbeit als Gegenleistung für den Sozialhilfebezug verlangt. Insofern ist Workfare eine spezifische Form der Aktivierung im Rahmen der Sozialhilfe, die vor allem den Verpflichtungs- bzw. Zwangscharakter von Arbeit in den Vordergrund stellt. Dabei ist festzustellen, dass kaum eine Regierung im Europäischen Raum explizit von Workfare spricht. Stattdessen dominiert in den Begründungen und Zielformulierungen für derartige Programme die Rhetorik der Aktivierung. Die meisten dieser Programme sind durch die Ambivalenz gekennzeichnet, dass in ihnen eine Arbeitsmarktintegration unter zunehmend restriktiven Vorzeichen stattfindet, dass sie aber auch Chancen beinhalten, der Arbeitslosigkeit zu entkommen. Da viele dieser Programme erst in den letzten Jahren eingeführt worden sind, ist es für eine abschließende Einschätzung und Bewertung noch zu früh. Ebenso verfrüht ist die euphorische Haltung, mit der gerade in der Bundesrepublik die Aktivierungspolitik in unseren Nachbarstaaten begrüßt und als beispielhaft für die Bundesrepublik bewertet wird.

Allein durch Aktivierungsmaßnahmen – sei es durch den Ausbau einer aktiven Arbeitsmarktförderung und/oder eine Verschärfung des Drucks gegenüber den Erwerbslosen – sind die anhaltenden Arbeitsmarktprobleme nicht lösbar. Zugleich haben die Beispiele der Niederlande und Dänemarks gezeigt, dass sich auch unter den heutigen Bedingungen die Arbeitslosigkeit durch einen Mix aus – insbesondere arbeitszeitpolitischen – Maßnahmen drastisch verringern lässt. Der wichtigste Effekt der Aktivierung dürfte bisher in einer stärkeren Durchmischung der arbeitslosen Bevölkerung bestehen. Das Risiko, länger arbeitslos zu sein, wird unter den Arbeitslosen gleichmäßiger verteilt und die Verfestigung der Arbeitslosigkeit bei bestimmten Gruppen verhindert. Damit kann der Ungleichverteilung des Arbeitslosigkeitsrisikos und dem Risiko der Langzeitarbeitslosigkeit entgegengewirkt werden. So ist denn auch der beschäftigungspolitische Erfolg von Ländern wie Dänemark und den Niederlanden weniger auf die praktizierte Aktivierungspolitik zurückzuführen als auf ein breites Bündel von beschäftigungs-, arbeitsmarkt- und arbeitszeitpolitischen Maßnahmen (vgl. z. B. Abrahamson 2000a und b).

Aktivierungsstrategien sollten – nimmt man die politische Rhetorik ernst – ein ausgewogenes Verhältnis von Fördern und Fordern aufweisen. Einer verpflichtenden Teilnahme – wie sie im deutschen SGB III und BSHG heute bereits vorgesehen ist – muss dabei die Chance zu einem nachhaltigen Integrationserfolg gegenüberstehen. Dazu bedarf es eines breit gefächerten, flexiblen und integrierten Gesamtkonzepts, bei dem nicht der kurzfristige Ausstieg aus der Sozialhilfe und die entsprechende Entlastung für den Kostenträger im Vordergrund stehen, sondern die «nachhaltige» Integration in Arbeitsmarkt und Gesellschaft. Um dies zu erreichen, bedarf es der Entwicklung von Konzepten der Qualitätssicherung sowie von Verfahren effektiver Wirkungskontrolle.

Für die armutspolitische Diskussion kommt ein weiterer Punkt im Hinblick auf die Bewertung der Integrations- und Aktivierungsprogramme hinzu. Für die Überwindung arbeitsmarktbedingter Armut reicht es nicht aus, die Arbeitslosigkeit zu beseitigen; zugleich muss dabei eine Einkommenslage oberhalb der (wie auch immer definierten) Armutsschwelle erreicht werden. Unter Armutsgesichtspunkten ist es daher nur eine Option, die Einkommenslage durch Eingliederung in den Arbeitsmarkt zu verbessern. Entscheidend ist, dass es den Betroffenen gelingt, die Armutslage zu verlassen. Gerade bei den Work-First-Programmen im angelsächsischen Raum wird dieses Ziel kaum erreicht. Da die Vermittlung vielfach nur in den Niedriglohn-Sektor gelingt (bzw. angestrebt wird), verbleiben die betroffenen ehemaligen Arbeitslosen und ihre Familien auch nach Überwindung der Arbeitslosigkeit in Armut. Die Situation der Armut durch Arbeitslosigkeit wird daher lediglich durch eine Situation der Armut durch Erwerbstätigkeit ersetzt – ein Ergebnis, das aus armutspolitischen Erwägungen heraus nicht befriedigen kann. Für eine Bewertung von Integrations- und Aktivierungsmaßnahmen auch unter armutspolitischen Aspekten sollten solche Programme daher – wie dies in den USA durchaus üblich ist – auch im Hinblick auf die Veränderung der Einkommensposition der Teilnehmer untersucht und bewertet werden.

4.4 Ergebnisse und Schlussfolgerungen für die Bundesrepublik

Wie die vorgestellten Ergebnisse der ECHP-Auswertung im Hinblick auf Einkommensungleichheit und Einkommensarmut in den Mitgliedsstaaten der Europäischen Union gezeigt haben, wiesen Mitte der 90er-Jahre die angelsächsischen ebenso wie die südeuropäischen Staaten ein hohes Maß an Einkommensungleichheit und Einkommensarmut auf. Umgekehrt waren die skandinavischen und – mit Abstrichen – die kontinentaleuropäischen Staaten durch einen vergleichsweise geringen Grad an Einkommensungleichheit und Einkommensarmut gekennzeichnet. Im skandinavischen Raum trägt die hohe Erwerbsbeteiligung stark dazu bei, das Armutsrisiko von Personen und Haushalten gering zu halten. Sie wird unterstützt und ermöglicht durch ein ausgebautes Netz flankierender staatlicher Hilfen für die Vereinbarkeit von Beruf und Familie. Darüber hinaus kommt den monetären Transferleistungen des Staates eine wichtige Rolle für die Armutsprävention zu.

Die Vorstellung der Sozialen Sicherung und Integrationshilfe in den vier betrachteten EU-Mitgliedsländern hat gezeigt, dass die Arbeitslosenversicherungssysteme mit Ausnahme von Großbritannien relativ ähnlich aufgebaut sind, während die Sozialhilfenetze stärker differieren. Die Restrukturierung der sozialen Sicherung bei Arbeitslosigkeit hat in allen vier Ländern das Gewicht der Arbeitslosenversicherung vermindert und das der Sozialhilfe verstärkt. Sieht man einmal von Großbritannien ab, wo beide Systeme kaum mehr voneinander zu unterscheiden sind und die Zahl der Sozialhilfeempfänger unter den Arbeitslosen traditionell vergleichsweise hoch ist, hält sich der Anstieg der Sozialhilfeempfängerzahlen ebenso wie der Anteil der Sozialhilfeempfänger unter den Arbeitslosen aber bisher noch in Grenzen.

Das zentrale Thema der Reformen in beiden Sicherungssystemen war in den 90er-Jahren die engere Verknüpfung von sozialer Sicherung und Arbeitsmarkt. Im Sinne einer «Aktivierung» wurden verschärfte Anforderungen an die betroffenen Arbeitslosen im Hinblick auf die Verfügbarkeit für den Arbeitsmarkt und die aktive Arbeitssuche gestellt; dem stand ein erweitertes Angebot an Beratungs-, Vermittlungs-, Qualifizierungs- und Beschäftigungshilfen gegenüber. Abgesehen von Frankreich, wo mit dem RMI ein breiter angelegtes Eingliederungskonzept verfolgt wird, dominiert in allen Ländern spätestens nach dem Übergang in die Sozialhilfe das Ziel, Erwerbsarbeit statt Transfers anzubieten. Bis heute ist es aber nur bedingt möglich, den «Erfolg» der nationalen «Work First»-Programme einzuschätzen. Soll mit diesen Programmen nicht nur der Druck auf die Betroffenen erhöht werden, müssen sie reale Integrationsperspektiven bieten. Daher sind aussagekräftige Ergebnisse zu ihren Wirkungen unabdingbar. Abgesehen von Großbritannien, wo dieser Sektor traditionell größeres Gewicht hat, spielt die «Niedriglohnstrategie» bei unseren europäischen Nachbarn keine große Rolle (vgl. z. B. OECD 1997c).

Wie eingangs dieses Kapitels bereits betont, ist es nicht möglich, Reformprojekte und Lösungsansätze aus anderen Ländern einfach auf die Bundesrepublik zu übertragen. Zudem war es in der knappen Übersicht nicht möglich, differenzierter auf die Chancen und Risiken dieser Ansätze einzugehen: Zu den interessanten und auch für die Bundesrepublik diskussionswürdigen Reformansätzen gehören u. a.

- die engere Verzahnung von Arbeitslosenversicherung, Arbeitsämtern und Kommunen bei der Eingliederung arbeitsloser Sozialhilfeempfänger in den Arbeitsmarkt, wie dies in Dänemark und den Niederlanden erprobt bzw. praktiziert wird,
- die Verknüpfung von Aktivierungsmaßnahmen mit neuen Arbeitszeitmodellen, wie dies in Dänemark und den Niederlanden geschieht, um die Rahmenbedingungen für die Eingliederung zu verbessern,
- die systematische Dokumentation und Evaluation von Arbeitsmarktintegrationsprogrammen, um den Grad der Zielrealisierung überprüfen zu können, nicht nur in beschäftigungspolitischer, sondern auch in armutspolitischer Hinsicht.
- Unabhängig davon wird in allen betrachteten Ländern die Sozialhilfe (vollständig oder überwiegend) aus gesamtstaatlichen

Steuermitteln finanziert. Fiskalisch motivierte Verschiebeprozesse zwischen den Leistungssystemen und zwischen nationaler und lokaler Ebene, wie sie für die Bundesrepublik charakteristisch sind, sind dadurch weitgehend ausgeschlossen.

Im Vordergrund der gegenwärtigen beschäftigungs- und sozialpolitischen Debatte in der Bundesrepublik steht das «liberale» Wohlfahrtstaatsmodell. Für viele scheint ausgemacht, dass die Herausforderungen der Globalisierung und die anhaltende Krise des Arbeitsmarkts nur mit einem Übergang zu dieser Wohlfahrtsstaatsvariante zu bewältigen sind. Ein Festhalten an den Prinzipien und Grundstrukturen des deutschen Sozialstaats scheint dagegen mit den neuen Anforderungen kaum vereinbar zu sein. Umso mehr muss erstaunen, dass die Erfahrungen in Ländern wie Dänemark in der deutschen Debatte bisher nur sehr selektiv zur Kenntnis genommen worden sind. Dabei besteht die Bedeutung dieser Erfahrungen nicht zuletzt darin, dass es sehr wohl Alternativen zum «liberalen Weg» gibt und dass es möglich ist, das Problem der Massen- und Langzeitarbeitslosigkeit wirksam zu bekämpfen, ohne dafür den Preis verstärkter Ungleichheit und erhöhter Armut zahlen zu müssen. Das soll nicht heißen, dass die skandinavischen Lösungen einfach auf die Bundesrepublik übertragen werden sollten. Aber sie bieten Anlass, gründlicher darüber nachzudenken, wie auch in Zukunft eine sozial ausgewogene, humane Gesellschaft ohne Armut verwirklicht werden kann.

Kapitel 5 Armutsbekämpfung im Umbau des Sozialstaats

5.1. Problemstellung

Der vorliegende Bericht konzentriert sich auf die empirische Analyse der Determinanten, Ausprägungen und Entwicklungstrends von Armut in Deutschland und ausgewählten europäischen Ländern. Er kann und will sich jedoch nicht auf die Darstellung und Analyse beschränken, sondern hat auch den Auftrag, der Frage nach den Möglichkeiten und Ansatzpunkten einer politischen Strategie der Armutsbekämpfung nachzugehen. Dazu haben wir in den einzelnen Kapiteln bereits vielfältige Vorschläge und Anregungen gegeben. Denn wenn Konsens darüber besteht, dass sich aus dem Sozialstaatspostulat eines demokratischen und sozialen Rechtsstaates die Aufgabe ergibt, das Entstehen von Armut zu vermeiden und vorhandene Armutslagen abzubauen, dann ist zu überprüfen, warum die sozial- und gesellschaftspolitischen Instrumente, Maßnahmen und Rahmenbedingungen bislang nicht in der Lage waren, Armut zu vermeiden bzw. zu beseitigen, und welche Reformen notwendig sind, um das angestrebte Ziel besser zu erreichen.

So sehr sich also der Bericht der Diskussion über sozialpolitische Reformen verpflichtet fühlt, so sind doch vorab einige grundsätzliche Einschränkungen zu machen:

Ein wissenschaftliches Gutachten kann die Aufgabe der Politik nicht ersetzen. Die Präsentation von dezidierten Reformvorschlägen, also von einzelnen Maßnahmen und Regelungen und ihren Dimensionen und Finanzierungsbedingungen muss im politischen Prozess erfolgen. Der Bericht würde sich mit diesem Anspruch übernehmen. Aber es ist möglich und sinnvoll, der Politik Empfehlungen über mögliche Ansatzpunkte von Reformmaßnahmen zu geben, auf Probleme hinzuweisen und – möglicherweise unbeachtete – Wechselwirkungen von Maßnahmen sowie Zielkonflikte zu benennen.

Eine wichtige Hilfestellung für die Politik könnte weiterhin darin bestehen, einzelne Maßnahmen der Armutsbekämpfung einer differenzierten Wirkungsanalyse zu unterziehen. Wie – so könnte beispielsweise die Frage lauten – wirkt sich eine Erhöhung des Kindergeldes oder des Wohngeldes auf die relative Einkommensposition von Haushalten im unteren Einkommensspektrum aus? Welche Rückwirkungen haben unterschiedliche Finanzierungsformen dieser Mehraufwendungen auf die Einkommensverteilung? Ob und inwieweit eine einzelne, gezielte Leistungsverbesserung tatsächlich zu einer Verbesserung der Einkommenslage führt, hängt nicht zuletzt davon ab, wie diese Maßnahme finanziert wird, etwa durch Ausgabenumschichtungen, Kürzungen an anderer Stelle oder durch höhere Beitrags- und Steuerabzüge. Würde beispielsweise die Anhebung des Kindergeldes durch eine Erhöhung der Mehrwertsteuer finanziert, so hätte dies andere Auswirkungen auf die Versorgungslage, als wenn die Finanzierung über die Einkommensteuer oder die Begrenzung familienpolitischer Leistungen wie des Ehegattensteuersplittings erfolgen würde.

Derartige Fragestellungen können allerdings nur in Teilen empirisch untersucht werden. Darüber hinaus bedarf es aufwendiger Mikrosimulationen, die zudem ökonometrisch getestet werden müssten. Eine solche Bezifferung und Bewertung einzelner Reformschritte bleibt einer weiteren Untersuchung vorbehalten. Wir beschränken uns im Rahmen des Berichts darauf, die möglichen Reformmaßnahmen zu benennen und zu systematisieren und auf den vorliegenden wissenschaftlichen Diskussions- und Forschungsstand zu beziehen. Dazu müssen die unterschiedlichen

Ebenen der Entstehung von Armutslagen analysiert werden, weil sich nur so die Ansatzpunkte einer Armutsbekämpfungspolitik im Einzelnen entwickeln lassen.

Wir konzentrieren uns, entsprechend unserer empirischen Teile, bei der Diskussion von Reformmaßnahmen auf den Aspekt der Einkommensarmut im Sinne des monetären Ressourcenkonzepts. Die Beschränkung auf die monetär-finanzielle Dimension resultiert im Wesentlichen aus der Einsicht, dass die Verfügung über Einkommen in einer hoch entwickelten Marktökonomie ein zentraler Indikator für die Armuts- und Versorgungslagen ist. Eine Armutsbekämpfung, die sich auf das Konzept der relativen Einkommensarmut bezieht, strebt eine Veränderung der Einkommensverteilung am unteren Ende der Einkommensskala an. Ob die Besetzungsstärke der 50 %-Einkommensschwelle ab- oder zunimmt, hängt nicht nur von Einkommensveränderungen in diesem Segment der Einkommensverteilung ab. Da wir Einkommensarmut am arithmetischen Mittel bemessen, ergeben sich Veränderungen in der Besetzungsstärke des unteren Bereichs immer dann, wenn die niedrigen Einkommen im Zeitablauf schneller oder langsamer als der Mittelwert wachsen. Eine im Sinne der Armutsbekämpfung erwünschte überproportionale Steigerung der niedrigen Einkommen kann also auch dadurch bewirkt werden, dass die Entwicklung des Mittelwertes durch eine Begrenzung des Einkommenszuwachses im oberen Segment der Einkommensspanne gedämpft wird. Armutsbekämpfungspolitik könnte also auch darin bestehen, die Einkommenszuwächse im oberen Segment zu beschneiden. Diese indirekte Reduzierung der relativen Einkommensarmut greifen wir im Folgenden nicht auf; sie sollte allerdings im Kontext der Diskussion über Armut und Reichtum nicht aus den Augen gelassen werden.

In dem Maßnahmenbündel zur Bekämpfung von Armut kommt der Sozialhilfe (Hilfe zum Lebensunterhalt) bzw. einer alternativen Form einer sozialen Grundsicherung eine Schlüsselstellung zu. Unter Umständen kann es dazu kommen, dass eine erfolgreiche Armutsbekämpfung eine Ausweitung der Empfängerzahlen zur Folge hat, wenn es z. B. gelingt, die Quote der Nicht-Inanspruchnahme zu verringern. Dieses Beispiel zeigt, dass eine erfolgreiche Armutsbekämpfung nicht mit einer Verringerung der Sozialhilfeempfängerzahlen gleichzusetzen ist.

Maßnahmen der Armutsbekämpfung beschränken sich allerdings nicht auf die Sozialhilfe oder ein anderes System der Grundsicherung, sondern berühren sämtliche Zweige des sozialen Sicherungssystems, die sowohl die Geldleistungen als auch die Sach- und Dienstleistungen betreffen. Entscheidend für das Verständnis einer präventiven Armutspolitik ist aus unserer Sicht jedoch, dass Armutsbekämpfung zugleich ein wichtiger Bestandteil der Arbeitsmarkt-, Wirtschafts- und Gesellschaftspolitik ist.

5.2 Ansatzpunkte der Armutsbekämpfung

5.2.1 Determinanten der Einkommensarmut

Reformvorschläge für eine Politik der Armutsbekämpfung müssen von der Frage ausgehen, welche Bestimmungsfaktoren dafür verantwortlich sind, dass trotz eines gut ausgebauten sozialstaatlichen Systems Personen mit ihren bedarfsgewichteten Pro-Kopf-Einkommen die 50 %-Einkommensschwelle nicht erreichen. Es geht also um das Ausmaß der Einkommensungleichverteilung vor und nach dem Einsetzen des Staates (pre- und post-government income). Da wir uns auf die relative Einkommensposition beziehen, können bei der Aktivität des Staates nicht nur die Transfers (und die geldwerte kostenfreie Inanspruchnahme von Sach- und Dienstleistungen) berücksichtigt werden, zugleich sind auch die

Effekte der Steuer- und Abgabenbelastung auf die Einkommensverteilung zu betrachten. Auch die Finanzierung des Staates über indirekte Steuern, die in die Preise und die Realeinkommen eingehen, hat – schwierig zu beziffernde – Auswirkungen auf die relative Einkommensverteilung.

Von maßgeblicher Bedeutung für die (bedarfsgewichtete) Pro-Kopf-Einkommensposition und ihre Entwicklung im Zeitverlauf ist vor allem die Größe und Zusammensetzung der Haushalte. Ob ein Haushaltseinkommen vor oder nach staatlicher Umverteilung «niedrig» liegt, entscheidet sich daran, wie viele Personen in einem Haushalt leben und mit dem gemeinsamen Einkommen auskommen müssen. Da es für die Bedarfsgewichtung zudem auf das Lebensalter der Haushaltsmitglieder ankommt, ist bei der Zusammensetzung der Haushalte auch die Zahl der Kinder zu berücksichtigen.

In einer Systematisierung lassen sich folgende Ebenen der Einkommensverteilung unterscheiden, die für die Ansatzpunkte einer Armutsbekämpfungspolitik entscheidend sind (vgl. u. a. Hauser 1995 d; Andreß 1999, S. 229 ff.):

Determinanten des Armutsrisikos und Ansatzpunkte zur Bekämpfung von Einkommensarmut

Zahl und Zusammensetzung der Haushaltsmitglieder als Rahmenbedingung

A	Einkommen vor staatlicher Umverteilung (pre-government income)
1.	Markteinkommen (Bruttoeinkommen)
1.1	Bruttoeinkommen aus abhängiger Arbeit
1.1.1	Erwerbsbeteiligung der Haushaltsmitglieder (Erwerbsquote)
1.1.2	Erwerbsbeteiligung der Haushaltsmitglieder nach Arbeitszeit (Arbeitsstunden oder Nebenerwerbstätigkeit)

1.1.3	Entgeltsätze je Arbeitsstunde
1.2	Bruttoeinkommen aus selbständiger Arbeit und Vermögen
1.2.1	Unternehmerlohn und Gewinne, Zinsen, Dividenden
1.2.2	Erträge aus Grundvermögen: Mieten bzw. geldwerte Vorteile selbst genutzten Wohneigentums
2.	Private Übertragungen an andere Haushalte und von anderen Haushalten
2.1	Gesetzlich (unterhaltsrechtlich) geregelte Übertragungen
2.2	Freiwillige Übertragungen
B	Einkommen nach staatlicher Umverteilung (post-government income)
1.	Belastungen durch direkte Steuern und Sozialversicherungsbeiträge
1.1	Einkommensteuer/Lohnsteuer: Grundfreibetrag, Tarifverlauf, spezifische Freibeträge
1.2	Sozialversicherungsbeiträge (Beitragssätze, Beitragsbemessungsgrenzen)
2.	Einkommensaufstockung durch Transfers
2.1	Sozialversicherungsrechtliche Lohnersatzleistungen (insbesondere Arbeitslosengeld und -hilfe, Unterhaltsgeld, Krankengeld und Renten)
2.2	Transfers bei besonderen Bedarfslagen (Kindergeld, Wohngeld, Erziehungsgeld, Unterhaltsvorschuss, BAföG)
2.3	Bedarfs- und bedürftigkeitsabhängige Transfers: Hilfe zum Lebensunterhalt

Diese grob systematisierte Übersicht hat den Vorteil, die ganze Breite der möglichen Determinanten, die auf die Einkommensverteilung und damit auch auf die Größe und Entwicklung der Einkommensarmut einwirken, abzubilden. Die analytische Trennung der einzelnen Ebenen der Einkommensverteilung darf jedoch nicht verdecken, dass diese Ebenen der Einkommensverteilung in der ökonomischen und sozialen Wirklichkeit nicht unabhängig voneinander existieren. Dafür einige Beispiele:

- Das Markteinkommen steht in einem engen Zusammenhang mit der Haushaltsgröße. Bei zwei oder mehreren erwachsenen Personen im Haushalt (im erwerbsfähigen Alter) ist es wahrscheinlich, dass mehrere Haushaltsmitglieder erwerbstätig sind oder sein wollen. Sind allerdings Kinder zu versorgen, sinkt wiederum die Erwerbsbeteiligung, dies umso stärker, je jünger die Kinder sind und je größer die Zahl der Kinder ist.
- Bei der Abgrenzung der Primärverteilung (pre-government income) von der Sekundärverteilung (post-government income) muss berücksichtigt werden, dass es eine isolierte Betrachtung der Primärverteilung letztlich nicht geben kann, weil zwischen der Verteilung der Markteinkommen, insbesondere der Einkommen aus abhängiger Arbeit, und der sozialstaatlichen Sekundärverteilung ein Wechselverhältnis besteht. Die umverteilten Einkommensströme, die die Koppelung von Erwerbsarbeit und Einkommenslage mindern, wirken in einem bestimmten, freilich quantitativ kaum ermittelbaren Ausmaß auf die primäre Einkommensentstehung, -verwendung und -verteilung im Produktionsprozess zurück. So dämpft die Arbeitslosenunterstützung den bei Massenarbeitslosigkeit entstehenden Druck auf die Arbeitslöhne, da die Arbeitslosen nicht unter dem Zwang stehen, Arbeitsplätze mit niedrigsten Löhnen annehmen zu müssen. Ein vergleichbarer Zusammenhang besteht zwischen der Höhe der Sozialhilfe, mit der faktisch das Existenzminimum der Gesellschaft definiert wird, und den Arbeitseinkommen in den unteren Lohngruppen.
- Höhe und Kontinuität von Unterhaltsleistungen sind eng an Höhe und Kontinuität der Erwerbseinkommen gebunden. Zu

privaten Übertragungen muss nicht nur die subjektive Bereitschaft bestehen (die durch den Gesetzgeber und die Rechtsprechung erzwungen wird bzw. erzwungen werden kann), sondern auch die objektive Fähigkeit. Bei einem niedrigen Verdienst des Mannes lässt sich das Modell der Versorgerehe schwerlich praktizieren, und auch im Trennungs- und Scheidungsfall sind keine hohen Unterhaltsleistungen zu erwarten.

- Für die Leistungen der Sozialversicherung ist bekanntermaßen das Äquivalenzprinzip charakteristisch: Danach hängt die (relative) Höhe der Lohnersatzleistungen aus der Renten-, Arbeitslosen-, Kranken- und Unfallversicherung unmittelbar von der Höhe des individuellen versicherungs- und beitragspflichtigen Arbeitseinkommens bzw. der zuvor eingezahlten Beiträge ab. Ein hohes Arbeitseinkommen führt zu relativ hohen, ein niedriges Arbeitseinkommen zu relativ niedrigen Versicherungsleistungen. Damit wird die relative Position in der Erwerbseinkommenshierarchie auch auf Zeiten übertragen, in denen der Bezug des Arbeitseinkommens unterbrochen bzw. beendet ist. Insofern verfolgt die Sozialversicherung mit ihren Geldleistungen vorrangig das Ziel, die persönliche (an den Entgelten aus abhängiger Arbeit gemessene) Einkommensentwicklung zu stabilisieren. Es dominiert die risikobezogene und intertemporale Einkommensumverteilung, die interpersonelle Einkommensumverteilung – zur Vermeidung von Armut – spielt demgegenüber eine nachrangige Rolle.
- Schließlich ist bei den direkten Steuern zu berücksichtigen, dass diese nicht nur die Markteinkommen vermindern und zu einer anderen Struktur der Netto-Einkommensverteilung führen. Direkte Steuern können auch zu geringeren Nettoleistungen der Sozialversicherung führen. Dies ist in Deutschland zwar nur in der Rentenversicherung der Fall (und hier wegen der Orientierung am Ertragsanteil lediglich sehr schwach), aber Änderungen sind absehbar. Bedeutsamer ist in Deutsch-

land die Erhebung von Sozialversicherungsbeiträgen auf einzelne Lohnersatzleistungen. Hier ist darauf zu achten, dass nur die Nettozahlungen zu einem tatsächlichen Zufluss an Einkommen führen.

5.2.2 Reintegration von Arbeitslosen in den Arbeitsmarkt

Die skizzierten Ebenen des Einkommensverteilungs- bzw. -umverteilungsprozesses setzen den Analyserahmen für die Diskussion unterschiedlicher Instrumente und Maßnahmen der Armutsbekämpfung. Am Anfang steht aus unserer Sicht nicht die Frage nach einer besseren, d. h. zielgenauen und angemessenen Ausgestaltung von Transfers, sondern die Frage nach der Erhöhung und – im zeitlichen Verlauf gesehen – Stabilisierung der Markteinkommen vor der staatlichen Umverteilung. Diese Reihenfolge wurde nicht nur aus systematisch-analytischen Gründen gewählt. Dahinter steht auch die Überzeugung, dass Armutsbekämpfung ursachenorientiert ansetzen muss und die Zahlung von Transfers im Falle fehlender oder unzureichender Markteinkommen oder versicherungsrechtlicher Lohnersatzleistungen lediglich die zweitbeste Lösung darstellt.

Dies gilt vor allem für die arbeitsmarktbedingten Armutsrisiken: Der beste Weg zur Überwindung von Einkommensarmut bei Arbeitslosigkeit oder Nicht-Erwerbstätigkeit aus anderen Gründen ist die (Re-)Integration in den Arbeitsmarkt und die Erzielung von Erwerbseinkommen. Die Beteiligung am Erwerbsleben sichert nicht nur ein eigenständiges Einkommen (und schafft die Voraussetzungen für den Aufbau sozialversicherungsrechtlicher Ansprüche), sondern ist auch Ziel an sich, da Arbeitslosigkeit und Ausgrenzung vom Erwerbsleben, insbesondere in der Form von Langzeitarbeitslosigkeit, zu sozialer Ausgrenzung und gesellschaftlicher Desintegration führen können. Darüber hinaus entlastet die Erwerbsintegration den Staat von der Zahlung von Transfers wie Arbeitslosengeld, Arbeitslosenhilfe und Sozialhilfe und verbessert den fiskalischen Spielraum zur Verbesserung jener Transfers und Leistungen an Personen, die in Armutslagen leben und nicht bzw. nicht mehr oder noch nicht arbeitsfähig sind oder denen der (Wieder-)Einstieg in den Arbeitsmarkt nicht gelingt. Der Hinweis auf jene Personen, denen Erwerbstätigkeit nicht möglich ist oder zugemutet werden kann, macht deutlich, dass das Prinzip «Armutsbekämpfung durch Arbeitsmarktintegration», das mittlerweile zum Kernbestand aller Konzepte eines aktivierenden, mobilisierenden Sozialstaates zählt, nicht absolut gesetzt werden darf. Kindern, Älteren und Kranken ist so nicht zu helfen.

Bei den Versuchen, insbesondere die langzeitarbeitslosen Empfänger von Arbeitslosenhilfe und Sozialhilfe in den Arbeitsmarkt zu integrieren, muss zudem nach den Bedingungen der Erwerbsarbeit gefragt werden. In einer sozialen Marktwirtschaft geht es nicht um «Arbeit um jeden Preis», sondern um Arbeitsverhältnisse, die sozialstaatlichen Mindestanforderungen entsprechen, dies vor allem hinsichtlich der Arbeitsbedingungen und -belastungen, der Arbeitszeiten und der Höhe sowie Stetigkeit und Sicherheit der Arbeitsentgelte. Eine Armutsbekämpfungspolitik durch Erwerbsintegration, die keine Rücksichten auf Mindestanforderungen nimmt, liefe Gefahr, Armutslagen lediglich «auszutauschen». Aus der «Armut bei Arbeitslosigkeit» würde eine «Armut trotz Erwerbstätigkeit» (working poor).

Schließlich bleibt zu berücksichtigen, dass Armutslagen, die durch spezielle Bedarfe bzw. Haushaltskonstellationen begründet werden, im Rahmen der Primärverteilung nicht oder nur mit kontraproduktiven arbeitsmarktpolitischen Folgen gelöst werden können. So ist offensichtlich, dass die besonderen Bedarfe, die durch den Unterhalt von Kindern entstehen, nicht bei der Bemessung der Markteinkommen berücksichtigt werden können, sondern in einer Markt- und Wettbewerbswirtschaft nur über staatliche Transfers auszugleichen sind.

In den zurückliegenden Jahren haben vor allem die Krise auf dem Arbeitsmarkt und die Umbrüche in der Arbeitslandschaft zur Aktualisierung von Armutsrisiken geführt. Zu den strukturellen Ursachen für Einkommensarmut zählen dabei in erster Linie die anhaltende Massenarbeitslosigkeit und die damit verbundene Strukturalisierung des Risikos, arbeitslos zu werden und für längere Zeit zu bleiben. Es haben sich Personen- bzw. Problemgruppen auf dem Arbeitsmarkt herausgebildet, die beim Einstieg in die Arbeitslosigkeit und beim misslingenden Ausstieg aus der Arbeitslosigkeit doppelt benachteiligt werden und besonders hohen Armutsrisiken unterliegen. Darüber hinaus lässt sich ein forcierter Wandel der Arbeitsverhältnisse festhalten, der unter dem Stichwort von der «Erosion des Normalarbeitsverhältnisses» vielfach analysiert worden ist und der zu einer Verschärfung der arbeitsmarktbedingten, sich in niedrigen und unstetigen Erwerbseinkommen niederschlagenden Armutsrisiken führt. Dieser Strukturwandel der Arbeitsverhältnisse ist einerseits Folge der hohen Arbeitslosigkeit, die auf den Einzelnen erheblichen Druck ausüben kann (Stichwort: «strukturelle Reservearmee»), andererseits aber auch Ausdruck eines nachhaltigen Umbruchs der Ökonomie im Übergang von der Industriegesellschaft zur global vernetzten Dienstleistungs- und Informationsgesellschaft.

Die entscheidende Frage bleibt, mit welchen Maßnahmen und Instrumenten eine Erhöhung des gesamtwirtschaftlichen Beschäftigungsniveaus und ein Abbau der Arbeitslosigkeit, insbesondere der Langzeitarbeitslosigkeit, erreicht werden kann. An dieser Stelle können keine wirtschafts- und beschäftigungspolitischen Analysen erfolgen, auch für eine Diskussion der Möglichkeiten und Grenzen einer problem- und bedarfsbezogenen Arbeitsmarkt-, Qualifizierungs- und Förderungspolitik ist hier nicht der

Ort. Zu betonen ist in Zusammenfassung des Forschungsstandes allerdings (vgl. im Überblick: Bäcker/Bispinck/Hofemann/Naegele 2000a, S. 394ff.), dass

- spezifische Maßnahmen zur Arbeitsmarktintegration der armutsnahen Problemgruppen nur dann nachhaltigen Erfolg haben, wenn sie in eine gesamtwirtschaftliche Innovations-, Wachstums- und Arbeitszeitstrategie eingebunden sind, die zu einer Belebung der Arbeitsmarktes insgesamt führt, neue Arbeitsplätze schafft und im Zuge von Kettenprozessen und Sickerwirkungen auch die Beschäftigungschancen von Schwervermittelbaren und Langzeitarbeitslosen verbessert.
- für viele Betroffene das Angebot an freien Arbeitsplätzen allein nicht ausreicht, um ein stabiles Erwerbsverhältnis zu begründen. Qualifizierungs-, Förder- und Vermittlungsmaßnahmen müssen ergänzend hinzutreten. Dabei geht es u. a. um spezifische Angebote für die sehr heterogenen Teilgruppen der Geringqualifizierten (lernschwache Jugendliche, Migranten, angelernte, d. h. betriebsspezifisch qualifizierte Arbeitslose, Personen mit psychischen und sozialen Problemen etc.). Je nach den besonderen Bedingungen müssen die Qualifizierungsmaßnahmen auch mit sozialpädagogischen Eingliederungsmaßnahmen (Beratung, psycho-soziale Betreuung) verbunden werden.
- die Zielsetzung im Mittelpunkt stehen sollte, Arbeitslose in den ersten Arbeitsmarkt zu vermitteln, dass aber ergänzend zielgruppenbezogene Arbeitsplätze auf dem sogenannten zweiten Arbeitsmarkt bereitgestellt werden müssen, um «Brücken» zu bauen, Qualifizierungs- und Fördermaßnahmen zu entwickeln und nicht marktfähige Bedürfnisse der Gesellschaft arbeitsmarktwirksam werden zu lassen.

5.2.3 Erhöhung der Erwerbsbeteiligung im Familienkontext: Förderung der Frauenerwerbstätigkeit

Unsere Analysen haben gezeigt, dass das Risiko von Haushalten mit Kindern, in eine Armutslage zu geraten, in hohem Maße durch den Grad und die Art der Erwerbsbeteiligung der Eltern bestimmt wird. Das Armutsrisiko kumuliert, wenn nur ein Elternteil, in aller Regel der Mann, erwerbstätig ist und sich die Frau zwischenzeitlich oder dauerhaft vom Arbeitsmarkt zurückzieht und sich allein auf die Familien- und Erziehungsarbeit konzentriert. Dies ist umso wahrscheinlicher und üblicher, je jünger die Kinder sind und je mehr Kinder zu versorgen sind. Sind beide Eltern erwerbstätig, vermindert sich das Armutsrisiko; es nimmt sehr niedrige Werte an, wenn Mann und Frau in sogenannten Normalarbeitsverhältnissen beschäftigt sind, reduziert sich aber auch dann, wenn ein Partner im Normalarbeitsverhältnis steht und der andere Teilzeit arbeitet oder geringfügig beschäftigt ist. Auch bei Alleinerziehenden variiert das Armutsrisiko deutlich mit dem Tatbestand und der Art der Erwerbstätigkeit der Mutter. Haushalte von nicht erwerbstätigen Alleinerziehenden weisen ein außerordentlich hohes Armutsrisiko auf.

Vor diesem Hintergrund liegt die Empfehlung nahe, das Markteinkommen von Haushalten mit Kindern durch die Erhöhung der Erwerbsbeteiligung von Frauen aufzustocken. Damit würden nicht nur die aktuellen Armutsrisiken von Familien reduziert. Die Erhöhung und Verstetigung der Frauenerwerbsbeteiligung mindert auch die latenten Armutsrisiken, die mit dem traditionellen Modell der Versorgerehe verbunden sind und die Frauen bei kritischen Lebensereignissen (Trennung, Scheidung, Tod des Mannes) sowie im Alter bedrohen.

Ein Arbeitsmarktintegrationskonzept für Mütter, das auch den Wünschen und Vorstellungen der meisten Frauen entspricht, ist an Voraussetzungen gebunden, die unter dem Stichwort der simultanen Vereinbarkeit von Beruf und Familie seit langem diskutiert werden und insbesondere für allein erziehende Mütter Bedeutung haben. Die – hier nicht näher ausführbaren – Inhalte der Diskussion lassen sich mit den Stichworten «familienorientierte Gestaltung von Arbeitswelt und Arbeitszeiten», «Ausweitung des Angebots an qualifizierten Teilzeitarbeitsplätzen», «flexible Verknüpfung von Teilzeit- und Vollzeitarbeit», «Ausbau eines quantitativ ausreichenden und qualitativ angemessenen Angebots familienergänzender Einrichtungen und Dienste für Kinder aller Altersstufen» umreißen (vgl. u. a. Bäcker/Stolz-Willig 1994). Betrachtet man die deutsche Situation im internationalen Vergleich, so lässt sich festhalten, dass nicht nur die öffentliche Infrastruktur für Kinder unterentwickelt ist, sondern dass auch das Steuersystem und das System der sozialen Sicherung eindeutig Anreize für eine längere Erwerbsunterbrechung von Frauen und das Modell der Versorgerehe geben.

5.2.4 Regulierung prekärer Beschäftigungsverhältnisse und Begrenzung von Niedrigentgelten

Im Zuge der Aufweichung des traditionellen Normalarbeitsverhältnisses hat sich eine breite Palette atypischer Beschäftigungsformen entwickelt. Zu einem Armutsrisiko werden diese Beschäftigungsformen dann, wenn der soziale Schutz ausgehöhlt wird und keine auskömmliche, stabile Existenzsicherung mehr gewährleistet ist. Diese Gefahr besteht vor allem bei den geringfügigen Teilzeitbeschäftigungsverhältnissen und den neuen Formen der Selbständigkeit. Leiharbeit und befristete Beschäftigung weisen vor allem hinsichtlich Dauer und Kontinuität des Beschäftigungsverhältnisses Sicherungsdefizite auf.

Da es nicht um den Versuch gehen kann, atypische Beschäftigung pauschal zurückzudrängen oder gar zu «verbieten» – sowohl der Strukturwandel der Wirtschaft und die wachsenden betrieblichen Bedarfe nach flexiblem Personaleinsatz als auch die differenzierter werdenden Wünsche und Interessen der Beschäftigten stehen dagegen –, kommt es darauf an, die Abweichungen vom Normalarbeitsstandard so zu gestalten, dass diese Beschäftigungsverhältnisse nicht vom arbeits-, tarif- und sozialrechtlichen Schutz ausgeschlossen und die «normal» und «atypisch» Beschäftigten möglichst gleichgestellt werden. Arbeitsrechtliche und soziale Schutzstandards dürfen nicht mehr an das Kriterium «kontinuierliche Vollzeitarbeit» gebunden werden, und auch selbständige Tätigkeiten müssen ins Visier genommen werden. Insgesamt gilt es zu vermeiden, dass der fehlende Schutz den Betrieben als finanzieller Anreiz zur Substitution normaler durch billigere, weil prekäre Arbeit dient (vgl. Wagner 2000).

Wir konnten feststellen, dass individuelle Niedrigentgelte als Folgewirkung niedriger Lohnsätze immer dann zu einem besonderen Armutsrisiko werden, wenn sich eine niedrige Position in der Primärverteilung mit bestimmten Haushalts- und Lebenslagen verschränkt. Die Zusammenhänge lassen sich so interpretieren, dass eine niedrige individuelle Verdienstposition stets ein «potenzielles» oder «latentes» Armutsrisiko beinhaltet, weil für den einzelnen Beschäftigten nicht sicher und absehbar ist, ob auf der Haushaltsebene ein Risikoausgleich oder eine Problemverschärfung eintritt. Je nach Zahl und Alter der Haushaltsmitglieder können die Bedarfslagen zu- oder abnehmen, und je nachdem, ob weitere Einkommen dem Haushalt zufließen oder entfallen, kann das zur Verfügung stehende Gesamteinkommen variieren. Hinzu kommt, dass die Risikokompensation im Haushaltszusammenhang keineswegs dauerhaft garantiert ist. Je mehr die individuellen Arbeitsmarktrisiken zunehmen und je stärker sich der Trend zur Individualisierung und Pluralisierung der Lebensformen fortsetzt, umso weniger kann die Risikoabsicherung im Haushaltskontext als selbstverständlich vorausgesetzt werden.

Wird die Existenz von Niedrigentgelten als sozialpolitisches Problem angesehen und eine Verbesserung der Situation für notwendig erachtet, sind nach den Prinzipien und Strukturen des deutschen Lohnbildungssystems vorrangig die Tarifvertragsparteien angesprochen und hier in erster Linie die Gewerkschaften in ihrer Funktion als fordernde Seite. Die Aufgabe, die Situation zu verändern, erweist sich allerdings als ein schwieriges Unterfangen: Niedriglöhne werden vor allem in Niedriglohnbranchen gezahlt. Tarifpolitik kann zwar als Lohnstrukturpolitik auf den Abbau niedriger tariflicher Entgelte zielen, ihre Reichweite bleibt aber begrenzt. Lohnstrukturpolitik setzt an den Vergütungsstrukturen des jeweiligen Tarifbereichs an und ist allein wegen des Konstruktionsprinzips des (regionalisierten) Branchentarifvertrags kaum imstande, intersektorale Lohndifferentiale aufzugreifen. Die Anhebung des Einkommensniveaus ganzer (Niedriglohn-)Branchen bleibt also auf überdurchschnittliche Abschlüsse in den jährlichen Lohnrunden angewiesen. Diese sind angesichts des ökonomischen Gefälles zwischen den Wirtschaftszweigen und den damit verbundenen unterschiedlichen Durchsetzungspotenzialen der Gewerkschaften eher unwahrscheinlich.

Ein weiteres Kernproblem einer verteilungsstrukturpolitisch orientierten Tarifpolitik besteht unter den gegenwärtigen Bedingungen darin, dass der Einfluss von Tarifverträgen auf die Festlegung insbesondere niedriger Einkommen nachlässt. Zwar lässt sich noch nicht von einer durchgängigen Erosion des Tarifvertragssystems sprechen, aber die Zeichen mehren sich, dass sich die Zone unter- und außertariflicher Entlohnung rapide verbreitert und die Lohnfindung auf die betriebliche oder einzelvertragliche Basis verlagert wird. Die Diskussion über (gesetzliche oder tarifliche) Öffnungs- und Härtefallklauseln, über die Neuinterpretation des Günstigkeitsprinzips und die Reform des Flächentarifvertrags in Richtung einer Begrenzung auf Mindestbedingungen und der Möglichkeit einer stärkeren betrieblichen, regionalen und branchenbezogenen Differenzierung lässt sich als Ausdruck für diesen politischen und ökonomischen Umbruch interpretieren. Unübersehbar sind Tendenzen einer Verbands- und Tarifflucht aufseiten der Arbeitgeber, Strategien des Outsourcing einzelner Produktions- und Dienstleistungsbereiche auf Betriebe mit Niedriglohntarifen oder in tarifungebundene Bereiche. Angesichts der schwindenden Fähigkeit der Gewerkschaften, den Trend zur Ausweitung von Niedriglöhnen zu stoppen und umzukehren, werden Forderungen laut, die Regelungskompetenz hinsichtlich der Festlegung von Mindestlöhnen auf den Gesetzgeber zu übertragen. Allerdings bleibt offen, ob eine gesetzliche Regelung tatsächlich für ausreichende Bedingungen sorgt. Die Erfahrungen aus anderen Ländern belegen vielmehr, dass dort der gesetzliche Mindestlohn keinesfalls automatisch dem sozial-kulturellen Existenzminimum entspricht. Seine Festsetzung und das Verfahren seiner Anpassung werden von einer Vielzahl politischer Einflussfaktoren bestimmt, bei denen die sozialpolitische Komponente eher nachrangige Bedeutung hat.

5.2.5 Armutsbekämpfung durch Steuer- und Beitragsentlastungen

Die Markteinkommen werden durch die Abzüge von direkten Steuern und Beiträgen im Niveau verringert und in der Struktur verändert. Da sich durch die Prinzipien des (progressiv wirkenden) Steuersystems und des Beitragssystems die Relationen zwischen Brutto- und Nettoeinkommen in den jeweiligen Einkommensklassen unterschiedlich gestalten, kommt dem Steuer- und Beitragssystem eine wichtige Bedeutung für die Strategie der Armutsbekämpfung zu. Als Handlungsparameter bietet sich vor allem die Lohnsteuer an, ist diese doch gehalten, dem Prinzip der Steuerfreiheit des Existenzminimums durch eine entsprechende Gestaltung des Grundfreibetrags Rechnung zu tragen, sodass die Spanne zwischen Brutto- und Nettoentgelten im unteren Einkommensbereich allein durch die Beitragsabzüge bestimmt wird. In den zurückliegenden Jahren ist der Grundfreibetrag schrittweise erhöht worden. Armutspolitisch erscheint eine weitere Anhebung des Grundfreibetrags sinnvoll. Da Grundfreibetrag und Sozialhilfebedarfssätze in einem engen Zusammenhang stehen, erleichtern höhere Grundfreibeträge die fiskalischen Möglichkeiten zu einer Anhebung der Regelsätze.

Im Unterschied zur Besteuerung, die die Belastung nach dem Grundsatz der Leistungsfähigkeit ausrichtet, verläuft die Belastung durch die Sozialversicherungsbeiträge, die mit einem festen Beitragssatz arbeiten, streng einkommensproportional (bis zur Beitragsbemessungsgrenze). Eine gezielte Reduzierung der Arbeitnehmerbeitragssätze im unteren Einkommensbereich würde zu einer merklichen Erhöhung der Nettoeinkommen führen. Ein solcher Schritt darf aber nicht zu einem entsprechenden Wegfall der sozialversicherungsrechtlichen Anwartschaften führen, das käme der Regelung für geringfügige Beschäftigungen gleich. Es bedarf also einer Übernahme der Beitragszahlung durch den Staat und einer Klärung der Frage nach der Gegenfinanzierung. Ob es dadurch zugleich zu einem höheren Beschäftigungsniveau von Geringqualifizierten kommt, bleibt zweifelhaft (vgl. Bäcker 1999b).

Während die gezielte Entlastung niedriger Arbeitseinkommen durch eine Reduzierung von Arbeitnehmerbeiträgen im unteren Einkommensgefüge sich noch im Diskussionsstadium befindet,[71]

71 Die vom Bündnis für Arbeit vorgeschlagenen und nunmehr in Modellversuchen laufenden Projekte der Beitragssatzsubventionierung zur Förderung der Beschäftigung von Geringqualifizierten und Langzeitarbeitlosen stellen neben der Arbeitnehmerentlastung zentral auf die Entlastung der Arbeitgeber durch die Übernahme der Arbeitgeberbeiträge ab. Erwartet wer-

sind die Beitragssätze insgesamt durch eine stärkere Steuerfinanzierung der Ausgaben der Sozialversicherung von der neuen Bundesregierung gesenkt worden. Im Mittelpunkt der Maßnahmen zur Umfinanzierung stehen beschäftigungspolitische und ökologische Ziele. Die Auswirkungen der Umfinanzierung auf die Struktur der Einkommensverteilung werden kontrovers diskutiert; aus armutspolitischer Perspektive ist die Frage zu beantworten, ob die in die Preise eingehenden Belastungen durch die Öko-Steuer im unteren Einkommensbereich die Entlastungen durch die Beitragssatzsenkungen übersteigen.

5.2.6 Armutsbekämpfung und die Ausgestaltung der Sozialversicherung

Die Sozialversicherung bindet die soziale Absicherung bei den sogenannten Standardrisiken in Leistungsanspruch und -höhe an das Äquivalenzprinzip. Niedrige Arbeitsentgelte, insbesondere wenn sie die Einkommensposition für längere Zeit prägen, schlagen sich weitgehend bruchlos in niedrigen Renten bzw. einem niedrigen Arbeitslosengeld nieder. Auf einem abgesenkten Niveau spiegelt sich die relative Position im Erwerbssystem in der Hierarchie der Lohnersatzleistungen wider; die Regelungen des sozialen Ausgleichs verändern daran nur wenig. Ein ausreichender Leistungsanspruch ist unter diesen Bedingungen nur gewährleistet, wenn die Leitvorstellungen des Normalarbeitsverhältnisses erfüllt sind und Niedrigverdienste vermieden werden. Da die Realität des

den zusätzliche Arbeitsplätze aufgrund der reduzierten Arbeitskosten im unteren Lohnbereich (vgl. Fels u. a. 1999). Das im Rahmen der Modellversuche erprobte sogenannte Mainzer Modell beschränkt sich allerdings auf einen mit wachsenden Entgelt sinkenden Zuschuss zu den Arbeitnehmerbeiträgen zur Sozialversicherung. Zusätzlich sieht dieses Modell einen Zuschlag beim Kindergeld für Geringverdiener vor, die ein sozialversicherungspflichtiges Beschäftigungsverhältnis aufnehmen. Damit soll eine kinderbedingte Sozialhilfebedürftigkeit vermieden werden (vgl. Gerster/Deubel 1999).

Arbeitsmarktes mit dieser Norm weniger denn je übereinstimmt, wird das soziale Sicherungsnetz löchrig. Das betrifft vor allem die Absicherung bei Arbeitslosigkeit, die sich immer stärker auf die nachgelagerte Sozialhilfe verschoben hat. Verstärkt wird dieser Ausdünnungsprozess der Sozialversicherung durch eine restriktive Konsolidierungs- und Umbaupolitik in den einzelnen Zweigen des Sozialversicherungssystems. Zum einen ist das Leistungs- und Sicherungsniveau insgesamt herabgesetzt worden, zum anderen sind insbesondere Regelungen des sozialen Ausgleichs, die das reine Versicherungsprinzip ergänzen, zurückgenommen worden.

Die Höhe der Leistungssätze (u. a. bei Arbeitslosengeld und -hilfe sowie beim Krankengeld) bzw. des Leistungsniveaus (Rentenniveau in der Rentenversicherung) betrifft alle Leistungsempfänger gleichermaßen, wirkt sich aber auf die Versorgungslage von Niedrigeinkommensempfängern am stärksten aus. Die mehrfache Reduzierung der Sätze von Arbeitslosengeld, Arbeitslosenhilfe und Krankengeld, die Herabsetzung des Bemessungsentgeltes bei der Arbeitslosenhilfe sowie der absehbare Trend einer schrittweisen Absenkung des Rentenniveaus vergrößern daher die Zone potenzieller Armut bei Nicht-Erwerbstätigkeit.

Aus armutspolitischer Sicht ist dieser Prozess als bedenklich einzustufen. Gerade Haushalte mit niedrigem Einkommen werden nicht in der Lage sein, die Sicherungslücken durch private Vorsorge abzudecken. Um Armutsrisiken zu begrenzen, müssten bei einer Minderung des Leistungsniveaus die Wirkungen des sozialen Ausgleichs ausgeweitet und Mindestsicherungselemente in das System der Sozialversicherung eingefügt werden. In diese Richtung verweisen die Überlegungen einer bedarfsorientierten Mindestsicherung in der Rentenversicherung. Angesichts der Dimension der Ausgrenzung in die nachgelagerte Sozialhilfe wäre aber vorrangig eine Mindestsicherungsregelung in der Arbeitslosenversicherung und eine Neuabstimmung zwischen Arbeitslosengeld und Arbeitslosenhilfe geboten.

5.2.7 Verbesserte Ausgestaltung der Transfers bei besonderen Bedarfslagen

Unmittelbar auf die Anhebung niedriger Haushaltseinkommen zielen jene Transfers, die an besonderen, durch die Markteinkommen nicht berücksichtigten Bedarfslagen ansetzen und im Regelfall einkommensabhängig sind. Offensichtlich ist, dass die Entlastungswirkung dieser steuerfinanzierten Leistungen außerhalb der Sozialversicherung wie Wohngeld, Erziehungsgeld und Ausbildungsförderung in den zurückliegenden Jahren kontinuierlich zurückgegangen ist, da diese Leistungen nicht an die Einkommens- und Preisentwicklung angepasst wurden und im Realwert deutlich abgefallen sind. So hat die unzureichende Entwicklung des Wohngelds – die letzte Anpassung datiert aus dem Jahr 1990 – dazu geführt, dass immer mehr Haushalte wegen der nicht finanzierbaren Mietkosten auf ergänzende Hilfe zum Lebensunterhalt zurückgreifen müssen. Erforderlich wäre eine regelmäßige Anpassung des Wohngelds und der Einkommensgrenzen an die Einkommens- und Mietpreisentwicklung. Durch bessere Information und Vereinfachung des Antragsverfahrens könnte darüber hinaus eine zielentsprechende Erhöhung des Versorgungsgrads erreicht werden, da der Ausschöpfungsgrad beim Wohngeld als niedrig eingeschätzt werden muss.

Wie unsere Ergebnisse gezeigt haben, stellt die Versorgung von Kindern ein besonderes Armutsrisiko dar. Zwar ist der Familienleistungsausgleich in den zurückliegenden Jahren durch die mehrfache Anhebung der Kindergeldsätze und durch die Erhöhung der Freibeträge beachtlich verbessert worden. Gleichwohl bleibt das Problem, dass das Kindergeld das Existenzminimum für Kinder nicht abdeckt, sodass im Niedrigeinkommensbereich vermehrt Sozialhilfe beantragt werden muss. Das Problem der Überschneidungen zwischen Sozialhilfe und Niedrigeinkommen ließe sich bei größeren Bedarfsgemeinschaften auf ein Minimum reduzieren, wenn das Kindergeld im unteren Einkommensbereich so ausgestaltet würde, dass es den sozio-kulturellen Mindestbedarf deckt und in etwa dem sozialhilferechtlichen Leistungsniveau entspricht. Eine solche Regelung vermeidet, dass sich Familien nur wegen des Unterhalts der Kinder an die Sozialhilfe wenden müssen. Sicherlich ist eine solche Ausgestaltung des Kindergeldes, die eine mit steigendem Einkommen gleitende Reduzierung vorsehen müsste und insofern nicht nur in der «Sozialhilfezone» zu einer Leistungsverbesserung führen würde (und zudem im Unterschied zur Sozialhilfe zwar eine Einkommensanrechung, aber keine strenge Bedürftigkeitsprüfung vorsieht), kostenintensiv. Hinzu kommt, dass die verfassungsrechtlich gebotene Neuregelung des Familienleistungsausgleich den Finanzierungsspielraum zusätzlich eingeengt hat. Umso mehr ist zu überlegen, die Mittel aus den rein eheorientierten Vergünstigungen, hierzu zählt insbesondere das steuerliche Ehegattensplitting, auf kinderorientierte Leistungen umzuschichten.

5.3 Armutsbekämpfung und Sozialhilfe

5.3.1 Sozialhilfe unter Druck

Im System der Sozialen Sicherung kommt der Sozialhilfe eine Schlüsselstellung bei der Aufgabe der Armutsbekämpfung zu. Sie hat die Aufgabe eines «letzten sozialen Netzes», ist also eine Art Ausfallbürge für die Notlagen, die weder durch eigene Kraft noch durch die Hilfe der Familie oder vorgelagerte Sozialleistungen abgedeckt werden, und übernimmt damit in Deutschland die Funktion einer allgemeinen sozialen Grundsicherung. Leitmaxime der Sozialhilfe ist es, den Menschen die Führung eines Lebens zu ermöglichen, das «der Würde des Menschen entspricht» (§ 1 Abs.

2 BSHG). Abgezielt wird damit auf die Sicherung des sozial-kulturellen Existenzminimums. Ob die Sozialhilfe im Allgemeinen und die Hilfe zum Lebensunterhalt im Besonderen diese Aufgabe zufrieden stellend lösen, ist eine kontrovers diskutierte Frage. Aber ohne die Leistungen der Sozialhilfe sähen die Einkommens- und Lebensverhältnisse am unteren Ende der Einkommensskala ohne Zweifel schlechter aus.

Die Bedeutung der Sozialhilfe im sozialstaatlichen Leistungssystem hat seit Mitte der 80er-Jahre kontinuierlich zugenommen. Der die deutsche Sozialstaatsentwicklung prägende Trend, das Leistungssystem der Sozialversicherung sowie die Transfer-Bedarfslagen auszuweiten und damit die fürsorgerechtlichen Leistungen zurückzudrängen, hat sich umgekehrt. Dies kommt vor allem in den steigenden Empfängerzahlen und -quoten der Hilfe zum Lebensunterhalt zum Ausdruck (vgl. Kapitel 2.8). Die Sozialhilfe kann sich schon längst nicht mehr – wie es noch mit der Verabschiedung des BSHG im Jahr 1962 intendiert war – auf die individuellen, atypischen Not- und Bedarfslagen konzentrieren. Sie hat sich zu einer Sicherung gegenüber den typischen Wechselfällen des Lebens entwickelt. Die Ursachen für diesen Strukturbruch sind sicherlich vielfältig. Gleichwohl lassen sich vier maßgebliche Bestimmungsfaktoren identifizieren (vgl. Bäcker/Hanesch 1998 a):

(1) Die anhaltende Strukturkrise des Arbeitsmarkts hat zu einer Herausbildung von «Problemgruppen» des Arbeitsmarkts geführt, die im besonderen Maße von Beschäftigungs- und Einkommensrisiken betroffen sind. Für diese Gruppen bestehen nur geringe Chancen, einen Zugang zu regulärer Erwerbsarbeit zu finden; sie laufen vielmehr Gefahr, dauerhaft vom Arbeitsmarkt ausgegrenzt zu werden. Zugleich haben sich im Zuge des wirtschaftlichen sowie sozial-strukturellen Wandels und unter dem Druck der hohen Arbeitslosigkeit die Arbeitsverhältnisse verändert. Die Bedeutung der Normalarbeitsverhältnisse sinkt, neue

und häufig prekäre Beschäftigungsformen gewinnen an Gewicht, bei denen Erwerbsarbeit vielfach nicht mit einer verlässlichen und ausreichenden sozialen Sicherung verbunden ist.
(2) In Folge des sozial-strukturellen Wandels haben sich neue und vielfältige Lebens- und Familienformen ausgeprägt. Das traditionell am Eheverhältnis festgemachte Schutz- und Sicherungssystem von Familien greift für eine wachsende Zahl von Alleinerziehenden und Alleinlebenden nicht mehr.
(3) Die Umbrüche auf dem Arbeitsmarkt und in der Gesellschaft treffen auf Strukturprinzipien des Systems der Sozialen Sicherung, und hier insbesondere der Sozialversicherung, die als lohnarbeits- und ehezentriert gekennzeichnet werden können. Die Leistungsfähigkeit der Sozialversicherung, den Lebensstandard zu sichern und zugleich Armut zu vermeiden, ist an ein hohes Beschäftigungsniveau, die Existenz eines Normalarbeitsverhältnisses und die Stabilität der Sicherungsinstitution Ehe gebunden. Je stärker sich die Schere öffnet zwischen einem Versicherungsprinzip, dessen Wirksamkeit von diesen Bedingungen abhängt, und den tatsächlichen Sozial- und Arbeitsmarktstrukturen, umso mehr Menschen fallen durch die Maschen des der Sozialhilfe vorgelagerten sozialen Netzes und sind auf die Hilfe zum Lebensunterhalt angewiesen.
(4) Die Sozialhilfe kommt schließlich durch die Zuwanderung unter Druck. Der Zuzug einer hohen Zahl von deutschen wie ausländischen Migranten in die Bundesrepublik ohne ausreichende Arbeitsmarktintegration und soziale Absicherung in den Regelsystemen bedeutet, dass die Betroffenen zur Existenzsicherung ihrer Familien im hohen Maße auf die Hilfe zum Lebensunterhalt zurückgreifen müssen.

Diese vier Trends werden durch die unter dem Stichwort «Umbau des Sozialstaates» stehende Entwicklung der Sozialpolitik überlagert und verschärft. Die Sozialgesetzgebung der letzten Jahre lässt sich so charakterisieren, dass das der Sozialhilfe vorgelagerte Sicherungsnetz zunehmend gelockert worden ist[72] und der Beitrag der primären Leistungssysteme für die Armutsbekämpfung zurückgeht. Dies kommt in erster Linie beim Arbeitslosengeld und der Arbeitslosenhilfe zum Ausdruck (vgl. Steffen 2000): Kürzungen von Leistungssätzen und -niveaus, Streichung ganzer Leistungstypen (so die originäre Arbeitslosenhilfe), Verschärfung der Anspruchsvoraussetzungen, Verschärfung von Zumutbarkeits- und Verfügbarkeitskriterien – dies sind die Stellschrauben einer fiskalisch motivierten Sozialpolitik, die im Ergebnis dazu führt, dass immer mehr Arbeitslose auf ergänzende oder ausschließliche Leistungen der Sozialhilfe verwiesen werden. Diese Entwicklung ist noch nicht am Ende, wenn man an die Bestrebungen zur Integration der Arbeitslosenhilfe in die Sozialhilfe denkt (vgl. dazu weiter unten). Aber auch in der Rentenpolitik muss in Folge der angestrebten Absenkung des Rentenniveaus eine vergleichbare Entwicklung befürchtet werden, da davon auszugehen ist, dass gerade Niedrigeinkommensbezieher nur unzureichend in der Lage sind, eine private Altersvorsorge aufzubauen.

Die Strategie finanzpolitischer Konsolidierung auf der Ebene des Bundes und der Sozialversicherungsträger hat zur Folge, dass die politische und fiskalische Verantwortung für die Bearbeitung von sozialen Problemen immer stärker auf die Ebene der Gemeinden verlagert worden ist. Die Kommunen geraten zunehmend in die Rolle eines «Sozialstaats in Reserve». Da die Regelungskompetenz über Art und Höhe dieser Leistungen beim Bund (z. T. unter Beteiligung der Länder) liegt, die Kosten aber überwiegend von den Gemeinden getragen werden müssen, sind diese zunehmend als finanzielle Ausfallbürgen ge- und überfordert.

Die hohen finanziellen Belastungen der Kommunen durch die

72 Zu einer deutlichen Entlastung der Sozialhilfe, und zwar bei der Hilfe in besonderen Lebenslagen, hat allerdings die Einführung der Pflegeversicherung geführt. Einen Ausbau hat es auch bei den familienbezogenen Leistungen in der Rentenversicherung gegeben.

steigenden Sozialhilfeempfängerzahlen und -ausgaben haben auch das Sozialhilferecht nicht unbeeinflusst gelassen. Die Sozialhilfegesetzgebung stand in den zurückliegenden Jahren unter primär restriktivem Vorzeichen. Zwar sind auch einzelne Verbesserungen durchgesetzt worden, insbesondere für Alleinerziehende, aber der Trend geht in Richtung Begrenzung des Leistungsniveaus und Verschlechterung der Leistungsvoraussetzungen. Besonders zu erwähnen sind in diesem Zusammenhang neben der Einführung des Asylbewerberleistungsgesetzes die seit 1993 andauernde Deckelung der Regelsatzbemessung und -anpassung sowie die schrittweise Ausweitung des Abstandsgebotes, die Verschärfung der Arbeitsverpflichtung für Leistungsempfänger und die Ausweitung der Regelungen und Instrumente im Rahmen der Hilfe zur Arbeit. Vor allem die Sozialhilfereform von 1995 ist für diese restriktive Strategie charakteristisch (vgl. Hanesch 1996).

Etwa zeitgleich zur Diskussion über das Sozialhilfereformgesetz von 1995 haben die Kommunen ihre Sozialhilfepraxis verändert und zunehmend verschärft. Unter dem Eindruck einer wachsenden Zahl von (langzeit-)arbeitslosen bzw. erwerbsfähigen Hilfeempfängern und immer enger werdenden finanziellen Spielräumen in den kommunalen Haushalten haben sich die Sozialhilfeträger verstärkt bemüht, die Arbeitslosen in den Arbeitsmarkt zu integrieren. Dahinter steht die Überlegung, den Hilfeempfängern statt der passiven Gewährung von Leistungen Arbeit und Arbeitsgelegenheiten anzubieten, Beratungs-, Vermittlungs- und Qualifizierungsmaßnahmen auszuweiten, aber auch die Verpflichtung und den Druck zu erhöhen, die Angebote anzunehmen (vgl. Hanesch/Balzter 2000). Diese auch in den anderen Ländern der EU zu verzeichnende Umorientierung der Sozialhilfepolitik (vgl. dazu Kapitel 4) hat sich in Deutschland eher schleichend und unbemerkt von der «großen Politik» vollzogen, da die rechtlichen Regelungen des BSHG zur Hilfe zur Arbeit den Sozialhilfeträgern einen großen Gestaltungsspielraum lassen und dieser Spielraum von den Kommunen im Rahmen ihrer Selbstverwaltung mit sehr unterschiedlichen, kaum überschaubaren Initiativen und Maßnahmen ausgefüllt wird.

5.3.2 Sozialhilfe in der Kritik

5.3.2.1 Sozial- und beschäftigungspolitische Ziele im Spannungsfeld

Die skizzierten Rahmenbedingungen und Entwicklungstrends der Sozialhilfe haben zu einer kritischen wissenschaftlichen und politischen Diskussion über die Leistungsfähigkeit und Zukunft dieses Sicherungssystems geführt. Die bis heute anhaltende Debatte lässt sich in zwei unterschiedliche Argumentationslinien unterteilen: in die eher traditionelle sozial- und armutspolitische Sicht einerseits und in die neuere, mittlerweile aber dominierende beschäftigungspolitische Sicht andererseits.

(1) Aus sozial- und armutspolitischer Sicht steht die Frage im Vordergrund, ob die Sozialhilfe ihrem Auftrag, Armut zu vermeiden und zu bekämpfen und allen Menschen ein Leben in Würde zu ermöglichen, gerecht wird. Kontrovers diskutiert werden in erster Linie (vgl. im Überblick Hanesch 1995 c):

- die Höhe des Bedarfsniveaus, insbesondere hinsichtlich der Festsetzung, Struktur und Anpassung der Regelsätze im Rahmen der allgemeinen Einkommens- und Preisentwicklung sowie hinsichtlich der Ausgestaltung der Einmalleistungen;
- die Bedingungen der Leistungsgewährung im Hinblick u. a. auf die Unterhaltsverpflichtung auch zwischen volljährigen Kindern und ihren Eltern, auf den weit gefassten Individualisierungsgrundsatz mit seinem hohem Beantragungs-, Kontroll- und Verwaltungsaufwand und auf unüberschaubare und sozial selektiv wirkende administrative Ermessensspielräume;

- das Nebeneinander von vorrangigen Lohnersatzleistungen der Sozialversicherung und steuerfinanzierten Transfers einerseits und der nachrangigen (aufstockenden) Sozialhilfe andererseits mit der Folge eines unüberschaubaren und abschreckend wirkenden Geflechts administrativ-institutioneller Zuständigkeiten;
- die hohe Dunkelziffer der Nicht-Inanspruchnahme von Sozialhilfe und ihre in den Strukturprinzipien eines fürsorgerechtlichen Leistungssystems wurzelnden Ursachen;
- die kommunale Finanzierung der Ausgaben für eine Sozialhilfe, die Grundsicherungsfunktionen übernimmt und damit die Kommunen überfordert und regionale wirtschaftliche und soziale Ungleichgewichte verstärkt.

Vorschläge zu einer Strukturreform der Sozialhilfe, die diese (und weitere) Schwachpunkte der Hilfe zum Lebensunterhalt beheben wollen, liegen seit langem vor (Schulte 1995, Hanesch 1995 c). Sie richten sich u. a. auf die Begrenzung des Individualisierungsgrundsatzes durch stärkere Schematisierung und Pauschalierung, die Neuregelung des Verfahrens von Bedarfsbemessung und dynamisierter Anpassung, die Beschränkung der Inanspruchnahme von Unterhaltspflichtigen auf den Unterhalt von Ehegatten und minderjährigen Kindern gegen ihre Eltern und auf die Beteiligung des Bundes an der Finanzierung.

(2) Aus Sicht der mikroökonomischen Arbeitsmarkttheorie besteht das Problem darin, dass die hohe Arbeitslosigkeit, insbesondere die zunehmende Langzeitarbeitslosigkeit, Folge einer Fehlkonstruktion der sozialen Absicherung bei Arbeitslosigkeit ist. Vornehmlich die Sozialhilfe, aber auch die Arbeitslosenhilfe führten dazu, dass es für die erwerbsfähigen Leistungsempfänger keine oder keine ausreichenden monetären Anreize gebe, eine Erwerbstätigkeit aufzunehmen. Die Langzeitarbeitslosigkeit werde durch die Konstruktionsmechanismen der Sozialleistungen her-

vorgerufen und verfestigt. Diese «Arbeitslosigkeits- oder Armutsfalle» werde durch zwei Effekte hervorgerufen (vgl. im Überblick Wissenschaftlicher Beirat 1996; Jerger/Spermann 1996; Institut für Weltwirtschaft 1999):

- Zum einen falle das von der Sozialhilfe garantierte Bedarfsniveau eines Haushalts bei Nicht-Erwerbstätigkeit im Vergleich zum Haushaltseinkommen bei Erwerbstätigkeit zu hoch aus. Da zwischen einem niedrigen Erwerbseinkommen und der Sozialhilfe kein ausreichender Abstand vorhanden sei, fehle der Anreiz, eine Erwerbstätigkeit im unteren Qualifikations- und Einkommenssegment aufzunehmen. Diese Befürchtung wird im Zusammenhang mit dem Abstandsgebot der Sozialhilfe seit Jahren kontrovers diskutiert.
- Zum anderen komme es auch dadurch zu Fehlanreizen, dass sich das Haushaltseinkommen eines Hilfeempfängers nicht erhöhe, wenn eine niedrig bezahlte (Teilzeit-)Tätigkeit aufgenommen werde. Denn durch die Anrechnung des zusätzlichen Erwerbseinkommens auf die Sozialhilfe bleibe das Haushaltseinkommen von Sozialhilfeempfängern weitgehend unverändert – ob nun gearbeitet werde oder nicht. Dieser Aspekt der Transferentzugsrate wird bei der Sozialhilfe unter dem Stichwort «Erwerbstätigenfrei- bzw. -absetzbetrag» diskutiert.

Infolge dieser beiden Effekte sei es auf dem Arbeitsmarkt nicht möglich, Einfacharbeitsplätze zu besetzen, da durch die Arbeitslosenhilfe und vor allem durch die Sozialhilfe ein impliziter Mindestlohn festgeschrieben werde und die Arbeitslosen nicht bereit seien, ihre Arbeitslosigkeit durch die Aufnahme einer Arbeit mit einem niedrigen (Netto-)Entgelt zu überwinden. Nach dieser Sichtweise ist also Arbeitslosigkeit ein Problem des durch die Sozialhilfe fehlgesteuerten Arbeitsangebotes.

Aus dieser Diagnose werden weitreichende Reformforderungen abgeleitet, die dazu beitragen sollen, die Sozialhilfe primär am

Maßstab der Beschäftigungsförderung auszurichten. Bevor wir darauf im Einzelnen eingehen, bleibt jedoch zu überprüfen, wie tragfähig die Diagnose einer beschäftigungshemmenden Sozialhilfe ist. Denn auch wenn die hier nur angedeutete Argumentation – rationales Verhalten der Betroffenen unterstellt – scheinbar plausibel erscheint, wirft die These eines primär verhaltensbedingten Anstiegs der Sozialhilfe eine Reihe von Fragen auf:

(1) Wird der Abstand zwischen niedrigen Löhnen und der Sozialhilfe tatsächlich verletzt?
(2) In welchem Maße werden Erwerbseinkommen auf den Leistungsbezug angerechnet?
(3) Bilden die Modellkonstrukte das Verhalten der Betroffenen und die Verhältnisse auf dem Arbeitsmarkt ab?
(4) Gibt es empirische Hinweise für fehlende Arbeitsanreize von Sozialhilfeempfängern?

5.3.2.2 Fehlende Arbeitsanreize in der Sozialhilfe?

(1) Nach dem Lohnabstandsgebot des BSHG ist bei der Bemessung der Regelsätze zu gewährleisten, dass die Regelsätze zusammen mit den Durchschnittsbeträgen für Unterkunft und Heizung sowie für einmalige Leistungen die durchschnittlichen Nettoarbeitsentgelte unterer Lohn- und Gehaltsgruppen einschließlich einmaliger Zahlungen zuzüglich Kinder- und Wohngeld unterschreiten. Der Abstand muss mindestens der Höhe des Anrechnungsfreibetrags bei Erwerbstätigkeit entsprechen. Als Vergleichsgruppe dienen Haushaltsgemeinschaften von Ehepaaren mit drei Kindern.

Auch neuere empirische Überprüfungen des Abstandsgebotes auf der Grundlage der Verdienststatistik (Bäcker/Hanesch 1998c; Engels 1999) bestätigen, dass zwischen Löhnen und Sozialhilfe eine erhebliche Spanne besteht und dass diese Spanne den Absetzbetrag übersteigt. Selbst bei Ehepaaren mit drei Kindern betrug 1998 der Abstand im Schnitt noch 13,2 %. Das heißt, dass ein Einkommen aus Vollzeitbeschäftigung gegenwärtig auch in unteren Lohn- und Gehaltsgruppen ausreicht, um das sozialhilferechtliche Existenzminimum von Familien abzudecken. Allerdings gilt diese Feststellung nicht in jedem Einzelfall. Bei der Interpretation des Abstandsgebots muss nämlich beachtet werden, dass nicht von niedrigen tariflichen Grundlöhnen, sondern von den Effektivverdiensten die Rede ist. Des Weiteren geht es nicht etwa um einzelne «unterste» Lohn- und Gehaltsgruppen, sondern um durchschnittliche Nettoarbeitsentgelte unterer Lohn- und Gehaltsgruppen (Hanz 1998).[73]

Dass bei einem niedrigen Nettoeinkommen aus abhängiger Arbeit einschließlich Transfers das haushaltsspezifische Existenzminimum unterschritten wird, ist vor allem dann wahrscheinlich, wenn mehrere (ältere) Kinder zu versorgen sind, die Mieten hoch liegen oder wenn nur Teilzeitarbeit möglich ist. Soweit also in der Realität Überschneidungen vorkommen, liegen die Ursachen nicht in einem überhöhten Sozialhilfeniveau – verantwortlich ist in erster Linie der unzureichende Familienleistungsausgleich. Da das Kindergeld nicht den notwendigen Lebensbedarf eines Kindes abdeckt, das vorgelagerte Sozialsystem also nicht «armutsfest» ist, muss die Sozialhilfe bei unteren Einkommensgruppen ersatzweise die Funktion des Familienleistungsausgleichs übernehmen.

(2) Das BSHG enthält zugleich Regelungen, die Hilfeempfängern, die eine Erwerbstätigkeit ausüben, Freibeträge bei der Einkommensanrechnung einräumen. Insofern haben erwerbstätige Sozialhilfeempfänger immer ein höheres Haushaltseinkommen als nichterwerbstätige (vgl. Steffen 2000). Die Höhe des Freibe-

73 Als Maßstab können nicht einzelne unterste Entgelte dienen. Auch ist es verfehlt, statt der Effektivverdienste nur die tariflichen Grundentgelte zu berücksichtigen (so bei: Peter 2000; Bundesbank 1996).

trags/Absetzbetrags bei Erwerbstätigkeit ist bislang allerdings nicht im Gesetz bzw. in der entsprechenden Verordnung definiert. In der Regel lassen die Sozialhilfeträger ein Erwerbseinkommen bis zur Höhe von 50 % des Eckregelsatzes anrechnungsfrei, was 1999/2000 im Durchschnitt der alten Bundesländer einem Freibetrag von maximal 273 DM entsprach. Dieser Maximalbetrag hat zur Folge, dass ein Brutto- bzw. Netto-Einkommen, das über 1400 bzw. 1100 DM hinausgeht, zu keiner weiteren Erhöhung des Gesamteinkommens mehr führt (Bäcker/Hanesch 1998 b, S. 342 ff.).

Um Hilfeempfängern einen höheren Einkommensselbstbehalt zu gewähren, sieht das BSHG zusätzlich zu den Freibeträgen individuelle Förderungsleistungen bei Aufnahme einer Erwerbstätigkeit vor. Mit dem Ziel der Eingliederung in den Arbeitsmarkt kann Hilfeempfängern ein Zuschuss zum Arbeitsentgelt in der Höhe des Eckregelsatzes bis zur Dauer von 12 Monaten gewährt werden. Bei Modellmaßnahmen kann die Förderung auch höher sein und länger andauern.[74]

(3) Manches deutet darauf hin, dass die Motivation zur Aufnahme einer Erwerbsarbeit bei Arbeitslosenhilfe- wie bei Sozialhilfeempfängern hoch ist – unabhängig davon, wie stark die finanziellen Anreize ausgestaltet sind. Viele Betroffene kennen die Anreizstrukturen kaum, müssen doch sämtliche Einkommens-, Transfer- und Steuerelemente berücksichtigt werden, was selbst Experten schwer fällt. Auch gibt etwa die Einkommensersatzrate nur den kurzfristigen Einkommensvergleich wieder, während sie die mittelfristigen Einkommensperspektiven vernachlässigt, die

74 Die Anrechnungsbestimmungen beim Bezug von Arbeitslosengeld und Arbeitslosenhilfe sehen vor, dass von einem Nettoarbeitseinkommen ein Betrag in Höhe von 20 % des Arbeitslosengeldes bzw. der Arbeitslosenhilfe anrechnungsfrei bleibt, mindestens aber 315 DM. Der Leistungsanspruch entfällt, wenn der Status der Arbeitslosigkeit nicht mehr vorliegt. Das ist immer dann der Fall, wenn die Beschäftigung (mehrere Arbeitsverhältnisse werden zusammengerechnet) die 15-Stunden-Grenze übersteigt.

aus der Arbeitsaufnahme resultieren können. Zu bedenken ist weiterhin, dass die Erwerbstätigkeit nicht nur finanziell von Bedeutung ist, sondern auch einen höheren sozioökonomischen Status und den Zugang zu sozialer Integration vermittelt. Schließlich geht die gesamte Argumentation davon aus, dass die Arbeitskraftanbieter weitreichenden Einfluss auf Art und Umfang ihrer Erwerbsbeteiligung haben, während die objektiven Bedingungen auf dem Arbeitsmarkt, insbesondere die unzureichende Arbeitsnachfrage, nicht genügend berücksichtigt werden.

Schließlich ist in Erinnerung zu rufen, dass es den Hilfesuchenden nach dem Grundverständnis der Sozialhilfe keineswegs freigestellt ist, darüber zu entscheiden, ob und in welchem Umfang sie ihren Lebensunterhalt durch den Einsatz ihrer Arbeitskraft decken wollen oder nicht. Hilfe suchende müssen die eigene Arbeitskraft zur Bestreitung des Lebensunterhalts für sich und die unterhaltsberechtigten Angehörigen einsetzen und jedwede Arbeit oder Arbeitsgelegenheit annehmen – es sei denn, der Betroffene ist hierzu körperlich, geistig oder wegen der Erziehung kleinerer Kinder nicht in der Lage. Sozialhilfe ist insofern kein Einkommen ohne Gegenleistung. Hinzu kommt die Sanktionsnorm nach § 25, dass nämlich bei der Weigerung, solche Arbeiten und Arbeitsgelegenheiten anzunehmen, der Anspruch auf Hilfe entfällt. Die Hilfe muss dann in einer ersten Stufe um mindestens 25 % gekürzt werden. Darüber hinausgehende Kürzungen bis hin zum völligen Ausschluss liegen im Ermessen des Sozialhilfeträgers.

(4) Ist somit der modelltheoretisch abgeleitete Zusammenhang zwischen Armut und Transferdefiziten bzw. Arbeitsmotivation und Erwerbsverhalten mit vielen Fragezeichen verbunden (vgl. auch Hackenberg/Sell 1997), lässt sich ein solcher Zusammenhang auch empirisch kaum verifizieren: Zwischen dem Anstieg der arbeitsmarktbedingten Armut und Veränderungen in den Leistungsbezugsbedingungen besteht beispielsweise kein zeit-

licher Zusammenhang. Auch im europäischen Vergleich gibt es, wie wir in Kapitel 4 gezeigt haben, keine schlüssigen Hinweise dafür, dass Länder mit einem niedrigen Absicherungsniveau bei Arbeitslosigkeit, einer kurzen Bezugsdauer der Leistungen und restriktiven Leistungsbedingungen beschäftigungspolitisch besonders erfolgreich sind. Im Ergebnis zeigt sich, dass die Entwicklung von Arbeitslosigkeit und Beschäftigung entscheidend von der gesamtwirtschaftlichen Arbeitsnachfrage abhängt und nicht von Begrenzungen des Arbeitsangebots. Außerdem haben Studien zum zeitlichen Verlauf der Sozialhilfebetroffenheit gezeigt, dass beim größten Teil der Sozialhilfeempfänger von einem «Sich-Einrichten» in der Sozialhilfe nicht die Rede sein kann. Die Befunde der dynamischen Armutsforschung zeigen vielmehr, dass der Sozialhilfebezug gerade bei den Arbeitslosen keine Dauererscheinung ist (Leibfried/Leisering 1995, S. 80ff.). Die Betroffenen versuchen, den Zustand der Arbeitslosigkeit und Sozialhilfebedürftigkeit aktiv zu verändern. Der Sozialhilfebezug wird als stigmatisierend empfunden, die Betroffenen sind von sich aus bemüht, einen Arbeitsplatz zu finden. Auch der Sozialhilfestatistik ist zu entnehmen, dass gerade größere Bedarfsgemeinschaften, bei denen der monetäre Arbeitsanreiz gering ist, die kürzesten Verweildauern in der Sozialhilfe aufweisen. Wie schließlich die Erfahrungen in vielen Kommunen belegen, ist die Zahl der Interessenten an Hilfen zur Arbeit sehr viel größer als die der angebotenen Arbeitsplätze, selbst wenn es sich um sozialhilferechtliche Beschäftigungsangebote handelt.

5.3.3 Folgewirkungen und Risiken eines beschäftigungsorientierten Umbaus der Sozialhilfe

In der wissenschaftlichen und politischen Diskussion über die Möglichkeiten zum Abbau der Arbeitslosigkeit vor allem bei Langzeitarbeitslosen und Geringqualifizierten wird zunehmend davon ausgegangen, dass das Beschäftigungsniveau dieser Gruppen durch einen Umbau des letzten Netzes der sozialen Sicherung erhöht werden kann. In der Diskussion sind unterschiedliche Modelle, die in ihrer Vielzahl kaum noch überschaubar sind. Reichweite und Ausgestaltungsmerkmale der Konzepte unterscheiden sich z. T. erheblich. Deshalb wollen wir an dieser Stelle keinen Überblick über die Bandbreite der einzelnen Modellvarianten geben (vgl. im Überblick u. a. Kress 1994; Sesselmeier 1997). Wichtiger erscheint uns, dass sich die Debatte zunehmend von der Vorstellung entfernt hat, den angestrebten Umbau durch die vollständige Umgestaltung des Sozialleistungssystems in Richtung eines Bürgergeldes bzw. einer Negativsteuer zu erreichen. In den Vordergrund der Reformvorstellungen sind vielmehr Lösungen mittlerer Reichweite gerückt, die sich auf den Umbau der Sozialhilfe und der Arbeitslosenhilfe konzentrieren und dabei das Schlüsselelement der Negativsteuer, nämlich die geringen Anrechnungssätze der Leistungen bei Erwerbseinkommen, ins Zentrum stellen.

Modelle der Negativsteuer oder eines Bürgergeldes, wie sie beispielsweise von der Zukunftskommission der Friedrich-Ebert-Stiftung vorgeschlagen werden (1998), zielen auf eine Totalrevision des historisch gewachsenen Systems von Sozialversicherung, Sozialhilfe und sozialen Transfers. Grundgedanke ist, die allgemeine Grundsicherung über die Einkommensteuer zu organisieren. Verzichtet werden soll im Gegenzug auf alle steuerfinanzierten Sozialleistungen wie Sozialhilfe, Wohngeld, Kindergeld, Erziehungsgeld, Arbeitslosenhilfe, Unterhaltsvorschuss, Ausbildungsförderung usw. sowie auf diverse Steuerbegünstigungen. Erreicht wird dies in der allgemeinen Form des Modells dadurch, dass der Steuertarif der Einkommensteuer beim Unterschreiten einer bestimmten Einkommenshöhe (Transfergrenze) um einen Negativbereich erweitert wird. In diesem Negativbereich zahlt das Finanzamt ein Bürgergeld: Hat eine Person überhaupt kein eigenes Einkommen, erfolgt eine volle Zahlung in Höhe des Existenzminimums, liegt eigenes Einkommen vor, so wird dieses teilweise angerechnet. Übersteigt das eigene Einkommen das Existenzminimum, läuft die Aufstockung aus. Kernstück der beschäftigungspolitischen Wirkung der Negativsteuer ist die Vorgabe, Arbeitseinkommen nur noch zum Teil, in der Regel wird von 50 % ausgegangen, auf die Transferzahlung anzurechnen. Diese niedrige (marginale) Transferentzugsrate soll gewährleisten, dass Erwerbstätige ein höheres Einkommen als nicht Erwerbstätige haben, sich die Aufnahme von Arbeit daher immer lohnt und die «Arbeitslosigkeits- und Armutsfalle» überwunden wird. Da durch dieses Zusammentreffen von Niedriglohn und ergänzender Transferzahlung das Existenzminimum gesichert wird, können auch niedrig bezahlte, nicht existenzsichernde Tätigkeiten akzeptabel und zumutbar werden.

Die Debatte um die Negativsteuer hat allerdings deutlich werden lassen, dass die angestrebte Totalrevision des gesamten Steuer- und Transfersystems eine außerordentlich komplexe Aufgabe ist. Da grundlegende Veränderungen in unterschiedlichen Rechtsgebieten erforderlich sind, entsteht eine Fülle von kaum lösbaren politischen, administrativen, finanziellen und rechtlichen Problemen (vgl. u. a. Bundesministerium der Finanzen 1996; Hauser 1997; Becker 1998). Um diesen Problemen zu entgehen, setzen Vorschläge wie das von der Bundesvereinigung der Deutschen Arbeitgeberverbände entwickelte und bis heute nachhaltig vertretene Konzept des Kombi-Lohns (vgl. Gunkel u. a. 1997) bei den gegebenen Strukturen des Steuer- und Sozialleistungssystems an. Kernelement ist aber auch hier die begrenzte Anrechnung von Erwerbseinkommen auf die Hilfe zum Lebensunterhalt in Form höherer, haushaltsgrößenabhängiger und degressiv gestalteter Freibeträge. Zudem wird gefordert, die Arbeitslosenhilfe mit der Sozialhilfe auf der Grundlage der Leistungsprinzipien des BSHG zu verzahnen und sie schließlich in der Sozialhilfe aufgehen zu lassen.

Ein Umbau der Sozialhilfe nach der Grundvorstellung des Kombi-Lohns wäre mit erheblichen Folgewirkungen verbunden, die den Charakter der Sozialhilfe nachhaltig verändern würden. Analysiert werden sollen (1) die fiskalischen, (2) die sozialen und die (3) die arbeitsmarktpolitischen Konsequenzen eines beschäftigungsorientierten Umbaus der Sozialhilfe.

(1) Erweiterte Erwerbstätigenfreibeträge, so sinnvoll sie auf den ersten Blick erscheinen, um Hilfeempfänger, die z. B. eine Teilzeitarbeit aufnehmen, besser zu stellen, führen immer zu dem Problem, dass es zu einem erheblichen Zuwachs der Sozialhilfeempfängerzahlen und zu erheblichen finanziellen Mehrbelastungen kommt (vgl. Bäcker/Hanesch 1997): Zum einen bleiben mehr Personen im Hilfebezug, da bis in mittlere Einkommensbereiche hinein Anspruch auf ergänzende Hilfe zum Lebensunterhalt besteht; zum anderen gebietet es der Gleichbehandlungsgrundsatz, nicht nur jenen (höhere) Ansprüche auf die aufstockende Hilfe zum Lebensunterhalt zu gewähren, die aus dem Sozialhilfebezug heraus eine Erwerbstätigkeit aufnehmen, sondern auch jenen, die bereits erwerbstätig sind und mit ihrem Einkommen (Nettoarbeitseinkommen zuzüglich Wohngeld und ggf. Kindergeld) nun unterhalb der Sozialhilfeschwelle liegen. Der Kreis der Neuzugänge in die Sozialhilfe ist sehr weit gesteckt, da die Grenzwerte (je nach Haushaltsgröße) über das Durchschnittseinkommen hinausreichen können: So liegt die durchschnittliche Bruttolohn- und -gehaltssumme bei etwa 4200 DM (1998; in den alten Bundesländern), während der Sozialhilfeanspruch nach den

Vorstellungen des Kombi-Lohns beim Vier-Personen-Haushalt durch die erweiterte Freibetragsregelung erst bei rund 4252 DM ausläuft (vgl. Bäcker 2000b). Insgesamt würde es also zu beträchtlichen Mehraufwendungen der Sozialhilfeträger kommen. Die schon bei der Negativsteuer entstehenden fiskalischen Probleme treffen also auch – wenngleich nicht so drastisch – auf veränderte Freibetrags-Regelungen in der Sozialhilfe zu.

Wie kritisch die Gemeinden als Sozialhilfeträger die finanziellen Folgewirkungen erhöhter Freibeträge bei der Anrechnung von Erwerbseinkommen auf die Hilfe zum Lebensunterhalt sehen, ist in der Diskussion über den Verordnungsentwurf der konservativliberalen Bundesregierung zur Durchführung des § 76 des BSHG aus dem Jahr 1997 deutlich geworden, der als gleichsam «abgespeckte» Variante des BDA-Kombi-Einkommens gedacht war und eine vergleichsweise moderate Anhebung der Freibeträge vorsah. Der Freibetrag sollte sich aus der Kombination von Sockel- und Steigerungsbetrag zusammensetzen und in differenzierter Form vier Faktoren aufgreifen, nämlich den Eckregelsatz, die Kinderzahl, die Höhe des Nettoerwerbseinkommens und den jeweiligen Haushaltsregelsatz. Gleichwohl überwogen auch hier die finanziellen Bedenken, da die versprochenen zusätzlichen Beschäftigungs- und damit Entlastungsmöglichkeiten als ausgesprochen unsicher eingeschätzt wurden (Bäcker/Hanesch 1998c; Dreger u. a. 1998). Auf Druck des Bundesrates wurde von dieser Regelung Abstand genommen, dafür aber in § 18 Abs. 5 BSHG eine erweiterte Regelung (Verlängerung der Dauer der Zuschusszahlung und Erprobungsklausel) eingeführt.

(2) Unter der Rahmenbedingung begrenzter fiskalischer Spielräume lassen sich höhere Erwerbstätigenfreibeträge nur finanzieren, wenn gleichzeitig das Bedarfsniveau der Sozialhilfe abgesenkt wird. Diese Absenkung des Existenzminimums durch eine Kürzung der Regelsätze müsste noch nicht einmal diskretionär erfolgen. Denn das Abstandsgebot sieht in der geltenden Fassung

vor, dass bei der Vergleichsberechnung zwischen dem verfügbaren Einkommen aus durchschnittlichen Nettoentgelten unterer Lohn- und Gehaltsgruppen einerseits und dem Sozialhilfebedarf andererseits der Freibetrag bzw. Absetzbetrag zu berücksichtigen ist. Es wird also nicht nur ein Lohnabstand überhaupt normiert, sondern dieser wird in seiner erforderlichen Höhe beziffert und soll zumindest der Höhe des Freibetrages entsprechen. Erhöht sich nun der Freibetrag, verringert sich automatisch die Spanne zwischen den beiden Vergleichsgrößen. Da sich die Problematik eines als unzureichend angesehenen Abstands zwischen Arbeitseinkommen und Sozialhilfe nur bei größeren Haushaltsgemeinschaften ergibt, verschärfen vor allem jene Freibetragsregelungen den Druck auf die Regelsatzbemessung, die höhere Freibeträge bei größeren Haushaltsgemeinschaften vorsehen.

Dieser nach unten gerichtete Rückkopplungsprozess zwischen Freibeträgen und Regelsätzen soll durch die Aufhebung des Sperrklinkeneffekts des gegenwärtigen sozialhilferechtlichen Existenzminimums den Weg zu den sogenannten markt- und produktivitätskonformen Löhnen freimachen. Die Sozialhilfe als unterstes Auffangnetz markiert den impliziten Mindestlohn und stellt damit den archimedischen Punkt für die gesamte Lohnstruktur dar (Klös 1999, S. 14). Die beschäftigungsfördernden Hinzuverdienstanreize in der Sozialhilfe können daher nur dann in fiskalisch vertretbarer Weise gestärkt werden, wenn das Sozialhilfeniveau für arbeitsfähige Sozialhilfeempfänger abgesenkt wird, aber wesentlich mehr vom Hinzuverdienst als bisher in der Tasche des Transferempfängers verbleibt. Wenn allerdings höhere Freibeträge eine Tendenz zur Absenkung des Regelsatzniveaus auslösen, verliert die Gesamtheit aller Leistungsempfänger durch die Verminderung des Bedarfsniveaus das, was die erwerbstätigen Leistungsempfänger durch erweiterte Einkommensfreistellung bzw. aufstockende Sozialhilfe an Einkommensverbesserung gewinnen. Werden die Regelsätze lediglich für Arbeitsfähige gekürzt oder erhalten bei einer allgemeinen Absenkung der Regelsätze nur die als «nicht arbeitsfähig» eingestuften Hilfeempfänger Mehrbedarfszuschläge (vgl. u. a. Klös 1998, Berthold 1999), dann sind jene in ihrer Einkommenslage gefährdet, die trotz des erheblichen materiellen Drucks keine Arbeit finden.

Das Ergebnis einer solchen Konstruktion der Sozialhilfe ist, dass die Bekämpfung von Armut nicht länger im Mittelpunkt steht. Das Ziel der Sicherung des sozial-kulturellen Existenzminimums für alle Bürger wird der Beschäftigungsförderung untergeordnet. Es ist damit nicht auszuschließen, dass die Lebenslage «Armut bei Arbeitslosigkeit» lediglich mit der Lebenslage «Armut trotz Arbeit» ausgetauscht wird. Dieser Paradigmenwechsel in der Sozial- und Gesellschaftspolitik allgemein und in der Sozialhilfe im Besonderen kann deshalb nur kritisch bewertet werden.

(3) Die beschäftigungspolitische Umorientierung der Sozialhilfe durch die kombinierte Wirkung von höheren Freibeträgen und abgesenkten Bedarfssätzen kann auch aus einem anderen Grund nicht überzeugen. Es finden sich wenig Anhaltspunkte dafür, dass es infolge dieser Regelungen auf dem Arbeitsmarkt tatsächlich zu einem nennenswerten Netto-Beschäftigungseffekt käme: Allein durch ein verstärktes Arbeitsangebot der Sozialhilfeempfänger erhöht sich die Arbeitsnachfrage der Unternehmen nicht. Beschäftigungseffekte sind bei steigendem Arbeitsangebot nur dann zu erwarten, wenn unterstellt werden kann, dass bei der gegenwärtigen Tarifstruktur mögliche und rentable Arbeitsplätze im unteren Einkommenssegment wegen fehlender Motivation nicht besetzt werden können. Dafür gibt es kaum empirische Hinweise. Insofern beruhen die Erwartungen auf einen Beschäftigungszuwachs primär darauf, dass es durch Veränderungen in der Sozialhilfe zu einer Ausdifferenzierung der Löhne nach unten kommt, sodass Arbeitsplätze rentabel werden, deren Marktpreise unterhalb der gegenwärtigen Lohn- bzw. Arbeitskostenskala liegen. Zur Klärung dieses mikroökonomisch be-

gründeten Argumentationszusammenhangs stehen drei zentrale Fragen zur Diskussion: Wie eng ist der Zusammenhang zwischen Lohnstruktur und Beschäftigungsniveau tatsächlich? Kommt es durch die Ausweitung von niedrigen Lohnsätzen im gesamtwirtschaftlichen Nettoeffekt zu mehr Arbeitsplätzen, oder überwiegen die Mitnahme- und Substitutionseffekte sowie der nach unten gerichtete gesamtwirtschaftliche Kreislaufeffekt? Gibt es andere, Erfolg versprechendere und armutspolitisch akzeptablere Wege zur Erhöhung des Beschäftigungsniveaus und zum Abbau der (Langzeit-)Arbeitslosigkeit? Die ökonomische Diskussion über die Erfolgswirksamkeit einer Niedriglohnstrategie kann an dieser Stelle nicht aufgegriffen und vertieft werden. Sehr grundsätzliche Positionen stehen einander gegenüber: Während aus der Sicht neoliberaler Modelllogik die Beschäftigungseffekte auf der Hand liegen, kommen ökonometrische Berechnungen zu äußerst skeptischen Bewertungen, die es auch aus arbeitsmarktpolitischer Sicht fraglich erscheinen lassen, eine durch aufstockenden Transfers flankierte und mit hohen Kosten verbundene Niedriglohnstrategie einzuschlagen (Buslei/Steiner 1999). Schließlich gibt es im internationalen Vergleich keine Bestätigung für einen stringenten Zusammenhang zwischen Niedriglohnquote und Arbeitslosigkeit. Sowohl für Länder mit ungleicher als auch für solche mit egalitärer Einkommensstruktur lassen sich Beispiele für eine gute oder eine schlechte Beschäftigungsbilanz zitieren (Bosch 1999).

5.3.4 Abschaffung der Arbeitslosenhilfe?

Bei der Arbeitslosenhilfe wird der skizzierte Rückkopplungseffekt von Niedriglöhnen und Hilfe zum Lebensunterhalt nicht in diesem Maße wirksam, da für die Arbeitslosenhilfe andere, mit der Sozialhilfe nicht unmittelbar vergleichbare Regelungen gelten. Soll also die Beschäftigungswirkung von Niedriglöhnen für alle Langzeitarbeitslosen greifen, dann müsste in der Konsequenz eines beschäftigungsorientierten Umbaus des Sozialstaates auch die Arbeitslosenhilfe in das Konzept einbezogen werden. Insofern erscheint die Vorstellung folgerichtig, die Arbeitslosenhilfe mit der Sozialhilfe zu verzahnen und schließlich in ihr aufgehen zu lassen. Diese Überlegung, auf die wir bereits in Kapitel 3.2 verwiesen haben, gewinnt in Wissenschaft und Politik zunehmend an Gewicht (vgl. u. a. Berthold/Kunz/Thode 2000; Fink 1998). Zwar ist nicht zu bestreiten, dass die Arbeitslosenhilfe eine seltsame Zwitterstellung zwischen der Versicherungsleistung «Arbeitslosengeld» und der Fürsorgeleistung «Sozialhilfe» einnimmt und dass die immer häufiger auftretende Doppelzuständigkeit von Sozialhilfe und Arbeitslosenhilfe bei der Absicherung Langzeitarbeitsloser zu Problemen bei den finanziellen Leistungen und der Zuständigkeit für die Durchführung arbeitsmarktpolitischer Maßnahmen führt. Würde die Arbeitslosenhilfe abgeschafft, käme es allerdings zu gravierenden Verschlechterungen in der Einkommens- und Lebenslage der Betroffenen (Oberhauser 1998). Denn die Leistungsbedingungen der Arbeitslosenhilfe sind in vielfacher Hinsicht großzügiger als die der Sozialhilfe. Schon der Tatbestand, dass «nur» 18 % der Arbeitslosenhilfeempfänger aufstockende Hilfe zum Lebensunterhalt beziehen, weist darauf hin, dass der weitaus größte Teil der Langzeitarbeitslosen immer noch oberhalb des sozialhilferechtlichen Bedarfsniveaus abgesichert ist, sei es, weil die ausgezahlte Arbeitslosenhilfe höher ist oder weil die weiteren Einkommen des Arbeitslosen und der Haushaltsmitglieder weniger streng als bei der Sozialhilfe angerechnet werden (Adamy/Steffen 1998).

Für die mildere Bedürftigkeitsprüfung bei der Arbeitslosenhilfe stehen folgende Beispiele: Bei erwachsenen Arbeitslosen wird ein Unterhaltsanspruch gegenüber den Eltern bzw. Kindern nicht angerechnet. Beim Einkommen des (Ehe-)Partners werden Freibeträge, mindestens in Höhe von 1400 DM, berücksichtigt. Dies ist bei der Sozialhilfe nicht der Fall. Nicht als Einkommen anzurechnen sind Kindergeld, Wohngeld, Arbeitslosenhilfe des Partners, Ausbildungsförderung. Bei der Sozialhilfe gelten all diese Leistungen als vorrangig. Zumutbar verwertbares Vermögen wird nur dann angerechnet, wenn es 8000 DM pro Person und (Ehe-)Partner übersteigt. Lebensversicherungen müssen nicht verwertet werden. Auch ein PKW kann behalten werden. Dies gilt bei der Sozialhilfe nicht. Zu berücksichtigen ist bei der Arbeitslosenhilfe schließlich, dass mit der Zahlung Rentenanwartschaften erworben werden, was beim Sozialhilfebezug in der Regel nicht der Fall ist.

Eine Abschaffung der Arbeitslosenhilfe bedeutet, dass alle Arbeitlosen, die keinen Anspruch auf die Versicherungsleistung Arbeitslosengeld haben, auf die Sozialhilfe verwiesen werden. Die Bundesanstalt für Arbeit wäre dann nur noch für den Kreis der vergleichsweise gut vermittelbaren kurzfristigen Arbeitslosen zuständig, während sämtliche «schwierigen Fälle» aus den Leistungen und Angeboten des SGB III ausgegrenzt und auf die Kommunen abgeschoben würden. Damit wäre eine Kommunalisierung der Arbeitsmarktpolitik für Langfristarbeitslose einschließlich der Arbeitsvermittlung verbunden. Die kritikwürdige Doppelstruktur der Arbeitsmarktpolitik würde nicht aufgehoben, sondern sogar noch vertieft. Folgt man Klös, der die Höhe des Existenzminimums und damit das Sozialhilfeniveau als den «archimedischen Punkt» einer Beschäftigungsstrategie versteht, der hinsichtlich seines Sperrklinkeneffekts zu überwinden sei, dann ist es nur konsequent, die Kommune als den zentralen Ort für Beschäftigungspolitik und -verantwortung einzusetzen. Denn je mehr Arbeitslose in die kommunale Verantwortung fallen, umso größer wird der Druck auf das Bedarfsniveau der Sozialhilfe und die Rigidität der Maßnahmen der Hilfe zur Arbeit (Klös 1999). Es gibt aber weder theoretische noch empirische Anhaltspunkte dafür, dass das Beschäftigungsniveau tatsächlich gesteigert werden kann, wenn die Kommunen beschäftigungspolitischen Vorrang erhalten. Auch die Kommunen können fehlende Arbeitsplätze nicht «herbeizaubern». Eine Neugestaltung des föderalen Finanzausgleichs würde die kommunalen Zusatzbelastungen allenfalls im Schnitt aller Kommunen ausgleichen; benachteiligt wären jene Städte und Kreise, die mit besonders hohen Arbeitsmarktungleichgewichten zu kämpfen haben.

5.4 Ausblick: Optionen für eine bedarfsgerechte Weiterentwicklung der Sozialhilfe

Die Aufgabe der Sozialhilfe, allen Menschen in der Bundesrepublik das sozial-kulturelle Existenzminimum zu garantieren und ein Leben in Würde zu ermöglichen, hat verfassungsrechtlichen Rang. Eine aus arbeitsmarktpolitischen Überlegungen gespeiste Vorstellung, die Bedarfssätze für Erwerbsfähige zu kürzen, um damit deren Arbeitsmarktintegration zu erzwingen, kann deshalb – unabhängig von der zweifelhaften Wirkung auf dem Arbeitsmarkt – keine Leitlinie für die zukünftige Gestaltung der Sozialhilfe sein. Das letzte Netz der sozialen Sicherung muss seine primär armutspolitische Zielsetzung erhalten und ausbauen. Aufgabe wird es deshalb sein, das System der sozialstaatlichen Absicherung von Armutsrisiken so zu gestalten, dass die Leistungen verlässlich und zielgerichtet sind, möglichst alle Anspruchsberechtigten erreichen und ein Einkommens- und Bedarfsniveau garantieren, das die Teilhabe der Menschen am Leben einer reichen Gesellschaft ermöglicht.

Wir plädieren für eine gemischte Strategie der Armutsbekämpfung, die nicht nur fehlende oder unzureichende Einkommen im Rahmen des sozialstaatlichen Leistungssystems ausgleicht, sondern gleichermaßen den Abbau der Ursachen von Armut einbezieht. Zugleich betonen wir, dass die finanzielle Absicherung beim Eintritt sozialer Risiken und bei gefährdeten Lebenslagen nicht allein Aufgabe des letzten Netzes ist. Eine Rückverlagerung der sozialen Sicherung auf die kommunale Sozialhilfe überfordert dieses Leistungssystem und nimmt ihr die Möglichkeit, sich auf die je individuellen Armutskonstellationen von atypischen Einzelfällen zu konzentrieren. Gefordert ist deshalb eine armutsfeste Ausgestaltung des Sozialversicherungssystems sowie eine zielgerichtete Verbesserung der auf spezifische Bedarfslagen gerichteten steuerfinanzierten Transfers. Das Ziel einer umfassenden Absicherung der Bevölkerung in den Zweigen der Sozialversicherung lässt sich auf Dauer nur erreichen, wenn die Versicherungspflicht auf die gesamte Erwerbsbevölkerung ausgeweitet wird. Da die Abgrenzungen zwischen abhängiger und selbständiger Arbeit verschwimmen und gerade die «neuen» Selbstständigen einen hohen Sicherungsbedarf haben, spricht alles für eine Weiterentwicklung der Sozialversicherung zu einer Art Volksversicherung.

Ein seit langem diskutierter Schritt in Richtung «Armutsfestigkeit» der primären Sicherungssysteme könnte die Einführung der «bedarfsorientierten sozialen Grundsicherung» sein (vgl. im Überblick Bäcker/Ebert 1996). Aufgabe eines solchen Systems wäre es, die versicherungsförmigen Leistungen bei den Standardrisiken Alter, Invalidität, Arbeitslosigkeit oder Krankheit durch steuerfinanzierte Bedarfsleistungen zu ergänzen, um Armut nicht länger institutionell auszugrenzen, sondern innerhalb der Institutionen zu bekämpfen, die bei dem betreffenden Risiko bzw. Lebenstatbestand für die Sicherung zuständig sind. Sind die eigenen lohn- und beitragsäquivalenten Versicherungsleistungen zu gering, werden sie durch die Grundsicherung auf dieses Niveau aufgestockt. Im unteren Einkommenssegment ergänzt also das Bedarfsprinzip das Versicherungs- und Äquivalenzprinzip, ohne es zu ersetzen. Um problematische Verteilungswirkungen zu vermeiden, sollen nach diesem Modell alle Einkommen unabhängig von ihrer Quelle angerechnet werden. Auch das Vermögen, soweit verwertbar, hat Vorrang. Das Konzept orientiert sich also durchaus an den Grundprinzipien der Hilfe zum Lebensunterhalt, will die Leistung aber durch «eine Hand», nämlich durch die Administration der Sozialversicherungsträger, durchführen lassen. Da die Betroffenen nicht länger auf mehrere Leistungen und Behörden verwiesen werden, bestünden gute Chancen, das Problem der Dunkelziffer der Armut bzw. der verschämten Altersarmut zu entschärfen.

Auch dieses Modell steht nicht außerhalb der kritischen Diskussion. Bevor eine Bewertung erfolgen kann, muss bekannt sein, wie die Eckpunkte einer solchen Grundsicherung konkret aussehen sollen (vgl. Kaltenborn 1998). So ist zu klären, auf welcher Höhe das Bedarfsniveau festgesetzt wird, wie die laufende Bedarfsbemessung und -anpassung erfolgen soll, ob und in welcher Form eine Abstandsnorm zum Erwerbseinkommen vorgesehen ist und wie die Bedarfsproportionen bei weiteren Haushaltsmitgliedern und Kindern aussehen sollen. Von Bedeutung ist auch die Frage, ob die Leistungsberechnung im Unterschied zur bisherigen Bedarfsbemessung bei der Sozialhilfe stärker pauschaliert werden soll, z. B. durch die Zusammenfassung der Regelsätze mit Einmalleistungen und Mehrbedarfszuschlägen, und ob bei der Einkommens- und Vermögensanrechnung auf den Rückgriff auf Eltern bzw. volljährige Kinder verzichtet werden kann. Des Weiteren ist das Verhältnis zum Arbeitsmarkt zu bestimmen: Wie wird der Vorrang von Erwerbsarbeit definiert, welche Zumutbarkeitsanforderungen gelten, welche Sanktionen sind vorgesehen, wie soll der Anrechnungssatz bei Erwerbseinkommen aussehen, kann die Arbeitslosenhilfe in der Grundsicherung aufgehen? Schließlich sind die fiskalischen Auswirkungen zu bedenken, sowohl hinsichtlich der Höhe der zusätzlichen finanziellen Belastungen als auch hinsichtlich der Zuordnung der Finanzierung auf die Gebietskörperschaften (Bund, Länder oder Gemeinden).

Nicht zu übersehen ist bei diesem Modell die Gefahr, dass die Verlagerung großer Gruppen mit «typischen Lebensrisiken» aus der Sozialhilfe heraus zu verstärkter Stigmatisierung der verbleibenden Hilfeempfänger führen kann. Um eine Schlechterstellung der Personengruppen zu vermeiden, die auf die Hilfe zum Lebensunterhalt angewiesen bleiben, müssten Leistungsniveau und Leistungsbedingungen auch für die «restliche» Sozialhilfe maßgebend sein. Diese Bedingung könnte zu der Überlegung führen, statt der Integration der Grundsicherung in die einzelnen Versicherungszweige eine einheitliche Grundsicherung für alle Bedürftigen einzuführen, die die Sozialhilfe weiterentwickelt. Die Frage, wo diese Grundsicherung institutionell angebunden wird, wäre dann zweitrangig. Die Einkommens- und Vermögensüberprüfung der Leistung macht jedoch deutlich, dass eine Grundsicherung, auch wenn sie gegenüber der bisherigen Sozialhilfe bessere Bedingungen aufweist, nur die zweitbeste Lösung gegenüber ausreichenden und eigenständigen Versicherungsleistungen wäre. So müsste sich eine Sozialpolitik, die den Sozialversicherungsschutz zurücknimmt und die Betroffenen auf eine bedarfsorientierte Grundsicherung verweist, dem Vorwurf aussetzen, erst das Klientel für diese Leistung zu produzieren.

Literaturverzeichnis

Abrahamson, P. (2000a): Governing Poverty in Scandinavia, Paper presented at the Seminar on Policies and Instruments to Fight Poverty in the European Union, The Guarantee of a Minimum Income, Portugal

Abrahamson, P. (2000b): The Active Turn in Scandinavian Social Policy, The Case of Denmark, Kopenhagen

Act on an Active Social Policy, Act No. 455 of 10 June 1997, Kopenhagen 1997

Adamy, W. (1998): Reform oder Rückschritt? Eine kritische Bilanz der neuen Arbeitsmarktförderung; in: Arbeit und Sozialpolitik 7–8/1998

Adamy, W./Hanesch, W. (1990): Erwerbsarbeit und soziale Ungleichheit, Benachteiligung und Ausgrenzung am Arbeitsmarkt; in: Döring, D./Hanesch, W./Huster, E.-U. (Hrsg.): Armut im Wohlstand, Frankfurt a. M.

Adamy, W./Steffen, J. (1998): Abseits des Wohlstands – Arbeitslosigkeit und Neue Armut, Darmstadt 1998

Adamy, W./Steffen, J. (1999): Arbeitslosenhilfe überflüssig? Soziale Sicherheit für Langzeitarbeitslose; in: Soziale Sicherheit 9–10/1999

Alber, J. (1999): Der deutsche Sozialstaat im Licht international vergleichender Daten; in: Flora, P./Noll, H.-H. (Hrsg.): Sozialberichterstattung und Sozialstaatsbeobachtung, Individuelle Wohlfahrt und wohlfahrtsstaatliche Institutionen im Spiegel empirischer Analysen, Frankfurt a. M./New York

Alisch, M./Dangschat, J. S. (1998): Armut und soziale Integration, Strategien sozialer Stadtentwicklung und lokaler Nachhaltigkeit, Opladen

Andreß, H.-J. (1998) (Hrsg.): Empirical Poverty Research in a comparative Perspective, Aldershot

Andreß, H.-J. (1999): Leben in Armut – Analysen der Verhaltensweisen armer Haushalte mit Umfragedaten, Opladen/Wiesbaden

Andreß, H.-J./Lipsmeier, G. (1998): Kosten von Kindern – Auswirkungen auf die Einkommensposition und den Lebensstandard der betroffenen Haushalte; in: Klocke, A./Hurrelmann, K. (Hrsg.): Kinder und Jugendliche in Armut, Umfang, Auswirkungen und Konsequenzen, Opladen

Andreß, H.-J./Strengmann-Kuhn, W. (1997): Warum arbeiten, wenn der Staat zahlt? Über das Arbeitsangebot unterer Einkommensschichten; in: Zeitschrift für Sozialreform Heft 7/1997

Arbeitskreis AFG-Reform (1994): Memorandum für ein neues Arbeitsförderungsgesetz, Düsseldorf

Articus, S. (2000): Arbeitslosenhilfe und Sozialhilfe; in: Nachrichtendienst des Deutschen Vereins für öffentliche und private Fürsorge 3/2000

Atkinson, A. B. (1997): Bringing Income Distribution In from the Cold. In: The Economic Journal

Autorengemeinschaft (2000): Der Arbeitsmarkt in der Bundesrepublik Deutschland in den Jahren 1999 und 2000; in: Mitteilungen aus der Arbeitsmarkt- und Berufsforschung 1/2000

BA (1999) Bundesanstalt für Arbeit: Arbeitsmarkt 1998, Nürnberg, 6/1999

Bäcker, G. (1995): Altersarmut – Frauenarmut, Dimensionen eines sozialen Problems und sozialpolitische Reformoptionen; in: Hanesch, W. (Hrsg.): Sozialpolitische Strategien gegen Armut, Opladen

Bäcker, G. (1997): Arbeitslosigkeit und Armut – Defizite der Sozialen Sicherung, in: Müller, S./Otto, U. (Hrsg.): Armut im Sozialstaat – Gesellschaftliche Analysen und sozialpolitische Konsequenzen, Neuwied/Kriftel/Berlin

Bäcker, G. (1999a): Niedriglöhne und soziale Sicherung – Armutsursache, Armutsvermeidung oder Armutsfalle; in: Sozialer Fortschritt 10/1999

Bäcker, G. (1999b): Beschäftigungsperspektiven für Geringqualifizierte und Langzeitarbeitslose: Wege und Irrwege; in: Blechschmidt, P. u. a. (Hrsg.): Perspektiven für mehr Beschäftigung, Hamburg

Bäcker, G. (2000a): Vorsicht Falle! Niedriglöhne durch Kombi-Einkommen; in: Schäfer, C. (Hrsg.): Geringere Löhne – mehr Beschäftigung?, Hamburg

Bäcker, G. (2000b): Armut und Unterversorgung im Kindes- und Jugendalter, Defizite der sozialen Sicherung; in: Butterwegge, Ch. (Hrsg.): Kinderarmut in Deutschland – Ursachen, Erscheinungsformen und Gegenmaßnahmen, Frankfurt a. M./New York

Bäcker, G./Bispinck, R./Hofemann, K./Naegele, G. (2000a): Sozialpolitik und soziale Lage in Deutschland, Bd. 1, Wiesbaden

Bäcker, G./Bispinck, R./Hofemann, K./Naegele, G. (2000b): Sozialpolitik und soziale Lage in Deutschland, Bd. 2, Wiesbaden

Bäcker, G./Ebert, Th. (1996): Defizite und Reformbedarf in ausgewählten Bereichen der sozialen Sicherung, Düsseldorf

Bäcker, G./Hanesch, W. (1997): Kombi-Lohn, Kein Schlüssel zum Abbau der Arbeitslosigkeit!; in: WSI-Mitteilungen 10/1997

Bäcker, G./Hanesch, W. (1998a) (unter Mitarbeit von Krause, P./Hilzendegen, J./Koller, M./Schiebel, W./Bispinck, R.): Arbeitnehmer und Arbeitnehmerhaushalte mit Niedrigeinkommen in Nordrhein-Westfalen, Landessozialbericht Bd. 7, hrsg. v. Ministerium für Arbeit, Gesundheit und Soziales des Landes NRW, Düsseldorf

Bäcker, G./Hanesch, W. (1998b): Sozialhilfe und Erwerbstätigkeit – Zur Diskussion über den Erwerbstätigenfreibetrag; in: Nachrichtendienst des Deutschen Vereins für öffentliche und private Fürsorge 9/1998

Bäcker, G./Hanesch, W. (1998c): Sozialhilfe und Erwerbsarbeit, Expertise zum Entwurf für eine Zweite Verordnung zur Änderung der Verordnung zur Durchführung des § 76 des Bundessozialhilfegesetzes für das Ministerium für Arbeit, Gesundheit und Soziales des Landes Nordrhein-Westfalen, Düsseldorf 1998; gekürzt abgedruckt in: Ministerium für Arbeit etc. des Landes NRW: Wege aus der Sozialhilfe – «Hilfe zur Arbeit», Düsseldorf 2000

Bäcker, G./Hanesch, W./Krause, P. (1998): Niedrige Arbeitseinkommen und Armut bei Erwerbstätigkeit in Deutschland; in: Sozialer Fortschritt 7/1998

Bäcker, G./Stolz-Willig, B. (1994): Vereinbarkeit von Beruf und Familie als Zukunftsaufgabe des Sozialstaats, in: Bäcker, G./Stolz-Willig, B. (Hrsg.): Kind, Beruf, Soziale Sicherung, Köln

Balsen, W. u. a. (1986): Die neue Armut, Ausgrenzung von Arbeitslosen aus der Arbeitslosenunterstützung, Köln

Bandemer, S.v./Blanke, B./Hilbert, J./Schmid, J. (1995): Staatsaufgaben – Von der «schleichenden Privatisierung» zum «aktivierenden Staat»; in: Behrens, F. u. a. (Hrsg.): Den Staat neu denken, Reformperspektiven für die Landesverwaltungen, Berlin

Beauftragte der Bundesregierung für Ausländerfragen (1997) (Hrsg.): Bericht der Beauftragten der Bundesregierung für Ausländerfragen über die Lage der Ausländer in der Bundesrepublik Deutschland, Bonn

Beauftragte der Bundesregierung für Ausländerfragen (1999a) (Hrsg.): Daten und Fakten zur Ausländersituation, Bonn

Beauftragte der Bundesregierung für Ausländerfragen (1999b) (Hrsg.): Migrationsbericht 1999 – Zu- und Abwanderung nach und aus Deutschland, Bonn

Beauftragte der Bundesregierung für Ausländerfragen (2000) (Hrsg.): Bericht der Beauftragten der Bundesregierung für Ausländerfragen über die Lage der Ausländer in der Bundesrepublik Deutschland, Bonn

Beauftragter der Bundesregierung für Aussiedlerfragen (1999) (Hrsg.): Zahlen – Daten – Fakten, Bonn

Beauftragte der Bundesregierung für die Belange der Ausländer (1997) (Hrsg.): Integration oder Ausgrenzung? Zur Bildungs- und Ausbildungssituation von Jugendlichen ausländischer Herkunft, Bonn

Beck, B./Naegele, G. (1997) (Hrsg.): Vereinbarkeit von Erwerbstätigkeit und Pflege, Schriftenreihe des Bundesministeriums, für Familien, Senioren, Frauen und Jugend Bd. 106.1, Stuttgart/Berlin/Köln

Becker, I. (1997): Entwicklung der Einkommensverteilung in Deutschland, Zunehmende Spaltung der Gesellschaft?; in: WSI-Mitteilungen 10/1997

Becker, I. (1998): Vergleich und Bewertung alternativer Grundsicherungskonzepte; in: WSI-Mitteilungen 11/1998

Becker, I./Hauser, R. (1997) (Hrsg.): Einkommensverteilung und Armut, Deutschland auf dem Weg zur Vierfünftel-Gesellschaft?, Frankfurt a. M./New York

Bedau, K.-D. (1987): Einkommensverteilung; in: Krupp, H.-J./Schupp, J. (Hrsg.): Lebenslagen im Wandel, Daten 1987, Frankfurt a. M./New York

Bedau, K.-D./Krause, P. (1998): Die Einkommen der privaten Haushalte nach unterschiedlichen Statistiken; in: Vierteljahrshefte zur Wirtschaftsforschung 3/1998

Bender S./Seifert, W. (1999): Arbeitslosigkeit und Beschäftigungsstruktur von ausländischen Arbeitnehmern; in: IZA 1/1999

Bender, S./Seifert, W. (1996): Zuwanderer auf dem Arbeitsmarkt, Nationalitäten- und geschlechtsspezifische Unterschiede; in: Zeitschrift für Soziologie 6/1996

Berthold, N. (1998): Eine Brücke zur Beschäftigung; in: Frankfurter Allgemeine Zeitung vom 05. 09. 1998

Berthold, N. (1999): Beschäftigung ohne Bündnis, in: Frankfurter Allgemeine Zeitung vom 03. 07. 1999

Berthold, N./Kunz, S./Thode, E. (2000): Arbeitslosenhilfe und Sozialhilfe in der Klemme, Zwei sind zuviel, Arbeitspapier für den Expertenworkshop Konvergenz von Arbeitslosenhilfe und Sozialhilfe, veranstaltet vom Sächsischen Staatsministerium für Wirtschaft und Arbeit, Dresden

Bieback, K.-J./Milz, H. (1995): Neue Armut, Frankfurt a. M./New York

Bieling, H.-J. (1997): Soziale Frage, sozialpolitische Regulation und Europäische Integration; in: Bieling, H.-J./Deppe, F. (Hrsg.): Arbeitslosigkeit und Wohlfahrtsstaat in Westeuropa; Neun Länder im Vergleich, Opladen

Biewen, M. (2000): Income Inequality in Germany During the 1980s and 1990s, Review of Income and Wealth, 46(1)

Bird, J.E./Kayser, H./Frick J./Wagner G. (1999): The Immigrant Welfare Effect, Take up or Eligibility?, IZA – Discussion Paper No. 66, Bonn 1999

Blair, T./Schröder, G. (1999): Der Weg nach vorne für Europas Sozialdemokraten; in: Frankfurter Rundschau vom 10. 6. 1999

BMAS (1999 a) (Bundesministerium für Arbeit und Sozialordnung): Kon-

zept- und Umsetzungsstudie zur Vorbereitung des Armuts- und Reichtumsberichts der Bundesregierung, Bonn 1999
BMAS (1999 b) (Bundesministerium für Arbeit und Sozialordnung): «Armut und Reichtum in Deutschland», Tagungsdokumentation zum Forum zur Berichterstattung der Bundesregierung am 7. Oktober 1999 in Berlin, Bonn
BMG (1995) (Bundesministerium für Gesundheit)(Hrsg.): Dokumentation der Fachtagung «Hilfe zur Arbeit», Baden-Baden
Böckmann-Schewe, L./Röhrig, A. (1997): «Hilfe zur Arbeit», Analyse der Wirksamkeit öffentlich geförderter Beschäftigung für SozialhilfeempfängerInnen, Düsseldorf
Boeri, T./Layard, R./Nickell, S. (2000): Welfare-to-Work and the Fight against Long-term Unemployment, Report to Prime Ministers Blair and D'Alema, London
Bonß, W./Heinze, R G. (1994) (Hrsg.): Arbeitslosigkeit in der Arbeitsgesellschaft, Frankfurt a. M.
Boos-Nünning, U. (2000): Armut von Kindern aus Zuwandererfamilien; in: Butterwegge, Ch. (Hrsg.): Kinderarmut in Deutschland – Ursachen, Erscheinungsformen und Gegenmaßnahmen, Frankfurt a. M./New York
Bormann, B./Häußler, M./Wacker, E. (1996): Dokumentationsstand der Strukturen stationärer und teilstationärer Einrichtungen der Behindertenhilfe in der Bundesrepublik Deutschland, Baden-Baden
Bosch, G. (1999): Niedriglöhne oder Innovation, Überlegungen zur Zukunft der Erwerbsarbeit; in: WSI-Mitteilungen 12/1999
Bosch, G. u. a (1998): Arbeitslose, Langzeitarbeitslose und ihre Familie, Landessozialbericht Band 8 des Landes NRW, hrsg. v. Ministerium für Arbeit, Gesundheit und Soziales des Landes NRW, Düsseldorf
Brand, K. (1999): Leitfaden zum Ausländergesetz – Stand Mai 1999, Frankfurt
Büchel, F. u. a. (2000) (Hrsg.): Zwischen drinnen und draußen, Arbeitsmarktchancen und soziale Ausgrenzung in Deutschland, Opladen
Büchel, F./Frick, J. (2000): The Income Portfolio of Immigrants in Germany – Effects of Ethnic Origin and Assimilation, Or: Who gains from Income Re-Distribution, IZA-Discussion-Paper125, 3/2000
Büchel, F./Frick, J./Krause, P. (2000): Arbeitslosigkeit, öffentliche Transferzahlungen und Armut – Eine Mikro-Simulation für West- und Ostdeutschland; in: Büchel, F. u. a. (Hrsg.): Zwischen drinnen und draußen, Arbeitsmarktchancen und soziale Ausgrenzung in Deutschland, Opladen
Büchel, F./Frick, J./Voges, W. (1997): Der Sozialhilfebezug von Zuwande-

rern in Westdeutschland; in: Kölner Zeitschrift für Soziologie und Sozialpsychologie 2/1997

Büchel, F./Wagner, G. (1996): Soziale Differenzierung der Bildungschancen in Westdeutschland – Unter besonderer Berücksichtigung von Zuwandererkindern; in: Zapf, W./Schupp, J./Habich, R.: Lebenslagen im Wandel, Frankfurt a. M.

Büchtemann, C. (1984): Der Arbeitslosigkeitsprozess, Theorie und Empirie strukturierter Arbeitslosigkeit in der Bundesrepublik Deutschland; in: Bonß, W./Heinze, R G. (Hrsg.): Arbeitslosigkeit in der Arbeitsgesellschaft, Frankfurt a. M.

Buhr, P. (1998): Armut durch Kinder – zur Logik der Benachteiligung von Familienarbeit im Sozialstaat; in: Netzler, A./Opielka, M. (Hrsg.): Neubewertung der Familienarbeit in der Sozialpolitik, Opladen

Bundesanstalt für Arbeit (1999): Arbeitsmarkt 1998, Arbeitsmarktanalyse für die alten und die neuen Länder; Amtliche Nachrichten der Bundesanstalt für Arbeit, Nürnberg

Bundesarbeitsgemeinschaft der Freien Wohlfahrtspflege e.V. (1998): Stellungnahme zum Entwurf eines Zweiten Gesetzes zur Änderung des Asylbewerberleistungsgesetzes, Bonn 22. 04. 1998

Bundesarbeitsgemeinschaft für Rehabilitation (1998) (BAR): Wegweiser – Eingliederung von Behinderten in Arbeit, Beruf und Gesellschaft

Bundesarbeitsgemeinschaft Hilfe für Behinderte (1999) (BAGH): Die Rechte behinderter Menschen und ihrer Angehörigen, Mönchengladbach

Bundesarbeitsgericht (1999): Vergütung eines Schwerbehinderten in einer Werkstatt für Behinderte, Pressemitteilung Nr. 15/99

Bundesministerium der Finanzen (1996): Probleme einer Integration von Einkommensbesteuerung und steuerfinanzierten Sozialleistungen, Gutachten einer Experten-Kommission «Alternative Steuer-Transfer-Systeme»; in: Schriftenreihe des Bundesministeriums der Finanzen, Heft 59, Bonn

Bundesministerium für Arbeit und Sozialordnung (1983) (Hrsg.): Weltaktionsprogramm für Behinderte (Jahrzehnt der Behinderten der Vereinten Nationen 1983–1992), Bonn

Bundesministerium für Arbeit und Sozialordnung (1998 a): Vierter Bericht der Bundesregierung über die Lage der Behinderten und die Entwicklung der Rehabilitation in Deutschland, Bonn

Bundesministerium für Arbeit und Sozialordnung (1998 b): Übersicht über das Sozialrecht, Bonn

Bundesministerium für Arbeit und Sozialordnung (1999 a): Eingliederung Behinderter in der Bundesrepublik Deutschland, Bonn

Bundesministerium für Arbeit und Sozialordnung (1999b): Ratgeber für behinderte Menschen, Bonn
Bundesministerium für Arbeit und Sozialordnung (2000): Entwurf eines Gesetzes zur Bekämpfung der Arbeitslosigkeit Schwerbehinderter, Bonn
Bundesministerium für Familie, Senioren, Frauen und Jugend (1998) (Hrsg.): Zehnter Kinder- und Jugendbericht, Bericht über die Lebenssituation von Kindern und die Leistungen der Kinderhilfen in Deutschland, Bonn
Bundesministerium für Gesundheit (1998): Grundinformationen und Daten zur Sozialhilfe, Bonn 1998
Bundesverband Evangelische Behindertenhilfe u. a. (1999) (Hrsg.): Soziale Sicherheit für behinderte Menschen – Ein Weißbuch der Forderungen und Perspektiven, Freiburg i.B.
Bürkart, G. (1995): Zum Strukturwandel der Familie, Mythen und Fakten; in: Aus Politik und Zeitgeschichte 52–53/1995
Burmester, M. (2000): Sozialhilfebezug in Ost und West – Eine vergleichende Analyse auf Basis der 25 %-Stichprobe; in: Wirtschaft und Statistik 5/2000
Burniaux, J.-M. u. a. (1998): Income Distribution and Poverty in Selected OECD Countries, OECD Economics Department Working Papers No. 189, Paris
Busch, S./Pfaff, A. (1996): Demographische Strukturen und volkswirtschaftliche Kosten; in: Zwierlein, E. (Hrsg.): Handbuch Integration und Ausgrenzung, Neuwied
Buslei, H./Steiner, V. (1999): Beschäftigungseffekte von Lohnsubventionen im Niedriglohnbereich, Gutachten im Auftrag der Hans-Böckler-Stiftung, Baden-Baden
Butterwegge, Ch. (2000) (Hrsg.): Kinderarmut in Deutschland – Ursachen, Erscheinungsformen und Gegenmaßnahmen, Frankfurt a. M./New York
Cloerkes, G. (1985): Einstellung und Verhalten gegenüber Behinderten, Berlin
Cloerkes, G. (1997): Soziologie der Behinderung, Heidelberg
Coulter, F. A. E./Cowell, F. A./Jenkins, St. P. (1992): Equivalence Scale Relativities and the Extent of Inequality and Poverty; in: The Economic Journal, Bd. 102
Cowell, F. A. (1995): Measuring Inequality. Prentice Hall, Harvester
Czock, H./Riedel, W./Schirowski, U. (1994): Untersuchung zur Situation kinderreicher Familien in Nordrhein-Westfalen, Landessozialbericht des Landes Nordrhein-Westfalen, Düsseldorf
D.S.S. (1998): (Social Security Headquarters): United Kingdom employment action plan, http://www.dss.gov.uk/1998

D.S.S. (1999a): A new contract for welfare: The gateway to work, http://www.dss.gov.uk/1999
D.S.S. (1999b): Welfare reform and pensions bill, http://www.dss.gov.uk/1999
Dahesch, K. (1999): Bürgerrechte statt Almosen; in: Die Zeit vom 5. 08. 1999
Dathe, D. (1998): Der Familienzyklus als Bestimmungsfaktor für das Familieneinkommen und das Arbeitsangebot – Eine Untersuchung auf der Grundlage des Mikrozensus; in: WZB-Diskussionspapier 98–208, Berlin
Delegation Interministerielle au Revenue Minimum d'Insertion (1999): RMI Synthese 1998, Paris
Deppe, H. (1994): Integration im gesellschaftlichen Widerspruch; in: Eberwein, H. (Hrsg.): Behinderte und Nichtbehinderte lernen gemeinsam, Weinheim
Deutsche Bundesbank (1996): Die Wirtschaftslage in Deutschland um die Jahreswende 1995/96; in: Monatsbericht 2/1996
Deutscher Städtetag (1999): Kommunale Beschäftigungsförderung. Ergebnisse einer Umfrage von 1999 über Hilfe zur Arbeit nach BSHG und Arbeitsbeschaffungsmaßnahmen nach SGB III, Köln
DGB (1998): Gleichberechtigung und Arbeit für Schwerbehinderte; in: Informationen zur Sozial und Arbeitsmarktpolitik 3/1998
DIW (1996a): Sozialhilfe als Integrationshilfe für Zuwanderer in Westdeutschland; in: DIW-Wochenbericht 48/1996
DIW (1996b): Zuwanderung vergrößert Einkommensungleichheit und Einkommensarmut in Deutschland nur geringfügig; in: DIW-Wochenbericht 50/1996
DIW (1999a): Integration junger Ausländer in das Bildungssystem verläuft langsamer; in: DIW-Wochenbericht 22/1999
DIW (1999b): Schul- und Berufsabschlüsse von Ausländern, Nur langsame Annäherung an die Abschlüsse von deutschen; in: DIW-Wochenbericht 26/1999
Döhrn, R./Heilemann, U./Schäfer, G. (1998): Ein dänisches «Beschäftigungswunder»?; in: Mitteilungen aus der Arbeitsmarkt- und Berufsforschung 2/1998
Döring, D. (1989): Die soziale Sicherung bei Arbeitslosigkeit; in: Riedmüller, B./Rodenstein, M. (Hrsg.): Wie sicher ist die soziale Sicherung?, Frankfurt a. M.
Döring, D./Hanesch, W./Huster, E.-U. (1990) (Hrsg.): Armut im Wohlstand, Frankfurt a. M.

DPWV (1995): Ansatzpunkte für eine bedarfsgerechte Politik gegen Armut und Unterversorgung, Frankfurt a. M.
DPWV (1998): 13 Forderungen an eine künftige Sozial-, Gesundheits- und Migrationspolitik, Frankfurt a. M.
DPWV (2000): Anregungen der Wohlfahrtsverbände und Behindertenorganisationen zum SGB IX, Frankfurt a. M.
Dreger, Ch. u. a. (1998): Was bringt ein Kombilohn?; in: Mitteilungen aus der Arbeitsmarkt- und Berufsforschung 4/1998
EAPN (1999) (European anti-poverty network): New strategies to combat ooverty and social exclusion, The situation in nine European countries, Brüssel
Eardley, T. u. a. (1996a): Social Assistance in OECD Countries: Synthesis Report, London/Paris
Eardley, T. u. a. (1996b): Social Assistance in OECD Countries: Country Reports, London/Paris
Eberwein, H. (2000): Verzicht auf Kategoriensysteme in der Integrationspädagogik; in: Albrecht, F./Hinz, A./Moser, V.: Perspektiven der Sonderpädagogik, Neuwied
Eggen, B. (1998): Privathaushalte und Niedrigeinkommen; in: Schriften des Bundesministeriums für Gesundheit, Bd. 100, Baden-Baden
Eiermann, N./Häußler, M./Helfferich, C. (2000): Live, Leben und Interessen vertreten – Frauen mit Behinderung, Stuttgart
Emmerich, K./Werner, H. (1998): Dänemark, Erstaunlicher Umschwung am Arbeitsmarkt; in: IAB-Kurzbericht 13/1998
Engels, D. (1999): Der Abstand zwischen der Sozialhilfe und unteren Arbeitnehmereinkommen; in: Bundesministerium für Arbeit und Sozialordnung (Hrsg.): Forschungsbericht Sozialforschung Nr. 276, Bonn
Engstler, H. (1999): Die Familie im Spiegel der amtlichen Statistik, Lebensformen, Familienstrukturen, wirtschaftliche Situation der Familien und familiendemographische Entwicklung in Deutschland, erstellt im Auftrag des Bundesministeriums für Familie, Senioren, Frauen und Jugend, Bonn
Esping-Andersen, G. (1990): Three Worlds of Welfare Capitalism, Cambridge
Europäische Kommission (1983) (Kommission der Europäischen Gemeinschaften): Schlussbericht der Kommission an den Rat über das erste Programm von Modellvorhaben und Modellstudien zur Bekämpfung der Armut, Brüssel
European Commission (1998): Social Protection in Europe 1997, Brüssel
European Commission (1999a): Report from the Commission to the Council on the Implementation of the Recommendation 92/441/EEC of June

1992 on Common Criteria Concerning Sufficient Resources and Social Assistance in Social Protection Systems, Brüssel
European Commission (1999 b): Employment in Europe 1998, Brüssel
European Foundation (1999) (for the Improvement of Living and Working Conditions) (Hrsg.): Linking Welfare and Work, Dublin
Eurostat (1995): Armutsstatistik Ende der 80er Jahre, Untersuchung auf Basis von Mikrodaten, Luxemburg
Eurostat (1998): Low Income and Low Pay in a Household Context (EU-12), Statistics in Focus, Population and social conditions, Luxemburg
Eurostat (1998): Social Protection Expenditure and Receipts 1980–1995, hrsg. v. Statistical Office of the European Communities, Working Group on Social Protection, Luxemburg
Evers, A./Leggewie, C. (1999): Der ermunternde Staat – Vom aktiven Staat zur aktivierenden Politik; in: Gewerkschaftliche Monatshefte 6/1999
Faik, J. (1995): Äquivalenzskalen, Theoretische Erörterung, empirische Ermittlung und verteilungsbezogene Anwendungen für die Bundesrepublik Deutschland, Berlin
Faik, J. (1997): Institutionelle Äquivalenzskalen als Basis von Verteilungsanalysen – eine Modifizierung der Sozialhilfeskala; in: Becker, I./Hauser, R.: Einkommensverteilung und Armut, Frankfurt a. M./New York
Fels, G. u. a. (1999): Bericht der Wissenschaftlergruppe der Arbeitsgruppe Benchmarking über Möglichkeiten zur Verbesserung der Beschäftigungschancen gering qualifizierter Arbeitnehmer; in: Presse- und Informationsamt der Bundesregierung (Hrsg.): Bündnis für Arbeit, Ausbildung und Wettbewerbsfähigkeit, Berlin
Fink, U. (1998): Arbeit für alle – Neue Initiativen zur Beschäftigungsförderung, Bonn
Flora, P. (1999): Die Perspektive einer Sozialstaatsbeobachtung; in: Flora, P./Noll, H.-H. (Hrsg.): Sozialberichterstattung und Sozialstaatsbeobachtung, Individuelle Wohlfahrt und wohlfahrtsstaatliche Institutionen im Spiegel empirischer Analysen, Frankfurt a. M./New York
Förster, M. F. (1994): Measurement of Low Income and Poverty in a Perspective of International Comparison, OECD Labour Market and Social Policy Occasional Papers No. 14, Paris
Foster, J./Greer, J./Thorbecke E. (1984): A Class of Decomposable Poverty Measures. Econometrica, 52 (3)
Freidinger, G./Schulze-Böing, M. (1993) (Hrsg.): Handbuch kommunaler Arbeitsmarktpolitik, Marburg
Frick, J. (1996): Determinanten kleinräumlicher Mobilität in Westdeutschland, Frankfurt a. M./New York

Frick, J./Müller, K. (1996): Arbeitslosigkeit und Einkommensmobilität ostdeutscher Personen seit 1990; in: Zapf, W./Schupp, J./Habich, R. (Hrsg.): Lebenslagen im Wandel, Sozialberichterstattung im Längsschnitt, Frankfurt a. M./New York

Frick, J./Wagner, G. (1996): Zur sozioökonomischen Lage von Zuwanderern in West-Deutschland, Diskussionspapier Nr. 140 des DIW, Berlin

Frick, J./Grabka, M. (2000): Personelle Einkommensverteilung und der Einfluß von Imputed Rent. Diskussionspapier Nr. 225 des DIW, Berlin

Gallie, D./Paugam, S. (2000) (Hrsg.): Welfare Regimes and the Experience of Unemployment in Europe, Oxford

Gangl, M (2000).: Arbeitsmarktchancen von Sozialhilfebeziehern in West- und Ostdeutschland; in: Büchel, F. u. a. (Hrsg.): Zwischen drinnen und draußen, Arbeitsmarktchancen und soziale Ausgrenzung in Deutschland, Opladen

Gangl, M. (1998): Sozialhilfebezug und Arbeitsmarktverhalten, Eine Längsschnittanalyse des Übergangs aus der Sozialhilfe in den Arbeitsmarkt; in: Zeitschrift für Soziologie 3/1998

Gerspach, M. (1989): Einführung in die Heilpädagogik – 14 Vorlesungen, Frankfurt

Gerster, F./Deubel, I. (1999): Arbeit muss sich lohnen! – Das Mainzer Modell für Beschäftigung und Familienförderung; in: Wirtschaftsdienst 1/1999

Gesetzentwurf der Fraktionen SPD und Bündnis 90/DIE GRÜNEN (2000): Entwurf eines Gesetzes zur Verbesserung der Zusammenarbeit von Arbeitsämtern und Trägern der Sozialhilfe, BT-Drucksache 14/3765, Bonn

Giddens, A. (1999): Der dritte Weg, Die Erneuerung der sozialen Demokratie, Frankfurt a. M.

Gilberg, R. u. a. (1999): Arbeitslosenhilfe als Teil des sozialen Sicherungssystems; in: IAB-Werkstattbericht Nr. 11/1999

Guibentif, P./Bouget, D. (1997): Minimum Income Policies in the European Union, Lissabon

Gunkel, A./Köllmann, J./Küpper, St./Peren, K. (1997): Niedriglöhne schaffen, Transfersysteme reformieren; in: Der Arbeitgeber 12/1997

Gustafsson, B. (1998): Armut in Schweden, Veränderungen in Struktur und Dynamik im Zeitraum von 1975–1993; in: Voges, W./Kazepov, Y. (Hrsg.): Armut in Europa, Eine Publikation des Zentrums für Sozialpolitik der Universität Bremen, Schriften der Sektion Sozialpolitik der Deutschen Gesellschaft für Soziologie, Bd. 2, Wiesbaden

Habich, R./Krause, P. (1997): Armut; in: Statistisches Bundesamt (Hrsg.): Datenreport 1997, Bonn

Hackenberg, H. (1999): Neuere Entwicklungen der niederländischen Sozialhilfepolitik zur Reintegration von Sozialhilfeempfängern in den Arbeitsmarkt als Referenzrahmen für die bundesrepublikanische Sozialhilfe-Diskussion – Mythos, Modell oder Mimesis?, Bochum (CD-Rom)
Hackenberg, H./Sell, St. (1997): Die «Negative Einkommensteuer als beschäftigungspolitisches Instrument – oder: Über die Einseitigkeit modelltheoretischer Annahmen; in: Sozialer Fortschritt 4/1997
Hackenberg, H./Tillmann, K. (1997): Zur Entwicklung der Lebenslage von behinderten und gesundheitlich eingeschränkten Personen in den neuen Bundesländern; in: Hauser, R./Olk, T. (Hrsg.): Soziale Sicherheit für alle (Bd. 2.3), Opladen
Hagenaars, A. J. M. (1986): The Perception of Poverty, North-Holland
Hagenaars, A.J.M./de Vos, K./Zaidi, M. A. (1995): Armutsstatistik Ende der 80er Jahre, Untersuchung auf der Basis von Mikrodaten, Eurostat, Reihe 3C, Amt für Veröffentlichungen der Europäischen Gemeinschaften, Luxemburg
Hanesch, W (1998 a): Social conditions and growing inequality in Europe, Is growing inequality in Europe an issue?; in: Friedrich Ebert Stiftung (Hrsg.): A debate on the growing income gap, trends and policy responses, Washington D.C.
Hanesch, W. (1988): Armutspolitik in der Beschäftigungskrise, Bestandsaufnahme und Alternativen, Wiesbaden
Hanesch, W. (1993) (Hrsg.): Lebenslageforschung und Sozialberichterstattung in den neuen Bundesländern, Düsseldorf
Hanesch, W. (1995 e): Sozialpolitik und arbeitsmarktbedingte Armut; in: Aus Politik und Zeitgeschichte 31–32/1995
Hanesch, W. (1995 a) (Hrsg.): Sozialpolitische Strategien gegen Armut, Opladen
Hanesch, W. (1995 b) (Hrsg.): Überlebt die soziale Stadt? Konzeption, Krise und Perspektiven kommunaler Sozialstaatlichkeit, Opladen
Hanesch, W. (1995 c): Optionen der Armutspolitik im Umbau des Sozialstaates; in: Hanesch, W. (Hrsg.): Sozialpolitische Strategien gegen Armut, Opladen
Hanesch, W. (1995 d): Reformbedarf und Reformstrategien in der Sozialhilfe; in: WSI-Mitteilungen 6/1995
Hanesch, W. (1996 c): Reform der Sozialhilfe, Düsseldorf
Hanesch, W. (1997): Konzeption, Krise und Optionen der sozialen Stadt; in: Hanesch, Walter (Hrsg.): Überlebt die soziale Stadt?, Opladen
Hanesch, W. (1998 b): Soziale Sicherung im europäischen Vergleich; in: Aus Politik und Zeitgeschichte 34–35/1998

Hanesch, W. (1999 a): Der Sozialstaat in der Globalisierung; in: Aus Politik und Zeitgeschichte 49/1999

Hanesch, W. (1999 b): The Debate on Reforms of Social Assistance in Western Europe; in: European Foundation, Dublin 1999

Hanesch, W. (2000): Beschäftigungsentwicklung, Niedrigverdienste und Working Poor in den USA; in: Schäfer, C. (Hrsg.): Geringere Löhne – mehr Beschäftigung?, Hamburg

Hanesch, W. u. a. (1994): Armut in Deutschland, Der Armutsbericht des DGB und des Paritätischen Wohlfahrtsverbandes, Reinbek bei Hamburg

Hanesch, W./Balzter, N. (2000): Integrierte Ansätze einer aktiven Sozialhilfe- und Beschäftigungspolitik, Forschungsbericht für die Bundesrepublik Deutschland für die European Foundation, Dublin (in Vorbereitung)

Hanz, D. (1998): Wahrung des Lohnabstandsgebots?; in: Nachrichtendienst des Deutschen Vereins für öffentliche und private Fürsorge 9/1998

Hartmann, H./Kauth-Kokshoorn, E.-M. (1997): Sozialhilfe und Arbeitslosigkeit in den Niederlanden; in: Der Sozialhilfereport Nr. 10, hrsg. vom Landessozialamt Hamburg, Hamburg

Hauser, R,/Neumann, U. (1992): Armut in der Bundesrepublik Deutschland, Die sozialwissenschaftliche Thematisierung nach dem Zweiten Weltkrieg; in: Leibfried, S./Voges, W. (Hrsg.): Armut im modernen Wohlfahrtsstaat, Kölner Zeitschrift für Soziologie und Sozialpsychologie, Sonderheft 32, Opladen

Hauser, R. (1995 a): Armut und Zuwanderung in die Europäische Union; in: Döring, D./Hauser, R.: Soziale Sicherheit in Gefahr, Frankfurt

Hauser, R. (1995 b): Das empirische Bild der Armut in der Bundesrepublik Deutschland – ein Überblick; in: Aus Politik und Zeitgeschichte 31–32/1995

Hauser, R. (1995 c): Reformperspektiven des Systems der sozialen Sicherung bei veränderten Rahmenbedingungen; in: Döring, D./Hauser, R. (Hrsg.): Soziale Sicherheit in Gefahr, Frankfurt a. M.

Hauser, R. (1995 d): Armutspolitik unter veränderten ökonomischen und politischen Rahmenbedingungen; in: Hanesch, W. (Hrsg.): Sozialpolitische Strategien gegen Armut, Opladen

Hauser, R. (1997 a): Soziale Sicherung in westeuropäischen Staaten; in: Hradil, S./Immerfall, S. (Hrsg.): Die westeuropäischen Gesellschaften im Vergleich, Opladen

Hauser, R. (1997 b): Ziele und Möglichkeiten einer sozialen Grundsicherung, Baden-Baden

Hauser, R. (1997 c): Vergleichende Analyse der Einkommensverteilung und der Einkommensarmut in den alten und neuen Bundesländern 1990 bis 1995; in: Becker, I./Hauser, R. (Hrsg.): Einkommensverteilung und Armut, Deutschland auf dem Weg zur Vierfünftel-Gesellschaft?, Frankfurt a. M./New York

Hauser, R. (1999): Mindestregelungen für die Alterssicherung und Armut unter Älteren in den EU-Ländern; in: Flora, P./Noll, H.-H. (Hrsg.): Sozialberichterstattung und Sozialstaatsbeobachtung, Individuelle Wohlfahrt und wohlfahrtsstaatliche Institutionen im Spiegel empirischer Analysen, Frankfurt a. M./New York

Hauser, R. u. a. (1997): Ziele und Möglichkeiten einer Sozialen Grundsicherung, Gutachten im Auftrag des Ministers für Arbeit, Soziales, Familie und Gesundheit des Landes Rheinland-Pfalz, Baden-Baden

Hauser, R./Brian N. (1999): Changes in Income Poverty and Deprivation over Time, A Comparison of Eight European Countries from the Mid-Eighties to the Mid-Ninties with Special Attention to the Situation of the Unemployed, Arbeitspapier Nr. 21 des EVS-Projekts Personelle Einkommensverteilung in der Bundesrepublik Deutschland des Instituts für Volkswirtschaftslehre der JWG Universität Frankfurt a. M.

Hauser, R./Cremer-Schäfer, H./Nouvertne, U. (1981): Armut, Niedrigeinkommen und Unterversorgung in der Bundesrepublik Deutschland, Frankfurt a. M./New York

Hauser, R./Fischer, I./Klein, T. (1985): Verarmung durch Arbeitslosigkeit?; in: Leibfried, S./Tennstedt, F. (Hrsg.): Politik der Armut und die Spaltung des Sozialstaats, Frankfurt a. M.

Hauser, R./Hübinger, W. (1993): Arme unter uns – Teil 1: Ergebnisse und Konsequenzen der Caritas-Armutsuntersuchung, Freiburg i. B.

Hauser, R./Kinstler, H. J. (1995): Zuwanderer unter den Caritas-Klienten; in: Hübinger, W./Hauser, R. (Hrsg.): Die Caritas Armutsuntersuchung, Eine Bilanz, Freiburg i. B.

Hauser, R./Voges, W. (1999): Armut in Deutschland; in: Voges W./Kazepov, Y. (Hrsg.): Armut in Europa, Eine Publikation des Zentrums für Sozialpolitik der Universität Bremen, Schriften der Sektion Sozialpolitik der Deutschen Gesellschaft für Soziologie, Bd. 2, Wiesbaden

Hauser, R./Wagner, G. (2000): Die personelle Einkommensverteilung. In: «Frontiers in Economics». Gutachten im Auftrag des Bundesministeriums für Finanzen. Berlin u.a.

Häußler, M./Bormann, B. (1997): Studie zur Lebenssituation von Familien mit behinderten Kindern in den neuen Bundesländern, Baden-Baden

Häußler, M./Wacker, E./Wetzler, R. (1996): Lebenssituation von Menschen mit Behinderung in privaten Haushalten, Baden-Baden

Haustein, Th. (2000): Ergebnisse der Sozialhilfe- und Asylbewerberleistungsstatistik 1998; in: Wirtschaft und Statistik 6/2000
Headey, B./Goodin; R. E./Muffels, R./Dirven H.-J. (1997): Welfare Over Time: Three Worlds of Welfare Capitalism in Panel Perspective. Journal of Public Policy, 17 (3).
Heinhold, H. (2000): Recht für Flüchtlinge – Ein Leitfaden durch das Asyl- und Ausländerrecht für die Praxis, Frankfurt a. M.
Heinze, R.G./Schmid, J./Strünck, C. (1999): Vom Wohlfahrtsstaat zum Wettbewerbsstaat, Arbeitsmarkt- und Sozialpolitik in den 90er Jahren, Opladen
Hirsch, D. (1997): Social Protection and Inclusion, European Challenges for the United Kingdom, York
Hock, B./Holz, G. (1998): Arm dran?! Lebenslagen und Lebenschancen von Kindern und Jugendlichen, Erste Ergebnisse einer Studie im Auftrag des Bundesverbandes der Arbeiterwohlfahrt; in: ISS Pontifex 3/1998, Frankfurt a. M.
Hoffmann, E./Walwei, U. (1998): Normalarbeitsverhältnis: Ein Auslaufmodell? Überlegungen zu einem Erklärungsmodell für den Wandel der Beschäftigungsformen; in: Mitteilungen aus der Arbeitsmarkt- und Berufsforschung 3/1998
Höhn, C. (1997): Bevölkerungsentwicklung und demographische Herausforderung; in: Hradil, S./Immerfall, S. (Hrsg.): Die westeuropäischen Gesellschaften im Vergleich, Opladen
Holst, E. (1998): Zur Bedeutung, Erfassung und Dynamik der Stillen Reserve – Ein alternatives Konzept auf Basis des Sozioökonomischen Panels; in: Schupp, J./Büchel, F./Diewald, M./Habich, R. (Hrsg.): Arbeitsmarktstatistik zwischen Realität und Fiktion, Berlin
Holst, E. (2000): Die Stille Reserve – Größe, Zusammensetzung, Verhalten, Berlin
Honig, M.-S./Ostner, I. (1998): Armut von Kindern? Zur sozialpolitischen Konstruktion von Kindheit; in: Klocke, A./Hurrelmann, K. (Hrsg.): Kinder und Jugendliche in Armut: Umfang, Auswirkungen und Konsequenzen, Opladen
Höpflinger, F. (1997): Haushalts- und Familienstrukturen im intereuropäischen Vergleich; in: Hradil, S./Immerfall, S. (Hrsg.): Die westeuropäischen Gesellschaften im Vergleich, Opladen
Hradil, S. (1997): Soziale Ungleichheiten, Milieus und Lebensstile in den Ländern der Europäischen Union; in: Hradil, S./Immerfall, S. (Hrsg.): Die westeuropäischen Gesellschaften im Vergleich, Opladen
Huber, B. (1999): Zentrale Entwicklungen im Ausländer- und Asylrecht

und die Europäisierung des Ausländer- und Asylrechts; in: IZA 3/4 1999

Hübinger, W. (1996): Prekärer Wohlstand, Neue Befunde zu Armut und sozialer Ungleichheit, Freiburg i. B.

Hübinger, W./Hauser, R. (1996): Die Caritas Armutsuntersuchung, Freiburg i. B.

Hübinger, W./Neumann,U. (1998): Menschen im Schatten, Lebenslagen in den neuen Bundesländern, Freiburg i. B.

Huster, E.-U. (1997) (Hrsg.): Reichtum in Deutschland, Die Gewinner in der sozialen Polarisierung, Frankfurt a. M/New York

Huster, U. (1996): Armut in Europa, Opladen

Iben, G. (1989): Zur Definition von Armut; in: Armutsbericht des Paritätischen Wohlfahrtsverbandes für die Bundesrepublik Deutschland, Blätter der Wohlfahrtspflege 11+12/1989

Iben, G. (1998) (Hrsg.): Kindheit und Armut, Analysen und Projekte, Münster

Institut für Weltwirtschaft (1999): Würdigung der Sozialhilfe in einem gesamtwirtschaftlichen Kontext, Forschungsauftrag des Bundesministeriums für Gesundheit, Kiel

Jacobs, H. (2000): Wie wirksam ist die «Hilfe zur Arbeit»?; in: Nachrichtendienst des Deutschen Vereins für öffentliche und private Fürsorge 3/2000

Jacobs, H./Ringbeck, A. (1994): Hilfen zur Überwindung von Sozialhilfebedürftigkeit, Schriftenreihe des Bundesministeriums für Familie und Senioren, Bd. 31, Stuttgart

Jantzen, W. (1974): Sozialisation und Behinderung, Gießen

Jantzen, W. (1992): Allgemeine Behindertenpädagogik, Bd. 1: Sozialwissenschaftliche und psychologische Grundbegriffe, Weinheim

Jarre, D. (1997): Basic Income Policies in Europe – Experiences, Trends, Visions, Options, Risks, hrsg. v. Deutscher Verein für öffentliche und private Fürsorge, Frankfurt a. M.

Jenkins, S. P./Lambert, P. J. (1998): Ranking Poverty Gap Distributions: Further TIPs For Poverty Analysis. Research an Economic Inequality 8

Jerger, J./Spermann, A. (1996): Lösungsansätze zur Beseitigung von Fehlanreizen für Langzeitarbeitslose; in: Steiner, V./Zimmermann, K. F. (Hrsg.): ZEW Wirtschaftsanalysen, Bd. 6: Soziale Sicherung und Arbeitsmarkt – Empirische Analyse und Reformansätze, Baden-Baden

Jochem, S./Siegel, N. A. (2000): Wohlfahrtskapitalismus und Beschäftigungsperformanz – Das «Modell Deutschland» im Vergleich; in: Zeitschrift für Sozialreform 1/2000

Joos, M. (2000): Wohlfahrtsentwicklung von Kindern in den neuen und alten Bundesländern; in: Butterwegge, Ch. (Hrsg.): Kinderarmut in Deutschland – Ursachen, Erscheinungsformen und Gegenmaßnahmen, Frankfurt a. M./New York

Joos, M./Meyer, W. (1998): Die Entwicklung der relativen Einkommensarmut von Kindern in Deutschland 1990 bis 1995; in: Mansel, J./Neubauer, G.: Armut und soziale Ungleichheit bei Kindern, Opladen

Kaiser, J. (1997): Wirtschaftliche und soziale Lage von Niedrigeinkommensbeziehern; in: Wirtschaft und Statistik 9/1997

Kaltenborn, B. (1998): Von der Sozialhilfe zu einer zukunftsfähigen Grundsicherung, Baden-Baden

Kaufmann, F. X. (1995): Zukunft der Familie im vereinten Deutschland, München

Kaufmann, F. X. (1997): Herausforderungen des Sozialstaates, Frankfurt a. M.

Kaufmann, O. (1990): Revenue Minimum d'Insertion in Frankreich. Wegweiser für neue Formen der Sozialen Sicherheit?; in: Zeitschrift für Sozialhilfe und Sozialgesetzbuch 8/1990

Kaufmann, O. (1997): Frankreichs solidarische sécurité sociale in der Krise; in: Sozialer Fortschritt 1–2/1997

Kayser, H./Frick, J. (2000): Take it or leave it: (Non-)Take-Up Behavior of Social Assistance in Germany; in: DIW Discussion Papers No. 210, Berlin

Kazepov, Y./Negri, N. (1998): Armut und Sozialpolitik in Italien; in: Voges, W./Kazepov, Y. (Hrsg.): Armut in Europa, Eine Publikation des Zentrums für Sozialpolitik der Universität Bremen, Schriften der Sektion Sozialpolitik der Deutschen Gesellschaft für Soziologie, Bd. 2, Wiesbaden

Kirner, E./Schöb, A./Weick, St. (1999): Zur Einkommenssituation von Haushalten mit Kindern, Entscheidung des Bundesverfassungsgerichtes erfordert Reform der staatlichen Förderung von Ehe und Familie; in: DIW-Wochenbericht 8/1999

Klammer, U./Bäcker, G. (1998): Niedriglöhne und Bürgerarbeit als Strategieempfehlungen der Bayerisch-Sächsischen Zukunftskommission; in: WSI-Mitteilungen Heft 6/1998

Klein, T. (1987): Sozialer Abstieg und Verarmung von Familien durch Arbeitslosigkeit, Frankfurt a. M./New York

Kleinfeld, R. (2000): Das niederländische Modell – Grundzüge und Perspektiven einer Modernisierung des Sozialstaats; in: Enquete-Kommission «Zukunft der Erwerbsarbeit»: Strategien zur Belebung des Arbeitsmarktes, Materialband zu Teil II – Handlungsempfehlungen, hrsg. v. Präsidenten des Landtags NRW, Düsseldorf

Klocke, A./Hurrelmann, K. (1998) (Hrsg.): Kinder und Jugendliche in Armut: Umfang, Auswirkungen und Konsequenzen, Opladen

Klodt, H.: Großbritannien (1998): Die marktwirtschaftliche Strategie; in: Mitteilungen aus der Arbeitsmarkt- und Berufsforschung 2/1998

Klös, H.-P. (1998): Erwerbsintegration als Armutsvermeidungsstrategie; in: IW-Trends 3/1998

Klös, H.-P. (1999): Einfacharbeit, Lohndifferenzierung und transferpolitische Alternativen, Diskussionspapier für die Sitzung der Arbeitsgruppe «Benchmarking», Köln

Klös, H.-P./Lichtblau, K. (1998): Möglichkeiten und Grenzen internationaler Querschnittsvergleiche im Bereich Arbeitsmarktpolitik; in: Schupp, J./Büchel, F./Diewald, M./Habich, R. (Hrsg.): Arbeitsmarktstatistik zwischen Realität und Fiktion, Berlin

Kohl, J. (1999): Leistungsprofile wohlfahrtsstaatlicher Regimetypen; in: Flora, P./Noll, H.-H. (Hrsg.): Sozialberichterstattung und Sozialstaatsbeobachtung, Individuelle Wohlfahrt und wohlfahrtsstaatliche Institutionen im Spiegel empirischer Analysen, Frankfurt a. M./New York

Köhler, P. A. (1998): Soziale Sicherheit in Dänemark, Mit gesetzgeberischer Phantasie zu beeindruckenden Erfolgen; in: Soziale Sicherheit 6/1998

Köhler, P. A. (1999): Dänemark und Schweden: Der «skandinavische Wohlfahrtsstaat» auf Reformkurs; in: Sozialer Fortschritt 1–2/1997

Kohli, M. u. a. (1999): Familiale Generationenbeziehungen im Wohlfahrtsstaat, Die Bedeutung von privaten intergenerationalen Hilfeleistungen und Transfers; in: WSI-Mitteilungen 1/1999

Kommission für Zukunftsfragen der Freistaaten Bayern und Sachsen (1996): Erwerbstätigkeit und Arbeitslosigkeit in Deutschland, Entwicklung, Ursachen und Maßnahmen, Teil I Entwicklung der Erwerbstätigkeit und Arbeitslosigkeit in Deutschland und anderen frühindustrialisierten Ländern, Bonn

Kommission für Zukunftsfragen der Freistaaten Bayern und Sachsen (1997 a): Erwerbstätigkeit und Arbeitslosigkeit in Deutschland, Entwicklung, Ursachen und Maßnahmen, Teil II Ursachen steigender Arbeitslosigkeit in Deutschland und anderen frühindustrialisierten Ländern, Bonn

Kommission für Zukunftsfragen der Freistaaten Bayern und Sachsen (1997 b): Erwerbstätigkeit und Arbeitslosigkeit in Deutschland, Entwicklung, Ursachen und Maßnahmen, Teil III: Maßnahmen zur Verbesserung der Beschäftigungslage, Bonn

Kötterer, U. (1997), Das niederländische Wohlfahrtsstaatsmodell – kein Vorbild mehr?; in: Sozialer Forschritt 1–2/1997

Krämer, W. (1997): Statistische Probleme bei der Armutsmessung, Gutachten im Auftrag des Bundesministeriums für Gesundheit, Bonn
Krause, P. (1998): Entwicklung, Verteilung und Höhe der Einkommen in Ost- und Westdeutschland; in: Wirtschaftsbulletin Ostdeutschland der Hans-Böckler-Stiftung: Einkommensverteilung, Armut und Sozialhilfe 4/1998, Düsseldorf
Krause, P./Habich, R. (2000 a): Einkommensverteilung und Armut; in: Statistisches Bundesamt (Hrsg.): Datenreport 1999, Zahlen und Fakten über die Bundesrepublik Deutschland, Bonn
Krause, P./Habich, R. (2000 b): Einkommen und Lebensqualität im vereinigten Deutschland; in: Vierteljahrshefte zur Wirtschaftsforschung 2/2000
Krause, P./Hanesch, W./Bäcker, G. (2000): Normalarbeitsverhältnisse, niedrige Erwerbseinkommen und Armut; in: Büchel, F. u. a. (Hrsg.): Zwischen drinnen und draußen, Arbeitsmarktchancen und soziale Ausgrenzungen in Deutschland, Opladen
Krause, P./Wagner, G. (1997): Einkommens-Reichtum und Einkommens-Armut in Deutschland, Ergebnisse des Sozioökonomischen Panels (SOEP), in: Huster, E.-U. (Hrsg.): Reichtum in Deutschland, Die Gewinner in der sozialen Polarisierung, Frankfurt a. M./New York
Krause, P.; (1998): Low Income Dynamics in Unified Germany; in: Leisering, L./Walker, R. (ed.): The Dynamics of Modern Society, The Policy Press, University of Bristol
Kress, U. (1994): Die negative Einkommensteuer: Arbeitsmarktwirkungen und sozialpolitische Bedeutung; in: Mitteilungen aus der Arbeitsmarkt- und Berufsforschung 3/1994
Kress, U. (1998): Vom Normalarbeitsverhältnis zur Flexibilisierung des Arbeitsmarktes – Ein Literaturbericht; in: Mitteilungen aus der Arbeitsmarkt- und Berufsforschung 3/1998
Kronauer, M./Vogel, B./Gerlach, F. (1993): Im Schatten der Arbeitsgesellschaft, Arbeitslose und die Dynamik sozialer Ausgrenzung, Frankfurt a. M./New York
Landschaftsverband Westfalen-Lippe – Hauptfürsorgestelle (1999) (Hrsg.): Nachteilsausgleiche, Münster
Landua, D. (1990): Verläufe von Arbeitslosigkeit und ihre Folgen für die Wohlfahrt von Haushalten und Individuen; in: Zeitschrift für Soziologie 3/1990
Lederer, H. W. (1997): Migration und Integration in Zahlen, Bonn (CD-Rom)
Leibfried, S. (1990): Sozialstaat Europa? Integrationsperspektiven europäischer Armutsregimes; in: Nachrichtendienst des deutschen Vereins 10/1990

Leibfried, S., Leisering, L. u. a. (1995): Zeit der Armut, Lebensläufe im Sozialstaat, Frankfurt a. M.

Leibfried, S./Pierson, P. (1992): Prospects for Social Europe; in: Politics and Society 3/1992

Leibfried, S./Voges, W. (1992) (Hrsg.): Armut im modernen Wohlfahrtsstaat, KZfSS, Sonderheft 32, Opladen

Leipert, Ch./Opielka, M. (1998): Erziehungsgehalt 2000, Ein Weg zur Aufwertung der Erziehungsarbeit, Bonn

Leisering, L. (1999): Eine Frage der Gerechtigkeit, Armut und Reichtum in Deutschland; in: Aus Politik und Zeitgeschichte 18/1999

Leisering, L./Hilkert, B. (2000): Von Großbritannien lernen? Wohlfahrtsstaatsreform im Zeichen des Dritten Weges – Das Beispiel aktivierender Sozialhilfepolitik unter Blair, Anglo-German Foundation Report, London

Leisering, L./Leibfried, S. (1999): Time and Poverty in Western Welfare States, United Germany in Perspective, Cambridge

Lessenich, S. (1999): Back to Basics, Vielfalt und Verfall wohlfahrtsstaatlich organisierter Solidarität in Europa; in: Zeitschrift für Sozialreform 1/1999

Lessenich, S./Ostner, I. (1998) (Hrsg.): Welten des Wohlfahrtskapitalismus, Der Sozialstaat in vergleichender Perspektive, Frankfurt a. M./New York

Lestrade, B. (1998): Die arbeitsmarktpolitischen Initiativen in Frankreich seit dem Regierungswechsel 1997; in: Mitteilungen aus der Arbeitsmarkt- und Berufsforschung 3/1998

Lüdtke-Handjery, K./Zender, A. (1997): Europas Soziale Sicherungssysteme auf dem Weg ins neue Jahrtausend; in: Zeitschrift für Sozialhilfe und Sozialgesetzbuch 5/1997

Ludwig-Mayerhofer, W. (1992): Arbeitslosigkeit, Erwerbsarbeit und Armut; in: Leibfried, S./Voges, W. (Hrsg.): Armut im modernen Wohlfahrtsstaat, Opladen

Luedtke, J. (1998): Lebensführung in der Arbeitslosigkeit, Differentielle Problemlagen und Bewältigungsmuster, Pfaffenweiler

Maitre, B./Nolan, B. (1999): Income Mobility in the European Community Household Panel, EPAG Working Paper 4, University of Essex

Mansel, J./Brinkhoff, K.-P. (1998) (Hrsg.): Armut im Jugendalter, Soziale Ungleichheiten, Gettoisierung und die psychosozialen Folgen, Weinheim/München

Mansel, J./Neubauer, G. (1998): Armut und soziale Ungleichheit bei Kindern, Opladen

Marlier, E. (1999): Social benefits and their redistributive effect in the EU; in: Statistics in focus Nr. 13, Luxemburg

Marlier, E. u. a. (1998): Niedrige Einkommen und niedrige Löhne auf Haushaltsebene; in: Statistics in focus Nr. 6, Luxemburg

Martin, J. P. (1998): What Works among Active Labour Market Policies, Evidence from OECD Countries Experiences, OECD Labour Market and Social Policy – Occasional Papers No. 35, Paris

Mehrländer, U./Ascheberg, C./Ueltzhöffer, J. (1996): Situation der ausländischen Arbeitnehmer und ihrer Familienangehörigen in der Bundesrepublik Deutschland, Berlin/Bonn/Mannheim

Mejer, L. (2000): Soziale Ausgrenzung in den EU-Mitgliedsstaaten; in: Statistik kurzgefasst, Bevölkerung und soziale Bedingungen, Thema 3, 1/2000, EUROSTAT, Luxemburg

Metzler, H./Wacker, E. (1998): Behinderte Menschen; in: Häussler-Sczepan, M.: Möglichkeiten und Grenzen einer selbständigen Lebensführung in Einrichtungen, Stuttgart

Mezger, E./West, K. (1998) (Hrsg.): Neue Chancen für den Sozialstaat, Soziale Gerechtigkeit, Sozialstaat und Aktivierung, Marburg

Michelsen, K. (1997): Schweden: Luxussanierung des ‹Volksheims›?; in: Bieling, H.-J./Deppe, F. (Hrsg.): Arbeitslosigkeit und Wohlfahrtsstaat in Westeuropa, Neun Länder im Vergleich, Opladen

Ministry of Social Affairs and Employment (1999): The other face of the Netherlands, Progress report 1999, Den Haag

MISSOC (1998): Social Protection in the Member States of the European Union, hrsg. v. d. European Commission, Luxemburg

Möller, J./Bellmann, L. (1995): Der Wandel der interindustriellen und qualifikatorischen Lohnstruktur im Verarbeitenden Gewerbe; in: Franz, W./Steiner, V. (Hrsg.): Der westdeutsche Arbeitsmarkt im strukturellen Anpassungsprozeß, Baden-Baden

Münz, R./Seifert, W./Ulrich, R. (1999): Zuwanderung nach Deutschland – Strukturen, Wirkungen Perspektiven, Frankfurt

Murray, C. (1984): Losing Ground, American Social Policy 1950–1980, New York

Mutz, G. u. a. (1995): Diskontinuierliche Erwerbsverläufe, Analyse zur postindustriellen Arbeitslosigkeit, Opladen

Nauck, B./Meyer, W./Joos, M. (1996): Sozialberichterstattung über Kinder in der Bundesrepublik Deutschland; in: Aus Politik und Zeitgeschichte 11/1996

Nauck, B.: Bertram, H. (1995) (Hrsg.): Kinder in Deutschland, Lebensverhältnisse von Kindern im Regionalvergleich, Opladen

Netzler, A./Opielka, M. (1998) (Hrsg.): Neubewertung der Familienarbeit in der Sozialpolitik, Opladen

Neumann, U. (1999 b): Verdeckte Armut in der Bundesrepublik Deutschland; in: Aus Politik und Zeitgeschichte 18/1999
Neumann, U./Hertz, M. (1998): Verdeckte Armut in Deutschland, Forschungsbericht im Auftrag der Friedrich-Ebert-Stiftung, Frankfurt a. M.
Neumann, U. (1999 a): Struktur und Dynamik von Armut, Freiburg i. B.
Niehaus, M. (1989): Behinderte Frauen als Zielgruppe der Schwerbehindertenpolitik; in: Sadowski, D./Rendenbach I. (Hrsg.): Neue Zielgruppen der Schwerbehindertenpolitik, Frankfurt/a. M.
Nolan, B./Hauser, R./Zoyem, J.-P. (1999): The Changing Effects of Social Protection on Poverty, Arbeitspapier Nr. 22 des EVS-Projekts Personelle Einkommensverteilung in der Bundesrepublik Deutschland des Instituts für Volkswirtschaftslehre der JWG Universität, Frankfurt a. M.
Nolan, B./Maitre, B. (1999): The Distribution of Income and Relative Income Poverty in the European Community Household Panel, EPAG Working Paper 3, University of Essex
Noll, H.-H. (1997): Wohlstand, Lebensqualität und Wohlbefinden in den Ländern der Europäischen Union; in: Hradil, S./Immerfall, S. (Hrsg.): Die westeuropäischen Gesellschaften im Vergleich, Opladen
Noponen, J./Klöer, S. (1997): Finnland: Schlankheitskur nach den fetten Jahren?; in: Bieling, H.-J./Deppe, F. (Hrsg.): Arbeitslosigkeit und Wohlfahrtsstaat in Westeuropa, Neun Länder im Vergleich, Opladen
Oberhauser, A. (1998): Finanzpolitische Expertise zur Integration von Arbeitslosenhilfe und Sozialhilfe zu einer einheitlichen Leistung, Manuskript, Freiburg
OECD (1995): Income Distribution in OECD Countries, Social Policy Studies No. 18, Paris
OECD (1996): The OECD Job Strategy, Enhancing the Effectiveness of Active Labour Market Policies, Paris
OECD (1997 a): Implementing the OECD Jobs Strategy, Member Countries Experience, Paris
OECD (1997 b): Employment Outlook1997, Paris
OECD (1997 c): Labour Market Policies, New Challenges, Policies for Low-Paid Workers and Unskilled Job Seekers, OECD/GD(97)160, Paris
OECD (1998 a): Benefit Systems and Work Incentives, Paris
OECD (1998 b): Economic Outlook 1998, Paris
OECD (1998 c): The Battle against Exclusion, Paris
OECD (1998): The Battle against Exclusion. Bd. 2, Paris
OECD (1998 e): Employment Outlook 1998, Paris
OECD (1999): Employment Outlook 1999, Paris
OECD Economic Surveys, verschiedene Jahrgänge

Olk, Th./Mierendorff, J. (1998): Kinderarmut und Sozialpolitik, Zur politischen Regulierung von Kindheit im modernen Wohlfahrtsstaat; in: Mansel, J./Neubauer, G.: Armut und soziale Ungleichheit bei Kindern, Opladen

Olk, Th./Rentzsch, D. (1998): Kinder in ostdeutschen Armutshaushalten; in: Klocke, A./Hurrelmann, K. (Hrsg.): Kinder und Jugendliche in Armut, Umfang, Auswirkungen und Konsequenzen, Opladen

Oppenheim, C. (1998): Der Anstieg von Armut und Ungleichheit in Großbritannien; in: Zeitschrift für Sozialreform 4–5/1998

Otto, U. (1997) (Hrsg.): Aufwachsen in Armut, Erfahrungswelten und soziale Lagen von Kindern armer Familien, Opladen

Paugam, S. (1998): Von der Armut zur Ausgrenzung, Wie Frankreich eine neue soziale Frage lernt; in: Zeitschrift für Sozialreform 6/1998

Peter, W. (1998 a): Sozialhilfe und Arbeitsanreize im deutsch-britisch-amerikanischen Vergleich; in: iw-trends 3/1998

Peter, W. (1998 b): Arbeitslosenversicherungen in Deutschland, Großbritannien und den USA; in: iw-trends 4/1998

Peter, W. (2000): Das deutsche Sozialhilfesystem – Im Spannungsfeld zwischen sozialer Fürsorge und Hilfe zur Arbeit; in: iw-Trends 2/2000

Ramprakash, D. (1997): Income distribution and poverty in EU 12–1993; in: Statistics in focus Nr. 6, Luxemburg

Reissert, B. (1998): Wie bewältigen Arbeitslosenunterstützungssysteme den Wandel auf den Arbeitsmärkten? Eine vergleichende Darstellung; in: Bosco, A./Husebaut, M. (Hrsg.): Sozialer Schutz in Europa, Veränderungen und Herausforderungen, Marburg

Rendtel, U./Wagner, G./Frick, J. (1995): Eine Strategie zur Kontrolle von Längsschnittgewichtungen in Panelerhebungen – Das Beispiel des Sozio-Oekonomischen Panels (SOEP); in: Allgemeines Statistisches Archiv 3/1995

Rentzsch, D. (2000): Kinder in der Sozialhilfe; in: Butterwegge, Ch. (Hrsg.): Kinderarmut in Deutschland – Ursachen, Erscheinungsformen und Gegenmaßnahmen, Frankfurt a. M./New York

Ringen, St. (1988): Direct and Indirect Measures of Poverty; in: Journal of Social Policy 3/1985

Riphahn, R. (2000): Rational Poverty or Poor Rationality? The Take-up of Social Assistance Benefits; in: IZA Discussion Paper No. 124, Bonn

Riphahn, R. (1998): Immigrant Participation in the German Welfare Program; in Finanzarchiv Bd. 55, 1998

Rittstieg, H. (2000): Einführung in das Deutsche Ausländerrecht; in: Deutsches Ausländerrecht – Sonderausgabe, München

Room, G. (1998): Armut und soziale Ausgrenzung, Die neue europäische Agenda für Politik und Forschung; in: Voges, W./Kazepov, Y. (Hrsg.): Armut in Europa, Eine Publikation des Zentrums für Sozialpolitik der Universität Bremen, Schriften der Sektion Sozialpolitik der Deutschen Gesellschaft für Soziologie, Bd. 2, Wiesbaden

Rosenow, C. (1997): Das Sozio-ökonomische Panel und das Europäische Haushaltspanel, Erhebungsmerkmal und Paneleffekte in Einkommens- und Zufriedenheitsfragen, Diplomarbeit am Fachbereich Gesellschaftswissenschaften der Bergischen Universität-Gesamthochschule Wuppertal

Rothgang; H./Vogler, A. (1998): Die Auswirkungen der 2. Stufe der Pflegeversicherung auf die Hilfe zur Pflege in Einrichtungen, Regensburg

Sächsisches Staatsministeriums für Wirtschaft und Arbeit/Sächsisches Staatsministerium für Soziales, Gesundheit und Familie/McKinsey und Company (2000): Konvergenz von Arbeitslosenhilfe und Sozialhilfe, Vorschlag eines Reformkonzepts, Arbeitspapier für den Expertenworkshop Konvergenz von Arbeitslosenhilfe und Sozialhilfe, veranstaltet vom Sächsisches Staatsministerium für Wirtschaft und Arbeit, Dresden

Sadowski, D./Böck, R./Brühl, N./Frick, B. (1992): Die Wirkungsweise des Schwerbehindertengesetzes – Vollzugsdefizite und Verbesserungsvorschläge, Trier

Sander, A. (1994): Behinderungsbegriffe und ihre Konsequenzen für die Integration; in: Eberwein, H. (Hrsg.): Behinderte und Nichtbehinderte lernen gemeinsam, Weinheim

Schäfer, C. (1997): Empirische Überraschung und politische Herausforderung, Niedriglöhne in Deutschland; in: Becker, I./Hauser, R. (Hrsg.): Einkommensverteilung und Armut, Deutschland auf dem Weg zur Vierfünftel-Gesellschaft?, Frankfurt a. M./New York

Schäfer, C. (Hrsg.): Geringe Löhne – mehr Beschäftigung? Niedriglohn-Politik, Hamburg

Scherrer, P./Simons, R./Westermann, K. (1998): Von den Nachbarn lernen, Wirtschafts- und Beschäftigungspolitik in Europa, Marburg

Schewe, C. (1996): Zur Zahlungsmoral von unterhaltspflichtigen Elternteilen; in: Sozialer Fortschritt 9/1996

Schewe, C. (1998): Gerechtigkeit und elterliche Verantwortung – Kinderarmut in Einelternfamilien eindämmen; in: Arbeitsgemeinschaft für Jugendhilfe, Deutscher Jugendhilfepreis 1998, Bonn

Schmid, G./Mosley, H./Hilbert, C./Schütz, H. (1999): Zur Effektivität aktiver Arbeitsmarktpolitik; in: Mitteilungen aus der Arbeitsmarkt- und Berufsforschung 4/1999

Schmid, J. (1996): Wohlfahrtsstaaten im Vergleich, Soziale Sicherungssysteme in Europa, Organisation, Finanzierung, Leistungen und Probleme, Opladen

Schneekloth, U. (1994): Hilfebedürftige Behinderte in privaten Haushalten, Sekundäranalyse der Studie «Möglichkeiten und Grenzen selbständiger Lebensführung», Stuttgart

Schneekloth, U. (1998): Hilfe und Pflegebedürftige in Heimen, Schriftenreihe des BMFSFJ, Bd. 147.2, Stuttgart/Berlin/Köln

Schneider, S. (1999): Pessimistic Bias? – Zum Einfluss des Alters auf das subjektive Gesundheitsempfinden; in: Sozialer Fortschritt 7/1999

Schulte, B. (1993): Armutsbekämpfung im Wohlfahrtsstaat, Die Rolle der Mindestsicherungssysteme der Mitgliedstaaten für Entwicklung und Fortbestand der Wohlfahrtsstaatlichkeit in der Europäischen Gemeinschaft; in: Zeitschrift für Sozialreform 10/1993

Schulte, B. (1997): Großbritannien – Das Ende des Wohlfahrtsstaats?; in: Sozialer Fortschritt 1–2/1997

Schulz, E. (1999): Zuwanderung, temporäre Arbeitsmigranten und Ausländerbeschäftigung in Deutschland; in: DIW – Vierteljahresheft zur Wirtschaftsforschung 3/1999

Schwarze, J. (1997): Trends in the Income Distribution of Unified Germany Analyzed by Decomposable Inequality Measures. In: Ott, Noburga, Gert G. Wagner (eds.): Income Inequality and Poverty in Eastern and Western Europe. Heidelberg

Seewald, H. (1999): Ergebnisse der Sozialhilfe- und Asylbewerberleistungsstatistik 1997; in: Wirtschaft und Statistik 2/1999

Seifert W. (1994): Am Rande der Gesellschaft? Zur Entwicklung von Haushaltseinkommen und Armut unter Ausländern; in: IZA 3/4 1994

Seifert W. (1996): Einwanderungsland Deutschland – alte und neue Migrantengruppen zwischen Exklusion und Inklusion; in: Zapf, W./Habich, R.: Wohlfahrtsentwicklung im vereinten Deutschland, Berlin

Seifert, W. (1996b): Neue Zuwanderergruppen auf dem westdeutschen Arbeitsmarkt; in: Soziale Welt 2/1996

Seifert, W. (2000): Ausländer in Deutschland; in: Statistisches Bundesamt (Hrsg.): Datenreport 1999, Bonn

Sell, S. (1996): Reform des Arbeitsförderungsgesetzes; in: Sozialer Fortschritt 7–8/1996

Sell, S. (1997): Die Instrumente der aktiven Arbeitsförderung im SGB III, Eine einführende Darstellung anhand von Schaubildern, Mannheim

Sell, S. (1998): Entwicklung und Reform des Arbeitsförderungsgesetzes als Anpassung des Sozialrechts an flexible Erwerbsformen?; in: Mitteilungen aus der Arbeitsmarkt- und Berufsforschung 3/1998

Sen, A. (1985): A Sociological Approach to the Measurement of Poverty, A Reply to Professor Peter Townsend; in: Oxford Economic Papers, Bd. 37
Sen, A. (1983): Poor, Relatively Speaking; in: Oxford Economic Papers, Bd. 35
Sen, F./Cryns, M./Kaya-Smajgert, G. (1992): Zur Lebenssituation und spezifischen Problemlagen älterer Ausländer in der Bundesrepublik Deutschland, Essen
Sesselmeier, W. (1997): Einkommenstransfers als Instrumente der Beschäftigungspolitik, Negative Einkommensteuer und Lohnsubventionen im Lichte der modernen Arbeitsmarkttheorien und der Neuen Institutionenökonomik, Frankfurt a. M. 1997
Siebert, H. (1994): Geht den Deutschen die Arbeit aus?, Neue Wege zu mehr Beschäftigung, München
Sozialer Fortschritt: Themenheft «Die Krise des Sozialstaats» in international vergleichender Perspektive – Denkanstöße für die Bundesrepublik Deutschland, 1–2/1997
Statistisches Bundesamt (1998): Gesundheitsbericht für Deutschland, Wiesbaden
Statistisches Bundesamt (1998): Statistik der Sozialhilfe, Empfänger(innen) von laufender Hilfe zum Lebensunterhalt am 31. 12. 1998. Deutschland, Arbeitsunterlage, Wiesbaden
Statistisches Bundesamt (1999a): Sozialhilfe in Deutschland, Entwicklung und Strukturen, Wiesbaden
Statistisches Bundesamt (1999b): Sozialleistungen – Fachserie 13, Reihe Schwerbehinderte 1997, Stuttgart
Statistisches Bundesamt, Fachserie 13, Reihe Sozialhilfe, verschiedene Jahrgänge, Stuttgart
Statistisches Bundesamt, Fachserie 13, Reihe Wohngeld, verschiedene Jahrgänge, Stuttgart
Steffen, J. (2000): Alcatraz – Gefangen im Sozialstaat?; in: Schäfer, C. (Hrsg.): Geringere Löhne – mehr Beschäftigung?, Hamburg
Steffen, J. (2000): Die wesentlichen Änderungen in den Bereichen Arbeitslosenversicherung, Rentenversicherung, Krankenversicherung, Pflegeversicherung und Sozialhilfe (HLU) in den vergangenen Jahren, eine gemeinsame Veröffentlichung der Bremer Arbeitnehmerkammern, Bremen
Steiner, V./Hagen, T. (2000): Finanzierung von Arbeitslosigkeit zur Förderung von Arbeit – Analysen und Empfehlungen zur Steigerung der Effizienz und Effektivität der Arbeitsmarktpolitik in Deutschland, Mannheim
Steiner, V./Wagner, K. (1997): Entwicklung der Ungleichheit der Erwerbs-

einkommen in Westdeutschland, Woher kommen die Unterschiede in der IAB-Beschäftigtenstichprobe und dem Sozio-ökonomischen Panel; in: Mitteilungen aus der Arbeitsmarkt- und Berufsforschung 3/1997
Steinke, B. (1999): Behinderte – Vielfältiges Angebot zur Eingliederung; in: Arbeitgeber 10/51–1999
Stellungnahme der Bundesregierung zum Zehnten Kinder- und Jugendhilfebericht (1998); in: Bundesministerium für Familie, Senioren, Frauen und Jugend (Hrsg.): Zehnter Kinder- und Jugendbericht, Bericht über die Lebenssituation von Kindern und die Leistungen der Kinderhilfen in Deutschland, Bonn
Stille, F. (1998): Der niederländische Weg, Durch Konsens zum Erfolg; in: Mitteilungen aus der Arbeitsmarkt- und Berufsforschung 2/1998
Strengmann-Kuhn, W. (1997): Erwerbs- und Arbeitsmarktbeteiligung der Armutspopulation in der Bundesrepublik Deutschland; in: Becker, I./Hauser, R. (Hrsg.): Einkommensverteilung und Armut, Deutschland auf dem Weg zur Vierfünftel-Gesellschaft?, Frankfurt a. M./New York
Strengmann-Kuhn, W. (2000a): Erwerbstätigkeit und Einkommensarmut, Armut trotz Erwerbstätigkeit?; in: Büchel, F. u. a. (Hrsg.): Zwischen drinnen und draußen, Arbeitsmarktchancen und soziale Ausgrenzungen in Deutschland, Opladen
Strengmann-Kuhn, W. (2000b): Warum sind Erwerbstätige arm – Eine Untersuchung der Ursachen von Armut trotz Erwerbstätigkeit in der Bundesrepublik Deutschland; in: Barlösius, E./Dangschat, J./Ludwig-Mayerhofer, W. (Hrsg.): Die Armut der Gesellschaft, Opladen
Strohmeyer, K. P. (1993): Pluralisierung und Polarisierung der Lebensformen in Deutschland; in: Aus Politik und Zeitgeschichte 1/1993
Stubig, H. J. (1998): Zur Situation von älteren Ausländern in der Sozialhilfe; in: Sozialer Fortschritt 8/1998
Thränhardt, D. (1995): Die Lebenslage der ausländischen Bevölkerung in der Bundesrepublik Deutschland; in: Aus Politik und Zeitgeschichte 35/1995
Thränhardt, D./Dieregsweler, R./Santel, B. (1994): Landessozialbericht Bd. 6, Ausländerinnen und Ausländer in Nordrhein-Westfalen, Neuss
Trabert, L. (1999): «Make Work Pay» – Die Wirkungen der Kombilohnkonzepte in den USA und in Großbritannien; in: Wirtschaft im Wandel 11/1999
Trampusch, C. (1999): Die Rolle der Kommunen in der niederländischen Arbeitsmarktpolitik – Ein Vorbild für Deutschland?; in: Zeitschrift für Sozialreform 11–12/1999

Trickey, H./Lödemel, I. (2000): Workfare in six european countries; in: Trickey/Lödemel (Hrsg.): An offer you can refuse, Manuskript
Veen, R. van der (2000): Restructuring a Corporatist Welfare State, Manuskript
Veit-Wilson, J. (1998): Armutsgrenze oder Mindesteinkommensstandards? Das Problem eines Diskurs-Konfliktes; in: Voges, W./Kazepov, Y. (Hrsg.): Armut in Europa, Eine Publikation des Zentrums für Sozialpolitik der Universität Bremen, Schriften der Sektion Sozialpolitik der Deutschen Gesellschaft für Soziologie, Bd. 2, Wiesbaden
Vogel, J. (1999): Der europäische ‹Welfare Mix›, Institutionelle Konfiguration und Verteilungsergebnis in der Europäischen Union und Schweden, Eine Längsschnitt- und vergleichende Perspektive; in: Flora, P./Noll, H.-H. (Hrsg.): Sozialberichterstattung und Sozialstaatsbeobachtung, Individuelle Wohlfahrt und wohlfahrtsstaatliche Institutionen im Spiegel empirischer Analysen, Frankfurt a. M./New York
Voges, W./Kazepov, Y. (1998) (Hrsg.): Armut in Europa, Schriften der Sektion Sozialpolitik der Deutschen Gesellschaft für Soziologie, Bd. 2, Wiesbaden, zunächst veröffentlicht als Themenhefte «Armut in Europa», Teil 1 und 2, Zeitschrift für Sozialreform 4–5 und 6
Voges, W./Kazepov, Y. (1998): Einleitung; in: Voges, W./Kazepov, Y. (Hrsg.): Armut in Europa, Eine Publikation des Zentrums für Sozialpolitik der Universität Bremen
Wacker, E./Wetzler, R./Metzler, H./Hornung, C. (1998): Leben im Heim, Angebotsstrukturen und Chancen selbständiger Lebensführung in Wohneinrichtungen der Behindertenhilfe, Baden-Baden
Wagner, A. (2000): Krise des «Normalarbeitsverhältnisses»? Über eine konfuse Debatte und ihre politische Instrumentalisierung; in: Schäfer, C. (Hrsg.): Geringe Löhne – mehr Beschäftigung? Niedriglohn-Politik, Hamburg
Wagner, G. (1991): Die Erhebung von Einkommensdaten im Sozio-ökonomischen Panel (SOEP); in: Rentel, U./Wagner, G. (Hrsg.): Lebenslagen im Wandel, Zur Einkommensdynamik in Deutschland seit 1984, Frankfurt a. M.
Wahl, H. W. (1998): Möglichkeiten und Grenzen einer selbständigen Lebensführung in Privathaushalten, Stuttgart
Walper, S. (1997): Wenn Kinder arm sind – Familienarmut und ihre Betroffenen; in: Bönisch, L./Lenz, K. (Hrsg.): Familien – eine interdisziplinäre Einführung, Weinheim/München 1997
Walwei, U. (1996): Aktive Arbeitsmarktpolitik in OECD-Ländern – Entwicklungstendenzen und Effekte; in: Mitteilungen aus der Arbeitsmarkt- und Berufsforschung 3/1996

Walwei, U. (1998): Möglichkeiten und Grenzen der Schaffung eines Niedriglohnsektors; in: IAB-Werkstattbericht 5/1998
Walwei, U./Werner, H. (1998): Großbritannien, «Europas kranker Mann» genesen; in: IAB-Kurzbericht 8/1998
Weick, St. (1999): Relative Einkommensarmut bei Kindern, Untersuchungen zu Lebensbedingungen und Lebensqualität in Deutschland von 1984 bis 1996, Dissertation Gießen
Werner, H. (1997): Kann Deutschland von den Niederlanden lernen?; in: IAB-Kurzbericht 12/1997
WHO (1980): International Classification of Impairments, Disabilities and Handicaps, Genf
WHO (1999): International Classification of Functioning and Disability, Beta-2 Draft Full Version, Genf
Wingen, M. (1997): Familienpolitik, Stuttgart
Wingen, M. (2000): Aufwertung der elterlichen Erziehungsarbeit in der Einkommensverteilung; in: Aus Politik und Zeitgeschichte 3–4/2000
Winkler, G. (1995): Behinderte in den neuen Bundesländern; in: Hanesch, W. (Hrsg.): Sozialpolitische Strategien gegen Armut, Opladen
Winkler, G./Liebscher, R./Wille, H. (1999): Behinderten Report 1998; in: Sächsisches Staatsministerium für Soziales, Gesundheit und Familie: 2. Bericht zur Lage der Menschen mit Behinderung und zur Entwicklung der Rehabilitation im Freistaat Sachsen, Dresden
Wissenschaftlicher Beirat beim Bundesministerium für Wirtschaft (1996): Gutachten zur Langzeitarbeitslosigkeit, Bonn
Wörister, K./Schmid, G. (2000): Sozialstaatliche Mindestsicherung im europäischen Vergleich, hrsg. v. Bundesministerium für Arbeit, Gesundheit und Soziales Österreich, Wien
Zapf, W./Habich R. (Hrsg.) (1996): Wohlfahrtsentwicklung im vereinten Deutschland. Sozialstruktur, sozialer Wandel und Lebensqualität. Berlin
Zapf, W./Habich R: (1999): Die Wohlfahrtsentwicklung in der Bundesrepublik Deutschland 1949 bis 1999, in: Kaase, M./Schmid, G. (Hrsg.): Eine lernende Demokratie. 50 Jahre Bundesrepublik Deutschland. WZB Jahrbuch 1999, Berlin
Zeager, L. A. (1999): Earnings Growth for Foreign Guest Workers and West Germans, Cross Section and Panel Estimates; in: DIW – Vierteljahresheft zur Wirtschaftsforschung 2/1999
Zimmermann, G. E. (1999): Überschuldung privater Haushalte, Freiburg
Zimmermann, K. F. (1999): Aussiedler seit 1989 – Bilanz und Perspektiven, IZA – Discussion Paper No. 50, Bonn 8/1999
Zukunftskommission der Friedrich-Ebert-Stiftung (1998): Wirtschaftliche

Leistungsfähigkeit, sozialer Zusammenhalt, ökologische Nachhaltigkeit, Drei Ziele – ein Weg, Bonn
Zwick, M., «panta rhei» – Fluktuation und Strukturwandel der Sozialhilfeklientel (1997); in: Müller, S./Otto, U. (Hrsg.): Armut im Sozialstaat – Gesellschaftliche Analysen und sozialpolitische Konsequenzen, Neuwied/Kriftel/Berlin

Zu den Autoren

Gerhard Bäcker, geb. 1947, Dipl.-Volkswirt, Dr. rer. pol., Professor für Sozialpolitik am Fachbereich Sozialwesen der Fachhochschule Niederrhein, Abteilung Mönchengladbach.

Walter Hanesch, geb. 1947, Dipl.-Volkwirt und Dipl.-Handelslehrer, Dr. rer. pol., Professor für Sozialpolitik und Sozialverwaltung am Fachbereich Sozialpädagogik der Fachhochschule Darmstadt.

Peter Krause, geb. 1956, Dipl.-Soziologe, Dr. rer. soc., Wissenschaftlicher Mitarbeiter in der Projektgruppe «Sozioökonomisches Panel» am Deutschen Institut für Wirtschaftsforschung, Berlin.

Michael Maschke, geb. 1971, Dipl.-Pädagoge und cand. öc., Wissenschaftlicher Mitarbeiter im Projekt «Armut und Ungleichheit in Deutschland» der Hans-Böckler-Stiftung, Frankfurt.

Birgit Otto, geb. 1973, Dipl.-Soziologin, Wissenschaftliche Mitarbeiterin in der Projektgruppe «Sozioökonomisches Panel» am Deutschen Institut für Wirtschaftsforschung, Berlin.

3119/2